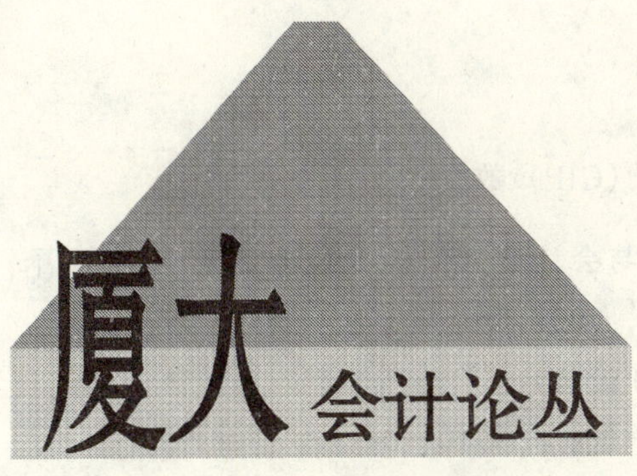

公司治理生态与会计信息产权博弈研究

Ecology of Corporate Governance and Game Analysis of Property Rights of Accounting Information

杜兴强　等著

中国财政经济出版社

图书在版编目（CIP）数据

公司治理生态与会计信息产权博弈研究/杜兴强等著. —北京：中国财政经济出版社，2007.3

（厦门大学会计论丛）

ISBN 978-7-5005-9710-0

Ⅰ.公… Ⅱ.杜… Ⅲ.①公司-企业管理-研究②公司-会计-产权-研究Ⅳ.F276.6

中国版本图书馆 CIP 数据核字（2007）第 006635 号

中国财政经济出版社 出版

URL：http：//ckfz.cfep h.cn

E-mail：ckfz @ cfeph.cn

社址：北京市海淀区阜成路甲 28 号 邮政编码：100036

发行处电话：88190406 财经书店电话：64033436

北京牛山世兴印刷厂印刷 各地新华书店经销

787×960 毫米 16 开 33.75 印张 546 000 字

2006 年 12 月第 1 版 2006 年 12 月北京第 1 次印刷

印数:1—2 060 定价:60.00 元

ISBN 978-7-5005-9710-0/F·8434

(图书出现印装问题,本社负责调换)

国家自然科学基金

（项目批准号：70302012）

教育部人文社科博士点基金

（项目批准号：03JB790009）

教育部首届新世纪优秀人才计划

（项目批准号：NCET－04－0596）

总序

会计作为一个理念与技术方法并重的职业，客观上要求在坚持职业道德的前提下，在理论和方法上不断发展，在实务上不断创新。网络环境、经济全球化、资本市场国际化、新经济背景和经济体制的转型，都为会计理论与方法的发展和实务的创新提供了不可多得的契机，经济的发展和企业经济业务的日益复杂化加剧了这样的进程。回顾会计的发展史，可以认为，会计学科始终面临新情况和新问题，并在经济和管理理论的支撑下不断发展，在社会经济发展和资本市场不断完善的过程中，实现理论的突破和实践的创新。

新世纪伊始，国内外的一系列财务舞弊丑闻引起各界的普遍关注，会计的诚信与公司治理问题历史地摆在会计理论和实务工作者面前，要求不断改进财务会计与对外报告以及加强管理控制。与此同时，网络会计、网络财务、网络审计、企业资源计划（ERP）、经济增加值（EVA）、作业成本法（ABC）、平衡计分法、经理人激励、盈余管理、税务筹划、环境会计与审计、会计的范畴和相关法律责任等等新课题，使会计学者面临更多的机会和更为严峻的挑战。在这样的背景条件下，我们推出了“厦门大学会计论丛”。

“厦门大学会计论丛”，主要是厦门大学会计学科近年来承担的国家和省部级科研项目的产出，其论题涉及当前会计、财务学科的主要前沿领域，引介和评价了这些领域的理论发展和技术方法的创新，特别是从我国国情出发，就我国会计准则建设、财务管理创新、资本市场管制、公司治理机制等相关问题进行实事求是的调查研究，在理论上进行全面、系统、深入和开拓性的探讨，试图对这些领域的理论有所推进，并在此基础上形成若干理论观点和政策建议。

科学研究的无穷尽性决定了科研成果的阶段性。尽管如此，我们还是认为，“厦门大学会计论丛”作为最近一个时期厦门大学会计学科科研状况的客观展现，在较大程度上体现了厦门大学会计学科的特色，凝结着厦门大学会计人的智慧和心血，体现了厦门大学会计人的团队精神和敬业态度。这套专著的出版如果能够在会计学术史上产生一定的影响，在会计学术论坛上引起一定的关注和对相关问题开展进一步的研究和探讨，则是我们最大的期望和安慰。

厦门大学会计发展研究中心

厦门大学会计系

2003年10月15日

本书的探讨，以公司治理生态（ecology of corporate governance）为背景，分析会计信息披露过程中利益相关者围绕“会计信息”这种有价值的信息资源进行的会计信息产权界定、以及针对会计信息产权而展开的博弈。本书写作的逻辑是：

（1）本书坚持“述而不作”。所谓“述”，指阐述与解释业已存在的某些论点；所谓“作”，指有所突破与创新。当然，在“述”的过程中不可避免地夹杂有研究者的一些粗浅观点和认识，但本书的主要目的仍是立足于对已经形成的、关于公司治理和会计信息披露若干结论进行解释或者重新进行解读，发掘研究对象本就存在、但长期以来被忽略的内涵。

（2）会计信息与公司治理之间具有相互依存性。良好的公司治理机制可以促使高质量的会计信息披露；当然，高质量的会计信息反过来又可以促使公司治理机制的完善。为此，我们将公司治理的个概念进行适当的拓展，阐述了“公司治理生态”（Eecology of corporate governance）的理念。在此基础上，本书用专门的篇幅，对公司治理对会计信息质量的影响，进行了详细的理论分析，并对公司治理（生态）与会计信息质量之间的关系进行了多角度的案例分析与实证研究。

（3）鉴于会计信息的经济后果性及其在公司治理中的作用，本书阐述了“会计信息产权”的基本理念、基本逻辑，及围绕会计信息产权博弈的主要因素——所有权分享、管制等。详细厘定了一些关键问题，如为什么需要公共契约界定会计信息产权、会计准则制定过程中的强权博弈及游说行为、我国上市公司管理当局对会计准则的态度及对策、国有企业会计信息产权的畸形性及其防范等。

（4）列举了关于会计信息产权博弈的典型情况，譬如财务报告的“充分信息含量”问题、会计信息披露的“过分挑剔”现象、注册会计师与管理当局之间的监督博弈等。

以上交代的逻辑思路，本书其实可以看作是由两大部分构成。第一，公司治理（生态）与会计信息质量；第二，公司治理（生态）背景下的会计信息产权及其博弈。

本书的研究主题，与近年来作者的研究重心之一直接相关。2001 年，作者以“契约·会计信息产权·博弈”为申请博士学位的论文题目，构建了一个会计信息产权问题研究的基本框架，探讨了会计信息产权的基本逻辑，并借助于博弈分析和历史证据、详细阐述了“企业所有权分享、管制及道德”三种因素（三者之间形成一种影响、乃至决定会计信息产权的稳定“三角”结构）如何影响和促进会计信息产权的界定和履行，并以该框架为基础，初步分析了国有企业会计信息产权的畸形性及应对策略[①]。该博士论文获得了一定的认可，先后获得了 2002 年福建省优秀博士论文一等奖及 2003 年全国优秀博士论文提名论文。随后，作者针对答辩过程中出现的质疑与争辩进行整理，对博士论文进行了补充和完善，最终形成了题为《会计信息产权的问题研究》的专著，由东北财经大学出版社进行出版（2002 年版）。该书出版后，获得了 2003 年福建省第五届社会科学优秀成果二等奖，这既是对本书研究的一个基本肯定，又敦促作者继续关注“会计信息产权”这个研究命题。恰逢作者又在 2003 年之内连续获得了国家自然科学基金（项目批准号 70302012、项目批准号 70341034）的资助，且主要内容都与“会计信息产权”问题存在一定的相关性。所不同的是，根据自然科学基金申报时设定的研究任务，作者计划从公司治理生态（ecology of corporate governance）视角，研究“会计信息产权及其博弈”这个核心问题。2004 年，作者入选了教育部首届新世纪优秀人才支持计划（人才基金，NCET－04－0596），这为本课题的研究提供了更大的促动。由此，形成了本书的核心内容“公司治理生态与会计信息产权博弈”。在本书几经修改即将完成之际，《会计信息的产权问题研究》一书又再次获得了 2006 年教育部中国高校第四届人文社会科学（经济学类）优秀成果三等奖。这使得我再次坚信本书的核心问题——“会计信息产权问题”是一个值得进一步深入研究的问题。

在本书写作过程中，我们充分利用了博弈论的分析工具来阐述我们的观点，并广泛应用历史典型证据进行“史证研究”，增强本书所提出的若干命题的说服力。此外，结合博弈分析部分形成的命题，本书还力争进行

① 严格地说，刘峰教授（1997 年）最早关注到“会计信息产权”这个命题，并对会计信息产权的基本问题进行了开拓性的论述。

针对性的案例分析与实证研究，寻求经验证据。

特别值得说明的是，本书主要研究公司治理（生态）下的会计信息产权博弈行为，但是并非“言必称公司治理”，而是以公司治理作为分析的背景框架，将之理念融入我们对会计信息质量、会计信息产权及其博弈的分析之中。同样，会计信息产权意味着利益相关者之间受益、受损权利的界定，所以本书也并非“言必称会计信息产权”，而是将利益相关者围绕会计信息这种稀缺资源的博弈贯穿于整个分析之中。

本书——《公司治理生态与会计信息产权博弈研究》与作者之前出版的专著《会计信息的产权问题研究》（包括博士论文《契约·会计信息产权·博弈》）存在着前后思想上的继承性。虽然存在传承性将可能会出现思想的前后继起性、甚至语言组织上的相似性，但传承性并不意味着重复性，更体现为发展和进一步阐释。此外本书写作过程中，在某些前后章节上为了避免前后参照引起的麻烦，所以有意识地进行了少许、必要的重复。

本书是国家自然科学基金（项目批准号 70302012）、教育部人文社科博士点基金（项目批准号 03JB790009）及教育部新世纪优秀人才计划（项目批准号 NCET－04－0596）的研究成果之一。感谢课题组成员葛家澍教授、黄世忠教授、桑士俊副教授、章永奎博士、蔡宁博士等为本课题研究付出的艰苦努力，良好的团队是本书得以完成的坚实保障。值得说明的是，本书主要由杜兴强执笔完成，蔡宁博士（现为中山大学博士后研究人员）、于竹丽、郭剑花、周泽将、温日光、方芳、江玲等研究生在不同程度上参与了部分初稿的写作（已在相关章节进行了注明）。感谢博士生修宗峰在最终文献的编排方面所做的工作。感谢博士生聂志萍及李宜在本书最终校对中所做的工作。同时作者还要感谢那些未曾谋面，却使我们从其著作和论文中吸收了足够养分的国内外学者们，他们优秀的著作和论文给本书的完成奠定了坚实的知识基础。

由于作者的学术水平有限，本书难免存在这样或那样的缺陷、甚至错误，所以恳请有关学者批评指正。

作　者

2006 年 11 月 20 日

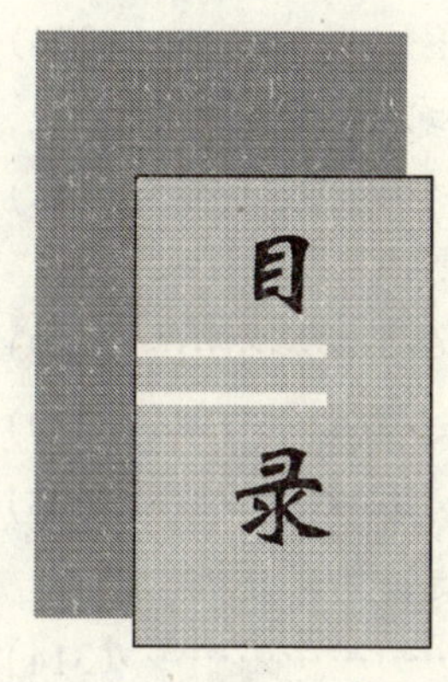

第一章　导论……………………………………………（1）

第一节　本书的研究问题及基本概念界定……………………（1）

第二节　本书的研究方法、若干基本假设及理论基础………（18）

第三节　本书的基本架构……………………………………（59）

第二章　公司治理生态、会计信息披露与会计信息质量：理论探讨、博弈分析与历史证据……………………………（62）

第一节　公司治理演进与会计信息披露：资本市场企业间的博弈与历史证据…………………………………………（62）

第二节　公司治理生态与会计信息的可靠性问题研究………（83）

第三节　会计信息的相关性问题研究………………………（113）

第四节　会计信息的及时性问题……………………………（130）

第五节　公司治理与会计信息的相关性和可靠性问题研究……（150）

第六节　财务会计信息与公司治理…………………………（167）

第三章　公司治理生态与会计信息：案例分析与实证研究…………（175）

第一节　公司治理生态与IPO盈余管理行为：基于宏智科技的案例分析……………………………………………（175）

第二节　公司治理、盈余管理与会计信息质量实证研究………（206）

第三节　公司治理与会计信息质量：基于中国资本市场进一步的经验证据……………………………………………（219）

第四节 公司治理与财务舞弊：一项实证研究……………… (234)
第五节 公司治理、投资者保护、最终控制人和财务报告质量实证研究……………………………………… (244)

第四章 会计信息产权的基本逻辑及其博弈……………… (289)
第一节 企业、公司治理与会计信息披露……………… (289)
第二节 会计信息产权的基本逻辑……………………… (295)
第三节 企业所有权分享与会计信息产权的界定：博弈分析……………………………………………… (314)
第四节 为什么需要公共契约界定会计信息产权……… (341)
第五节 会计准则制定过程中的强权博弈：博弈分析与历史证据…………………………………………… (364)
第六节 我国上市公司管理当局对会计准则的态度及对策…… (385)
第七节 国有企业会计信息产权的畸形性及其防范……… (402)

第五章 会计信息产权博弈：典型问题……………………… (411)
第一节 公司治理与财务报告的“充分信息含量”问题：博弈分析…………………………………………… (411)
第二节 公司治理与会计信息披露的“过分挑剔”现象……… (420)
第三节 注册会计师与管理当局之间的监督博弈………… (427)
第四节 审计师变更与审计意见购买：一项经验研究……… (435)
第五节 公司治理生态、诉讼爆炸及注册会计师的应对策略：战略系统审计视角…………………………… (448)
第六节 公司治理与上市公司盈余预测中“空口承诺”的博弈信息内涵……………………………………… (466)

参考文献……………………………………………………… (475)

第一章 导论

第一节 本书的研究问题及基本概念界定

一、公司治理生态：一则寓言引起的思索

“有一只火鸡，看见一只燕子在树梢上欢快地歌唱，它也很想飞上树梢。

一只狗仿佛看透了火鸡的心思，凑了过来，两者密谋了一番。

火鸡思忖了一下，接受了狗的建议。

于是，火鸡也飞上了树梢。

于是，火鸡也欢快地吊起了嗓子。

一个猎人闻讯赶来，看见了这只肥硕的火鸡。他举起了猎枪……”

这虽只是一个寓言，但却发人深省[①]。

燕子和火鸡好比两个公司，经营业绩各有优劣。优质的公司上市毫无争议，劣质的公司为了上市“八仙过海”，纷争上市且往往能够得逞却值得深思。寓言中的“狗”隐喻注册会计师及一系列的、扮演中介角色的公

① 值得深思的是，该寓言中毕竟还是有一个猎人，一个正直的形象，该角色在目前失衡的公司治理生态下显得弥足珍贵！然而，我们不禁要问，在我国的资本市场中，“谁是猎人?”

司治理生态[①] 环节，他们在上市公司会计欺诈（包括了向资本市场传递虚假的会计信息）与财务舞弊案件中有时起着推波助澜的作用，但具有讽刺意义的是，他们往往却以诚信的形象而展现在世人与投资者面前[②]。可见，坚决打击“火鸡”，为“燕子”营造歌唱的良好环境，剔除噪音(noise)，谨防“劣币驱除良币”，这是确保资本市场健康运转的必然要求。在这个净化资本市场的过程中，若从微观角度审视，高质量、透明度的会计信息将成为关键！

资本市场中，会计信息（已审计）作为企业产出的替代变量，维系着企业作为一个人力资本和财务资本所有者缔结的契约的均衡，是衡量监督和激励是否相容（compatible）、剩余索取权和剩余控制权是否匹配(matching）的关键，在一定程度上影响着公司治理的效率（杜兴强，2002）。我们同时注意到，会计信息的质量，尤其是财务报告中披露的、会计信息的可靠性，却经受着公司治理生态各个环节的制约。所谓公司治理生态（Ecology of Corporate Governance），是奠定在包括企业内部管理当局（会计人员）、注册会计师、财务分析师、投资银行家、律师等专业人员组成的企业的“知识共同体”基础之上（李曙光，2002）。透过一系列资本市场的鲜活案例（包括具有透明度的信息披露的案例和财务欺诈曝光的案例）我们发现，公司治理生态与会计信息的可靠性密切相关。

良好的公司治理生态下，公司治理机制的每个环节及具有独立性的社会中介都可以充当“猎人”，共同维系着公司信息披露的透明度和高质量。即便是某个环节未曾发现财务欺诈等信息浑浊现象，然而却不可能所有的公司治理生态环节不约而同地失效！然而，在失衡的公司治理（ecology crisis of corporate governance）生态下，公司治理生态的共同知识基础(common knowledge)[③] 将不复存在，原本起着制约会计信息质量的各个

---

① 所谓“公司治理生态”，是奠定在包括投资银行家、注册会计师、企业内部管理当局和会计人员、律师等专业人员组成的企业的“知识共同体”基础之上。高质量的会计信息披露需要奠定在健康的公司治理生态（Ecology of Corporate Governance）基础之上。公司治理生态概念是由中国政法大学教授李曙光教授有针对性的提出（《财经》，2002年第6期）。健康的公司治理生态要求其各个环节彼此之间是独立的。

② 恰如狗一直被认为是人类最忠实的朋友一样，注册会计师有时也被冠以别称“看门狗”。

③ 如果假设两个博弈参与者（A，B）进行博弈，共同知识（Common Knowledge）要求：(1) A、B都是理性的；(2) A知道B是理性的，B也知道A是理性的；(3) A知道“B知道他(A) 是理性的”，B也知道“A知道他（B）是理性的”……如此循环无尽。如果无限个环节和“链条”中任意一个“链节”出错，博弈结果将会出现逆转。

公司治理环节将形同虚设！

二、公司治理生态理念

借助于上述的寓言，我们引出了“公司治理生态”的概念。那么，何谓公司治理生态（ecology of corporate governance）？

公司治理，从狭义的角度进行理解，无外乎是指有关公司董事会的功能、结构、股东的权利等方面的制度安排；若从广义角度进行理解，则是指包含法律、文化等在内的、有关公司控制权和剩余索取权分配的一整套制度安排，其决定公司的目标、谁在什么情况下实施控制、如何控制以及风险和收益如何在不同的企业利益相关者之间进行分配[①]。相对而言，Shleifer and Vishny（1997）的定义更为简洁，其将公司治理定义为“确保财务资本的提供者因其投资而得到报酬的一种机制”[②]。

公司治理生态的理念，是在公司治理（结构）的基础上提出的。按照李维安（2002）的观点，公司治理包括内部治理（激励、监督、投票权、董事会、股东大会制度等）和外部治理（控制权市场等）。但是，由于公司治理结构的效率不会自动实现，治理结构本身无所谓优劣，其优劣依赖于对参与者行为的约束，因此公司治理结构的效率客观上还要经受公司外部那些提供代理服务的机构和专业人员如注册会计师、财务分析人员、投资银行家、监管者等的签证（一种保险制度）。这样，公司治理生态其实是在公司治理结构的基础上，外加一系列具有独立性的、相关的社会中介组织而形成的、一个纤巧的、非线性动态系统。作为一个非线性的动态系统，公司治理生态的健康与否不仅取决于公司治理结构事前（ex ante）设置或配置的合理性，而且状态依存于一系列具有独立性的中介环节能否独立地履行相关签证职能及承担有关责任——包括“会计责任”（duty to accountant）、“勤勉责任”（due diligence）、“信托责任”（fiduciary duty）、“法律责任”（duty to lawyer）、“监管责任”（duty to supervisor）等。可见，公司治理生态既以公司治理结构为基础，又是奠定在包括企业内部管理当局（会计人员）、注册会计师、财务分析师、投资银行家、律师等专

---

① Blair，1995，*Ownership and Control*：*Rethinking Corporate Governance for the 21 Century*，Washington：The Bookings Institution.

② Shleifer and Vishny，1997，“A Survey of Corporate Governance”，*The Journal of Finance*，VolII，No2，P737.

业人员组成的“知识共同体”基础之上（李曙光，2002年）。注册会计师、财务分析人员、投资银行家、监管者、律师等专业人员是证券市场上的一个坚固的“职业知识共同体”——他们对于市场的观念，对于市场好坏、优劣的标准应该是一致的，他们有一套共同的互相理解的术语、概念、逻辑思维、推理规则、知识结构和知识体系，共同守护着特定的基本信念和市场秩序。由于公司治理生态的非线性特征，其具有敏感性，所以一旦公司治理结构之外的这些知识共同体失去了特定的信念，或某个环节丧失了基本的独立性、背弃了其应承担的相应责任，公司治理生态将失衡或陷入危机（ecology crisis），最终必将导致不可靠的会计信息孳生，甚至演化为财务欺诈。

一系列资本市场的正反鲜活案例（包括具有透明度的信息披露的案例和财务欺诈曝光的案例）揭示，公司治理生态与会计信息的可靠性密切相关。高质量的会计信息与健康的公司治理机制之间存在着相互依存性（co-existence）（Baker and Wallage，2000），健康的公司治理生态能够确保发现会计信息披露中的不可靠性、乃至财务欺诈，而失衡的公司治理生态则往往成为助长财务欺诈的温床。

下面选取欺诈案例进行例证（反证法）：

①设定公司治理生态总共有n个环节；

②每个公司治理生态环节彼此相互独立；

③任何一个公司治理生态环节发现财务欺诈的概率为P_t，且$P_t>50\%$[①]；

④由③推知，任何一个公司治理生态环节未发现财务欺诈的概率$0<\overline{P}_t=1-P_t<50\%$（因为$P_t+\overline{P}_t=1$）；

由此可以推知：

①$\overline{P}=\prod_{t=1}^{n}(1-P_t)<\forall P_t$。可见，$\overline{P}$为t的减函数。随着公司治理生态环节的日益增加，$\overline{p}$越来越小。极端的情况是，当伴随着资本市场中企业组织架构和经济活动的日益复杂化，公司治理环节日益增多，那么$\overline{P}=\prod_{t=1}^{n}(1-P_t)\rightarrow 0$（$\overline{P}$代表所有公司治理生态环节均“未发现”的概率）。$\overline{P}$

① 各个公司治理环节的独立性及发现财务欺诈及不可靠会计信息的概率$P_t>50\%$，是该环节能否作为一个公司治理环节的前提。

→0 意味着公司治理生态所有环节均不能发现财务欺诈的概率为 0。

②由于 $\overline{P}$ 为 t 的减函数，则 P 可以理解为 t 的增函数。换言之，随着公司治理环节的增加，P 逐渐增加。

极端的情况是，随着公司治理环节的日益增多，由 $\overline{P}\rightarrow 0$ 可推知，$P\rightarrow 1$[①]。

换言之，公司治理生态发现财务欺诈的概率 $P\rightarrow 1$，即公司治理生态不可能不发现财务欺诈——除非每个环节都未发现财务欺诈，否则哪怕只有一个环节发现了财务欺诈并将之公布于众，则财务欺诈就昭然若揭了[②]！

③结论

健康的公司治理生态大多数情况下能发现财务欺诈及会计信息的不可靠性[③]。

④然而，在安然、世界通讯、帕拉玛特等一系列财务欺诈案件中，小概率事件的确发生了，这意味着可能公司治理生态的各个环节"有意识"地失效了[④]！而这与"集体合谋"（Collective Collusion）何异[⑤]？

可见失衡的公司治理生态（ecology crisis of corporate governance）是一系列财务欺诈滋生的"土壤"。

正是基于如上原因，我们认为，公司治理生态与会计信息质量之间存在着相互依存性——健康的公司治理生态可以作为一种有力的保障机制、促使会计信息的高质量，而良好的会计信息披露正如"润滑剂"，维系着公司治理生态的平衡。这是贯穿本书研究的一个基本理念。

与上述逻辑可以形成相互检验的是，安然事件后，陈志武（2002）撰

---

① 中国人常讲的"要想人不知，除非己莫为"、"莫伸手，伸手必被捉"等耳熟能详的谚语，可以和本处的证明相互验证。此外，囚徒困境博弈的内在逻辑思想也可以作为本处推理的基础。

② 该逻辑正像童话故事《皇帝的新装》中"小孩惊呼皇帝一丝不挂"一幕那样。该命题意味着这样一种情况：允许公司治理的某个环节未发现财务欺诈（当然也包括发现财务欺诈后"三缄其口"的情况），然而所有的环节都未发现是几乎不可能的。

③ 利用反证法，安然等一系列上市公司财务欺诈之所以能够得逞，意味着可能公司治理生态的各个环节"有意识"地失效了——无异于合谋！葛家澍、杜兴强（2003 年）曾结合安然事件的经济背景深入地分析了这个问题（我们也在不同的场合表述了这个观点）。可见失衡的公司治理生态是一系列财务欺诈滋生的"土壤"。

④ 参见杜兴强，"公司治理生态、财务欺诈及 CPA 应对审计风险的基本策略"，《经济管理》，2003 年第 9 期。

⑤ 安然事件等财务欺诈丑闻可以清楚地表明这一点。

文指出[①]，公司治理结构、政府行政监管（如证监会）、民事与刑事诉讼、市场力量和媒体——其中前三种讨论较多。为此他将上市公司的监管层次分为五个，包括董事会、证券市场参与者、媒体、行政监管、法庭诉讼。其中，越靠前的监管层次作用越直接，监管成本越低；越后的层次，补救的色彩越浓。

三、公司治理生态背景下的会计信息产权[②] 博弈

现代契约理论认为“企业实质上是一系列契约关系的结合（A nexus for a set of contracting relationships）”（Jensen and Meckling，1976），缔约的结果导致资源所有者将其拥有资源的使用权让渡给企业，交由职业经理人员（管理当局）经营，而资源所有者则成为企业权益的各种索取者[③]。受专业分工、知识结构以及个人精力等因素的局限，远离企业日常经营管理的现实决定了位于企业外部的各个缔约方（委托方）将只能定期评价管理当局对交付资源的受托责任履行情况和了解企业的经营情况。同时，由于管理当局努力程度的不可测度性和测度成本的高昂性，委托方不大可能直接评价管理当局是否尽职尽责地履行了受托责任，而是通过某些替代变量如观察管理当局的产出（企业的经营结果）来进行评价，进而进行某些相应的决策如撤换管理当局或者用脚投票[④] 等。在此要求下，管理当局往往通过定期提供反映一个企业特定时日的财务状况、特定时期的经营成果和现金流动情况的一套财务报告来反映其对受托责任的履行情况和经营业绩。事实上，正如 Watts（1977）所指出的，财务报表是契约关系局部均衡的结果。因此可以认为，企业财务报告所披露的会计信息是一种评价委托代理关系的现实（尽管并不完美）的替代变量。但是问题正在于此。作为会计信息载体的企业财务报告的编制和提供是由管理当局及其代理人

---

① 陈志武等：“谁揭穿安然”，《财经》，2002 年第 1 期。

② 关于会计信息产权的有关情况，请参见本书以后章节的详细讨论。

③ 一般而言，股东是剩余权益持有者，债权人是固定权益持有者，而人力资本所有者则是混合权益持有者（同时具备固定权益和剩余权益的索取权）。

④ 众所周知，投票或者表决意见一般是用“手”来完成的，为什么会出现“用脚投票”呢？其实，这只是一种比喻。由于在发达的资本市场上，投资者的高度分散性，多数缔约方意识到自己势单力薄，认为自己的一票无足轻重，所以往往并不寄希望于监督管理当局或撤换经营不力的管理当局，当对企业的经营情况不满意时，只是简单地选择退出机制以示对管理当局的“惩罚”。此就是所谓的“用脚投票”。

——会计人员来完成的，而股东、债权人以及其他与企业存在着利益关系的、明确的缔约方或者潜在的缔约方相对于具体负责企业日常经营活动的管理当局却具有信息劣势，两方之间存在着严重的信息不对称现象（information asymmetry）①。信息不对称现象弱化了会计信息在评价委托代理关系时的作用和可信度，此时委托方有理由怀疑与之存在效用差异② 的管理当局以牺牲他们的利益为代价来追求自己的私利，而管理当局一切有损于委托方的行为有可能通过会计信息的操纵进行掩饰。

可见，会计信息（披露）具有 Zeff（1978）所指出的"经济后果性"（economic consequences）。由于不同利益相关者的目标函数各异，可以合理的预期到，由于围绕会计信息的提供、需求、监管存在着不同的不同利益相关者集合（set）和子集合（sub－set），所以利益相关者围绕会计信息披露就必然会产生受益或受损的问题（值得一提的是 Demsetz（1967）正是将受益或受损的权利界定为"产权"）。会计信息的利益相关者因会计信息披露而形成的受益或受损的"格局"，要求界定"会计信息产权"（property rights of accounting information）。必须注意的是，规范会计信息披露只是界定会计信息产权的一个层面，会计信息产权的界定将涵盖会计信息的生成和传递的全过程。此外，会计信息产权的界定也还只是"会计信息产权"的一个方面，会计信息产权实质上至少蕴涵着会计信息产权的界定与履行两个环节。

此外，既然我们注意到会计信息具有的经济后果性，所以会计信息产权的界定和履行，就不可能摆脱特定的公司治理生态背景进行孤立的讨论。相反，对会计信息产权界定和履行的分析，应立足于特定的公司治理生态背景进行研究。由于公司治理生态的动态性，会计信息产权界定结果只具有"动态均衡"的性质，可以预见的是，随着公司治理的变迁及作为博弈参与者的利益相关者特征的演变，必将出现针对会计信息而进行的产权博弈、且该博弈将一直持续下去。由于在特定的公司治理生态背景下，

① 所谓"信息不对称"是指在委托——代理关系中一方拥有某些信息而另一方并不拥有或者不完全拥有这些信息。一般而言，在委托代理关系中，代理方相对于委托方而言具有一定的信息优势。

② 概而言之，委托方如股东、债权人的效用函数一般表示为货币收益的最大化，而管理当局的效用函数则是双元甚至是多元的，他们不仅追求尽可能的货币收益，而且还追求舒适的办公环境、尽可能多的闲暇和个人的荣誉（经理王国）和地位等。

会计信息的质量与不同利益集合受益或受损的程度“负相关”，而公司治理生态与会计信息质量“正相关”[①]，因此按照如下方式进行研究能够更好地说明问题：

(1) 提出“公司治理生态”概念，主要将之作为一种理念或研究背景，在公司治理生态的特定背景下研究会计信息披露、会计信息质量、会计信息产权界定及会计信息产权博弈等问题。

(2) 本书研究的一般范式是：首先选定历史横截面（cross－section），借助于博弈分析工具，观察特定历史横截面上、特定的公司治理生态（相对稳定）下会计信息产权的界定和履行情况，衍生出特定的命题；

(3) 将特定历史横截面上、特定的公司治理生态（相对稳定）下会计信息产权的界定和履行情况，放到公司治理和会计信息披露发展的历史“长河”中，提供典型的历史证据来进行检验。

(4) 利用本书提出的命题，对公司治理生态和会计信息披露中的典型问题进行理论研究和博弈分析，进一步深化本书的主要思想。

(5) 讨论会计信息质量的相关问题，尤其是会计信息的相关性与可靠性问题。

(6) 借助于经验分析及相关的案例研究，为本书阐述的命题提供初步证据。

四、“脏脸博弈”[②] 与会计信息在公司治理中生态中作为共同知识的功效

首先，我们可以通过一个我们耳熟能详的故事——“皇帝的新装”，展示“共同知识”的概念，并进行类比，揭示会计信息所具有的共同知识的功效。

从前，有个皇帝有喜欢穿新装的怪癖。

两个骗子看准了皇帝的心思，声称他们能“织出人间最美丽的布”，“而且缝出来的衣服还有一种奇怪的特性——任何不称职的或愚蠢得不可救药的人，都看不见该衣服”。

---

① 尽管我们承认决定会计信息质量的因素并非只有公司治理生态环节，但这并不影响本书提出的命题。

② 脏脸博弈问题最早由 Littlewood，“Mathematical Miscellany”，1953（Edited by Bollobas）提出，本章参考的是谢识予，《纳什均衡论》，上海财经大学出版社 1999 年版。

于是，骗子扭捏作态地比画织布。

从皇帝到大臣，再到朝廷大小官员，谁都自欺欺人。

老百姓最初也只得说假话。

当一个天真无邪的小孩子说出了真话后，所有的老百姓都说出了真话。

而皇帝和大臣们硬是装模作样，直至游行大典举行完毕。

在这则故事中，说“看不见”是一句真话，但在骗子的近乎“诅咒”般的话语和利益关系的“利诱”下，“谁也不愿意让人知道自己什么也看不见，因为这样就会显出自己不称职，或是太愚蠢”。

何谓“共同知识”？如果假设两个博弈参与者（A，B）进行博弈，这个博弈要求：

(1) A、B都是理性的；

(2) A知道B是理性的，B也知道A是理性的；

(3) A知道“B知道他（A）是理性的”，B也知道“A知道他（B）是理性的”……如此循环无尽。如果无限个环节和“链条”中任意一个“链结”出错，博弈结果将会出现逆转。换言之，理性要成为共同知识(Common Knowledge)。下面我们借助于博弈论中的“脏脸”博弈进行简要说明：

“有三个人，每个人的脸都是脏的。设定没有任何一个人有镜子，因此每个人只能够看到别人的脸是脏的，但无法知道自己的脸是否脏的。”

此时，如果三人之外的“自然”告诉他们三人一个众所周知的事实——“你们三人的脸至少有一人是脏的”，假定三个人都具有一定的逻辑分析能力，那么至少将有一人能够确切地知道自己的脸是否是脏的[①]！

下面先进行简单的推理，然后再引出“脏脸博弈”在“公司治理和会计信息”领域内的应用（为了论述方便，我们将三个人进行人为排序，并依次命名为A、B、C)：

(1) A只能够看到B、C的脸是脏的，这符合“你们三人的脸至少有一人是脏的”的描述，因此A无法确切地告诉“自然”自己的脸是否是脏的；但这隐含着B、C的脸不可能都是干净的，否则A若观察到B、C

① 请注意，这看似一句“废话”（因为三个人中的任何一个人都知道另外两个人的脸是脏的，因此“至少有一个人的脸是脏的”这句话充其量只是把事实重复了一遍而已），然而它却是具有“信号传递”作用的关键信息，它使三个人之间拥有共同信息成为可能。

的脸都是干净的、那么A就可以果断地判断出自己的脸是脏的，即A不能够确定自己的脸是否脏的。

(2) B得知A无法确切地说出自己的脸是否是脏的，得知“B、C的脸不可能都是干净的”这一推论，但他同时又看到C的脸是脏的，这符合“你们三人的脸至少有一人是脏的”的描述，因此B依然无法确切地说出自己的脸是否一定是脏的。

(3) C根据A、B不能够确切地说出他们各自的脸是否一定是脏的已知事实，肯定可以推断出自己（C）的脸一定是脏的。推理如下：

联系（1）、(2）进行反向推理，由于①“A无法确切地告诉“自然”自己的脸是否是脏的，隐含着B、C的脸不可能都是干净的”；②“若C的脸是干净的，那么B一定能够确切地知道自己（B）的脸是脏的”。但是B无法作出判断的事实，等于给C传递了一个信号，C根据A、B共同传递的信号，判断自己的脸一定是脏的。依次类推，三人都知道自己的脸是脏的。

“脏脸博弈”告诉我们，“你们三人的脸至少有一人是脏的”这句话，将三个人各自（respective）具有的具体知识（particular knowledge）——“至少有一人是脏的、甚至至少两个人的脸是脏的”，转变为“共同知识”(common knowledge）——三个人都知道“至少有一人是脏的”。共同知识的出现，直接影响到最终的博弈结果——至少有一个人知道自己的脸是脏的[①]。

实质上，会计信息的公开披露，正如“皇帝的新装”故事中的“小孩指出皇帝什么也没有穿（一丝不挂)”、“脏脸博弈”中的“你们三个人的脸至少有一个是脏的”一样，具有“公共知识”的功效。对于上市公司的会计信息披露，尽管作为投资者，无一例外地希望公开披露的会计信息既具有可靠性，又具有相关性（甚至希望与个人的决策直接相关[②]），但是

① 注意下面的逻辑（若知道自己的脸是脏的那个人愿意将事实说出的话，那么三个人都知道自己脸是脏的）：

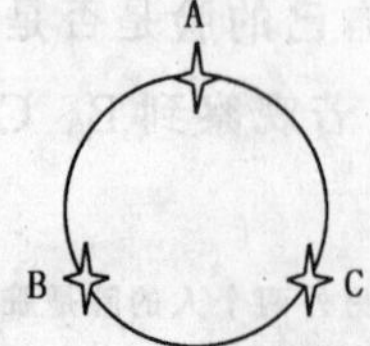

考虑左图，假定A、B、C不规定顺序，而是对称地分布在圆的周围，那么根据对称原理，“你们三人的脸至少有一人是脏的”其实可确保A、B、C任何一个人都知道自己的脸是脏的，从而3个人的脸都是脏的。

② 这样就体现为专用财务报告或按需定制的财务报告。

能够完美解决相关性和可靠性的关系，确保会计信息披露具有确当的充分信息含量（sufficient information content），只属于一种理想状况。这样的理想状况更多的是我们分析问题所进行的抽象，在交易费用存在和投资所面临的不确定性的情况下，几乎不可能存在。更多的情况是，投资者所得到的、公开披露的会计信息，其实并不具有“充分信息含量”尽管可能出现公开披露的会计信息，信息含量已经很低（甚至几乎没有任何信息含量），但我们并不能够因此彻底否定会计信息披露机制存在的必要性：

首先，即使公开披露的财务报告缺乏信息含量，财务报告所披露的会计信息还是可以起到如上所述的、在投资者之间形成“共同知识”、促使其决策更趋于理性的功效。

其次，我们注意到“财务报告披露的会计信息的信息含量降低”和“已公布的财务报告披露的会计信息的信息含量降低”这两个表述之间的区别。

如果属于前者，你们我们可能就需要从改革现行财务会计与报告模式入手；

若属于后者，则我们往往并不必否定现行财务会计与报告模式，而更多地应该从改进现行财务会计与报告模式的传递手段和传递方式上入手——如鼓励因特网上的财务报告披露等，强化财务报告披露的及时性，避免财务报告披露滞后所导致的、财务报告信息被“清空”（emptied）的现象。

五、“会计信息”概念的界定及会计信息披露的特征

（一）会计信息的界定

尽管关于信息的定义很多，但是对会计信息进行定义却并非易事。根据我们手头掌握的资料，Bruns（1968）将会计信息定义为“包含在企业一整套财务报告中的内容”。我们在本书中界定的“会计信息”是较为宽泛的一个概念，包括①：

① 此处必须注意区分传递会计信息的载体、载体的数据或文字表述和会计信息之间的区别。根据上述定义，可能传递会计信息的载体包括财务报表、财务报表附注、其他财务报告（前三者结合总称为财务报告）、企业部分临时公告、除了财务报告之外的其他会计资料、审计报告和财务分析人员的报告等。这些载体上量化的数据或定性的文字描述或两者的结合，蕴涵着会计信息，一旦使用者进行恰当的分析和利用，就可以形成决策所需要的会计信息（当然，并不排除某些数据或文字表述直接为投资者所利用的情况）。所以，财务报告、审计报告以及财务分析人员的研究成果只是传递会计信息的载体，并不必然意味着会计信息。会计信息是这些载体所反映的内容，是这些载体上的数据的内涵，是经过投资者分析、理解之后所形成的。

(1) 企业会计信息系统通过其特有的基本程序和方法所形成的、由管理当局及其代理人编制的、反映一个企业特定日期的财务状况、经营成果和财务状况变动或现金流动情况的财务报表（包括附表）所包括的内容。这类会计信息一个共同的特点就是通过能够用货币进行计量的数据进行传递。

(2) 财务报表附注中有关对财务报表的表内（face）数据提供解释、说明和补充的文字表述或货币量化明细项目所揭示的内容。

(3) 财务报表之外的其他手段如其他财务报告（我国为财务情况说明书）所包括的内容[①]，包括盈利预测、简化年度报告、社会责任报告等。这些内容往往是因为不完全符合财务会计的确认、计量标准而不能够纳入财务报表，虽并不强求货币计量，但是它们的存在对使用者理解财务报表中所蕴涵的信息和进行决策是大有帮助的。

(4) 企业临时或不定期公告中所包含的、反映与企业财务活动有关的内容。

(5) 企业其他会计文件（包括凭证、账簿）上的数据所包含的内容。

(6) 审计报告中的审计意见等相关内容。将审计信息作为会计信息的一个有机部分的原因是因为，虽然审计并不直接“生产”会计信息，但是审计的存在为会计信息提供了签证的作用。Watts（1977，p53～75）认为，已经审计的财务报表可以实现委托代理关系均衡，所以审计报告中体现的审计意见对会计信息的确信性而言无疑具有重要的作用。尤其对于上市公司而言，其提供的财务报告中一般都附带注册会计师的审计意见，可见审计报告所披露的信息和财务报告中的会计信息现在已经成为浑然一体，不可分割的组成部分。Scott（1997，p329）在论及会计信息及会计准则时也将审计信息作为会计信息的一部分综合进行论述。为此，我们认为将审计报告中披露的审计意见也当作是会计信息的一个组成部分是合理的。

(7) 投资分析人员（investment analysts）、专业用户（professional user）和老练的投资者（sophisticated user）对企业管理当局提供的会计信息

---

① FASB在SFAC No.1（1978）第6段中明确指出，财务报表是财务报告的中心部分，是传输会计信息的主要手段；第7段指出，财务报告不仅包括财务报表，还包括其他传输信息的手段，其内容直接或间接地与财务报表信息有关，包括企业的资产、负债和收益等信息。

进行再分析后整理成为不同形式的会计信息（前提是这些用户对本企业管理当局提供的会计信息进行关注）。Taylor and Turley（1986，P5）在分析对会计的管制时提到了这一点。

另外，第5项之所以被归类为会计信息的一类，原因在于：

(1) 凭证和账簿虽然不同于财务报告，但由于它们作为载体，其中包含的数据和文字表述仍然可以反映会计信息；

(2) 簿记是会计的前身，簿记虽然不等价于会计，但簿记确实可以提供某些会计信息[①]；

(3) 会计的发展是反应性的，在早期由于经济活动的简单化，可能账簿或凭证已经能够满足个方面的需要，而无须像经济业务复杂的今天需要按照“凭证——→账簿——→财务报告”的组织程序来利用财务报告这种浓缩的形式来提供会计信息；

(4) 如果认为早期账簿和凭证中数据不反映会计信息，首先是一种静态思维在作怪，缺乏用发展的眼光看待问题，那无疑于坚持这种逻辑：会计的前身——簿记不反映会计信息，而惟有会计才反映会计信息，但由于财务会计不断地处于发展和变化之中，当未来的会计披露体制大大超越目前的财务报告体系披露会计信息时，是不是我们将来又要说现在的财务报告体系不披露会计信息？

我们认为，考虑到财务会计的过去、现在和未来（即继承性和发展性），当会计停留于簿记状态时，与其发展状态相适应的“凭证、账簿体系”中的有关数据是能够传递会计信息的，尽管只是初级的信息。

(二) 会计信息披露中的基本特征

1. 会计信息的垄断性[②]

会计信息提供具有的某些垄断特征将会产生两个基本问题，即会计信息提供数量和会计信息提供质量的问题。

(1) 会计信息提供水平（假设会计信息质量给定）。通过基本经济学原理可以知道，当企业处于竞争性情况时，若其提供的商品的价格等于边

---

① 如果A是B，并不代表A=B，只意味着A⊆B。那么就存在如下关系：(1) A⊆B，并且B⊆A，那么A=B；(2) A⊆B，但B⊄A，那么A⊂B；(3) 反之，B⊂A。

② 此部分的数理基础请参考哈尔·瓦里安（Hal Varian，1992，P238～241）或Hal Varian (1990，Chapter23)。

际成本则认为是帕累托（Pareto）有效的[①]。但由于会计信息是垄断性的，所以其边际收益曲线总是位于“反需求曲线”[②]下方，显然，对于会计信息而言，企业管理当局提供的会计信息水平一般是低于帕累托有效的水平。因为会计信息使用者作为需求方，其效用函数是凹性的，这意味着增加会计信息提供的水平将增加社会总效用。

具体推理如下（假设使用者需求函数满足拟线性要求即为 u（x）+ y）[③]：

$$w(x)=u(x)-c(x)=[u(x)-p(x)x]+[p(x)x-c(x)]$$ [④]

上式中 w（x）为社会效用。上式前半部分为信息使用者剩余，后半部分代表提供会计信息的净收益。如果对社会效用函数求一阶导数，并假设管理当局提供的会计信息（垄断）水平为 x^*，那么在 x^* 点，$[p(x)x-c(x)]'|x^*=0$（因为垄断水平点处边际收益＝边际成本），而 $[u(x)-p(x)x]'|x^*=-u''(x)x|x^*>0$，从而 $w'(x)>0$。但是对于社会效用函数 w（x）而言，实现帕累托效率的点应该符合 $w'(x)=0$ 的一阶导数条件。

这验证了管理当局在最大化自己效用情况下选择的会计信息垄断提供水平小于社会最佳效用水平要求的会计信息提供量。为此，增加会计信息提供水平将增加社会总体效用，但缺乏外部强制力时，管理当局并不愿意提供超过 x^* 的会计信息水平。

(2) 管理当局提供会计信息的质量。当我们同时考虑会计信息提供的数量和质量时，社会效用函数就演化为：

$$w(x,q)=u(x,q)-c(x,q)=[u(x,q)-p(x,q)]+[p(x,q)-c(x,q)]$$

$$=\text{会计信息使用者剩余}+\text{净收益}$$

如果以 x^*、q^* 代表会计信息提供的垄断水平和相应的质量，那么在

---

① 帕累托效率（Pareto efficiency）是根据 19 世纪经济学家和社会学家帕累托（1848～1923）的名字命名的，他是第一个考察这一概念的人。帕累托效率的含义是，“在不使任何人效用受到损失的情况下（换言之任何人的效用至少不变）使一些人的效用有所提高”。

② 反需求曲线函数其实是需求曲线函数的反函数。

③ y 可以认为是代表会计信息使用者作出关于会计信息的最优决策（是否信任会计信息而进行投资）后剩余的、用于其他用途的货币。之所以如此假设，实际是为了分析简便。因为经典经济学告诉我们，在拟线性效用情况下，消费者（含会计信息使用者）的需求函数和收入相独立。此外，u（x）是凹性的，即 u`` （x）小于 0。

④ P（x）作为虚变量的引入及其定义与否将不影响结论的完整性。

x^*处，管理当局提供会计信息的净收益（上式后半部分）关于提供水平和质量的一阶导数都为0。此后，当给定q时，上式前半部分（使用者剩余）关于x^*的导数严格为正，这个结论上面已经证明。但上式前半部分关于q^*的一阶导数是不确定的，可能大于0，也可能小于0，这取决于会计信息使用者的效用。但是应该注意到作为会计信息的垄断提供方，企业只关心私人的边际成本，当会计信息使用者效用不等于企业边际成本时，从整体上看企业不会提供最优的会计信息质量。在这种情况下，任何关于会计信息质量的提高都将促进社会总体效用。为了确保这种情况的实现，管制是必须的。

从会计信息提供具有某种程度的垄断性角度出发，我们分析出由此导致的会计信息提供无论从质量上还是提供水平上都背离了社会最佳，未实现帕累托效率。

2. 会计信息的外部性

会计信息的供求过程中都具有外部性①，外部性贯穿于会计信息供求的过程之中。与会计信息相关的外部性主要体现在：(1) 管理当局提供会计信息给会计信息使用者带来的外部性；(2) 会计信息使用者的某些披露要求给企业和管理当局带来的外部性；(3) 不恰当的管制（会计准则或会计制度的形式）水平给企业施加的外部行。

3. 信息不对称因素

投资者和管理当局之间的信息不对称体现在两个方面：第一，事前的信息不对称，表现为管理当局筹集资金时的逆向选择问题——在不对称信息存在时，管理当局可能在筹集资金时欺骗投资者；而当博弈次数有限时(更为严谨地讲，是博弈次数不足够多次时)，由于管理当局的声誉问题(KMRW) 尚不发生作用，所以理性的投资者意识到这一点，最终导致筹集资金行为的夭折。第二体现为事后的信息不对称，表现为假设管理当局筹集到资金后未兑现其筹集资金时的“空口声明”(空口声明问题本书第五章有详细述及)。

---

① 在会计信息披露的使用者导向（user-oriented）模式下，绝大多数的人都忽略了一个关键——会计信息的外部性是相互的。管理当局提供会计信息的水平和质量可能给会计信息使用者的决策带来影响（外部性），那么使用者的要求披露同样也可能给管理当局和企业带来影响（外部性）。

六、会计信息产权博弈的参与者

首先，我们必须明确会计信息的利益相关者，这是研究会计信息产权及会计信息产权博弈的关键。这里，需要结合公司治理生态来进行诠释。

会计信息的利益相关团体是一个动态的（dynamic）、状态依存（state－contingent）的概念。会计信息的利益团体的动态性是因为它依存于特定的历史、经济、政治环境，尤其与企业治理结构密切相关。会计信息的利益团体的状态依存性决定着利益集团的主体，决定着谁可以分享企业的所有权。传统意义上（或大约90%的概率意义上）自有资本拥有者或股东是企业的所有者（Aghion and Bolton，1992）。但这是一种错觉（illusion），因为在某些特定情况下，管理当局、企业职工和债权人都可能成为企业实质上的所有者（张维迎，1996年）[①]。会计信息的利益相关团体其实可以简化地描述为“在特定条件制约下的、企业现存所有者和潜在所有者之间的冲突集”。考虑到一个市场中的企业最通常面临的情况（或者实现生存、发展、获利的企业目标，或者因为资不抵债而破产），所以关注管理当局和股东、债权人之间的利益对立性和互动关系成为本书的主线，在此基础上我们将扩展会计信息利益相关者的涉及范围，讨论注册会计师等因素和环节对会计信息质量和会计信息产权博弈的影响。

在最初管理者和所有者身份重合的条件下，由于并不存在与会计信息相关的利益对立者，会计信息的提供方和使用方重合，所以会计信息的利益相关者就体现为所有者/管理者，利益方是惟一的，也就不存在着利益对立方。

随着企业组织形态的演化变迁，当股东投入者逐渐远离企业的日常经营管理，交由职业经理（以下称管理当局）进行企业的日常经营、财务决策，而保持对管理当局的监督时，会计信息的利益团体开始分化并在一些

---

① 在该脚注中，我们参考张维迎（1999年），将所有者的状态依存性解释如下：

假设企业的总收入为R，W为工人应该得到的合同工资，L为对债权人的本金、利息支付额（假设工人的索取权先于债权人）。那么：

i. 如果 $R \geqslant W+L$，则自有资本拥有者即股东是企业的所有者；ii. 如果 $W \leqslant R < W+L$，则债权人是企业的所有者；iii. 如果 $R < W$，工人是所有者。iv. 此外，考虑到股东是追求货币收益满意化的、有限理性的经济人，如果企业管理当局经营结果（譬如以净利润衡量）能够达到甚至超过股东要求的满意利润，那么股东并不希冀去监督管理当局，此时管理当局就是企业实质上的所有者。Joe（1994）在《强管理者，弱所有者》一书中精辟地阐述了这个问题。

情况下产生了相互对立性。利益相互对立性这个问题要辩证地进行理解，首先必须承认管理当局和股东之间的利益对立性，这来自于管理当局和股东之间目标函数或者效用函数的不一致；其次，补偿方案的存在尽管在一定程度上可以弥合两者之间效用函数的不一致，但并不能够完全消除差异。股东一般将追求货币收益放在第一位，甚至追求货币收益是其惟一的目标；而管理当局作为理性的经济人，当然首要的也是考虑其货币收益，只不过货币收益并不是其惟一的效用函数的构成要素，还包括了较多的闲暇和舒适的办公环境、个人权力（power）和希图构建经理帝国（empire）。效用函数的不一致导致管理当局在某些情况下以牺牲所有者的利益为代价来追求个人私利。在美国，职业经理虽然拥有令人惊羡的高报酬（由年薪、红利和股票期权构成），但在经营上并未带来突出的业绩，甚至在企业业绩回报率不佳时仍心安理得地享受巨额收益的例子就可以突出地说明这一点。

当企业公开面向社会公众筹集资金时，管理当局和股东之间利益的对立只是一个简化的模型，但却的确是一个实用的模型①。实际上，企业的会计信息使用者已经无限扩大化，甚至已经扩展到了全社会公众。股东和债权人、宏观管理机构、职工等从会计信息的供求角度理解是一个共同的利益团体，他们都是企业会计信息的使用者；管理当局和会计人员（包括审计人员）是会计信息的提供方，同时他们又是会计信息的使用方。在每个大的利益集团内部又可以细分为不同的小利益集团，譬如在使用者集团中，股东、债权人和宏观管理机构的效用函数也是不一致的，股东重视企业的盈利能力、长远发展前景以及不同于其他企业的未来风险和报酬机会，而债权人则关心企业财务的适应性（Financial adaptation）和企业的偿债能力，国家宏观管理机构则关心税收、企业的社会贡献、社会积累等。同样，会计信息的提供方也体现为一个大的利益集团，但管理当局是其中的主体和核心。这一点不难理解，譬如审计委托书中就曾注明企业管理当局对企业财务报表（财务报表是会计信息的载体）承担责任，Watts and Zimmerman（1978，1986）在其文章和著作中也曾论及。我国 1999

---

① FASB 在研究 SFAC No1（1978）时以及 AICPA 在研究《改进企业报告——着眼于用户》（1994 年版）时都采纳了这一简化性的思路，尽管其认定会计信息的使用者包括了投资者、债权人、雇员、潜在的使用者等，但在具体研究时都将之进行简化，譬如研究投资者和债权人的信息需求。

年颁布、2000年7月1日实施的《会计法》中也明确提出“单位负责人对企业财务会计报告的真实、完整性负责”。而会计人员只不过是管理当局的代理方，审计人员也只是通过审计签证为财务报表信息的真实、公允性发表意见，借以增加会计信息的可信性和投资者的信心。

综合上述，管理当局是会计信息的提供方主体，会计信息提供方利益集团还包括了会计人员和审计人员；股东与债权人是企业的需求方主体，雇员、宏观管理机构以及潜在的使用者也是该利益集团的构成部分；管制方，主要目的是通过界定通用会计信息产权来矫正会计信息产权（getting property rights of accounting information right），并在此基础上降低交易费用，保护“公众利益”。当然，我们并不排除管制方有时也是会计信息的需求方，也不排除管制方依然从总体上可以看作是具有理性的经济人，也需要进行成本——效益的权衡。即便如此，我们仍贯彻“主要矛盾”的思想，认为管制方总体上应该从会计信息的需求方中独立出来作为单独的一类，并对其在会计信息产权界定中的作用加以详细地讨论。会计信息的产权问题其实就是这三类集团之间博弈的结果。

第二节 本书的研究方法、若干基本假设及理论基础

一、关于研究方法

1. 本书的研究方法

本书的基本态度是“述而不作”。所谓“述”，指阐述与解释业已存在的某些论点；所谓“作”，指有所突破与创新。当然，在“述”的过程中不可避免地夹杂有我们的一些粗浅观点和认识，但主要目的仍是立足于对已经形成的若干结论进行解释或者重新进行解读，发掘研究对象本就存在、但长期以来被忽略的内涵。

因此，本书的研究往往是提出若干命题，然后要么力图借助于经济学

理论或博弈论的分析工具进行理论阐释、而后再借助于历史史实进行检验（博弈分析与历史证据），要么进行局部的实证研究与案例分析，力求提供最直接、最相关的经验证据。

值得指出的是，我们通常所说的实证研究往往表述得并不十分确切，只是为了尊重我国在引进西方会计理论过程中形成的惯例和传统，而经验会计研究的术语相对较为贴切。实证会计研究（positive accounting research）只是经验会计研究的第五类——档案式研究的一个分支，主要关注在契约假设、红利假设、政治成本假设下发展起来的、以研究会计政策选择为重点的、以 Watts 和 Zimmerman 为代表的一个研究领域。

经验研究，往往包括如下的方法体系①：

经验会计研究
- 实验室实验（Laboratory Experiments）研究②
- 实地实验（Field Experiments）研究③
- 实地研究或案例研究（Field Studies or Case Studies）④
- 调查研究（Survey Research）⑤
- 档案式研究（Archival Research）

本书的研究方法集中于规范研究、案例研究和实证研究——更确切地

---

① 陈建文："实证会计研究方法"，厦门大学研究生授课提纲，1999 年。

② 实验室研究往往见于理工科的研究之中，譬如借助于兔子研究 SARS 的疫苗。经济学和会计学的实验室研究往往需要在控制试验条件的情况下，选择合适的受试者，研究一些不能够从资本市场上直接取得第一手数据的问题，譬如研究不同类型的、差异性（歧视性）的财务报告是否会导致使用者不同的经济决策后果。同时，实验室研究还是搜集第一手数据的重要来源。一般来讲，实验室研究往往在财务、管理和审计领域都有一定程度的应用。

③ 实地试验研究往往使用有生命的个体去进行研究，譬如通过自愿受试者临床研究新药的效果等。由于参与者往往具有行为因素和可思考性，他们心理的波动和行为的偏差都有可能导致最终的实验充斥着噪音。为此，实地试验研究的控制群体和受测试群体必须非常严格保密，比如现在需要实验一种治疗 A 病毒的药品的临床效果，研究者就必须从患有 A 病毒的自愿者中选择一定样本的受测试者和控制群体，受测试者服用相应的药品；而控制群体服下的只是维生素等对身体无害的药品，但是两方谁都不知道自己属于哪一类，是否服用了治疗 A 病毒的药品。一切谜底必须等到最终完成试验以后才揭开，这往往意味着一种双盲测试。

④ 实地研究、案例研究往往直接深入实际的环境下，观察、记录实地数据和流程，发现其他研究中往往被忽略的变量等。譬如，要研究全面预算的问题，往往需要选择一家推行全面预算的典型企业，然后进驻企业，发现一些全面预算推行过程中的问题，借此修正相应的理论模型，并因此进一步发展进行实证研究的假设。实地研究和案例研究往往较为适合于管理领域内的研究。

⑤ 调查研究往往带有明确目的，搜集相应证据去证实或否定某一既定的结论，或根据调查结果得出某项结论。

说，是档案式研究。档案式研究因进行研究的数据来自于历史数据和“档案资料”而得名。档案式研究的关键问题在于：能否尊重前人的研究成果，进行必要的文献检索，能否科学的选择研究样本，能否符合成本效益的界定样本规模，能够合乎逻辑的依照制度背景和经济理论逻辑发展出研究假设，能否选择合适的计量模型、对档案数据进行检验、剔除噪音、得出结论，能否对研究结论进行充分的讨论等。档案式研究中存在一个著名的沙漏模型：

一篇文章分为导论、文献回顾、方法论、研究问题及假设、研究方法、研究结果和结论等七个部分，各个部分的比例关系分别为：6.7%，33%，6.7%，6.7%，6.7%，33%，6.7%[①]。

2. 会计研究方法的思考

规范会计研究者认为理论的作用在于解释、预测和指导会计实务，而实证会计研究者认为理论的作用在于解释和预测。大家千万不可因此低估了实证会计研究对会计理论的贡献。相当一部分规范会计研究的坚定支持者认为，实证会计研究往往通篇四五十页，整篇充斥着计量模型和数学游戏，理论假设有时甚至缺乏现实的、直接的应用价值。问题在于，我们可以把规范会计理论比作是一座高楼大厦，往往自成体系且“恢宏广大”；而实证会计研究者往往更在于大厦构建的一砖一瓦，在一砖一瓦上耗费着毕生的精力！然而问题在于，大厦平地起，根基、架构必不可缺！因为只有透彻地了解一砖一瓦之间粘合的若干问题，比如承重系数、粘合指数、抗台风系数等一系列的参数，最终的大厦才可能牢固。

照此，规范会计研究的一系列演绎的前提可能往往并不能够获得充分的证据支持，即便是能够获得“相对广泛的认可”，但是往往与“权威的声音”密不可分，也可能和犹如海市蜃楼一样的“市场的虚假现象”联系在一起。所以，规范会计研究的某些前提、“枝节性”的理论和命题需要实证会计研究来进行检验。

的确，实证会计研究目前的现状也是让人堪忧的，因为此类研究已经陷入了一系列“惊奇”（surprises）之中——譬如过分追求抽象出的、各种变量之间关系的令人出乎意料等，而研究对知识的增长和理论的推进作用往往被放在了次要的位置。数学家斯坦尼斯罗·尤兰姆曾问著名经济学家

① Ryan，Scapens and Theobald，2002.

萨缪尔森："你倒说说经济学中哪条定理既是正确的、但又不是显而易见的（true but non－trivial）"呢？套用其来提醒那些仅拘泥和醉心于数学和计量模型游戏中的研究者们，应该关注中国会计发展中的现实问题和案例，解决实际问题，而不只是自娱自乐，醉心于模型，并告诉支持者"believe it or not"——一流的会计理论研究者应有一流的计量和数学功底，但仅有一流的计量和数学功底一流的计量和数学功底绝不能够成为一流的会计理论研究者。

应该注意到，实证研究方法也在不断拓展，实证会计研究包括两个相互联系的部分或阶段——经验实证研究（empirical studies）和理论实证研究（theoretical Studies）。理论实证的目的是用来提供一个基本体系，对现实会计实务本身究竟是怎样的问题作出理论和逻辑上的分析和解答。而后者又可以包括纯理论研究和应用理论研究。理论研究是利用"思想实验"制造假说的过程，而经验研究是指用经验观测检验假说真伪的过程。纯理论研究是运用复杂的数学知识，经过严格的逻辑推理，最终得出一些缺乏直接应用性的定理（其实，称为命题也许更为恰当）；而应用理论研究则是应用纯理论解释经济现象和最终形成假说的过程。纯理论研究和应用理论研究对形成假说而言都是不可或缺的。我们翻阅西方的有关会计文献可以发现，有相当比例的文献已经将经验实证研究和理论实证研究（纯理论和应用理论）紧密地结合在一起，一般在文献的开始先利用理论研究范式得出研究假说，然后再利用资本市场经验数据进行经验验证，由此将实证研究形成一个浑然整体。

理论实证过程包括[①]：（1）三个基本要素——有关会计问题的基本假设、一套逻辑严密的系统化的推理机制和方法以及最终的理论结论；（2）提出理论假设、建立分析模型以及进行逻辑推理和证明三个紧密联系的步骤。

经验实证是指对理论实证得出的结论进行经验检验的过程。对于经验实践和理论结论相符合的部分，就应该当作正确的理论加以运用，直到被经验数据证伪为止，而对于被经验数据直接所证伪的理论结论，就必须逐渐修改原有的理论假设，再次进行理论实证和经验实证。

关于实证和规范研究的基本内容，马克·图恩曾作过一个比较全面的

---

① 樊刚：《市场机制与经济效率》，上海人民出版社 1995 年版。

对比分析[①]：

实证　是　手段 事实 现实 描述 真或假 精神的问题 解释 分析

规范　应该　目的 价值 理想 规定 好或坏 心灵的问题 评价 政策

可以看出，上述的区分涉及语言形态、研究领域、内容性质和作用特征等多个方面，如果具体到会计理论研究中来，目前多数会计学者首肯实证会计研究主要回答会计“是”什么，认为进行实证会计研究时应该超脱或排斥一切价值判断，只考虑建立会计信息系统运行之中的会计处理程序之间关系的规律；而规范会计研究一般着重回答会计“应该是”什么，因此往往含有一定的价值判断，需要提出某些准则，作为进行会计处理的标准和制定会计政策的依据。

如果详细比较规范会计研究和实证会计研究的大量会计文献之后不难发现两者在以下重大方面各具特色，也正是在这些重要方面，规范和实证会计研究需要互补[②]：

(1) 规范会计研究往往从少数几个基本会计概念（会计基本假设或会计目标）出发，主要运用演绎法来推出一套用来指导会计处理的基本原则。而大凡实证会计研究，一般总是先根据大量的会计现象归纳出一个或多个命题，然后利用来源于会计信息市场的若干会计数据来进行经验检验；或者对规范会计研究的既有研究成果进行证实或证伪。一言以蔽之，规范会计研究代表了会计人员对会计现象的本质特征由一般到具体的认识，而实证会计研究则代表了会计人员对会计现象的本质特征由具体到一般的认识。根据唯物主义的认识论，对会计现象的认识是由一般到具体和由具体到一般的有机结合，因此规范会计研究和实证会计研究不应有所偏颇。

(2) 规范会计研究往往从较高的会计理论层面上来把握整个会计理论框架的内在逻辑一致性，如对财务会计概念框架的研究，其研究结果往往会作为制定会计政策的依据；而实证会计研究则往往是针对具体的会计理论，如存货发出的计价在什么情况下采取先进先出法，在什么情况下采取后进先出法等。近年来，实证会计研究的趋向是研究的问题越来越小、越来越细致，一些规范会计研究者借此攻击实证会计研究对整个会计理论体

---

① 参见马克·图恩（1979年版）。

② 本部分的分析参考了周忠惠的《会计理论研究方法》一书。

系没有贡献。

实际上，实证会计研究可以为规范会计研究提供充分的经验支持，且往往只有通过实证会计研究发现和揭示会计现象的本质是什么（What it is），只有掌握了各种会计现象的本质，才能从逻辑高度上来进行探讨会计应该是什么（What it should be）的问题；规范会计研究也可以为实证会计研究提供若干可供检验的命题，因为研究会计现象的最终目的并不仅仅在于探讨会计是什么，而必须研究会计应该是什么，在这个过程中规范会计研究中存在着若干需要实证会计研究进一步证实或证伪的论题。可以这么来讲，规范会计研究和实证会计研究与所研究问题的结构层次相关，研究的问题越“小”、越具体，就越能够凸显实证会计研究的用武之地；研究的问题越宏观，越需要对之进行评价，因此其越具有规范性。规范会计研究和实证会计研究角度不一、相互联系、相互补充，组成一个不可分割的研究整体。

(3) 规范会计研究的较高层次性决定了其必然涉及到价值判断，而实证会计研究则由于侧重于在较低会计目标层次上进行研究，则涉及到事实判断。那么，事实判断和价值判断的关系如何呢？两者的关系如下所示[①]：

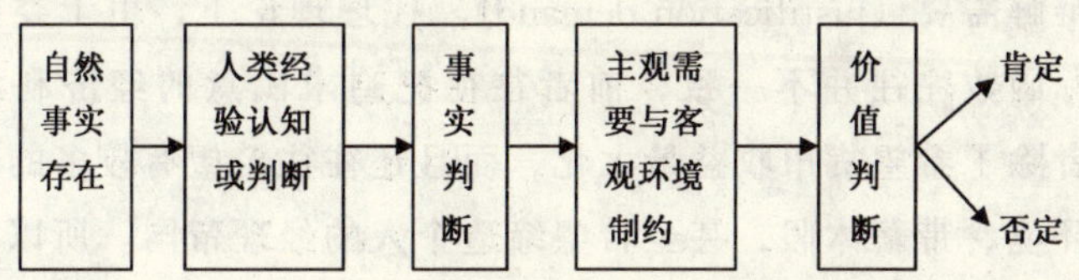

图 1-1 事实判断和价值判断关系图

由此可见，事实判断和价值判断是具有相互关联性的，因此规范会计研究不可能排除事实判断，实证会计研究也不可能完全屏弃价值判断。此外，按照哲学观点，“是什么”（事实判断）先于“应该是什么”（价值判断），所以实证会计研究是规范会计研究的基础；但是由于“是什么”总有些捉摸不准的味道（如会计基本假设来自于客观会计环境，具有客观性——“是什么”，而会计目标代表了会计信息使用者的主观需求即“应该是什么”，但是会计界却并没有厚此薄彼，而是两者并重，这是否对我们有所启发?），所以需要对“应该是什么”进行某些规定，这样规范会计研

① 参见陈秉漳（1990 年）。

究同样必不可少①。

实证会计研究者对会计理论作用的认识，集中地体现在瓦茨和齐默尔曼（Watts and Zimmerman）1979年的一篇题为“会计理论的供求：一个借口市场”。在该篇两人共同所撰写的、实证会计研究的早期经典论文中，Watts and Zimmerman将会计理论看作是一种商品，研究会计理论的供求（supply and demand）。按照Watts and Zimmerman的观点，会计理论的作用包括：

（1）教学需要（pedagogic demand）。通常，不同的会计政策选择会产生不同的经济后果。为了降低企业中的代理成本，不同的会计政策和会计程序往往被设计。然而，会计程序的多样化往往会导致技术、格式上的不一致性，增加了会计教学的困难性。因此，理论工作者和研究者往往从评价和检查现存的会计系统、总结不同程序的相似性和区别入手，发展会计理论。

（2）信息需要（information demand）。实际上，会计理论的作用还不仅在于对实务差异的解释和描述，而且还包括预测会计程序对不同的利益相关者的影响。例如，在审计契约中，注册会计师往往需要会计理论去评价不同的会计程序可能招致的代理成本、审计风险变化及诉讼可能性的评估。

（3）辩解需要（justification demand）。代理理论下，由于委托方和代理方的目标函数往往并不一致，前者往往把追求满意的经济利润放在首位，而后者除了希望货币收益最大化，而且还往往希望有较多的闲暇、舒适的办公环境、带薪休假，甚至希望缔造个人的经理帝国。所以，不能够

---

① 通过上述分析，可以得出关于规范会计研究和实证会计研究的以下若干基本观点：(1) 会计理论研究之中，“是”与“应该是”，或者“事实判断”与“价值判断”往往交织在一起，并无明确的界限可以辨别或者有意识地去遵循；(2) 从逻辑上来讲，事实的描述先于价值的形成，尽管在现实的会计研究之中，由于会计研究者个人的价值取向和意识形态的不可捉摸性，是什么总有点捉摸不准的特点。(3) 虽然在会计理论研究之中不可能完全避免研究者个人先入为主的干扰，但是追求实证会计研究的“纯洁性”，将人为的干扰降低到最小仍是一种会计研究者所应该具备的科学精神。(4) 实证会计研究和规范会计研究之间并无人为的鸿沟，作为实证会计研究精神的对事实解释和预测最终必须过度到规范会计研究的主旨——会计应该是什么上来，换句话来讲，实证会计研究应该以规范会计研究的目的为归宿。(5) 在会计理论研究之中，由于两者的互补性，绝对地将实证会计研究和规范会计研究对立起来的态度固然不可取，但是绝对抹杀实证会计研究和规范会计研究的做法也同样不可取。(6) 规范会计理论研究由于是从逻辑高度来把握整个会计理论研究过程，而实证会计理论研究则立足于会计实务，但是这并不能够说明实证会计研究和规范会计研究孰优孰劣——“存在的未必合理”！从一定意义上来讲，规范会计研究的成果说到底是把会计实务界暂时认识不到的结果展示给会计界，在理论的指导下，我们虽然不能改变既定的利益格局，但是我们确实可以借此改变会计人员的认识格局，并可能最终因此影响他们的选择（主要参考了周忠惠，1995年；杜兴强，1997年）。

排除代理方会存在以牺牲委托方利益为代价来追求个人私利的行为。会计理论的存在，可以使审计人员充分了解企业管理当局操纵盈余的经济后果，提升审计人员的审计技能，而且还可以为审计人员提供既有的论点 (ready-arguments) 去抵御管理当局的盈余操纵行为。

二、贯穿于书的若干基本假设[①]

1. 会计信息作为一种资源的稀缺性 (scarcity)

稀缺性是经济学领域内一个基本假设，稀缺性源自于资源的有限性。如果不具备稀缺性，那么就不会产生不同主体对资源的交易活动。稀缺性在本书的研究中具有非常重要的应用。谁拥有稀缺性的资源，谁就拥有稀缺性资源以及与之相关的非稀缺性资源（相对意义上而言）上的剩余索取权（李建德，1999 年），也会在博弈中占据优势的初始状态，而由于系统对初始状态的敏感性可能导致诱发系统剧烈反应的“蝴蝶效应”[②] 的存在，使得我们必须对稀缺性保持格外的关注。会计信息和时间一样，是一种稀缺的昂贵品，要保证使用者的决策的理性化，必须有足够的会计信息来消除决策过程中面临的不确定性。

2. 会计信息提供方和需求方是有限理性 (bounded rationality) 的经济人

将会计信息的提供方——管理当局、会计信息的需求方（一个集合概念）——各种与企业存在着利益关系的、明确的或者潜在的缔约方如股东、债权人等看作是有限理性而非完全理性的“经济人”[③]，其目的是为了保证他们在围绕会计信息展开交易以及进行与此相关的博弈活动时，都以追求个人利益的满意化为目标。如果假设完全理性，那么会计信息使用者毫无疑问将具备了超级的信息搜集能力和信息加工处理技巧，惟有此才能够保证其个人利益的最大化。但是由于信息的无穷尽性和非完备性，以及会计信息使用者受计算能力、专业分工等因素的局限，往往并不能够实

---

① 部分参考了谢德仁的《企业剩余索取权：分享安排与剩余计量》一书的写作方式。

② “蝴蝶效应”源于混沌学研究，这一概念最初出现于 1979 年 12 月在华盛顿召开的一次大会中，与会的演讲者爱德华·洛伦兹半严肃半玩笑地说，“一只蝴蝶在巴西震动翅膀可能会在德克萨斯引起龙卷风”。参见詹姆斯·格莱克（1988 年，P22）。

③ 完全理性是与“最大化”概念相联系的，而有限理性是与“满意化”概念相联系的。最大化意味着满意化，但是反之并不成立，从一定意义上来讲，满意化相当于一个“次最大化”或者“次最佳化”的概念。

现理想化的“最大化”。实际上，追踪正统经济学文献我们不难发现，可比性、连续性、省略性、主导性、不变性和传递性等六项公设共同决定着行为人的（完全）理性（张宇燕，1992年，P69），但是这些公设只是为了理论的精致性而进行的假设，并不符合现实。以会计信息的使用者为例：

（1）其利用会计信息进行相关的决策时必须面临的会计环境的不确定性；

（2）会计信息使用者所需求的会计信息的重心也不尽一致，股东关注盈利能力、债权人关注偿债能力，国家关心国有资产保值增值能力以及企业社会责任履行情况①，那么谁能够保证使用者的偏好具有传递性②？这好比一个人喜欢苹果更甚于梨子，喜欢梨子更甚于菠萝，但谁又能够断定该同志在苹果和菠萝中一定更喜欢苹果？应用于会计信息，严格的传递性并不一定满足。那么，传递性不满足，又如何推知最大化概念呢？为此，假定会计信息使用者的有限理性和与此联系的“满意化”概念就十分现实和具有说服力③。同样作为会计信息“生产者”的管理当局也并非“最大

① 如国有资产保值增值率、社会贡献率、社会积累率等指标考核的依据和动机就可以说明这一点。

② 传递性意味着：若 A>B，B>C，则一定 A>C。传递性在自然科学领域内毫无疑问是一个不言自明的逻辑，但是在社会科学领域内，由于个人偏好的不确定性和社会文化结构、乃至风俗、习惯和各种惯例的影响导致严格的传递性并不一定满足。

③ 张宇燕（1992年）博士曾经以下棋为例说明人的有限理性和追求满意化结果。其实，在对弈过程中，所有的棋手因为对局时限的原因和其他诸多因素的交互作用，都不可能将所有的策略穷尽性地一一考虑，否则棋类的舞台上将不会存在“胜负说”了（围棋除外，因为围棋一定要分出胜负，哪怕是最小的胜负——按照中国规则的1/4子和按照日韩规则的1/2目，或者是应氏规则的点）。绝对的胜负固然残酷，但由于完全理性导致的绝对和棋就显得索然无味了。即使电脑也未必能够实现最优化，否则卡斯帕罗夫何以击败IBM公司的深蓝（deep blue）电脑。事实上，下棋时由于双方均不可能是完全理性的，所以一旦发现了一种能够“将”死对方的策略，尽管不是最优途径，但只要达到一样的结果——击败对方就可以了。如果刻意追求完美的、水银泄底般的华丽招法，那么结局可能只有一个——超时判负。应氏杯围棋世界锦标赛就规定，双方各自实行包干制的“三个半小时”限时，任何一方用时如果超过三个半小时，那么每延时一次（每次延时35分钟，但哪怕只超过一秒钟也要罚35分钟的点数）就进行罚点（两点），而其他棋赛还存在读秒的规定。为此，应氏杯似乎更要求棋手在有限时间内进行较为满意决策的能力。在下棋过程中，就实现了从最优化或最大化到满意化的转换。具体到会计信息披露的情况也不外乎此。其实，不同的围棋规则都在不同程度上实践着经济学的“理性”概念，都需要参赛者进行“权衡”（tradeoff）——经济学的基本理念之一。

但是，必须指明，最大化可以认为是一种追求的境界，也许由于环境不确定性、个人禀赋、知识结构等局限，最大化绝不是像高等数学求解函数一样精致，而只能是一种理想或者极限，永远只能够逼近而无法达到，至少在社会科学领域内是如此。

化利益者”，这一点可利用“X效率理论”① 就可以得到部分解释。此外，在Leibenstein提出“努力熵（entropy)”② 概念后，最大化概念已经四面楚歌了（张宇燕，1992年，P70)。同样，会计信息也存在着“信息熵”，由于噪音（noise）的存在而导致。信息熵是一种负熵，负熵的存在同样不能够解释和支持完全理性和最大化概念。

(3) 本书假定会计信息供求双方是有限理性的经济人的结论是从其决策的结果来看的，其决策的次优而非最优的。事实上，我们并不能够完全放弃“理性最大化”概念的意义，理性最大化是从初始角度而言的。譬如，作为会计信息提供方的管理当局，当缺乏外部强制力时，其提供会计信息的临界点符合“边际收益大于边际（私人）成本”的约束条件，这当然意味着管理当局的效用最大化。然而，由于会计信息提供的边际成本和边际收益并不是可以容易确定的，实际上，边际收益和边际成本具有不确定性，所以管理当局对该临界点的确定结果不可能是最佳的，而只是在有限的技术条件下的次优点，即满意化。概而言之，以管理当局提供会计信息为例，最大化只存在于决策初始进行的一种合理预期，但最终的结果却是满意化。

如上的界定，用西蒙（Simon）的话讲，就是“人们意欲理性，但只能够有限做到：(intendedly rational，but only limitedly so)”——追求满意（satisfactory）利润显然比追求最大（maximum）利润更贴近于现实。

3. 会计环境的不确定性和复杂性（uncertainty and complexity)

会计环境是一个复合概念，它包括了诸多交互影响的因素如政治、经济、法律、文化、组织、风俗、习惯等③。会计信息系统作为一个开环的耗散系统，其不断地与会计环境彼此交互作用，修正自身的行为。从这个意义上讲，会计信息的披露面临的将是一个复杂的环境。同时，环境也内生着不确定性，会计环境中最确定的莫过于不确定性了。

---

① 所谓X效率，是指生产者因为错过充分利用现有资源的机会而造成的低效率。

② 所谓“熵”(entropy)，是一个系统失去了的“信息”的度量（陈润生，1981年)。“努力熵”是一种组织方面的熵，用语衡量实际与假定企业目标协调不够充分的程度。

③ 作为逻辑起点的概念，在一定的理论体系中应该具有初始性；它是在一定的理论领域之中和一定的认识限度内不由其他规定所组合，但是能够组合成其他规定的最简单的规定性，是一定的理论体系中对象的各种复杂的规定性的根据和构成基础（陈宪，1995年，P140)。换言之，作为逻辑起点的概念好比点之于平面几何，商品之于《资本论》一样。会计环境不符合这个特点，因此不适合作为会计理论体或财务会计概念框架的逻辑起点。

4. 交易费用为正（positive transaction costs）

星期五出现之前，在鲁滨逊的世界里，不存在交易，也无所谓交易费用。同样，在一个完全或纯粹意义上靠行政命令或者强制力进行资源配置的环境中，交易无须计价且由于交易无须交易双方任何资源的支出，所以也不存在交易费用（张军，1994 年，P7）。当然，这种没有交易费用的社会就仿佛自然界没有摩擦力一样，是非现实的（Stigler，1972）。事实上，两个独立个人、主体之间进行的任何交易都不可避免地导致交易费用的发生。针对会计信息而言，本书也假设管理当局和信息使用者围绕着会计信息供求和披露的交易将耗费成本，导致交易费用的产生。

上述四项假设共同决定了会计信息的产权界定和保护是十分必要的。因为产权可以降低交易费用，改进资源利用效率。

5. 契约的不完全性（uncompleted information）

由于不确定性的存在和交易费用为正，再考虑到有限理性，所以任何契约的界定总是不完备的。针对会计信息而言，任何有关的契约（包括隐性契约）都不可能在其中将会计信息披露及相关问题一一辨明。这一点决定了在进行了会计信息产权的初始界定之后，随着时间的推移、环境变化以及技术因素的改进，会计信息的供求双方可能进一步就会计信息的产权进行博弈，追求会计信息的重新界定。在这个博弈过程中，原来的部分产权不得不放弃，原来不具备的产权则可能通过博弈而获得。

6. 信息的不对称性（information asymmetry）

信息不对称意味着缔约一方相对于另外若干方而言具有信息优势。针对会计信息而言，管理当局由于直接对财务报告披露的会计信息负责①，而其他信息使用者对企业的经营情况并不了解，所以管理当局相对具有信息优势。管理当局的信息优势还将影响到会计信息的各项权利在管理当局和信息使用者之间的分布函数，因为管理当局可能会利用信息不对称在会计信息产权博弈中占据有利地位，从而拥有会计信息的剩余控制权②。

7. 效用函数的差异性（the discrimination of utility function among all kinds

① 审计报告中一般都注明，企业的管理当局对财务报表的真实、公允性负责，注册会计师只是对财务报告发表审计意见。Watts and Zimmerman（1978）也认为，管理当局在企业财务报告中居于中心的地位。

② 剩余控制权是指契约中未注明情况的决策权。一般认为，剩余控制权应该和剩余索取权（以承担风险来决定）相互匹配。

of users）对风险态度的差异性（the discrimination of attitude towards risk）

作为会计信息提供方的管理当局不仅追求货币收益，而且还追求工作环境的舒适、较多的闲暇、个人的地位，甚至还有权力膨胀欲，构建经理帝国（empire），而作为会计信息使用者的股东或者债权人则一般而言只关心货币收益。这样，效用函数的不一致完全有可能使管理当局以牺牲股东（或其他使用者）的利益为代价来追求个人私利。Watts and Zimmerman（1978，P112～134）曾仔细研究了可能影响管理当局福利的因素，包括管制（regulation）、政治成本（political cost）、信息成本（information production cost）、补偿方案（management compensation plan）等。其中管制因素将影响到财务报表上的盈余数据，而管理当局的效用往往和盈余数据具有相关性；同样企业可能因为财务报表上报告的盈余而遭致政府的管制，而管制带来的政治成本将不利于企业利润的获取。这些将最终间接影响管理当局的福利，因此管理当局提供的会计信息将是选择性的。前两项不仅对管理当局的福利带来影响，而且也将对股东等其他利益集团的福利带来影响。相比较而言，信息成本和补偿方案将对管理当局的福利产生直接的影响，信息成本[①] 减少了企业的利润，而补偿方案（往往以财务报表上的指标如净利润或者 EPS 为依据）的存在导致管理当局为了追求个人效用最大化，往往在提供会计信息时进行人为的粉饰[②]。由于补偿方案的存在，在对管理当局的福利带来不利影响的情况下未必能够对股东或其

① 包括由增加会计信息披露量（采纳新会计准则变化所导致）的簿记成本、会计人员工资的增加等。

② 譬如，假设企业对管理当局制定的补偿方案是以净利润为基础，并假设为 100 万元。那么企业管理当局最终财务报告中披露会计信息显示企业最终的“修正利润”肯定不外乎两种情况：(1) 100 + θ（θ 大于 0，但 θ 很小）；(2) 100 - w（W 很大）。原因在于，如果企业实现的实际利润远大于 100，比如为 160，那么只要超过了 100，他就可以享受补偿方案中规定的奖金或红利，但超过 100 的部分（即 60）他往往无权享受或者只能够享受很小的一个百分比；此外，如果他报告了实际的利润 160，那么次年其补偿方案的条款可能就会被进行相应的调整，例如可能调整到 140（这就是所谓的“鞭打快牛”或者“棘轮效应”），这增加了次年完成补偿方案规定要求的难度，况且未来是不确定的，管理当局并不能够保证次年能够实现补偿方案原来规定的 100，更无须谈及新的标准 140 了。所以管理当局会进行盈余管理（earning management），以丰补歉。反之，如果实现的实际利润是 90，不满足补偿方案规定的 100，那么管理当局也绝不会报告 90，而可能报告一个 50（假设），而将另外的修正净利润差异 40 留到下年。因为未来的不确定性，如果下年实现了实际利润 65，如果第一年报告实际的 90，那么两年管理当局都得不到补偿方案中的奖金；但如果有了第一年递延下来的 40，那么第二年就有会实现 100 的要求。所以此种情况下管理当局在第一年会采取“触底反弹”（take a big bath）的策略。管理当局这种通过财务报表粉饰向会计信息揉入噪音的行为将会因为其在信息不对称中拥有的信息优势而轻易地通过会计上各种应计、递延、摊销等程序来完成。

他使用者的福利带来不利影响，此时管理当局完全可能会以牺牲股东的利益为代价满足自己的私利。此外，一般假定股东和债权人是厌恶风险的（risk-adverse）或者是风险规避者，而管理当局则是风险中性的。

三、本书研究的公司治理理论与经济学理论基础

经济学是会计学的基础[①]（葛家澍，1998年）。本书的分析基础正是经济学，而且限定为与现代契约关系密切的前沿经济学[②]。为了摆脱简单移植的尴尬，本书将假设契约理论以及将运用的若干经济学基本结论已经为大家所熟悉。为此，本部分将简单梳理契约理论的主要内容，然后介绍书中将要涉及的相关经济理论，为以后章节的写作进行铺垫，以便到时直接应用。

（一）公司治理[③]

1. 公司治理的不同流派与观点

公司治理问题的研究兴起于20世纪七八十年代的西方国家，此后出现了许多不同的流派和观点。1996年，美国的学者们完成了两篇著名的综述，一篇是Shleifer和Vishny为国家经济研究局（National Bureau of Economic Research）所著的《公司治理综述》（A Survey of Corporate Governance）；另一篇则是Hawley和Williams为OECD（经济合作发展组织）所作的《美国的公司治理：信托资本主义的兴起 一项文献综述》（Corporate Governance in United States: The Rise of Fiduciary Capitalism A Review of The Literature）。后者提出了公司治理的四种模式，分别是：

---

① 尽管会计学这门学科现在已经逐步归属到管理学科范畴内，但是我们认为，经济学作为会计学基础的结论并未改变——北京大学经济学院教授夏业良教授甚至认为，经济科学应该包括管理类专业，并认为不少学者和单位是出于自身利益的考虑，试图将管理学和管理学科从经济科学的大家族中分离出去（参见，夏业良，“经济学界资源配置的扭曲”，《经济学茶座》，第20辑，P25）。至于将会计学归属于管理学科可能是与会计的本质和职能有着一定的联系，因为会计作为“一个以提供财务信息为主的人造信息系统”，随着社会环境的变迁，其职能已经有新的发展，会计应该摆脱固有的、传统的记账、算账、报账的窠巢和羁绊，承担其辅助决策的功能。

② 现代契约理论是20世纪七、八十年代发展起来的主流阶级性派之一，此外提到契约理论还存在着古典契约理论和新古典契约理论。古典契约理论概括起来具有以下几个基本特点：(1) 契约是个别的、非连续的；(2) 契约的即时性；(3) 契约是具有自由意志的交易方自主选择的结果，缔约过程中不存在外部力量的干预；(4) 含有伦理因素。而新古典契约具有如下特点：(1) 契约的抽象性，如瓦尔拉斯均衡（拍卖模型）；(2) 完全（impefect）信息；(3) 契约的不确定性如经典的阿罗——德布鲁范式（事实上，新古典契约理论的终极目的就是力图将不确定契约转换成确定性契约）；(4) 契约的长期性。

③ 本部分由于竹丽与杜兴强根据相关的文献进行综述。

(1) 金融模式(the simple financial model);

(2) 管家模式(the stewardship model);

(3) 利益相关者模式(the stakeholder model);

(4) 政治模式(the political model)。

下面将着重介绍这四种公司治理的理论模式。

(1) 金融模式。目前,金融模式是居于主流地位的理论模式,过去它曾是学术界为公司接管(takeovers)辩护的理论基础,现在又被用来支持提高股东在公司治理中的权利。金融模式认为,公司应按照股东的利益进行管理,其惟一的目标就是实现股东财富的最大化。然而所有权与控制权的分离导致了代理问题,管理者作出的决策有时并不是以股东利益最大化为出发点。Jensen 和 Meckling(1976)所提出的代理理论将管理者定义为"代理人",将股东定义为"委托人",代理理论的一个基本假设就是委托人和代理人之间的利益和目标存在着冲突,管理人员在实现股东利益之前会先使其自身利益最大化。而管理人员又拥有一定的自由裁定权,因此代理理论的一个基本结论是企业的价值不可能被最大化。所以在金融模式下,公司治理的核心问题就是制定一系列显性或隐性的"契约",通过各种规则和激励手段来有效地引导管理者(代理方)的行为,使其同股东(委托方)的期望相一致。①

在金融理论者们看来,要解决代理问题需要采用适当的激励制度,其中最常用的方法就是通过股票期权等薪酬计划来促使管理当局最大化股东的利益。由于董事会是管理层薪酬的制定者,因此管理者也可能为了自身的利益而拉拢董事会成员,为此金融理论者们建议提高董事会的独立性,限制内部董事的人数,指派外部董事(或称独立董事),同时还应避免 CEO 与董事长二职合一的情况。

除去薪酬之外,还存在着一个更为严重的代理问题,那就是管理层所进行的不利于股东的并购活动。出现这一分歧的主要原因是管理者和股东对风险的态度不同。股东可以同时购买多家企业的股票,以此来分散其投资风险,然而管理者只能就职于一家特定的公司,其大部分收入取决于这

① Hawley, J.P., and A.T.Williams, 1996, Corporate Governance in the United States: The Rise of Fiduciary capitalism A Review of The Literature, Working Paper, Saint Mary's College of California, School of Economics and Business Administration.

一家公司业绩的好坏，若企业所经营的单项产业失败的话，管理者和其他雇员就面临着很大的风险，他们专属于公司的人力资本是无法转移的，因而无法像股东那样分散风险。在这种情况下，管理者就会比股东更为稳健，更加注意规避风险，同时他们也会倾向于多样化经营，以此分散经营单一行业单一公司的风险。

20 世纪 60 年代，美国兴起了第三次兼并浪潮，其中的许多兼并从长期来看对股东是无益的，管理者们致力于打造公司帝国，却牺牲了公司的盈利能力。到了 20 世纪 70 年代，公司的业绩（以股票价格来衡量）开始下滑，20 世纪 80 年代金融市场通过敌意接管等手段对这一问题进行了纠正。

在这一过程中，金融模式是支持接管活动的，金融理论的支持者们认为，接管活动的发展以及控制权市场的出现是管理当局进行无效并购活动后的合理产物。金融模式认为资本市场是有效的，股票价格完全由市场决定并有效地反映该公司的所有相关信息。当管理者作出对股东不负责任的行为（如盲目扩张投资或建立多元化的公司帝国）时，公司的股票价格会下跌，某一投资者就有可能收购该公司，重新指派新的管理者，以纠正这些错误。在 60 年代，美国只有 1% 的企业缩减了业务范围，而有 25% 的企业开展了多元化；80 年代缩减业务范围的企业比例升高至 20%，而开展多元化的企业比例则降至 8%。

然而到了 20 世纪 80 年代末期，管理者们也寻找到了有效抵制敌意接管的方法。首先是出台了众多的法律对接管进行了限制，从而使其变得更加困难。其次是在 1989 年德崇证券（Drexel Burnham Lambert）及其明星人物迈克尔·米尔肯（Michael Milken）因依靠内部信息非法经营而受到了起诉，米尔肯是“垃圾债券（Junk Bond）”的发明者，德崇证券靠这种方法为当时的收购活动筹集了大量的资金。在这次诉讼案后，米尔肯最终被判处 10 年监禁，赔偿和罚款 11 亿美元，德崇证券也因此一蹶不振，这使得之后的敌意接管失去了资金支持。伴随着控制权市场的倒塌，敌意接管时代也结束了。

到了 20 世纪 90 年代，金融模式的支持者们开始强调赋予股东更多的权力，也有人建议应发展大型机构投资者同公司之间的关系，通过机构投资者来影响公司，从而减轻代理问题。但是这又存在着一个问题：即“搭便车（free riding）”现象。美国机构投资者（如养老基金及共有基金等）

在近50年中得到了长足发展，它们所拥有的美国公司股份总额从1950年的2.8%发展到了1994年的38.1%。然而在这其中单个投资机构所拥有的每家公司的股份远低于5%，一般在1%以下。为了不到1%的收益而承担100%的成本当然是不划算的，因此大多数机构投资者都采取了“理智的冷漠（rational apathy）”这一策略，它们都在等待其他投资机构采取行动，然后从中享有“搭便车”的好处——既分享了收益又避免了成本。在这种情况下，任何投资者花费时间和金钱去监督管理者都将被其他投资者“搭便车”，所以投资者的监督行为将是非理性的。

然而对于金融模式许多学者也提出了质疑。Fama认为企业是一系列“契约的集合（nexus of contracts）”，在此前提下，公司所有权本身就是一个不相关的概念。他认为经理人市场是通过公司的业绩来决定管理者的薪酬，管理者在这个市场中是互相竞争的，因此他们将十分关注公司的经营情况。而在另一方面，股东为了分散风险同时持有多家公司的股票，这样他们反而不会亲自关注每家公司的具体经营情况。

Blair则认为金融模式的观点过于狭隘，她认为管理者和董事会的目标不应仅局限于最大化股东的财富，而是应该实现“企业所创造的整体财富最大化。达到这个目标的关键是增强利益相关者的影响，并激励那些为企业提供了重要的专门投入（企业的专用人力资本），以引导这些重要的利益相关者使其与外部的被动的股东相协调。”

（2）管家模式。管家模式与金融模式的目标是相同的，都是为了实现股东财富的最大化。两者的不同点在于金融模式认为管理者会为了自身的利益而作出对股东不负责任的行为，因此应成立高效、独立的董事会来对管理者进行监督。而管家模式则认为管理者可以很好地管理公司，是忠实的“管家”，对于成就和责任的需求会促使管理者们勤奋工作，从而获得高水平的公司利润和股东回报。管家模式认为人人都是公正和诚实的，都是愿意为他人谋利益的。依照这个理论，公司治理被看作是信任责任关系①，在此情况下管理者应被赋予绝对的权力，而不应屈从于由非执行董事领导的董事会。

在评论管家模式时，Hawley & Williams（1996）认为按其逻辑来拓

① 高明华：《公司治理：理论演进与实证分析——兼论中国公司治理改革》，经济科学出版社2001年版。

展，则要么朝向管理层主导的董事会，要么根本不要董事会。[①]

(3) 利益相关者模式。利益相关者理论兴起于20世纪70年代，最早由Freeman从管理学的角度对其进行了阐述。利益相关者理论认为公司的规模庞大、影响广泛，因此它们除了对股东负责以外，还应对社会负责，股东财富最大化的目标有时应屈从于其他目标。Clarkson（1994）将“利益相关者理论”定义为：“‘企业’是利益相关者在东道国社会的更大系统经营的一个系统，该社会为企业的活动提供了必要的法律和市场基础设施。企业的目的在于通过将利害关系转变为商品或劳务来为利益相关者创造财富或价值”。

所谓的利益相关者主要是指股东、雇员、供应商、客户、债权人、公司附近的社区以及公众。利益相关者的极端拥护者建议利益相关者还应包括环境、动物物种以及人类的后代。利益相关者参与了“交换”关系，他们不仅受到公司的影响，同时也会影响公司。他们拥有公司的“利害关系(stake)”，而不仅仅是“股份（share)”。[②]

表1-1　对“利益相关者”的定义——影响上市公司经营的因素[③]

私营部门的影响因素	公共部门的法律或监管者
顾客	贸易惯例
竞争者	反垄断法
股东	证券法
雇员	劳工法和平等就业法
工会	仲裁法庭等
供应商	公平交易法
银行家和金融家	信用法和破产法
审计师	公司法
股票交易规则	联邦/州/地方的税法
股票市场	健康法和安全法
媒体	环境保护法
专业协会	产品质量法
贸易协会	建筑法
董事和顾问	共同体法

① Hawley, J.P., and A.T.Williams, 1996, Corporate Governance in the United States: The Rise of Fiduciary capitalism A Review of The Literature, Working Paper, Saint Mary's College of California, School of Economics and Business Administration.

② 吉尔·所罗门、阿瑞斯·所罗门著，李维安、周建译：《公司治理与问责制》，东北财经大学出版社2006年版。

③ Turnbull, Shann, 1997, Corporate governance: Its scope, concerns and theories, Scholarly Research and Theory Papers, Vol.5, No.4.

具体来说，利益相关者理论又可以分为两种不同的意见：一种观点认为，公司是一个社会责任的组织，它必须服务于一个较大的社会目的。这种观点在20世纪60年代、70年代和80年代初普遍被消费者主权的倡导者、环境保护主义者和社会活动家等接受，并于80年代为部分公司经理人员用来支持其反接管政策；另一种观点认为，公司的存在是为社会创造财富，这种观点认为，股东实际上十分了解什么是他们拥有资本的自我利益（无论是长期的，还是短期的），但很可能股东利益的最大化往往同整个社会的财富创造最大化不一致，也就是说，公司政策可以为股东创造更多的财富，却未必形成最佳的社会总财富。[①]

利益相关者理论的支持者认为，公司治理改革的要点在于：不应把更多的权利和控制权交给股东，相反，公司管理层应从股东的压力中分离出来，将更多的权利交给其他的利益相关者，如职工、债权人，或者（在某些场合还包括）供应商、消费者及公司运行所在的社区。其中，一个重要的改革方案就是增加职工的所有权和职工对公司财产的控制权，赋予关键的利益相关者进入董事会的权利。[②]

利益相关者模式也存在着缺陷，Blair在评价利益相关者模式时指出：这种观点缺乏严密的理论，无法明确地指导管理者和董事会如何以社会利益为出发点来使用公司的资源，也不能提供一种清晰的执行机制以确保公司能够履行它们的社会责任。

（4）政治模式。进入20世纪90年代以来，公司治理的政治模式对公司治理的发展与争论已产生了重大的影响。政治模式认为公司的权力、特权和利润在股东、经理和其他利益相关者之间的分配取决于政府对其各方的偏好程度。公司利益相关者在微观层面上影响分配的能力受宏观结构的支配，而这又是同政府部门相互影响的。[③] Roe等人认为美国代理问题的极端形式以及金融模式对公司控制权市场的依赖，都可以追溯至美国革命的联邦制和分权制政治传统的结果。但在另一方面，公司在受其影响的同时，也在影响着美国的政治、法律和监管制度。

Hawley & Williams（1996）认为美国的政治思想和传统使得人们不

① 屠光绍、朱从玖：《公司治理——国际经验与中国实践》，人民出版社2001年版。

② 同上。

③ Turnbull, Shann, 1997, Corporate governance: Its scope, concerns and theories, Scholarly Research and Theory Papers, Vol.5, No.4.

相信任何形式的集权，特别是经济权力的集中，因此美国的法律一直有意压制银行和保险公司的规模、它们持有和管理股票的能力、以及它们参与公司治理的能力。在20世纪初，美国出台了多项联邦法律以限制银行对公司的所有权以及公司之间的相关交易，这使得美国公司的所有权和控制权形式以及交易关系形式不同于欧洲大陆法系国家和日本。当时的联邦法律政策通过各种直接和间接的手段将股权分散到两大机构投资者集团中，它们分别是养老基金和投资公司。前文已提到，这些投资机构的股权总数较为集中，但是单个机构投资者的持股比例又很低，这就使得垄断持股和密切监督只是一种可能而无法实现。

Hawley & Williams 在文章中总结了 Gundfest 和 Pound 对政治模式的阐述，这些论述主要集中于微观层面。Pound 认为政治模式是一种方法，机构投资者的股权虽然分散，但是它们有能力联合起来，在这种情况下，积极主动的投资者就可以从分散的股东那里寻求投票支持以改变公司的政策，不必再像原来那样必须通过购买来取得投票权或控制权。他认为这种政治模式比20世纪80年代出现的接管更为有效，成本也更低，因此呼吁应该让“政治模式”取代“以交易为基础”的控制权市场。

Pound 则认为“美国似乎并不相信她的资本家”，他引用了大量的证据表明美国的法律规则都倾向于将投资者的利益交付给他人——主要是公司的管理者们。他进一步认为，政府可以根据其未来的政治形势来决定要激化还是改善代理问题，在政治家们看来，代理问题是复杂的政治经济环境下的产物，可以被操纵。从这一点上来看，股东除了要优化公司治理结构以尽可能地降低代理成本之外，还面临着更严峻的问题。此时的“代理成本”最好被看作是一种由政治程序来分配的“既得利益”，而不是要被最小化的成本。通过提高委托方监管的成本，政府就可以将巨额收益赠与它所偏爱的一方，同时又不必征收税赋、不必提供直接的经济补贴、也不必重复进行复杂的行政干涉。

Hawley & Williams 认为，管家模式和利益相关者模式对美国公司治理理论的发展影响甚微，因此最终将会被人们所遗忘。而政治模式则具有更大的价值，因为它提出了很多股东在解决公司治理问题中所遇到的实际性的限制，同时也在提醒人们，代理成本是值得为之争取的。

2. 典型的公司治理公告

自1992年英国《凯德伯瑞报告》以来，许多国家与组织都开始尝试制定公司治理原则，由此掀起了一股公司治理的热潮。表 1－2 汇总了迄今为止世界主要国家的公司治理原则，本书在此选取了我国、英国、美国、日本以及 OECD 等具有代表性的国家和组织的公司治理原则进行了分析。

表 1－2　　　　世界公司治理原则一览表[①]

国家与地区	原则、准则名称	制定者	制定时间
澳大利亚	《投资管理者指南与公司做法建议的声明》	澳大利亚投资管理者协会（AIMA）	1995 年 6 月 1997 年 7 月修订
	《公司做法和准则》（Bosch 报告）	澳大利亚公司董事协会工作组、公共会计师协会、企业委员会、法律委员会、特许会计师协会和澳大利亚证券协会	1995 年第三版
比利时	《公司治理原则》	比利时公司联合会	1998 年
	《比利时公司治理委员会报告》（Cardon 报告）	布鲁塞尔股票交易所（BSE）	1998 年
	《银行与财政委员会报告》	银行与财政委员会	1998 年 1 月
巴西	《巴西最佳做法准则》	巴西高层管理会议	1997 年 4 月
	《最佳做法准则》	巴西公司治理委员会（IBGC）	1999 年 6 月
加拿大	《董事在哪里？改进的加拿大公司治理准则》（Dey 报告）	多伦多股票交易所公司治理委员会	1994 年 12 月
	《负有责任的公司信息披露：一个关于平衡的研究》	多伦多股票交易所信息披露委员会	1997 年 3 月
	《公司治理标准》（第四版）	加拿大养老金投资协会（PIAC）	1998 年 6 月
	《Dey 报告五年后》	多伦多股票交易所公司董事协会	1999 年 6 月
欧洲	《CEPS 建议》（《欧洲的公司治理——建议》）	欧洲政策研究中心（CEPS）	1995 年 6 月
	《最佳企业标准和公司做法：一套准则》	欧洲重建与开发银行（EBRD）	1997 年 9 月
	《EASDAQ 准则书》	欧洲证券商自动报价协会（EASDAQ）	1999 年
	《公司治理 2000 年准则》	欧洲股东协会	2000 年 1 月
	《EASD 原则与建议》	欧洲证券商协会（EASD）公司治理委员会	2000 年 5 月
英联邦	《英联邦最佳企业做法原则》	英联邦公司治理协会	1999 年 11 月

① 资料来源：李维安：《中国公司治理原则与国际比较》，中国财政经济出版社 2001 年版。我们在此基础上进行了适当的补充和调整。

续表

国家与地区	原则、准则名称	制定者	制定时间
法国	《Lévy－Lang 报告》	CNPF－AFEP	1995 年
	《Vienot I 报告》	CNPF－AFEP	1995 年 7 月
	《Marini 报告》	CNPF－AFEP	1996 年
	《公司治理建议》（Hellebugek 委员会报告）	AFG－ASFFI 公司治理委员会	1998 年 6 月
	《Vienot II 报告》	MEDEF －AFEP	1999 年 7 月
德国	《公司控制和透明度准则》(KonTraG)	德国联邦司法部	1998 年 3 月
	《DSW 准则》	DSW	1998 年 6 月
	《德国上市公司治理准则》	德国公司治理委员会	2000 年 1 月
希腊	《希腊公司治理原则：竞争性转轨的建议》	希腊公司治理委员会	1999 年 10 月
香港	《最佳做法准则》	香港股票交易所（SEHK）	1989 年 10 月 1996 年 6 月修订
	《上市公司董事会指南》	香港股票交易所（SEHK）	1995 年 7 月 1997 年 9 月
	《一个审计委员会的构成指南》	香港会计师协会（HKSA）	1997 年 12 月
	《关于审计委员会构成的新公司治理指南》	香港会计师协会（HKSA）	1998 年 1 月
印度	《最佳公司治理——一个准则》	印度工业联合会（CII）	1998 年 4 月
	《Kumar 草案报告》	Mangalam 公司治理委员会	1999 年 9 月
爱尔兰	《公开有限公司董事会的角色和责任最佳做法声明》	爱尔兰投资管理者协会（I-AIM)	1991 年 1993 年修订
	《公司治理和激励准则》	IAIM	1993—1994 年 1998 年 10 月修订
	《公司治理，股权和其他激励计划准则》	IAIM	1999 年 3 月
意大利	《Draghi 委员会建议》	意大利财政部	1997 年 12 月
	《实务准则报告》	意大利上市公司公司治理委员会	1999 年 10 月
日本	《有关公司治理的紧急建议》	日本经济组织联合会	1997 年 9 月
	《公司治理原则——一个日本的观点》	日本公司治理论坛	1998 年 5 月
韩国	《公司治理最佳做法准则》	韩国公司治理委员会	1999 年 9 月

续表

国家与地区	原则、准则名称	制定者	制定时间
Kyrgyz 共和国	《最佳做法手册——Kyrgyz 共和国公司治理》	公司治理工作组	1997年6月草案
	《开放型公司股东协会样本章程》	Kyrgyz 共和国经济部门开发部总理办公室	1997年12月
马来西亚	《马来西亚公司治理报告》	高级财政公司治理委员会	1999年3月
墨西哥	《墨西哥公司最佳做法准则》	CCE－CNBV	1999年7月
荷兰	《荷兰的公司治理——40个建议》（Peters 报告）	公司治理委员会（Peters 委员会）	1997年6月
OECD	《OECD公司治理原则》	OECD公司治理特别委员会	1999年5月
	《公司治理：提升进入全球资本市场的竞争力和方法》（给 OECD 的报告）	商业部门公司治理顾问委员会	1998年4月
葡萄牙	《公司治理的建议》	CMVM	—
俄罗斯联合体	《关于保证股东权利办法的法令》（原为《股东权利的声明》）	叶利钦总统	1996年
新加坡	《上市指南与最佳做法准则》	新加坡股票交易所	1998年5月
南非	《King 报告》	南非董事协会	1994年11月
西班牙	《西班牙的公司治理》	Instituto Universitario Eeroforum Escorial	1998年2月
瑞典	《最佳董事会做法》	瑞典董事会学会	1994年3月
	《Skandia's 公司治理政策》	Skandia 国际金融和保险机构	1995年
	《公司治理政策》	瑞典股东协会	2000年1月
泰国	《上市公司董事会的角色、义务和责任》（又名《SET 关于上市公司董事会最佳做法准则》）	泰国股票交易所（SET）	1998年10月
英国	《董事会的角色和义务：最佳做法声明》	机构股东委员会	1991年4月
	《公司治理财务方面的报告》（Cadbury 报告）	伦敦证券交易所（LSE）公司治理财务委员会	1992年12月
	《最终报告》（Greenbury 报告）	董事会报酬研究小组	1995年7月
	《最终报告》（Hampel 报告）	公司治理委员会	1998年1月
	《Hampel：综合准则》	伦敦证券交易所公司治理委员会	1998年6月和1999年

续表

国家与地区	原则、准则名称	制定者	制定时间
英国	《公司治理和投票政策的声明》	Hermes 投资管理公司	1998 年 7 月
	《内部监控：综合准则董事会指南》(Turnbull 报告)	英格兰和威尔士地区特许会计师协会	1998 年 6 月和 1999 年
	《报告和建议》(关于提高公司审计委员会绩效)	蓝带委员会	1999 年
	《公司治理手册》	英国养老金协会	1999 年
	《PIRC 股东投票准则》	养老金投资研究顾问 (PIRC)	1999 年 3 月
	《希格斯报告》	—	2003 年
	《史密斯报告》	—	2003 年
美国	《公司董事会指南》	美国法律协会商业法分部	1978 年 1994 年修订
	《公司治理的声明和美国的竞争力》	商业圆桌会议 (BRT)	1990 年
	《公司治理原则：分析与建议》	美国法律机构 (ALI)	1992 年
	《NACD 蓝带委员会关于 CEO 和董事会绩效评估的报告》	全美公司董事协会 (NACD)	1994 年
	《通用汽车公司董事会关于有意义的公司治理问题的治理准则》	通用汽车公司董事会	1994 年 1 月 1995 年 8 月 1997 年 6 月和 1999 年 3 月修订
	《TIAA - CREF 关于公司治理的政策声明》	全美教师保险及年金协会 (TIAA - CREF)	1996 年
	《NACD 董事专业化委员会的报告》	全美公司董事协会 (NACD)	1996 年 11 月
	《我们未来的投资：AFL - CIO 代理投票准则》	美国工人联合会和工业组织联合会 (AFL - CIO)	1997 年
	《公司治理的声明》	商业圆桌会议 (BRT)	1997 年 9 月
	《核心政策：政策、观点与注释》	机构投资者委员会 (CII)	1998 年 3 月
	《公司治理的市场原则》	加利福尼亚公共雇员退休体系 (CalPERS)	1998 年 4 月
	《NACD 董事准则》	全美公司董事协会 (NACD)	1998 年 12 月《董事月刊》，第 1～6 页
	《全球公司治理原则之国家原则：美国、英国、法国、德国、日本》	加利福尼亚公共雇员退休体系 (CalPERS)	1999 年
世界	《全球股东投票原则》	国际公司治理网络 (ICGN)	1998 年 7 月
	《ICGN 全球公司治理原则声明》	国际公司治理网络 (ICGN)	1999 年 7 月

(1) 中国的《上市公司治理准则》。2002 年 1 月 9 日中国证监会和国家经贸委联合发布了《上市公司治理准则》(以下简称《准则》)。《准则》主要参照了国外公司治理实践中普遍认同的标准，针对我国上市公司治理方面存在的突出问题，提出了一套兼原则性与操作性的措施，这标志着我国的公司治理在制度建设方面迈出了重要的一步。

《准则》适用于我国境内上市公司，主要涉及到我国上市公司治理的基本原则、投资者权利保护的实现方式，以及上市公司董事、监事、经理等高级管理人员所应当遵循的基本的行为准则和职业道德等内容，可简要概括如下：

第一章：股东与股东大会

本章共包括：①股东权利；②股东大会的规范；③关联交易等三节。强调上市公司应建立起能够确保股东充分行使权利的公司治理结构，并规定了与股东大会的召开和表决程序相关的事宜，此外还对上市公司与关联人之间的关联交易作出了限制性的规定。

第二章：控股股东与上市公司

本章主要包括“控股股东行为的规范”和“上市公司的独立性”两节，就控股股东对拟上市公司的改制重组以及控股股东对上市公司董事、监事候选人提名等活动作出了相关规定，明确提出“控股股东对上市公司及其他股东负有诚信义务”,“上市公司的重大决策应由股东大会和董事会依法作出。控股股东不得直接或间接干预公司的决策及依法开展的生产经营活动，损害公司及其他股东的权益。”此外还要求上市公司在财务、人事、业务等各个方面都应同控股股东分开，做到独立核算、独立运作。

第三章：董事与董事会

本章共分为：①董事的选聘程序；②董事的义务；③董事会的构成和职责；④董事会议事规则；⑤独立董事制度；⑥董事会专门委员会等六节。

在此《准则》明确规定：“董事应根据公司和全体股东的最大利益，忠实、诚信、勤勉地履行职责”，同时还强调发挥独立董事的作用，“当 2 名或 2 名以上独立董事认为资料不充分或论证不明确时，可联名以书面形式向董事会提出延期召开董事会会议或延期审议该事项，董事会应予以采纳。”在审计委员会、提名委员会、薪酬与考核委员会等专门委员会中“独立董事应占多数并担任召集人，审计委员会中至少应有一名独立董事是会计专业人士”。

第四章：监事与监事会

本章主要包括“监事会的职责”以及“监事会的构成和议事规则”两节。在此《准则》规定，监事拥有知情权，可以独立聘请中介机构提供专业意见。当监事会发现高级管理人员存在违反法律、法规或公司章程的行为时，“可以向董事会、股东大会反映，也可以直接向证券监管机构及其他有关部门报告”。

第五章：绩效评价与激励约束机制

本章包括：①董事、监事、经理人员的绩效评价；②经理人员的聘任；③经理人员的激励与约束机制等三节。本章节规定，上市公司应通过董事会或其下设的薪酬与考核委员会来建立公正透明的董事、监事和经理人员的绩效评价标准和程序，其中“董事报酬的数额和方式由董事会提出方案报请股东大会决定”；“经理人员的薪酬分配方案应获得董事会的批准，向股东大会说明，并予以披露”。

第六章：利益相关者

《准则》对“利益相关者”的定义主要包括：银行及其他债权人、职工、消费者、供应商、社区福利、环境保护、公益事业等，规定上市公司应保护利益相关者的合法权利。

第七章：信息披露与透明度

本章可分为：①上市公司的持续信息披露；②公司治理信息的披露；③股东权益的披露等三节。《准则》认为：“持续信息披露是上市公司的责任。上市公司应严格按照法律、法规和公司章程的规定，真实、准确、完整、及时地披露信息。”此外《准则》还就信息的及时性与可理解性作出了规定。

在“公司治理信息的披露”一节中，《准则》规定上市公司至少应披露：

①董事会、监事会的人员及构成；②董事会、监事会的工作及评价；③独立董事工作情况及评价，包括独立董事出席董事会的情况、发表独立意见的情况及对关联交易、董事及高级管理人员的任免等事项的意见；④各专门委员会的组成及工作情况；⑤公司治理的实际状况，及与本准则存在的差异及其原因；⑥改进公司治理的具体计划和措施。

(2) 英国的公司治理公告

①《凯德伯瑞报告》(Cadbury Report)。凯德伯瑞委员会是由证券交易和会计职业理事会(Council of the Stock Exchange and Accountancy Profession)于1991年5月发起成立的，它的名字来源于其主持人阿德里安·凯德伯瑞(Adrian Cadbury)先生。公众对公司运营方式的关心和公众对上市公司中类似麦克斯韦事件的职权弊端问题的恐惧，使得公司治理成为政策制定者讨论的主要问题。从这个意义上来说，凯德伯瑞委员会的成立是被动的，而不是主动的。[①]

1992年英国公司治理财务问题委员会(Committee on the Financial Aspects of Corporate Governance)发布了《凯德伯瑞报告》及其所附的最佳行为准则(the Code of Best Practice)。英国的公司治理改革一开始就采用了"遵守或解释"的自愿方式[②]，所以同许多国家法律性或法规性的公司治理原则不同，《凯德伯瑞准则》并不是对董事的法律约束，它只是鼓励遵守自愿的最佳行为准则。然而证券交易所却规定上市公司必须就《凯德伯瑞准则》的遵循情况进行说明，结果所有上市公司都必须在其年报中披露它们是否在所有方面都遵守了这个准则，如果没有遵守则必须就这一部分进行详细的说明。

《凯德伯瑞报告》的应用前提是："英国基本的公司治理体系是完整的，这些原则已为人们所熟悉并得到了广泛的遵循。事实上，《凯德伯瑞准则》贴切地反映了现行的最佳做法，设定了所有上市公司都要达到的标准"。

《凯德伯瑞报告》认为"公司治理是指导和控制公司的制度，董事会负责公司的治理"，它涵盖了三个领域：董事会、审计和股东。董事会的职责包括制定公司的战略目标并领导其有效地实施，监督管理层和向股东报告其受托责任。股东在治理中的作用是委派董事和审计人员以使公司治理结构趋于完善。审计人员的作用是对董事会的财务报告进行外部的、客观的检查，其服务对象是股东。《凯德伯瑞报告》所附的最佳行为准则主要包括如下内容[③]：

---

① 吉尔·所罗门、阿瑞斯·所罗门著，李维安、周建译：《公司治理与问责制》，东北财经大学出版社2006年版。

② 同上。

③ 中文翻译摘自李维安：《中国公司治理原则与国际比较》，中国财政经济出版社2001年版，我们在此就部分译文进行了适当的修改。

1. 董事会

1.1　董事会应定期开会，保持对公司全面有效的控制并监督管理层。

1.2　公司高层应有明确的责任分工，以确保权力的平衡，使个人无法独揽决策权。如董事长和首席执行官由一人兼任，则有必要在董事会设立一个强有力的和独立的高层人员与之抗衡。

1.3　董事会应有数量充足的高素质的非执行董事，使之在董事会决策中具有一定的分量。

1.4　董事会应有正式的决策议事日程，尤其是决策议程，以确保对公司的领导和控制。

1.5　应当通过一项程序，使董事在履行义务的过程中可以在必要时寻找独立的专业咨询，其相关费用由公司报销。

1.6　公司秘书应向全体董事提供建议和服务，公司秘书有责任保证董事会议程得以遵循，并且遵守了相关的规章制度。与公司秘书撤换有关的任何问题都应由全体董事会决定。

2. 非执行董事

2.1　非执行董事应对公司的战略、业绩、资源，包括关键人员的任命和行为标准等进行独立判断。

2.2　除报酬和持股以外，大多数非执行董事应独立于管理层，远离任何可能影响其独立判断的业务和其他关系。他们的报酬应反映他们为公司所花费的时间。

2.3　非执行董事的任命应有一定的条件，并且不能自动连任。

2.4　非执行董事的选举应有正式的程序，并且这一过程和任命应由全体董事会进行。

3. 执行董事

3.1　在没有征得股东同意的情况下，董事的服务合同不得超过三年。

3.2　要全面明晰地披露董事、董事长和英国最高收入董事的报酬，包括养老金计划和股票期权等。应分别列明薪酬的金额、与业绩挂钩的那部分的金额，还应解释业绩评价的基础。

3.3　执行董事的报酬应由报酬委员会决定，该委员会应全部或主要由非执行董事组成。

4. 报告与控制

4.1　董事会有义务就公司的状况发表一份平衡的、易于理解的评估。

4.2　董事会应与审计人员保持客观的、职业的关系。

4.3　董事会应成立至少由三名非执行董事组成的审计委员会，并以正式文件明确其权利和义务。

4.4　除审计人员对报告责任的说明以外，董事应在编制报表时对其责任进行解释。

4.5　董事应报告公司内部控制制度的有效性。

4.6　董事应报告公司的业务是持续经营的，必要时佐以支持性的假设和条件。

注：审计人员应检查公司遵守声明中与准则某些段落（1.4，1.5，2.3，2.4，3.1～3.3，4.3～4.6）有关的部分。

②《格林伯瑞报告》(Greenbury Report)。《凯德伯瑞报告》关心的是公司治理中的财务报告问题，而《格林伯瑞报告》则重点阐述了董事薪酬问题。进入20世纪90年代以来，董事薪酬逐渐成为英国公众和股东关注的话题，也发生了多起高管薪酬过高的案例，人们将那些为自己寻求巨额薪酬——而这些薪酬又与公司业绩无关——的管理者们称为“肥猫”。在这种情况下，英国成立了格林伯瑞委员会，它主要是由重要的投资者和实业家组成，主席是理查德·格林伯瑞（Richard Greenbury)。该委员会的职责是：识别在确定董事薪酬方面的好做法，并为英国上市公司制定准则，其目的是提高问责制和增加绩效。同时，人们要求充分披露薪酬和其他相关信息。委员会（和早期关于最佳行为准则的《凯德伯瑞准则》）的一个重要目的是创立薪酬委员会（remuneration committee)，这个委员会将决定用来吸引、留住和激励符合要求的董事的一揽子薪酬，但是应避免为这个目的而付出过多薪酬。这是有意提高这个领域透明度的一项措施。①

1995年格林伯瑞委员会发布了《格林伯瑞报告》及其所附的行为准则，用以专门解决与高管薪酬有关的问题。《格林伯瑞报告》同《凯德伯瑞报告》的性质是一样的，它也是反应性（reactive）而非前瞻性的(proactive)；建议上市公司遵守其行为准则，而非是法律法规式的条文。

《格林伯瑞报告》的目的并不是减少董事们的薪酬，而是旨在提供一种平衡董事薪酬和绩效的工具。报告认为，对于公司而言，提供足够高的

---

①　吉尔·所罗门、阿瑞斯·所罗门著，李维安、周建译：《公司治理与问责制》，东北财经大学出版社2006年版。

薪酬是很重要的，这样才可以吸引有充分才干并能经营大型跨国集团的董事。但是，报告也体现了对董事一揽子薪酬的高度关注，尤其是同股票期权和其他额外薪酬来源相关的薪酬。[①]

《格林伯瑞报告》所附的最佳行为准则（Code of Best Practice）主要包括四个方面的内容，分别是：

A. 薪酬委员会

在这一部分，准则认为董事会应建立起由非执行董事组成的薪酬委员会，由他们来决定高管人员的薪酬，从而避免潜在的利益冲突。委员会的主席应直接对股东负责，非执行董事应保持其独立性。

B. 披露和通过条款

薪酬委员会每年都应代表董事会向股东出具一份报告，这份报告应作为年报的组成部分之一，在这份报告中应披露公司关于高管薪酬的政策，还应详细披露每位董事的薪酬组成内容，如基本工资、每年的奖金、包括股票期权在内的长期激励计划等。

C. 薪酬政策

薪酬委员会在制定薪酬政策时，既要使高管薪酬能够起到激励的作用，又不能过高。薪酬委员会应考虑多方面的因素，如其他公司的薪酬政策，公司的业绩，高管是否勤勉等问题。

D. 劳务契约和报酬。

③《哈姆佩尔报告》（Hampel Report）与1998年的《联合准则》(Combined Code)。哈姆佩尔委员会（Hampel Committee）是格林伯瑞委员会和凯德伯瑞委员会的后继者，它继续从公司治理的财务角度和董事薪酬方面进行研究。《哈姆佩尔报告》的一个重要贡献在于它强调在公司治理的改进和建议方面应避免约定俗成的方式，公司和股东必须避免“简单判断对错（box-ticking)”的公司治理。报告认为对公司治理应保持一种基于原则的、自愿的方式，而不是一种管制或者肤浅的方式。[②] 报告指出：“好的公司治理不仅限于特定的公司结构，以及遵守大量严格和僵化的规则，它更需要宽泛的原则。所有的相关方面都应该结合不断变化的各

---

① 吉尔·所罗门、阿瑞斯·所罗门著，李维安、周建译：《公司治理与问责制》，东北财经大学出版社2006年版。

② 同上。

个公司环境，灵活地运用这些原则。”

《哈姆佩尔报告》的另一个重要贡献是在养老基金托管人方面，报告认为养老基金托管人是一个应该更加严格履行公司治理责任的团体，特别强调了养老基金对机构投资应采取更长远的方式，以避免英国公司普遍的短期行为。

在《哈姆佩尔报告》的基础上，1998年英国颁布了《联合准则》。《联合准则》将前面三份报告的内容集中在一起，并对部分问题进行了修订，总结出了基本的准则，在每一主要原则下又有一系列的条款，以提供遵守原则的具体方式。《联合准则》共包括两大部分：

第一部分涉及公司治理方面，其中又包含了四个准则，分别是：董事；董事的报酬；董事同股东的关系；问责制和审计。

第二部分涉及机构股东，包括三个部分：股东投票行为；同公司的对话；治理披露的评估。[①]

④《希格斯报告》（Higgs Report）与2003年重新修订的《联合准则》。安然事件后，世界各国开始重新审视公司治理中存在的问题，安然非执行董事的失职也引起了人们的关注。英国政府在安然事件后认为有义务建立一个审查机制来检验非执行董事的有效性。2002年4月，英国国务大臣帕特里夏·休伊特（Patricia Hewitt）和财政大臣戈登·布朗（Gordon Brown）委托德里克·希格斯（Derek Higgs）提供了一篇关于独立董事作用的评论，这等同于英国的《索克斯法案》（Sarbanes - Oxley Act, 2002)。《希格斯报告》的最终版于2003年1月20日发布。这份报告专门研究了非执行董事的角色和有效性，对《联合准则》提出了变更的建议。总体建议包括在董事会中提高非执行董事的比例（至少是董事会成员总数的一半）和采用适当的非执行董事薪酬。报告也指出需要在非执行董事和公司主要股东之间建立更紧密的联系。这将加强非执行董事代表股东利益以及协调股东和董事利益的能力，有助于增强对众所周知的代理问题更有效的监管。《希格斯报告》一个重要的、有实践意义的建议就是非执行董事作为股东利益的保护者，应承担主要责任。[②]

---

① 吉尔·所罗门、阿瑞斯·所罗门著，李维安、周建译：《公司治理与问责制》，东北财经大学出版社2006年版。

② 同上。

2003年7月，财务报告理事会（Financial Reporting Council，FRC）在《希格斯报告》的基础上对原有的《联合准则》进行了修订。新准则的主要改革包括如下内容：

• 至少半数以上的董事会成员应该是独立的非执行董事。

• 一个公司的首席执行官不能同时担任同一公司的董事长，除非在例外的情况下。

• 董事长的任命应当是独立的。

• 董事会应当对自己的绩效采取正式和严格的评价方式，尤其是要考虑其委员会和个人董事的绩效和有效性。

• 机构投资者在评估所投资公司的公司治理状况时，应当避免采用简单判断对错的方式。

• 公司在招募新的董事时，应当采用严格、正式、透明的程序。

• 非执行董事只能在工作6年后才能被重新任命，并经过“独特的严格审查”。

• 非执行董事继续任职必须是在工作9年后，采用年度重新选举的方式，并且他们应当不再被视为独立的。

• 排名前100位的公司的董事会不应当同意一个全职的执行董事同时接受多于一个的非执行董事或者董事长职位。①

（3）美国的商业圆桌会议公司治理声明。美国商业圆桌会议成立于1972年，由来自制造、银行、零售、保险、交通、通信等领域的200多家美国大公司的首席执行官组成。1990年3月美国商业圆桌会议发布了《商业圆桌会议关于公司治理和美国竞争力的声明》。

商业圆桌会议强调：“对于有效的公司治理，其实质比形式更为重要；接受一套规则、原则或特定的条例、政策并不能替代（也无法保证）有效的公司治理。……公司治理并非抽象的目标，而是通过提供一个框架为公司目标服务，在这个框架内，股东、董事、管理层能够最有效地实现公司目标”。

另外商业圆桌会议认为股东与利益相关者之间并不存在对立关系，管理层和董事会的最高职责是维护股东权益，其他利益相关者的利益作为股

---

① 吉尔·所罗门、阿瑞斯·所罗门著，李维安、周建译：《公司治理与问责制》，东北财经大学出版社2006年版。

东职责的引申也具有相关性。

商业圆桌会议公司治理声明主要涵盖三个方面：董事会职能、董事会结构及运转、股东大会。其主要内容可简要概括如下：

①董事会职能。商业圆桌会议认为董事会的基本职能包括：

A. 选拔、定期审核，并在必要的情况下撤换首席执行官；决定管理层报酬；审核连续性计划；

B. 审核、并在适当情况下批准公司主要战略、财务及其他目标计划；

C. 就公司面临的重大问题向管理层提出建议；

D. 监督内部控制、风险经营、财务报告及合法性的评估程序，并遵守以上程序；

E. 提名董事，并保证董事会结构及其惯例能够实现有效的公司治理。

②董事会结构及其运转。商业圆桌会议认为大多数公众公司董事会的规模普遍限制在8～16人之间，董事会应保持其独立性，对于特定职能的委员会（如审计委员会和薪酬委员会等）更是应该制定具体的独立标准。在董事会薪酬方面，商业圆桌会议认为应考虑行业惯例和董事负担程度，使董事会报酬具有竞争性。此外它还就董事会的具体运作提出了建议，认为董事会应经常会晤，而且还强调董事会应有机会在首席执行官和内部董事缺席的情况下周期性地进行会晤，每年至少一次，这样的会议比较适合评估首席执行官的业绩。

③股东大会。商业圆桌会议在此指出，为了保证股东大会有序进行，公司应为每位与会者提供书面议程，还应事先制定关于会议进行的基本准则，并将其提供给每位与会者。

(4) 日本的《日本公司治理原则》。1994年由日本经济同友会发起，并由企业经营者、机构投资家、法学和经济学研究者、新闻界、律师等17位专家组成的公司治理原则制定委员会，经过10余次的讨论，形成了《公司治理中间报告》（该报告有17条原则）。此后又经过多次会议的讨论，最终于1998年5月26日制定了由16条原则组成的《日本公司治理原则》。①

《日本公司治理原则》认为："在现在和未来的国际化社会中，良好的公司治理实践是企业增强竞争力和提高经营绩效的必要条件。……所谓公

① 李维安：《中国公司治理原则与国际比较》，中国财政经济出版社2001年版。

司治理是由拥有治理权利的股东代理人即董事组成的董事会在决定公司经营方针和战略决策的同时，还要监督经营者使用人财物等经营资源进行企业经营的行为。换言之，就是董事会利用激励与监视手段对经营者的经营管理行为进行监督，督促经营者追求股东利益，实现企业价值的最大化。”

《日本公司治理原则》指出，日本企业的经营环境不同于欧美国家，日本没有建立起“经营者市场”，经营者的流动性低，负有监督作用的董事和被监督的经营者大多是来自同一公司内部的同事，这就造成了董事与监事不能发挥各自的机能。此外，日本企业多是彼此互相持股，这就使企业的控制权很难发生变动，因此日本也不存在控制权市场，很难通过接管来替换高管人员，在这种情况下，外部监事的权限多是通过行政手段来强化的，而非经济手段。基于这一问题的分析，《日本公司治理原则》提出了一种新的机制：认为日本不应采用董事会和监事会的二元化结构，而应把监查机能一元化于董事会，由代表股东利益的外部董事来行使监督的职能。除此之外，激励也是一个重要的职能。

在具体的准则制定方面，《日本公司治理原则》采取了二阶段方式：除了法律正要修改的一部分原则外，把尽快应实行的原则作为A目标，记为［原则A］。把21世纪初可实现的、根据世界市场环境的变化有必要修正的原则以及需要大幅度修改法律的原则作为B目标，记为［原则B］。所制定的原则主要涉及两大部分，分别是：①说明责任和信息披露，②治理结构。具体内容如下①：

- 说明责任和信息披露

A目标

［原则1A］为了适时向股东提供有用可信的信息，董事会在要求经营者自觉向股东和董事会说明责任的同时，也有责任构筑基于内部管理的信息系统和确立维持股东关系的体制。

［原则2A］董事会必须尽早公布风险经营、事务、诉讼、收购、合并、业绩不佳等对股东利益有重大影响的决策信息。

［原则3A］董事会为了使经营内容有国际比较性，在确定国际会计标准时，尽早开始连结决策和时价会计等以及以此为依据的决算报告，尽快

① 摘自李维安：《中国公司治理原则与国际比较》，中国财政经济出版社2001年版中的相关译文，在此基础上进行了修改和整理。

导入季度决算。

[原则 4A] 董事会是代表股东利益的代理人，同时又负有调整各利害相关者利益的重大社会使命和责任，应积极地提供合乎各利害相关者所关心的信息，如政策声明和环境报告公告等。

- 治理结构

①董事和董事会

A目标

[原则 5A] 将与企业无直接利害关系的、独立的外部董事选入董事会，确立和强化向外部董事充分提供信息的支持机制。

[原则 6A] 董事会的成员数应该是尽可能做到议论充分、准确快速地进行科学决策的人数。

[原则 7A] 董事会与执行委员会分离，明确企业经营决策机关和业务执行机关的区别。

B目标

[原则 8B] 董事会由兼任执行官的内部董事和与企业无直接利害关系的独立的外部董事构成，其中外部董事应过半数。

[原则 9B] 为了更有效地发挥董事会的机能，应设立多个作为内部机关的委员会，包括董事提名、经营者报酬、公司治理等各种委员会。各委员会中的外部董事应过半数，委员会的主席也应由外部董事任命。

[原则 10B] 董事长和总裁应该分离，如果有兼任的必要，应该向股东说明理由。

②监事和监事会

A目标

[原则 11A] 监事会中的独立监事（外部监事），与内部监事之间应当进行恰当的分工，以提高监察的独立性和质量。

[原则 12A] 监事进行监察所要求的报告和调查对象，包括董事的经营决策行为。

B目标

[原则 13B] 独立董事（外部董事）占董事会多数时，应设置作为董事会内部机关的监察委员会。该委员会只由外部董事组成，在董事会进行业务执行的监督过程中，应特别要帮助董事会把重点放在风险经营上。

③股东大会

A目标

[原则14A] 股东大会立足于说明责任，应有效地利用作为扩宽股东与董事会之间意见交换的场所。

期望改变在同一日集中召开股东大会的现状。

[原则15A] 对大股东应特别召开更加详细的说明会。

B目标

[原则16B] 股东大会的决议事项只限于经营的根本问题。

(5)《OECD公司治理原则》。OECD即经济合作发展组织，OECD成立于1961年，其前身是欧洲经济合作组织（OEEC)，目前共有30个成员国，包括澳大利亚、奥地利、比利时、加拿大、捷克、丹麦、芬兰、法国、德意志、希腊、匈牙利、冰岛、爱尔兰、意大利、日本、韩国、卢森堡、墨西哥、荷兰、新西兰、挪威、波兰、葡萄牙、斯洛伐克、西班牙、瑞典、瑞士、土耳其、英国、美国等30个成员国。还包括国际能源代理机构、核能代理机构、欧洲交通部长会议、发展中心、教育研究和创新、Club du Sahel等6个半自治的代理机构。包括了几乎所有发达国家，国民生产总值占全世界三分之二。OECD的职能主要是研究分析和预测世界经济的发展走向，协调成员国关系，促进成员国合作，经常为成员国制定国内政策和确定在区域性、国际性组织中的立场提供帮助。

OECD理事会在1998年4月27～28日召开的部长级会议中，提议OECD联合各国政府、其他相关国际组织和私人机构，共同建立公司治理的标准与准则。为了实现这个目标，OECD成立了一个公司治理特别工作组来建立一套能够体现其成员国关于这个问题的观点的非约束性原则。OECD下属的金融市场委员会、国际投资和多国企业委员会、工业委员会和环境政策委员会等参与了筹备工作，除此之外他们还广泛采纳了OECD之外的组织所提出的建议和观点，如世界银行、国际货币基金组织、工商部门、投资者、工会和其他相关机构等。

《OECD公司治理原则》主要是为上市公司而制定的，该原则认为："公司治理仅仅是公司赖以生存的更大的经济体系的一部分，它包括诸如宏观经济政策、产品等要素市场的竞争程度等。公司治理的框架也依赖于法律、规章和制度环境。此外，诸如商业伦理、公司的环境和社会利益意识等因素，也影响着公司形象的树立和公司的长期成功。"

《OECD公司治理原则》指出，它并不是约束性的，也不想同其他国家的法律一样作出详尽的规定，它的目的仅是作为一个参考。《OECD公司治理原则》共分为两大部分，第一部分是各项原则，第二部分是对这些原则的具体解释。在第一部分中又包含五个方面的内容，可简要概括如下：

• 股东权利

公司治理框架应当保护股东的权利，股东的基本权利包括：

①可靠的所有权登记办法；

②转让或转移自己的股份；

③及时和定期地获得公司的相关信息；

④参加全体股东大会并投票；

⑤选举董事会成员；

⑥参与公司利润分红。

除此之外，股东有权参与并且充分了解有关公司重大变故的决策，有权知晓股东大会的重要议事规则。公司控制权市场应该以一种有效透明的方式运行。

• 股东的平等待遇

公司治理框架应当保证所有股东受到平等对待，任何同一等级的股东都应当享有同样的投票权。应当禁止内部人交易和滥用权利进行的自我交易。董事会成员和经理应当对自己任何相关或影响到公司的交易或事件进行披露。

• 利益相关者在公司治理中的作用

公司治理框架应当确认利益相关者的法定权利，并鼓励公司与利益相关者在创造财富、就业机会和维持财务健全等方面进行积极的合作。

• 信息披露和透明度

公司治理框架应当保证对公司的重大事件进行及时而准确的信息披露，包括公司的财务状况、经营业绩、所有权和治理状况。

其中应披露的重大信息至少包括：

①公司的财务状况和经营成果；

②公司的目标；

③主要股份所有权和投票权；

④董事会成员和主要执行官员及其报酬；

⑤重要的、可预见的风险因素；

⑥有关雇员和其他利益相关者的重要问题；

⑦治理结构和政策。

• 董事会的责任

公司治理框架应当确保董事会对公司的战略性指导和对管理层的有效监督，并向公司和股东说明责任。董事会成员应当真诚、勤奋、细致地工作，最大程度地维护公司和股东的利益。董事会应当履行的主要职能包括：

①审议和指导公司战略、主要行动计划、风险回避政策、年度预算和企业计划；制定经营目标；监督目标与计划的实施和公司的经营；并监督主要资本的支出、收购和财产剥夺。

②挑选、增补、监督，并在需要时替换主要执行人员，同时监督继任者的计划。

③审议主要执行人员和董事会的报酬，并保证董事会提名程序的正规性和透明度。

④对管理层、董事会成员和股东之间存在的潜在冲突进行监督与管理，还应对公司资产的滥用和不正当交易进行监督与管理。

⑤保证公司会计和财务报告体系的完整性。

⑥对确保公司正常运行的治理实务进行监管，并在需要时进行更改。

⑦对信息披露和沟通过程进行监管。

（二）经济学理论基础：结合会计信息进行说明

1. 契约理论

现代契约理论主要涉及不完全性契约（incomplete contract）[①]、隐性契约（默认契约）、激励契约（incentive contract）、次优契约、契约中的声誉机制等。

现代契约理论中运用的基本模型主要是信息不对称（information asymmertry）模型。信息不对称是现代契约理论的核心概念。所谓信息不对称是指缔约各方中一方因为拥有信息优势而导致某些信息该方知悉而另外一方并不知悉，甚至第三方也不能够进行验证或者即使能够验证其成本的高昂性使得该验证过程不符合成本——效益对比原则。信息不对称按照时间划分，包括事前（Ex ante）的信息不对称和事后（Ex post）的信息

① 契约的不完全性来自于以下几个基本因素：（1）缔约各方的有界或者有限理性（Simon，1955）；（2）不确定性；（3）正交易成本（Klein，1980）。

不对称两种类型。

研究缔约各方事前信息不对称的模型称为逆向选择（adverse selection）模型，而研究缔约各方事后信息不对称的模型称之为道德风险（moral hazard）模型。信息不对称也可以按照内容进行划分，包括隐蔽行动（hidden action）和隐蔽信息（hidden information）两类。前者指当事人的行动只有自己知道，而缔约的其他各方并不知悉；后者指当事人的知识只有自己知道，而缔约的其他各方并不知悉。但隐蔽行动和隐蔽信息这两类事后的信息不对称往往并不详细区分。如果将两种不同依据对信息不对称进行的划分进行综合就形成下表的五个模型①：

表 1－3　　　　信息不对称下的不同模型

内容 时间	隐藏行动	隐藏信息
事前	—	1. 逆向选择模型 2. 信号传递模型 3. 信息甄别模型
事后	4. 隐藏行动的道德风险模型	5. 隐藏信息的道德风险模型

其中，信号传递（signaling）模型和信息甄别（screening）模型是解决逆向选择的二种典型方法。道德风险模型则是现代契约理论研究的核心。

对于会计信息而言，由于其是由企业的管理当局负责编制和提供的，由于管理当局相对于位于企业外部、不直接参与企业日常经营管理的信息使用者（投资者、债权人、国家宏观管理机构和财务分析人员等）而言具有信息优势，即存在着信息不对称，那么管理当局完全可能利用这种优势来掩盖其“以牺牲股东的利益为代价来追求个人私利”的行为。这样，企业提供的会计信息往往可能业已经过管理当局的粉饰（window），从而夹杂有一定的“噪音”（noise），这最终将影响到投资者对会计信息的理解和分析利用。

2. 相关经济理论

必须注意到，由于现代契约本质上是不完备（不完全）的，所以决定了研究现代契约与相关会计理论问题时必须涉及到如下几种经济理论：

① 详细解释请参考 Rasmusen（1994，chapter7），转引自张维迎（1996 年）。

①交易费用经济学[①]，因为契约的不完备性是交易费用产生的根源；②委托代理理论，因为委托代理关系无论从形式上还是从本质上来讲，都是一种契约关系；③产权理论因为对契约的研究是产权研究的核心（巴泽尔，1997年）；④企业能力理论。

（1）交易费用理论。交易费用理论的核心概念是交易费用。科斯在其湮没数十年但终显辉煌的文章"企业的性质"[②]一文中发现了交易费用的存在性并昭示给学术界，但并未指明交易费用是什么，如何进行测度和计量，因此长期以来学术界对其保持着引用而不能够广泛应用的态度。为此，为了本书以后引用的方便，必须在此处对经济学相关文献中对交易费用的界定予以说明。

哈特（1998）认为交易费用产生的根源在于：

第一，在复杂的、无法预测的情况下，人们很难预测未来的事件，无法对未来情况作出完善的计划，往往是计划没有变化快；

第二，即使可以对单个时间进行计划，缔约各方也很难对这些计划达成一致性的协议，因为缔约各方很难在一种共同的背景下理解、描述各种行为及状况，此时过去的经验往往并不起作用；

第三，即使缔约各方能够对未来的计划达成一致协议，也很难穷尽性地在契约中将未来的各种情况完全写清楚，那么当出现契约中未曾注明的情况时，原来的契约就需要重新进行修正和协商。

我们认为，即使出现第三种情况时，一方面缔约各方可能会对重新修正的契约条款产生分歧而进行博弈，既耗费时间，又牺牲资源，由此产生的机会成本损失是一种典型的交易费用；另一方面事后的讨价还价是具有成本的，况且由于信息不对称现象的存在缔约各方可能最终无法达成协议。最后，由于契约的不完备性，缔约各方可能都不愿意进行专用性投资，结果导致的效率损失也是一种交易费用。

其实，交易费用是经济机制的运行费用，既包括为协调处于交易关系

---

① 科斯是交易费用理论的奠基人，他解决了由于交易费用的存在决定了企业的边界这个基本问题，但并未回答什么是交易费用，交易费用因何而产生（Coase，1937）。在科斯理论这面旗帜的指引下，哈特（1998）、威廉姆森（1996）年解决了这个问题，即契约的不完备性是交易费用产生的根源。为此，交易费用理论将成为本书研究现代契约与会计理论的一种至关重要的理论。

② 科斯的文章发表于1937年，当时科斯在伦敦经济学院学习，他将利用暑假时间在通用汽车公司打工时的所见所闻以散文笔法撰写的文章予以发表。1991年诺贝尔经济学奖授予科斯时，连他本人都感到惊奇不已。由此可见完备的文献检索制度是多么的必要。

中的缔约各方的决策和行为以获取利益的协调费用，也包括驱动经济行为人努力完成合作中应当由他们各自承担的那部分活动的驱动费用（费方域，1998年）。具体包括：进行市场调查，寻找潜在的买者和卖者，获得他们行为有关的各种信息；讨价还价的过程；起草、确定交易契约的过程；监督缔约方履约；执行契约，若一方未履行契约条款而对另一方造成损失，而后者要求赔偿；以及保护权益，防止侵权等（樊刚，1995年）。

如果进一步解释，交易费用存在于如下一些情况①：

①交易主体因素导致的交易费用。交易主体作为理性的经济人，由于时间、经历、专业分工等方面因素的限制，往往必须作出一定的抉择，例如进行何种交易，如何进行交易等，外加交易客体的稀缺性（缺乏稀缺性将不会导致交易关系的产生），这些共同决定了交易主体必须进行取舍，而取舍过程中衍生的机会成本就是交易费用的一种。交易主体的有限理性和环境的不确定性都会导致交易费用的增加。

②交易环境的不确定性导致的交易费用。环境作为一个耗散系统，任何在特定环境中进行交易的人都必须接受环境的制约，环境中机会主义行为的存在和环境的不确定性都是诱发交易费用的主要方面。

③交易客体因素导致的交易费用。客体的稀缺性是其成为交易对象的必备条件，从而针对交易客体的交易必然伴随着交易费用。再者，不同交易主体之间的交易技术结构都将最终影响到交易费用的高低。

针对会计信息披露问题，管理当局编制披露会计信息的财务报告需要花费簿记成本、传递信息也需要成本，使用者搜集、寻求确证、消化、分析利用会计信息也需要成本，包括显性成本（直接支出）和隐性成本（如花费时间相关的机会损失）等，这些都是交易成本。交易成本贯穿于会计信息的供求过程之中。

（2）委托代理理论。委托代理关系是一种典型的契约关系。委托代理必然带来委托方和代理方在契约的条款中对双方的权利和义务进行注明或者进行协议，当然可能包括会计信息方面的诸多权利。由于委托方和代理方都是追求个人效用满意化的有限理性的经济人，再加上双方知识结构和掌握的技术、信息的有限性以及未来的不确定性，所以现代委托代理关系契约都是不完全契约。不完全契约势必留下一定的公共领域，而随着日后

① 更为详细的论述见黄少安（1997年）。

诸多因素的相互作用，委托方和代理方就有可能进一步对原来契约中未曾注明的情况进行重新协商和界定，此时谁拥有剩余控制权，谁就可能对合同中未规定的事项具有决策权。委托代理关系的存在进一步衍生出代理成本的概念。Jensen and Meckling（1976，P308）曾将代理成本概括为三类，即委托方的监督费用（monitoring expenditures by the principal）、缔约费用（bonding expenditures）和剩余损失（the residual loss）。代理成本的存在决定了委托代理关系存在的均衡点——委托方要设计一定的委托代理机制，采取监督和激励相容的方式，使管理当局的效用函数和委托方的效用函数基本趋于一致。

(3) 产权理论。正是由于交易费用的存在（有时非常高昂），所以才产生了旨在降低交易费用的不同的制度安排（Coase，1937）。交易费用的存在意味着一种效率的损失，而产权的界定和保护可以降低一个系统运行的交易费用。所谓产权（Property Rights），按照阿尔钦的观点[①]，就是“社会所实施的选择一种经济品的权利，是人们对经济品的使用所引起的相互认可的行为关系”（Coase，Alchian and North，1990 年）。德姆塞茨认为，产权是“一个人或者他人受益或者受损的权利”（Demsetz，1967 年）。会计信息作为一种稀缺性的资源，其需求和供应（两者共同决定着会计信息的披露）必然导致信息使用者和管理当局围绕着企业的会计信息进行交易和展开博弈。在交易的过程中无论是企业编制并提供会计信息，还是使用者搜寻、分析利用会计信息以及由此带来的机会成本都将导致资源的耗费，此所谓交易成本。但是，作为缔约两个对立面的管理当局和使用者对围绕着会计信息的双方权利往往并不能够达成一致意见，如果缺乏初始状态条件[②]，那么当出现任何一种分歧时，由此带来的双方讨价还价成本都是十分高昂的，足以使围绕会计信息以及相关的交易活动终止。为

① 阿尔钦（Alchian）的观点被经济学家再度解释为“产权是一种通过社会强制而实现的对某种经济物品的多种用途进行选择的权利”，即社会约定俗成的习惯或者法律所赋予人们对某种财产拥有和可以实施一定权力或权利。

② 即双方缺乏任何关于会计信息的协议（这是相当强的假设），会计发展史否定了这一点。此处之所以进行如此假设，完全是遵循严格的科学推理规范（先严格进行假设，然后再逐步放宽条件）。实际上，发现会计信息产权形成前的状态是几乎不可能的。不仅如此，产权经济学家至今仍不能够解决这个问题，他们进行研究时往往只能够假设某些权利已经具备，然后才可能继续探索业已形成的产权在经济条件和法律约束中的变化（巴泽尔，1997，P85）。综观产权经济学文献，根据我们掌握的资料，Umbeck（1977）对美国加利福尼亚淘金潮的研究是个例外。但是这是非常特殊的情况，甚至如此，许多产权经济学家仍认为 Umbeck 并未阐明产权如何产生。

此，围绕会计信息的初始产权界定是十分必要的。在界定了初始产权后，会计信息的产权仍会经历不断变迁的一个博弈过程。

由于缔约方有限理性的限制，再加上会计信息产权界定过程本身也是需要花费交易费用的，所以纯粹和完全意义上的产权界定永远不可能。换言之，会计信息产权界定必然留下一定的公共领域（Public Domain）[①]，一部分有价值的“租”被置于公共领域之中。在特定的时期和特定的经济条件下，留置于公共领域内的“租”一定意味着所有博弈者认为其寻租的边际成本大于边际收益。但是必须注意到，随着时间的推移和环境的变化，原来留置于公共领域中的“租”将会逐渐被攫取，只要博弈者认为寻租的边际收益将超过边际成本。因此，围绕会计信息的产权必然存在着一个长期的博弈过程。

第三节 本书的基本架构

本书的研究，围绕会计信息产权及其博弈这个中心问题展开（具体见下图）。为此，首先构建理论基础，即公司治理（生态）、会计信息披露与会计信息质量之间的相互依存性，分两章进行理论分析与经验研究的论述。接着研究会计信息产权的基本逻辑及其博弈形成的过程，并侧重于分析企业所有权分享与管制因素（会计准则）对会计信息产权界定和履行的影响。在此基础上，将着力探讨围绕会计信息披露、针对会计信息质量、利益相关者的会计信息产权博弈过程。

现将框架图内涵的各章内容概括如下：

第一章主要交代所要研究的问题及与财务报表、会计信息相关的若干基本概念，并对本书的研究方法、若干基本假设和理论基础进行说明，并勾勒基本框架。

① 公共领域是没有界定的产权所导致，在公共领域内存在一部分有价值的“租”。

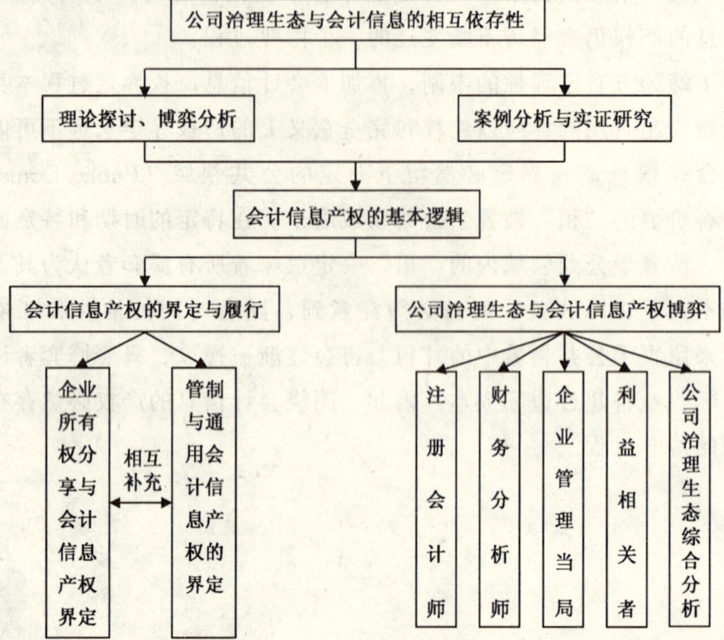

图1-2 本书内容体系

第二章主要是对公司治理（生态）、会计信息披露和会计信息质量三个相互依存的问题进行理论探讨与博弈分析，并提供史证研究。本章还主要包括对会计信息的相关性与可靠性问题、公司治理生态与会计信息的可靠性问题研究、会计信息的相关性问题研究、会计信息的及时性问题等问题的分析。

第三章主要是为第二章的理论分析提供经验证据。本章的实证研究包括："公司治理生态与IPO盈余管理行为：基于宏智科技的案例分析"、"公司治理、盈余管理与会计信息质量实证研究"、"公司治理与会计信息：基于中国资本市场进一步的经验证据"、"公司治理与财务舞弊：一项实证研究"、"公司治理、最终控制人和财务报告质量研究"等。

第四章主要是解释会计信息产权的基本逻辑，着重阐释企业所有权分享对会计信息产权界定的影响。此外，本章还阐述了会计准则作为一类公共契约，在界定会计信息产权中的功效，包括解释资本市场的信息披露需要会计准则的理由、会计准则界定会计信息产权过程中的强权博弈和游说行为等，还试图分析我国会计准则制定中管理当局的"理智的冷漠"现象的内因及对策、分析国有企业会计信息产权的畸形性及其成因。

第五章主要围绕公司治理生态中的管理当局和其他利益相关者的行为，分析公司治理生态背景下会计信息产权博弈的一个重要方面——利益相关者围绕会计信息质量进行的博弈，包括财务报告的“充分信息含量”问题、会计信息披露的“过分挑剔”现象、注册会计师与管理当局之间的监督博弈、审计师变更与审计意见购买、公司治理生态、诉讼爆炸及注册会计师的应对策略（战略系统审计）、上市公司盈余预测中“空口承诺”的博弈信息内涵等。

第二章 公司治理生态、会计信息披露与会计信息质量：理论探讨、博弈分析与历史证据

第一节 公司治理演进与会计信息披露：资本市场企业间的博弈与历史证据[①]

历史现象背后都有其必然的规律。在现代公司治理背景下，由于广泛存在的委托代理关系和信息不对称的存在，会计信息已经成为企业产出的替代变量（杜兴强，2002）；相应地，企业管理当局（代理方）借助会计信息披露机制来反映受托责任的完成和履行情况，并向资本市场的投资者传递决策有用的会计信息。由此看来，会计信息披露机制已然成为公司治理的核心环节、并与公司治理呈现出一定的交互性和共生性。充分、透明的会计信息披露将有助于提升投资者决策的效率，促使资本的趋利性流动和社会资源的优化配置。然而，充分、透明的会计信息披露机制并非自动生成，而是经过一个漫长的历史发展过程而形成的，在这个历史变迁过程中，公司治理因素发挥着至关重要的功效。本节将采用 Watts and Zimmerman（1983）所采纳的"史证研究"方法，借助于博弈论的分析结构，层层递进地详细剖析如下的问题：伴随着公司治理演进，会计信息披露监管的制度性结构是如何形成的？本处的研究，属于"史证研究"方法的尝

---

① 本节研究参考的历史资料主要来源于 Previt and Merino（1978）及 Chatfield（1977）等。

试，即截取一段期间的历史横截面（cross-section）进行研究，希望在一定程度上对会计信息披露监管提供新的解释。

一、资本市场企业间博弈的最优反应策略与会计信息的自愿披露

1. 最优反应策略博弈描述

假设目前的资本市场上存在着n个企业（n为自然数），不妨假定n=5。在缺乏会计信息披露惯例和传统的情况下，每个企业在阶段0都自主地选择自己关于会计信息披露的策略，且每个企业当且仅当只有两个策略：披露或者保密（不披露）。那么，根据概率学的排列组合基本原理，此时存在着2^n种（32种）不同的情况，大致可以分为六类：

①全部企业都披露会计信息C_5^5种情况）；

②只有一个企业披露会计信息，其余四个企业不披露会计信息（C_5^1种情况）；

③只有两个企业披露会计信息，其余三个企业不披露会计信息（C_5^2种情况）；

④三个企业披露会计信息，而另两个企业不披露会计信息（C_5^3种情况）；

⑤四个企业披露会计信息，而只有一个企业不披露会计信息（C_5^4种情况）；

⑥五个企业全部选择保密的策略，即没有任何一个企业披露会计信息（C_5^0种情况）。

在上述的六种情况中，第一种情况属于理想状况，第二、三、四、五种情况属于或有状况，且第六种情况具有极大的不稳定性。而在四种或有状态下，第一种状态具有代表性，如果能够论述在第二种情况下（即只有一个企业选择披露其会计信息，而另外四个企业选择保密），最终导致所有的企业都选择披露会计信息，那么第三、四、五种情况将不言自明。

2. 会计信息披露的最优反应策略

下面，我们以重复博弈的形式揭示，在初始阶段只有一个企业选择披露会计信息，而另外四个企业选择保密的情况下，最终如何实现所有企业都披露其会计信息的过程（假定Y代表披露会计信息的策略，N代表保密的策略）。

（1）初始阶段（阶段0）。由于财务资本的稀缺性，每个试图扩张其经营

规模、更好地实现“生存、获利和发展”企业目标的企业，首先面临的是筹集资金的压力。若所有的企业都不披露其会计信息，则可能出现如下情况：

第一，由于信息不对称性，资本市场将视所有的企业为“同质”性，因此每个需要筹集资金的企业将只能够获得平均金额的资金。这就促使对财务资本需求超过平均数的企业力图通过各种途径将其经营成果的信息传递给投资者，以便与其他企业相互区分。

第二，由于信息不对称，那么企业间经营业绩的差异性将无法传递给投资者。投资者和管理当局之间的信息不对称体现在两个方面：第一，事前的信息不对称，表现为管理当局筹集资金时的逆向选择问题——在不对称信息存在时，管理当局可能在筹集资金时欺骗投资者；而当博弈次数有限时（更为严谨地讲，是博弈次数不足够多次时），由于管理当局的声誉问题（KMRW）尚不发生作用，所以理性的投资者意识到这一点，最终导致筹集资金行为的夭折。第二体现为事后的信息不对称，表现为假设管理当局筹集到资金后未兑现其筹集资金时的“空口声明”（见杜兴强，2003年）。为了论述的形象化、避免抽象，我们在假设投资者属于风险中性的前提下虚拟了如下的例子①。

假设资本市场上有两个企业需要筹集资金，A、B企业的筹集资金项目分别如下：

表2－1　A、B筹资项目收益比较表

A企业公布项目				
筹资额	成功时总收益（$P_a=0.8$）	失败时总收益（0.2）	期望报酬率	无风险利率
1000	1500	0	20%	10%
B企业项目				
筹资额	成功时总收益（$P_b=0.5$）	失败时总收益（0.5）	期望报酬率	无风险利率
1000	2000	0	0%	10%

毫无疑问，如果不存在着信息不对称，也就是说，投资者能够辨别哪个项目属于企业A，哪个项目属于企业B，那么A企业的公布项目将筹集到资金，而B企业项目将不能够筹集到资金（因为A的期望投资报酬率超过了10%）。

① 参考了张维迎（1999年）的相关举例。

但是，如果信息不对称，那么两个企业都得不到经营发展所需要的资金。为什么呢？原因在于，首先资本市场在无法辨别A、B时，投资者只能够估计A、B各占50%，那么：

投资者所要求的风险报酬为：

［1000×（1+10%）/0.8］×0.5+［1000×（1+10%）/0.5］×0.5-1000=787.5

要求的投资报酬率为：

787.5/1000=78.75%

此时A企业因为不可能满足投资者要求的风险报酬（率），所以退出资本市场；而B企业一旦成功，则总收益为2000，扣除投资者要求的投资回报787.5后还可以赚取剩余收益（2000-1000）-787.5=212.5，所以B企业将在资本市场上进行投机（注意，B不成功的概率很大）。

但是，投资者会从A企业的退出市场的信号推断剩下的一定是B企业，所以，他们又会调整投资报酬率，要求投资报酬率达到120%，即：

1000×（1+10%）/0.5=2200，且（2200-1000）/1000=120%

所以B也会退出资本市场。这样，由于事前信息不对称，将出现“劣币驱逐良币”的现象。劣质项目B迫使优质项目A退出市场，这对企业、投资者和社会整体而言都是一种效率的损失。为了避免上述情况的出现，A企业需要采取务实的措施将自己与B企业进行区分。而会计信息披露正是如此的区分机制之一。

根据上述的逻辑，由于企业间不同质性的客观存在性，高质量的企业必然选择先动优势，率先披露会计信息，力图通过会计信息披露将本企业和其他企业加以区分，借以以较低的资金成本获得经营发展所需要的资金。这一点也可以从信号甄别理论中得到解释①。信息甄别的出发点是管理当局和会计信息使用者以及资本市场之间的信息不对称。一般认为，管理当局比会计信息使用者拥有信息优势。那么如果企业的价值被市场不公正（低估）地进行评价，管理当局就有动机在会计信息上耗费额外的资源，藉以表明事实真相。

不失一般性，我们假定企业A在博弈的初始阶段首先选择披露会计

---

① 提倡信号甄别在会计信息方面的应用的文献包括Gonedes（1978）和Gonedes，Dopuch and Penman（1976年）。

信息，其余四个企业选择保密。为了讨论的方便，我们借鉴谢识予（2001年，P239）的思路，假定五个企业均匀地分布在一个圆周的边界上。如图2-1所表示（五个企业分别以A、B、C、D、E代表；此外，我们以Y代表披露会计信息，以N代表保密）：

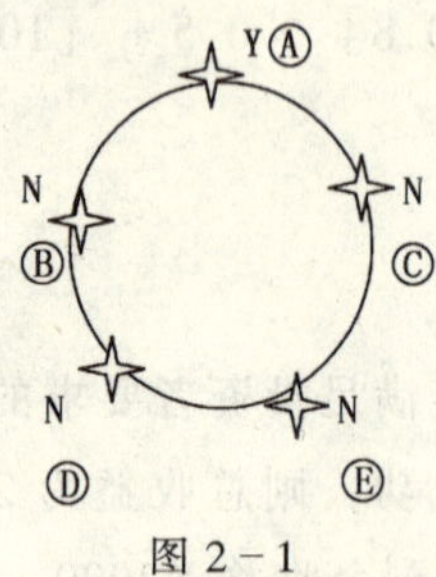

图2-1

（2）阶段Ⅰ。如果企业A在初始阶段披露了其会计信息，那么可能是基于如下两个原因之一或两者兼而有之：（1）该企业的行为（披露会计信息）含蓄地证明“自己企业的价值被低估”；（2）该企业希冀于通过会计信息披露将自己区别于其余的企业。照此，在随后的阶段Ⅰ，我们可以合乎逻辑地进行如下推定（体现为一个阶段性博弈）：如果其他企业再无动于衷，则被资本市场辨认为企业价值被高估的企业。随后，这些企业的价值将会被调整到平均水平（指所有被高估企业价值的平均水平）。进一步，按照同样的逻辑如果原本被高估的企业价值应该位于在这个平均水平之上，那么该企业的管理当局就会立即作出反应，耗费成本提供更多的会计信息向市场表明其股票价格调整后被低估的事实。

此外，还必须注意到一个基本的现实，那就是针对会计信息披露的企业间的有限理性或企业间的信息不对称（指是否披露会计信息策略行为的不对称），那么在阶段Ⅰ不可能出现在初始阶段未披露会计信息的企业旋即在阶段Ⅰ全部披露其会计信息的情况。所以，更为合理和可能的情况是，紧邻初始阶段披露其会计信息的企业A的两个企业B、C，虽然缺乏分析交互动态关系的能力和对未来的洞察力、预见能力，但是他们的确可以马上对初始阶段的博弈结果进行总结，作出相应的博弈策略调整。所以B、C企业在阶段Ⅰ会选择披露会计信息，而另外两个企业D、E则由于信息不对称，继续选择保密。

同样，企业A的策略也并非一成不变。企业A的管理当局完全可能因其道德风险而拒绝履行其筹集资金时的承诺。而隐匿行为的事实往往需要通过隐匿信息、特别是会计信息来辅助达到目的。更合理的解释是，企业A在初始阶段披露会计信息后，被资本市场辨认为高质量的企业，可能又会出现市场对其企业价值高估的情况，因此企业A可能在阶段I以含蓄的方式——不披露会计信息来表明企业价值被高估的现实。当然，非持续性的会计信息披露也许从长远来看属于一种“短视”的行为，但考虑到博弈学习的过程性和有限理性的限制，企业A的行为也是一种可以合理预期的策略。

考虑到多阶段博弈的动态性，博弈方的策略调整只是针对上一阶段（初始阶段）博弈的策略而进行的调整，而对阶段I的策略未必正确可行。这一点并不足为奇，因为这正是资本市场中面临会计信息披露的企业本身有限理性的体现。

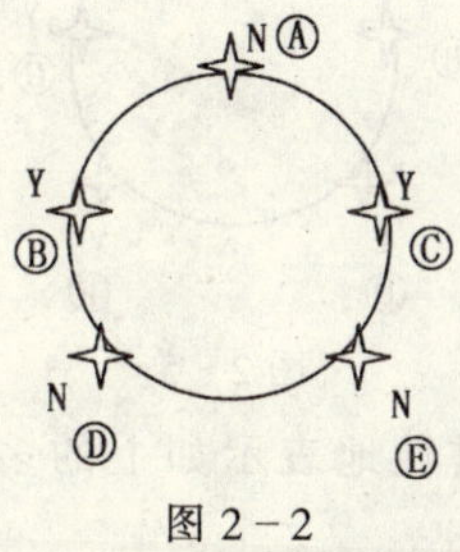

图2－2

至此，我们可以将上述博弈内涵的逻辑思想进行简单总结：由于有限理性和信息的非完备性，当且仅当一个企业观察到上一博弈阶段其相邻的企业中至少有一个企业披露会计信息，其在紧接着的博弈阶段选择披露会计信息；而若任何一个企业观察到上一博弈阶段其相邻的企业都不披露会计信息，那么随后的博弈阶段选择不披露会计信息。

（3）阶段II。阶段II属于上述博弈策略（逻辑）的进一步延伸。我们将博弈的结果描述为下图：

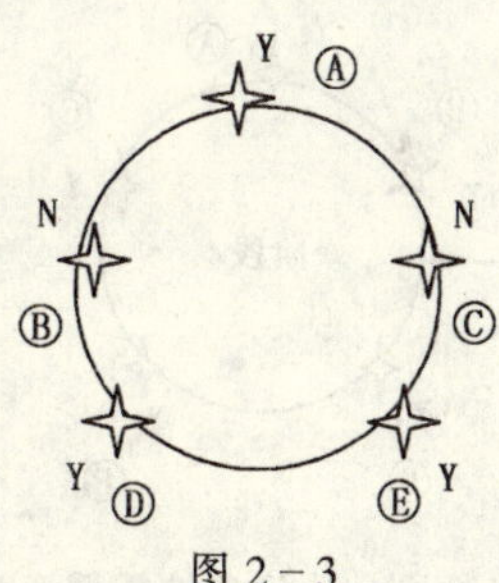

图2－3

(4) 阶段 III

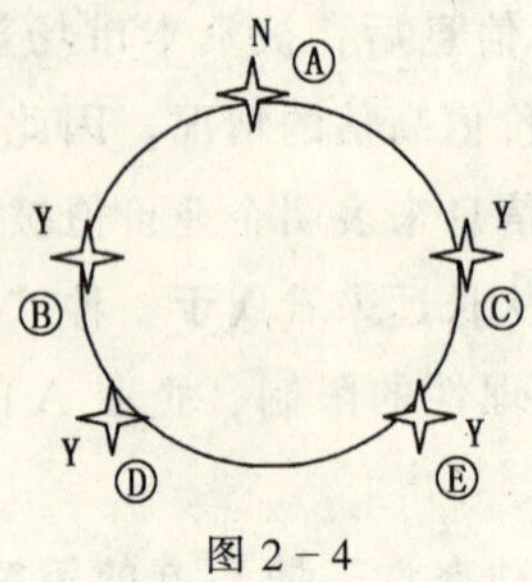

图 2-4

(5) 阶段 IV

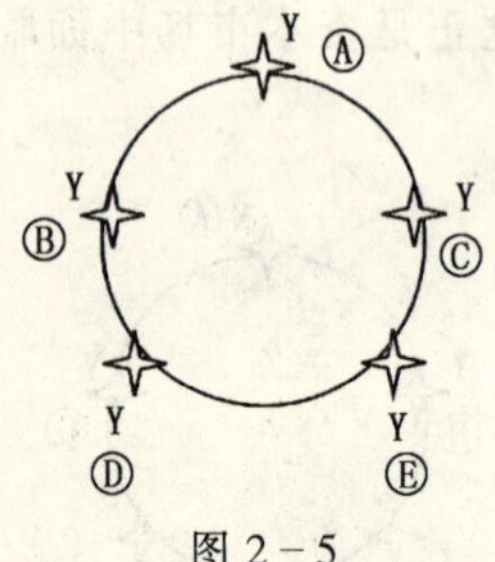

图 2-5

最后，我们用下图连贯性地表示如上的多阶段会计信息披露博弈框架：

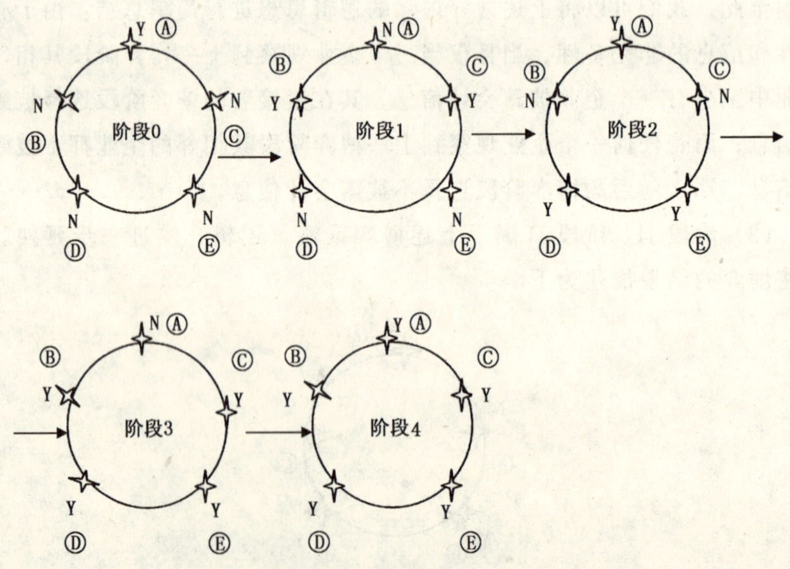

图 2-6 多阶段会计信息披露博弈演进框架图

3. 私人契约、最优反应策略与会计信息披露

仿照如上的逻辑，我们可以依次推知，只要任何一个或一个以上的企业披露其会计信息，则最终资本市场中的所有企业都会选择披露会计信息，也就是说自愿披露会计信息是一个纳什均衡。

一个企业率先披露会计信息的前提条件容易满足，因为企业间毕竟存在着异质性：

若至少有一个企业在初始阶段自愿披露其会计信息，那么资本市场中任何两个企业多阶段博弈的结果必然收敛于（Y，Y），即（披露，披露）。而且概率高达31/32。因为32种情况中有31种情况满足至少有一个企业披露会计信息的前提条件。进一步将该结论进行拓展，若资本市场中n个企业，那么最终企业自愿披露其会计信息的概率为$\frac{2^n-1}{2^n}$。随着企业数目的增加，该概率最终收敛于1。

惟一的例外情况是，所有企业在博弈的初始阶段一致性地选择保密。现在遗留的情况是，如果所有企业在初始阶段都不约而同地选择保密，即拒绝披露会计信息，那么什么是合理的预期呢？该种情况存在着如下的特点：

① 概率小。在n=5的情况下，概率仅为$\frac{1}{32}$。而n为任意自然数的情况下，概率为$\frac{1}{2^n}$，收敛于0。

②严格的前提条件、均衡的不稳定性和蝴蝶效应。能够保持“保密”均衡的前提条件非常严格，至少应该满足如下几个条件：企业间的初始状态的同质性、企业间的完全理性（需要解释）、企业演进的同步性、企业经营效率的一致性。假若任何一个条件不满足，其中必然衍生出某个企业主动偏离原来一致性的“保密”联盟均衡，那么就演变成了符合“至少有一个企业在博弈的初始阶段选择自愿披露会计信息的情况”，最终必将收敛于“披露”。

所以，资本市场中企业间的“保密”均衡并不具有稳定性，容易带来一种所谓的“蝴蝶效应”，即原本形成保密均衡的初始条件发生细微的变化，就必然产生偏离均衡的企业及其选择的、背离“保密”的“披露”策略，最终该系统必将远离原本的平衡。照此，披露是一个进化稳定策略，而保密则是非进化稳定策略。

二、资金充盈时的“保密、保密、再保密”思潮和企业间的会计信息披露博弈

1. 资金充盈时的公司治理特征及博弈结构

1880年前后，由于工业革命的推动，美国国内积累了大量的原始财富，然而又缺乏合适的投资机会。所以当股份有限公司这种创新的企业组织形式开始在美国的证券市场出现时，却导致了短暂的、资金供大于求的一个特定的历史横截面。这个历史阶段，一方面，在“自由主义”社会思潮的影响下，人们坚信亚当·斯密的“看不见的手”逻辑，因此公司治理的外部环境可以用“放任自流”来概括；另一方面，因资金过剩而导致的“过度博傻”，“强管理者、弱所有者”的公司治理格局已然形成，企业的管理当局其实已拥有着企业的控制权。此时的管理当局以会计（财务）信息是企业的商业秘密为由，坚持“保密、保密、再保密”的逻辑，既缺乏披露会计信息的动力、也不必披露会计信息。

与该阶段的公司治理特征相对应，同时不失一般性，我们假定资本市场上总共有n个企业（企业间是同质的[①]）、资金总提供量为S，且总需求为D，且S>D；同时假设如果披露会计信息，则假定披露成本为筹集资金金额的一个百分比（不妨设定为α，α>0）。则任意两个企业间的博弈框架如下：

表2-2 资金供大于求阶段，任意两个企业的博弈框架

企业1 \ 企业2	保密	披露
保密	$\frac{D}{n}$，$\frac{D}{n}$	$\frac{D}{n}$，$\frac{D}{n}\times(1-\alpha)$
披露	$\frac{D}{n}\times(1-\alpha)$，$\frac{D}{n}$	$\frac{D}{n}\times(1-\alpha)$，$\frac{D}{n}\times(1-\alpha)$

根据严格剔除劣战略的方式，可知（保密，保密）是纳什均衡。这部分解释“为什么在一段时期内‘保密、保密、再保密’成为惯例”这个问题。

① 假设“同质”只是为了讨论的方便，若企业间不同质，并不影响本博弈结构下的结论。而且，从下一个博弈结构开始，我们将讨论企业间不同质的情况。

2. 历史证据

(1) 1880年前，美国工业主要还停留于个体经营、合伙或家族式企业状态，这一时期没有形成财务公开的惯例。这种状况在美国大规模工业企业开始形成之前的相当长一段时期一直持续着，企业也不愿意披露会计信息，究其原因在于这些美国企业一般不通过发行股票来筹集资本，而是从银行获得借款，这使得企业没有必要与公众保持密切的接触。

(2) 随着1880年后美国大规模工业企业的出现，发行股票逐渐成为企业筹集资金的主要方式之一。此时，已经有一些企业如“美国钢铁股份有限公司”自愿披露了会计信息，也出现了管制的雏形——如1900年左右，美国大约半数以上的州的公司法要求企业为股东提供某种类型的报告（Hawkins，1963年）。但必须指出的是，虽然在会计信息披露管制方面踏出了关键一步，但是并未详细涉及到具体内容。此外，会计师也希望一个强有力的组织出面组织一个有效的理论体系，反对企业日益盛行的“保密”行为，然而他们多次向联邦政府的请求和呼吁，都屡遭失败（Carey，1969年）。

(3) 1900年以后，随着企业在社会经济生活中的地位和作用的提升以及股东人数的激增，人们第一次感到企业财务保密是反社会的，一般投资者和公众都要求财务公开的保护制度（Chatfield，1977；文硕译，1989年），一些组织如美国投资银行协会、纽约证券交易所和美国会计师协会也开始纷纷支持并呼吁会计信息披露。虽然大工业企业并未完全放弃“保密”的惯例，但在公众压力下已经逐渐有点动摇，如独立审计人员提供审计证明书作为一项惯例而形成（Hawkins，1963年）。美国钢铁股份有限公司和其他个别开明的企业成为充分公开政策的自发支持者（Claire，1945年）。但需要注意，此时财务公开或会计信息披露并未得到根本的改进，因为此时企业管理当局并未受到任何的限制，大多数州的公司法中关于会计报告的法案若干年几乎未做修改，而且联邦法对此继续保持沉默——换言之，管理当局可以对投资者的呼声漠然处之。

三、资金稀缺阶段资本市场公司间会计信息披露博弈[①]

(一) 资金稀缺时的公司治理特征及博弈结构

① 严格地讲，资金稀缺时的博弈是任意的“两两配对”博弈，但本章此处将只探讨几个博弈的特例（静态的横截面博弈），一般性的博弈则留待第三章进行讨论。

当资本市场上的资金总量小于企业筹集资金的需求时，资金就呈现出稀缺性。作为理性的经济人，股东必然对投入财务资本的保值增值保持关注。然而由于社会分工、知识结构和成本效益的制约，股东不可能直接选择监督企业的管理当局。为此，在信息不对称的情况下，股东转而关注企业通过定期报告披露的会计信息就成为逻辑上的合理延伸和现实上的理性选择。此时，股东对会计信息公开披露产生了需求。这是该阶段公司治理的基本特征。然而企业的管理当局是否会按照股东的要求，公开披露会计信息呢？我们将通过如下博弈进行解释。

1. 一次性博弈对会计信息披露的影响

不妨我们假定资本市场上总共有m个企业（企业间是同质的）、资金总提供量为S，且总需求为D，但$\frac{D}{2}<S<D$。同时假设如果披露会计信息，则假定披露成本为筹集资金金额的一个百分比（不妨设定为α，$1-\frac{S}{D}>\alpha>0$）。由于资金的稀缺性，m个企业不可能每个都能够筹集到所需要的资金。而且，若某个企业主动披露其会计信息，而其他企业选择了“缄默”，那么披露会计信息的企业等于向资本市场传递了“信号”（signaling），相对于不披露会计信息的企业（“浑浊”状态），则会被资本市场辨别为高质量的企业。

下面我们首先选择若干博弈的特例说明一次性博弈情况对会计信息披露的影响。

①m＝2

表2－3　资金稀缺、一次博弈情况下，两个企业之间的博弈框架

企业1 \ 企业2	保　密	披　露
保密	$\frac{S}{2}$，$\frac{S}{2}$	$S-\frac{D}{2}$，$\frac{D}{2}\times(1-\alpha)$
披露	$\frac{D}{2}\times(1-\alpha)$，$S-\frac{D}{2}$	$\frac{S}{2}\times(1-\alpha)$，$\frac{S}{2}\times(1-\alpha)$

从上述博弈基本框架可以看出，在一次性博弈的前提下，（披露，披露）或$\left[\frac{S}{2}\times(1-\alpha), \frac{S}{2}\times(1-\alpha)\right]$成为了纳什均衡。也就是说，由于企业1和企业2各自从自己的理性出发进行选择，结果得出了违背集体理

性的结果——因为如果企业1和企业2都坚持进行保密，则$\left(\frac{S}{2}, \frac{S}{2}\right)$的结果相对于$\left[\frac{S}{2}\times(1-\alpha), \frac{S}{2}\times(1-\alpha)\right]$的结果毫无疑问对于两个企业局部或截面（cross-section）而言是帕累托改进的。

从这个基本博弈中，我们可以看到，在一次性博弈下，企业1和企业2的非合作行为虽然使企业1和企业2未实现帕累托效率，但却使投资者受益。那么，能否据此肯定“看不见的手”在起作用，所以就不必进行会计信息披露方面的管制呢？答案是否定的。企业是否在市场机制和筹集资金压力下披露会计信息，取决于市场中筹集资金的企业数目的多少和筹集资金频率。

②$m=3$（不妨假定$D\geqslant S\geqslant\frac{2}{3}D$）

表2-4　资金稀缺、一次博弈情况下，三个企业之间的博弈框架

企业2、3 / 企业1	（保密，保密）	（保密，披露）	（披露，保密）	（披露，披露）
保密	$\frac{S}{3}, \frac{S}{3}, \frac{S}{3}$	$\frac{S-D/3}{2}, \frac{S-D/3}{2}, \frac{D}{3}\times(1-\alpha)$	$\frac{S-D/3}{2}, \frac{D}{3}\times(1-\alpha), \frac{S-D/3}{2}$	$S-\frac{2D}{3}, \frac{D}{3}\times(1-\alpha), \frac{D}{3}\times(1-\alpha)$
披露	$\frac{D}{3}\times(1-\alpha), \frac{S-D/3}{2}, \frac{S-D/3}{2}$	$\frac{D}{3}\times(1-\alpha), S-\frac{2D}{3}, \frac{D}{3}\times(1-\alpha)$	$\frac{D}{3}\times(1-\alpha), \frac{D}{3}\times(1-\alpha), S-\frac{2D}{3}$	$\frac{S}{3}\times(1-\alpha), \frac{S}{3}\times(1-\alpha), \frac{S}{3}\times(1-\alpha)$

同理，从上述博弈基本框架可以看出，在三个企业进行的一次性博弈的前提下，（披露，披露，披露）或$\left[\frac{S}{3}\times(1-\alpha), \frac{S}{3}\times(1-\alpha), \frac{S}{3}\times(1-\alpha)\right]$成为了纳什均衡。也就是说，由于企业1、企业2和企业3各自从自己的理性出发进行选择，结果得出了违背集体理性的结果——因为如果企业1、企业2与企业3都坚持进行保密，则$\left(\frac{S}{3}, \frac{S}{3}, \frac{S}{3}\right)$的结果相对于$\left[\frac{S}{3}\times(1-\alpha), \frac{S}{3}\times(1-\alpha), \frac{S}{3}\times(1-\alpha)\right]$的结果毫无疑问对于三个企业中任何一个企业局部而言都是具有比较优势的。

2. 重复博弈对会计信息披露的影响

不妨我们假定资本市场上总共有 m 个企业（企业间是同质的）、资金总提供量为 S，且总需求为 D，但 $\frac{D}{2}<S<D$。同时假设如果披露会计信息，则假定披露成本为筹集资金金额的一个百分比（不妨设定为 a）。由于资金的稀缺性，m 个企业不可能每个都能够筹集到所需要的资金，则任意两个企业间的一次博弈框架如下：

（1）m=2

表 2-5　资金稀缺、重复博弈情况下，两个企业之间的博弈框架

企业1 \ 企业2	保　密	披　露
保密	$\frac{S}{2}$，$\frac{S}{2}$	$S-\frac{D}{2}$，$\frac{D}{2}\times(1-\alpha)$
披露	$\frac{D}{2}\times(1-\alpha)$，$S-\frac{D}{2}$	$\frac{S}{2}\times(1-\alpha)$，$\frac{S}{2}\times(1-\alpha)$

如果博弈不止进行一次，比如说足够多次，那么 $\left[\frac{S}{2}\times(1-\alpha),\frac{S}{2}\times(1-\alpha)\right]$ 将不再是纳什均衡，（保密，保密）即 $\left(\frac{S}{2},\frac{S}{2}\right)$ 将成为新的均衡——子博弈精练均衡①。这个结果改变了或扭转了上面谈到的“个人理性导致集体行动的非理性”结论，企业 1 和企业 2 实现了合作，尽管这个结果对于投资者是不利的。

在资本稀缺而且一次博弈情况下，$\left[\frac{S}{2}\times(1-\alpha),\frac{S}{2}\times(1-\alpha)\right]$ 是一次博弈的纳什均衡。如果两个企业只在筹集资金时遇到一次，上述结论无疑成立。然而，当两个企业在筹集资金时多次碰头，那么博弈将进行（无限或足够）多次，某种形式的默契合谋就可能成为均衡结果而出现。我们首先考虑冷酷战略（grim strategies）②：某个企业首先选择保密；继续选择保密，直到另一个企业选择披露，然后永远选择披露（换言之，选择合作，直到一方选择不合作，永远选择不合作）。给定企业 2 坚持“冷酷战略”，如果企业 1 选择合作（即保密），其每期的得益为 $\frac{S}{2}$；如果企业

① 子博弈精练均衡是重复博弈的普遍问题。

② 冷酷战略也称“触发战略”（trigger strategies），意味着任何博弈参与者的一次性不合作将触发对方永远的不合作。

1选择披露，则其当期得益为$\frac{D}{2}\times(1-\alpha)$，以后每期得益为$\frac{S}{2}\times(1-\alpha)$。因此，企业1没有积极性偏离合作均衡当且仅当（假设贴现率为γ）：

$$\frac{S/2}{(1+\gamma)^0}+\frac{S/2}{(1+\gamma)^1}+\frac{S/2}{(1+\gamma)^2}+\cdots\cdots\geqslant\frac{\frac{D}{2}\times(1-\alpha)}{(1+\gamma)^0}+\frac{\frac{S}{2}\times(1-\alpha)}{(1+\gamma)^1}+\frac{\frac{S}{2}\times(1-\alpha)}{(1+\gamma)^2}+\cdots\cdots$$

可知，$\sum_{t=1}^{+\infty}\frac{\frac{S\times\alpha}{2}}{(1+\gamma)^t}\geqslant\frac{D}{2}\times(1-\alpha)-\frac{S}{2}$

$$0<\gamma\leqslant\frac{S\times\alpha}{D\times(1-\alpha)-S}$$

考虑到同质性和对称性，2个企业中的任何一个企业的贴现率都必须满足该条件。

（2）m=3

表2-6 资金稀缺、重复博弈情况下，三个企业之间的博弈框架

企业1 \ 企业2、3	（保密，保密）	（保密，披露）	（披露，保密）	（披露，披露）
保密	$\frac{S}{3},\frac{S}{3},\frac{S}{3}$	$\frac{S-D/3}{2},\frac{S-D/3}{2}$, $\frac{D}{3}\times(1-\alpha)$	$\frac{S-D/3}{2}$, $\frac{D}{3}\times(1-\alpha)$, $\frac{S-D/3}{2}$	$S-\frac{2D}{3}$, $\frac{D}{3}\times(1-\alpha)$, $\frac{D}{3}\times(1-\alpha)$
披露	$\frac{D}{3}\times(1-\alpha)$, $\frac{S-D/3}{2},\frac{S-D/3}{2}$	$\frac{D}{3}\times(1-\alpha)$, $S-\frac{2D}{3}$, $\frac{D}{3}\times(1-\alpha)$	$\frac{D}{3}\times(1-\alpha)$, $\frac{D}{3}\times(1-\alpha)$, $S-\frac{2D}{3}$	$\frac{S}{3}\times(1-\alpha)$, $\frac{S}{3}\times(1-\alpha)$, $\frac{S}{3}\times(1-\alpha)$

在资本稀缺而且一次博弈情况下，$\left[\frac{S}{3}\times(1-\alpha),\frac{S}{3}\times(1-\alpha),\frac{S}{3}\times(1-\alpha)\right]$是三个企业一次博弈的纳什均衡。然而，当三个企业博弈将进行（无限或足够）多次，同样某种形式的默契合谋就可能成为均衡结果而出现。如果企业1选择披露，则其当期得益为$\left[\frac{D}{3}\times(1-\alpha),\frac{S-D/3}{2},\frac{S-D/3}{2}\right]$，以后每期得益为$\frac{S}{3}\times(1-\alpha)$。因此，企业1没有积极性偏离合作均衡当且仅当

（假设贴现率为 γ）：

$$\frac{S/3}{(1+\gamma)^0}+\frac{S/3}{(1+\gamma)^1}+\frac{S/3}{(1+\gamma)^2}+\cdots\cdots\geqslant\frac{\frac{D}{3}\times(1-\alpha)}{(1+\gamma)^0}+\frac{\frac{S}{3}\times(1-\alpha)}{(1+\gamma)^1}+\frac{\frac{S}{3}\times(1-\alpha)}{(1+\gamma)^2}+\cdots\cdots$$

可知，

$$\sum_{t=1}^{+\infty}\frac{\frac{S\times\alpha}{3}}{(1+\gamma)^t}\geqslant\frac{D}{3}\times\ (1-\alpha)\ -\frac{S}{3}$$

$$0<\gamma\leqslant\frac{S\times\alpha}{D\times\ (1-\alpha)\ -S}$$

考虑到同质性和对称性，3 个企业中的任何一个企业的贴现率都必须满足该条件。

虽然 2 个企业和 3 个企业进行合谋时仿佛对贴现率的计算结果时一致的，但我们并不能够因此得出 2 个企业和 3 个企业合谋的概率一样，从而也不能够扩张到任意 m 个企业合谋的概率相等的结论。事实上 m⩾2 个企业之间的合谋，除了考虑直接计算出的贴现率因素之外——贴现率越低、越难以满足、合谋的几率越小且越难合谋，还需要集体性动的问题——m⩾2个企业之间两两磋商，达到最终合谋的目的。换言之，两个企业之间合谋时都需要满足条件为 $0<\gamma\leqslant\frac{S\times\alpha}{D\times\ (1-\alpha)\ -S}$，但 3 个企业要想达到合谋，每个企业都必须满足贴现率的要求 $0<\gamma\leqslant\frac{S\times\alpha}{D\times\ (1-\alpha)\ -S}$，还需要 3 次相互磋商。由于企业之间是同质的，所以这些合谋需要的条件是可以较为容易得到满足的。但是，一旦企业之间是非同质性的（异质性），情况将如何呢？

（3）异质性及 m→+∞的情况。以 3 个企业为例，应该注意到，原则上只有企业 1、2、3 两两分别合谋时，三者的共同合谋才可能实现。此外，应当注意以下问题：（1）在企业不同质时合谋的困难性，不会自动实现；（2）如果企业间不同质，假设任何两个企业两两合谋成功的概率为 P（0<P<1），考虑到两两合谋的独立分布性，那么最终三个企业要进行完全的合谋概率为 P^3。

再考虑 m 个企业筹集资金时的合谋问题，若假设同质，那么最终合谋成功的充分必要条件为 $0<\gamma\leqslant\frac{S\times\alpha}{D\times(1-\alpha)-S}$；若企业不同质，那么除了符合 $0<\gamma\leqslant\frac{S\times\alpha}{D\times(1-\alpha)-S}$，综合考虑合谋的充分必要条件为 $P^{\frac{m(m-1)}{2}}$，即合谋可能性大大缩小了。当 $m\to+\infty$，$P^{\frac{m(m-1)}{2}}\to0$①。既然随着资本市场上筹集资金的企业（异质性）数目的激增，合谋出现的可能性降低到0，企业在筹集资金时都会选择披露各自的会计信息，即有回归到个人理性而摒弃合作。这可以看作是会计信息披露作为一种制度（最初体现为博弈产生的惯例）的起源的思想实验。那么为什么我们观察到会计信息管制的存在呢？或者说，会计信息管制的合理理由是什么？

这里，要指出一个命题：伴随着公司治理的变迁，在会计信息披露制度安排形成过程中，企业或投资者、尤其是企业面对的将不是有限的世界，还要面对包括潜在投资者在内的社会关系，那么也就面临着“社会的肯定与否定问题”②，所以其考虑短期利益的行为不仅可能来自于博弈的对方，而且可能来自于整个社会。譬如，在企业主要是面向银行借贷时，包括投资者在内，没有谁认为企业只和债权人保持接触，而对其他人进行财务保密的做法是不确当的（文硕译，1989年）；但一旦企业在资本市场上面向社会公开筹集资金时，长期来看，企业财务保密的做法在投资者的抱怨（Voice）、社会公众的“以牙还牙”策略下和管制机构的干涉下将不再可能。实际上，Elsner（1989）考虑的“社会肯定或否定”思路，可以为会计信息公开披露提供一种解释。但考虑到思路的连贯性，下面我们仍将侧重于博弈论解释。

3. 复制动态、进化稳定策略与会计信息的自愿披露

以上我们揭示的是资本市场中企业间博弈的离散状态。下面，我们将以资金稀缺的状态为例，揭示资本市场企业间随机的匹配对称博弈，进一步解释资本市场中企业间会计信息披露的博弈。

有限理性意味着会计信息博弈的各方寻求最佳策略的过程和速度各不相同，往往通过学习博弈，借助于试错过程，来寻求较好的策略和满意策略。同时，有限理性将导致某些博弈结果具有稳定性而另一些博弈结果则

① 典型的库诺特（Cournot Game）告诉我们，小团体的合作靠非正式的规则就可维持，而大团体的合作则必须依赖于正式的规则或合约。

② “社会肯定或否定问题”在亚当·斯密（1883；蒋自强等译，1997年）中所多次指出。

并不稳定。

在有限理性的框架下，最优反应动态（best – response dynamics, BRD）是小群体的快速学习过程中的反复博弈；而同样是在有限理性的框架下，“复制动态”（replicated dynamics，RD）则是大群体之间的随机匹配对称博弈，一般学习速度低于前者。在复制动态机制运行过程中，博弈结果往往会区分为进化稳定策略（evolutionary stable strategy，ESS）[①] 和非进化稳定策略。

最优反应策略和复制动态博弈都是基于有限理性而进行的，但前者的理性层次较高、后者的理性层次较低，学习速度较慢[②]。

假如资本市场上有资金 S，企业资金总需求为 D（由于财务资本稀缺性的前提，所以 D 大于 S）。下面，我们将层次性地分析财务资本稀缺性前提下，企业的会计信息披露博弈进化情况。首先研究两个企业在筹集资金时的情况，然后再将之扩展到 n 个企业（大样本或群体）之间随机配对博弈的情况。请注意，两个企业之间的博弈与 n 个企业间的博弈可能具有不同的特征，因为企业间群体随机配对博弈存在着一个隐含的条件，即所有参与博弈的企业是相似的，博弈也是位置无差异的二人对称博弈。

（1）两个企业间的对称博弈

表 2－7　　资金稀缺、两个企业之间的对称博弈

企业 j ╲ 企业 i	披露（Y）	保密（N）
披露（Y）	$\frac{S}{2}\times(1-\alpha)$，$\frac{S}{2}\times(1-\alpha)$	$\frac{D}{2}\times(1-\alpha)$，$S-\frac{D}{2}$
保密（N）	$S-\frac{D}{2}$，$\frac{D}{2}\times(1-\alpha)$	$\frac{S}{2}$，$\frac{S}{2}$

在该博弈框架中存在着对称性，假定给定其中一个企业（如 j）的策略，那么企业 i 将以概率 x 选择披露，概率（1－x）选择保密。而且在重复博弈过程中，企业间存在着学习的过程，那么企业 i 完全可能因为学习的积累而改变披露会计信息概率的选择。不失一般性，我们不妨假定函数

① 谢识予：《经济博弈论》，复旦大学出版社 2002 年版。

② 同上。

$x=x(t)$ 成立，t 为时间变量。

$$E_Y=x\times\frac{S}{2}\times(1-\alpha)+(1-x)\times\frac{D}{2}\times(1-\alpha)$$

$$E_N=x\times\left[S-\frac{D}{2}\right]+(1-x)\times\frac{S}{2}$$

$$\overline{E}=x\times E_Y+(1-x)\times E_N$$

考虑到 $\frac{dx}{dt}=F(x)=x(E_Y-\overline{E})$①

$$=x\cdot[E_Y-xE_Y-(1-x)E_N]$$

$$=x\cdot(1-x)(E_Y-E_N)$$

$$=x\cdot(1-x)\left\{x\times\left[\frac{S}{2}\times(1-\alpha)-\left(S-\frac{D}{2}\right)\right]+(1-x)\times\left[\frac{D}{2}\times(1-\alpha)-\frac{S}{2}\right]\right\}$$

$$\begin{cases}x_1=0\\ x_2=1\\ x_3=\dfrac{S-D(1-\alpha)}{(D-S)\alpha}\end{cases}$$

如上假设，α代表筹资费用和簿记成本占总资金筹资金额的比例。根据基本的供求关系可知，α的高低取决于 D/S 的比例关系，或者说取决于资本市场上资金的供求差距——财务资本的稀缺性程度。D/S 越大，说明财务资本越稀缺。而财务资本越稀缺，则竞争的结果促使筹资费用越高。可见，α（D/S）是一个增函数。按照逻辑推理，由于α是 D/S 的增函数，所以随着资金稀缺性程度的进一步增加，则α越来越大。反之亦然。换言之，随着资金稀缺程度的差异，x_3 可能退化成 x_1 或 $x_2$②。换言之，x_3 代表一种或有状态，企业以概率 $x_3=\frac{S-D(1-\alpha)}{(D-S)\alpha}$ 选择披露会计信息，而以概率 $(1-x_3)$ 选择不披露会计信息③。

此外，只探讨博弈的进化或其抽象是远远不够的，我们必须探讨该博

---

① 令 $dx/dt=F(x)$ 是为了论述的方便。

② 根据博弈论的奇数定理，任何一个博弈都有奇数个均衡。其中 $x_1=0$ 和 $x_2=1$ 成为纯战略均衡，而 x_3 代表混合策略均衡。

③ 换言之，当资金供求关系基本达到均衡时，企业的筹资费用和披露会计信息的簿记成本为 0，企业可能并不披露自己的会计信息。尽管这偏离和放宽了资金稀缺性的基本假设，但这种逻辑推理结果的确可以从资本市场上找到历史的横截面来进行史实验证。

弈动态演进的进化稳定策略（ESS）。为了求解该博弈的进化稳定策略，我们需要对该博弈的演进路径函数进行微分：

$$\frac{dF(x)}{dx}=d\left\{x(1-x)\left\{x\times\left[\frac{S}{2}\times(1-\alpha)-\left(S-\frac{D}{2}\right)\right]+(1-x)\times\left[\frac{D}{2}\times(1-\alpha)-\frac{S}{2}\right]\right\}\right\}/dx$$

$$=(1-x)\left\{x\times\left[\frac{S}{2}\times(1-\alpha)-\left(S-\frac{D}{2}\right)\right]+(1-x)\times\left[\frac{D}{2}\times(1-\alpha)-\frac{S}{2}\right]\right\}$$
$$-x\left\{x\times\left[\frac{S}{2}\times(1-\alpha)-\left(S-\frac{D}{2}\right)\right]+(1-x)\times\left[\frac{D}{2}\times(1-\alpha)-\frac{S}{2}\right]\right\}$$
$$+x(1-x)(D-S)\alpha$$

从上可知，$\begin{cases}F'(x_1=0)>0\\F'(x_2=1)<0\\F'\left(x_3=\dfrac{S-D(1-\alpha)}{(D-S)\alpha}\right)>0\end{cases}$

根据进化稳定策略的原理我们得知，对于任何博弈结构内微小的"颤动"，博弈结果都可以回复原本的平衡——具有稳定性。换言之，上述的三个解 x_1、x_2、x_3，除了自身具有均衡状态的性质外，任何偏离均衡状态的微小扰动，复制动态仍会收敛到平衡状态——这意味着若 $x<x_i$ 时，$F(x_i)=\frac{dx_i}{dt}>0$；$x>x_i$ 时，$F(x_i)=\frac{dx_i}{dt}<0$（$i=1, 2, 3$）。换言之，必须有 $F'(x_i)<0$。

由此得知，$x_2=1$ 属于稳定策略——即（披露，披露），而 $x_1=0$、$x_3=\frac{S-D(1-\alpha)}{(D-S)\alpha}$ 不是进化稳定策略。

（2）大群体 n 个企业间的两两随机配对的对称博弈

表 2-8　资金稀缺、n 个企业之间的两两随机配对的对称博弈（具体数字为举例）

企业 1 \ 企业 2	披　露（Y）	保　密（N）
披露（Y）	5，5	5.5，0
保密（N）	0，5.5	6，6

$$\frac{dx}{dt}=F(x)=x\times(1-x)\times(5.5x-0.5)$$

$$F'(x)=(1-x)(5.5x-0.5)-x(5.5x-0.5)+5.5x(1-x)$$

令 F（x）=0，可解得：$\begin{cases} x_1=0 \\ x_2=1 \\ x_3=\dfrac{1}{11} \end{cases}$

将 $x_1=0$、$x_2=1$、$x_3=\frac{1}{11}$代入 F′（x），可知：

$$\begin{cases} F'(x_1=0) = -0.5<0 \\ F'(x_2=1) = -5<0 \\ F'\left(x_3=\dfrac{1}{11}\right)=\dfrac{5}{11}>0 \end{cases}$$

所以，x_1、x_2 是稳定进化策略；x_3 是非稳定进化策略。

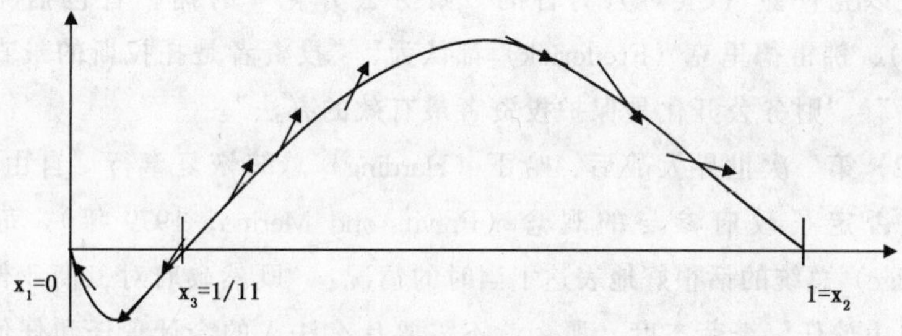

图 2-7　资金稀缺、n 个企业之间的两两随机配对的对称博弈演进图

从上图可以直观地看出，当 x∈（0，1/11）时，复制动态最终会收敛于 $x_1=0$，换言之“保密”将成为企业披露会计信息时的首选。但是，当 x∈（1/11，1）时，复制动态最终会收敛于 $x_2=1$，换言之“披露”将成为企业披露会计信息时的首选。当任何两个企业只进行一次博弈时，在资本市场上筹集资金的企业是否选择披露会计信息的 n 个企业采纳“保密”和“披露”策略的比例在［0，1］区间的任何一点上的几率相同。但是，我们同时注意到，n 个企业通过复制动态博弈实现（保密、保密）策略的概率为 1/11，而实现（披露，披露）策略的概率为 10/11。请注意，若从微观个体——企业的角度进行审视，我们不难发现，复制动态博弈最终演变为较高效率均衡（即“保密、保密”）的机会要高于最优反应策略下的几率（1/32）①。

如上一系列的博弈分析，从各个角度、层层递进并详尽地解释了为什么最终即使缺乏管制，会计信息披露也会成为一种非正式的制度安排。

① 这揭示了理性程度高并不一定意味着能够得到更佳的结果。

（二）历史证据

（1）自从1893年恐慌过后，银行家和外部人士越来越多地参与到美国公司的经营业务中。到了第一次世界大战前夕，投资银行机构的代理人在公司董事会中存在代表，有时还占据控制地位。到1913年，“金融托拉斯”已经在112家公司中拥有341个董事资格，控制了大约220亿美元的资本化资源（Previts and Merino，1979年）。慢慢地，投资者越来越相信要使公司财务公开化，以减轻投机压力。随着烟草、威士忌、冷饮等托拉斯的倒闭，不论是官方还是民间，当然也包括工商界一些开明人士，都要求公司财务公开化，使投资者能够据以作出明智的决策。可以说，社会思潮已经转向反对公司的“保密”惯例了（Previts and Merino，1979年）。当时，以克鲁兹（Clews）为首的“财务公开化”的拥护者包括克拉克（Clark）、佛雷德里克（Frederick）都认为，“投资者是托拉斯的最直接的牺牲品”、“财务公开化是保护投资者最有效的办法”。

（2）第一次世界大战后，哈丁（Harding）总统恢复奉行“自由放任”政策，否定了政府参与的观念（Previts and Merino，1979年）。苛利芝（Coolidge）总统的话很好地表达了当时的情况：“既然政府对工商业保持一种‘自由放任’繁荣态度，那么就不需要什么法人的会计责任和任何外部控制和干预了”。第一次世界大战的胜利改变了美国公众对工商界的态度，而过度信任工商界的创造力和机智。正常状态的恢复，助长了经济上自由主义思潮的抬头，原本形成的、有限的政府和职业界参与的观念遭到了否定。在20世纪20年代，由于当时社会舆论认为工商业已经改革完毕，因此并不需要任何外部管制了，因此会计师的作用由原来对第三者利益的保护逐渐转化为对工商业利益的保护。这一转变在一定程度上阻碍了会计职业界的发展和进一步壮大。过去为监督工商界而建立的、保护公众利益而鼓励审计工作的管制机构的影响力骤降。其间，1911年，美国公证会计师协会会长爱德华·萨芬（Suffern）提醒其会员，作为独立会计师，他们有责任监督包括政府在内的所有当事人公平地分配公司利润。斯图亚特·查斯（Stuart Chase）认为会计师的立场不足以保护公众利益。在第一次世界大战前，美国联邦储备委员会曾经对制定会计审计准则的最初尝试起了积极的作用。自从1918年“编制资产负债表的认可方法”颁布到此后十余年、一直到经济危机爆发，该委员会几乎都未制定过任何财务报告准则。

（3）20世纪20年代，无论是政界、金融界还是管理当局，对会计信息的需求发生了根本性的转变。对工商企业采取“家长般”怀柔政策的政府根本无须会计师来监督工商界。政府假定工商界是诚实的，认为会计师应该同他们密切合作，并认为会计师的主要职责是保证企业投资获得“合理报酬”。

在这个时期，会计职业界在政府的极端漠视中生存，当时会计职业界的一项流行的信念就是“每个企业在提供财务报告时都应应用自己的会计原则，并且竭力为其辩解”、“企业管理当局具有支配、指示会计人员的‘天然’权力”。可以说，在此思潮下，会计职业界缺乏权威和权力处理公司的各种弊端、制止管理当局的恣意行为。甚至政府也无力扭转投机浪潮下的企业财务报告的扭曲行为。在政府的权威管制机构没有能力或更多的是不愿意控制整个经济的投机行为下，再加上对保护投资者利益的冷漠，以及对个人权利的过度放任，就不难理解为什么会计职业界在控制企业财务报告和会计信息披露中的无能为力了。当时，会计学家梅（May）曾拒绝和里普利（Ripley）讨论企业财务报告和会计信息披露的质量问题。May 明确提出，“既然财务报表是企业管理当局的表述书，会计人员就没有权利规定‘何谓正确的处理方法’”，并且鼓吹谁也无权迫使企业管理当局采取其不愿使用的会计原则。

可见，资金稀缺性情况下，若筹集资金是连续的，那么企业之间关于是否进行会计信息公开披露的博弈将促使企业选择公开披露会计信息。但问题在于，既然自发的“市场机制”调节着会计信息的披露，那么为什么我们观察到对会计信息披露进行监管的存在呢？换言之，会计信息披露监管的内因是什么？

第二节 公司治理生态与会计信息的可靠性问题研究

一、引言

在公司治理和委托代理关系中、在所有权和经营权高度分离的情况下，会计信息系统存在的基本理由在于：会计信息应有助于降低投资者决策过程中面临的不确定性，借以减少决策风险、促使社会资源趋利性流动，达到优化资源配置的目的（杜兴强，2002 年）。会计信息上述功效的发挥，必须具备相关性与可靠性。然而，相关性和可靠性往往需要权衡和协调（tradeoff）。会计信息的可靠性与相关性及其权衡问题，是现代会计理论领域内一个颇具魅力的论题，无论是会计准则制定机构的权威公告，还是学者的理论探讨，多年来都对该问题保持了密切的关注。下面力图立足于公司治理生态背景（Ecology of Corporate Governance），深入思考相关性和可靠性问题。

美国财务会计准则委员会（FASB）第 2 号财务会计概念公告“会计信息的质量特征”中，将相关性与可靠性作为会计信息的两个主要的质量特征被并提，对两者的抉择讳莫如深。但透过现象看本质，FASB 更为侧重于“相关性”的意图其实一直昭然若揭！从 20 世纪 80 年代开始的、改进企业财务报告的呼声就甚嚣尘上，而改进企业财务报告的举措的着眼点几乎全是会计信息的相关性。AICPA 的调查报告“Improving Business Reporting：A Customer Focus”提出的诸多建议，如披露前瞻性的信息、披露资产和负债计量的不确定性等明显地侧重于会计信息相关性的改进(AICPA，1994)。Wallman 的观点甚至更为激进、但却在一定程度上反映了美国会计界对相关性的关注——在 Wallman 看来，相关性是会计信息最为重要的特征，为此他勾勒了一个包括五个层次的、彩色报告模式(Colorized Model)：(1) 相关性、可靠性、可定义性和可计量性均符合要求；(2) 相关性、可计量性和可定义性都符合要求，但可靠性存在着疑问；(3) 相关性与可计量性符合要求，但可定义性与可靠性存在疑问；(4) 相关性、可靠性和可计量性符合要求，但可定义性存在疑问；(5) 仅相关性符合标准，可靠性、可定义性和可计量性都不符合（Wallman，1996 年）。从上面五个层次的划分中，明确地可以解读出其基本思想，相关性是首要的、不可或缺的，甚至有时可以牺牲可靠性。值得一提的是，在美国会计学会（AAA）大约每 10 年左右颁布的一系列研究报告（如 1966、1977、1989……）中，相关性都作为一个至关重要的问题加以阐述。英国“财务报告原则公告”指出，“财务报表的信息必须相关和可靠，当两者互相排斥，需要对产生信息的方法选择时，所选择的方法应是能使信息相关性最大化的方法”（ASB，1999 年）——耐人寻味的是，ASB 在

10月份通过的"公告"内容的建议为，若可靠性与相关性互相排斥，那么，有用的信息应是"那些可靠信息中最相关的项目"、"会计信息在符合可靠性之前，不应对外披露"①。

可见，会计信息的相关性在20余年的时间内一直被会计界所过分强调，而会计信息的可靠性长期以来存在着关注不足。然而，在国内外一系列的上市公司财务欺诈和会计丑闻后，整个会计审计界开始重新反思会计信息可靠性。其实，在财务欺诈丑闻频发之前，就有一些会计界的有识之士在担忧之余提出警示，如Levitt在"高质量会计准则的重要性"一文及之后一系列的文章中，在提倡制订高质量会计准则、促使会计信息透明披露的同时，对上市公司会计信息披露中的"数字游戏"（number game）问题保持了长期的关注，并提出一系列的警示（Levitt，1998）；我国著名的会计学家葛家澍教授也更为强调会计信息的可靠性，他认为"可靠性是会计信息的灵魂"（葛家澍，1999年）、"反映真实是会计的基本职能"（葛家澍，2001年）、"宁可不说话，不可说谎话"（2003年）。

二、会计信息的可靠性：基于公司治理生态的一个分析框架

1. 公司治理生态与会计信息可靠性：命题的提出

会计信息（已审计）作为企业产出的替代变量，维系着企业作为一个人力资本和财务资本所有者缔结的契约的均衡，是衡量监督和激励是否相容（compatible）、剩余索取权和剩余控制权是否匹配（matching）的关键，一定程度上影响着公司治理的效率（杜兴强，2002年）。但我们同时注意到，会计信息的质量，尤其是财务报告中披露的、会计信息的可靠性，却经受着公司治理生态（Ecology of Corporate Governance）各个环节的制约。

公司治理生态的理念，是在公司治理（结构）的基础上提出的。按照李维安（2002年）的观点，公司治理包括内部治理（激励、监督、投票权、董事会、股东大会制度等）和外部治理（控制权市场等）。但是，由于公司治理结构的效率不会自动实现，治理结构本身无所谓优劣，其优劣依赖于对参与者行为的约束，因此公司治理结构的效率客观上还要经受公司外部那些提供代理服务的机构和专业人员如注册会计师、财务分析人员、投资银行家、监管者等的鉴证（一种保险制度）。这样，公司治理生

① 现在ASB公布的原则公告发表时间是1999年12月，比10月公告迟两个月。

态其实是在公司治理结构的基础上，外加一系列具有独立性的、相关的社会中介组织而形成的、一个纤巧的、非线性动态系统。作为一个非线性的动态系统，公司治理生态的健康与否不仅取决于公司治理结构事前（ex ante）设置或配置的合理性，而且状态依存于一系列具有独立性的中介环节能否独立地履行相关鉴证职能及承担有关责任——包括“会计责任”（duty to accountant）、“勤勉责任”（due diligence）、“信托责任”（fiduciary duty）、“法律责任”（duty to lawyer）、“监管责任”（duty to supervisor）等。可见，公司治理生态既以公司治理结构为基础，又是奠定在包括企业内部管理当局（会计人员）、注册会计师、财务分析师、投资银行家、律师等专业人员组成的“知识共同体”基础之上（李曙光，2002年）。注册会计师、财务分析人员、投资银行家、监管者、律师等专业人员是证券市场上的一个坚固的“职业知识共同体”——他们对于市场的观念，对于市场好坏、优劣的标准应该是一致的，他们有一套共同的互相理解的术语、概念、逻辑思维、推理规则、知识结构和知识体系，共同守护着特定的基本信念和市场秩序。由于公司治理生态的非线性特征，其具有敏感性，所以一旦公司治理结构之外的这些知识共同体失去了特定的信念，或某个环节丧失了基本的独立性、背弃了其应承担的相应责任，公司治理生态将失衡或陷入危机（ecology crisis），最终必将导致不可靠的会计信息孳生，甚至演化为财务欺诈。

一系列资本市场的正反鲜活案例（包括具有透明度的信息披露的案例和财务欺诈曝光的案例）揭示，公司治理生态与会计信息的可靠性密切相关。高质量的会计信息与健康的公司治理机制之间存在着相互依存性（co－existence）（Baker and Wallage，2000），健康的公司治理生态能够确保发现会计信息披露中的不可靠性、乃至财务欺诈，而失衡的公司治理生态则往往成为助长财务欺诈的温床①。

---

① 本书不止一次的揭示：设定公司治理生态的n个环节彼此相互独立，任何一个公司治理生态环节发现财务欺诈的概率为P_t，且$P_t > 50\%$（该环节能否作为一个公司治理环节的前提）——换言之，任何一个公司治理生态环节未发现财务欺诈的概率$0 < \overline{P}_t = 1 - P_t < 50\%$（因为$P_t + \overline{P}_t = 1$）。在上述基本假定的基础上，可以推知，①$\overline{p} = \prod_{t=1}^{n}(1 - P_t) \to 0$（$\overline{P}$代表所有公司治理生态环节均“未发现”的概率），这意味着公司治理生态所有环节均不能发现财务欺诈的概率为0。②由$\overline{p} \to 0$可推知，$P \to 1$。换言之，公司治理生态发现财务欺诈的概率$P \to 1$，即公司治理生态不可能不发现财务欺诈——除非每个环节都未发现财务欺诈，否则哪怕只有一个环节发现了财务欺诈并将之公布于众，则财务欺诈就昭然若揭了！

2. 基于安然事件及财务欺诈的检验

立足于当前的公司治理生态，下面我们将结合图 2-8（目前会计信息披露的框架，主要参考了 Baker and Wallage，2000），选取众所周知的安然案例对上一部分提出的命题进行检验，并从正反两方面进行适当的解释与说明[①]。

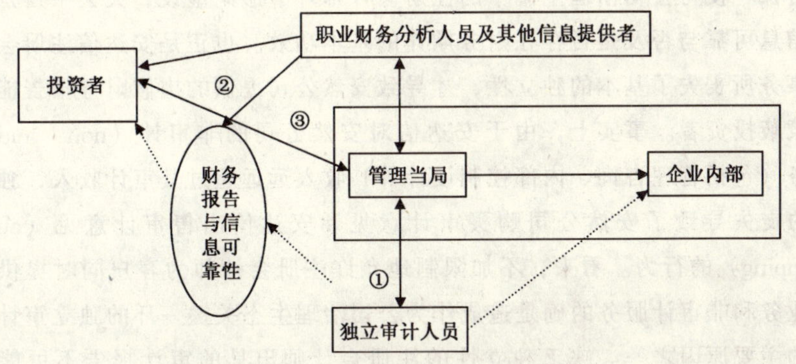

图 2-8　当前的会计信息披露框架

(1) 管理当局作为会计信息提供的利益主体，向资本市场、投资者及债权人提供财务报告，并对会计信息的可靠性承担会计责任；独立审计人员则对财务报告及会计信息的可靠性承担审计责任；最终传递给投资者的、已审计的财务报告其实体现着契约关系的均衡（Watts，1977）。必须注意，独立审计人员在会计信息提供中的作用正在经历着微妙的变化——相当长的一段时期以来，注册会计师审计俨然已从传统的审计活动“扩张”到审计与非审计服务并举，注册会计师十分“热衷”于协助企业进行管理控制、提高管理效率，从而从事了诸多类似的非审计服务（non-audit service），甚至导致非审计服务的收入已经悄然攀升、超过了审计服务的收入。在安然等一系列财务欺诈曝光之前，这种模式一度曾被看作是注册会计师事务所多元化经营的典范，而由此导致的独立性的削弱、及其对会计信息可靠性的影响并未引起足够的重视。然而，残酷的现实揭示，一旦注册会计师热衷于提供非审计服务，则其利益将很可能与企业管理当局的利益捆绑在一起，由此极有可能导致独立性丧失。而独立性

① 由于公司治理生态的环节远远不止下面将要论述的管理当局、注册会计师及财务分析师这些环节，所以此处勾勒的是公司治理生态与会计信息质量的一个概要图。

丧失的后果是不言而喻的，注册会计师审计作为公司治理生态的一个关键环节，并未起到对企业财务报告和会计信息是否可靠（真实、公允地反映企业的财务状况与经营成果）进行客观鉴证的功效，独立审计的缺失甚至助长了财务欺诈的涌现。

透过安然丑闻及安达信事件，我们发现，安然公司的确和安达信进行了合谋，使得公司治理生态中的注册会计师环节形同虚设，失去了辨别会计信息可靠与否及是否存在财务欺诈的基本功效。也正是安达信注册会计师事务所丧失了基本的独立性，才导致安然公司提供的虚假财务报告能得以蒙蔽投资者。事实上，由于安达信对安然公司的非审计（non－audit）服务（包括管理咨询、内部控制设计等）收入远远超过其审计收入，独立性的丧失导致了安然公司购买审计意见和安达信出售审计意见（audit shopping）的行为。看来，不加限制地允许注册会计师为客户同时提供审计业务和非审计服务的确是造成作为公司治理生态关键一环的独立审计失效的主要原因之一。缺乏独立性的注册会计师出具的审计报告不可能真实、公允和透明，从而在极大程度上误导了投资者。

(2) 安然事件中，公司治理生态的另外一个关键环节——财务（证券）分析师也与注册会计师等环节一样，“不约而同”地失效了。随着会计准则的日益复杂化，一般投资者根本无法理解企业财务信息中所反映的复杂的交易如金融工具创新、租赁和特殊目的主体（SPE）等，所以投资者尤其中小投资者一般需要依赖财务分析人员的观点进行投资。由于财务分析师具有老练的财务分析专业知识，并具有远远超过中小投资者的财务分析技巧，所以资本市场期望他们能够发现上市公司财务报告中的异常性(abnormal）和不可靠性——即使诸如特别目的实体等复杂的交易不在财务报表中进行确认，而只在财务报表附注中进行了披露，这虽然可以蒙蔽一般的投资者，却并不能够逃过训练有素的职业财务分析人员的敏锐分析。然而，财务分析师为了一己私利，往往摒弃了其基本的职业素养，背叛了投资者的信任，甚至在察觉这些公司财务疑问的同时仍作出诸如“建议强烈买进”安然公司股票的推荐。可见，财务分析师这个公司治理生态环节一旦背弃了社会公义和社会责任，就将对上市公司的财务欺诈起到推波助澜的“作用”。

(3) 若仔细分析，可发现公司治理生态下财务欺诈的一些一般性规律(黄明，2003 年)：

“经济繁荣期→管理当局利用财务预测（空口声明）→利用会计准则的灵活性竭力粉饰财务业绩→注册会计师和财务分析师‘助纣为虐’→经济萧条→财务欺诈曝光”。

可见，企业的管理当局作为会计信息的提供方主体，其提供的会计信息的质量以及是否可靠，往往具有私有性。在公司治理生态的各个环节之中，管理当局对于会计信息可靠性可能负有不可推卸的“原罪”——从财务预测到盈余管理、再到最后财务欺诈，正是管理当局、以及特定情况下注册会计师和财务分析师等公司治理生态环节的推波助澜，导致会计信息可靠性逐渐丧失，最终沦为财务欺诈。

此外，管理当局可能与投资者中的一部分——如机构投资者签订私人契约，为他们传递“差异性”的会计信息，这是因为机构投资者往往掌握着大量的社会资源，在与管理当局的博弈中占据着优势。然而，这种“歧视性”的信息提供方式，更为加剧了信息不对称的程度——由管理当局与投资者之间的信息不对称，蔓延至“管理当局与机构投资者、机构投资者与中小投资者、中小投资者与管理当局”三类的信息不对称。信息不对称的加剧，催生了管理当局利用信息不对称，通过不可靠的会计信息来粉饰其拙劣的经营业绩，从而达到蒙蔽中小投资者、导致财富不恰当转移的目的。

三、提高会计信息可靠性的政策性建议：基于公司治理生态的思考

1. 会计信息可靠性的“木桶模式”：总体观点

木桶理论的要义在于，决定一个木桶能够盛装多少体积液体的不是最长的木板，而是最短的木板（如图 2－9 所示）。若将其具体运用到会计信息的可靠性上，则：

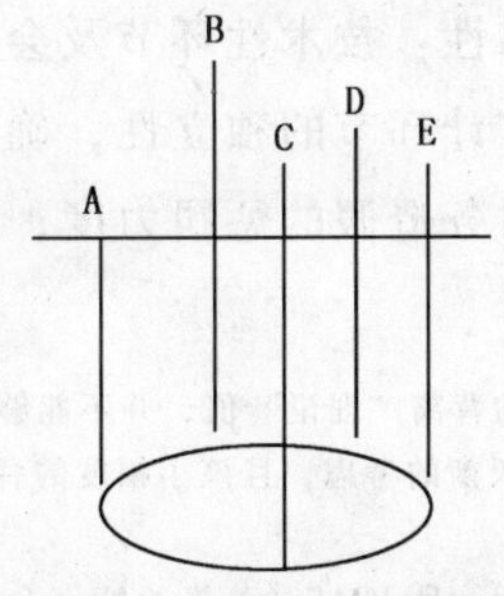

图 2－9　木桶理论与可靠性

（1）公司治理的任何一个环节都有可能成为会计信息缺乏可靠性的“短木板”。因为公司治理生态的各个环节作为外部公司治理机制功效的发挥，将直接决定着传递到资本市场中的会计信息的可靠性。每一个公司治理生态环节，都应有义务去独立地判断会计信息质量，发现财务欺诈——若每个公司治理生态的环节都独立地评估会计信息的质量，那么其“发现”的概率将趋于100%。但若每个环节都假定经过上一个流程“检验”的会计信息的可靠性，都希望“搭便车”、保持“理智的冷漠”，那么最终展现在投资者面前的将是一个失衡的公司治理生态（ecology crisis of corporate governance）、一个失去纠错能力的公司治理生态、一个不能够保护中小投资者利益的公司治理生态。

（2）会计信息的整体可靠性不是取决于财务报表中最为可靠的数据，而是取决于相对而言可靠性最低的数据①。企业财务报表的任何一个项目的不可靠，都有可能导致最终财务报表信息的不可靠性——因为对于会计信息系统而言，“输入的是垃圾、输出的也必然是垃圾”。譬如，在举世震惊的世界通讯财务欺诈案例中，世界通讯公司并未采取像安然公司那样高超的舞弊技巧（如SPE、复杂的金融工具）等，而只是简单地将本应费用化的项目进行了资本化，结果在5个季度内就虚增利润38.52亿美元。考虑到会计信息生成的任何一个技术性环节都有可能成为“短木板”，因此会计信息的可靠程度取决于会计信息在生成过程中严格的事前、事中和事后控制。

2. 公司治理生态与提高会计信息可靠性的政策性建议

首先，我们对上述的图2-9进行修正，形成如下的图2-10（参考了Baker and Wallage，2000年）②。

根据图2-10，提高会计信息可靠性的政策性建议包括：

（1）提高会计信息可靠性：技术性环节及会计准则制定的思考；

（2）强化注册会计师审计环节的独立性，确保审计质量；

（3）加大对管理当局财务造假的惩罚力度；

---

① 个别财务报表数据小幅度的背离“理论”值，并不能够认定为不可靠，因为这完全可能是出于在相关性和可靠性之间进行权衡的考虑，且该小幅度的背离完全可能被财务数据之间的上下波动所“平衡”（tradeoff）。

② 该模式目前在欧洲进行推行，且ICAS（苏格兰特许会计师协会）颁布的专门研究报告对该模式进行推荐。

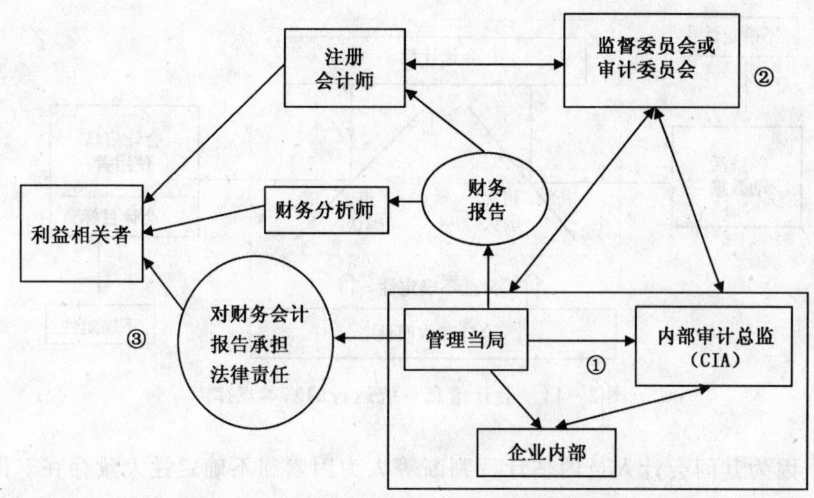

图 2-10[①] 修正的会计信息披露框架

（4）遏制财务欺诈的源头：以股票期权为例；

（5）防范空口承诺、劣币驱逐良币和业绩泡沫；

（6）必须借助于政府监管与行业自律强化财务分析师的独立性。

四、公司治理生态与提高会计信息可靠性的政策性建议之一：技术性环节及会计准则制定的思考

会计信息可靠性的提高，还必须考虑会计信息系统运行的基本规律（见图 2-11，参考了陈一江，1999 年），确保会计准则的高质量，确立基准处理方法，尽可能减少备选方法。

从图 2-11 中可看出，经济活动中的不确定性，通过会计信息系统的特定程序与方法，生成传递给使用者的、较为确定的会计信息。为了转换不确定性，会计上需要一系列基本假设，也需要限定会计信息系统的处理对象。限定会计处理对象，是为了防止无限制地拓宽财务会计的边界，导致会计信息披露日益庞杂，在提高相关性的同时导致会计信息可靠性受到削弱。会计信息系统的一系列程序（确认、计量）、方法的存在，制约着单一会计数据的可靠性，却未必能够必然衍生出最终整体会计信息的可靠

① 图中粗线框部分代表不同于图 2-1 的、旨在通过强化公司治理生态的特定环节确保会计信息可靠性的措施。

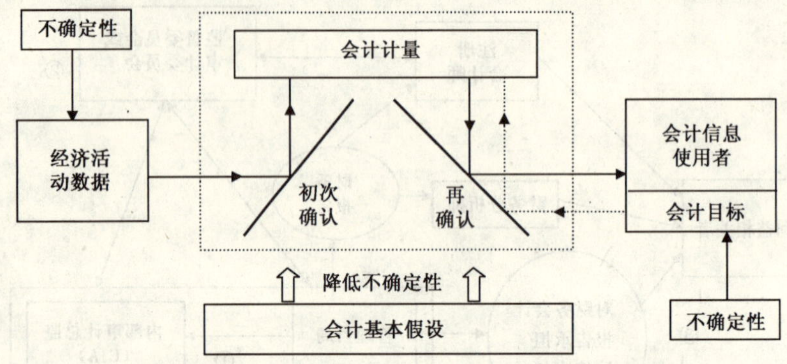

图 2-11 会计信息系统运行的基本规律

性，因为其间会计人员的估计、判断等人为因素和不确定性大量存在。因此，事前通过公共契约（如会计准则或会计制度等）的形式对会计信息的可靠性提出基本要求、降低使用者决策过程中所面临的不确定性、保护投资者的利益，不失为一种现实的选择。准则、制度对于会计信息的可靠性的作用具有一定的稳定性。此外，会计信息使用者的事后判断是前者的依存函数——准则、制度的质量越高，会计信息使用者事后质疑会计信息可靠性的概率越低；反之，准则、制度可能被规避的程度越高、备选方案越多，管理当局拥有越多的会计政策的选择权，使用者事后越可能对会计信息可靠性产生怀疑——原因在于，当存在多种备选方案时，管理当局可能会出于自身利益的考虑选择一种能够最大化自己私利的会计政策，而这种会计政策也许与经济事实或客观性相背离，当然也就影响了会计信息的可靠性①。

（1）原则导向或规则导向问题。自从 20 世纪 70 年代初 FASB 成立、以会计目标为逻辑起点制定财务会计概念框架（1978 年），并以此为指导制定会计准则开始，美国的公认会计原则（GAAP）就采取了“具体规则导向”的制定思路。具体规则导向的会计准则具有较强操作性的优点，但却非常容易被规避。譬如融资租赁准则（FAS13）规定，凡是租赁期限不短于租赁资产经济寿命的 75%或最低租赁应付款的现值不低于租赁资产公允价值的 90%的租赁，都可以归类为融资租赁，那么就有一些企业故意将租赁期限

① 例如，当管理当局往往为了给投资者造成一种公司平稳发展的印象，往往利用应计、待摊、递延、预提等会计程序来营造一种“平滑”（Smoothing）的假象。

限定在租赁资产经济寿命的74%、最低租赁应付款的现值控制在89%以内，从而躲避将融资租赁在财务报表上进行确认（因为融资租赁的确认将会显著提高企业的资产负债率，使企业的财务风险凸显，从而不利于企业的后续债务融资）。在具体规则导向模式下制定的FAS，面临着朝令夕改的尴尬！因为一旦准则涉及的详细而具体的规则出台，正如上述的融资租赁一样，企业的管理当局总能够在绕过、不违反具体的会计规则的前提下，选择与具体规则主旨相反的会计政策，于是FASB却不得不经常忙于修补具体会计规则的不完善，因此美国的会计准则条款越来越详细、复杂，FASB的Interpretations也越来越多，但即使如此也无法扭转或明显或潜在的财务欺诈。更何况美国的会计准则制定从来就不是一个纯技术性的过程，实际上因为会计准则具有的经济后果性而使会计准则的制定逐渐演变为充斥着游说（lobby for/lobby against）活动的政治过程。面临此起彼伏的游说压力、政治方面的约束乃至准则制定权力的不稳定性（时不时就会受到SEC收回准则制定权力的威胁），使得FASB改革会计准则制定模式、完善会计准则步履沉重，前途难卜。值得庆幸的是，布什总统新签发的《2002上市公司会计改革和投资者保护法案》给美国的会计准则制定投下一缕改革的"曙光"，按照该法案，责成SEC对美国会计准则制定思路—规则导向或原则导向进行研究，一年内提出研究报告结果。

美国会计准则制定的具体规则导向模式的缺陷使我们想到了国际会计准则委员会（IASC）制定国际会计准则（IAS）时的原则导向模式。原则导向的会计准则虽然在操作性方面存在一定的困难，但是却着重于反映业务的经济实质，因此不容易受到有意的规避。譬如国际会计准则在租赁准则（IAS17）中，相应进行了原则性的规定"租赁期限占资产使用寿命的大部分、最低租赁应付款的现值几乎相当于租赁资产的公允价值"，这样职业判断就难以违反这一原则。

此外，值得注意的是，具体规则导向的准则制定模式的缺陷还在于：①会计准则的制定绝大多数时候总是滞后的，它难以超前反映经济环境的变迁和企业经济业务的不断创新。这也是美国会计准则制定目前面临的最大困境。这一点值得我国制定会计准则的有关方面关注。为此，为了抑制上市公司财务欺诈的发生，美国似乎应该从国际会计准则制定中借鉴经验，对具体规则导向的会计准则制定方式作出革新，至少应该在会计准则中适当增添一些原则性的规定，借以防止上市公司层出不穷的会计规避和由此导致的财务欺诈。②具体规则导向的会计准则追求（法律）形式更甚于（经济）实质，而这是一个会计准则制定过程中应该竭力避免的问题。

会计准则制定的最佳模式应该是什么？是像美国 FASB 那样采取具体规则导向还是像 IASB 的原则导向？至少美国上市公司的财务欺诈已经给我们展现了具体规则导向的会计准则的弊端。此外，透过美国上市公司的财务丑闻，我们也再一次领会了会计准则的性质——技术性、经济后果性和政治性的复合产物，我们也发现美国的财务会计概念框架并未在会计准则制定过程中得到先后一致的贯彻实施。当然，我们并不能够就此否定在我国制定自己的财务会计概念框架的必要性，而是应该吸取教训，不仅要制定自己的财务会计概念框架，而且要研究如何使之在制定准则的过程中发挥应有的指导作用，确保我国会计准则的高质量，防范我国上市公司财务欺诈。

（2）基准处理方法、备选方案及可比性。实证会计研究学者们的研究结果表明，从会计准则制定的成本效益制约、和企业管理当局拥有对会计政策的天然选择权利角度去审视，对会计政策进行完全的标准化、对每种经济业务只允许一种方法存在，未必是一种最佳选择。因为管理当局对会计政策的选择具有信号显示作用。这种结论具有一定的局部合理性，这可以通过契约理论得到解释。但是，如果要将上述结论普遍化，则有可能是谬误的（真理和谬误之间往往只有一步之遥）！当前从国际会计准则委员会的核心会计准则之所以得到越来越多国家的支持，就可以得到旁证！允许各种备选方案的广泛存在，然后希冀于通过观察管理当局对会计政策的选择来获取增量信息，这一命题往往是以资本市场有效性为前提下的，实际上，按照美国 20 世纪 60 年代到 80 年代之间的经验数据检验的结果（资本市场有效性）是否适合目前的美国资本市场本身就存在疑问。前提存在疑问，命题自然值得怀疑！尽管我们并不否认个别经济业务可以允许备选方案的存在，但是过多地允许备选方案的存在，使得会计信息的可比性和可靠性名存实亡，绝非上策。

我们看到，由于院外游说和政治对会计准则制定的影响，美国的会计准则针对特定的经济业务往往允许有多种备选方案存在。这给企业管理当局根据自己的切身利益需要选择于己有利的会计政策提供了借口和方便。借鉴 IASC 的做法，尽量缩小各种备选方案的范围，为每种经济业务的会计处理提供一种基准处理方法（最多允许一种备选方法的存在），对提高会计准则的可比性，促进会计信息的透明度和高质量是非常重要的。这一点通过回顾国际会计准则委员会的改革历程，就可以得到佐证。

为此，会计准则的完善、以及确保会计准则的高质量，就成为提高会计信息可靠性的重要条件之一。诚如 Levitt（1998）所说的，“按高质量会计准则产生的财务报告，将确保应在本期报告的事项，既不提前，也不滞后；不提过多预防意外的准备；不确认递延损失；公司的经营业绩实际上在各年是起伏不定的，财务报告不应进行所谓的‘平滑’；不人为地粉饰一个似乎前后一致的、稳定发展的假象”。换言之，反映真实（tell it like it was）、实话实说（tell the truth），宁要真实的波动，不要虚假的“平滑”！此外，会计准则的制定，还需要遵循实质重于形式的精神，谨防人为的规避行为。

五、公司治理生态与提高会计信息可靠性的政策性建议之二：公司治理生态环节

（一）加大对管理当局财务造假的惩罚力度[①]

在图 2-3 中，管理当局必须向企业的利益相关者表明其对财务报告与会计信息的可靠性（或真实公允性）的责任，并进行相应的承诺。这样，从会计信息提供的源头上形成一种威慑，强化公司治理生态中管理当局环节提供可靠会计信息环节的概率。此外，注意到管理当局往往为了一己私利，为了掩盖其不法行为，使会计信息失去其可靠性，乃至铤而走险、与注册会计师、财务分析师进行合谋，导致财务欺诈，并且屡禁不止，可能还有一个原因，那就是管理当局从不可靠的会计信息（乃至会计造假）中获得的预期短期收益将超过其预期成本。为此，对管理当局施加严厉惩罚，使得其预期短期净收益小于预期的长期利益（如下）不失为一种较为有效的方式[②]。

$$R^S - \frac{p \times E}{(1+r)^m} < \sum_{t=1}^{n} \frac{R_t^L}{(1+r)^t}$$

其中：

R^S 代表管理当局进行财务欺诈或提供不可靠的会计信息所能够攫取

① 本处我们对公司治理结构部分的讨论仅涉及管理当局，至于对公司治理结构其他部分的讨论，将主要在本书第五章展开。

② 请注意，对管理当局施加严厉的惩罚往往需要相应的配套措施，否则只可能是一种短期行为，具体论述请参见本书第五章第三节。

的短期利益；

p代表提供虚假财务信息被发现的条件概率，取决于公司治理生态各个环节、特别是社会中介环节的独立性和知识共同体的理念；

E代表提供虚假的财务信息若被发现，管理当局的预期损失；

r代表贴现率，m、t分别代表贴现期；

R_t^L 代表管理当局提供真实可靠的会计信息，第t期的长期利益；

$\sum_{t=1}^{n}\frac{R_t^L}{(1+r)^t}$ 代表提供真实可靠的会计信息，管理当局获得的长期利益的贴现值。

具体到我国，曾涉嫌财务欺诈的上市公司高层管理人员，在中饱个人私囊之后并无人因此而入狱，也鲜有人因此而受到刑事处罚，且这样的公司还能够一次次如履薄冰地延续下来，然后再有下一次……试想，如果有严厉的事后惩罚措施的存在，财务欺诈何以如此猖獗?！也许我们的确需要以“乱世用重典”的气度来威慑财务欺诈，从严处罚提供不可靠会计信息的行为。也许还要再加一句：执法必严！

(二）强化注册会计师审计环节的独立性，确保审计质量

1.基本观点

注册会计师审计在公司治理生态中是非常重要的一环。Scott（1997）曾一针见血地指出，大多数投资者之所以选择对一家上市公司进行投资，并非是他认真阅读了该公司的年度报告，而往往是因为相信了注册会计师出具的“无保留审计意见”。可见，注册会计师的审计意见既对会计信息的可靠性起着直接的鉴证作用，也成为维系契约均衡的重要机制。事实上，在既定的公司治理结构下，由于信息不对称的存在，投资者直接对企业会计信息可靠性的直接验证由于成本高昂而不大可能。独立、客观和公正的注册会计师审计机制的存在，使得大多数的投资者在进行决策时，将注册会计师无保留的审计意见视同于会计信息的可靠性①。然而，由于目

① 其实，考虑到资本市场的现实，投资者的此种逻辑存在明显的误区。我们可以这样理解：若公司被注册会计师出具了“不清洁”或非标准审计意见，则说明该公司一定存在问题——因为在市场竞争驱动下，注册会计师往往为了留住弥足珍贵的客户资源，若非公司果真存在问题，否则不会出具不清洁的审计意见。若注册会计师出具无保留的审计意见，则并不说明公司确无问题，原因在于：第一，注册会计师审计毕竟是奠定在对内部控制进行符合性测试基础上的抽样审计，并不能够确保在管理当局串通舞弊情况下仍能够发现问题；第二，即便发现问题，完全也可能进行合谋，隐匿不报。

前注册会计师审计市场日益细分、利润摊薄，但注册会计师审计风险却与日俱增（如近年来的“集团诉讼”和“诉讼爆炸”比比皆是）。迫于生存困境，低价揽客（low - balling）、出售审计意见（audit shopping）及混业经营（即将审计服务与非审计服务一揽子提供）等已经成为注册会计师审计市场上引人瞩目的现象。这些现象直接制约和影响着审计独立性，甚至催生了注册会计师与管理当局之间进行“合谋”，从而削弱注册会计师审计在公司治理生态中所应起到的功效——对企业财务报告及会计信息的真实与可靠性独立地表述意见。

为了保证注册会计师的独立性，应该强调注册会计师与企业内部审计人员的沟通，强调外部审计与内部审计的协调与沟通。这可以降低审计费用，避免出现由于审计成本制约导致注册会计师无法实施必要的审计程序，确保他们每个在既定的审计收费下提高对会计信息可靠性验证的效率。为此，应该（主要参考了 Baker and Wallage，2000）：

①设立内部审计总监（chief internal audit，CIA），直接对监督委员会（supervisory board，德国等）或审计委员会（audit committee，英国等）负责。CIA 领导内部审计人员，分担部分通常由注册会计师进行的具体工作，如内部控制的测试等，并向监督委员会或审计委员会提交报告，反映企业管理当局履行相关责任的情况，同时可以节约外部审计人员的工作量及提高审计财务报告及会计信息可靠性、真实公允性的效率。

②监督委员会或审计委员会全部由独立董事组成，与图 2 - 5 中揭示的管理当局和注册会计师关系相比，它将确保注册会计师与企业管理当局之间的独立性。

2. 对注册会计师提供非审计服务的适度监管，确保审计质量

(1) 非审计服务现状

20 世纪 80 年代后，非审计服务（Non - audit Services）在注册会计师整个业务体系中的地位逐渐攀升，最直观的说明就是非审计服务的收入在事务所整个收入中占据到越来越高的比例，而且还有逐渐上升的趋势（见下表）。

(2) 非审计服务的综合分析

我们必须意识到，注册会计师及其事务所提供非审计服务就好像一把“双刃剑”，一方面可以增加业务收入、分散运营风险，另一方面却诱发了审计界关于“注册会计师提供审计服务是否还能够一如既往地贯彻独立性

表 2-9　　美国大公司支付审计费和管理咨询费用一览表①

序号	公司名称	审计费用（百万美元）	非审计费用（百万美元）	非审计费用/审计费用	会计师
1	SBC Communications	3.0	35.3	11.8	E&Y
2	International Paper	4.7	30.7	6.5	AA-D&T
3	AT&T	7.9	48.4	6.1	PwC
4	Honey	5.1	27.8	5.5	PwC
5	Walt Disney	8.7	43.0	4.9	PwC
6	Coca-Cola	5.0	23.9	4.8	EY
7	General Motors	17.0	79.0	4.6	DT
8	Johnson&Johnson	9.3	43.1	4.6	PwC
9	Dupont	7.0	30.0	4.3	PwC
10	IBM	12.2	51.0	4.2	PwC

（实质上的独立性和形式上的独立性）”的论战，这些争论的支持或者反对者往往忽视了非审计服务的“双刃剑”特征而走向不同的极端，要么要求明确禁止注册会计师提供非审计服务，要么对提供非审计服务完全持乐观和放任的态度。我们的意见是，对注册会计师一并提供审计非审计服务的混业经营② 现象应该进行辩证的理解。

根据现代契约理论，我们可以将注册会计师、委托方（管理当局）、所有者和与财务报表存在利益关系的第三集团等等方面看作是一个契约的关联（A Nexus of Contracts），并虚拟一个企业将之纳入其中，那么外部性的内部化就可以通过最大化各个利益方的联合效用（Joint Utility）来完成。而“最大化各个利益集团的联合效用”等价于“最小化各个利益集团的联合成本（Joint Cost）”。由各个利益方虚拟而成的企业的联合成本为：

$$MinJC(q, u) = W(u \to q) \times AC(q) + V(q \to u) \times NAC(u) + E(q, u) \times P(E | (q, u))$$

① 转引自林柄沧（台湾）编著，《新会计大战》，中国时代经济出版社 2003 年版，第 373—374 页。

② 即审计与非审计服务一并提供。

其中，u≥0，q≥0，0＜W（u→q）≤1，0＜V（q→u）＜1，0＜P（L|q）≤1。

JC（q，u）代表虚拟企业的联合成本，其最小化意味着社会联合效用的最大化，因为注册会计师审计对于整个经济系统而言，其收益是既定的，即对被审计企业管理当局提供财务报表的真实、公允性提供审计意见以取信于社会公众。AC（q）代表某一审计质量水平 q 需要的审计成本，NAC（u）代表某一非审计服务水平 u 所需要耗费的成本。审计质量 q 与非审计服务水平 u 相互依存：因为非审计服务可以为审计服务贡献效用，可将 u 对 q 的贡献量化为 W（u→q），即由于提供非审计服务而为审计服务带来的效率提高的成本节约系数，为此 0＜W（u→q）≤1（如果没有提供任何非审计服务，则 W（u→q）＝1）；同样审计服务也可以为非审计服务如管理咨询提供支持，所以将 q 对 u 的贡献系数量化为 V（q→u）。E（q，u）代表注册会计师提供审计服务和非审计服务可能给财务报表使用者带来的外部性损失，P（L|（q，u））量化了带来此种外部性的概率（可能性）。

在既定的非审计服务 u 水平下，AC（q）与 q 正相关，E（q，u）、V（q→u）与 q 负相关；在既定的审计服务水平 q 下，W（u→q）与 u 负相关，NAC（u）、E（q，u）与 u 正相关（提供非审计服务水平越高，注册会计师的独立性可能受到的削弱越大）。由于联合成本 JC（q，u）是一条严格凹性（Strictly Convex）曲线，必然存在着一个基本的极小值、同时也是最小值点（q^*，u^*）。（q^*，u^*）称为联合成本最低点和社会联合效用最高点，如果非审计服务水平超过了 u^*，则认为注册会计师提供非审计服务可能给财务报表使用者带来了超过社会最佳效用的损失，此时相应的管制机构就应该介入来对非审计服务市场进行管制，如制定相应的职业准则（职业道德准则、质量控制准则）、加强监管等。

DeAngelo 的研究支持了我们如上的观点。DeAngelo 认为注册会计师的审计质量取决于两种概率：一是发现问题的概率（专业能力），二是注册会计师披露问题的概率（独立性）。[①]非审计服务一方面可能增加注册会计师对客户全方位的认识，提高发现问题的能力，从而在独立性保持不变

① DeAngelo，L.E.，"Auditor independent，low balling，and disclosure regulation"，Journal of Accounting and Economics 1981－3－（2），pp113－127.

的情况下提高审计质量；另一方面也可能对审计独立性产生一定的影响，如果非审计服务收费较高，注册会计师就可能因担心失去客户而与客户妥协，从而削弱审计独立性，同时，非审计服务也可能使客户更加依赖于注册会计师，从而减少调换注册会计师的可能性，增强审计独立性。当注册会计师提供的非审计服务比重较低时，非审计服务对审计质量的影响往往是正面影响大于负面影响，当注册会计师提供的非审计服务比重较高时，则负面影响要大一些。

理论分析的结果证明，若不考虑注册会计师审计的特征，似乎将非审计服务与非审计服务一并提供是有利的。然而，由于注册会计师审计必须保持独立、客观和公正的形象和基本要求，所以关于混业经营的问题就形成了如下有代表性的观点①：

①完全禁止，即注册会计师在提供审计服务之外，不应该再提供任何非审计服务；

②放任自流，即允许各种非审计服务存在，并不加干涉；

③非审计服务中注册会计师只提供建议；

④剥离（Spin off），即将事务所目前的业务剥离为两部分——提供审计服务和提供非审计服务，并形成不同的部门或者相互存在着关联方关系的主体（Related Entity）；

⑤不允许为被审计企业提供非审计服务，但可以为其他企业提供非审计服务；

⑥禁止特定的非审计服务如兼任被审计企业高级管理人员、兼并咨询等。

我们认为，尽管非审计服务与审计服务的一揽子提供可以节约联合成本、降低效率损失，但是由于信息不对称现象的存在，广大财务报表使用者并不了解为特定企业提供审计、非审计服务的均衡点，因此在允许非审计服务存在且可以一揽子提供的情况下，应该注重信息披露，被审计企业应该在其财务报告中披露注册会计师在提供审计服务的同时提供的非审计服务的类型、程度，让投资者判断注册会计师在提供一揽子审计、非审计服务时是否恰当、是否偏离社会最佳点、是否还能够保持应有的职业谨慎

---

① 主要参考了 Hillison and Kennelley，“The Economics of Nonaudit Services”，*Accounting Horizon*，1988.9，32－40。

和独立性。这样，在充分披露与审计、非审计服务有关的信息时，注册会计师可能权衡利弊，将不会提供某些疑问性的、引起社会公众怀疑其独立性的非审计服务项目。此外，在决定是否提供非审计服务时，必须关注“非独立性”或“依赖性”（dependence）这个基本的概念①，因为独立性的反面是“依赖性”。具体来讲，必须进行如下判断：第一，是否非审计服务可能改进审计质量；第二，是否非审计服务可能产生使审计服务不独立的依赖性；第三，依赖性是否重大，是否依赖性可通过合理的措施如以上建议的充分信息披露加以降低或者消除。

(3) 混业经营：基于（原）五大会计师事务所的案例分析②

在市场经济中，注册会计师审计注定要成为一个公众瞩目的职业。因为在委托代理关系下，注册会计师审计其实对企业财务报表披露的会计信息起着再保险（re－insure）的作用，投资者之所以愿意对一个企业进行投资，往往是由于信任了注册会计师出具的无保留的审计意见③；此外，已审计的财务报表还起着维持契约关系均衡的作用④。为此，资本市场、投资者对注册会计师审计几乎保持着一种近乎苛刻的要求，包括：(1) 对注册会计师的独立性（含形式上和实质上的独立性）的强调；(2) 对注册会计师审计保留有潜在追索权（state－contingent Claim）⑤，并可能形成“集团诉讼”(group Suit)、招致注册会计师事务所的巨额经济损失和无以弥补的“声誉损失”。“安然—安达信”（Enron&Andersen）事件后，丑闻发生前已经提及的、要求注册会计师事务所剥离（spin－off）绝大多数“非审计服务”（non－audit service）的动议被写入了Sarbanes－Oxley法案，公众对注册会计师的警惕和“诚信”质疑空前高涨。因此，注册会计师事务所面对社会公众和投资者的“独立性及诚信质疑”，应急性地、将法令禁止的诸如咨询业务等非审计服务（non－audit service）如咨询业务

① Wallman, “Reliability and Auditor Independence”, *Accounting Horizons*, 1996, Vol.10, No4：76－97.

② 相关研究背景资料来自于德勤会计师事务所（Deloitte Touche Tohmatsu）网站和公开媒体杂志。

③ Scott，*Financial Accounting Theory*，Prentice—Hall Inc，1997。

④ Watts, “Corporate Financial Statements, A Product of The Market and Political Process”, *Australian Journal of Management*，2，1977。

⑤ 原因在于：低质量的审计意见对投资者的影响和不利损失并非立即应验，而是具有滞后性。

进行剥离的过程中所出现的现象[①]：2000 年 5 月，安永（Ernst&Young）将其咨询业务分拆，并剥离给 Cap Gemini（欧洲电脑服务公司）；2000 年 8 月，现今已遭破产厄运的安达信（Arthur Andersen）会计师事务所将其咨询业务剥离，成立 Accenture 咨询公司并上市；2001 年 2 月，毕马威（KPMG）会计师事务所分拆其咨询业务，改名为毕博（Bearing Point）咨询公司并使之上市[②]；普华永道（Pricewaterhouse Coopers）则在 2002 年将其所属的咨询公司转让给 IBM[③]。然而，德勤会计师事务所（Deloitte Touche Tohmatsu）却贻误了向资本市场证明自己“清誉”、“独立”和“诚信”的最好时机，最近迫不得已宣布放弃分拆、仍保留其咨询业务。“一石激起千层浪”，整个会计审计界一片哗然。

但是，一向审慎的德勤，如今已经倍受注册会计师界的关注，成为一系列会计丑闻及 Sarbanes－Oxley 法案颁布后、注册会计师审计界的“异类”——一切全因德勤迫于经济因素的压力放弃了分拆咨询业务的计划。曾几何时，德勤雄心勃勃地欲打造“一揽子”式的、集审计和咨询业务于一身的、“一体化”的事务所，也正是这个缺乏洞察力的战略，使得德勤在分拆咨询业务方面优柔寡断，丧失了良机，导致了如下的被动局面：

2003 年年初，Clorox 公司——一个与德勤维系了 46 年关系的企业，因为德勤无法实现分拆咨询业务，而将其解雇；2003 年 4 月，通用汽车公司迫于资本市场投资者的信任压力，终止了与德勤公司之间的咨询业务关系；Auto Nation 公司的审计委员会宣布，从下一会计年度开始，该公司将更换事务所为其提供审计服务[④]。此外，从 2002 年到 2003 年，德勤的审计服务收入已经从占其总收入的 25% 左右锐减到 10% 左右（剔除收入绝对额下降之后）。这可以理解为市场对于混业经营作出的负“反应”。

(4) 强化注册会计师审计监管模式——行业自律或政府监管的融合

---

① 也称为注册会计师审计领域内的“SARS”当世界范围内 SARS（非典型性肺炎）肆虐时，会计审计界的目光却为职业界的 SARS 所吸引。注册会计师审计领域内的 SARS，全称 Severe Acute Rebranding Syndrome，即“急性品牌再造综合症”。

② 请注意，毕马威最初将其咨询业务剥离出去时，仍命名为毕马威咨询公司，但迫于压力和种种考虑，后来改名为“毕博咨询公司”。

③ 谢衡：“德勤：商业 SARS 患者”，《三联生活周刊》，2002 年第 4 期。

④ 同上。

与我国的市场经济进程相对应，我国注册会计师审计管理目前正处在一种过渡阶段。我们不能盲目地学习英国和美国①，也不能够固步自封，坚持不合理的注册会计师管理体制不变。我们应当看到，行业自律和政府监管互有优缺点，不能够“一刀切”，“追捧”行业自律或政府监管的一种而“棒杀”另一种。我们需要做的是，吸收各国注册会计师管理的经验教训，仔细研究在我国的资本市场现有环境特点下，尽量融合和吸收行业自律和政府监管的各自优点，构建适合我国的注册会计师监管框架。

我国当前的行业自律具有面临着监管主体独立性偏弱、代表性差、权威性不够的特点。中国注册会计师协会作为注册会计师领域的管理机构，隶属于财政部，理事会大部分成员（包括会长和副会长）都来自政府部门，而非审计职业界，更无公众利益代表，在许多情况下难以作出独立决策，缺乏代表性和权威性；同时，中注协又向各会计师事务所和注册会计师收取会费，受经济利益的制约，往往不能从重从严实施监管②。我们认为，美国和英国行业自律过程中出现的、行业自律实施机构缺乏财务独立性和权威性的缺陷同样存在于我国的注册会计师审计管理体制中。

美国和英国注册会计师管理体制的“急剧式”和“跨越式”的转变——由高度自律监管到“独立监管模式”，在我国现有的环境条件下并不适应。是否可以设想在中国注册会计师协会和主管的政府部门之间成立一个协调机构，既强化政府、会计职业界和其他相关部门的沟通，降低其行政色彩，确保其一定程度的权威性；又负责从公众来源筹集资金③确保中国注册会计师协会的财务独立性。当然，该中介机构的成员一定要具有广泛的代表性，包括政府、金融机构、公众代表、注册会计师代表，但职

---

① 安然等一系列上市公司财务欺诈案件后，各国不约而同的增强了监管力度。以美国和英国为例，美国成立了公众公司会计监督委员会（PCAOB）来克服之前 POB 因双重领导和财务不独立导致的权威性缺失、同行互查的“维护有余、监督不足”的固有缺陷；英国则由财务报告理事会（FRC）取代会计师基金会（AI，取代了 CCAB），力图通过财务独立性和明确的权责关系来强化独立性和权威性。总的看来，美国和英国都希望通过构建“独立监管模式”，来一扫资本市场因财务欺诈而呈现的“混浊性”和“颓势”，挽救和重塑投资者对资本市场的信心。

② 《对注册会计师行业自律和行政处罚的理论划分与实践运作》（由徐珊博士间接提供，作者不祥），working paper，2003。

③ 所筹资金可考虑按一定标准由政府、会计职业团体以及上市公司分摊，属于一种法定义务。

业界人士不应该超过1/3。

应该注意到，随着我国加入世界贸易组织（WTO），资本市场的国家化程度的提高使我国的审计市场逐渐出现了诸如“低价揽客”、“出售（购买）审计意见”、“混业经营”、“云游和尚”（注册会计师离开受到处罚的注册会计师事务所转投别的事务所）等现象，注册会计师审计质量堪忧。在目前我国注册会计师行业自身执业环境差、发展程度低、竞争能力弱、行业自律监管机制不完善的情况下，政府作为监管主体，在经济转轨时期充当舵手的角色，指导和监督注册会计师的行业自律就成为一种理性的选择，“政府监管和行业自律相结合”的管理模式是一种适合目前我国注册会计师审计发展阶段特征的现实抉择。

附：政府监管与行业自律：比较及借鉴①

（一）注册会计师审计市场管理体制及监管的基本特征及一般性趋势

通过对各国注册会计师市场管理体制演变的考察，可以观察到如下一些基本特点及发展趋势。

第一，市场经济和法律体制在一定程度上决定着政府监管或行业自律模式的选择。以2001年的安然事件为分水岭，我们发现在安然事件之前，英美国家往往以行业自律模式为主，而德日等国家则倾向于政府监管，造成如此差异的重要原因在于市场经济发展及法律体系的不同。

法律体系的差异，在一定程度上可以解释注册会计师审计监管模式的差异。根据一般性的划分，法律体系可以分为成文法和判例法两种。判例法体系的国家往往资本市场和股票市场相对成熟，与资本市场和经济、社会生活息息相关的社会中介组织如律师、注册会计师、财务分析师等发展较为充分，因此就获得了较大的、和政府针对监管权进行博弈的权力(Power)；再考虑市场经济的自由主义的精神和理念往往深入人心、甚至政府也乐意于做“守夜人”的角色，保持有限度的介入。以美国为例，会计审计行业和政府关于会计准则制定权的博弈结果可以充分说明这一点。即使面临1929年的股灾、美国政府决定介入会计职业界、实施管制

① 参考相关资料整理完成，包括刘维：《独立审计制度安排与注册会计师行为问题研究》，厦门大学博士论文，2003年；杜兴强等：《注册会计师政府监管与行业自律：案例分析与实证研究》，国家自然科学基金（项目批准号：70341034）结题报告，2004年。

(regulation)，最终还是将会计准则的制定权下方给民间机构——最初就是下方给美国注册会计师协会（AICPA），而政府机构 SEC 只保留否决权；此后，尽管美国会计准则的制定机构几经更迭，但始终政府并未收回会计准则的制定权。英国会计准则的制定情况大致类似，甚至英国民间机构在会计准则的制定权方面发挥着比美国职业界更大的作用。

至于审计职业界的规则制定权及行业自律的问题，其实是围绕注册会计师审计独立性规则制定权的博弈。在安然事件之前，充分的市场经济和自由主义的精神、以及强有力的职业组织使美国长期以来形成了具有特色的行业自律模式——以行业组织（注册会计师协会下设的公共监督委员会）和同业互查为两大基石的高度自律的行业监管体制；而英国则体现为由六个职业团体共同发起成立的会计职业团体咨询委员会（CCAB）进行行业相关事务的统一管理与协调的行业监管体制。反之，德国和日本则属于成文法的国度，市场经济尽管成熟程度与美国、英国差距不大，但却呈现出不同的特征。最主要的表现就是政府干预的力度。这个主要的差别决定了德国与日本的行业组织力量偏弱，无法和政府就监管权的问题进行卓有成效的博弈。因此，德国联邦事务部和日本大藏省对注册会计师行业实行严格的监管体制。

第二，行业自律实施机构的权威性日益增强。德日模式严格的政府监管模式我们暂且不论。尽管英美国家长期以来推崇行业自律模式，但透过一系列历史的纵向进行观察，我们不难发现，即使是行业自律，为了维护行业的总体良性发展，确保注册会计师的独立性和取信于资本市场和投资者，会计审计行业自律实施机构的权威性呈现出日益增强的趋势。美国和英国的会计准则制定不约而同地在维系行业自律的大方向（安然事件前）下朝着增强其独立性和权威性而努力，如美国会计准则制定机构的权威性因 SEC 的授权和声明而得到增强。

具体到注册会计师行业自律方面，早期美国的公共监督委员会（POB）在运行过程中，由于受制于少数的资金提供方①，因此逐渐演变为这些机构和注册会计师事务所的“代言人”，从而其独立性日益丧失，其权威性的降低乃至荡然无存就成为必然。最终一个旨在追求独立性和权

① 指（原）“五大”会计师事务所（包括安达信、毕马威、普华永道、安永、德勤等）和美国注册会计师协会（AICPA）。

威性的公众公司会计监督委员会（PCAOB）代替了公共监督委员会(POB)。新的PCAOB的会员主要来自非注册会计师行业、非盈利性质的民间机构，拥有美国公认审计准则（GAAS）的制定权、也具有对会计师事务所的注册、监督、调查和处罚权；其严格控制来自于职业界的会员，1/3成为上限。PCAOB的任何决策均规定由委员会中的公众成员控制，而PCAOB监管运作所需的资金则来自于PCAOB按一定的标准向作为会员和附属会员的会计公司、上市公司分摊。资金提供属于一种法定义务，资金提供者并不能因提供资金而干预PCAOB的独立运作。

英国的行业监管模式最初推行的核心机构是会计职业咨询委员会(CCAB)。会计职业咨询委员会（CCAB）的发起人是注册会计师职业团体，来源“单纯”且倾向性明显。由于维系该机构日常运转的经费全部来自于会计师事务所，所以不免“受制于人”和受到提供资金的注册会计师事务所的“制掣”——提供资金的多寡成为“声音大小”的衡量依据。财务上的因果联系始终使CCAB的独立性收到质疑，其权威性自然“大打折扣”。1997年，英国试图以会计师基金会（AF）取代CCAB来实施监管，仍然残留有前者的“影子”，尽管名义上叫“独立监管”。在安然事件的敦促下，英国政府最终决定由财务报告理事会（FRC）作为独立的管制机构。财务报告理事会（FRC）运行费用由政府、企业和会计职业团体来共担，对其受托责任和透明度有更清晰的安排。而且为了FRC的独立运作，FRC任命程序更加透明、权责分配更加清晰、委员会的组成多数为会计界外人士（60%以上）、定期向社会公布有关运行结果等要求，大大提高了监管机构的独立性、代表性和权威性。

第三，行业自律的内涵进一步深化。行业自律的焦点集中在规则的制定（事前对不当行为的约束）和事后的惩罚上。为此，实施行业自律的国家无一例外地制定了各自的公认审计准则（GAAS）、职业道德准则等，并详尽地规定了事务所内部质量控制准则、不同事务所之间的同业互查规定及相关的惩罚措施等。完整的行业自律体系还包括一些补充措施：

①行业退出机制的增强和完善。如果缺乏强有力的惩罚机制和“退出机制”，就容易使得注册会计师事务所和注册会计师的激励和监督不相容，最终将导致“劣币驱逐良币”现象。为此，各国在行业自律的发展过程中，无一例外地都将“惩罚性禁入制度”作为一个主要问题来看待和推行。

②注册会计师轮换制度和同业互查制度。注册会计师的轮换制度主要遵循"流水不腐"的信条，防止注册会计师事务所或具体的注册会计师和客户因长期的雇佣和被雇用关系而形成一种"隐契约"，从而丧失实质上的独立性，使得审计过程流于形式，丧失基本的审慎性，或可能出现"出售审计意见"和"合谋"的现象。同业复查制度就是由彼此合格的多个注册会计师事务所之间定期相互评价其审计绩效和审计质量，并考察具体的注册会计师事务所内部的质量控制体系。同行互查制度由于参与方均为专业人士，因此在一定程度上可以避免"外行审内行"的尴尬。

③成立由广泛职业背景的人士（包括注册会计师、律师行业、投资分析师等）组成的"应急委员会"，用以解决突发事件时相应的应急性规则的制定和方案的拟定，最终为日后的审计准则制定提供完善的依据。

（三）必须借助于政府监管与行业自律强化财务分析师的独立性

由于社会分工、知识结构及个人禀赋的差异，我们不能够寄希望于每个投资者都能够胜任对企业财务报告的分析，都能够发现企业会计信息可靠与否。财务分析师作为公司治理生态的关键环节和一种专业性的中介组织，可以对上市公司管理当局提供的财务报告中会计信息的可靠与否发表意见，引导投资者进行投资，促使社会资源的趋利性流动①。然而，一旦财务分析师失去了其应有的独立性，那么就助长管理当局进行财务欺诈。为此，必须对财务分析师进行严格的监管，并需要辅之以有效的行业自律，包括②：①须确保财务分析师与上市公司利益不存在关联性；②禁止财务分析师利用研究报告为投资银行招揽业务；③财务分析师不受投资银行的监管；④银行不能将分析师的收入与相关业务挂钩，以保持其研究报告的独立性和研究报告的公正性；⑤财务分析师也不得交易相关研究领域的上市新股。⑥财务分析师应在执业过程中保持中立，独立进行判断和评价，不得利用所掌握的内幕信息为自己或他人谋取私利，不得对投资人或委托单位提供存在重大遗漏、虚假信息和误导性陈述的投资分析、预测或建议。⑦财务分析师不得断章取义或篡改有关信息资料，不能因主观好恶影响投资分析或建议。

---

① 还可以对从竞争性的"信息源"获得的信息进行加工，为投资者传递决策相关的信息，弥补传统的财务报告的时滞性（time lag）所带来的决策效率损失。

② 参考了我国证券分析师相关职业规范第七、八、九条的规定。

六、公司治理生态与提高会计信息可靠性的政策性建议之三：其他因素

（一）遏制财务欺诈的源头：以股票期权为例

完善每个公司治理生态环节的确可以抑制财务欺诈，但是公司毕竟还是要以盈利为主要目的的。这就涉及到财务欺诈产生的一个关键问题：公司追求利润而对管理人员进行激励所带来的财务欺诈动机问题。

由于社会分工、知识结构和个人禀赋的制约，导致企业成为一个人力资本和非人力资本（财务资本，下同）缔结的特殊契约：拥有财务资本但不具备管理技能的人逐渐远离企业的日常经营管理，而将企业交给职业经理（管理当局，下同）去进行经营管理，这就是最为普遍的委托代理关系。由于管理当局的努力程度很难观测，再考虑到管理当局的效用函数往往和股东的目标函数不一致，所以需要在监督的基础上对管理当局进行激励。股东对管理当局的激励，从最初的“工资＋奖金”模式、“年薪制”逐渐过渡到上个世纪80年代开始盛行的“股票期权”激励模式。

曾几何时，股票期权被西方国家赞誉为“自公司制后资本主义的第二次制度革命”而倍受推崇，以至于美国大部分的公司都设置了各自的股票期权制度，用以激励企业的管理当局努力改进企业的经营管理，为股东创造财富和促使企业价值的最大化。然而在安然、世通、环球电讯、Qwest等公司相继爆发了财务丑闻之后，股票期权制度却又被美国的《Fortune》杂志批评为是“财会欺诈的始作俑者”。同样的股票期权制度，既造就了不胜枚举的新经济奇迹（以硅谷为代表），也在现代公司治理结构所必然衍生的“强管理者、弱所有者”和“所有者缺位、经营者篡位”的现实中导致了期权作用的异化，进而出现经营权膨胀、侵蚀所有权的过度反应（邱海旭，2000年）。一时间，股票期权成为公司高层管理当局通过操纵财务报表数据（尤其是经营业绩数据）、哄抬股价、最终抢在公司巨额损失曝光之前为个人牟取暴利的“帮凶”。

认识到股票期权的“双刃剑”性质，那么我们就不应该“一刀切”地论及股票期权制度的是非，而应该采取唯物主义的态度，扬长避短，发挥股票期权所应具备的良性激励作用，抑制其可能诱发的财务欺诈因子，最终促进公司治理结构的完善。股票期权激励的存在，恰如一把“双刃剑”，如果加以恰当规范，则可能通过赋予管理当局一定的剩余分享权而使其尽

可能地与股东的利益保持一致，促使股东财富最大化的目标实现；反之，在利益的驱动下，股票期权可能诱发公司管理当局对盈利进行作假的动机，而且股票期权一旦运用不当，就成为管理当局操纵盈余、进行财务欺诈的根源之一。实际上，在美国资本市场上一系列的财务丑闻，都和企业管理当局操纵股价并将其股票期权在高价位进行套现紧密联系在一起。

应该指出，股票期权作为一种激励措施并非一定导致财务欺诈，其关键是股票期权行权机制。如果允许企业管理当局不加限制地随意选择对股票期权行权的时机，再外加管理当局和投资者本身信息不对称性的客观存在，那么管理当局完全可能在对自己最有利的时机，利用信息不对称操纵股价，在牟取个人暴利的同时使投资者承担巨额的损失。这是应该绝对禁止的，因为此类财务欺诈的危害性不仅在于它导致财富的不恰当转移，给不知情的中小投资者的利益带来致命的损失，而且在于其给资本市场带来的资源浪费、扰乱证券市场运作规律和在市场承受能力最低的时候起到致命的危害作用①。我们认为，股票期权制度要想健康地运转，必须能够有效解决并抑制可能诱致财务欺诈与股票期权魔术的诸多因素。因此，必须在以下方面进行革新：

(1) 尽可能缩减可供企业管理当局选择的会计政策的范围。由于目前的会计制度和会计准则往往允许多种会计政策和方法的存在，所以管理当局经常从个人的私人利益出发，选择一种最有利于自己的会计政策，并据此编制财务报告，向资本市场提供会计信息。由此提供的会计信息往往缺乏基本的公允性，无法促使社会资源的趋利性流动，而且往往可能不恰当地影响企业的股价，由此导致管理当局从高涨的股价中谋取暴利，但投资者却因此受到损失，使管理当局不恰当地从股东手中掠夺财富。

(2) 股票期权价值应该计入企业的成本。股票期权制度之所以成为财务欺诈和舞弊的温床，一个主要的原因可以归结为股票期权价值并未计入企业的成本。一项调查研究表明，股票期权计入企业的成本费用将会使通用电气公司的净收益减少 3000 万美元，使其 EPS 锐减到不足 1 美分。而高科技公司一旦将股票期权费用化，则其利润锐减更是惊人：2001 年，Dell 公司股票期权费用化后利润锐减 59%、Intel 公司利润锐减 79%、思科公司利润则更是不可思议地减少了 171%。照此，将股票期权价值费用

① 黄明："美国式会计欺诈和美国式资本主义"，《比较》，2003 年第 2 期。

化，则可以正确地衡量管理当局的努力程度，使股票期权的激励作用得以正确的发挥。

(3) 股价和综合财务指标体系共同决定行权标准。目前，我国乃至美国、英国等西方国家推行股票期权的公司往往采取单一的行权标准——股价。我们认为，这种单一的标准存在着明显的弊端①：

①股价作为一个指标，不仅与企业的经营业绩相关，而且可能受到宏观经济环境等各种因素的综合影响，这决定了我国新兴资本市场上的股价有时并不能够充分反映企业管理当局的努力投入程度。例如在宏观环境适宜的情况下，企业的管理当局即使未曾全力对企业的经营管理尽职尽责，但是股价也有可能居高不下；但是如果遭遇宏观经济环境糟糕的情况，即使管理当局对企业的经营管理鞠躬尽瘁，股价并不能够完全令人满意。

②利率、汇率因素仍然可能影响股票的价格。以利率为例，由于我国银行近年来不断调低利率，再加上利息税的开征，这使得居民储蓄的回报率日益降低，经济人追逐个人效用最大化的特点必然导致相当大的一部分资金流向资本市场；同时考虑到我国资本市场的上市企业、尤其是原来由国有企业改制上市的企业中有相当大的一部分股份并不流通，所以面对涌入资本市场的大量资金，股票出现暂时的供小于求的局面；两种因素综合作用导致即使企业经营业绩不佳，股票价格仍然居高不下。如果此时再以股价作为股票期权行权的惟一标准，那么股票期权的存在将既无法对管理当局进行恰当的激励，也容易产生激励的扭曲性。

可见，将股价作为惟一的行权标准的缺陷在于其往往会促使企业管理当局通过操纵利润来抬高股价谋取股票期权行权后的巨大利益。因此我们认为，不应该单独以股价作为股票期权行权的标准。反之，在关注股价的基础上，应该同时辅以对企业核心财务指标的考核。因为尽管经理人员可以在短期内利用资本市场的不完善性蓄意操纵股价，但是却不可能立即对若干财务指标进行完全的操纵。为此，在坚持股价作为行权标准的同时，应该考虑一些能够综合反映企业财务健康程度的指标如选择能够综合体现

① 一般来讲，与股票期权相关的财务舞弊主要体现为利用财务会计的权责发生制原则和会计准则、制度的漏洞达到虚增利润和操纵股价的目的，但其主要手段如下：(1) 提前确认收入；(2) 延迟确认费用；(3) 通过关联方交易虚增利润；(4) 通过虚假的交易来激增利润；(5) 利用金融创新和会计准则的漏洞来虚增利润；(6) 不正当地利用私有信息来谋取个人私利；(7) 提供严重失实的财务报告，误导投资者。

企业经营业绩的十个财务指标，它们分别是净资产收益率、国有资本保值增值率、成本费用利润率、速动比率、资产负债率、应收账款周转率、存货周转率、社会贡献率、市场份额增长率、技术创新投入率等综合衡量是否管理当局可以将其拥有的股票期权进行行权（如下表），当且仅当最终综合评价系数大于1，才允许管理当局行权。这样，才能在一定程度上从源头上遏止股价的缺陷和财务欺诈之风。

表2-10　企业经理人员行使股票期权审计的综合评价指标体系（例举）*

指标	权重①	行业基准比率②	实际比率③	相对比率计算方式及结果④=②/③	综合评价指数（K）=①×④
1. 净资产收益率	30%	20%	25%	=③/②=1.25	37.5%
2. 国有资本保值、增值率	15%	110%	121%	=③/②=1.10	16.5%
3. 成本费用利润率	10%	30%	36%	=③/②=1.20	12%
4. 速动比率	5%	100%	80%	1-│③-②│/②=0.8	4%
5. 资产负债率	5%	60%	84%	1-│③-②│/②=0.6	3%
6. 应收账款周转率	5%	10	12	=③/②=1.20	6%
7. 存货周转率	5%	5	7	=③/②=1.40	7%
8. 社会贡献率	10%	32%	40%	=③/②=1.25	12.5%
9. 市场份额增长率	10%	125%	150%	=③/②=1.20	12%
10. 技术创新投入率	5%	5%	4%	=③/②=0.80	4%
合计	100%	—	—	—	114.5%

*本指标体系的构建参考了美国杜邦财务分析体系和我国颁布的国有企业财务指标考核体系。其中，权重是按照国际财务分析中的通行标准拟订，而基准比率、实际比率则只是为了解释的方便进行的例举。

（二）防范空口承诺、劣币驱逐良币和业绩泡沫①

财务欺诈的形成也许并不能直接归因于股票期权等激励机制的过错。实际上，整个资本市场的非有效性和短视性，往往也会对财务欺诈起到重要的环境诱导作用。这种诱导作用是通过如下的相互联系的环节来诱发财务欺诈的：

（1）为了从资本市场上筹集到扩大再发展所需要的资金，公司往往会在财务预测中通过“空口承诺”描绘企业未来盈利的美好前景②。

① 本部分论述的观点，本书曾多次从不同层面论及，可参阅共同理解。

② 关于财务预测，不可避免地会出现“空口承诺”的问题，但是目前来看，美国的GAAP缺乏有效的规范措施。

(2) 资本市场的不确定性和经济周期的繁荣、衰退的更迭性决定了公司管理当局的财务预测并不总是能够顺利实现，许多原本进行空口承诺的项目最后可能会陷入亏损的境地，这种现象往往会迫使管理当局利用财务会计准则的弹性、选择财务欺诈来人为营造出一种企业平稳（甚至是高速）发展或持久性盈利的假象（当然并不排除管理当局也有出于自身套现股票期权的目的)。

(3) 在经济处于衰退期，资本市场留给投资者、管理当局和监管方的可资调整的空间被压低到最小限度，最终财务欺诈昭然若揭！

此外根据博弈论原理，如果一些上市公司的财务欺诈在一系列的公司治理生态疏漏面前存在而没有受到应有的惩罚，必然要么会使其他公司纷纷效仿；要么会基于“劣币驱逐良币”问题而使高质量的公司退出资本市场，最终不利于资本市场引导资源配置功能的发挥，也不利于资本市场的健康发展。结果资本市场上充斥着进行财务欺诈的低质量企业，这些企业通过会计操纵营造一个个诱人的泡沫，直到泡沫破裂、财务欺诈曝光为止。同时，也许应该重新审视资本市场的有效性，投资者应该进行理性投资、资本市场应该远视一点，或许这些因素的综合作用会在一定程度上抑制财务欺诈的发生。

七、小结

失衡的公司治理生态的存在，在一定程度上成为不可靠的会计信息、乃至财务欺诈“孳生”的温床。在安然、世界通讯、以及我国业已暴露的财务欺诈案例中，哪一宗案例中没有注册会计师与管理当局的合谋、没有注册会计师与财务分析人员等失去独立性的、公司治理生态环节的推波助澜？为此，提高会计信息的可靠性，考虑会计准则的高质量及会计技术性环节固然重要，但同时必须强调必须建立和强化公司治理生态的健康性、确保公司治理生态的各环节之间独立性，因为健康的公司治理生态与高质量的会计信息具有共生性（co - existence)。健康的公司治理生态还可以作为威慑，作为一种强有力的“共同知识”、制约着会计信息生成过程中管理当局的行为①。

---

① 管理当局是提供会计信息的利益主体（这一点无论从实证会计文献、还是我国的会计法中都可以得到证明)，因为他们的报酬往往理应与企业财务报表中反映的业绩具有相关性。

第三节 会计信息的相关性问题研究

自美国财务会计准则委员会（FASB）的财务会计概念框架第1号（SFAC No.1）将财务报告的目标定位为“决策有用观”后，会计信息的相关性问题就成为整个会计界关注的重心。如何确保财务报告会计信息的相关性，就成为一个世界性、持久性的论题①。实际上，自20世纪80年代始，国外改进企业财务报告的呼声就甚嚣尘上。综观改进企业财务报告的呼声，着眼点几乎全是上市公司会计信息的相关性，譬如AICPA（1994）的调查报告“改进企业报告：着眼于用户”（improving Business Reporting：A Customer Focus）提出的诸多建议，美国证券交易委员会委员Wallman（1996）提出的彩色报告模式（Colorized Model）。

会计信息的相关性问题引人注目且倍受指责，一个重要方面的原因可能必须直接指向会计准则的制订层面（standards - setting factor）。理由和逻辑根据在于：根据整个资本市场会计管制的基本逻辑——“财务会计概念框架→会计准则制定→会计准则质量→财务报表→会计信息”②，既然财务会计概念框架的一个重要方面是指导会计准则的制定，若会计准则制定环节在确保技术性和尽可能的中立性的同时，能够很好地抑制准则制定

① 甚至为了提升会计信息的相关性，有时会过犹不及，导致会计信息的可靠性在特定的历史横截面上被忽视。

② 值得声明的是，高质量的会计准则和高质量的会计信息并不“通约”，高质量的会计准则是高质量会计信息的一个必要、但非充分条件——一个佐证在于：不少学者的研究揭示，财务报告质量的改进除了受制于会计准则这一技术性条件外，外部经济、政治环境等制度性背景也是不可忽略的因素（Alford等，1993；Ali等，2000），具体参见（1）Alford，Andrew，Jennifer Jones，Richard Leftwich，and Mark Zimijewski，1993，The relative informativeness of accounting disclosures in different countries，*Journal of Accounting Research* 31：183 - 223；（2）Ali，Ashiq，and Lee - Seok Hwang，2000，Country - specific factors related to financial reporting and the value relevance of accounting data，*Journal of Accounting Research* 38：1 - 21。

过程中经济后果性（economic consequences）、政治性和市场性[①]，确保会计准则制定的高质量，那么受会计准则约束和制约而“生产”的会计信息相关性相对而言令投资者满意的程度将会大大提高。反之，若会计信息的相关性受到包括投资者在内的利益相关者的诟病，那么由此逆向推理，会计准则的质量即便不是惟一的原因、至少是主要的原因之一；进而会计准则质量的高低，剔除技术性因素之外，则必须从会计准则的制订方面去寻求深层次的原因。

一、会计信息的相关性：基于公司治理与会计准则制定的思考

1. 会计准则制订的公共选择过程与会计信息的相关性

目前各国资本市场中的企业财务会计报告模式，本质上属于一种通用的财务会计报告模式。在通用财务会计报告模式下，会计准则作为制约财务报告、特别是财务报表以及会计信息的机制，往往发挥着非常重要的作用。注意到会计准则约束下的通用财务报告的特征，因此我们可以合乎逻辑地推定，若苛求会计信息的相关性，实际上等于已走入了一个“误区”，因为通用的财务会计报告模式根本无法同时提供与不同的利益相关者决策相关的会计信息——因为不同的利益相关者具有不同的目标函数，因此也就有不同的信息需求偏好。而现实情况是，由于通用的财务会计报告必须接受会计准则（或会计制度）以及相关的信息披露法定要求的规范，且会计准则的形成往往是公共选择机制（民主机制、透明机制、公允机制）运行的结果——这从任何会计准则的出台所必须经历的征求意见、公开听政等若干环节中就可略窥一斑，那么寄希望于会计准则约束下的财务会计信息系统及财务报告能够提供让利益相关者各方都满意的相关性的可能性几乎不存在。

我们知道，FASB 制定会计准则的过程大致要经过以下 8 个步骤：

①FASB 成立应该予以考虑的议题；

②成立专题性的技术研究小组，在与会计界和工商界交流联系的基础上，编写有关的讨论备忘录（DM）；

③发表 DM，给予 60 天的征求评论；

---

① 目前关于会计准则的性质，存在着技术性、经济后果性、政治过程、市场性、公共选择过程等诸多观点。

④举行公众听政会，邀请对DM的质询或争论；

⑤FASB在书面评论和听政会意见的基础上编制征求意见稿（ED）；

⑥公布ED，在30天内征询意见；

⑦再次举行听政会讨论ED；

⑧根据上述步骤，决定采取以下行动：A正式发表“财务会计准则公告”；B继续修改ED；C完全放弃该议题。

我国会计准则制定的一般程序为①：

①立项阶段；

②起草阶段；

③公开征求意见；

④发布阶段；

⑤根据环境变化进行的修订。

其中公开征求意见阶段是重中之重。以我国财政部会计准则委员会制定会计准则时的工作程序为例，“会计司通过向各省、自治区、直辖市和计划单列市财政厅（局）以及国务院有关业务主管部门印发征求意见稿、在会计准则委员会网站和其他主要媒体上公布、召开座谈会、研讨会等形式，向社会公开征求意见”。这既可以看作是会计准则制定实施民主、充分和公允程序的体现，同时这个过程本身就是一项公共选择的过程（财政部会计准则委员会，2003）。

由于公共选择机制的要义，在于应充分考虑不同的利益相关者的意见，在此基础上按照公共选择机制进行综合，因此最终结果可能存在两种情况：

（1）和任何利益相关者的决策都不直接相关：过载或不足。不失一般性，我们假定通过公共选择机制制订的会计准则，在其约束下企业提供的会计信息，与机构投资者的决策相关的会计信息为q_L、与中小投资者的决策最相关的会计信息为q_S；同时我们假定机构投资者和中小投资者的信息需求在公共选择机制下，被融入最终形成的会计准则中的概率分别为p_L、p_S②。那么最终的会计准则及在会计准则规范下企业财务会计报告提

① 财政部：“会计准则制定程序”（内部稿）2003年。

② 将投资者区分为中小投资者和机构投资者是考虑到现代企业的公司治理特征进行的理论抽象。进行理论研究，我们首先要区分一种简化的模型，在此基础上力争将结论一般化。

供的信息量将为（同时参考图 2-12）：

$q=p_L\times q_L+p_S\times q_S$（$0<p_L<1$；$0<p_S<1$）

根据概率原理，必然存在：$q_S<q<q_L$

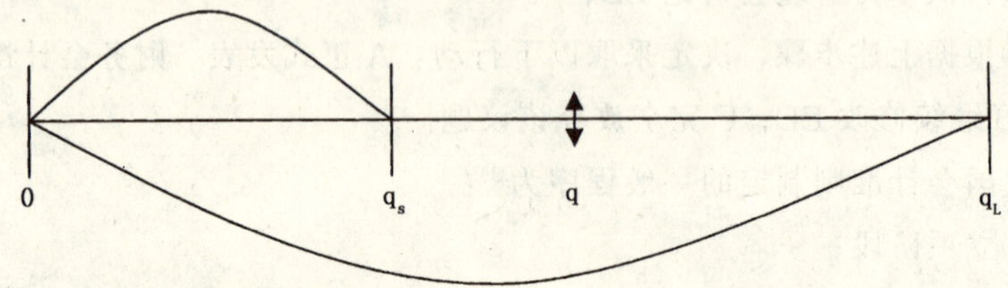

图 2-12 会计准则、信息需求与相关性的困境

这意味着，目前会计准则约束下的通用财务会计报告模式提供的会计信息，比中小投资者的信息需求要多，这其实是一种信息过载（information overloading）[①]；然而同样的会计信息，却不能够满足机构投资者的信息需求，这可以看作是信息披露不足。

其实把上述结论一般化，若资本市场中有 n 个投资者，每个投资者的信息需求为 q_t（t=1，2……n），每个投资者的信息需求能够体现在会计准则和财务会计报告中的概率为 p_t（t=1，2……n），$0<p_t<1$。则最终的会计准则规范的信息量将为 $q=\sum_{t=1}^{n}p_t\times q_t$，结果可能并不是任何一个投资者所需要的。

（2）与其中特定的利益相关者群体直接相关，但损害其他利益相关者相应的获取相关信息的权利。这种情况可以细分为：

①直接按照机构投资者的信息需求 q_L 制订相应的会计准则，进行会计信息的提供，那么中小投资者信息过载的程度进一步加剧，由原来的（$q-q_S$）增大为（q_L-q_S），这样中小投资者的利益将受到戕害，这与资本市场和公司治理、乃至公司法的主导精神——保护中小投资者利益背道而驰。事实上，能够保护中小投资者的利益，是一个资本市场或特定企业的公司治理生态（ecology of corporate governance）是否健康的重要标志。

②直接按照中小投资者的信息需求 q_S 制订相应的会计准则，进行会

① 信息并非越多越好，尽管在一个信息不完备的资本市场上，相当一部分使用者都有一种信息需求的贪婪性。实际上，信息提供的程度达到“充分信息含量”就可以促使投资者作出正确的经济决策；但是一旦信息提供过量，那么使用者将可能因此承担额外的筛选、过滤成本等。

计信息的提供，则机构投资者的信息不足程度进一步凸现，由（q_L-q）进一步转变为（q_L-q_S）。但是需要注意到，机构投资者往往掌握着大量的社会资源，在公司治理机制下往往能够对管理当局施加诸多潜在的影响。一旦机构投资者的利益受到偏离平衡的、更大的损害，将会对企业的资金筹集带来诸多不利的影响，乃至会影响企业的生存、获利和发展的整个过程。

所以，直接按照机构投资者的信息需求 q_L 或中小投资者的信息需求 q_S 制订相应的会计准则，提供会计信息，往往会比按照公共选择机制决定会计准则的制订更加缺乏逻辑基础，导致会计准则的制订带有更多利益集团的烙印，难以确保准则的中立性，从而受到更多的游说（lobby for or lobby against）。可见，会计准则的公允、民主、透明和确当程序虽然不能够解决所有的、关于会计信息的相关性的问题，但违背确当程序制订的会计准则将会更进一步加剧利益相关者彼此之间的利益冲突——会计准则制定中没有民主和公允的程序绝对不可以，但仅有民主和公允的程序还远远不够。要彻底上解决会计准则约束下的财务报告的相关性问题，往往可能必须从转变会计准则的制订模式深度去寻找原因和新的思路。

2. 会计准则、通用财务报告及会计信息披露成本被不恰当地转移

正是由于目前会计准则规范下的企业财务会计报告实质上并不能够完全满足任何一个利益相关者的决策相关性需要，所以会计信息披露正在经受“信息过载”和“披露不足”（缺乏相关性）的双重指责。注意到会计准则规范下的通用财务报告的披露成本由机构投资者和中小投资者按照股权比例所共同承担，因此我们可以发现，财富正在机构投资者和中小投资者之间被不恰当地转移！下面进行简单论证：

假定机构投资者和中小投资者的持股数分别为 N_L、N_S，企业发行在外的普通股为 N，会计信息的披露成本为 C，扣除会计信息披露成本之前的盈余为 E。则在目前财务报告模式及信息披露成本分担模式下，机构投资者和中小投资者的净收益分别为：

$$NI_L=\frac{E-C}{N}\times N_L$$

$$NI_S=\frac{E-C}{N}\times N_S$$

且 $N_L+N_S=N$

其中 C=C（q），且 C（q）是阶梯性边际递增函数。

接下来，我们不妨根据投资者对信息需求的差异，将企业通过通用财务会计报告提供的会计信息区间分为两个子区间，分别为 $(0, q_S)$、(q_S, q)。参考下图，前一个区间既是中小投资者信息需求的“充分域”，也是机构投资者所需要的部分信息“域”；而后一个区间则为机构投资者所独特需求的会计信息“域”——请注意，考虑到知识结构、决策模型及成本效益的制约，这部分信息对中小投资者而言并不需要（甚至还需要花时间和成本进行过滤），但却承担了这部分信息的披露成本。根据会计信息提供中的典型特征，注意到 $C(q)$ 的阶梯性边际递增性，必然有 $\frac{C(0, q_S)}{q_S} < \frac{C(q)}{q} < \frac{C(q_S, q)}{q - q_S}$。

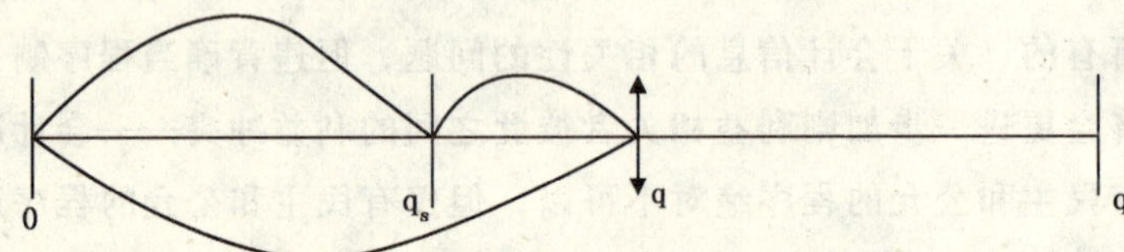

图 2-13 会计准则与信息披露成本分担

那么，合乎逻辑（谁受益、谁承担成本）的会计信息披露成本的分享模式为：

$$NI_L^* = \frac{E}{N} \times N_L - \left[(q - q_S) \times \frac{C(q_S, q)}{q - q_S} + \frac{N_L}{N} \times q_S \times \frac{C(0, q_S)}{q_S} \right]$$

$$NI_S^* = \frac{E}{N} \times N_S - \frac{N_S}{N} \times q_S \times \frac{C(0, q_S)}{q_S}$$

随着企业财务报告披露信息量的增加，随着机构投资者的信息需求越来越多地被考虑（AICPA，1994），则下式成立：

$NI_L > NI_L^*$

$NI_S < NI_S^*$

这说明受会计准则约束的、通用财务报告的会计信息披露成本被不正当地转嫁！

二、会计信息的相关性困境的思考

相关性的含义揭示，相关性既有普遍性的一面，也有特定性的一面。从会计信息提供的及时性与否考虑，会计信息将影响到全部会计信息使用者的决策。从会计信息的预测价值和反馈价值方面进行考虑，会计信息是否具有相关性则与会计信息使用者的特定决策类型有关。严格意义上理解，投资者要想得到决策相关的会计信息，必须对企业提供的财务报告本身进行恰当的分析、理解，甚至可能进行重新的分解和组合以希冀获得更多的会计信息。

出于个人决策的成本——效益考虑，使用者一般希望管理当局提供的会计信息能够直接为其所用，然则由于管理当局通过财务报告提供的会计信息只是通用意义上的会计信息，所以使用者必须进行恰当的理解、分析和利用。相关性并非会计信息系统本身所能够解决的，它与会计信息使用者的决策类型包括投资者个人的知识结构、所掌握的分析技能和决策模式、偏好、决策环境等因素密切相关。不同使用者的不同决策需要不同相关程度的会计信息。

会计信息相关性的内涵，是一个变迁的过程。企业组织形态的日益复杂、经济活动的日新月异、投资者类型的逐渐多元化及机构投资者、财务分析人员作为一种职业的兴起，对会计信息的相关性带来了严峻的考验。尽管会计信息系统不断改进其报告手段（如将财务报表扩展到财务报告，增加了大量的表外披露）、披露的信息内容日益庞杂（由财务信息扩展到同时提供非财务信息），甚至财务报告的范畴已经扩展到“企业报告”仍无法满足某些投资者的需要。原因何在？我们试图从行为经济学角度给出初步解释：

在存在信息不对称时，受到会计准则约束的会计信息就成为企业经营情况的替代变量。我们假定与企业经营情况完全吻合的信息为“完全信息”(perfect information)，而企业按照会计准则的规定提供的信息为“契约性信息”（会计准则本身就是一组公共契约），两者的差量为“剩余信息”（residual information）而投资者决策所需要的信息为“充分信息”(sufficient information)[①] ——在不损失（或将损失控制于某一个可接受的重要性水平）样本总体中所包含的信息内涵的前提下，以显著少（相对于全部而言）的数据量来传递大致相当于样本总体的信息量，此时这些显著少的数据量传递的信息就是充分信息。实际上，由于社会分工、个人知识结构等诸多方面的限制，投资者一般并不希冀、也无必要获得全部的信息，而只需要掌握或了解最充分和必要的信息即可。当契约性信息与充分

① 充分信息（sufficient information）一词起源于统计学的充分统计（sufficient statistic）。

信息不一致时，就出现了“信息过载”或“信息不足”两种典型的、要求改进财务报告、提高相关性的呼吁。限于篇幅，下面只分析“信息不足”的情况。

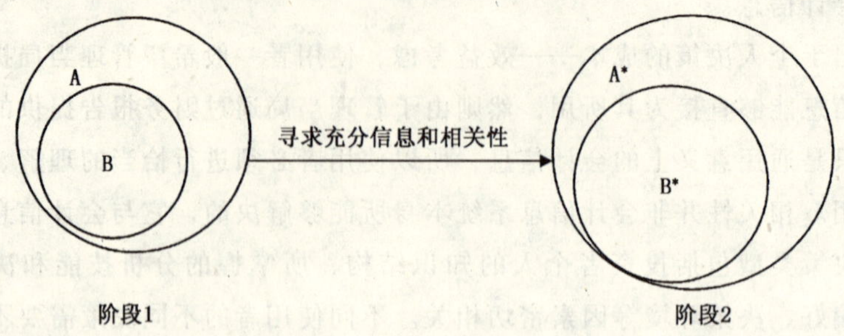

图 2-14 寻求会计信息的相关性的演进过程图

为了讨论的方便，我们假定：

(1) 在阶段 1，企业的完全信息为 A，契约性信息为 B；若契约性部分小于充分信息，则投资者会提出改进企业财务报告的要求。

(2) 阶段 2，A^* 为完全信息 ($A^*>A$)，B^* 为契约性信息 ($B^*>B$)；同时假定企业在阶段 1、2 之间增加的业务创新活动的信息为 C。

按照道理，投资者所接受到的会计信息的绝对含量 (absolute contents) 已然增加，为什么指责财务报告相关性缺失的呼声还此起彼伏呢？

这里需要先行透析一般使用者的行为和心理，以此为类比，我们可以对上述的问题进行解释（这里首先需要仔细理解如下的逻辑）：

假定 $U>0$，$V>0$，且 $U<V$；$C>0$，且 $C<U<V$，则存在如下的关系：

① $\frac{U}{V}<\frac{U+W}{V+W}$（同时增加一个绝对额相等的效用）

阶段 1　　阶段 2

② $\frac{U}{V}>\frac{U-W}{V-W}$（同时减少一个绝对额相等的效用）

显然，在上述两种方案中，U 代表着博弈中的弱势一方、V 代表强势一方，那么显然 V 宁愿选择方案②，因为在方案②的情况下，虽然 U、V 两方同时减少了一个绝对额相等的效用，但是 U 相对于 V 的效用却在下降，从而反衬出 V 的相对财富比例在增加；而对于弱势一方的 V，显然更倾向于方案①，因为在方案①下，虽然 U、V 两方同时增加了一个绝对额相等的效用，但是 U 的相对财富比例在增加。这个简单的博弈揭示了一个问题——人们在决策时，要想达成一致的集体行动，往往需要关注的是边际效用，而非绝对额的增减！这与社会生活中的一种典型现象——“可以同患难，却往往难以共富贵”是同样的机理[①]！这个结论迫使我们思考：关注决策过程的帕累托改进，是否应该关注决策双方的行为因素，进而在绝对额之外，关注相对财富比例的变化？

明确了上述行为和心理因素之后，我们应该能够注意到一个现实：投资者往往并不是在追求契约性信息增加的多寡（B^*-B）、而是在追求“充分信息”的驱动下，根据契约性信息与完全信息比例的增减（$B^*/A^*-B/A$）来判断会计信息相关性的提升与否。

这样，存在着如下必然的、层层递进的逻辑关系：

（1）阶段 2 的信息充分量为“$\frac{B^*}{A^*}=\frac{B+\alpha C}{A+C}$”（α 代表创新业务的披露率）。

（2）由于会计准则的颁布具有滞后性，因此往往对任何的新业务创新 C，企业的信息披露比率 α 通常意义上往往低于之前存在的、已经有会计准则规范的经营活动的信息披露率（B/A），即 $\alpha<B/A$。得出该结论的个中原因在于［在缺乏会计准则约束时］：

（3）$\frac{B^*}{A^*}=\frac{B+\alpha C}{A+C}<\frac{B+\frac{B}{A}\times C}{A+C}=\frac{B}{A}$。

这意味着，只要企业的经营活动日新月异、只要会计信息必须接受有滞后性的会计准则的制约、或者无法对新业务进行符合成本——效益的、确当的确认与计量时，一般情况下会计信息的相关性总会在某一段时期内出现下降！

三、相关性问题的尝试解决途径之一：按需定制、收费机制

既然为了追求会计信息的相关性，目前存在着上述的问题，包括相关

---

① 所以古人才有名句“苟富贵、勿相忘”！正是因为富贵往往难以共享，即便是同样富贵，同样等额的财富增加，往往也在利益博弈面前可能性大大降低！

性的具体性和特定性、追求相关性可能损害可靠性、按照机构投资者要求提供更相关的会计信息导致成本转嫁、以及通过私人契约要求会计信息不利于保护中小投资者等，那么如何恰当地解决会计信息披露中面临的这些问题呢？我们认为方案之一为按需定制、收费机制，方案之二为事项会计模式。

（一）建立根据会计信息不同需求的收费机制

在承认企业管理当局和会计信息使用者具有不对称信息的前提下，我们就可以合乎理性地假设企业的管理当局相对于处于企业外部的投资者而言，能够较低成本地提供各种相关性程度不同的会计信息。管理当局可以提供更为相关的会计信息是一回事，但他是否愿意提供相关程度更高的会计信息又是另外一回事，后者取决于若干项具体的因素：

①管理当局作为追求个人私利满意化的理性经济人的利益驱动因素，即管理当局的道德因素是否导致其利用信息优势或私有信息欺骗投资者；

②会计信息披露的私人成本因素，即增加会计信息披露相关性的效益是否可以超过由此导致的成本（显性和隐性成本）；

③在对相关性理解存在歧义的情况下，若按照最高程度的相关性进行会计信息披露，由此可能导致损失可靠性的情况，也可能引起事后诉讼，即考虑到不同的投资者对会计信息相关性和可靠性的要求程度不尽一致，有些投资者可以忍受在一定情况下牺牲可靠性来换取相关性，但另外一些投资者则宁愿选择更可靠的会计信息；

④管制因素和审计因素，即财务报告尤其财务报表及其附注必须接受公认会计原则的制约和注册会计师的审计；

⑤管理当局和使用者之前的强权博弈因素，即投资者在和管理当局进行的博弈中，是否能够占据优势地位而迫使管理当局提供更相关的会计信息；

⑥会计信息披露的公平和效率，即会计信息披露成本的分摊问题等等。

影响管理当局是否愿意提供相关程度更高的会计信息的各项因素，可以归结为一点：管理当局能否符合成本效益的满足不同投资者不同决策相关性的会计信息需求，并体现公平性和不至于引起不必要的法律诉讼。

为此我们建议，由管理当局利用其作为“内部人”的“信息处理优势”，在调查的基础上根据经验，尽可能生产不同相关程度的会计信息，以备具有不同会计信息需求程度的投资者使用，并按照生产会计信息边际定价的原则进行收费。这样建议的理由在于：

(1) 不同投资者的决策类型不同，所以他们需要不同相关程度的会计信息。企业根据投资者的不同需求提供会计信息，对相关性需求程度高的投资者而言，将不会抱怨企业会计信息提供不足，对相关性需求程度较低的投资者也不会因会计信息过载而在分析理解时做无用功，承担不必要的机会损失。而这是目前企业通过财务报告提供通用会计信息的模式所不具备的优势。

实际上，由于历史经验的积累，企业和投资者之间已经形成了某些“共同知识”（Common knowledge），双方也都认可这些共同知识，并在共同知识的制度文化背景下理解会计信息披露。这样企业就可以区分投资者的类型，并据此为不同的投资者群体提供相关性程度不同的会计信息。若投资者提出的信息需求超越了“共同知识”的传统，那么由此导致的会计信息的“定制”的附加相关成本，就应该由该投资者全部承担。这好比衣服的买卖，作为卖方的制造商只能够根据“共同知识”或经验，将消费者的型号大致划分为 XXL、XL、L、M、S 几个先验的大致型号，消费者根据自己的具体身体自然状况进行选择，在可能存在出入时只需要进行简单的改制即可。如果消费者的需求十分特殊，不属于上述任何类型，那么就需要进行按需定制，消费者将面临更高的支付。

(2) 会计信息披露的成本分摊问题得到相对更为科学的解决。在企业通过财务报告提供通用会计信息的情况下，会计信息披露成本由全体投资者按照拥有的所有权份额分摊，正如以上所分析的，若为了满足机构投资者的要求而提高通用会计信息的相关性，由此导致的成本增加属于交易费用由机构投资者和大投资者向并不需要如此多会计信息的中小投资者的转嫁，而任由中小投资者的利益受到损害是不利于资本市场的长远发展的。而若根据不同使用者对会计信息的不同需求进行收费，那么将不会存在会计信息披露成本转嫁的不公平现象。

(3) 不同会计信息披露模式比较。为了说明的简便性，我们虚拟一个企业，由三个人组成，包括管理当局、机构投资者和中小投资者；假设企业在扣除信息披露成本之前的净收益为 P，并完全分配；机构投资者拥有的所有权份额为 m，中小投资者拥有的所有权份额为 n，管理当局拥有份额为 t（即管理当局的效用取决于企业净收益的高低，与之正相关），且

$m+n+t=1$，$m>n$；设在每种情况下，机构投资者的净收益为R_1、中小投资者的净收益为R_2，管理当局的净收益为R_3，那么就可能出现以下几种情况：

表 2-11　不同的会计信息披露模式比较

披露选择 / 净收益情况	按机构投资者的要求披露会计信息	按中小投资者的要求披露会计信息	按投资者总体的期望披露会计信息	考虑投资者不同需求，并按边际定价实行收费	按照管理当局私人收益最大化提供会计信息
机构投资者	$[P-C_T]m$	$[P-C_t]m-L_1$	$[P-C]m-L'_1$	$P_m-mC_t/(m+n)+C_T-C_t$	$[P-g]m-l_1$
中小投资者	$[P-C_T]n-L_2$	$[P-C_t]n$	$[P-C]n-L'_2$	$P_n-nC_t/[m+n]$	$[P-g]n-l_2$
管理当局	$[P-C_T]t$	$[P-C_t]t$	$[P-C]t$	Pt	$[P-g]t$
社会总体[1]	$P-C_T-L_2$	$P-C_t-L_1$	$P-C-L'_1-L'_2$	$P-C_T$	$P-g$
社会总体[2]	$P-C_T-L_2-Fa$	$P-C_t-L_1-F_b$	$P-C-L'_1-L'_2-Fc$	$P-C_T$	$P-g-Fe$

注释：[1] 代表交易费用为 0 时社会总的净收益；[2] 代表交易费用非 0 时社会总的净收益，而且假设每种情况下交易费用的总额分别为F_a、F_b、F_c、0、F_e，不失一般性地假设$F_e>F_c>F_a>F_b>0$。

①若企业按照机构投资者的需求提供通用会计信息的披露成本为C_T。那么机构投资者和中小投资者的投资净收益为$(P-C_T)m$、$(P-C_T)n-L_2$。L_2代表由于企业按照机构投资者的要求提供会计信息，导致因为“信息过载”而使中小投资者面临的机会损失为L_2，体现为机构投资者行为的外部性。整个社会作为总体的收益为$R_a=R_1+R_2+R_3=P-C_T-L_2$。

②若企业按照中小投资者的需求提供通用会计信息的披露成本为C_t。那么机构投资者和中小投资者的投资净收益为$(P-C_t)m-L_1$、$(P-C_t)n$。L_1代表企业按照中小投资者的要求提供会计信息，导致因为“信息不足”而使机构投资者面临的机会损失为L_1，这体现为中小投资者行为的外部性。$R_b=R_1+R_2+R_3=P-C_t-L_1$。

③若企业按照中小投资者和机构投资者的“需求期望”提供通用会计信息的披露成本为C。那么机构投资者和中小投资者的投资净收益为$(P-C)m-L'_1$、$(P-C)n-L'_2$。此时中小投资者面临着“信息过载”而承担机会损失为L'_2，机构投资者因为“信息不足”而承担机会损失为L'_1，这体现为中小投资者和机构投资者之间行为外部性的相互性。$R_c=R_1+R_2+R_3=P-C-L'_1-L'_2$。

④再假设企业管理当局为机构投资者和中小投资者提供相关性程度不同的会计信息的成本分别为 C_1、C_2，并假设前者所需要的会计信息是在后者需要的会计信息基础上进一步加工而成的，在收费机制下，机构投资者和中小投资者实际应该承担的成本分别为 $mC_t/(m+n)+100\%\times(C_T-C_t)$、$nC_t/(m+n)$，所得投资收益为 P·m、P·n（因为企业会计信息披露成本已经因收费机制而得到补偿）。$R_d=R_1+R_2+R_3=P-C_T$。

⑤若以管理当局利益最大化进行会计信息披露，那么管理当局将在如下选择中进行权衡：第一，拥有私人信息，借以最大化自己的效用；第二，考虑提供会计信息的边际成本和边际收益，使提供会计信息的效益最大化。至于第二点，可能会衍生出两种结果，一种是效益最大化的会计信息提供水平小于投资者期望（平均）的要求，另外一种是前者大于后者。我们在此只分析第一种，即会计信息提供不足的问题。

根据以上论述，可以得出以下几个基本结论：

第一，任何一种会计信息披露方式都具有外部性，而且外部性是相互的。若按照机构投资者的要求提供会计信息，那么等价于允许交易费用由机构投资者向中小投资者进行转嫁，负外部性为中小投资者所承受；若按照中小投资者的要求提供会计信息，则属于交易费用由中小投资者向机构投资者的转嫁，由此导致的负外部性由机构投资者承受；若按照投资者的期望要求来提供会计信息，那么有可能同时存在机构投资者和中小投资者都承担彼此行为带来的外部性的局面；若按照管理当局私人收益进行会计信息披露，那么中小投资者和机构投资者同样可能因管理当局的行为导致的外部性而受损。

第二，考虑到 $C_1>C_T>C>g>C_t$，以及 $L'_1+L'_2>L_1>L_2$ 的一般性，若将管理当局看作是和投资者同样权力（power）的利益相关者，那么由于不确定性的程度非常高，那么根据“公共选择”决定哪种会计信息披露方式更为可取，将是一个“阿罗不可能”问题。

第三，若交易费用为0，则各种会计信息披露方式都的外部性都可以通过缔结新的契约来界定补偿行为，各种会计信息披露方式是等价的。

第四，若交易费用非0，那么不同的会计信息披露制度安排将导致不同的经济后果，因为既得利益方和利益受损方无法低成本地达成一致补偿方案。

第五，科斯（Coase，1960）指出，“当比较不同的制度安排时，应该考虑不同制度安排的社会总产出，而对私人产出和社会产出进行比较不会得出任何有意义的结论”，“真正的问题是要设计各种可行的制度安排，它们将纠正制度中的某些缺陷，而不引起其他方面更严重的损害”。考虑到交易费用，若实行收费机制，不难发现比较容易满足的条件可以实现科斯的设想，此时社会收益最大，同时也未引起其他方面更严重的损害。

（二）由“收费机制”向“事项会计”的过渡

不论企业是通过财务报告提供通用会计信息，还是通过“收费机制”为不同投资者提供相关性程度不同的会计信息，其实都假设了信息使用者类型及其决策所需要的会计信息已经事先（ex ante）为企业管理当局所知悉。区别在于：当企业通过财务报告提供通用性会计信息的情况下，由政府或者管制机构对投资者作为总体的信息需求进行调查，在此基础上遵从“公共选择”的逻辑（相当于通过“投票”）来决定什么样的会计信息提供水平是符合“公共利益”的，能够满足大多数使用者的普遍要求；然后，通过“公认会计原则”对企业提供会计信息的行为进行管制，来满足投资者决策中所需要的信息。按照“收费机制”进行会计信息披露，其前提是投资者的信息需求与其决策类型相关，从而投资者的会计信息需求存在差异性，而且企业管理当局可以根据投资者的决策类型事先将投资者的信息需求划分为有限个集合，然后为不同的投资者群体提供相关性程度不同的会计信息。

按照收费机制为不同的投资者群体提供不同相关性的会计信息，和通过财务报告提供通用性的会计信息相比，会计信息的提供更具针对性，在一定程度上降低了相关性需求程度高的投资者对会计信息提供不足的抱怨和相关性需求程度低的投资者对“信息过载”的抱怨，可以更好地实现会计信息披露的成本分摊的公平性。但是，由于交易费用的制约和投资者类型的信息不对称，企业在根据投资者类型划分投资者群体时只能是粗线条的区分，而不可能进行详细的分类，所以每一个投资者群体内部，仍然存在“信息不足”和“信息过载”的现象，但随着企业管理当局对投资者类型划分的进一步精细化，出现“信息不足”和“信息过载”的几率将降低。

在会计信息提供过程中，存在两类不同的信息不对称，第一是管理当局和投资者总体之间关于企业经营情况的信息不对称，第二是关于投资者类型的不对称。管理当局的会计信息披露具有一定程度的垄断性，考虑到管理当局会计信息提供方的身份和管理当局的自利本性，该不对称性不可能得到完全的克服，而只能够有所降低。与此相反，投资者作为会计信息需求者，他们有激励低成本地将自己的决策类型让管理当局知悉。但由于交易费用的高昂性，管理当局不可能逐一去了解日益扩大的投资者每个人的信息需求。那么是否可以转换一下思路，管理当局和投资者之间不必再进行关于投资者类型的信息传递，而由企业提供基本资料，让投资者自己根据自己的决策类型自主进行会计信息的生成和处理，决定完全相关的会计信息含量和相关性。这就是事项会计提出的初衷。

四、事项会计思路

该思路来自于 Soter（1969）。索特（Soter）的设想是，由于单一的历史成本计量无法反映经济环境特有的动态性和不确定性，也往往与经济现实不符，但多元计量属性并存又受到“公认会计原则”的制约，而且通过单一财务报告体系提供的会计信息又难以满足所有会计信息使用者的不同决策需要，因此他主张将企业经济活动的主要事项提供给投资者，而将根据这些基本事项生成会计信息的任务转移给投资者，以更好地实现信息加工和信息使用的连贯性，避免出现无限制地指责企业会计信息披露的现象。具体来讲，事项法的主要思想在于（融入了我们的理解）：

(1) 在肯定会计目标是向投资者/使用者提供决策有用会计信息的前提下，认为由于决策类型的不同，不同的会计信息使用者所需要的会计信息的相关性各不相同，企业通过一套财务报告体系提供的通用会计信息不可能符合所有投资者的决策所需。

(2) 由于通用会计信息在形成的过程中，既要接受公认会计原则的制约，也要受到具体处理会计数据的会计人员的个人职业判断的影响，同时注意到会计人员的中性特征，因此在生成会计信息时并未考虑不同决策类型投资者的具体信息需求，导致最终反映在财务报表上单一、貌似十分精确的数据因为信息过滤而无法满足投资者的决策相关性。

(3) 由于投资类型的制约，决定了投资者在进行决策时可能依据自己的知识结构、决策模型、偏好对企业财务报告上的数据进行重新排列组合，来获取自己所需要的、与特定决策更为相关的会计信息（体现为分析和理解过程）。设想一下，会计人员按照“会计数据→会计凭证→账簿→财务报告”的过程生成通用会计信息，而投资者又要将财务报告内容反方向进行分解、再组合，以获得可直接利用的、决策相关的会计信息，那么会计人员在提供财务报告过程中所做的工作作用何在，是否在做无用功，这是否意味着社会资源的浪费？

(4) 随着投资者素质的提高，他们已经掌握了企业会计人员所应该具备的会计信息处理能力，甚至掌握大量社会资源的机构投资者比企业会计人员具有更强的信息处理能力，但他们惟一欠缺的是因为信息不对称而缺乏对企业的经营情况进行基本的了解。既然如此，若企业能够在不影响企业商业秘密的情况下将企业经营活动的基本数据和相关资料传递给投资者，由投资者按照自己的决策类型进行会计信息的生成和利用，就可以很好地解决不同投资者的不同会计信息需求问题。

(5) 由于现行的、通过一套财务报告提供通用会计信息的范式，要受到公认会计原则的制约，导致企业提供的会计信息侧重于可以用货币计量的内容，而对另外一些不能够恰当进行计量的项目则得不到任何的反映。事项法则不然，由于该模式下会计信息不是由企业会计人员而是由投资者自己进行生成和分析（两个连贯的环节），因此投资者个人如何生成会计信息、如何利用会计信息是投资者自己的事，在很大程度上可以摆脱公认会计原则的强大束缚，使投资者能够了解那些原本在财务报告体系中得不到反映的事项或情况（如环境变化），以便进行更有效的决策。

(6) 事项法下，企业向投资者传递的企业经营情况的有关资料，不再拘泥于价值或净收益，也不再通过现在的三张报表——资产负债表、利润表和现金流量表来提供，而是遵循这样的模式：平时借助于发达的通讯技术，将企业进行所有经济活动的有关情况归类，通过一种“经营事项表”的形式，实时（real－time）传递给投资者（满足及时性）。若有必要，可以进行提示性的结构排列，以便投资者在进行决策时，具有更大的重新解构（re－constructability）价值。

(7) 按照事项法模式，会计人员就可以很大程度上从传统的、复杂的记账、算账和报账工作中摆脱出来，着力于对经营活动进行各种预测、分析，更好地发挥参与决策的作用。

事项会计模式下，主要的优点就是节约了企业的交易费用，使企业的边界更具弹性。事项法模式下对交易费用的节约体现在：①节约了管理当局和投资者之间对投资者类型进行识别、获悉投资者具体的信息需求的交易费用；②管理当局提供的企业经营活动基本情况的资料，是企业内部进行预测、核算经济效益和进行生产决策所必须的，企业将这部分基本资料中不影响企业商业秘密的部分传递给投资者，可以节约企业提供会计信息的生产成本和披露成本；③因为投资者根据自己的决策类型直接决定自己的会计信息需求特征，并进行相关的会计信息生成的处理和利用，那么将不会存在投资者指责相关性程度的问题，也因此避免了政府对会计信息进行管制而导致的管制成本；④由于投资者根据自己的决策类型进行生产和利用，所以将不存在会计信息的需要量提供不足或过载的现象，投资者将避免了原本由此而导致的机会损失；⑤投资者自行进行会计信息的相关处理，所以相关性将与每个投资者的决策类型是完全匹配的，也不存在事后引发的诉讼问题。

但是，事项会计也可能存在着一定的缺陷。由于管理当局和外部的投资者相比而言具有处理会计信息的优势，那么让投资者根据管理当局提供的基本资料自行进行会计信息处理，可能导致：①对投资者而言意味着交易费用的增加，至少比管理当局进行同样相关性的会计信息处理的交易费用要高（会计信息处理成本是一种交易费用）；②不论投资者的信息需求的相关性多么的不同，但都是在基本信息的基础上生成的，但若每个投资者都进行这些基本信息的处理，那么等于资源的重复消耗，这是一种绝对浪费；③不同的投资者由于个人禀赋、知识结构和采纳的决策模型差异，导致了不同投资者的信息处理能力不足，比如一些小投资者甚至缺乏基本的会计信息处理能力（请注意，与理解能力不同），那么他们将不能够获取自己所需要的会计信息，最终给决策带来障碍——换言之，中小投资者的基本利益受到损害；④当基本资料提供后，可能导致一些基本的财务分析人员利用自身的优势生产不同相关性程度的会计信息，收取报酬牟利，降低投资者本应有的投资报酬率（与由企业提供相同的会计信息相比）；此外，这样还可能带来会计信息收费的“连锁性”，即财务分析人员为第一个信息需求者提供的边际定价（S_1），将超过第二个投资者提供的边际定价（S_2），那么当会计信息需求基本相同时，第一个购买会计信息的投资者完全可能以一个价格 S（$S<S_2$）转手向第二个投资者转让会计信息，双方实现了福利的改进，财务分析人员为了克服不能回收成本的困境，将提高会计信息的收费，结果导致会计信息定价在前后各个投资者之间的连锁不公正计价。

五、小结

建立会计信息披露收费机制也好，推行事项会计也罢，其根本的出发点在于：承认会计信息供求过程中的非对称性，强调会计信息提供的“充分含量”（联系本书第五章的“充分信息含量”博弈理解），尽可能降低会计信息披露过程中人为的外部性导致的交易费用的非公平性转嫁，在追求会计信息产权效率的同时尊重个人理性，提高会计信息产权界定的公平性。同时也注意到通用会计信息产权的非排他性和不可交换性长期来看所必然导致的会计信息产权的低效率，通过建立收费机制或推行事项会计，尽量使会计信息产权具有排他性和竞争性，促使会计信息产权的更有效的界定。

第四节 会计信息的及时性问题[①]

一、及时性与资本市场效率研究

自20世纪60年代以来，西方财务会计研究方法及理论构建都发生了显著变化，主要表现在实证会计研究的兴起和蓬勃发展。而会计信息含量研究和会计选择经济后果的研究则构成了实证会计发展中的两大支柱。其中又以信息含量研究出现的时间最早，且经久不衰，至今仍为各国会计界的学者们所津津乐道。这方面的实证研究主要包括资本市场对会计数据（主要是盈余[②] 数据）公布时的反应（如是否获得“超常收益”等）以及这一反应的速度（时效）等等，后者就是我们所说的信息披露及时性（Timeliness of Announcements）的研究。国外有关这方面的研究主要集中于讨论盈余信息的及时性以及哪些因素会影响公告的时滞等方面。

1. 盈余信息的及时性

① 本节由江玲与杜兴强共同完成。

② 盈余（earnings）一词，与现行实务中的报告期净收益（net income）相似。由于“净收益概念的发展，显著地经历了一个逐渐变化或演进的过程”（参见娄尔行译：《论财务会计概念》，中国财政经济出版社1992年版），现行实务称净收益有各种不同的用词，盈余也会出现各种不同的名称（例如净收益、利润、净亏损等）。本节概以中文“盈余”一词代替之。

鲍尔和布朗（Ball and Brown，1968）[①]开创了会计上资本市场会计实证研究的先河，他们指出，公司证券的市场价格会对财务报表提供的信息（主要是盈余信息）作出反应，且价格对盈余的反应大部分发生在年度盈余公布之前，累计价格变动只有一小部分（大约10%左右）发生在盈余公布的当月。这一结果并不让人觉得奇怪，因为当年早有其他能够使投资者修改他们的盈余预期的信息发布。例如季度盈余、季度股利以及分析师和管理人员所作的盈余预测、甚至诉讼案件、合同的签订等。本斯顿[②]（Benston，1976）根据上述证据得出如下结论：年度盈余并不是及时的信息，它已被其他更及时的信息预先释放。这就使得盈余信息含量的一部分无法体现。

尽管盈余信息的一部分可能被早些时候发布的更为及时的信息所释放，但比弗[③]（Beaver，1968）的研究还是显示在年度盈余公布的当月的确发生了显著的价格反应。大致来说，盈余公布当周平均价格变动（平方）大约是当年其他各周平均价格变动的167%。莫尔斯[④]（Morse，1981）运用与比弗类似的方法，也发现了盈余公布当日与次日在统计上显著的价格反应，其日价格反应比其他时期大约多出了40%。随后，帕特尔和沃而夫森[⑤]（Patell and Wolfson，1984）使用一天的价格数据检验了股票价格对盈余的反应。他们发现当盈余公布之时，价格会有显著反应。盈余公布的那一小时之内的极端价格变动频率比其他时期高出5倍。价格反应主要发生在盈余公布之后的两个小时之内，在接下来的两小时内也还会继续有所表现。以上研究充分证明了一点：盈余公布这一事件本身向市场提供了信息，提前释放的信息并不完整。总而言之，盈余是能够改变股票价格的一个信息源，尽管它仅仅是许多此类信息源中的一种，但既具有相对的重要性，又具有影响股价的本源性。因为如果盈余被看成是重要的

---

① Ball，Raymond J.，and Brown，Philip R.，“An Empirical Evaluation of Accounting Income Numbers”，*Journal of Accounting Research*，Autumn 1968.

② Benston，G.，“There's No Real News in Earnings Reports”，*Fortune*，April 1976.

③ Beaver，W，“The Information Content of Announcements”. *Supplement to the Journal of Accounting Research*，1968.

④ Morse，“Price and Trading Volume Reaction Surrounding Earnings Announcements：A Closer Examination”，*Journal of Accounting Research*，Autumn 1981.

⑤ Patell，James and Wolfson，“The Intraday Speed of Adjustment of Stock Prices to Earnings and Dividend Announcements”，*Journal of Financial Economics*，June 1984.

信息，投资者自然会试图去获得能够使他们预测盈余的其他更为及时的信息，即其他信息也很可能是有关盈余的信息来源。

值得一提的是，一些学者还特别关注到公司规模大小在上述研究中的影响。Atiase（1980）曾提出“规模效应”假设，即私下预期信息生产和传播的数量是公司规模的增函数。根据这一观点，在其他条件相同的情况下，由真实的盈余报告向市场传递的非预期信息的数量就与公司规模呈反向变动关系。Freeman（1983）、Richardson（1984）、Ro（1984）以及Atiase（1985）的研究结果都支持了这一命题，即公司规模越大，对盈余报告的未预期市场反应越小。因为有证据显示，公司越大，事先私下披露的信息数量也就越多；反之亦然。此外，Chambers和Penman（1984）的研究还发现，平均而言，小公司较大公司更迟报告盈余信息。既然公司规模大小与自变量（披露的及时性）和因变量（市场反应）都有关，那么一些学者（Atiase，Bamber，Tse，1989[①]）就提出了以公司规模为控制变量，即在公司规模一定的情况下，研究上述问题，得出的结论是：报告的迟滞时间愈长，则所披露的信息越分散，所以盈余公布后的市场反应越小。这些研究为探讨盈余及时性问题提供了进一步的证据。

2. 影响公告及时性的因素

（1）消息的性质。信息报告的迟滞将为内部交易以及公司资产的不当分配或使用提供机会。及时报告被认为能减轻道德风险和逆向选择的不利影响[②]。它代表了与公司披露有关的决策意愿，因此可被用来检验披露决策理论。其他条件相同的情况下，预计所有公司都将尽可能早地披露信息以避免逆向选择（Grossman，1981）。通常认为好消息比坏消息会提前报告（Milgram，1981；Chamber，1984；Begley & Fisher，1988）。因为好消息通常都会获得回报（Verrecchia，1983、1990），即会计系统报告好消息比报告坏消息更及时。Haw、Qi & Wu[③]（2000）以新兴的中国资本市场1994～1997年的A股上市公司为研究对象，也得出了类似的结论。

① Atiase，Rowland K.，Bamber，Linda S.，and Senyo，Tse..“Timeliness of Financial Reporting，the Firm Size Effect，and Stock Price Reactions to Annual Earnings Announcements”，*Contemporary Accounting Research*，Spring 1989.

② 威廉·R. 司可脱（著），陈汉文（等译）：《财务会计理论》，机械工业出版社2000年版。

③ Haw，.I.，Qi，D. and Wu，W.，“Timeliness of Annual Report Releases and Market Reaction to Earnings Announcements in an Emerging Capital Market：The Case of China”，*Journal of International Financial Management and Accounting*，2000，(11).

（2）权益资本成本。Bostosan 和 Plumlee[①]（2002）检验了公司的资本成本与年度报告披露程度和及时披露水平之间的关系得出结论：权益资本成本随着年度报告披露程度的增加而减少，但却随着及时披露水平的提高而增加。后一发现似乎是令人惊诧的，它与理论研究的结论相反，但却与经理人员声称的大量的适时披露将可能通过股价波动增加权益资本成本是一致的。

（3）政治成本的考虑。Han 和 Shijing－WuWang[②]（1998）发现早期研究中所认为的好消息通常会提前公布的观点在 90 年代海湾危机中石油公司的实例中却截然相反。针对这一观点，他们给出的解释是及早公布这些“好消息”（诸如盈利增长的信息等）所引发的政治成本很可能超出了其所带来的收益。因此为了规避高盈利能力受到媒体及顾客关注而招致政府更多的规范管制，减少政治成本，即使具有“好消息”的公司也选择了延迟披露。

（4）监管的需求。SEC 鼓励公司在 10－Q 季度报告资料归档之前由独立的会计师审阅其季度财务信息。然而许多公司仅仅选择了在年末审阅其季度数据。及时进行季度审阅的公司往往被认为是由于存在高昂的代理成本，从而需要寻求高水平的监管。经验研究的结果证实了这一点[③]（Ettredge；Simon；Smith；Stone，1994）。

（5）会计政策选择偏好的影响。Gigler 和 Hemmer[④]（2001）将财务报告中会计政策选择的偏好与高层管理人员自愿进行及时披露的关系进行了理论上的探讨。研究结果显示采取了保守会计政策的公司及时披露的可能性较小；而采取激进会计政策的公司更倾向于及时披露。

此外，还有许多可能影响会计信息披露及时性的因素。由于各国资本市场发展程度的不同，法律法规制度完善程度的不同，各个公司内部组织结构的不同，影响其信息发布及时性的决定因素也各不相同。

---

① Botosan, Christine A., and Plumlee, Marlene A., “A Re－examination of Disclosure Level and the Expected Cost of Equity Capital”, *Journal of Accounting Research*, Mar 2002.

② Han, Jerry C.Y., and Shijng－Wu Wang., “Political Cost and Earnings Management of Oil Companies during the 1990 Persian Gulf Crisis”, *Accounting Review*, Jan 1998.

③ Ettredge, Mike., Simon, Dan., Smith, David., and Stone, Mary., “Why do Companies Purchase Timely Quarterly Reviews?”, *Journal of Accounting & Economics*, Sep 1994.

④ Gigler, Frank B., and Hemmer, Thomas., “Conservatism, Optimal Disclosure Policy, and the Timeliness of Financial Reports”, *Accounting Review*, Oct 2001.

二、来自会计职业监管界的努力和最新研究成果

1. 美国注册会计师协会的努力：《改进企业报告——着眼于用户》

20世纪90年代以来，美国国会、政府监管部门、会计职业界以及学术界对企业报告提供的会计信息在决策有用性上发挥的作用普遍感到不满，认为现行的企业报告只关注过去而不重视未来，会计信息不完整，缺乏相关性。而且，英国、加拿大等国也相继出现了类似的批评和议论。为了适应新时期下经济和社会发展的新要求，同时也是为了回应国内外各方面的指责和建议，美国注册会计师协会理事会于1991年4月成立了财务报告特别委员会，历时三年，终于推出综合研究报告《改进企业报告——着眼于用户》。

该报告在考察企业报告的用户时，主要从满足投资和信贷决策的信息用户需求出发，概括出了构成用户信息需求的七个基本概念，即逐个分析有不同机会和风险的企业分部；企业经营业务的性质；着眼于未来，掌握管理部门的意图，表明企业报告信息的相对可靠性；了解相对于竞争对手和其他企业的业绩；及时了解影响企业的重大变动[①]。这最后一个基本概念的提出，从用户对信息的需求角度，突显了及时性在新的经济环境下特别重要的意义。因为重大变动经常影响到用户的决策，及时地反映这一情况，可能有助于用户对企业及时地施加影响，以改善或保护投资的价值。

重大变动能否通过企业报告及时地得以揭示，就有赖于对报告周期的选择和规定。该份研究报告指出：通过调查发现，季度报告与用户更新信息的需求是一致的。季度报告能够帮助用户及时确认影响企业的趋势及其趋势的变化，由于用户要对趋势进行外推，用户对趋势看法的变化会影响到他们对企业前景的判断。所以，用户希望在影响企业的变化发生后，立即得到这些信息，不应滞后；而年度报告却往往是滞后的[②]。所以，《改进企业报告——着眼于用户》就在调查研究的基础上，从用户角度再次肯定了实施多年的上市公司季度报告制度，驳斥了关于“季度报告助长了证

---

① 参见美国注册会计师协会（著）、陈毓圭（译）：《论改进企业报告》，“美国注册会计师协会财务报告特别委员会综合报告”，中国财政经济出版社1996年版。

② 同上。

券市场短期行为，加剧股市波动”的指责。其原因有三，首先，季度报告对侧重长期的用户也有益。这是因为关心近期与注重长远的观点并不矛盾。季度报告可使用户从企业近期发展信息中及时感知长期趋势；其次，季度报告有助于信息发布的可靠性和有序性，因为如果取消季度报告将使短线用户通过其他途径继续搜集企业的最新信息。而根据谣言或其他不确切的信息进行交易，只会加剧股市的波动；最后，季度报告还能有效的缓解信息不对称下的内幕交易问题。因为强制性的季度报告制度缩短了可以进行内幕交易的时间范畴，及时性的增加可以减少内部人员借以从信息优势中获利的时间，使得市场参与者能及时获得相关信息的机会大大增加，进而从一定程度上维护了证券市场交易的公平性。

此外，该份报告还就用户所关心的季度报告中存在的不足提出了如下建议：由于上市公司季度报告中提供的季度现金流量表反映的都是到报告日的累计数，而不是季度数，无法满足用户按季分析的需要，因而建议中期报告中应当包括每季度的现金流量表；企业还应在提供年报之前单独披露第四季度报告；并按季度提供分部的资料信息；而且中期报告不应当太概括，估计数不应过多，以适应用户对详细、可靠的信息的要求[①]。

在改进企业报告的及时性方面，社会各界作出了积极的尝试，也出现了许多创新。比如，按季提供分部信息；企业与投资分析师合作，建立企业数据簿；提出实时报告体系构想，用户可以利用加密技术及其他措施进入企业数据库等，都为21世纪的企业报告模式描绘了新的图景。

2. 美国财务会计准则委员会的成果：《企业报告信息的电子发布》

利用网络技术来缩短信息传递的时间，提高财务报表的及时性，已逐渐成为网络时代企业报告的新方式和新途径。有鉴于此，近几年来包括国际会计准则委员会和美国财务会计准则委员会在内的许多机构或组织在企业信息的电子发布方面都做了许多卓有成效的研究和努力。特别是美国财务会计准则委员会于1998年决定进行的《企业报告研究计划》最值得称道。该项研究计划由财务会计准则委员会成员、大公司财务及投资主管、学术研究人员、会计学教授、审计人员在内的众多人员构成筹划委员会及七个工作小组。经过三年的深入调查和研究，筹委会先后发布了三份题为

① 参见美国注册会计师协会（著）、陈毓圭（译）：《论改进企业报告》，“美国注册会计师协会财务报告特别委员会综合报告”，中国财政经济出版社1996年版。

《企业报告信息的电子发布》(2000年1月31日)、《改进企业报告：强化自愿披露》(2001年1月29日)及《公认会计原则与证券交易委员会披露要求》(2001年3月6日)的研究报告。其中第一项研究就国际互联网和各种新技术给企业报告带来的激动人心的可能性及问题进行了一种全新的考察，为我们研究增进企业财务报告及时性问题提供了崭新的视野。

为了使电子技术带来的好处能够得到人们的重视，证券交易委员会(SEC)发布了一些解释性文件和规章制度，以便在联邦证券法的总体约束下使用电子媒介发送或传输信息。在有关电子传输的第一份解释文件中，证券交易委员会支持了如下立场：由于电子媒介可以比用传统纸质方法更为廉价、有效、广泛和公正的方式以极快的速度向投资者及金融市场传递信息，因此使用电子媒介可以提高证券市场效率①。为了保证投资者，维护市场秩序，及时了解革新及技术所带来的好处具有至关重要的意义。但新的技术（尤其是互联网）不应该变成欺骗和毁谤的工具。因此SEC认为，电子信息的接收者应该具有一定的访问及识别能力，而且在互联网上传输的企业报告，其程序设置不应过于复杂，因为没有理由指望一位投资者通过不停变换菜单和一系列复杂操作来访问某一指定文档。

研究委员会通过大量的调查，将公司在互联网上提供财务信息的潜在动机作了归纳。其中首要动机就是公司为了减少发布信息所需的成本和时间。互联网用户希望从网上得到最及时的信息，一家大型媒体公司的网站可以对各种事件做最及时的报道，一个书商的网站可以包含最新的出版信息。相比之下，生产经营型企业则基本上还是以分批报告的形式提供信息，信息的新鲜度大体与其消息或文件的发布日期一致。定期报告文件的时滞是促使企业报告形式发生改变的重要催化剂。有人认为互联网将使企业报告由按月、按季、按年编报转变为一个实时报告系统，研究委员会支持了这一看法，认为现有信息技术已允许公司以实时报告方式提供信息，并以更高频率将其提供给所有有关方面。但值得一提的是，在目前技术条件下，实时报告所传输的更多的是数据，而不是更多必需的信息。公认会计原则要求提供的是大量经过提炼、但有时又难以理解的总账余额，其中包含的大量调整在目前是超出了任何一种实时报告系统的能力范围的。给投资者提供很新、但一致性较差的信息究竟会产生什么影响，还值得我们

① FASB："Electronic Distribution of Business Reporting Information"，2000.01，p6.

深思①。

互联网的使用已成为投资各方及金融机构信息沟通的一个重要工具。网上分析师会议正逐渐成为一种流行的开会方式；网上播报也已出现，"通过收听生动的陈述，投资者可以对管理部门做一评价。一些很微妙的东西，比如语气的变化等都可以成为对增长前景信心满怀或是心存疑虑的信号。通过播报，人们还可以对公司内部工作情况有一大致的了解。"②但有关电子经营信息发布中的某些问题是电子领域中所特有的，比如安全破坏、审计关系，法律及诉讼风险等。研究委员会指出，这些事实都要求美国的监管机构对那些为纸质世界而设计的现有管理制度的体系架构进行重新检查，看其是否能有效地满足电子世界的要求③。

3. 美国国会的最新举措：《萨班斯—奥克斯利法案》

针对安然、世通等财务欺诈事件，美国国会出台了《2002 年公众公司会计改革和投资者保护法案》。由于该法案由美国众议院金融服务委员会主席奥克斯利和参议院银行委员会主席萨班斯联合提出，又被称作《2002 年萨班斯—奥克斯利法案》。法案对美国《1933 年证券法》、《1934 年证券交易法》作了不少的修订，在会计职业监管、公司治理、证券市场监管等方面作了许多新的规定。

先前《1934 年证券交易法》就曾规定在全国性证券交易所上市交易的证券，其发行公司必须实行连续的信息披露，包括年度报告和季度报告等。《萨班斯—奥克斯利法案》在披露的时间性要求上又进了一步。具体体现在以下几个方面：(1) 要求公众公司应进行实时披露，即要求及时披露导致公司经营和财务状况发生重大变化的信息④；(2) 要求主要股东或高级管理人员披露股权变更或证券转换协议的强制期间由原来的 10 个工作日减少为 2 个工作日⑤；(3) 涉及上述所有权转换或董事、官员买卖包括该证券的掉期合约在内的交易事项的备案表应在《萨班斯法案》颁布后一年内开始采用电子化报备；SEC 应于报备日前在公开的互联网站点上

---

① FASB："Electronic Distribution of Business Reporting Information"，2000.01，p71.

② Amey Stone，"Analyst Calls：Let Investors Listen"，Business Week，May 24，1999.

③ FASB："Electronic Distribution of Business Reporting Information"，2000.01，p69.

④ 吴文军译："美国萨班斯法案"，中国注册会计师协会行业发展研究资料（No.2003－4）。

⑤ 同上。

公布所有的报备信息[①]；(4) 此外，该法案还在《1934 年证券交易法》第 13 节的基础上作出增补。在实时披露方面，要求提供报告的公司应更加实时、快捷地向公众披露附加信息。该信息应当简单明了，并关注公司在财务状况及经营上的重大变化。该信息还应包括 SEC 以条例形式规定的在保护投资者及公众利益方面必要或有用的趋势，数量及图片信息[②]。

可见，美国政府监管部门是十分强调财务信息及时披露在保护投资者利益、维护资本市场公平和效率方面所起的作用，并且支持以互联网电子化传输方式达到上述目的。

4. 小结

目前随着资本市场的日益发展，上市公司愈来愈多，关注上市公司的人群比以往任何时候都多，有关企业财务、经营状况的信息也越来越多，而要求人们作出明智投资、信贷等决策所需的时间却越来越短。因此，财务报告的及时性变得越来越重要。我们现行的以年度审计报告和季度会计报表体系为特征的定期财务报告制度已经运作几十年了，但企业的环境却发生了急剧的变化，我们的财务报告体系应该反映这种变化，建立一套能够与之相适应的制度。季度报告体系是必要的，但现行的模式还需改进。网络财务报告的出现无疑为我们提供了方向，实时报告的提出更是为我们绘制了一幅美好的蓝图。但鉴于电子世界与纸质世界的不同，电子领域中一些特殊的问题，还需监管部门超出印刷媒质的界限予以创造性的关注。

此外，许多其他国家的会计职业组织也纷纷发起了“改进企业报告模式”的运动。其中不乏为提高会计信息披露及时性而提出的一些有见的观点和建议。如 1998 年由英格兰和威尔士特许会计师协会（ICAEW）发布的《21 世纪年报》(The 21st Century Annual Report)；1999 年由苏格兰特许会计师协会（ICAS）发布的《企业报告：必然的改变?》(Business Reporting : The Inevitable Change?)；2001 年出版的《价值报告革命：远离盈余游戏》(The Value Reporting Revolution: Moving Beyond the Earnings Games) 以及国际会计准则委员会于 1999 年颁布的“互联网上的财务报告”(IASC，1999/12，Business Reporting on the Internet) 等，都分别从不同角度力图为财务报告的及时性问题提供思路。

---

① 吴文军译：“美国萨班斯法案”，中国注册会计师协会行业发展研究资料（No.2003－4）。
② 同上。

三、我国上市公司会计信息披露及时性的现状分析

及时性作为会计信息的主要质量特征之一，尤其是在科学技术日新月异、市场环境变化日趋激烈的今天日益突显其重要地位。因为企业对外披露的财务报告信息的有用性在很大程度上取决于它的及时性。我们知道，会计信息的及时性包括两个层次：内部核算的及时性和对外披露的及时性。证券市场的发展为我们研究企业的会计行为提供了一个舞台，是我们了解企业会计信息对外披露的窗口。有鉴于此，本章将以我国的上市公司为研究对象，对其会计信息披露的时效性做一现状分析，以期达到如下目的：了解国内企业财务会计定期报告在发布时间上正在发生的变化及特点，并希望能够对我国上市公司定期报告的时效性作出客观评价，指出其存在的问题，以期对今后的实践发展及相关的法规监管提供有益的启示。

(一) 国内上市公司定期报告披露的规范体系

上市公司信息披露规范是保证信息全面、真实的制度基础。世界上许多发达的市场经济国家在规范上市公司信息披露时，都各自形成了一套内容完整、层次分明的制度体系。在我国，由于证券市场正处于成长的初期，因此努力建设、不断完善上市公司的信息披露规范体系对维护证券市场的健康发展有着极其重要的意义。

我国现行的上市公司信息披露规范体系主要是在借鉴美国、中国香港等国家和地区经验的基础上逐步建立起来的。披露的内容主要有首次披露(包括招股说明书和上市公告书)、定期报告、临时报告（包括重大事件公告和并购信息披露）和其他披露。其中定期报告指的是年度财务报告和中期财务报告。为了提高会计信息对外披露的及时性，弥补年度财务报告时滞过长的缺陷，满足信息使用者的决策需求，世界上大多数国家都要求上市公司除了年度报告之外，还应以半年度或季度为基础对外披露中期财务报告。除已施行了六七十年季度财务报告制度的美国之外，加拿大、澳大利亚、墨西哥、挪威等国家也有类似要求；而英国、法国、德国、比利时等国家和地区则要求上市公司提供半年度的中期财务报告。

我国要求上市公司提供中期财务报告的时间最早可追溯到 1991 年[①]。当时，上海证券交易所要求股票在该所上市交易的 8 家公司（俗称“老八

① 陆建桥：“关于我国中期财务报告会计准则的若干问题”，《会计研究》，2002 年第 3 期。

股"）首次对外披露半年度的中期报告。1993年5月和6月，国务院分别发布了《股票发行与交易管理暂行条例》和《公开发行股票公司信息披露实施细则（试行）》，正式要求上市公司必须披露半年度的中期报告。随后，中国证监会发布了《公开发行股票公司信息披露的内容与格式准则第三号〈中期报告的内容与格式〉》，并经过了1998年、2000年、2003年的数次修订。2001年4月，中国证监会又发出《关于发布〈公开发行证券的公司信息披露编报规则第13号——季度报告内容与格式特别规定〉的通知》，开始要求部分上市公司编制季度报告。而自2002年第1季度起，所有上市公司都必须编制并披露季度报告，这就对上市公司会计信息披露的及时性提出了更高的要求。

现在让我们把目光转向国际市场。以美国为例，中期财务报告虽然施行了数十年，但也不得不随着时代的发展作出相应的变革。例如，在萨班斯—奥克斯利法案颁布30年之前，上市公司年报和季报的截至日期分别是该会计期间结束后的90天和45天。然而，为了回应安然倒闭所凸显的信息披露和财务报告迟滞问题，SEC要求在三年内分阶段把上市公司年报和季报的截至日期分别缩短到60天和30天。为了符合这一更短的报告时间的要求，显然采用电子方式编制报告并传输给SEC比起用纸文本方式编制报告，并邮寄给SEC要更便捷得多。由此，基于电子网络环境的XBRL（Extensible Business Reporting Language）开始备受关注。

对于定期财务报告发布的时间安排，我国现行的有关法律法规是这样规定的：年度报告应在该会计期间结束后的4个月内对外披露；相应地，半年度报告和季度报告的期限分别为2个月和1个月。年度报告的披露时限较之美国的相关规定整整延迟了两个月，由此足见我国与发达资本市场国家在信息披露及时性方面的差距。至于季度报告的期限与美国大体相当，这是因为季度财务报告制度在我国刚刚施行，一方面相应的法规监管体系还未完善；另一方面则可能是直接借鉴了国外的最新研究成果。Haw等人（2000）曾以中国上市公司为研究样本，考察了成熟市场国家的披露规律在中国这一新兴市场中的表现，发现中国证监会1997年预约披露制度的出台，显著地缩短了上市公司年报的时滞，从总体上提前了披露时间。在本章的后续章节将对此做进一步的分析和探讨。此外，中国证监会还从2002年5月开始《上市公司信息披露电子化规范》标准的制定工作，于2003年底经全国金融标准化技术委员会审批通过，该标准最终确定采用XBRL的技术规范，充分利用XBRL良好的扩展性，达到与国际接轨，进行数据交换和共享的目的。上海证券交易所积极参与了这一进程，并成功地将XBRL应用到本所的上市公司定期报告摘要报送系统中，在国内交易所率先实现了XBRL的应用[①]，经过前期的试点和实践，2004年沪市上市公司的半年报披露已全面采用该系统。这一技术条件的配合，是否全面提高了上市公司定期报告报送、披露的及时性，下面具体说明。

（二）国内上市公司会计信息及时性的描述分析——来自沪市A股的证据

关于定期报告及时性方面的研究，中外许多学者都做了大量卓有成效的研究和努力。除了普遍被认可的“包含好消息的定期报告容易提前披露，包含坏消息的定期报告容易延迟披露”外，Gilvoly & Palmon[②]（1982年）的研究还显示：1960～1974年在纽约证券交易所上市的公司的年报披露时间呈逐年缩短的趋势；而且公司规模越大，越倾向于早披露年报；反之则晚。Haw，Qi & Wu[③]（2000年）以新兴的中国资本市场为研究对象，也发现自1994年以来，上市公司年度报告的时滞明显地缩减，及时性得到了加强，同时“好消息早披露，坏消息迟披露”的规律在此亦成立。国内学者，如程小可、陈汉文、邓顺永等人（2004年）也做了类似的研究。本节我们拟以在上海证券交易所公开上市的A股企业为研究对象，对国内上市公司定期报告披露的及时性做一描述性分析，以期对其有一大体把握。

借鉴前人的研究成果，我们希望通过对沪市A股上市公司定期报告近年来时效性的考察，对国内上市公司会计信息披露的及时性有个较为客观的认识。因而，我们设计了以下三个研究议题：（1）考虑到“IPO公司可能在年报披露方面准备充分，盈余报告可以更为及时和迅捷”，我们拟选取1999年度（含）前上市的沪市A股公司，考察其在2000～2003年

① 资料来源：上海证券交易所网站 www.sse.com.cn/sseportal/ps/zhs/fwzc/scfw/szsyxbrl.shtml。

② Givoly，D.，and Palmon，D.，“Timeliness of annual earnings announcements：some empirical evidence”，*The Accounting Review*，July 1982.

③ Haw，.I.，Qi，D.and Wu，W.“Timeliness of Annual Report Releases and Market Reaction to Earnings Announcements in an Emerging Capital Market：The Case of China”，*Journal of International Financial Management and Accounting*，2000，(11).

年度报告、2001～2004年半年度报告首次公开披露日前的总体变化规律，这样做的目的是为了剔除考察期内的所有IPO公司，并使各年度的样本公司家数一致可比；（2）为了进一步验证IPO公司是否具有及早公布其在IPO年度财务状况和业绩表现的动机，我们拟对2000～2003年度新上市的沪市A股公司，分别考察其在IPO年度报告披露日期方面的总体表现，并同上述议题（1）进行横向对比，检验其是否具有提前披露的动机；(3) 针对国内外研究文献对上市公司年度报告披露及时性于公司规模间关系的不同结论，我们拟就中国这一新兴资本市场的现状对此做一探讨。初步的打算是以营业收入为指标，选取2000～2003年度最大的若干家沪市A股上市公司为研究样本，分别考察其各年度报告披露时间的总体水平，并与市场平均水平（姑且以上述议题（1）的结果做近似替代）做一横向比较，以观察是否存在规律性。

1. 变量说明

许多会计学者都将定期报告的披露时间视为衡量会计信息及时性的替代标准，并形成了日历天数时滞（即实际披露日期与该会计期间截止日间的日历天数）、交易日天数时滞（即实际披露日期与该会计期间截止日间的市场交易日天数）以及非预期报告时滞（即实际披露日期与期望披露日期间的差值）三种度量指标。如前所述，正像实时报告系统为我们所描述的前景那样，未来在以电子商务为主导的环境下，以网络为基础的计算机信息处理系统，在实现实时报告的技术方面已不存在技术性困难。这就意味着，会计信息的供给将由离散状态跨越到连续的状态，由此便可以将会计分期的最后一个工作日作为信息使用者对定期报告的期望披露日。当然我们目前的市场环境是远不及于此的，但在理想的状况下，企业在会计期间结束后的最后一天进行了会计分录的编制后，就可以得出本会计期间有关财务状况和经营业绩的信息，就可以面向市场进行财务会计信息的披露工作了，同时也就有可能开始信息的私下泄露过程，而这一过程并不会因为交易的暂时休停而被打断。至于实际上定期报告最终正式对外公开披露时，则经过了一段相当长的时滞。因此，我们拟以定期报告披露日期与所反映的会计期间截止日之间的日历天数作为衡量其及时性的指标，即年度报告时滞 Alag（Annual Reporting Lag）= 年度报告披露日 - 上一年的12月31日；半年度报告时滞 Slag（Seminal Reporting Lag）= 半年度报告披露日 - 本年的6月30日。

2. 样本选取及数据采集

针对上述第一个议题，即国内上市公司近年来在定期报告披露方面的时间规律，我们选取了1999年度（含）前上市的所有沪市A股公司，并剔除了不在法定披露日期内（年报期限为各年的1月1日至4月30日，半年报为各年的7月1日至8月31日）公布定期报告的红河光明等8家异常公司，最终得到了453家样本企业。针对第二个议题，下面选取了2000～2003年度新上市的沪市A股公司，最终分别得到88家、78家、70家、67家样本企业。至于第三个议题，我们选取了2000～2003年度《财富》中文版以营业（销售）收入为指标评选的“中国上市公司100强”中的沪市A股公司，分别得到40家、43家、45家、41家样本企业。然而考虑到为了同前述第1组的453家样本企业达成统一的对比口径，我们进一步剔除了各年度的IPO公司，最终得到的样本家数分别是36家、38家、42家、39家。它们代表了2000～2003各年度沪市A股市场中规模最大的上市公司。

本节研究样本的数据来源于以下几种途径：沪市A股上市公司定期报告的实际披露日期（取其首次披露日期）来自上海证券交易所网站(www.sse.com.cn)；各年度的IPO公司及可能涉及的财务数据取自巨潮证券信息系统（www.cninfo.com.cn）及《上海证券报》、《证券时报》等中国证监会指定的信息披露媒体。以下研究所使用的统计及数据处理软件包括SPSS和Excel工具软件。

3. 检验结果及其分析

(1) 定期报告披露的时间规律

①研究样本的描述性统计

表2-12 沪市A股公司2000～2003年度报告披露时滞的描述性统计（非IPO公司）

ALag / 年份	均值	最小值	1/4分位数	中位数	3/4分位数	最大值	标准差
2000	81.44	12	66.50	83	102	120	24.161
2001	84.95	25	71	87	102	120	21.735
2002	86.89	15	73.50	88	108	120	24.710
2003	89.24	15	77	90	111	121*	23.383

*由于2004年是闰年，在2004年4月30日披露的2003年度报告便出现了121天的最大时滞。

以下给出了各考察期内年度报告披露时滞的分布频率图：

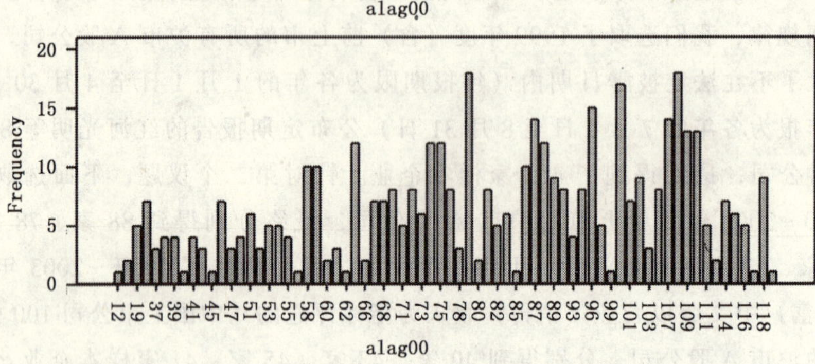

图 2－15a　2000 年度报告时滞（Alag00）

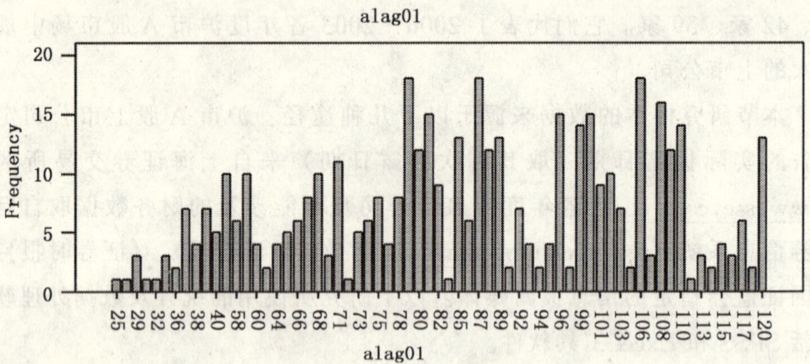

图 2－15b　2001 年度报告时滞（Alag01）

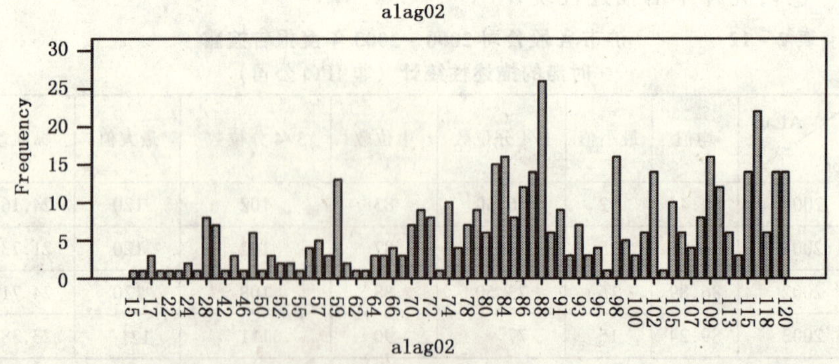

图 2－15c　2002 年度报告时滞（Alag02）

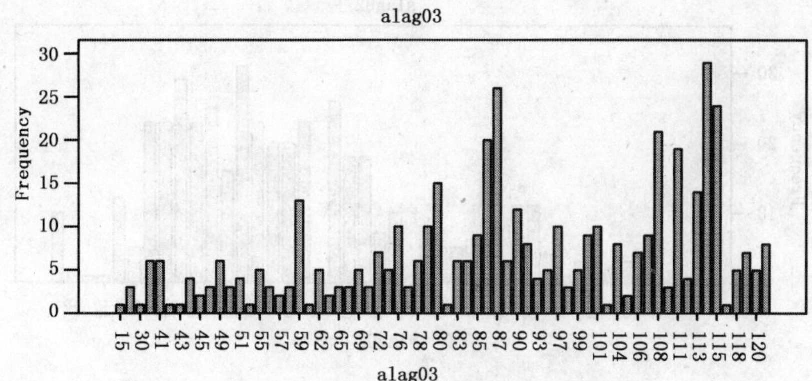

图 2－15d　2003 年度报告时滞（Alag03）

表 2－13　沪市 A 股公司 2001～2004 半年度报告披露时滞的描述性统计（非 IPO 公司）

Slag / 年份	均值	最小值	1/4 分位数	中位数	3/4 分位数	最大值	标准差
2001	40.92	17	33	42	48	62	10.706
2002	44.38	9	39	46	52	62	10.127
2003	45.17	8	39	47	54	61	12.176
2004	47.28	15	41	50	57	62	11.127

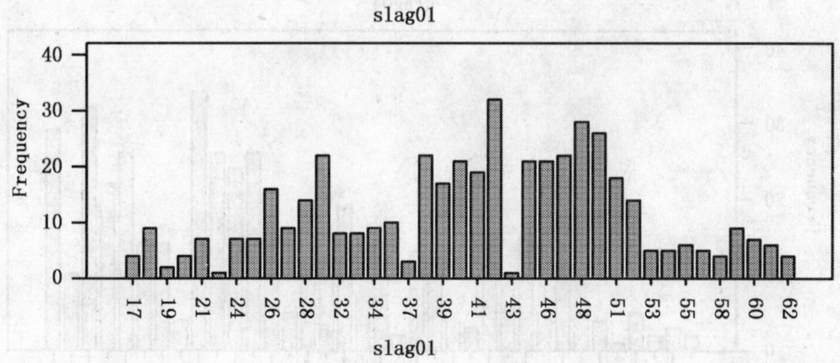

图 2－16a　2001 半年度报告时滞（Slag01）

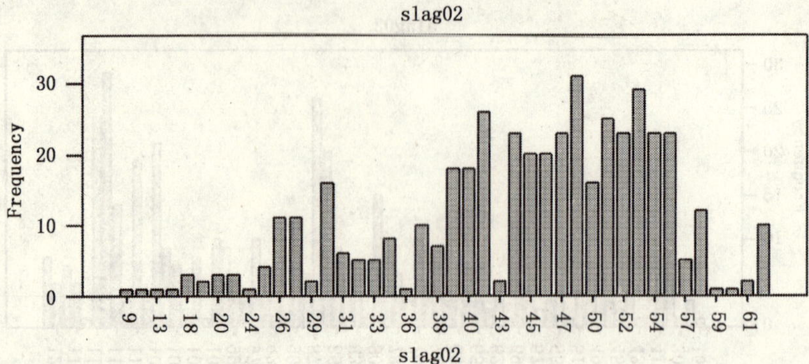

图 2-16b 2002 半年度报告时滞（Slag02）

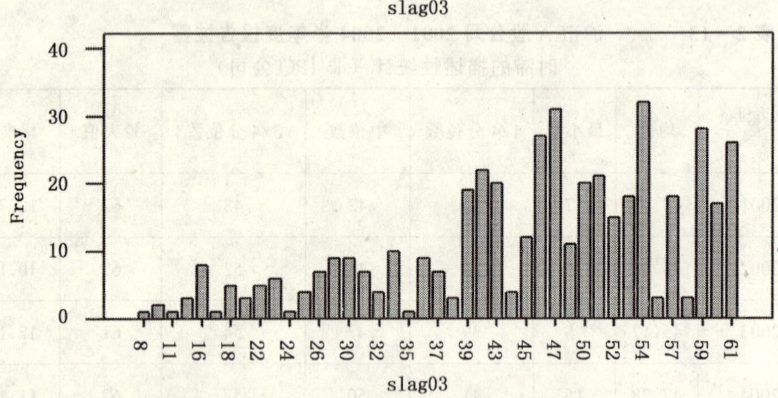

图 2-16c 2003 半年度报告时滞（Slag03）

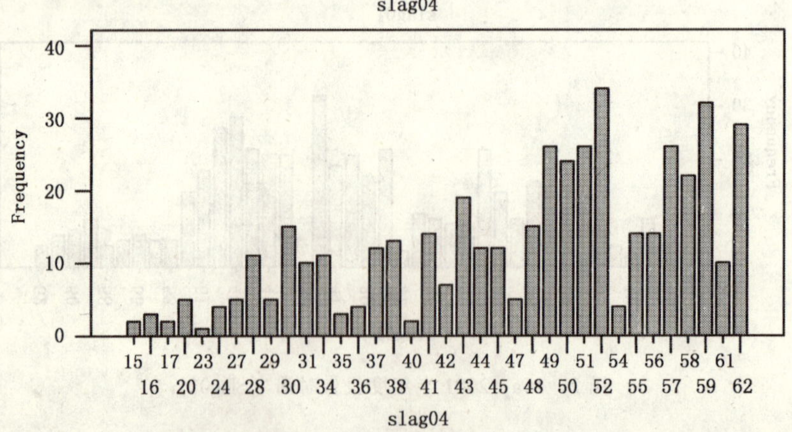

图 2-16d 2004 半年度报告时滞（Slag04）

②分析与说明。首先，我们可以看出，上市公司年度报告的披露时滞主要集中在75～90天和100～115天两个时段；半年度报告的披露时滞主要集中在40～60天这一时段。这说明管理当局在定期报告的披露日期选择上带有较强的主观偏向性。此外，我们还发现Haw等人（2002）得出的有关1994～1999年间国内上市公司年度报告及时性逐渐增强的趋势在2000～2003年度中并没有得到递延。相反地，Alag均值还由81.44天逐年上升至89.24天；不仅如此，2001～2004半年度报告的披露时滞也由40.92天上升至47.28天。这可能与近年来沪市A股上市公司的整体业绩水平下降有着密切的关系，详见下图。需要说明的是，由于受时间和精力所限，我们仅以沪市A股上市公司的平均净资产收益率（取自巨潮证券信息网）作为考察期内样本公司整体业绩水平的近似替代衡量指标，并没有剔除各年度IPO公司的影响。

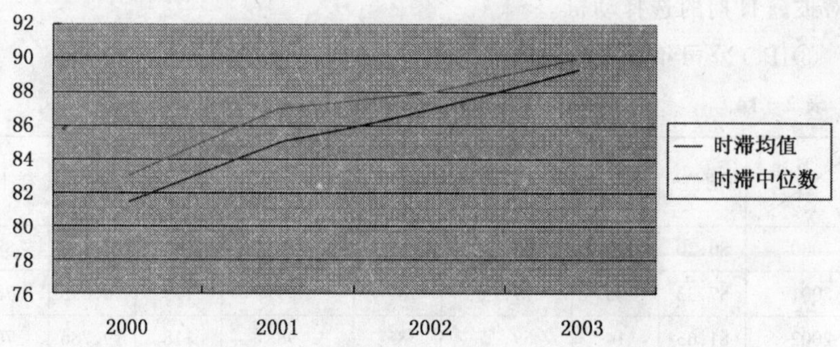

图2－17　沪市A股公司年报及时性的历史趋势图（2000～2003年度）

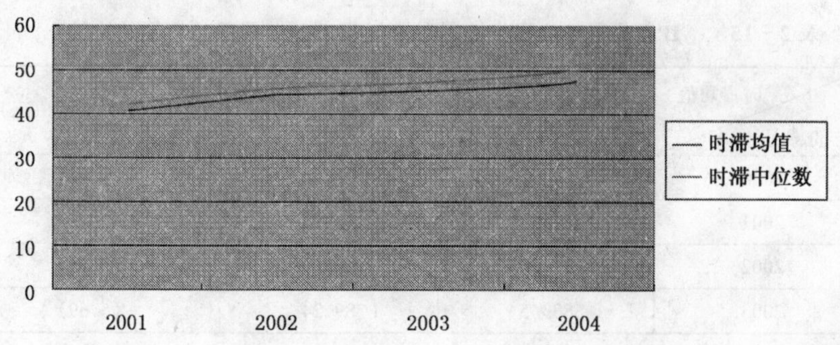

图2－18　沪市A股公司半年报及时性的历史趋势图（2001～2004半年度）

根据上述的统计结果，我们初步认为：技术条件并不是上市公司定期报告披露及时性的决定因素。尽管我国证监会为加强财务报告的及时性，

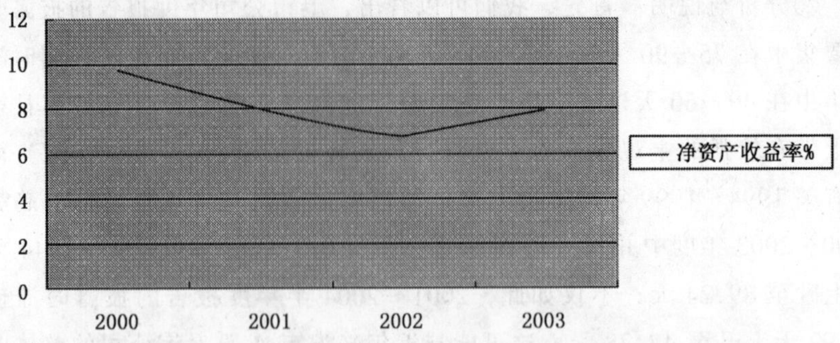

图 2-19 沪市 A 股公司的平均净资产收益率（2000～2003 年度）

为网上信息披露规范体系的初建工作做了大量的努力，并积极与国际接轨，引入 XBRL 等电子化财务报告披露的技术规范，但上市公司近年来定期报告的及时性并没有得到进一步强化，却在一定程度上体现了管理当局对披露日期的选择动机。

③IPO 公司年度报告披露时滞的特征

表 2-14　　IPO 公司年度报告披露时滞的描述性统计

ILag / 年份	均值	最小值	1/4 分位数	中位数	3/4 分位数	最大值	标准差	样本数
2000	80.20	40	68.25	83	90	114	18.218	88
2001	87.33	35	79.75	87	99	119	16.695	78
2002	81.63	14	69.75	85	98	118	19.786	70
2003	83.55	38	71	86	99	117	19.614	67

表 2-15　　IPO 公司年度报告披露时滞与非 IPO 公司平均水平的比较

时滞均值 / 年份	IPO 公司	非 IPO 公司	增（减）时滞（天）
2000	80.20	81.44	(1.24)
2001	87.33	84.95	2.38
2002	81.63	86.89	(5.26)
2003	83.55	89.24	(5.69)

从上述描述中我们不难发现，除了 2001 年度 IPO 公司的年报时滞较其他非 IPO 公司异常地推迟了 2.38 天以外，其余各年度 IPO 公司较非 IPO 公司均出现了明显的提前，这与我们前述的设想基本是一致的。当然

这还可能与近年来 IPO 公司账面上的业绩表现良好有关。为了进一步寻找影响 2001 年度出现异常值的可能因素，我们拟对 2001 年度新上市的 78 家 IPO 公司在 2001 年度的业绩表现做一综合的考察，结果发现 2001 年度这 78 家 IPO 公司中竟有 52 家（67%）的净资产收益率都明显低于市场上 7.84%的平均水平（即所有沪市 A 股公司当年的平均水平），整体业绩不佳可能是影响该年度 IPO 公司延迟披露的重要因素。

④大规模公司年度报告披露时滞的特征

表 2-16　　大规模公司年度报告披露时滞的描述性统计

BLag / 年份	均值	最小值	1/4 分位数	中位数	3/4 分位数	最大值	标准差	样本数
2000	90	37	75.25	92	108	118	20.958	36
2001	88.08	40	80.75	88.50	101.25	115	17.025	38
2002	81.90	22	71	86	97.25	118	23.319	42
2003	80.54	30	61	86	93	112	20.906	39

如前所述，为了形成统一的对比口径，我们剔除了各年度大规模企业中 IPO 公司的影响，并将其与市场平均水平（以 453 家非 IPO 公司为代表）做了如下的比较：

表 2-17　　大规模公司年度报告披露时滞与市场平均水平的比较

年份	大规模公司		市场平均		增（减）差值	
	时滞均值	净资产收益率	时滞均值	净资产收益率	时滞均值	净资产收益率
2000	90	6.77%	81.44	9.75%	8.56	(2.98%)
2001	88.08	8.77%	84.95	7.84%	3.13	0.93%
2002	81.90	10.34%	86.89	6.73%	(4.99)	3.61%
2003	80.54	11.09%	89.24	7.92%	(8.70)	3.17%

通过上述比较，从横向上来看，我们认为单从规模上讲，大型企业并不存在较市场平均水平提前或延迟披露的普遍规律。大规模企业定期报告披露日期的早晚与其盈余质量存在着更为密切的关系，即业绩好时倾向于早披露，业绩差时就倾向晚披露。从纵向上来看，近年来大规模企业定期报告的及时性倒是得到了较为显著的强化（平均时滞由 90 天降至 80.54 天）。这一方面归功于大型企业整体业绩情况呈现出逐年上升的趋势；另

一方面也显现出大型企业近年来在资本市场信息披露的运作方面日益规范，越来越关注在保护投资者、改善投资关系方面的努力。毕竟与国际惯例接轨是中国企业走向世界的一个必要准备，而大型企业对此义不容辞，理当先人一步。

⑤结论与局限。本节以沪市A股上市公司为研究对象，从定期报告的披露时滞入手，重点考察了三种不同类型公司会计信息披露及时性方面的特征。根据上述统计结果，我们有如下几点发现：(1) 从总体上来说，虽然监管部门近年来加大了对定期报告的规范力度，特别是自2000年以来对上市公司会计信息网上披露作出了明确的规定，并积极引进财务报告电子化的技术规范，但上市公司定期报告的及时性并未得到强化，相反却呈现出逐年推后的趋势；(2) IPO公司往往在年报披露方面准备充分，具有尽快展示其在IPO年度财务状况和经营成果的动机，因此其年报披露较市场平均水平而言显得更为及时；(3) 大规模企业近年来定期报告的及时性得到了较大幅度的上升，日益显现出对资本市场投资者信息需求的重视。

当然，本节的研究还存在着如下的局限性：第一，我们没有进一步考察盈余及盈余变动与定期报告披露及时性之间的统计关系，仅在可能需要解释的某些地方，以净资产收益率作了近似的替代；第二，仅对上述三类公司作了简单的描述性统计分析，并未就公司治理特征、权益结构、政治成本、行业模式、注册会计师的审计意见等方面可能的影响因素展开进一步的分析，这些都将是未来进一步研究的方向。

第五节 公司治理与会计信息的相关性和可靠性问题研究

一、引言

在公司治理和委托代理关系中、在所有权和经营权高度分离的情况下，会计信息系统存在的基本理由在于，会计信息有助于降低投资者决策过程中面临的不确定性，借以减少决策风险、促使社会资源趋利性流动，达到优化资源配置的目的[①]。会计信息要发挥上述功效，必须具备相关性与可靠性。然而，相关性和可靠性往往需要权衡和协调（tradeoff）。事实上，尽管在美国财务会计准则委员会（FASB）颁布的 SFAC No.2 中，相关性和可靠性被 FASB 并列为财务会计信息质量的首要属性[②③]，但当会计目标的定位从“受托责任观”上升为“决策有用观”[④]后，财务会计信息披露的使用者导向（user－oriented）模式逐渐形成。在决策有用观下，由于所有者的模糊和高度分散性，使得财务报告信息的受托责任解除功能大大降低，而财务报告信息使用者进行决策时所需要的相关信息则成为在既定环境下支配会计信息披露的因素，因此相关性就成为关注的焦点，特别是 20 世纪 90 年代以来，使用者对现行财务会计和财务报告模式的相关性的不满，由此而引发了一场财务报告改革的浪潮[⑤]，财务报告改革的焦点更多时候是集中于提高财务报告披露信息的决策相关性上。但一系列的上市公司财务欺诈案件迫使我们必须对可靠性问题保持应有的关注。下面旨在对会计信息的相关性和可靠性问题进行探讨，并尝试性地探讨提高相关性和可靠性的途径。

---

① 杜兴强：《会计信息的产权问题研究》，东北财经大学出版社 2002 年版。

② FASB 的 SFAC No.2（Par.34）中明确指出，“会计信息不同质量特征的相对权重必须根据具体情况而定，区分质量特征的层次性只是作为解释的手段，目的是澄清（概念之间）一定的关系”。

③ 可靠性与相关性矛盾（有时体现为两者组成要素之间的矛盾）的情况在财务会计中屡见不鲜，比如过分强调及时性，会计信息的可靠性程度就会削弱；而强调可验证性，相关性有会有所损失。

④ 从“受托责任”概念内涵的变迁过程来看，最初的受托责任是单一的、一一对应的，体现为中世纪庄园管家对主人交付财产的管理；随后受托责任演变为职业经理对资源投入者交付资源的保值和增值责任，此时受托责任依然存在着明确的、数额确定的委托方，这保证了委托方和受托方之间私人契约的可行性；以后，资本市场的高度发展、企业规模的扩大使得所有权和经营权的高度分离，所有权细分的结果造成了每个所有者所拥有的所有权份额只占很小的一部分，此时企业提供的会计信息作为评价企业管理当局受托责任履行情况的作用已经降低，更重要的体现为一种决策效用。小股东往往将追求定期的股利收益放在第一位，一旦他们不能够获得预期的股利收益，他们往往采取“用脚投票”的方式，即以“市场退出”的方式来对管理当局进行“惩罚”，而并不希望撤换、控制或监督管理当局。

⑤ AICPA：“Improving Business Reporting ——A Custom Focus ”，1994；Wallman，1996.6，“The Future of Accounting and Financial Reporting，PartII：The Colorized Approach”，*Accounting Horizons*.

二、会计信息的相关性和可靠性：主流观点及我们的切入点

1. 会计信息的相关性与可靠性：主流观点

会计信息的可靠性与相关性及其权衡问题，是现代会计理论领域内一个颇具魅力的论题，无论是会计准则制定机构的权威公告，还是学者的理论探讨，多年来都对该问题保持了密切的关注。美国财务会计准则委员会(FASB) 第2号财务会计概念公告“会计信息的质量特征”中，将相关性与可靠性作为会计信息的两个主要的质量特征被并提，但对两者的抉择讳莫若深。透过现象看本质，FASB更为侧重于“相关性”的意图其实一直昭然若揭！从20世纪80年代开始，改进企业财务报告的呼声就甚嚣尘上，而改进企业财务报告的举措的着眼点几乎全是会计信息的相关性，如AICPA (1994)、Wallman等一系列的观点。值得一提的是，在美国会计学会（AAA）大约每10年左右颁布的一系列研究报告中，相关性都作为一个至关重要的问题加以阐述。英国“财务报告原则公告”（ASB, 1999.12) 指出[①]，“财务报表的信息必须相关和可靠，当两者互相排斥，需要对产生信息的方法选择时，所选择的方法应是能使信息相关性最大化的方法”——耐人寻味的是，ASB在10月份通过的“公告”内容的建议为，若可靠性与相关性互相排斥，有用的信息应是“那些可靠信息中最相关的项目”、“会计信息在符合可靠性之前，不应对外披露”[②]。

对于相关性和可靠性的权衡问题，有些文献提出根据财务报告的不同组成部分区分相关性和可靠性取舍的思路，即对于财务报表中的会计信息应该首先满足可靠性，甚至牺牲相关性；而对于其他财务报告，则强调相关性，甚至不惜牺牲可靠性。但是我们认为，按照这种“两分法”最终将导致一种尴尬的局面，那就是财务报表提供的是高度可靠、同时几乎不相关的会计信息，结果财务报表披露的会计信息很可能将失去其决策有用性。此外，这似乎与FASB的SFAC No1（Par.6）指出的结论——“财务报表是财务报告的中心，是企业向外界传输会计信息的主要手段”相互矛盾。可见，“可靠性和相关性的内含及两者的辩证关系”仍旧是一个值得

① ASB：“Statement of Principles for Financial Reporting”，1999年12月。

② 现在ASB公布的原则公告发表时间是1999年12月，比10月公告迟两个月，但其中蕴涵着几处变化。

深入研究的问题。

2. 会计信息的相关性：交易费用引入后的一种新视角

会计信息是一种有价值的信息资源，管理当局是会计信息提供方主体，会计信息使用者是会计信息的需求方，会计信息对于供求双方而言都是不可或缺的。管理当局需要会计信息来解除受托责任、供资源投入方评价其经营业绩，从而获取补偿方案规定的奖金或红利。会计信息使用者需要会计信息来减少决策中面临的不确定性，以达到改进决策获取收益的目的。但会计信息的供求需要花费资源和代价，管理当局提供会计信息需要花费簿记成本、支付代理人（会计人员）工资、培训费用等显性成本①，也要承担诸如诉讼成本、企业部分原本私有的信息公开后导致的竞争劣势等隐性成本②，还面临着会计信息披露对企业竞争力、谈判地位带来的不利影响③；会计信息使用者需要花费时间和精力消化会计信息④。由于现代企业可以看作是一系列契约的结合（A nexus of contracts），各类要素投入者作为缔约方并不直接参与企业具体的经营管理，因此定期的会计信息披露就成为这些要素投入者了解企业情况和评价管理当局经营业绩，并据此作出各类决策的重要依据。因此可以认为，会计信息的提供（包括质和量）是企业与各个要素投入者交易成功与否的一个关键，那么提供会计信息而给企业带来的成本就属于典型的交易费用的一部分。会计信息供求双方因会计信息而发生的各项成本，都可以统一于交易费用的框架下进行分析。因为会计信息的生产、提供和理解、分析、利用，都与企业的生产过

---

① 会计信息提供的显性成本指处理和提供会计信息的成本，除了正文中所列的各项成本外，还包括审计成本、传输信息成本、回复对已经披露的会计信息进行质询的成本。

② 隐性成本是指或有成本或者不能够准确地进行确定的成本。会计信息披露并不一定引发诉讼成本，但并不能排除因使用者指责会计信息的误导性而引起的诉讼费、立案费和结案费及企业在诉讼中面临的潜在声誉损失；竞争劣势导致的隐性成本因企业不当披露有关技术和管理创新的信息、战略计划、经营信息而引发。

③ AICPA，"Improving Business Reporting : A Custom Focus"，1994 年。

④ 由于财务报告上提供的会计信息一般来说具有通用性，FASB 在 SFAC No.1 曾中指出过这一点。此外，SFAC No.1（Par36）指出，编制财务报告所提供的会计信息，对于那些于企业的经济活动具有合理程度的知识，而又愿意用合理的精力去研究信息的人士，是可以理解的和有用的。

程无关，因此属于交易费用[①]。

出于理性的考虑，每个会计信息的利益关联者都希望能够以较小的代价获取尽可能的利益，实现个人决策效用的满意化。管理当局同样面临着一个私人决策的满意化问题，尽管管理当局披露会计信息是必须的，但他可以选择财务报告披露的会计信息的信息含量（Content）和时机，他所愿意提供的会计信息的水平和质量取决于私人边际收益和私人边际成本的比较和权衡。理想状况下，信息使用者同样也希望管理当局能够通过财务报告提供直接为他们所直接利用的会计信息，但财务报告的通用性使这种理想状况的存在性不具有普遍性。此外，通过私人契约，使用者也许可以直接得到与其决策相关程度最高的会计信息，但是成本——效益的约束往往阻止了使用者个人与管理当局之间私人契约的缔结，尤其当使用者个人在企业中拥有的权益份额较小时更是如此。这就促使会计信息的使用者转而求其次，要求管理当局尽量在会计准则或会计制度的约束下提供通用的会计信息，而这些信息最基本的应该满足基本的可靠性和通用的相关性。通用会计信息的提供导致使用者和企业管理当局之间围绕会计信息披露进行的动态博弈。

（1）企业私人边际角度的考虑。企业会计信息的提供并不是无成本的，实际上任何增加企业信息披露（包括披露的内容与质量）的要求都将增加企业的信息披露成本。信息披露成本分为两类，显性成本[②]和隐性成本[③]。出于理性的考虑，企业提供会计信息时，自身必然要进行成本——效益的权衡[④]。就特定企业而言，其愿意提供的会计信息的最佳点满

① 包括交易费用学派的创始人科斯在内的经济学家虽然广泛引用交易费用概念进行相关研究，但是根据我们掌握的资料，没有任何人对交易费用给出完善、可操作的定义。阿罗（Arrow）将“交易费用”界定为“经济制度运行的费用”。按照我们的理解，自从康芒斯（1950，Chapter 3）将“交易”界定为“人与人之间经济活动的基本单位，是人与人之间的权利关系”之后，“交易费用”其实就在微观领域内获得了与“生产费用”相对应的地位，即生产费用是指“生产出产品所需要的费用”，而交易费用是指“完成交易所需要的费用”。具体到会计信息问题，我们认为一切为了保证会计信息的质量而发生的各项费用，都属于交易费用的范畴。

② Watts and Zimmerman，1986 年，*Positive Accounting Theory*，Prentice－Hall Press；AICPA，“Improving Business Reporting ——A Custom Focus ”，1994 年。

③ 尽管会计上并不考虑隐性成本，但毫无疑问企业管理当局在进行决策时类似的隐性成本却是必须考虑的。而值得注意的是，（在既定的会计准则和契约法定要求的约束下）会计信息披露质量是由管理当局来决定的。

④ 参考了杜兴强：《会计信息的产权问题研究》，东北财经大学出版社 2002 年版；杜兴强：“会计信息产权：一个新视角”，《财会通讯》，2002 年第 2 期。

足边际成本等于边际收益约束条件的 q[①]，而提供会计信息也要受满足成本——收益的约束，从而提供会计信息的临界点 L 肯定大于 q。那么：①若边际成本小于边际收益，那么企业将会提供更多的会计信息量，这可以理解为是企业自愿进行会计信息披露的一种动机；②若提供会计信息的边际收益小于边际成本，那么假如缺乏外部强制力量，则企业不愿意提供更多的会计信息；③若提供会计信息的边际收益小于边际成本，并存在外部管制、且符合成本效益原则，那么企业将会遵循会计准则的要求提供会计信息。由于会计信息提供中存在成本效益的制约，再加上管理当局可能利用其拥有的信息优势损害投资者的利益，那么会计信息披露过程中就存在着外部性。

（2）社会角度的总体考虑。在高度发达的资本市场上，企业的会计信息使用者既包括了所有者、管理当局和与企业直接有着明确契约关系的各个利益方，也包括了诸多潜在的投资者，企业提供会计信息质量可能促使这些潜在投资者所拥有的资源遵循趋利性流动原则而积聚于本企业。因此，企业提供的会计信息就天然地具备了外部性（externality）的特征。外部性必须采纳各种方式予以内部化（internalization）。尽管企业提供会计信息带来的外部性因信息使用者和管理当局之间信息不对称（information asymmetry）程度不同而有所差异，但外部性的存在将使得企业在会计信息提供中将不能只考虑私人成本、收益的对比，有时应该站在整个社会的立场上进行分析。此时，管制力量将会介入，希望能够借助于会计准则或会计制度的形式，矫正外部性产生的行为，来确保社会效用的最大化。我们可以将与会计信息有关的全部利益集团假设为一个虚拟的企业合并体，那么外部性内部化问题就转化为使其联合社会效用（joint utility）最大化或社会联合成本最小化[②]：

$$JC(q) = AFC(q) + E(q) \times P(E|q)$$

其中，JC(q)代表社会联合成本；AFC(q)代表会计信息成本；E(q)代

① 既然提供会计信息只是企业与要素投入者交易的一部分，而交易的真正目的在于促使资源以各种方式流入本企业，那么会计信息的提供就存在一个收益——成本的权衡问题。换言之，提供会计信息的目的要到效益最大化。而使提供会计信息效益最大化的一个充分必要条件是“使提供会计信息的边际成本等于提供会计信息的边际效益”。

② 社会效用存在着难以进行测度的问题，所以我们进一步转换，将社会联合效用最大化转换为社会联合（joint cost）成本最小化。

表外部性；P(E|q)是条件概率，代表既定会计信息质量给会计信息使用者带来损失的可能性[①]。可以肯定的是，AFC(q)是q的增函数，E(q)、P(E|q)是q的减函数，因此JC(q)一定是q的严格凹（strictly convex）函数，那么必然存在一个极小值点（同时也是最小值点）。我们将位于该点的会计信息质量称为q^*。从$q\to q^*$（即企业私人效用最佳点向社会效用最佳点的移动），可以看作是一个整个社会效用改进（utility - improving）的过程。会计准则或会计制度出现的初衷，就是力图促使$q\to q^*$的转变。透过会计发展史，我们可以看到，政府通过强制性的会计准则从总体上看，确实使早期会计信息公开披露实现了$q\to q^*$的迁移，然而现实背景下，特定企业的会计信息披露在会计准则等规范形式下并不一定正好位于q^*点之上！原因在于：

会计准则和会计制度等对会计信息进行管制和规范的形式，属于事前管制（ex ante regulation），所以通常具有一般性和通用性。但是，投资者根据会计信息进行的决策将面临不确定性，决策恰当与否将不仅既取决于企业提供的会计信息的质量，还与决策者个人的知识结构、偏好以及决策模型和面临的决策环境相关。另外注意到，企业提供的会计信息是否达到其应有的质量则在很大程度上属于一种事后（ex post）验证行为、依存于投资者的主观判断——若投资者根据会计信息进行决策的结果是不利的，那么投资者完全有可能指责会计信息的质量。投资者更愿意相信的逻辑是，既然要与投资者的决策相关，如果根据会计信息进行决策后的结果是不利的，那么会计信息提供的质量不高。当企业提供的会计信息给相当多的投资者决策带来不利结果时，企业将面临事后的惩罚。而这凸现出目前关于会计信息相关性和可靠性争议的一个焦点：到底投资者的损失是因为会计信息缺乏相关性或可靠性而导致的，还是因为投资者不恰当地分析财务报告而导致。因为按照 FASB 的 SFAC No.1，财务报告提供的会计信息对那些具有一定的专业知识且相当勤勉、并愿意分析财务报告的使用者而言是有用的。

① 会计信息提供的高质量充其量只是会计信息使用者正确决策的一个必要条件而非充分条件（更不是充分必要条件），使用者的决策正确与否除了受会计信息质量制约外，还受一些环境因素和个人禀赋、知识结构差异的制约。反之，即使使用者进行决策后的实际结果并非损失，但也并不能够据此断定会计信息的高质量。应该肯定的是，惟有因会计信息质量因素而带来最终的实际损失才能够称之为会计信息的外部性。

三、关于会计信息的相关性问题

（一）通用财务报告模式下会计信息相关性可能导致的问题①

相关性的含义揭示，相关性既有普遍性的一面，也有特定性的一面。从会计信息提供的及时性与否考虑，会计信息将影响到全部会计信息使用者的决策；从会计信息的预测价值和反馈价值方面进行考虑，会计信息是否具有相关性则与会计信息使用者的特定决策类型有关。严格意义上理解，投资者要想得到决策相关的会计信息，必须对企业提供的财务报告本身进行恰当的分析、理解，甚至可能进行重新的分解和组合以希冀获得更多的会计信息。出于个人决策的成本——效益考虑，使用者一般希望管理当局提供的会计信息能够直接为其所用，然而由于管理当局通过财务报告提供的会计信息只是通用意义上的会计信息，所以使用者必须进行恰当的理解、分析和利用。相关性并非会计信息系统本身所能够解决的，它与会计信息使用者的决策类型包括投资者个人的知识结构、所掌握的分析技能和决策模式、偏好、决策环境等因素密切相关。不同使用者的不同决策需要不同相关程度的会计信息。

1. 如果过分强调相关性，将会导致可靠性的削弱。为了追求相关性，就必须满足及时性（因为及时性是相关性的灵魂），而过度追求及时性则导致企业有时在未获取客观、可验证的数据之前就进行相关会计处理，必然损害可靠性。相关性可能受到会计技术和程序方面的限制而降低，某些项目如人力资源或智力资本等信息就因为不符合确认条件或不能够可靠计量方面的原因而不能够在企业的财务报告体系中进行披露，尤其是不能够通过传递会计信息的主要手段——财务报表进行传递。由于可靠性方面的限制，许多不完全符合会计确认四项条件② 的项目最终不能够在财务报表中进行确认，而只能够相机在其他财务报告中进行披露③。因此从普遍意义上审视，财务报表提供的会计信息的相关性正在下降，而其他财务报

① 主要参考了杜兴强："会计信息的相关性问题研究"，《财经研究》，2002 年第 12 期；葛家澍、杜兴强：《财务会计概念框架与会计准则问题研究》，中国财政经济出版社 2003 年版。

② 会计确认的四项基本条件为：①符合要素的定义；②可计量（即可以选择某种计量属性进行计量）；③计量的相关性；④计量的可靠性。

③ 确认和披露的区别在于：确认是对财务报表表内而言的，要在财务报表表内进行确认，必须符合公认会计原则并接受注册会计师的审计；而披露则是对财务报表的附注和其他财务报告而言的，其他财务报告中披露的会计信息可不符合 GAAP，也无须审计。

告中提供的会计信息的相关性却有增强的趋势。但是这种状况并非长久之计，因为照此下去将不符合整个财务报告体系最初的构想，可能发生其他财务报告取代财务报表成为主要的会计信息传递手段的危机。

2. 现行的财务报告模式提供的通用会计信息，是按照“公共选择”的思路，考虑“公众利益”权衡后的结果。如此确定的、企业财务报告披露的会计信息的相关性满足一个基本的“含量”。当然，这个基本的“含量”是由管制机构在调查会计信息使用者作为一个总体的需求状况后得出的，它是不断变化的。显然这样的会计信息披露相关性，对机构投资者而言，可能意味着信息不足，对小投资者而言，则可能意味着信息过载。无论最终会计信息披露导致信息过载或不足，相应的投资者必须默默承受，因为这是集体选择的结果。这也是目前通用财务报告模式下相关性面临的尴尬！

在会计信息相关性这个基本的“含量”未变化之前，任何投资者若根据自己的决策类型而要求更相关的会计信息时，就可能面临交易费用的转嫁等诸多问题。假若企业管理当局主要考虑机构投资者的决策需求来选择相关性进行会计信息披露，那么此时受益的将是机构投资者，但中小投资者由于被迫接受“信息过载”的现实而不得不花费更多的时间精力和资源去对财务报告进行分析，所以其实是受损的。此外，按照机构投资者的要求提供会计信息还存在着“信息披露成本分摊的非公平性现象”。为了说明，我们假设按照投资者总体期望需求提供的会计信息披露成本为A，那么持有比例λ的投资者承担的信息披露成本为Aλ；假定信息分析成本为C，总收益为R，那么利用会计信息进行决策的净收益为R－Aλ－C。当主要考虑机构投资者要求提供会计信息的披露成本为B，毫无疑问B＞A，此时投资者承担的信息披露成本为Bλ；假定会计信息分析成本为C′（C′＞C），总收益为R[①]，那么利用会计信息进行决策后的净收益为R－Bλ－C′。显而易见，R－Aλ－C＞R－Bλ－C′，两者差额为（B－A）λ＋（C′－C），代表本应由机构投资者承担的交易费用，但却转嫁给中小投资者，即机构投资者受益，但中小投资者受损[②]。

① 或者更一般性的假设是，中小投资者由于面临信息过载问题，所以在信息过载情况下得到的“扣除披露成本之前的净收益”较小。

② 更一般性的讨论，可见杜兴强：“会计信息的相关性问题研究”，《财经研究》，2002年第12期。

3. 严格意义上，如果要求管理当局提供完全与决策相关的会计信息，可以通过两种途径实现，或者由会计信息使用者和管理当局签订私人契约要求特定的信息，或者要求管理当局提供专用财务报告。由于个人成本——效益原则的制约，一般的中小投资者并不寄希望于通过私人契约来得到理想的会计信息，而是希望通过“搭便车”来获取部分会计信息。而专用财务报告本质上也是需要通过私人契约来完成的，只不过因为专用财务报告的投资者与管理当局的强权博弈中处于优势地位或一旦投资将占据优势地位，所以他们在与管理当局针对会计信息进行的博弈中可能居于一种相对较为有利的地位。专用财务报告的存在带来诸多问题，具体体现为“可能引发对中小投资者的利益损害问题”。在机构投资者得到的会计信息和中小投资者得到的会计信息不一致时，管理当局和投资者之间的信息不对称问题将扩展为“管理当局和机构投资者”、“机构投资者和中小投资者”、“管理当局和中小投资者”两两的信息不对称，机构投资者可能利用其相对于中小投资者的信息优势获利，但却损害中小投资者的利益。而一个国家的资本市场是否健康发展的一个根本标志是看其能否恰当地保护中小投资者的利益[①]。管理当局和投资者之间的信息不对称程度可以通过不断对会计信息披露进行规范而得到降低，尽管不能够完全消除，但由此造成的较低程度的不对称是投资者可以接受的，但投资者却不能接受投资者中的某一小部分不是依靠自己的分析才能、而是靠内幕信息（不论是否付费）得到更多会计信息的事实。

（二）改进财务报告相关性的可能举措[②]

1. 简化年度报告及因特网上的财务报告

在之前的系列论文中，我们曾经指出，目前财务会计与报告模式缺乏相关性及信息内涵（contents）的一个重要原因在于其缺乏及时性（事实上，及时性是相关性的核心，是会计信息有用与否的关键）[③]。提高会计信息披露的及时性将在很大程度上提升财务会计与报告模式的决策相关

① Aghion and Bolton，1992，“An Incomplete Contracts Approach to Financial Contracting”，*Review of Economic Studies* 59：473－494.

② 本部分的改进措施应该包括事项会计的有关思想，但为了避免重复，不再赘述，请参考本章相关内容。

③ 葛家澍、杜兴强：“现行财务会计与报告模式的缺陷与改进”，《财会通讯》，2004年第5～6期。

性。而提高财务报告及时性的举措包括：提供简化年度报告（summary annual reports，SAR）和通过因特网提供企业财务报告[①]。现行财务会计与报告模式下披露的会计信息，往往受到会计处理程序和传递渠道的限制，使得年度财务报告的披露往往具有时滞（time lag）性，使得财务报告在正式公布之前，其信息内含（information contents）就已经几乎被“清空”（emptied），这导致会计信息的相关性下降，也使得会计信息系统在与其他“信息源”的竞争中逐渐处于劣势。考虑到年报的滞后性，所以可以通过编制简化年度报告（Summary annual reporting，SAR）来使会计信息使用者尽快地了解到企业本会计期间的重要的财务状况和经营成果，并对会计信息使用者浏览最终的年度财务报表提供导读的作用。

20世纪90年代中期以来，改进企业财务报告的浪潮及信息使用者们渴望在信息技术的支持下实现企业“实时报告”的需求，促使企业充分利用信息和因特网技术改善信息传递的渠道，尤其是可扩展的企业报告语言（XBRL）的应用，通过因特网提供财务报告逐渐成为一种潮流，因特网上财务报告也逐渐由自愿披露向强制性披露过渡。2002年，美国《财富》百强全部拥有公司网址，并在公司网址中披露了财务信息。同时，绝大部分企业的财务报告质量有明显改进，尤其是与有用性相关的质量要素得到改善。在中国，强制要求上市公司在因特网上公开发布财务报告的工作始于2000年[②]。潘琰（2002）发现，已有82.5%的中国上市公司建有自己的网站，并有75.72%的公司在自己的网站中自愿披露财务信息[③]。因特网上的财务报告对提升会计信息相关性的影响可能在于：

(1) 大大提升了财务报告的及时性。潘琰（2000）发现中国公司的48.24%，美国公司的98.98%公司在公布财务信息当天就以各种形式在公司网站发布财务信息。

(2) 为了显示企业的特质性和信息披露的信号传递作用，因特网上的财务报告往往出现了不同程度的自愿披露，并披露不同于其他企业的未来

① 因特网上的财务报告问题，主要参考了潘琰：《因特网财务报告若干问题研究》，厦门大学博士论文，2002年。

② 中国证监会：《关于做好1999年上市公司年度报告的通知》，1999年12月28日。上海证券交易所、深圳证券交易所：《沪深证券交易所关于做好上市公司2000年中期报告有关工作的通知》，2000年6月。

③ 潘琰：《因特网财务报告若干问题研究》，厦门大学博士论文，2002年。

风险与报酬机会。

(3) 披露大量在传统财务报告中无法反映的非财务信息，这些信息对投资者理解企业的价值驱动因素及企业的未来发展大有裨益。

(4) 逐渐勾勒企业业绩的发展趋势，许多公司连续提供超过10年的历史数据，向投资者反映公司发展的趋势。

2. Boulton等（2000年）的观点

Boulton等（2000年）[①] 认为未来企业报告应该披露企业所有资产的现行价值，包括没有在现行的财务报表中确认的无形资产、关注企业的价值创造、产生更有意义的、详细的、分解式的信息，而不是单一的、一视同仁的通用报告。为此，他们提出了三维矩阵报告模式。在三维矩阵报告模式中，传统的表内信息与表外信息二分法报告结构被彻底瓦解，取而代之的是由45个信息单元组成的矩阵报告结构，显然，“表内信息与表外信息、表内核心、表外补充”等表述已经毫无意义，这在一定程度上缓解了我们上文提到的、财务报表及其他财务报告之间存在的“本末倒置”的非正常现象。此外，依照Boulton的观点，我们认为将极大地提升财务报告的相关性，使得企业提供地会计信息能够反映企业价值创造的过程，了解企业在资本市场重的竞争优势或劣势情况。

在三维矩阵报告模式中，首先需要界定资产的定义，Boulton等认为，资产是“能够给企业带来未来经济利益、能够对公司价值作出贡献的所有潜在资源”。这个定义与传统资产的定义差别在于，传统的定义要求资产应该能够被公司所控制，而新的定义不要求资产必须为公司控制，只要该资源能够给公司带来未来经济利益，即使不为公司控制，也应作为公司的资产，因此，公司的客户、供应商都是公司的资产。按照这个定义，Boulton等把公司资产分为五类：(1) 有形资产，如土地、建筑物、设备和存货等；(2) 客户资产，如客户、销售渠道、会员客户；(3) 金融资产，如现金、应收款项、投资、负债（负资产）等；(4) 雇员和供应商资产，如雇员、供应商、合作者等；(5) 组织资产，如领导能力、革新能力、战略、过程、公司文化、品牌、知识产权等。其中，有形资产、客户

① Boulton, Libert and Samek, 2000, “Cracking the Value Code: How Successful Business are Creating Wealth in the New Economy”，转引自章永奎：《表外披露问题研究》，厦门大学博士论文，2004年。

资产、金融资产、雇员和供应商资产以组织资产为基础和中心发挥价值创造的作用。

公司这五类资产是三维矩阵报告模式的第一维；第二维是：外部环境、过程、价值（指公允价值）；第三维是：过去、现在、未来。三维的组合将形成45个信息单元，比如，客户（第一维）、环境（第二维）、未来（第三维）三者之间的组合将形成“客户/环境/未来”信息单元，该信息单元主要披露公司客户在未来如何受到环境的影响，公司如何应对等。

四、关于会计信息的可靠性

（一）会计信息可靠性的制约因素

会计信息的可靠性，涵盖了两个层次的考虑，即单个会计数据的可靠性和一系列会计数据经过企业会计人员的主观判断、分析综合、加工汇总之后的、反映在财务报表上的单一、仿佛十分精确的项目的可靠性。单个会计数据的可靠性依赖于对原始凭证和记账凭证的真实、完整、合法、合理性的审核，而汇总得到的财务报表上单一项目的可靠性则不仅取决于单个原始会计数据的可靠性，还依赖于分析会计人员在一系列会计程序过程中的行为。

对于会计信息的可靠性问题，属于企业会计信息系统的一系列程序、方法，外加利益相关者（大股东、债权人、管理当局）的个人决策事后因素而相互作用的结果。由于信息不对称，个人对企业会计信息可靠性的直接验证一则成本高昂而不大可能，二则如果每个使用者对会计信息都进行验证是社会资源的过度浪费，但独立、客观和公正的注册会计师和外部审计签证机制的存在使得会计信息的可靠性往往成为一般使用者决策时的事前（ex ante）忽略变量。必须明确的是，投资者事前认为可靠性是决策的忽略变量并不意味着会计信息的可靠性一定能够得到投资者的认可，因为一旦依据会计信息进行决策后导致了事后（ex post）不利的结果，使用者势必转而指责会计信息的可靠性。但是，作为具有理性的会计信息使用者，为了避免决策可能导致的失误，再考虑到事后对会计信息可靠性的指责总具有某些不可捉摸的味道，以及中小投资者一般往往通过“用脚投票”、选择市场退出方式对管理当局进行惩罚的事实，所以事前对会计信息的可靠性提出基本要求是现实的，并借此来降低决策面临的不确定性。事实上，会计信息的可靠性，无论从使用者事前的要求、还是会计信息系统的功能限制、抑或因事后指责而反馈导致的会计信息可靠性提高方面进行考虑，存在着一个“度”的问题，对反映特定经济业务的个别会计数据而言是如此，对若干个别会计数据经过汇总、会计人员的估计和判断后形成的财务报表上单一、仿佛绝对精确的集合数据而言更是如此。会计信息的可靠性是相对的，不存在“黑”、“白”的绝对界限。可靠性并不意味着精确性，反之亦然——逆命题仍成立，因为貌似精确的数字往往是对可靠性的否定。受企业私人效用函数的制约，当投资者事前无法直接验证会计信息的可靠性程度、当注册会计师因为审计程序和审计技术、乃至审计费用方面的因素未能够发现会计信息的可靠性可能存在的问题时，会计信息的可靠性程度的高低也许是企业管理当局的私人信息。注册会计师也只是在重大性原则的制约下对企业会计信息基本可靠性的满足程度进行的鉴证，其发表的无保留审计意见只能表明企业会计信息实现了基本的可靠性，且该审计意见具有或然性。如果苛求绝对可靠性，那么企业由此将增加额外的交易费用。

那么，什么决定企业财务报告的会计信息是否可靠呢？这样的决定因素可能包括：会计信息系统独特程序和方法的限制，准则、制度等规范的要求，不同决策类型的会计信息使用者的事后判断，甚至必须考虑公司治理生态（ecology of corporate governance）的整体因素。会计信息系统的一系列程序、方法的存在决定了单一会计数据的可靠未必能够必然衍生出最终通过财务报告披露的集合数据的可靠性，因为其间会计人员的估计、判断等人为因素和不确定性大量存在。准则、制度对于会计信息的可靠性的作用具有一定的稳定性，在特定时期不会产生剧烈的可靠性问题，但这并不排除环境剧烈变化时使用者对企业遵循原来规定所生产的会计信息的可靠性的怀疑。会计信息使用者的事后判断是前者的依存函数，换言之，准则、制度限定的越详细和固定，一般情况下会计信息使用者事后将不会过度指责会计信息的可靠性；准则、制度规定地越灵活，管理当局拥有越多的会计政策的选择权，使用者事后越可能对会计信息可靠性产生怀疑，进而指责其不够可靠。原因在于，当存在多种备选方案时，管理当局可能会出于自身利益的考虑选择一种能够在约束条件下最大化自己私利的会计政策，而这种会计政策也许与经济事实或客观性存在一定的差距，当然也就影响了会计信息的可靠性。例如，当管理当局为了给投资者造成一种公司平稳发展的印象，往往利用应计、待摊、递延、预提等会计程序来营造一种“平滑”(Smoothing)的假象。

(二)苛求会计信息可靠性的经济后果

考虑到会计信息生产成本的阶梯型边际递增性，因此若苛求会计信息的可靠性必然会导致交易费用的激增。交易费用的提高却未必就一定导致会计信息可靠性的提高，反而会导致一种“精确的错误”——请谨记一个事实，“大概的对比精确的错更可取”。现实会计实务中，苛求可靠性可能导致“精确的不可靠”或“真实的谎言”之类未预料的结果[①]，导致“过犹不及”[②]，并导致企业提供会计信息的可靠性的均衡点下降[③]！

我们认为，会计信息的可靠性存在着一个基本的“度”，这个“度”一般是以是否遵循会计制度或会计准则的规范、能否通过和经受注册会计师的鉴证为基本判断标准的。如果管理当局提供的会计信息不满足于基本的可靠性的“度”(而又骗取了注册会计师的无保留意见)，那么投资者在进行决策时将面临花费更多的交易费用去验证会计信息的可靠性，这种情况下属于交易费用不合理地由企业转嫁给信息使用者。会计信息的可靠性满足基本的“度”的重要意义在于：任何真正意义上的投资者都不会满足于企业提供的通用会计信息，只要边际成本小于边际收益，他们就可能会对置于“公共领域”内的具有价值的信息资源(即所谓的“租”)进行进一步地攫取。虽然这种举措(攫取租金的行动)属于个人化行为，但不否认的是，由于信息不对称，意欲针对会计信息进行攫租的投资者的一个基本依据仍旧是企业通用的会计信息，因此通用的会计信息是否符合基本的可靠性的“度”，就成为攫租过程是否可行的第一个关键因素。否则，在

① 例如，一个常年在野外进行施工的企业，由于环境条件的制约，其会计核算碰到了困难，在某些方面不能够取得应有的原始凭证。其会计核算往往缺乏一般人眼中的基本可靠性，为了满足可靠性，经办人员不得不花费另外的资源来拼凑可靠性即经办人员只好在当地或者公司常驻地以“购买发票”的形式来满足可靠性，也就是说并不是经济业务发生时从交易对方处所获取发票，而是事后为了满足形式上的可靠性(可验证性)而临时应急性的措施。譬如，经办者发生了9975元的支出而未取得发票，考虑到“购买”发票时的税负问题，设税率为5%，那么他将以525元的另外支出购买发票，发票载明的不含税金额为10000元，税款为500元。而实际情况应该是不含税金额为9500元，税款为275元。这真是“真实的谎言”！

② “过犹不及”性体现在容易带来损害或削弱相关性的可能。譬如使用者绝对强调可靠性或企业绝对追求可靠性将导致对历史成本的过分偏倚和过分强调客观性，但这无疑将削弱会计信息的及时性乃至相关性。而决策有用的会计信息应该同时满足相关性和可靠性。

③ 看起来这好像一个“悖论”，企业因为花费更大的成本提供会计信息，那么信息的提供水平和质量都有所提高，为什么均衡点反而会下降呢？必须注意到，管理当局拥有私有信息，准则或者制度规定企业必须提供哪些类型的会计信息，但管理当局有权决定提供会计信息的信息量(Content)。所以这个看起来的“悖论”只是一个“佯谬”(Paradox)。

不可靠信息、甚至是严重背离经济事实的会计信息的基础上进行的进一步的加工、整理、再组合过程产出的新会计信息要么将是更不可靠的，对决策是有百害而无一利的；要么投资者要得到自己满意的、可靠性的会计信息将耗费更大的交易费用。正是从这个意义上讲，ASB（1999 年 10 月，Par.3.35）曾认为不可靠的财务信息不应该提供。

明确了会计信息的可靠性存在一个基本的“度”之后，我们还应该意识到该“度”是对财务报告提供的通用会计信息而言的。有些使用者譬如专业用户（professional users）或机构投资者，由于其决策过程的复杂性和精密性[①]，所以他们进行决策时可能并不满足于会计信息可靠性这个“基本的‘度’”，他们可能会针对会计信息的更高的可靠性进行攫租(rent－capturing)。攫租过程可以视为是专业用户在成本效益原则制约下追求个人决策效用满意化的过程，如果其私人边际收益＝边际成本，则攫租过程终结。但是，如果专业用户所需要的更高可靠性的会计信息由管理当局通过另外途径（如私下协议）无偿供给，那么其边际成本曲线将是非常平坦而接近并平行于横轴（代表会计信息可靠性程度），而企业的边际成本曲线因此上移，企业以财务报告形式公开披露的会计信息的基本“度”下降。换言之，如果个人决策可靠性的苛求将导致与更高可靠性联系的交易费用由决策者个人转嫁给提供会计信息的企业[②]，而企业由于也受到边际成本和边际收益的制约，所以企业也理性地将由特定决策者个人转嫁而来的交易费用转嫁给一般使用者，体现为会计信息基本的度的下降。最终，对资源配置存在重大影响的专业用户的交易费用转嫁给一般投资者，由其默默地承担，这是一种典型的强权博弈。但这与保护中小投资者的基本宗旨是背道而驰的。

一言以蔽之，会计信息的可靠性与否首先是会计信息系统的机制使然，会计准则和会计制度以及审计的存在使会计信息的可靠性成为一般使用者的决策的事前忽略变量，但会计信息的可靠性可能成为使用者事后的指责对象。如果企业提供的会计信息不满足一个基本的“度”，那么属于

---

① AICPA (1994)《改进企业报告》中指出，专业用户一般控制有大量的资本，在资源配置中的影响力重大，其决策时一般采取先进的模型与方法，对会计信息的需求和原因更为清楚，而且对会计信息的处理更加标准化和规范化。此外，该文献还指出，会计信息使用者的决策方法对信息需求有重大的影响。

② 这种情况可能出现，原因就在于专业用户一般掌握了足以影响资源配置的大量资本，在与管理当局进行博弈的过程中处于一种支配或者强权的地位。

交易费用不合理地由企业转嫁给信息使用者，否则过分苛求会计信息的可靠性，容易引发“过犹不及”的问题和交易费用转嫁的问题，对社会总体而言是一种无谓的损失。

（三）提高会计信息可靠性的举措

1. 确保会计信息披露的透明度

“透明度”（Transparency）是1997年Levitt在关于高质量会计准则的演讲中首次提出[①]。具有透明度的会计信息，应当是高质量的会计信息，它既必须有足够的有用的信息含量，又应当如实地、可比地反映一个企业与投资人相关的信息；要把这些信息综合成一个描绘企业经营真相与诚实财务状况的图像；在这个图像的描绘中，不为某个利益集团的利益而弄虚作假，不粉饰盈利；不遗漏按准则和制度必须确认披露的一切有利和不利事项；充分地暴露企业已经存在或可能存在的风险；当然也不能掩盖企业业已形成或极有可能获得的收入、利益和机遇，而且表述要清楚、确切，绝不含糊，要能反映交易与事项的经济实质[②]。可见，会计信息披露的透明度蕴涵着会计信息可靠性的若干基本内容；强调会计信息披露的透明度与要求会计信息的可靠性之间存在诸多共性。

2. 重视公司治理生态问题

会计信息的提供，从来就不是一个单纯的技术性问题。会计信息具有的经济后果性质往往促使企业的管理当局利用信息不对称性，以牺牲投资者的利益为代价来追求个人私利，而管理当局的不道德往往最终需要借助于会计信息进行掩饰，这就很容易导致会计信息的不可靠性。由于高质量的会计信息往往是以高质量的公司治理生态为基础的，健康的公司治理生态可以作为一种发现机制，约束企业的会计信息披露，确保会计信息的高质量。然而一旦公司治理生态失衡，那么会计信息披露将会充斥着不可靠性、甚至是财务欺诈[③]。公司治理生态，是以公司治理机制为基础上，外加一系列具有独立性的社会中介环节（如注册会计师、财务分析人员、投资银行家、监管机构等）组成的知识共同体。一系列的财务欺诈案件背后

① 主要参考了葛家澍：“财务报告质量评估探讨”，《会计研究》，2001年第11期。

② 也就是说，可比性、中立性、清晰性、完整性、充分披露、实质重于形式等6项基本要求构成了会计信息透明度的主要内容。

③ 关于公司治理生态与会计信息可靠性之间更为详细的讨论，请参见杜兴强：“公司治理生态与会计信息的可靠性问题研究”，《会计研究》，2004年第7期。

隐含的逻辑就是，这些本应具有独立性的中介环节已经“有意识”的集体失效了，从而导致会计信息失去了其基本的可靠性、助长了财务欺诈的出现。例如安然事件中，安然公司的公司治理机制的不完善、注册会计师安达信与安然高层管理人员的合谋、投资银行家和财务分析师为了一己私利而背弃独立性的行为、监管机构的衰弱无力、甚至投资者缺乏基本的投资常识，这些都蕴涵着安然公司的公司治理生态失效，也是“孳生”安然公司财务欺诈的“温床”。所以，会计信息的可靠性，不能只从技术角度进行分析，应该更多地注意公司治理生态因素，强调以健康、高质量的公司治理生态确保会计信息披露的高质量。

第六节 财务会计信息与公司治理

一、会计信息和公司治理的交互影响性

公司治理和财务会计信息具有相互依存性和交互影响性：(1) 良好公司治理机制可以改善会计信息披露质量，防范会计信息失真；也可以避免仅侧重于技术环节的改进，而忽略了会计信息本身所具有的经济后果性质，从而导致会计信息失真屡禁不止的情况。(2) 财务会计信息在公司治理中具有关键作用，会计信息披露机制的存在可以促进公司治理的完善——财务会计信息既可以衡量管理当局的经营业绩，也可以降低投资者决策过程中面临的不确定性，从而达到降低决策风险，促使资本的趋利性流动、改善社会资源配置的目的；公开的财务会计信息披露（充分披露和信息透明度）可以确保中小投资者的利益不受侵害，而是否能够确保中小投资者的利益不受侵害则恰恰体现着公司治理的效率和一个国家的资本市场发展的健康与否。因此，财务会计信息和公司治理的研究成果既可以为我国正在进行的会计准则、会计制度改革提供经验证据，也可以丰富我国公司治理的研究思路，为我国的公司治理改革提供借鉴性的思路。

资本市场发展比较成熟国家的经验表明，资本市场的成功与良性发展必须借助于相对完善的财务会计信息披露系统①，反之资本市场中公司治理的失败部分可归因于不充分的财务会计信息披露（美国“安然丑闻”和中国的“银广夏”等就是活生生的例证）。因此财务会计、财务会计信息和公司治理之间的交互影响就成为我国进行公司治理改革和解决会计信息失真过程中必须关注的一个重要问题。但是遗憾的是，虽然公司治理问题近年来一直倍受关注，但文献检索的结果表明（如表2－18），国外对该问题的研究主要侧重于经济学、财务学和法律等领域，主要涉及企业内部管理当局的激励和薪酬方案（incentive and executive compensation）、企业并购、高层管理人员变更对企业业绩的影响等各个方面；国内对公司治理的研究也主要集中于财务和经济学领域，大多侧重于研究公司治理内部结构、高层管理人员的报酬机制和企业业绩之间的关系的研究。同时我们发现，会计和管理领域，尤其是会计界对公司治理问题存在着关注不够和研究滞后的问题。从现有的研究成果来看，往往是利用既定的公司治理知识存量去分析企业的会计问题，而忽略了如下的事实：财务会计信息不仅依存于特定的公司治理机制，反过来财务会计信息也可以促使公司治理机制的完善。因此我们认为目前国内外关于公司治理研究的一个缺陷在于，对财务会计信息和公司治理之间关系的研究重视不足，尤其未曾对财务会计信息披露的内涵和披露机制可能对公司治理产生的影响研究保持应有的关注。

表2－18　　近年来公司治理研究涉及的研究领域分析②

A（1997年以前）							
领域	经济学	财务学	法律	会计	管理学	著作或未发表论文	合计
篇数	73	68	23	8	5	60	237
百分比	31%	29%	10%	3%	2%	25%	100%
B（1997年以后）							
篇数	59	34	6	79	4	43	225
百分比	17%	15%	3%	35%	2%	19%	100%

① Levitt，“The Number Games”，《Accounting Horizon》，1998.

② 参考了Bushman，R.and A.Smith，2001，“Financial Accounting Information and Corporate Governance”，*Journal of Accounting and Economics*32，237－333；Shleifer，A.and R.Vishny，1997，“A Survey of Corporate Governance”，*Journal of Finance*，52，737－783。

二、会计信息与公司治理：基于股份有限公司的考察

公司治理，从狭义的角度进行理解，是指有关企业董事会的功能、结构、股东的权利等方面的制度安排；若从广义角度进行理解，则是指包含法律、文化等在内的、有关企业控制权和剩余索取权分配的一整套制度安排，其决定企业的目标、谁在什么情况下实施控制、如何控制以及风险和收益如何在不同的企业利益相关者之间进行分配[①]。相对而言，Shleifer and Vishny 的定义更为简洁，其将公司治理定义为“确保财务资本的提供者因其投资而得到报酬的一种机制”[②]。那么，如何确保公司治理机制的有效运转和利益相关者的权益呢？我们认为，问题的关键在于充分、透明的会计信息披露。下面我们以股份有限公司为例，来解释会计信息披露机制在公司治理中的关键作用。

1. 公司治理的核心：剩余索取权和控制权相互匹配

Jensen 和 Meckling 提出，“企业是一系列契约关系的结合”[③]；Cheung (1983) 认为，“企业是要素交易的契约（而市场则是产品交易的契约），从契约角度而言，企业和市场的区别在于相对而言企业这个契约完备程度较低，体现为一项不完备的契约（an incomplete contract）”[④]；由于企业作为契约的不完备性，缔约各方不可能对所有情况（包括未来情况）事无巨细地进行规定，因此必然衍生出剩余索取权和剩余控制权即企业所有权的重要性。所谓剩余索取权，是指企业总收益扣除固定收益之外的要求权；剩余索取者与风险承担者含义趋同。而所谓剩余控制权，是指对契约中未尽事宜的投票权。既然企业所有权是重要的，那么就必须关注企业内的剩余索取权和剩余控制权的分配及优化问题。实际上，从 Knight (1921) 开始，经济学家就意识到，效率最大化要求企业的剩余索取权和剩余控制

---

① Blair, 1995, *Ownership and Control: Rethinking Corporate Governance for the 21 Century*, Washington: The Bookings Institution.

② Shleifer and Vishny, 1997, “A Survey of Corporate Governance”, *Journal of Finance*, 52: 737-787.

③ Jensen and Meckling, 1976, “Theory of The Firm: Managerial Behavior, Agency Cost and Ownership Structure”, *Journal of Law and Economics*, 3.

④ Cheung, 1983, “The Contractual Nature of The Firm”, *Journal of Law and Economics*26, 1-21. Coase, 1937, “The Nature of the Firm”, *Economica*, IV.

权应该尽可能地匹配（matching）[1]。否则，如果只拥有剩余索取权而无剩余控制权，那么意味着只承担风险而无权获取剩余收益，剩余索取权将有名无实；若只有剩余控制权而无剩余索取权，那么就容易引发“廉价投票权”。那么，剩余索取权和剩余控制权如何实现匹配？会计信息在实现剩余索取权和剩余控制权匹配过程中起到什么样的作用？

当管理当局并不向企业投入100%的财务资本时，就存在着代理问题（Agency Problem）和代理成本。代理成本的存在意味着管理当局仅承担任何非金钱收益的一部分成本，那么管理当局就可能以牺牲股东的利益为代价追求更多个人效用。随着管理当局对企业财务资本投入的降低，他对企业产出的权利要求部分也降低了，这将促使管理当局以额外津贴（perquisites）的形式占用为数巨大的企业资源[2]。可见，管理当局的效用函数往往与“企业价值最大化”或“股东财富最大化”的企业目标冲突，甚至完全背离。为此，应该对管理当局进行监督，而且对管理当局进行的监督只是在一定范围内才是可行的。这说明监督之外还需要激励，这可以从两个角度得到解释：

（1）由于管理当局的努力程度的难以观察性和测度性，单纯的监督并不能够一定保证管理当局与委托方的利益趋于一致。为此，需要对管理当局进行激励，如设置补偿方案，允许管理当局持有股票期权，来促使管理当局行为尽可能与委托方的目标函数趋同。

（2）当股权十分分散时，由于“理智的冷漠”性和“搭便车”心理，可能没有股东愿意对管理当局进行监督，此时，激励就显得更为重要了。应该注意到，监督是与剩余控制权对应的，而激励与剩余索取权相对应[3]。更科学的表述是，股东拥有的剩余索取权是股东自我获得监督动力的源泉，但股东对管理当局的监督效率是与股东（在正常状态下）拥有剩余控制权相关，而对管理当局的激励意味着管理当局分享了部分剩余索取权。原因在于，监督是需要权威（authority）[4]、而监督的权威来自于剩余

① Milgrom and Roberts, 1992, *Economics, Organization and Management*, Englewood Cliffs, Prentice Hall: 191－194.

② Jensen and Meckling, 1976, “Theory of The Firm: Managerial Behavior, Agency Cost and Ownership Structure”, *Journal of Law and Economics*, 3.

③ 此处的描述是为了论述的方便进行的人为割裂，其实在现代企业中，监督、激励与剩余控制权和剩余索取权的对应并不像这样清晰。

④ 这一点Coase（1937）的“论企业的性质”一文中曾经论及。

控制权[①]。如果对管理当局进行激励，如允许管理当局拥有股票期权，那么就意味着剩余索取权的分享（sharing），即激励与剩余索取权对应。管理当局在拥有剩余索取权后，遵循剩余索取权和剩余控制权对应的逻辑，管理当局同时也应拥有剩余控制权。如此来通过使剩余索取权和剩余控制权相匹配来实现使管理当局和股东效用趋于一致的目的。

投资者之所以缺乏直接监督的动力既与剩余控制权分享制下其拥有的份额有关，也与剩余控制权的分享机制有关。在上市公司中，剩余控制权实行"多数规则"，由于集体行动的逻辑和投票理性问题[②]的存在，很多拥有小份额剩余控制权的股东往往出于理性而放弃了其直接投票权。但是，资本市场机制的存在使得这些拥有小份额剩余控制权的股东可以在资本市场上行使属于自己的100%的剩余控制权——可以以"用脚投票"的方式、以退出来表示对管理当局的惩罚，这其实也是一种剩余控制权间接作用的体现。但无论按照剩余控制权的分享机制进行投票直接对管理当局进行监督也好，还是在资本市场上完全行使自己100%的剩余控制权——投票权也罢，最终监督离不开信息，尤其是会计信息。原因在于，监督需要成本，对管理当局进行监督的有效性取决于两项因素，即信息和激励[③]。监督也需要信息，尤其是关于一个企业的会计信息——这里的原因是委托方往往是货币利益的追求者。由于信息不对称，信息的搜寻是高成本的，往往不符合"成本效益原则"，所以需要激励，因为激励可以促使管理当局提供信息。

2. 会计信息、剩余索取权和控制权匹配及监督和激励相容

委托代理关系中，由于知识结构和交易费用的制约，资源投入者将不可能选择对企业的"投入——产出"过程（一个连续函数）和管理当局进行实时（real-time）监督，否则资源投入者就毋宁选择自己直接经营企业。为此，恰当的激励有时必不可少！激励方案的存在虽不能够保证完全消除委托方和代理方效用函数的差异，但是至少可以部分弥合两者之间的差异程度。但是，要实现监督和激励的相容性（compatible），必须有充分含量的信息，因为监督需要信息，而激励可以促使代理方提供信息。考虑

---

① 张维迎：《企业理论与中国企业改革》，北京大学出版社1999年版。

② 陈郁（译）：《集体行动的逻辑》，上海人民出版社1996年版。

③ 张维迎：《企业理论与中国企业改革》，北京大学出版社1999年版。

到财务资本投入者是追求货币收益满意化的经济人，且最为关注货币收益，而企业会计又是一个以提供财务信息为主的经济信息系统，会计信息可以反映一个企业特定时日的财务状况、特定期间的经营成果和现金净流量情况，因此可以作为企业产出的替代变量[①]。因此管理当局通过会计信息这种替代变量，供远离企业日常经营管理的投资者了解情况。同时考虑到投资者对管理当局进行监督和进行相应的决策需要信息，这就衍生出投资者的信息需求和管理当局的信息提供之间供求关系。会计信息的作用正在于其能够降低投资者决策过程中面临的不确定性，从而达到改进决策效用、促进社会资源趋利性流动的功效。在市场经济中，经过独立、客观、公正的注册会计师审计的财务报表，维系并体现着委托代理契约关系的均衡[②]，而以财务报表作为媒介传递的会计信息是衡量企业的剩余索取权和控制权是否相匹配、监督和激励是否相容的关键变量，因此良好的会计信息披露机制也成为公司治理机制必不可少的有机组成部分[③]。上述逻辑可概括如图 2-20：

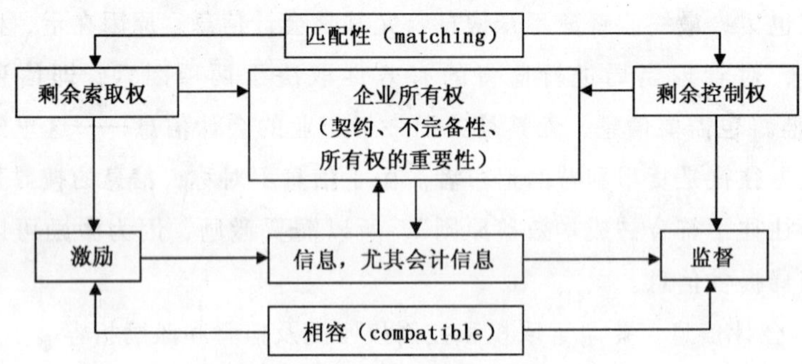

图 2-20　监督与激励的相容及剩余索取权与剩余控制权的匹配——会计信息的中心作用

上图可以用如下前后继起的逻辑加以解释：

（1）企业的契约性质；

（2）契约的不完备性；

（3）企业所有权（剩余索取权和剩余控制权）的重要性；

① 杜兴强：会计信息产权的逻辑及其博弈，《会计研究》，2002 年第 2 期。

② Watts：1977，"Corporate Financial Statements，A Product of The Market and Political Process"，*Australian Journal of Management*，2.

③ 杜兴强：《契约·会计信息产权·博弈》，厦门大学博士论文，2001 年。

(4) 公司治理的效率要求剩余索取权和剩余控制权的匹配性；

(5) 在现代股份有限公司中，在股权高度分散的情况下，管理当局拥有天然的、实质的控制权，股东往往放弃直接监督而转而寻求间接监督；

(6) 为了使剩余控制权和剩余索取权相匹配，管理当局应该拥有剩余索取权；

(7) 剩余索取权是股东进行监督的动力的源泉，然而监督的效率如何则取决于剩余控制权。剩余控制权和监督/指挥相对应、剩余索取权和激励相对应，决定对管理当局进行监督之外应该进行恰当的激励；

(8) 监督需要信息，特别是会计信息，监督的有效性取决于信息和激励的程度，激励可以促使管理当局披露会计信息；

(9) 会计信息位于剩余索取权和剩余控制权、监督和激励的中心环节；

(10) 会计信息是重要的，是公司治理结构的一个环节；

(11) 既然会计信息是重要的，那么根据企业所有权的分享原则、政府等相关机构以保护公众利益为目的介入而进行管制，乃至会计信息的利益相关者的道德因素，共同影响着会计信息的披露，分享了会计信息的产权。

根据上述，“剩余控制权→监督→会计信息←激励←剩余索取权”构成了一个循环，会计信息位于“剩余控制权和剩余索取权”、“监督和激励”的中心环节，那么会计信息就可以认为是保证剩余索取权和剩余控制权匹配、确保监督和激励相容[①] 的一种机制、是公司治理结构的一种重要机制。会计信息的披露体现了企业所有权的重要性和所有权分配是否有效率。

三、会计信息在公司治理中可能的应用[②]：一项简单的概括

1. 财务会计信息在公司治理中的直接应用

(1) 财务会计信息和高层管理人员的激励契约（或激励补偿方案），包括：

① Watts and Zimmerman（1986）强调会计和会计信息在缔约中、在报酬计划、债务契约中的重要作用，Watts（1977）强调（已审计财务报表的）会计信息对保持契约均衡的功能。

② 主要参考了 Bushman（2001）。

①我国上市公司中高层管理人员激励补偿方案的变迁；

②财务会计信息在高层管理人员激励方案中的应用；

③激励契约中利用会计数据（指标）的发展趋势；

④利润信息和现金流量信息（含自由现金流量）在激励方案中的应用比较；

⑤利用会计信息进行高层管理人员相对业绩评价（RPE）；

⑥利用财务会计信息设计适合我国的企业高层管理人员激励方案等。

（2）财务会计信息在公司治理——债务契约中的应用。这是目前公司治理研究中的较少涉足的领域。本部分的研究主要涉及财务会计信息在债务定价中的应用，包括对投资者需求差异和市场选择问题的调查研究、财务会计信息和提高债券流通性的可能性。

（3）财务会计信息、财务比率与业绩定价。

2.财务会计信息在公司治理中的间接应用

（1）财务会计信息和经济业绩

①财务会计信息影响经济业绩的途径

②财务会计信息影响经济业绩的各种方案的比较实证研究

（2）制约财务会计信息对经济业绩影响的因素的经验研究，包括：

①注册会计师审计系统；

②法律环境；

③行业集中度；

④人力资本问题。

（3）财务会计信息与投资者保护

正如 Shleifer and Vishny（1997）指出，“一个好的公司治理结构应该尽可能地保护中小投资者的利益”。我们认为，不仅公司治理结构，而且资本市场都应该对中小投资者的利益予以关注和保护，一个资本市场成熟与否的重要标志就是看是否中小投资者和潜在投资者的利益能够得到保护。

第三章 公司治理生态与会计信息：案例分析与实证研究

第一节 公司治理生态与 IPO 盈余管理行为：基于宏智科技的案例分析[①]

上市公司 IPO 过程中的盈余管理行为，是公司管理当局出于公司利益或私人利益的考虑，为了达到发行上市的目的，在向监管部门的申报材料中和对外会计信息披露中，采用的会计的或非会计的手段，粉饰（widow-dressing）财务报告的一种行为。中国上市公司 IPO 过程中的盈余管理行为，在很大程度上扭曲了向资本市场上传递的会计信息的透明度，削弱了会计信息应具备的引导社会资源配置、促使资本趋利性流动的功能，甚至误导投资者作出错误的决策。中国新兴资本市场上市公司的 IPO 及财务业绩“变脸”案例给我们提供了一个检验公司治理生态（请注意，不仅是公司治理机制或结构）与会计信息质量的重要途径。本节将以宏智科技为例，分析公司治理生态与会计信息质量之间的关系。

宏智科技盈余管理的手段并不高明，而正是通过粉饰财务报表的“拙劣”手段，使得宏智科技轻松达标，顺利发行上市，以一个超级“美女”

① 本节由方芳在杜兴强的指导下写作，杜兴强提供了部分思路，并对初稿进行了系统的修改与补充。

的姿态展现在投资者面前，在二级市场上备受追捧，然后，在不到一年的时间里，公司迅速“变脸”，“美女”变成“野兽”，坑惨了投资者，而自己也成为了“猎人”们争抢的猎物，苟延残喘。

宏智科技戏剧性的崛起和衰败是令人痛心的，其中公司治理生态失衡引发的会计信息扭曲更是发人深省。但是毫无疑问，宏智事件并不是中国证券市场上的一个偶然的个案。套用宏智科技网管事业部技术总监段晓雄先生的一句话：“如果能作为一个案例来解决一批这样的问题，让更多的有类似问题的公司能避免出现宏智这样的情况，我想我们也就没有白白‘牺牲’”[①]。“前车之鉴”，对宏智怪象进行理性的思考和分析，避免“宏智科技”一幕重演。

一、案例背景：宏智科技财务“变脸”始末

1. 历史发展

宏智科技是名副其实的民营企业。1996 年 10 月中国邮电工会福建省邮电管理局机关委员会和中国邮电工会福建省邮电学校委员会共同投资设立了宏智科技的前身——福建省宏智发展有限公司，注册资本为 120 万元，主要业务是开发电信应用软件并提供各种技术服务。公司在开业的头三年里，规模迅速扩张，1998 年公司注册资本增为 1000 万元，新增了两家工会股东，1999 年 7 月底，公司注册资本上升至 1750 万元。这次增资后，公司紧接着进行了股份制改制，于 1999 年 10 月改制基本完成，股本变更为 7000 万元，2000 年 7 月公司更名为“福建宏智科技股份有限公司”。新公司从这时起就被赋予了上市这一重要使命。公司于 2002 年 6 月 24 日经核准发行人民币普通股（A 股）4000 万股，发行的价格为 8.68 元/股，发行的新股于 2002 年 7 月 9 日在上海证券交易所挂牌流通，发行并上市后公司的股本由 7000 万股增加为 11000 万股，股本结构如图 3-1。

从 1996 年设立时注册资本为 120 万，2001 年底上市前净资产为 1.2 亿，规模扩张正好 100 倍。短短五年间，宏智科技从无到有，从起步到上市，其股本扩张之迅速走出了一条让许多中小企业可望而不可及的道路，请看宏智科技“成长”的历程（详见表 3-1、表 3-2）。

---

① 云舞：《宏智科技城门失火殃及池鱼　谁来拯救公司员工?》，http：//finance.sina.com.cn。

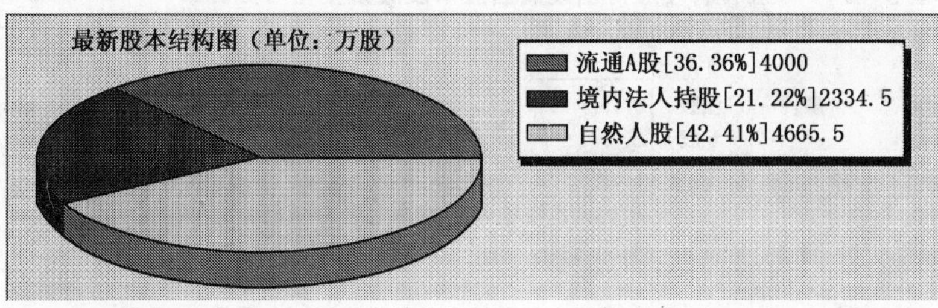

图 3-1　宏智科技 IPO 后股本结构图

资料来源：金融街网站 http：//www.jrj.com.cn

表 3-1　宏智科技股份改制前资本及股东变化历史沿革①

时间	事件	注册资本（万元）	股东出资情况 股东名称	出资额（万元）	出资比例
1996.10.18	注册	120	中国邮电工会福建省邮电管理局机关委员会	72	60%
			中国邮电工会福建省邮电学校委员会	48	40%
1998.4.27	增资	1000	中国邮电工会福建省邮电管理局机关委员会	429.2	42.92%
			中国邮电工会福建省邮电学校委员会	194.6	19.46%
			中国邮电工会福建省移动通信局委员会	37.3	3.73%
			福建省宏智科技发展有限公司工会委员会	338.9	33.89%
1999.7.29	增资和股权转让	1750	中国邮电工会福建省邮电管理局机关委员会	526.40	30.08%
			福建省宏智科技发展有限公司工会委员会	376.25	21.50%
			王栋	294.7	16.84%
			李少林	276.675	15.81%
			中国邮电工会福建省邮电学校委员会	158.90	9.08%
			中国邮电工会福建省移动通信局委员会	54.6	3.12%
			福建省科学技术委员会机关工会委员会	37.4	52.14%
			福建省鸿宇集团有限公司	25.025	1.43%

① 表 3-1、表 3-2 资料来源：根据宏智科技《招股说明书》整理。

表 3-2 宏智科技股份制改制后股本及股东变化历史沿革

时间	事件	股份总数（万股）	股东持股情况		
			股东名称	股份数额（万股）	股份比例
1999.10.27	改制	7000	中国邮电工会福建省邮电管理局机关委员会	2105.60	30.08%
			福建省宏智科技发展有限公司工会委员会	1505.00	21.50%
			王栋	1178.80	16.84%
			李少林	1106.70	15.81%
			中国邮电工会福建省邮电学校委员会	635.60	9.08%
			中国邮电工会福建省移动通信局委员会	218.40	3.12%
			福建省科学技术委员会机关工会委员会	149.80	2.14%
			福建省鸿宇集团有限公司	100.10	1.43%
2001.5.15	股权重组	7000	王栋	1983.80	28.34%
			李少林	1736.70	24.81%
			福建大乾数字信息有限公司	1446.2	20.66%
			泉州市闽发物业发展有限公司	573.3	8.19%
			陈大勇	490	7%
			朱芳	455	6.5%
			石狮融盛企业集团公司	315	4.5%
2002.6.24	公开发行	11000	王栋	1983.80	18.03%
			李少林	1736.70	15.79%
			福建大乾数字信息有限公司	1446.2	13.15%
			泉州市闽发物业发展有限公司	573.3	5.21%
			陈大勇	490	4.45%
			朱芳	455	4.41%
			石狮融盛企业集团公司	315	2.87%
			流通股股东	4000	36.36%

2. 业绩“变脸”的根源：财务报表粉饰及会计信息低质量

宏智科技 2002 年 7 月上市，当年每股收益 0.32 元，但 2003 年中期业绩仅0.01元，与上一年同期的业绩0.1041元相比，下降了90.06%[①]。中期报表一出，二级市场股价应声狂跌，坑惨了二级市场的众多投资者。宏智科技上市后业绩走势呈现显著的“变脸”特征[②]（见图3-2），宏智科技管理层对于业绩滑坡给出了诸多的解释，如电信分营压缩软件采购；竞争加剧，公司主动降价；人力成本加大；非典因素等等[③]。这些解释并不能让人信服，上市仅仅一年，一年前俨然绩优小盘高科技概念股的典范，一年后，期期艾艾挣扎于亏损的边缘，人们不禁要问：“宏智科技究竟怎么了?”。就在人们还沉浸在对宏智变脸怪相的种种猜忌中，紧接下来宏智上演的一幕幕好戏更是让人一惊一乍，如坠五里云雾。

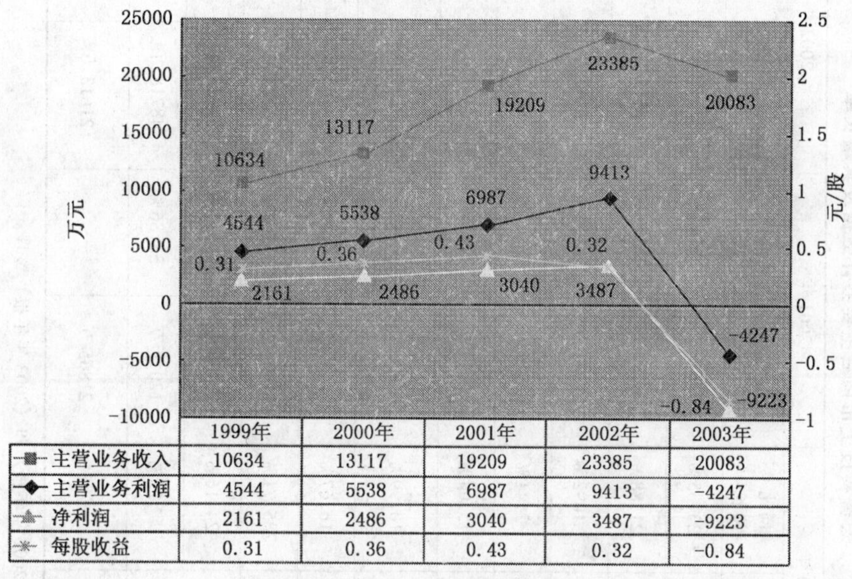

	1999年	2000年	2001年	2002年	2003年
主营业务收入	10634	13117	19209	23385	20083
主营业务利润	4544	5538	6987	9413	-4247
净利润	2161	2486	3040	3487	-9223
每股收益	0.31	0.36	0.43	0.32	-0.84

图3-2 宏智科技业绩变化图

资料来源：根据宏智科技招股说明书、2002年年报、2003年年报整理。

宏智科技上市前一年，即2001年的业绩有人为操纵的痕迹。公司上市前三年主要报表数据及其增长率如表3-3。

---

① 资料来源：《宏智科技股份有限公司2003年半年度报告》。

② 据统计，2003年上半年共发行29家新股，上市28家，而8月17日有21家披露了半年报，其中13家净利润出现不同程度的下滑，占已披露半年报公司的61.9%。这21家新股实际每股收益已从2002年上半年的0.205元下降到2003年同期的0.136元，下降幅度达33.56%。其中虽有新股发行导致股本迅速扩张带来的每股收益稀释作用，即使和同期公布半年报的500多家“老股”相比，仍低于其0.1422元的平均水平。

③ 资料来源：《宏智科技股份有限公司2003年半年度报告》。

表 3-3 宏智科技上市前后主要会计数据及其增长率

项目	1999年	2000年		2001年		2002年		2003年	
		数据	同比增长	数据	同比增长	数据	同比增长	数据	同比增长
主营业务收入	10634万	13117万	23.35%	19209万	46.44%	23385万	21.74%	20083万	-14.12%
主营业务利润	4544万	5538万	21.88%	6987万	26.16%	9413万	34.72%	-4247万	-145.12%
补贴收入	51万	608万	1092%	1207万	98.52%	1266万	4.89%	789万	-37.68%
营业利润	2319万	2263万	-2.41%	2355万	4.07%	2802万	18.98%	-9955万	455.28%
净利润	2161万	2486万	15.04%	3040万	22.28%	3487万	14.7%	-9223万	-364.51%
扣除补贴收入后的净利润	2110万	1878万	-10.99%	1833万	-2.40%	2221万	21.17%	-10057万	-552.84%
应收账款	2346万	2737万	16.67%	4497万	64.30%	9405万	109.14%	10987万	16.82%
预收账款	126万	486万	285.71%	1463万	201.02%	523万	-64.25%	384.2万	-26.54%
总资产	15424万	19150万	24.16%	21970万	14.73%	59925万	172.76%	65447万	9.21%
净资产	7183万	8979万	25%	12019万	33.86%	48718万	305.34%	39468万	-18.95%
销售商品、提供劳务收到的现金	—	—	—	21865万	—	21613万	-1.16%	21859万	1.14%

资料来源：根据宏智科技《招股说明书》、《2002年年报》和《2003年年报》整理。

从表3－3中看出，公司上市前三年净利润和主营业务利润保持稳中有升，似乎公司的主业和整体都保持较好的增长势头。但是分析净利润构成发现，公司2000年和2001年净利润增长的因素主要来自当年政府的补贴收入（2000年为608万，同比增长10倍，2001年为1207万，同比增长1倍）①。若剔除此项非经营因素的影响，公司2000年和2001年净利润（扣除补贴收入后的净利润）不升反降，2000年和2001年分别下滑10.99%和2.40%，且各盈利指标也受到很大影响（详见表2－10），这对于公司申请发行上市是相当不利的。为此，在公司发行上市前的关键一年，公司极有可能对其他盈利项目进行盈余管理，以保持良好的“卖相”。

再看公司历年的主营业务收入，1999年、2000年、2001年分别为1.06亿、1.31亿和1.92亿，2000年和2001年增幅分别为23%和46%，2001年度的增幅喜人，而且2001年的“销售商品、提供劳务收到的现金”反映了相应的流量，高达2.19亿，这似乎印证了主营业务收入的真实性和可靠性。但细看资产负债表项目，与主营业务收入有关的“应收账款”和“预收账款”项目同样也表现为超常的增量。其中“应收账款”从2000年末的2737万增加到2001年末的4497万，增幅64%，增长了1760万；“预收账款”从2000年末的486万增加到2001年末的1463万，增加了近1000万。但这几项数据的超常表现不禁让人联想到，公司为了美化财务报表，提高IPO发行价格，有可能对某些合同项目提前确认收入，同时又利用“预收账款”造成资金的流入。

表3－4　　宏智科技上市前后主要盈利指标

项　目	1999年	2000年	2001年	2002年	2003年
经营毛利率	42.73%	42.22%	36.37%	40.25%	－21.15%
经营净利率	20.32%	18.95%	15.83%	14.91%	－45.93%
经营净利率*	19.84%	14.32%	9.54%	9.50%	－50.08%
资产净利率	14.01%	12.98%	13.84%	5.82%	－14.71%
资产净利率*	13.68%	9.81%	8.34%	3.71%	－15.37%
净资产收益率	30.04%	27.69%	25.30%	7.16%	－23.37%
净资产收益率*	29.37%	20.92%	15.15%	4.56%	－25.48%
每股收益	0.31	0.36	0.43	0.32	－0.84
每股净资产	1.03	1.28	1.72	4.43	3.59

*计算公式中的“净利润”为“扣除补贴收入后的净利润”。

资料来源：根据宏智科技《招股说明书》、《2002年年报》、《2003年年报》整理。

① 补贴收入在上市前大幅增长的原因可能与政府的扶持有关。

如果推理正确，即2001年的“主营业务收入”含有水分，那么将会给下一年的业绩带来很大压力。2002年是公司上市的当年，为了保持较好的业绩，公司又重施故伎，在“应收账款”上做文章，当年“应收账款”又增长近5000万元，共9405万元，且这一增长主要集中在下半年(据2002年中报显示，年中“应收账款”余额为5165万元，仅增长668万元)。但此时，“预收账款”已无意支持现金流量，在“预收账款”余额回落的情况下，2002年主营业务收入增长21.74%，但“销售商品、提供劳务收到的现金”却下降了1.16%。2003年，公司遭遇股权斗争的重创，经营状况受到很大打击，同时也借着财务资料查阅受阻的原因，公司发布了巨亏且不具可靠性的财务报告。

3. 粉饰财务报表的主要手段

(1) 疯狂剥离（spin-off)

为了确保上市资产足够的优良，宏智科技将属下看上去不够优质的子公司悉数低价出卖。宏智科技在股份制改制完成时，麾下有12家参股或控股的公司，且这些公司大都亏损。公司在2000年4月起对子公司进行了清理（清理的子公司名单见表3-5)，至2001年底共有7家公司转让或清算，仅余5家（其中1家也正准备清算)，仅2000年12月就一口气转让了6家。这不能不说明宏智为了轻装上阵而在狂丢包袱。

表3-5 宏智科技子公司清理情况（2000年1月~2001年12月）

公司名称	清理情况	清理时间	注册资本	持股比例	清理价格
福建省金鸿信息技术有限公司	已清算	2000.12	100万	29%	8.58万
杭州金宏智科技开发有限公司	已转让	2000.12	85万	90%	10万
福建省宏瑞科技开发有限公司	已转让	2000.12	200万	30%	60万
山东金宏智信息技术有限公司	已转让	2000.12	100万	40%	30万
山西宏智通信工程有限公司	已转让	2000.12	150万	49%	39万
福建宏智信息工程有限公司	已转让	2000.12	100万	60%	39万
福建宏智通信技术有限公司	已转让	2000.03	100万	50%	75万
福建大鹏通信技术服务有限公司	已停业 正准备清算	—	500万	10%	—
北京北邮宏智通信技术有限公司	未	—	500万	50%	—
江苏宏智南邮信息技术有限公司	未	—	500万	50%	—
南京宏智纳川计算机有限公司	未	—	51万	98%	—
湖北宏智科技发展有限公司	未	—	100万	80%	—

资料来源：根据宏智科技《招股说明书》资料整理。

（2）虚报投资项目

为了尽可能多地募集资金，宏智科技在募集资金的使用上有虚报项目、夸大资金需用量的嫌疑。公司在《招股说明书》中列出了7个投资项目，投资总额为40625万元。但公司发行上市后，资金使用与承诺投资项目严重不符。一方面，未按承诺的投资计划进行投资（详见表3-6），将大笔的募集资金存入银行。另一方面，却频繁向银行大额借款补充流动资金（2002年底，短期借款余额为6000万元，2003年中报显示短期借款余额为7000万元），用于投资非承诺项目（详见表3-7a）。其实质无异于变相动用募集资金，承诺投资项目的真实程度受到质疑。此后公司又频频发出公告称大额募集资金不知去向（见表3-7b）。直至2003年年末，宏智科技账上货币资金仅余6730万元。仅仅一年半的时间，发行股票募集的3.32亿元已几乎挥霍殆尽。种种传闻不得不让人怀疑公司募集资金的真正意图，大额募集资金的真正去向令人担忧。

表3-6　宏智科技募集资金项目投资情况　单位：万元

承诺投资项目	总投资	投资计划			2002年实际执行情况		2003年实际执行情况	
		2002	2003	2004	投资额	问题	投资额	问题
基于构件的实时计费账务处理系统技改项目	4950	2800	2150	—	2388.93	计入“预付账款”科目，年底余额与对方单位（北京新宇）不符。		2003年，增加预付北京新宇365.90万元，到货进口设备未附商检证明及完整的报关单，价值据估仅为6098万元。
基于TMN框架的移动通信企业综合业务网系统项目	8000	6400	1600	—	4465		365.90	
PAS－WG Unitmn通用网络管理平台技改项目	4900	2700	2200	—	2091.40			
基于构件的税收征管信息系统项目	4975	—	2625	2350	—		暂缓	
PAS－TCND&A电信企业网分析与决策系统技改项目	4300	—	2300	2000	—		暂缓	
CDMA计费系统项目	8000	—	6500	1500	—		暂缓	
宽带多媒体城域信息网系统项目	5500	—	4000	1500	—		暂缓	
合计	40625	—	—	—	8945.33		—	

资料来源：根据2002年报，2003半年报以及相关董事会公告整理。

表 3-7a　　宏智科技非募集资金项目投资情况

序号	公告日期	投资项目	投资额（万元）	投资比例
1	2002.8.7	投资设立福建宏智系统集成有限公司	990	99%
2	2002.12.24	利用公司闲置资金购买债券*	3500	—
3	2003.4.28	投资设立北京宏智讯通信息技术有限责任公司	1860	62%
4	2003.6.25	投资设立福建宏智通信软件有限责任公司*	1530	51%
5	2003.6.25	投资设立北京时代宏智软件有限责任公司	1200	60%
6	2003.8.20	投资设立上海宏智投资发展有限公司	2835	94.5%
7	2003.8.20	投资设立北京世纪宏智软件技术有限公司	650	65%
8	2003.8.20	投资设立福建宏智信息产业发展有限公司	900	90%
投资额总计：13165 万元				

*该投资项目在此后的公司公告中称出现问题，详见以后表格。

资料来源：根据宏智科技董事会发布的相关公告整理。

表 3-7b　　宏智科技关于大额资金丢失公告的一览表

序号	公告日期	事　　件
1	2003 年 9 月 20 日	公司存放在中国光大银行福州鼓楼支行的 5000 万元募集资金存款于 2003 年 6 月 12 日被该行擅自划走。
2	2003 年 11 月 12 日	2003 年 7 月 10 日设立福建宏智通信软件有限责任公司，法定代表人为林起泰，公司出资 1530 万元人民币，占其注册资本 51%。至 2003 年 9 月 30 日福建宏智通信软件有限责任公司货币资金账面余额为 2797296.31 元，其中现金账面余额 2702035 元，上亿元的资金被提走。
3	2003 年 11 月 3 日	2003 年 5 月 29 日，公司存放于光大银行福州古田支行的募集资金存款 7000 万元被汇入福建昆仑科技有限公司的账户。
4	2004 年 1 月 7 日	公司投资于海通证券北京中关村营业部 106778 账户内的资金 34172120.17 元人民币丢失。
丢失金额总计约 1.67 亿元		

资料来源：根据宏智科技董事会发布的相关公告整理。

二、宏智科技“变脸”现象：基于公司治理生态的分析

正如本书之前章节述及的，公司治理生态以公司治理结构为基础、奠定在包括企业内部管理当局（会计人员）、注册会计师、财务分析师、投资银行家、律师等专业人员组成的“知识共同体”基础之上（李曙光，2002）。公司治理生态其实是在公司治理结构的基础上，外加一系列具有

独立性的、相关的社会中介组织而形成的、一个纤巧的、非线性动态系统。作为一个非线性的动态系统，公司治理生态的健康与否不仅取决于公司治理结构事前（ex ante）设置或配置的合理性，而且状态依存于一系列具有独立性的中介环节能否独立地履行相关鉴证职能及承担有关责任——包括“会计责任”（duty to accountant）、“勤勉责任”（due diligence）、“信托责任”（fiduciary duty）、“法律责任”（duty to lawyer）、“监管责任”（duty to supervisor）等[①]。由于公司治理生态的非线性特征，其具有敏感性，所以一旦公司治理结构之外的这些知识共同体失去了特定的信念，或某个环节丧失了基本的独立性、背弃了其应承担的相应责任，公司治理生态将失衡或陷入危机（ecology crisis），最终必将导致不可靠的会计信息孳生，甚至演化为财务欺诈。

我们看到，在宏智科技的案例中，公司治理生态的各个环节仿佛“不约而同”地失效了！这是导致宏智科技借助于财务报表粉饰达到IPO目的、最终业绩“变脸”、使投资者经受巨额损失的根本原因。

（一）宏智科技的公司治理结构缺陷

1. 应急性的股权重组

2001年4月，宏智科技进行了一次重大股权重组。导致这次股权重组的直接原因是中国证监会法律部在2000年12月11日发布的《关于职工持股会及工会能否作为上市公司股东的复函》中称，根据国务院《社会团体登记管理条例》和民政部办公厅2000年7月7日《关于暂停对企业内部职工持股会进行社会团体法人登记的函》的精神，“职工持股会属于单位内部团体，不再由民政部门登记管理。对此前已登记的职工持股会在社团清理整顿中暂不换发社团法人证书。因此，职工持股会将不再具有法人资格。在这种情况改变之前，职工持股会不能成为公司的股东。”因此，中国证监会“不受理职工持股会和工会作为股东或者发起人的公司的上市申请”[②]。为了配合中国证监会法律部的这份文件精神，达到上市的目的，

① 注册会计师、财务分析人员、投资银行家、监管者、律师等专业人员是证券市场上的一个坚固的“职业知识共同体”——他们对于市场的观念，对于市场好坏、优劣的标准应该是一致的，他们有一套共同的互相理解的术语、概念、逻辑思维、推理规则、知识结构和知识体系，共同守护着特定的基本信念和市场秩序。

② 思宁：《思宁：“包装”上市留隐患——宏智“政变”评说》，http://finance.sina.com.cn，我们进行了必要的整理。

宏智科技匆忙进行“政变”，“政变”的重点是把工会股东清理出局。宏智科技此次“政变”前后股东变化情况请看表3-2。但是，宏智科技的这次“政变”仓促得让人觉得很有“病急乱投医”的味道，以致于公司甚至无暇考虑股权结构和法律程序的细节问题，也正是从此时股权的变更给公司治理结构及公司治理生态埋下了“隐患”。

(1) 在工会股东股权的转让中，宏智科技的管理层似乎并没有充分征求工会出资职工的意见。以致公司在筹划募股上市前后的一段日子里官司缠身，一波又一波的工会出资职工状告宏智科技在未经得持股人同意的情况下将股份转让，他们称对转让事件一无所知，根本没有收到转让款，更没有签名。而翻开从宏智科技《招股说明书》[①] 及附件可以看到，福州至理律师事务所于2002年4月29日出具的《法律意见书》明确表示：①受让方已于2001年5月30日前将全部转让款支付给宏智科技股份有限公司工会委员会。②宏智科技股份有限公司工会委员会已将上述转让价款项支付给出资的职工。③上述股权变动符合中国证监会法律部［2000］24号文件精神以及其他有关规范性文件的规定，是真实有效的，不存在影响本次发行的情况。④公司高级管理人员不存在尚未了结的或者可以预见的重大诉讼。这样看来，宏智科技在其《招股说明书》中难逃虚假陈述、伪造上市材料的嫌疑，福州至理律师事务所在这一事件中也扮演了很不光彩的角色。

(2) 公司在物色股权转让的受让人的过程中显然缺乏远见。公司的几位高管在当时均不具备足够的资金实力，但是面对上市的诱惑，他们又不肯股权旁落，于是，擅长资本运作的吴少红适时而入。此次股权重组，各工会股东将所持股份以每股4.1元的价格悉数转让，重组后王栋持1983.8万股，居第一大股东；顺次而下的是：李少林、福建大乾、泉州闽发物业发展有限发展公司、陈大勇、朱芳、石狮融盛企业集团公司。股权的受让人中除王栋的股权受让款靠自筹和欠工会员工款外，其他受让人的股权受让款均与吴少红有着密切而隐蔽的关系（表3-8反映了2001年4月的股权重组中各大股东与吴永红的关系）。

从表3-8中看出，李少林在这次股权受让中向吴永红借了3000多万元；为了此次股权受让而新成立的福建大乾的出资是由吴永红控制下的石

① 根据《宏智科技股份有限公司首次公开发行股票招股说明书》整理。

狮融盛借贷；而公司第四到第七大股东，实际也由吴永红幕后掌控。正是此次股权重组形成的不健康的股权格局埋下了日后股权争夺的隐患，也正是这种错综复杂的股权和债权关系使宏智科技一步步沦为今日股权纷争的牺牲品。

表 3－8　　宏智科技各大股东与吴永红的关系

股　　东	受让股份（万股）	受让款（万元）	与吴永红的关系
王栋	805	3300.50	无关
李少林	630	2583	向吴永红借了3000多万作为受让款
福建大乾数字信息有限公司①	1446.20	5829.42	注册资本由吴永红控制下的石狮融盛借贷
泉州市闽发物业发展有限公司	573.30	2350.53	吴永红为实际控制人
陈大勇	490	2009	吴永红的私人秘书
朱芳	455	1865.5	与吴永红关系非同一般
石狮融盛企业集团公司	315	1291.5	吴永红为法定代表人

资料来源：汪恭、彬福州：《“逃犯”吴永红与闽发证券的暧昧关系》，《21世纪经济报道》2月2日。

可是，公司在《招股说明书》中非但未对此极耐人寻味的股权关系作丝毫的披露，反而将此次股权重组描述为“更换第一大股东后将更有利于公司开发方法中核心体系结构的进一步完善和发展，有利于完善公司的经营管理，有利于公司进一步加强对未来电信软件应用市场的前瞻性。公司目前的股权结构较为合理，符合现代企业制度中科学法人治理结构的要求，有利于公司的科学决策。”②

2. 复杂的股权结构

宏智科技大股东之间存在“剪不断理还乱”的股权和债权关系。在前表中，我们看出在宏智科技的背后，有一个神秘的幕后控制人吴永红，他通过向李少林的资金借贷顺利进驻宏智科技，然后又试图透过四大股东和对福建大乾的出资控制宏智科技。2002 年 1 月，宏智科技上市获得监管

① 福建大乾数字信息有限公司于 2001 年 4 月成立，注册资本 1.2 亿元，由石狮融盛企业借贷。其中，林起泰占 55%股权，另外 45%分别由唐俊、庄缨、蔡茂富、余圣争和李岚等宏智科技骨干持有。

② 摘录于《宏智科技股份有限公司首次公开发行股票招股说明书》。

层批准，宏智科技几大股东开始就 3.3 亿募集资金的使用展开争夺[①]：

（1）李少林（公司第二大股东）当初的设想是，由宏智科技出资 1.1 亿收购李少林所有的明珠山庄；而吴永红的算盘则是，宏智科技出资 1.2 亿，与闽发证券合资成立投资公司，但要由闽发证券控股、另外 9000 多万元交由闽发证券委托理财。假若这样，此 3.3 亿募集资金正好被李少林和吴永红分食。但双方的如意算盘最终还是落空了，以王栋、林起泰为首的公司创业层否决了李少林和吴永红的方案。

（2）2002 年下半年，王栋（第一大股东、总经理）、林起泰（公司董事长、福建大乾数字信息有限公司的实际控制人）开始酝酿控股宏智科技。当年 12 月 12 日，李少林与林起泰签订股份转让意向书。据此意向书，李少林同意将其持有的宏智科技股份 1736.7 万股全部转让给林起泰。协议还要求，林起泰在 2002 年 12 月 12 日和 12 月 25 日分别向李少林支付 2000 万元和 3000 万元，累计 5000 万元的股权转让款。而协议亦规定，李少林自收到 5000 万元转让金后，其 1736.7 万股票的表决权即自动转移给林起泰享有和行使。这样，王栋、福建大乾和李少林便成为实质上的一致行动人，累计持股 46.97%。而吴永红方实际可出席的股东只有泉州闽发和石狮融盛两大股东，累计持股 8.08%。但由于吴永红的背后阻挠，王、林的如意算盘也胎死腹中。经历了这次股权转让风波后，王栋和林起泰开始感觉到资本运作的凶险，渐生退意。

（3）2003 年上半年，幕后的吴永红，提出了一个全新方案。2003 年 6 月 6 日，新方案浮出水面。根据一份由泉州闽发物业（甲方）与福建大乾、王栋、林起泰（乙方）签订的合作框架协议书，各方同意形成战略合作伙伴关系。基于此项框架协议，王栋同意将其所持的 1983.8 万股以 8100 万元的价格全部转让给甲方或甲方指定的其他法人或自然人。林起泰则代表福建大乾 6 名自然人股东同意将其持有的福建大乾 100%股权全部转让给甲方或甲方指定的其他法人或自然人。由于福建大乾初始资金由石狮融盛提供，故此次转让的受让方以承担债务方式，零价格成交。作为回报，甲方同意对宏智科技现有的软件和系统集成类业务进行拆分，形成一系列宏智科技的子公司，而上市公司则转变为控股的投资性公司。甲方

① 资料来源：汪恭、彬福州：《宏智科技股权大对决 吴永红与闽发关系暧昧》，《21 世纪经济报道》，2004 年 2 月 2 日，我们进行了必要的整理。

同意将宏智科技的软件和系统集成类业务的相关子公司的一定比例无偿赠予林起泰、王栋。为了表明双方的合作诚意，王栋和林起泰同意退出董事会，并提名完全代表四到七大股东的新董事会人选。宏智科技 2003 年 6 月 25 日组阁的新一届董事会中，9 名成员中有 8 名成员分别来自闽发证券与福建协盛公司，而这两间公司均由吴永红控制。据悉，吴永红试图透过福建协盛和闽发证券控制上市公司，以缓解闽发证券的资金链告急，而王栋方则表示愿意专心做实业，资本运营由上市公司四到七大股东去负责。

(4) 事情发生到此，权力斗争双方本已各得其所，应该偃旗息鼓。但 2003 年 8 月后，双方关系却不知何故急转直下，最终彻底决裂：8 月 25 日，第二届董事会宣布对王栋的免职，并中止了各专业子公司的运营，勒令林起泰在一天内离开宏智科技。次日，王栋、林起泰书面通知宏智科技董事长黄曼民，表明框架协议无效。这之后，宏智科技公告频繁，一桩桩大额资金遗失案浮出水面，股权之争渐趋白热化，证监会给予 ST 的处理……宏智科技陷入了风雨飘摇之中。上市公司大股东间的私利膨胀且无所顾忌的你争我夺正是宏智科技悲惨“命运”的根源。

3. 频繁的高管变更及“双头”董事会[①]

2003 年 6 月 25 日，宏智科技召开的年度股东大会上，公司第一届董事长林起泰“丢”了职务，且不再担任董事，公司第一大股东王栋继续担任总经理，代表第四至第七大股东的新董事执政。第四至第七大股东分别是泉州市闽发物业发展有限公司、陈大勇、朱芳、石狮融盛企业集团公司。第二届董事会推选黄曼民为董事长[②]。而总经理王栋在 8 月 25 日也宣告辞职，改由徐勉任总经理。管理层的大“换血”揭开了公司旷日持久

① 资料来源：邹愚《宏智科技股东内讧命悬一线，总经理挂冠而去》，http://finance.sina.com.cn；《宏智科技披露股东股权状况》，http://finance.sina.com.cn；周沪：《公司治理存在问题：宏智科技被上证所 ST》，中国证券报网站，http://www.cs.com.cn，我们进行了必要的整理。

② “往来账牛头不对马嘴”——新董事上任之初，按理说公司稳定和发展应是首要任务，然而此时媒体却指出 2002 年年报中的预付账款余额与对方企业新宇软件所报预收账款的余额不符。宏智科技年报披露预付账款 8945 万元，系付北京新宇计算机系统有限公司购买设备款；而新宇软件年报披露预收账款为 6620 万元，由于是合并报表，应包含其子公司北京新宇预收账款。两者之间出现高达 2325 万元（8945 - 6620）的缺口，公司高层却难以自圆其说。资料来源：李小宁：《往来账牛头不对马嘴　宏智与新宇软件谁在撒谎》，http://www.sina.com.cn，我们进行了必要的整理。

的股权之争的序幕。

在募集资金问题频频曝光之时，宏智科技股权争夺战的两大阵营也逐渐浮出水面，一方是王栋和林起泰的第一、第三大股东，另一方是代表公司第四至第七大股东的现任公司管理层。双方各执一词，互相指责对方滥用职权、掏空上市公司。随后，围绕公司管理控制权，几大股东之间互相冻结对方股权，打起"股权冻结秀"，至2003年年底，大股东王栋、二股东李少林和三股东福州大乾公司的股权已经悉数遭到冻结。股权之争愈演愈烈，在2004年1月11日达到了巅峰。在这一天，宏智科技发生了在中国证券市场空前绝后的一件大事：在同一栋大楼，对立双方针尖对麦芒地各自开起了临时股东大会，选出了两套董事会班子，两套人马相持不下，这一争"争"来了2004年伊始的ST帽。这是中国证券市场上首次因上市公司治理存在问题而被实施ST处理的公司！

ST并没有使双方的行为有所收敛，反而更加肆无忌惮地互相指责对方违规，宣称自己合法，甚至出现了抢占办公场地的局面。省政府、人民法院只好出面调停，双方对簿公堂，然而"清官难断家务事"，2004年4月30日，人民法院判令由黄曼民等继续执掌公司管理权，此后另一方并未偃旗息鼓，他们满腹委屈，开始了漫长的法律诉讼。

在人民法院作出相关判决后，媒体又爆出，股权争夺战中占上风的黄曼民等开始上演"最后的欲望"，他们疯狂变卖公司的财产、套现走人，宏智科技仅剩"残皮"①。

宏智科技的闹剧还在延续，每日都有新的"剧情"见诸媒体。作为局外人，我们无法洞悉在这场错综复杂的股权争夺战中谁是谁非，但是可以肯定，在这场旷日持久的战争中最受伤的是曾经辉煌的宏智科技本身、近千名失望透顶的员工和损失惨重的大部分股东。我们在感受悲哀和滑稽之余不禁要问，这样的公司怎能发行上市？

4. 无效的独立董事和监事制度

宏智科技中，作为权力制衡机构的独立董事、监事会却未发挥应有的监督制衡机制，任凭宏智科技沦为大股东争夺的猎物。查阅宏智科技的有关资料发现，宏智科技上市后一年时间里，并未设立独立董事。直到

---

① 资料来源：常义：《黄曼民们上演"最后的欲望" ST宏智仅剩残皮?》，http://finance.sina.com.cn，我们进行了必要的整理。

2003年6月新一届董事会成立之时才引入了独立董事制度，选举祝迪润、李汉国、刘戬为公司独立董事。但新一届董事会中，9名董事共有8名成员分别来自闽发证券与福建协盛公司，其中三名独立董事曾任职闽发证券高层，但其经历被有意忽略，并未披露①。独立董事身份并不独立，怎能发表独立的意见。从其独立董事职责实际履行情况看，当然也就不尽人意。2003年6月后，公司陷入了股权争夺、资金遗失的泥沼中，社会各界谴责之声沸沸扬扬，人们期望从公司内部传出较为公正的说法，但却始终未听到独立董事发出的任何声音。无独有偶，宏智科技的监事会也保持着默契的沉默，自公司上市后至今，监事会所发表的公告均与董事会保持着步调一致。可见宏智科技的独立董事和监事会制度并未有效履行内部控制职能。

5.小结

宏智科技所反映出来的上市公司治理结构缺陷并不是一个偶然的个案，相反，上市公司治理结构不完善的现象在中国上市公司非常普遍。也正是由于看到了不完善的公司治理结构存在的普遍性和可能性，才使宏智科技的各大股东意识到上市是有利可图、有机可乘的，才有了强烈的上市的动机。这其实是一个互相因果的恶性循环过程。

(1) 当公司的管理当局发现上市公司普遍存在着公司治理的缺陷，也就是说，公司管理当局意识到上市筹到的大额资金在稍使伎俩后便能为已所用，也就产生了强烈的上市动机。

(2) 公司上市后，公司管理当局将致力于创建一个形式上完善，而实质上无法有效运作的内部控制制度。

(3) 利用公司治理结构的缺陷，管理当局采用各种手段，将募集到的资金卷走。

(4) 在上市公司“圈钱”行为的强烈利益刺激下，其他未上市公司也纷纷效鹫，并利用制度缺陷所给不完善的公司治理留下的存在空间，恣意妄为。

照此推理，这一恶性循环将像滚雪球一样越滚越大，公司治理结构缺陷将会像病毒一样感染整个证券市场，因此对于公司治理结构问题必须要

---

① 汪恭、彬福州：“宏智科技股权大对决　吴永红与闽发关系暧昧”，《21世纪经济报道》，2004年2月2日。

从严治理，而且刻不容缓。我国证监会已在2001年1月7日发布了《上市公司治理准则》，该准则勾画出了现代企业制度的基本框架标准，并在导言中说明："本准则是评判上市公司是否具有良好的公司治理结构的主要衡量标准，对公司治理存在重大问题的上市公司，证券监管机构将责令其按照本准则的要求进行整改。"然而，在该准则发布之后，存在重大公司治理隐患的宏智科技依然顺利获准发行，证监会也未见责令其整改。看来，标准到执行之间还有很长的路要走。

（二）中介机构的诚信缺失

证券发行过程中的中介机构有证券公司、会计师事务所、律师事务所和资产评估机构等，他们都对上市公司信息披露的质量负有不可推卸的重要责任，因而，他们的立场是否公正直接影响着他们对上市公司信息质量所作出的意见。中国证券市场上，由于竞争环境、法制建设等方面原因，中介机构执业的独立性无法保证。

在宏智科技的案例中，各中介机构的职责履行情况暴露出了中介机构诚信缺失、与上市公司合谋的蛛丝马迹。

1. 律师事务所的职责履行情况

在职工股转让的事件中，明明有职工未收到转让款，也未签名，而且公司上市前官司不断，在这种情况下，福州至理律师事务所却置若罔闻，在《招股说明书》及其附件里，仍然出具了此次股权转让"真实有效"的意见。

2. 会计师事务所的职责履行情况

2002年公司年报披露公司募集资金使用8945万元，系付北京新宇计算机系统有限公司购买设备款，计入"预付账款"；而新宇软件年报披露"预收账款"为6620万元，两者之间出现高达2325万元的缺口，福建华兴有限责任会计师事务所却仍出具无保留意见。[①] 稍有会计常识的人都知道，只要对此往来款项作一函证即可发现其中端倪。但是福建华兴却连这一起码的审计程序都未执行，或者是有意回避。难道近9000万的募集资金去向构不成注册会计师审计的重要事项？倘若如此，注册会计师的审计意见又能保证什么！

3. 主承销商的职责履行情况

---

① 资料来源：《宏智科技股份有限公司2002年年报》。

宏智科技在股权重组后股权关系错综复杂，大股东与实际控股人严重不符，公司治理结构出现隐患，但是宏智科技的主承销商广发证券股份有限公司却视若无睹，依然极力推荐其上市。

在中国证监会2001年3月17日发布施行的《证券公司从事股票发行主承销业务有关问题的指导意见》① 已明确规定，证券公司应当在发行完成当年及其后的一个会计年度发行人年度报告公布后的一个月内，对发行人进行回访，就其募集资金的使用情况、盈利预测实现情况、是否严格履行公开披露文件中所作出的承诺、以及经营状况等方面是否与推荐函相符等进行核查，出具回访报告，回访的首要内容就是募集资金的使用情况。宏智科技的主承销商广发证券在规定的时间内进行了回访，并于2003年4月30日出具了一份《回访报告》②，但是报告的质量令人怀疑。宏智2002年年报中出现了募集资金使用余额与北京新宇软件的往来账余额严重不一致，广发证券却对这一反常现象只字未提。主承销商在没有严格的责任机制督促下，他们仅从自身的名誉和生计考虑，并不愿意出具对自己承销的上市公司不利的报告。

宏智科技案例中，中介机构的表现不禁让人诧异他们怎能如此"不负责任"！他们不约而同地对宏智科技出具缺乏可靠性的报告，可以合理推理中介机构的行业竞争、执业环境堪忧。试想如果整个市场都存在着诚信问题和败德行为，个别洁身自好的中介机构怎能维持生计？理智的选择是与委托单位、与其他中介机构同流合污，共同舞弊！

（三）外部监管及惩戒机制无力

1.外部监管的制度缺陷

众所周知，我国证券发行制度实行核准制，由发行审核委员会对拟上市的公司进行最后的把关。宏智科技在发行上市过程中几乎一路绿灯，说明发审委的核准流于形式。

（1）首次公开发行的指标条件缺乏灵活性。核准制的实施必须设置配套执行的指标条件，但这些指标条件缺乏灵活性，深黯盈余管理之道的拟上市公司很容易便找到破解之法，所谓"上有政策，下有对策"。就宏智

---

① 《证券公司从事股票发行主承销业务有关问题的指导意见》，中国证监会，2001年3月17日发布施行。

② 《广发证券股份有限公司关于宏智科技股份有限公司2002年首次公开发行A股股票回访报告》，中国证券报网站：http：//www.cs.com.cn。

科技来说，为了达到上市的目的，其不少管理行为都是应“运”而生的。如证监会禁止职工股上市，公司就匆忙进行职工股转让；又如，证监会要求上市公司管理层保持稳定，公司就推选王栋为董事、总经理、技术负责人；再如，上市指标中规定“公司股本总额不少于人民币5000万元”，于是公司在1999年股份制改制时将股本从1750万元扩增到7000万元。可见，证监会所订立的一些条件并没有“难倒”拟上市的公司，实际上起不到筛选发行人的作用，反而会加剧发行人的盈余管理行为，加大审查的难度。

(2) 发行定价方式过于僵化、呆板。我国发行定价方式采用市盈率法，这意味着在市盈率既定的情况下，发行公司的每股收益越高就能募集到越多的资金。宏智科技的发行定价计算由2001年末的每股收益0.4343乘以20倍的市盈率而得①。本章的第二节中已对宏智科技在2001年粉饰业绩抬高每股收益的现象作了分析，我们有理由相信其抬高业绩的动机很大程度上是为了更多地募集资金。就如宏智科技的董事会秘书杨云所说：“宏智科技‘钱来得太容易’……我们也知道不要那么多资金，但是市盈率规定是20倍，可以多募集而不要，不是有病吗?”② 可见，缺乏灵活性的定价机制激化了发行人在IPO前进行盈余管理的动机。

(3) 发审委的考核监督机制缺失。证监会的发行审核委员会是股票发行的审核机关，在证券市场中扮演着“守门员”的重要角色，这一角色能否发挥作用，对于上市公司的质量至关重要。在宏智科技案例中，我们看到，公司虽然问题重重，但发行上市似乎非常顺利，宏智科技的董事会秘书杨云也说：“公司上市没有遇到太大麻烦，惟一是在国家计委高技术产业司的一位司长那里卡了一下，这位司长认为，宏智科技不需要募集这么多资金。”③ 这位司长后来怎么高抬贵手我们不得而知，殊不知他这一“抬手”，证券市场白白流失了3.3亿的真金白银。而其他参与审核的委员们却无一提出异议。宏智科技发行上市一路的绿灯，发审委难逃失察之责。

2. 缺乏严厉的惩戒机制

---

① 资料来源：《宏智科技股份有限公司招股说明书》。

② 邹愚：《宏智股争》，http://finance.sina.com.cn。

③ 同上。

我国目前在中介机构行业监管上的法制建设不健全、不完善，相关惩戒机制疲软无力，缺乏威慑力也是促成中介机构无所顾忌与上市公司合谋舞弊的重要原因。

宏智科技案例中，其主承销商广发证券的承销业务已早有劣迹，臭名昭著的蓝田股份也是由广发证券承销上市的，但广发证券在该案中也仅遭到警告、没收非法所得266万元和罚款50万元的处罚[①]。区区50万元的罚款和不痛不痒的警告对于广发证券承销业务的巨大收益来比实在不值一提。于是，广发证券屡屡“未尽核查义务”，偶尔交交罚款，仍旧心安理得地赚大钱。试想如果广发证券在以往的执业经历中，曾经因为违规而付出沉重代价，那么在出具报告时怎敢不将此违规成本考虑在内，在宏智科技中又怎敢如此不审慎?!

在宏智科技案中，尽管中介机构在公司上市前后均有未尽勤勉责任、审计责任、法律责任的事实证据，尽管管理当局在上市后展开了疯狂的股权争夺，致使一个具有超强潜力的高科技公司业绩上演了“高台跳水”，募集资金玩起了“人间蒸发”，但事件持续时间已整整一年，仍未见证券监管部门有何强硬动作。宏智科技的新旧管理层虽然已走的走、散的散，但仍然可以揣着大把的钞票“睡得好，吃得香”。证券行业的责任追究和惩罚措施竟然如此无力且滞后，难怪宏智科技的得利管理层们如此有恃无恐！事实上，中国证券市场上，曾涉嫌财务欺诈的上市公司高层管理人员，在中饱个人私囊之后并无人因此而入狱，也鲜有人因此而受到刑事处罚，且这样的公司还能够一次次如履薄冰地延续下来，然后再有下一次……试想，如果有严厉的事后惩罚措施的存在，财务欺诈何以如此猖獗[②]?!

宏智科技案例告诉我们。外部的监管和处罚措施疲软无力和缺乏足够的威慑力有可能使中介机构在确定服务质量时并不把可能给投资人带来的损失考虑在内（外部性内部化），而是选取符合自身“边际服务成本等于边际服务效益”条件的服务质量，这虽然对于中介机构而言是最佳的，但往往以牺牲社会整体利益为代价。

---

① 资料来源：《关于广发证券有限责任公司违反证券法规行为的处罚决定》，证监罚字【1999】32号，1999年10月15日。

② 杜兴强：“公司治理生态与会计信息的可靠性问题研究”，《会计研究》，2004年第7期。

当然，我们也看到，由于近年来中国证券市场上监管改革的不断推进与创新，监管制度的不断完善，中介机构的服务质量和诚信问题正在逐步得到改善。例如，针对承销机构诚信问题，中国证监会于 2004 年 2 月 1 日新推出的《证券发行上市保荐制度暂行办法》正是改善这问题的一项有力举措。在这则新办法中设立了对保荐机构和保荐代表人的注册登记制度，明确了保荐责任和保荐期限，建立了监管部门对保荐机构和保荐代表人施行责任追究的监管机制。可以预见，保荐制度的实施将进一步提高上市公司的信息披露质量，促进上市公司规范运作和可持续发展，推动市场诚信建设。但是，我们认为，该办法还缺乏严厉的惩戒机制，毕竟，只靠"冷淡对待"对承销商还不具有足够的威慑力，而且诚信建设仍是一个庞大而艰巨的社会工程，还有来自道德、竞争方面的问题，在各部分市场力量未得到充分调动的情况下，诚信只是局部的，而不可能是全面的，因而中国证券市场的诚信建设还任重而道远。

三、政策建议：宏智科技 IPO 变脸效应的启示

(一) 改进公司治理结构

公司治理问题在我国根深蒂固，其恶劣影响勿庸置疑。改善公司治理结构是一个庞大而系统的工程，在此仅针对宏智科技暴露出的问题，从内部治理角度予以谏言：

1. 防范和整治不合理的股权结构

宏智科技案例证明，上市公司不合理的股权结构，特别是股东间复杂的债权和股权关系是孳生财务舞弊的"温床"，是制约上市公司健康发展的"恶疾"，必须加强防范和治理。

(1) 应完善上市公司的信息披露制度。在公司的招股说明书和年报中均应披露股东及高管人员的履历而不仅是基本情况；关联方关系的披露应特别关注同时与多名股东和高管人员均有关联的人员或组织。上市公司和主承销商都要对该类信息披露的完整性和真实性负法律责任。

(2) 严格禁止股权关系混乱的公司发行上市。这要求发审委委员在审核过程中，将股权结构和股东关系列为一项重要的审查项目，禁止存在隐患的公司发行上市。

(3) 加大打击和整治不合规股权结构的力度。对于股权结构存在问题上市公司，证监会派出机构应予以劝诫、罚款、警告、责令整改，屡教不

改的应通报批评甚至是采取“退市”机制。对于已经发生恶性案件的上市公司应及时给予严格的惩处，对其责任人追究行政责任和刑事责任，对其他公司也可起到警示的作用。

2. 正确定位和发挥股东大会的功能

股东大会是公司股东行使自己权利的场所，发挥好股东大会作用对于发挥股权结构的牵制功能，保护投资者利益具有重要的意义。股东大会上，股东通过投票表决来表达自己的意愿，行使自己的权利，因此股东大会功能的实现也应重点放在投票表决权的改革上。针对目前我国上市公司控股股东控制股东大会，侵害中小股东权益的问题，在投票表决权的改革上要侧重保护中小股东的表决权，建立相关的政策制度保证中小股东在股东大会上有一定的席位和发言权。

（1）尽快完善实施累计投票制，保证中小股东推荐的候选人能够占有适当的席位。所谓累计投票制，是指股东在选举两个以上的席位时，拥有与应选出席位相等的投票权，并可以把所有这些票数集中选举一人，也可以分散选举数人。这种制度可以保护少数股权者的利益，使他们有机会将其代言人选入董事会和监事会①。

（2）建立和规范委托投票制度，鼓励中小股东在不能参加股东大会的情况下，采用委托投票的方式行使自己的权利。在一般情况下，股东本人需要亲自参加股东大会，但由于时间、距离、不熟悉公司事务或其他原因的限制，导致某一或某些股东不能或不便参加股东大会时，可以委托他人参加并代行使投票权②。建议由证券公司行使这种代投票权，各地证券公司收集中小股东的意愿，然后汇总到股东大会所在地的证券公司分支机构，由其代为表决。在这一过程中，还应注意规范证券公司的行为，如限制证券公司与上市公司有任何的利益关系，限制证券公司在代理过程中对中小股东有任何引导性的行为等等。

（3）大力发展机构投资者，发挥机构投资者对上市公司的制衡作用。由于中小股民受限于其专业知识水平，他们不愿意参与也不可能理性参与决策，而机构投资者一般集聚不少高水平的证券专业人士，他们较有可能理性地行使投票权。而且机构投资者一般实力雄厚，对上市公司能够形成

① 陈工孟等编著：《公司治理概论》，清华大学出版社2003年版，第16～17页。
② 同上。

有力的制衡，也避免了委托投票的麻烦。

3. 改革和完善独立董事制度和监事会制度

独立董事制度和监事会制度都是制衡控股股东和高管人员的制度安排。独立董事的主要作用是保持董事会独立性，维护所有股东利益，监事会的主要作用对董事、经理的经营管理行为进行监督，但这两项制度在我国上市公司还没有真正发挥其应有的作用，建议从以下几个方面进行改革：

(1) 鉴于我国控股股东控制股东大会的原因，由股东大会推选出来的独立董事和监事并不能代表广大中小股东的利益，不能很好起到内部控制和监督作用，因此在选举独立董事和监事时应运用累计投票制的方法分配给流通股股东等“外部人”更多的表决权，或者干脆由“外部人”全权负责，形成与“内部人”的制衡关系。

(2) 建议在制度安排上赋予独立董事对涉及中小股东利益的事项上享有“特殊表决权”。例如，在对关系到中小股东利益的重大事项进行表决时，可以赋予独立董事“一人双票”的制度，但在操作过程中应严格论证并规定哪些事项属于“关系到中小股东利益”重大事项。

(3) 强化监事会和独立董事的监督权力，完善内部控制制度。独立董事不仅参与董事会表决，还应组成审计工作委员会，定期或不定期对公司财务进行检查监督。为保证独立性，监事会应直接对股东大会负责或对独立董事的审计委员会负责，将审计监督作为日常的工作任务，规范审计业务程序并完善事后的纠错机制。此外，内部审计协调好与外部审计的关系，可以考虑由内部审计部门掌握聘用会计师事务所的决定权，这样不仅能够在一定程度上减少管理当局与会计师事务所的合谋，也能够更好地配合外部审计的工作，减少注册会计师的审计成本，提高审计质量。

(4) 完善独立董事和监事会的聘任和考核机制，提高独立董事和监事的独立性和专业素质。我国上市公司独立董事很多都由学院教授等专业人士担当，虽然在专业水平和独立性上不成问题，但是这些独立董事却因事务繁忙无法深入了解公司状况，仅仅在出席董事会期间的短短几天内，根据内部管理层所提供的纸面文件，很难发现问题，因此应限制独立董事的任职单位数量，规定每年在上市公司工作的最低时限；而我国监事会成员一般由公司职工担任，存在着与管理当局有千丝万缕的关系，专业水平有限等等问题，这些不足将制约其监督职能的有效发挥，因此应对监事会成员的任职条件作更加严格的规定。此外，对独立董事和监事的考核和报酬问题也将影响到两者的独立性，建议由股东大会来考核他们的工作并决定报酬。

（二）加强对中介机构的行业监管

宏智科技案例证实中国证券市场中介机构诚信缺失，广泛存在与上市公司的合谋现象。其原因来自竞争环境的恶劣，也来自监管措施的薄弱。治理中介机构的诚信问题，应该标本兼治，我们认为，调动社会各方之力、推行全方位的行业监管才是最可行之路。

在证券发行的各中介机构中，由于注册会计师的职业具有代表性和典型性，我们以注册会计师行业监管为鉴来提出中介机构监管方法改革的思路。

加强注册会计师行业的监管，是一个永恒的话题。长期以来，在注册会计师行业的监管究竟是依靠市场力量还是依靠政府手段的问题上，理论界和执业界展开了激烈的争论。20 世纪 80 年代后，受高度发达的美国资本市场及其所奉行“自由市场经济”理念的影响，市场机制的功能在国内理论界受到了顶礼膜拜，根植于市场经济的注册会计师行业自律管理更是受到了广泛的推崇。然而，随着安然丑闻和安达信审计失败所引发的美国审计行业诚信危机风暴，市场已经用冷酷的事实证明了纯粹行业自律的失败。摆向“市场”一端的钟摆开始往回摆，“政府”的作用再次得到人们的普遍重视。但是我们应切忌行业监管模式选择上的极端主义倾向——从“只有市场”的极端走向“只有政府”的另一个极端，毕竟市场不是万能的，政府也不是救世主，不切实际地夸大政府的作用，同样不利于高质量会计信息的产出。① 如何使政府监管与行业自律相得益彰，才是问题的关键。

刘永泽和陈艳② 等通过对美国注册会计师行业监管模式的剖析以及对我国注册会计师行业监管现状的分析，提出仅仅依靠行业自律性组织来进行监管是不现实和无效的，必须建立一个以法律法规为准绳，以政府行政监管为主导，行业自律为从属的监管模式。

---

① 主要参考黄世忠、杜兴强、张胜芳：“市场、政府与会计监管”，《会计研究》，2002 年第 12 期，我们进行了必要的整理。

② 刘永泽、陈艳：“政府监管与行业自律导向的现实选择”，《会计研究》，2002 年第 11 期。

杜兴强[1]也证明了外部监管能够使注册会计师审计服务所产生的负外部性向内部转化；行业自律与外部监管并不排斥，相反应该有机结合；我国审计行业监管应走“外部监管为主，行业自律为辅”的模式。

我国目前已基本确立了“财政部门行政管理与注册会计师协会自律管理”有机结合的注册会计师行业管理模式，但是，两者之间缺乏明确、有效的责权分工，在管理中惩戒机制不够严厉、不够完善等问题的存在仍为注册会计师的财务舞弊提供了契机，还应该从以下几个方面加以完善。

1. 政府与协会的关系定位[2]

政府作为注册会计师行业监管的外部力量，财政部门作为主管注册会计师行业的行政管理机关，应当履行管理、监督和指导的职能。财政部门应利用其权威地位对注册会计师及会计师事务所进行监管，同时指导和监督注册会计师协会的工作，但在制定制度准则时应听取、吸收执业人士的意见，受其监督。注册会计师协会作为行业管理的民间组织，应保持其独立性。协会不仅要协助政府对其成员进行管理，行使监督权利；同时也要通过参与政府决策，对政府进行制约和监督，并维护社会成员的利益。因此，政府与协会之间是相互制约、相互配合的关系。

2. 政府与协会的职责分工[3]

在监管职责分工上，既要防止对注册会计师及会计师事务所的重复“多头”管理，又要避免出现管理的“真空区”。明确政府在会计监管方面的行政权力，财政部门作为主管注册会计师行业的政府机关，应当履行其管理、监督和指导职能，履行行业准入及退出、资格认定、市场秩序维护、监管标准制定、审计质量检查、违规处罚等职责及权限，同时应负责统一协调政府各监管部门（审计部门、证监会等）及其与行业协会之间的关系。而注册会计师协会作为行业自律组织，应建立和完善行业自律管理的组织体系，制定自律管理的各工作制度和规则，承担提高会员素质，改善执业环境，树立独立、客观、公正的职业形象，维护会员合法利益的职责。

---

① 杜兴强，“注册会计师审计：行业自律或外部监管的艰难抉择”，《审计理论与实践》，2002年第7期。

② 主要参考了《对注册会计师行业自律和行政处罚的理论划分与实践运作》（徐珊博士提供，作者不祥），working paper，2003，作者加入了我们的理解。

③ 同上。

3.政府与协会的管理方式

财政部门应利用其行政管理的权威地位，强化监管力度，保障监管目标的实现，具体做法有：

(1) 加快制定严格统一的法律法规体系，完善法制建设。

①针对我国证券市场会计师事务所竞争环境恶劣的问题，财政部门应加快完善竞争机制建设，创建公平有效的竞争环境。财政部门要出台和执行反不正当竞争法及实施细则，对那些不道德、不规范的竞争行为，如不讲质量、恶意压价、支付回扣、佣金、分成等进行严厉打击，以维护正常的行业竞争秩序。此外，还可出台相关行业政策，推动中小会计师事务所的联合，扶持中小会计师事务所联合起来，同大型会计师事务所展开竞争，以形成行业的有效竞争①。

②鉴于我国现行法律中对财务舞弊案件处罚制度安排的缺乏威慑力问题，应加快制定严厉有效的惩戒制度，加重对违法违规行为的行政处罚和刑事处罚，加大注册会计师和会计师事务所的失信成本。同时，也应引入明确的问责机制和民事赔偿制度，区分注册会计师违法违规的主观上故意、过失与无过失的法律责任和判罚标准，规范民事赔偿额度的判罚标准。理论上讲，只有在由于注册会计师自身过失的原因而未能揭示财务报表中的重大错报、并给委托单位和可以合理推定的第三方带来经济损失时，审计人员才承担相应的民事责任和法律责任。但是在现实情况中，由于一种众所周知的“深口袋理论”（Deep Pockets Theory）②，尽管由于管理当局的串通舞弊等原因带来了注册会计师未能发现财务报表中的重大错报，法院也极有可能裁定委托单位与注册会计师“共同过失”。③ 这对于注册会计师而言是相当不公平的，这种不公平的做法反而会诱发注册会计师与管理当局的合谋行为。原因是总是存在管理当局串通舞弊而且技术“高明”使内部控制失效的情况，当注册会计师意识到即使其执行了严格

① 徐珊：《对注册会计师行业自律和行政处罚的理论划分与实践运作》，working paper，2003，我们进行了必要的整理。

② 深口袋效应意味着，当出现投资者的诉讼而司法部门又缺乏判别标准时，往往从平衡社会机制出发，采取“非理性连带无限责任判例”（Doctrine of Joint and Several Liabilities）原则。换言之，只要原告的确受到损失，即使法院无法找到确凿的证据证明是被告的过失行为所导致，也会出于安抚原告的目的，判决被告平均承担原告的损失（惟一的理由是被告有经济能力来承担原告的损失）。

③ 杜兴强：“战略系统审计模式：一种新思路”，《中国审计》，2003年第4期。

的、标准的审计程序与方法也无法确保能够查出委托单位财务报表中的错漏或舞弊，而必须承担严厉的法律责任时，其理性的选择是与管理当局合谋，减少被发现的可能性。

③法制的完善应致力于对可能影响注册会计师执业独立性不利因素进行限制，如针对会计师事务所向同一客户同时提供审计与非审计业务可能会影响其执业独立性的问题，应对任何一个执行非审计服务的项目进行严格的论证，一旦发现其可能会影响到相关注册会计师执行审计业务时的独立性，那么就应该予以禁止。美国国会 2002 制定的《Sarbanes－Oxley Act》指出了可能影响独立性的几种服务类型：A. 涉及被审计客户的会计记录及财务报表的业务；B. 财务信息系统的设计；C. 评估或估价业务；D. 保险精算业务；E. 内部审计业务；F. 投资顾问；G. 与审计业务无关的法律或签证服务。我国也应加强这方面的研究，并通过立法加以限制和规范[①]。

(2) 采取联手监管方式，提高政府监管功效。由财政部门牵头，联合对注册会计师行业行使检查监督权的部门（如注册会计师协会、证监会、审计部门、工商部门、公安部门等）召开会议，交换、沟通和协调行业监管信息；也可联合组成检查小组，共同开展对上市公司的信息披露、会计师事务所及注册会计师的独立性及执业质量、违法造假案件等的监督检查及处理处罚，以减少监督检查成本，同时提高政府监管功效。

(3) 在行政管理上，坚持依法行政，防止行政腐败。可通过制定相应的办事程序、操作规则、服务承诺制、行政听证制、说明理由制、信访制、国家赔偿制等，加强对财政部门实施行业日常行政管理行为的程序监督，规范行政权力。同时应主动加强对行业监管信息的公开披露及新闻媒体舆论曝光，增强行业监管结果的公开性、透明度，防止权力腐化，减少行政腐败，克服官僚主义，提高行政效果。[②]

注册会计师协会应该立足于“服务、监督、管理、协调”的职能，开展灵活多样的管理方式，积极为注册会计师行业创造良好的环境。

(1) 开展诚信教育，加强诚信建设。

---

① 杜兴强：“注册会计师审计：诚信与利益的艰难抉择”，《审计理论与实践》，2003 年第 4 期。

② 参考了《对注册会计师行业自律和行政处罚的理论划分与实践运作》（徐珊博士提供，作者不祥），working paper，2003 年。

①建立注册会计师的教育手册，开展诸如讲座、研讨、专家访谈等多种形式的培训和教育机会，鼓励注册会计师的自我教育，提高注册会计师的素质，包括业务素质和职业道德素质，营造“诚信则共赢”的良好氛围。

②不仅在注册会计师行业内开展诚信教育，在全社会范围内也要开展诚信教育，教育的对象不仅包括中介机构，还应包括上市公司、中小投资者、信用评级机构等证券市场的参与者，政府官员、监督机构和新闻媒体等证券市场的监督者，使审计舞弊无处容身，同时也树立注册会计师的良好职业形象。

(2) 服务于协会会员，保护行业合法利益。

①发扬行业协会的服务宗旨，为会员提供技术支持。注册会计师在执业过程中，会遇到许许多多的技术问题，对这些问题需要行业协会发挥自身优势加强对执业行为的具体指导。例如，可以在协会内设立涉及惩戒、执业责任鉴定、考试、审计准则、职业道德、职业教育等在内的各类专业委员会，帮助注册会计师和会计师事务所解决各类难题。在行业协会内开展与执业活动相关的信息服务，不仅可以帮助注册会计师防范和化解执业风险，也有助于树立协会的威信和良好形象，有利于其他监管工作的开展。

②维护会员的合法权益，保护全行业的合法利益。由于“深口袋理论”现象的存在，会计师事务所在诉讼中往往处于不公平的地位。此时，协会应站在公正的角度，与有关机关进行协调，为会计师事务所提供保护，维护会员的合法权益。同时，为了保护全行业的利益，也应严厉地对少数不遵守行规，不正当的竞争行为进行打击处理，以维护行业正常、公平、有序的市场秩序。

(3) 建立健全各项业务监管制度，加大监管力度。

①制定行业监督的工作制度，实施定期的同业互查，同业互查应避免陷入形式化。严把检查人员的素质关，规定只有符合一定业务素质和诚信素质并经过专业训练的人员才可参加；严厉打击和处罚检查过程中的舞弊行为；规范检查的事后管理工作，包括档案的保管，对优劣事务所的评定、奖惩，督促问题事务所的整改工作等。

②帮助和监督会计师事务所建立健全行之有效的质量控制制度。协会应通过教育和督察的方式培养会计师事务所的质量控制理念；协会应

帮助会计师事务所根据质量控制准则的要求，建立适合事务所情况的控制政策；协会还应监督审查会计师事务所是否有效执行了相应的控制程序。

③建立会计师事务所和注册会计师的诚信档案，将违反行业自律原则的行为都记录在案，视情节轻重分别处理。情节较轻的，有协会出面谈话提醒，以教育为主；对违纪超标的会计师事务所和注册会计师在媒体上公开，并通报批评；对一些审计舞弊性质恶劣的会计师事务所和注册会计师应移送财政部门，对其进行行政处罚。

可以预计，随着我国发行体制改革的深化，公司治理机构的改善，以及中介机构诚信建设的推进，我国上市公司管理当局通过 IPO 谋求自身利益的动机将会减弱，其进行盈余管理实现 IPO 目的的行为将大大减少，这将有利于上市公司的上市后的良性发展，也有利于证券市场真正发挥资源配置的功能。

(三) 进一步完善发行制度及严格惩戒措施

2003 年底至 2004 年初，中国证监会陆续推出的股票发行审核委员会制度和证券发行上市保荐制度，都是推动证券市场发行市场化的重要举措，必将为我国证券发行制度最终向注册制过渡奠定基础。但是，目前的证券发行制度在体制上还存在若干缺陷，应从以下几方面逐步加以改善：

1. 完善公司 IPO 的指标条件

在目前核准制的发行体制下，抑制合法性违规的动机及行为，应适当增加 IPO 公司的考核条件，强调实质、淡化法律形式，探索市场化的定价方式，这样可在一定程度上提高操纵难度，缩小操纵空间。具体做法是：根据不同行业和不同规模的企业特征，考虑结合盈余构成情况以及一些非量化指标对 IPO 公司进行考核。比如，降低“股本总额不少于人民币 5000 万元”的门槛限制；对连续三年盈利，盈利考核指标不应仅限于每股收益，还应更多地关注主营业务收入、营业利润、现金流量等指标是否健康。

2. 探索和推进市场化的定价方式

在目前我国不规范的证券市场发行体制下，全面推进市场化的定价方式尚不可行，2001 年试行了上网竞价方式引致大户操纵等问题就可证明这一点，但定价方式改革是保证公司股票“物有所值”的必由之路，是注册制这种市场化的审核发行制度的重要组成部分，探索和完善市场化的定价方式不容忽视。在现阶段，可以通过发展创业板市场，在新兴的创业板市场推行并探索市场化发行定价方式。这样，一方面可以增加中小企业的融资渠道，另一方面也可培育符合规范的中介机构、发行企业和中小投资者等，为全面推进发行审核注册制奠定必要的环境基础。

3. 施行并完善发审委制度

我国发审委的职责正日益受到关注，监督机制日渐完善，2003 年 11 月 24 日发布的《股票发行审核委员会暂行办法》废止了 1999 年颁布的《股票发行审核委员会条例》，规定了由中国证监会对发审委委员进行考核和监督，同时也规定了发审委委员违规所应承担的责任，但是该办法并未对中国证监会如何行使其监督和考核职权作细致规定，看来目前这方面还缺乏可操作性。对于如何对发审委工作的勤勉尽职进行监督和考核，我们认为，可以采取以下措施：

(1) 建立审核工作底稿，规范审核工作底稿的档案管理。审核工作底稿不仅是发审委委员执行审核工作过程形成的全部审核工作记录，也是考核其审核质量的重要依据。发审委委员在审核过程中应如实详尽记录，出具审核意见。

(2) 定期考核发审委工作。由中国证监会组织考评委员会，对发审委的工作进行考核，考核可分为定期和不定期两种。定期考核的依据主要为审核工作底稿，可抽查进行，根据发审委在考核工作中的记录是否详尽、审核意见与发行公司上市后的表现是否基本一致等对其进行评定，评定结果写入年度考核结果；不定期考核可在新发行上市公司发生违规案件或有群众举报时进行，此时考评委员会应调查发审委委员是否能够在审核过程中发现隐患并出具恰当审核意见，或调查群众举报事实是否真实，此调查结果也应写入年度考核结果，严重的违规违纪行为应直接参照《股票发行审核委员会暂行办法》的有关惩责机制执行。

(3) 定期和不定期的考核中，发现发审委委员有失勤勉尽职原则的，均应区分主观是否故意、情景是否严重折合不同的考评分反映在年度考核结果中，对于年度考核不合格的发审委委员应予以解聘。

4. 加强对 IPO 虚假陈述的打击力度

在法律中引入严厉的惩罚制度，形成威慑力。在处罚方式上，不仅要追究发行公司和主要责任人的刑事责任和行政责任，还要加重处罚力度，并且应引入保护中小投资者的相应的诉讼制度和赔偿制度；在罚款数额上，不仅要提高判罚额度，提高发行公司违规成本，对于已经发行成功的还应全数没收已募集资金；在责任追究上，应明确归责原则，区分故意、过失与无过失的主观形态进行处罚，对发行人的董事、监事和经理也应明确规定免责事由。

第二节 公司治理、盈余管理与会计信息质量实证研究[①]

一、引言

公司治理与会计信息质量之间具有相互依存性，对公司治理与会计信息质量之间的相互关系的经验研究，是近年来学术研究的焦点与重心之一。该领域内的研究，一般可以粗线条的分为两类，第一类是验证财务会计信息对于公司治理的影响，“良好的公司治理机制往往可以改善会计信息披露质量，防范会计信息失真”，典型的文献如 Bushaman（2001）等；该领域研究的另一类则关注公司治理（含公司治理的各项因素）对会计信息的影响，如 Baker and Wallage（2000）等，其理论基础在于：高质量的会计信息披露则是健康的公司治理所必不可少的环节之一——（已审计的）会计信息作为企业产出的替代变量，维系着企业作为一个人力资本和财务资本所有者缔结的契约的均衡，是衡量监督和激励是否相容（compatible)、剩余索取权和剩余控制权是否匹配（matching）的关键，一定程度上影响着公司治理的效率（杜兴强，2002)。本部分的研究，可以归类为上述的第二类，即主要侧重于公司治理的因素对会计信息质量影响的经验研究。

公司治理与会计信息质量之间关系的相关研究，往往侧重于公司治理的特定层面，如股权集中度、最终控制人性质、高层管理当局薪酬等具体

① 本节由温日光与杜兴强共同完成。

因素对会计信息质量的影响，本部分可能的拓展之处在于，以盈余管理程度的反向作为衡量会计信息质量的标志，尝试构建了会计信息质量的综合指数，对公司治理的各个层面对会计信息质量的影响进行经验研究，并对各项因素进行了综合分析。本节以构建会计信息质量综合指数为核心，采纳“泊松回归”分析方法，将为研究公司治理对会计信息质量的影响提供另外的思路与方法。

二、文献综述

关于公司治理与会计信息质量之间关系的经验研究，主要是从股权结构和董事会特征两方面进行的。在股权结构与会计信息质量的关系方面，Warfield 等（1995）提出，当管理人员持股或机构投资者所占股权增加时会降低代理人成本，因此也减少了经理人员操纵盈利数字的可能性。La Porta 等（1997、1999）发现股权集中度与财务报告质量负相关。Beasley (1996) 研究发现，发行在外普通股比例越高，则公司发生财务舞弊的可能性越小。在董事会特征与会计信息质量的关系方面，Beasley (1996) 研究还发现，公司外部董事的比例越大、灰色董事和独立董事越多，发生财务报告舞弊的可能性就越小；董事会规模越大，公司越可能发生财务报告舞弊。Wright (1996) 研究发现，审计委员会成员持有的股份比例与财务报告质量负相关，审计委员会会议次数与会计信息质量正相关。Peasnell (1998) 和 Chtourou (2000) 发现，外部董事持股比例与使利润增加的操纵性应计利润负相关，外部董事持股比例高能够抑制公司的盈余管理行为。Chtourou 等（2000）还发现董事会规模与减少利润的盈余管理负相关。刘立国和杜莹（2003）发现，流通股比例越高，公司发生财务报告舞弊的可能就越小；当第一大股东为国资局时，财务报告舞弊发生的可能性增加；前十大股东持股比例平方和与财务报告舞弊的发生负相关。但他们的研究是用是否发生财务报告舞弊来代表会计信息质量，这种代表性较弱，且选取 26 家被处罚的上市公司作为样本，并选取 26 家没有被处罚的上市公司作为配比样本，样本量不足影响了研究成果的代表性。

本节的研究，在参考国内外相关文献及前期研究成果的基础上 (Jones，2000；McDaniel，2002；Cohen etl，2004)，拟采纳盈余管理程度的反向来衡量会计信息质量，通过构建一个综合的会计信息质量指数，来研究公司治理与会计信息质量的相关性。

三、影响会计信息质量的公司治理因素与研究假设

La Porta 等（1997，1999）发现，股权集中度与财务报告质量负相关。在我国新兴的资本市场中，上市公司相当一部分是由国有企业改制而成，“一股独大（霸）”现象在最终控制人为“国家”的企业中广泛存在，这使得我国上市公司的股权集中度相对其他国家而言更高，同时，国有企业“所有者的缺位”导致了我国所独有的“内部人控制现象”。内部人控制的直接后果就是经营者往往以牺牲委托方的利益为代价来追求个人私利（Jensen and Meckling，1976），而且往往通过会计信息加以“粉饰”（window－dressing）。基于如上分析，我们提出假设：

假设 1：公司的股权集中度越高，其会计信息质量越差。

高层管理当局薪酬是公司治理中的重要组成部分。由于委托代理关系的存在，具有确当信息含量的激励机制和薪酬能够很好地激励高层管理当局与企业的利益尽可能趋同，从而减少盈余管理的动机，提高会计信息质量。我国企业中已在历史不同时期试行过“工资＋奖金”、“年薪制”、“职工持股”、“股票期权”等激励形式，目的是为了促使企业管理当局尽可能地努力去提高企业的业绩、提高会计信息质量，为此我们期望高层管理当局的薪酬水平与会计信息质量之间存在正相关的关系。此外，考虑到中国资本市场的现实特征及上市过程中的历史遗留问题，不少企业出现了“挂名董事”、“无关董事”的现象（监事会成员情况也类似），根据“理性的经济人”假设，我们无法期望这些不从公司领取报酬的董事能够“尽职尽责”、“殚精竭虑”。为此我们尝试检验董事会成员、独立董事和监事会成员的报酬状况与会计信息质量之间的相关性。根据不同高层管理当局在公司治理中的作用，本节提出假设：

假设 2a：公司高级管理人员的平均报酬越高，会计信息质量就越好。

假设 2b：公司领取报酬的董事会成员比例越大，会计信息质量就越好。

假设 2c：公司独立董事平均报酬越高，会计信息质量就越好。

假设 2d：公司领取报酬的监事会成员比例越大，会计信息质量就越好。

Beasley（1996）研究发现，发行在外普通股比例越高，则公司发生财务舞弊的可能性越小。我国新兴资本市场中，上市公司相当的一部分比例

的股份由于种种特殊的历史、制度原因，并未在资本市场中流通，且国家控股情况非常普遍，由表3－9可以看到，有近70％的上市公司都是由国家控股的、且我国上市公司的流通股比例是比较小的——均值大约为40％。注意到绝大部分的国有股和国家法人股都是非流通股，所以我们拟区分最终控制人性质来研究公司治理与会计信息质量的关系。基于如上分析，我们提出以下假设：

假设3a：国家控股公司比非国家控股公司的会计信息质量要低。

假设3b：公司的流通股比例越大，其会计信息质量越高。

公司治理层人员数量影响着公司治理层人员的工作效率，进而影响整个公司治理的效率，目前相关研究都主要是从董事会成员的数量来探讨这个问题的。本节拟从高级管理人员比例、董事会规模、独立董事数量、监事会成员数量、独立监事成员数量等五个方面来考虑公司治理层人员数量对会计信息质量的影响。考虑到中国特殊的文化制度背景，使得“人际关系”成为公司治理的一个隐形障碍，所以我们有理由相信，过多的高层管理人员数量（比例）可能使公司治理效率受到影响，进而可以合乎逻辑地认为企业高级管理人员数量和董事会规模会可能对会计信息质量产生负影响。而独立董事、监事和独立监事都在公司治理中发挥着重要的控制监督作用，所以，独立董事数量、监事会成员数量、独立监事成员数量会对会计信息质量产生正影响。鉴于此，本节提出以下假设：

假设4a：公司高级管理人员越多，会计信息质量越差。

假设4b：公司董事会规模越大，会计信息质量越差。

假设4c：公司独立董事越多，会计信息质量越好。

假设4d：公司监事会成员越多，会计信息质量越好。

假设4e：公司独立监事成员越多，会计信息质量越好。

代理理论认为，为了促使高层管理当局的目标函数尽可能地与股东的目标函数趋同，应该对高层管理当局进行必要的激励。在我国随着现代公司治理结构的逐渐建立，股权激励也逐渐成为一种对高层管理当局进行激励的重要方式。从企业理论和代理关系角度进行审视，通常高级管理人员的持股比例和董事会成员持股比例越高，其自身利益和公司利益就更趋一致，代理成本就会减少，那么他们通过会计信息进行盈余管理和“粉饰”的动机就会减小，从而会计信息质量就会越高。而监事会则不同，监事会成员的持股比例越高，则其独立性就越差，其监督能力就会减弱，从而会导致会计信息质量变差。所以，本节提出如下假设：

假设5a：公司高级管理人员持股比例越高，会计信息质量越高。

假设5b：公司董事会成员持股比例越高，会计信息质量越高。

假设5c：公司监事会成员持股比例越高，会计信息质量越差。

Wright (1996) 发现了审计委员会会议次数与会计信息质量正相关。我们认为，考虑到中国特殊的人文制度背景，并不能够绝对地认为公司治理层的会议次数与会计信息质量呈现出正相关的关系，过多的会议次数还可能意味着公司经营中有重要的问题需要解决，在经营面临不利的情况下可能更是如此。当然会议过少，则可能意味着公司治理中的高层管理人员及相应的内部控制制度形同虚设，"一言堂"、"内部人控制"等现象比较突出。经验告诉我们，股东大会和董事会会议召开得太多，往往预示公司经营不够稳健，相对而言通过会计信息进行盈余管理的可能性就比较大，会计信息质量会比较差；以通讯方式召开的会议越多，说明公司比较现代化，但是也暗示公司进行盈余管理的手段比较多，可能会导致会计信息质量变差。监事会是履行控制监督职能的，其会议开得越多，说明其越尽职，这样可导致盈余管理的机会减少，会计信息质量就会较高。综上所述，本节提出以下假设：

假设6a：公司的股东大会召开得越多，会计信息质量越差。

假设6b：公司的董事会会议召开得越多，会计信息质量越差。

假设6c：公司以通讯方式召开的会议越多，会计信息质量越差。

假设6d：公司的监事会会议召开得越多，会计信息质量越好。

四、研究设计

1. 会计信息质量

本节拟采纳盈余管理程度的反向来衡量会计信息质量。众所周知，目前中国证券市场中上市公司的盈余管理手段通常体现在如下的行为方面：配股（seo）、避免暂停上市（asuspend）、避免被ST（ast1和ast2）、避免被*ST或避免退市（aexit）。本节将利用如上提及的、典型的上市公司离散状态来判断是否存在盈余管理行为，然后综合计算出一个会计信息质量综合指数（aiqindex）。

(1) 配股。2002年7月24日发布的《关于上市增发新股有关条件的通知》。其中规定增发新股必须符合以下条件：最近三个会计年度加权平均净资产收益率平均不低于10%，且最近一个会计年度加权平均净资产收益率不低于10%。扣除非经常性损益后的净利润与扣除前的净利润相比，以低者作为加权平均净资产收益率的计算依据。考虑到众所周知的10%现象，我们可以合乎逻辑地推定，公司三年的加权平均净资产收益率之和若略高于30%，那么上市公司可能为了配股而进行了盈余管理。本节将三年的加权平均净资产收益率之和在30%到31%之间的上市公司视为进行了盈余管理，定义seo=1；其他上市公司的seo=0。

(2) 避免暂停上市。中国证监会的相关法规规定，由于最近三年连续亏损的上市公司将被暂停上市，所以第一年和第二年亏损且第三年盈利的上市公司极有可能进行了盈余管理，定义asuspend=1，其他上市公司asuspend=0。

(3) 避免被ST。证监会的相关法规规定，两年连续亏损或每股净资产低于股票面值的上市公司就会被ST。如果上市公司为了避免两年连续亏损，则亏损年份的亏损数额会很大，而盈利年份的盈利数额会比较小，这样三年的总利润就极有可能为负。所有我们将三年的总利润为负的上市公司的ast1=1，三年的总利润为正的上市公司的ast1=0。另外，如果上市公司为了避免每股净资产低于股票面值，则其每股净资产就会稍微大于1。我们将每股净资产在1到1.1之间的上市公司视为进行了盈余管理，其每年的ast2=1，否则ast2=0。将三年的ast2的数值加总得到一家上市公司的总的ast2数值。

(4) 避免被*ST或避免被退市。当年被ST的上市公司如果当年亏损就会被*ST；当年被*ST的上市公司如果当年亏损就会被退市。所以若当年ST或*ST的上市公司出现微盈，则很有可能进行了盈余管理。我们定义当年被ST或被*ST并出现微盈的上市公司的aexit=1，其他上市公司的aexit=0。

综合如上各种情况，考虑每家上市公司进行盈余管理的情况，得出每家上市公司的会计信息质量综合指数：

$$aiqindex = seo + asuspend + ast1 + ast2 + aexit$$

值得说明的是，我们用的计量方法是泊松回归（Poisson Regression）。因为因变量（aiqindex）是计数变量（Count Variable），其分布比较接近于泊松分布，适合于采纳计量经济学的“泊松回归”。

2. 公司治理与会计信息质量的检验方法

本节从如下六个方面来考查公司治理对会计信息质量的影响：

(1) 股权集中度。我们用赫斯菲尔德（Herfindahl）指数，即前十大股东持股比例平方和（h10）来代表股权集中度。为了验证假设1，设计了如下模型：

$$aiqindex = \alpha + \beta_1 h10 + \gamma_1 ltasset + \gamma_2 lev + \varepsilon_1 \quad (1)$$

其中：ltasset 和 lev 是控制变量（以下模型相同）。ltasset 是公司总资产的自然对数，lev 是公司的资产负债率。

(2) 高层管理当局薪酬。本节中的公司治理层报酬变量共包括四类：高级管理人员平均报酬、领取报酬的董事会成员比例、独立董事平均报酬和领取报酬的监事会成员比例，分别用 lmsalary、dsalarynor、lidsalary 和 ssalarynor 来表示。其中高级管理人员平均报酬和独立董事平均报酬将进行取自然对数的处理。为了验证假设2，设计了如下模型：

$$aiqindex = \alpha + \beta_1 lmsalary + \beta_2 dsalarynor + \beta_3 lidsalary + \beta_4 ssalarynor + \gamma_1 ltasset + \lambda_2 lev + \varepsilon_2 \quad (2)$$

(3) 最终控制人性质。本节中的股权结构主要考虑上市公司是否是国家控股（statec）和公司的流通股比例（flowstockr）。如果上市公司是由国家控股，则 statec=1，否则 statec=0。为了验证假设3，设计了如下模型：

$$aiqindex = \alpha + \beta_1 statec + \beta_2 flowstockr + \gamma_1 ltasset + \gamma_2 lev + \varepsilon_3 \quad (3)$$

(4) 高层管理人员数量。本节中的公司治理层人员数量变量主要包括：高级管理人员占员工总数的比例、董事会规模、独立董事数量、监事会成员数量、独立监事成员数量，分别用 mnor、dno、idno、sno 和 isno 来表示。为了验证假设4，设计了如下模型：

$$aiqindex = \alpha + \beta_1 mnor + \beta_2 dno + \beta_3 idno + \beta_4 sno + \beta_5 isno + \gamma_1 ltasset + \gamma_2 lev + \varepsilon_4 \quad (4)$$

(5) 高层管理当局持股比例。本节的公司治理层持股比例变量主要包括：高级管理人员持股比例、董事会成员持股比例和监事会成员持股比例，分别用 mo、do 和 so 来表示。为了验证假设5，设计了如下模型：

$$aiqindex = \alpha + \beta_1 mo + \beta_2 do + \beta_3 so + \gamma_1 ltasset + \gamma_2 lev + \varepsilon_5 \quad (5)$$

(6) 公司治理会议次数。我们采纳四种公司治理层会议次数变量：股东大会次数、董事会会议次数、以通讯方式召开的会议次数和监事会会议次数，分别用 stockm、dm、conmm 和 sm 来表示。我们用如下模型验证假设 6：

$$aiqindex = \alpha + \beta_1 stockm + \beta_2 dm + \beta_3 conmm + \beta_4 sm + \gamma_1 ltasset + \gamma_2 lev + \varepsilon_6 \quad (6)$$

五、描述性统计结果

我们选择 2002 年到 2004 年的中国上市公司为研究样本，财务数据来自 CSMAR 数据库，公司治理数据来自 CCER 的色诺芬数据库，用于计算按加权平均净资产收益率进行的股票增发、分红数据以及 ST、*ST 数据来自 WIND 数据库。删除了缺少上述全部三年数据的公司以及存在异常值数据的公司后，得到了 698 家中国上市公司的数据，并通过求某家上市公司的三年数据的平均值来得到归属于这家公司的公司治理数据。本节采纳 EXCEL 软件进行数据处理，并用 STATA 软件进行数据的统计分析。表 3－9 列示了研究中用到的因变量和自变量的统计描述结果。

表 3－9　　　　变量描述

变量	样本量	平均值	标准差	最小值	最大值
aiqindex	698	0.3868195	0.7476014	0	5
c1	698	42.87818	16.84701	9.56	85
c5	698	0.5815572	0.1333623	0.1990333	0.9443333
c10	698	0.6058376	0.1257572	0.2331	0.9497
h5	698	0.2327116	0.144705	0.0144333	0.7226
h10	698	0.2330011	0.1444733	0.0156	0.7226
lmsalary	698	10.93388	0.702835	8.817936	12.92477
dsalarynor	698	0.4288253	0.1790757	0	0.8666667
lidsalary	698	9.341235	0.4950687	7.313221	11.00902
ssalarynor	698	0.6283421	0.2564273	0	1.222222
statec	698	0.6962751	0.4601951	0	1
flowstockr	698	0.4033517	0.116171	0.0868132	1
mnor	698	2.505965	0.5756527	1.328502	5.674739
dno	698	9.880134	1.998195	5	19
idno	698	2.936008	0.6475345	1	6
sno	698	4.259321	1.291215	2.333333	11
isno	698	0.030086	0.247839	0	3
mo	698	0.0000544	0.0002954	0	0.006662
do	698	0.0007227	0.0099936	0	0.2390093
so	698	0.0001156	0.0011916	0	0.022771
stockm	698	2.065425	0.727071	1	5.333333
dm	698	8.005731	2.468478	3.333333	22
conmm	698	1.212512	1.765338	0	12.66667
sm	698	3.752149	1.277345	1.333333	10.33333
ltasset	698	21.18967	0.8772165	18.79467	24.85395
lev	698	0.5486893	0.4897955	0.0454477	7.306057

六、实证研究结果及其分析

1. 股权集中度对会计信息质量的影响

从表 3－10 我们可以看到，股权集中度（h10）的系数为负，说明股权集中度越高，盈余管理程度越小，从而会计信息质量越好，且这一结论在统计上是非常显著的（p＝0.006）。这与假设 1 并不一致，且这一研究结果与国外的 La Porta 等（1998）的研究结果截然相反，但却与国内的刘立国和杜莹（2003）的研究结果相一致。股权集中度对会计信息质量的影响与国外的研究相悖可以参考以下“最终控制人性质对会计信息质量的影响”部分的解释。

表 3－10　　股权集中度（h10）对会计信息质量的影响

aiqindex	系数	Z 值	P 值	样本量＝698 对数似然值＝－552.85183 似然比卡方值（3 个自由度）＝83.07 P 值＝0.0000 $R^2＝0.0699$
h10	－1.335789	－2.73	0.006	
ltasset	－0.495766	－6.66	0.000	
lev	0.1992364	3.28	0.001	
consr	9.608802	6.22	0.000	

此外，我们还采纳控股股东持股比例（c1）、前五大股东持股比例之和（c5）、前十大股东持股比例之和（c10）以及前五大股东持股比例平方和（h5）分别代表股权集中度作为自变量进行回归和敏感性测试，我们发现都不会改变结论。

2. 高层管理当局薪酬对会计信息质量的影响

从表 3－11 可以看出，高级管理人员的平均报酬（lmsalary）越高，盈余管理程度越小，从而会计信息质量越好，从而验证了假设 2a。领取报酬的董事会成员比例（dsalarynor）越高，盈余管理程度越大，从而会计信息质量越差，这与假设 2b 不一致。上述两者在统计上都是非常显著的（p 值分别为 0.000 和 0.020）。独立董事的平均报酬（lidsalary）和领取报酬的监事会成员比例（ssalarynor）在统计上都不能在 10％以内的显著性水平上统计显著，这说明独立董事的平均报酬（lidsalary）和领取报酬的监事会成员比例（ssalarynor）对会计信息质量都没有显著影响，从而无法明确地支持假设 2c 和 2d。

表 3-11　　　　高层管理当局薪酬对会计信息质量的影响

aiqindex	系数	Z值	P值	样本量=698
lmsalary	-0.4584478	-4.37	0.000	对数似然值=-544.87854
dsalarynor	1.053264	2.32	0.020	似然比卡方值（6个自由度）=99.02
lidsalary	0.1902624	1.46	0.144	P值=0.0000
ssalarynor	-0.0391251	-0.13	0.900	拟R平方=0.0833
ltasset	-0.3948464	-4.89	0.000	
lev	0.1653913	2.66	0.008	
_cons	9.962025	5.35	0.000	

3. 最终控制人性质对会计信息质量的影响

从表3-12我们可知，国家控股（statec）的上市公司比非国家控股的上市公司，其盈余管理程度要小，其会计信息质量就会比较高。公司的流通股比例（flowstockr）越大，其盈余管理程度就越大，其会计信息质量也就越差。这两个结论在统计上都是非常显著的（p值分别为0.001和0.006）。这与我们的假设3a和3b并不一致，且与刘立国和杜莹（2003）的研究结果截然相反。具体原因在于：上市公司最终控制人的国有性质并不是业绩差的代名词，相反，由于最终控制人为国有性质的上市公司的目标并非惟一的盈利，还承担着诸多社会责任、当然包括树立公众形象等，所以其往往并不一定会有更强的动机选择进行盈余管理、削弱会计信息的质量。再者，最终控制人为国有性质的上市公司，由于委托人具有政府的权威，所以其控制监督能力较非国家控股的公司要强，进行盈余管理的可能性就较小，从而其会计信息质量就较高。

表 3-12　　　　最终控制人性质对会计信息质量的影响

aiqindex	系数	Z值	P值	样本量=698
statec	-0.4035225	-3.21	0.001	对数似然值=-547.24516
flowstockr	1.499611	2.87	0.004	似然比卡方值（4个自由度）=94.29
ltasset	-0.5219395	-6.83	0.000	P值=0.0000
lev	0.1636009	2.73	0.006	拟R平方=0.0793
_cons	9.526724	6.11	0.000	

我们进一步对国家控股和非国家控股的上市公司的会计信息质量进行了比较（运用t检验，结果见表3-13）。从表3-13我们可以看出，国家控股的上市公司比非国家控股的上市公司的盈余管理程度要弱，也就是国家控股的上市公司比非国家控股的上市公司的会计信息质量要好。该结论

在统计上非常显著（P=0.0000）。

表 3-13　　比较国家控股公司（1）和非国家控股公司（0）的会计信息质量

分组	样本量	平均值	标准误	标准差	95%置信区间下限	95%置信区间上限
0	212	0.5849057	0.0600813	0.8747964	0.4664692	0.7033421
1	486	0.3004115	0.0302816	0.6675697	0.2409122	0.3599108
合计	698	0.3868195	0.0282971	0.7476014	0.3312617	0.4423773
差异		0.2844941	0.0606261		0.1654622	0.4035261

差异=均值（0）-均值（1）　　t=4.6926

H_0：差异=0　　自由度=696

对立假设：差异<0	对立假设：差异绝对值=0	对立假设：差异>0
P=1.0000	P=0.0000	P=0.0000

4. 高层管理当局数量对会计信息质量的影响

从表 3-14 我们可以看到，高级管理人员占员工总数比例（mnor）越大，盈余管理程度越小，从而会计信息质量越好。董事会成员数量（dno）越多，盈余管理程度越大，从而会计信息质量越差。独立董事数量（idno）越多，盈余管理程度越小，从而会计信息质量越好。这三个结论在统计上都是非常显著的（P 值分别为 0.030、0.048 和 0.002）。但是，监事会成员数量（sno）和独立监事成员数量（isno）在统计上都不显著。值得指出的是，关于独立董事与会计信息质量的研究结论和一些规范研究学者的论断相反——这一结论预示着独立董事并不是“不懂事”，并不是只是作摆设的“花瓶”，独立董事有它的积极作用，独立董事机制的存在可以提高会计信息质量。

表 3-14　　高层管理当局数量对会计信息质量的影响

aiqindex	系数	Z 值	P 值	样本量=698 对数似然值=-548.81356 似然比卡方值（7 个自由度）=91.15 P 值=0.0000 拟 R 平方=0.0767
mnor	-0.3151717	-2.18	0.030	
dno	0.0906529	1.98	0.048	
idno	-0.4047611	-3.12	0.002	
sno	0.0181839	0.32	0.745	
isno	0.122332	0.44	0.662	
ltasset	-0.5476486	-6.83	0.000	
lev	0.155387	2.27	0.023	
_cons	11.40878	6.85	0.000	

5．高层管理当局持股比例对会计信息质量的影响

从表3－15我们可以看到，高级管理人员持股比例（mo）、董事会成员持股比例（do）和监事会成员持股比例（so）的系数的符号都是负的，但它们在统计上都不显著，说明它们都不会对会计信息质量产生实质性的影响。究其原因我们认为在于：在我国，上述三者的持股比例都非常低(见表3－9)，高级管理人员的平均持股比例还不到万分之一，董事会成员和监事会成员的平均持股比例也不到千分之一。这样低的持股比例很难会对会计信息质量产生实质性的影响。

表3－15　高层管理当局持股比例对会计信息质量的影响

aiqindex	系数	Z值	P值	样本量＝698 对数似然值＝－553.12444 似然比卡方值（5个自由度）＝82.53 P值＝0.0000 拟R平方＝0.0694
mo	－728.3363	－0.95	0.343	
do	－121.0558	－0.66	0.512	
so	－588.4566	－0.56	0.578	
ltasset	－0.5203319	－7.15	0.000	
lev	0.1911849	3.18	0.001	
_cons	9.917272	6.52	0.000	

6．公司治理中会议次数对会计信息质量的影响

从表3－16我们可以看到，股东大会（stockm）、董事会会议（dm）、以通讯方式召开的会议（conmm）和公司的监事会会议（sm）的符号都和假设6预测的相同。但股东大会（stockm）、以通讯方式召开的会议（conmm）和监事会会议（sm）在统计上都不显著，而董事会会议（dm）在统计上非常显著。这说明，董事会会议（dm）召开得越多，盈余管理的可能性越大，从而会计信息质量越差，而股东大会（stockm）、以通讯方式召开的会议（conmm）和监事会会议（sm）对会计信息质量没有显著影响。

表3－16　公司治理中会议次数对会计信息质量的影响

aiqindex	系数	Z值	P值	样本量＝698 对数似然值＝－537.79176 似然比卡方值（6个自由度）＝113.19 P值＝0.0000 拟R平方＝0.0952
stockm	0.007246	0.08	0.933	
dm	0.1128013	5.54	0.000	
conmm	0.0462114	1.54	0.122	
sm	－0.0623741	－1.25	0.213	
ltasset	－0.5512096	－7.45	0.000	
lev	0.195355	3.09	0.002	
_cons	9.691021	6.17	0.000	

最后需要提及的是，在上述所有包含控制变量 ltasset 和 lev 的回归中，ltasset 和 lev 都是统计上显著的。前者的系数的符号为负，后者的系数的符号为正，说明公司规模越大，会计信息质量越好，资产负债率高的公司其会计信息质量较差。还有一点要说明的是，上述六个回归的似然比系数（LR）都是显著的，表明每一类的公司治理变量都会对会计信息质量有显著影响。

7. 各种因素的综合分析

上述是针对每一类公司治理变量对会计信息质量的影响来进行分析的。下面我们试图构造一个反映公司治理总体状况对会计信息质量影响的综合模型。我们用泊松向前逐步回归法分析出代表公司治理状况对会计信息质量影响最大的 9 个变量，构造出模型（7）。

$$aiqindex = \alpha + \beta_1 h10 + \beta_2 lmsalary + \beta_3 dsalarynor + \beta_4 statec + \beta_5 idno + \beta_6 isno + \beta_7 mo + \beta_8 dm + \beta_9 conmm + \varepsilon_7 \quad (7)$$

表 3-17 公司治理总体状况对会计信息质量的影响

aiqindex	系数	Z 值	P 值	
h10	-1.523744	-2.91	0.004	样本量=698 对数似然值=-522.19889 似然比卡方值（9 个自由度）=144.38 P 值=0.0000 拟 R 平方=0.1215
lmsalary	-0.6268867	-6.55	0.000	
dsalarynor	1.102789	3.13	0.002	
statec	-0.2926464	-2.22	0.026	
idno	-0.4046598	-3.71	0.000	
isno	0.4122373	1.69	0.092	
mo	-1308.004	-1.57	0.116	
dm	0.0944999	4.65	0.000	
conmm	0.0862216	2.90	0.004	
_cons	6.090799	6.30	0.000	

值得注意的是，独立监事数量（isno）在模型（4）的回归检验中统计上非常不显著；但在综合模型（7）中，独立监事数量（isno）能在 10%的显著性水平上统计显著。另外，模型（7）中的所有变量的系数的符号都和前述的回归结果相同，且除了高级管理人员持股比例（mo）外，都是统计显著的。高级管理人员持股比例（mo）也能在接近 10%的显著性水平上显著。

七、结论与进一步的研究方向

我们发现，公司股权集中度越高、高级管理人员的报酬越高、独立董事越多、监事会会议开得越多，其会计信息质量越好；反之，领取报酬的董事越多、董事会会议开得越多却会导致公司的会计信息质量变差；国家控股的公司其会计信息较非国家控股的公司要好；我们的研究发现对于理解公司治理和会计信息质量的关系提供了证据：股权集中并不一定是导致会计信息质量低下的根本原因，加强董事会的工作效率可能有利于提高会计信息质量，独立董事对于提高会计信息质量发挥着积极的作用。我们还发现，涉及监事会方面的统计结果均不显著，这可能意味着公司治理中监事会没有发挥应有的作用，所以建议应加强监事会机制对提高会计信息质量的作用。

本节的研究存在一定的局限性：首先由于数据库的限制，只选择了698家中国的上市公司；其次，本部分将盈余管理程度的反向作为会计信息质量的替代是否充分，还有待于以后的研究进一步完善。

第三节　公司治理与会计信息质量：基于中国资本市场进一步的经验证据[①]

正如Berle和Means（1932）在《现代公司和私有财产》中所指出的，由于现代公司中企业所有权和经营权的分离，不可避免地将产生委托代理问题。为了解决代理关系中代理方以牺牲委托方利益为代价来追求个人私利的这一典型问题，客观上需要有一套包括监督和激励在内的、良好的公司治理机制，以确保股东财富最大化。Bushman（2001）等指出，会计信息在公司治理中的作用是指通过在公司控制机制中对公开披露的财务会计

① 本节由杜兴强与周泽将共同完成。由于研究模型与研究方法的不同，研究结论与上节并不完全相同。

数据的应用，以提高公司治理的效率；此外，Bushman（2001）还从会计信息在薪酬契约、公司治理机制以及对宏观经济的影响等三个方面阐述了会计信息对公司治理机制的影响，包括财务会计指标在公司控制机制运行方面的作用。可以认为，会计信息披露机制已然成为公司治理的核心环节，（已审计的）会计信息作为企业产出的替代变量，是衡量监督和激励是否相容（compatible）、剩余索取权和剩余控制权是否匹配（matching）的关键，在一定程度上影响着公司治理的效率（杜兴强，2002）。会计信息有利于缓解信息不对称，降低投资风险，从而减少逆向选择行为。我们正是立足于这一理论基础与研究视角，着重检验公司治理因素与会计信息质量之间的关系。

一、文献综述

代理关系下，为了缓解内信息不对称问题，包括财务会计信息披露在内的公司治理机制应运而生。公司治理机制包括外部治理机制和内部治理机制两个部分。外部机制主要包括经理人市场、产品竞争市场、公司控制权市场等；内部机制则主要有董事会、大股东以及管理层持股等。高质量的公司治理容易形成高质量的内部控制，从而容易生产出高质量的会计信息，以保护处于信息弱势地位的投资者的利益。Leftwich，Watts and Zimmerman（1981）发现治理机制完善的公司，其披露水平也较高。Warfield 等（1995）从所有权结构的角度研究发现管理层所有权（所持股份）比例同可操纵盈余负相关。Beasley（1996）发现随着外部股东持股比例的增长，可以显著降低发生财务舞弊的可能性。Wright（1996）发现审计委员会中的内部董事与灰色董事与财务报告信息质量负相关。Chtourou et al（2000）通过研究发现有效的董事会和审计委员会可以制约盈余管理活动，从而提高了会计信息质量。Klein（2000）通过研究审计委员会以及董事会成员特征与盈余管理之间的关系发现，盈余管理同较差的公司治理机制显著正相关。以上这些研究都是以财务舞弊发生与否以及盈余管理程度作为公司会计信息的代理变量，研究了公司治理与会计信息质量之间的关系。

国内近年来也涌现了诸多关于会计信息质量与公司治理之间关系的研究成果。刘立国等（2003）以是否发生舞弊作为会计信息质量的代理变量，结果发现法人股比例、执行董事比例、内部人控制度、监事会的规模与财务舞弊的可能性正相关，流通股比例则与之负相关。此外，如果公司的第一大股东为国资局，公司更可能发生财务舞弊。崔学刚（2004）构建公司自愿信息披露指数作为公司透明度的代理变量，结果发现公司治理越完善的企业，其透明度越高。钟伟强、张天西（2006）亦通过自愿信息披露指数，基本上印证了公司治理机制和自愿信息披露成正比关系，张宗新等（2004）亦有类似的发现。薛祖云等（2004）以2001、2002年度被出具非标准无保留意见的公司作为测试样本，对我国上市公司董事会、监事会制度的某些重要特征与会计信息质量之间的关系进行的经验分析表明：我国的董、监事会制度在监督公司财务方面发挥了一定作用。林钟高（2004）从规范的角度分析了公司治理与会计信息质量之间的关系，认为完善公司治理和提高信息质量是密切相关的，必须将两者结合考虑，才能解决我国会计信息市场存在的问题。赵景文（2006）通过以公司治理指数作为治理水平高低的代理变量研究发现公司治理质量显著影响了盈余质量，高治理质量公司盈余变化更具有价值相关性。

上面所提及的文献大多是从公司披露的数量角度衡量公司信息质量。而盈余是一种最重要、最综合、投资者最为关心的信息，同时盈余也代表了最典型的会计确认与计量，（因此）盈余质量是会计信息质量的典型代表（魏明海，2005）。本节依据此思路，试图以可操纵应计利润总额（DACC）作为公司信息质量的代理变量，从质的角度衡量它与公司治理各因素之间的关系。国外的文献在利用可操纵盈余进行研究时，往往采取的是时间序列琼斯模型。由于时间序列琼斯模型通常需要十年以上的数据，而我国上市公司时间较短，且会计政策变化较大，难以采用统一的衡量标准，所以本节的可操纵应计利润总额（DACC）主要应用横截面的琼斯模型计算得到。

二、研究设计

（一）研究假设的形成

1. 股权结构与会计信息质量

（1）管理者持股和会计信息质量。管理者持股对公司治理的影响存在两方面的假说。一是Jensen和Meckling（1976）提出的“利益趋同假说”。“利益趋同假说”认为，管理者倾向按照自身的利益进行决策，这与外部股东利益相冲突。随着管理者持股的增加，管理者与外部股东的利益将趋于一致，冲突将得以缓和。这是由于管理者持股的增加将减少由于所有权与经营权相分离而引起的代理成本。由于利益趋同，可以预见，随着管理层持股的增加，管理者愿意提供更高质量的会计信息，以利于外部股东决策，由此我们认为在这种假说下管理层持股比例与会计信息质量正相关。二是壕沟假说（Entrenchment）。Fama 和 Jensen（1983）指出，大量的管理者持股具有抵消效应。即使当管理者持有少量股权时，外部市场仍可以迫使管理者追求价值最大化目标，外部市场是内部公司治理的有效替代。相反，如果管理层持股过高，他们将可以应用他们广泛的影响力和投票权以保证他们在进行非价值最大化目标时不影响他们的工资水平和受公司聘任如否，这就是所谓的壕沟效应。这就说明了随着管理层持股的增加，其与公司治理水平负相关。此时，管理层会降低公司对外披露信息质量，维护自身的利益。但是，由于中国特殊的制度背景，我国上市公司高层管理当局持股比例普遍较低（参见描述性统计结果），过低的管理层持股比例对会计信息质量可能无法带来上述的任何一种影响效应。换言之，过低的管理当局持股可能根本不起什么作用。基于如上分析，因此本节提出如下假设：

假设1：管理层持股比例对会计信息质量几乎没有影响。

(2) 第一大股东持股与会计信息质量。第一大股东持股对公司治理的影响同样存在两方面的假说，一是监督假说；二是掠夺假说。Shleifer 和 Vishney（1986）认为股权的集中会减少管理者的机会主义倾向，有助于减少委托代理冲突。这是由于随着大股东持股比例的增加其经济利益也加大，由此大股东为保护投资对管理层的监督亦随之增强，而且此时大股东的投票权和影响力也增大，使大股东更有能力控制管理层的机会主义行为。因此随着第一大股东持股比例的增加，会计的信息透明度会越高。另外 Shleifer 和 Vishney（1997）在研究了东亚的一些公司治理特征后认为，某些国家的代理成本来自于控股股东和小股东之间的利益冲突。La porta 等（1998）总结到，"全世界大公司的中心代理问题都是如何限制控股股东损害小股东的利益"。在此时，大股东会以各种方式掠夺小股东的利益，即掠夺假说。Facci（2002）发现大股东持股比例越高发生掠夺的可能性越大。鉴于上文的两种假说，结合之前的研究成果，本节提出如下假设：

假设2：会计信息质量与第一大股东持股比例呈现倒U形关系。

即会计信息质量先随第一大股东的持股比例增加而增加，而后随第一大股东持股比例的增加而下降。

(3) 产权性质、法律环境与会计信息质量。考虑到中国过渡资本市场中的特殊制度背景，国有股从其形成之日起，就不具备“经济代理”的功能，反之则只是具有“行政代理”的功效。行政代理带来了如下现象：①国有股不能或难以转让，因此并购的威胁并不存在，这导致了激励与监督的不相容性；②国有企业经营目标的多元化，即国有企业承担着盈利之外的诸多社会功能，譬如安置就业、维持社会稳定等；③“一股独大”、乃至“一股独霸”，且不流通现象突出；④“所有者缺位”、“经营者越位”等现象普遍，这直接导致的后果就是“内部人控制与会计信息失真”；⑤国家股没有“人格化”，对管理层缺乏有效地监督与控制，直接导致残缺的公司治理结构，进而影响会计信息透明度。此外，一般认为如果公司含有外资股，由于境外法律制度较中国大陆相比较为完善，证券市场较为规范、透明。因此提出假设：

假设3：最终控制人的国有性质与会计信息质量负相关，最终控制人为外资性质则与会计信息质量正相关。

2. 董事会特征与会计信息质量

董事会是公司治理的重要组成部分。董事会的独立状况和效能直接影响着公司治理质量。它的一个重要功能源于现代公司控制权和所有权分离下的代理成本最小化（Fama和Jensen，1983），其重要作用在于监督公司内部的最高决策者（Fama，1980）。

（1）独立董事和会计信息质量。独立董事的主要功能在于执行与股东利益相一致的政策（Fama，1980）。独立董事的两个因素可以促使他们完成自身的功能：一是独立性（Cadbury，1992）；二是他们关注在劳动力市场的声誉（Fama和Jensen，1983）。上述两种因素的存在使得会计信息质量可以得到提高。因此提出如下假设：

假设4：独立董事比例与会计信息质量正相关。

（2）董事会规模与和会计信息质量。在Jensen（1993）的文献中董事会规模被识别为公司治理有效性的一个重要决定因素。一般文献认为董事会规模大的公司使得协调、沟通和制定决策的难度大于董事会规模小的公司（Jensen，1993；Yermack，1996）。Jensen（1993）认为，保持小规模的董事会有助于提高公司业绩，当董事会超过7或8个人时，他们更难以有效执行任务，且更容易为CEO所控制。因此提出如下假设：

假设5：董事会规模与会计信息质量负相关。

（3）两职合一与和会计信息质量。当CEO和董事长由同一人兼任时，两职合一现象就存在了。Jensen（1993）认为当两职合一发生时，内部控制系统失败，因为董事会不能有效的执行其关键的职能。同时如果两职合一发生时，董事会的独立性也会受到影响。为了提高公司治理质量。Cadbury（1992）建议CEO和董事会主席两职应该分离。因此提出如下假设：

假设6：两职合一的公司会计信息质量较低。

3. 公司治理会议和会计信息质量

公司治理会议在公司治理中起着非常重要的作用。公司治理会议主要包括股东大会和董事会会议。股东大会是公司的最高权力机关，公司的董事会由股东大会选举产生，公司的重大决策应由股东大会讨论通过（具体规定见新颁布的《公司法》）。股东大会越频繁，股东之间则会有更多的时间交换意见，行使重大事项决策权。Jensen（1993）认为，虽然董事会会议往往对事情无所帮助，但董事会会议可以使股东受益，董事会会议越频繁，董事们则会有更多时间交流意见和监督管理层（一般认为董事的日常工作占据了他们很多时间，所以很少有机会监督管理者）。Vafeas（1999）发现董事会会议频率与公司价值负相关，这是因为频繁的董事会会议是对公司处于困难时期的一种反映。但是频繁的董事会会议至少可以在一定程度上加强对股东利益的保护，减少管理层舞弊的机会，提高公司的会计信息质量。因此，提出如下假设：

假设7：董事会会议次数、股东大会会议次数均与公司会计信息质量正相关。

4. 公司控制权市场与会计信息质量

如果公司内部控制失败，公司控制权市场将充当最后的保护机制（Fama，1980）。大量研究表明，公司的外部控制机制，尤其是外部购并市场，通过此对高级管理者施加压力从而对公司的经营活动产生有利影响（Martin、Mc Connell，1991）。Shleifer等研究发现在东亚的公司治理体系中，公司治理的核心不在于减少由于股东和管理层之间的利益冲突导致的代理成本，而应在于减少大股东和中小股东的利益冲突，在我国亦是如此。虽然我国缺乏活跃的接管兼并市场，但是其他大股东之间的联合对于控股股东的隧道行为（tunneling）有一定的抑制作用，他们是公司经营活动的积极关心者。当公司欠佳时，他们往往会引起公司控制权之争或者协助他人夺取公司控制权。Bai、Liu和Song（2002）研究发现最大股东通过公司控制权获得的私人利益与第二到第十大股东的股权集中度负相关。

其他大股东的股权集中度有利于提高公司的治理水平，抑制大股东的利己行为，从而可以有效地提高公司信息质量。因此提出假设：

假设 8a：股权制衡因素[①] 与会计信息质量正相关。

在我国长期存在一股独大的现象，流通股比例较低，而且流通股股东存在“搭便车”（free rider）的动机，难以抑制大股东的盈余管理行为，所以提出如下假设：

假设 8b：流通股比例与会计信息质量不相关。

5. 债务融资和会计信息质量

债务融资可以确保管理者进行高效率的投资和不追求个人目标，因为债务融资增加了破产的可能性（Jensen，1986）。债务融资一般具有一定的约束条件，一定程度上债权人具有监管经营者的激励，确保管理层没有操纵盈余和进行误导型会计陈述。随着债务融资水平的提高，债权人的利益得以加强，他们会有更强的监管动机。因此提出假设：

假设 9：债务融资水平与会计信息质量正相关。

6. 审计质量与会计信息质量

高质量的审计可以在一定程度上约束管理层的盈余操纵行为，从而提高会计的信息质量。审计又依据其独立性分为外部审计和内部审计，分别从这两个角度进行了考察。有内部审计委员会的上市公司应该会有更高的会计信息质量，且高质量的外部审计往往会对管理层的盈余操纵行为起到遏制作用，一定程度上可以提高会计的信息质量。因此提出假设：

假设 10a：具有内部审计委员会的上市公司比没有审计委员会的公司有更高的会计信息质量。

假设 10b：外部审计质量与会计信息质量成正比关系。一般认为审计师出具干净报告代表较高的审计质量，其盈余管理程度会较少，会计信息质量较高。

（二）数据来源与研究方法

1. 样本选取和研究变量

本节选取 2002 年、2003 年、2004 年全体上市公司作为样本，数据来源于 CSMAR 和 CCER 数据库，我们按照中国证监会行业分类标准，将所

---

① 我们分别以第二大股东到第五大股东与第二大股东到第十大股东持股比例之和除以第一大股东持股比例衡量股权制衡因素，结论都没有改变。

有上市公司分为19个行业，其中制造业按照中国证监会2001年4月发布的行业分类标准的亚类进行分类，划分为十个类别，我们剔除了金融类上市公司，因为它们与普通上市公司相比，治理结构较为特殊。此外由于两类上市公司样本不足10家，将其剔除，所以最终剩下19类上市公司。在此基础上，我们进一步剔除了ST、PT类以及数据不全和每年DACC值位于该年1%和99%之外的公司，最后剩下3102家公司，其中2002年968家，2003年1045家，2004年1089家。

本节的关键变量是会计信息质量和公司治理因素。会计信息质量是因变量，公司治理因素是自变量，同时根据Klein（2002）以及Minichols（2000）的研究，选择公司规模、盈余变异度、资产增长率以及净资产报酬率作为控制变量。被解释变量和控制变量的定义如下表所示：

表3-18　　被解释变量和控制变量的定义

变量名称	变量符号	变量定义
管理者持股	MANA	董事、监事及其他高层持股数/总股数
第一大股东持股比例	FSR	第一大股东持股数/总股数
第一大股东持股性质	FSN	若为国有股取1，否则取0
外部审计质量	AO	若审计师出具无保留意见，取1，否则0
股权制衡因素	SR	第二到第五大股东持股数/第一股东持股数
内部审计质量	AUDITCOM	如果公司有内部审计委员会，取1；否则0
股东大会会议次数	SM	股东大会次数的自然对数
董事会会议次数	BM	董事会会议次数的自然对数
董事会规模	BS	董事会总人数的自然对数
独立董事比例	DR	独立董事人数/董事会总人数
两职合一	DU	董事长、总经理兼任取1，否则取0
债务融资治理	DAR	总债务/总资产
公司规模	SIZE	总资产的对数
资产增长率	AIR	［t年总资产－（t-1）年总资产］/t年总资产
盈余变异性	ECR	盈余变化的绝对值/总资产
净资产报酬率	ROE	营业利润/净资产
第一股东持股比例平方	SQUFSR	第一大股东持股比例的平方
流通股股东持股比例	CSR	流通股股东持股数/总股数
法律环境因素	LH	若包含外资股，取值为1，否则0

2. 研究方法

Defond（1998）发现，以行业截面修正的琼斯模型，比时间序列修正的琼斯模型效果要好。行业截面修正的琼斯模型具体计算过程如下：

第一步：利用琼斯模型计算β_0、β_1、β_2。

$$TACC_t = \beta_0 + \beta_1 TEV_t / TA_{t-1} + \beta_2 PPE_t / TA_{t-1} + \varepsilon \quad (1)$$

$$TACC_t = (NI_t - OCF_t) / TA_{t-1} \quad (2)$$

其中：

TACC 代表公司第 t 年的应计利润总额；

NI 代表净利润，OCF 代表经营活动现金流量；

TA 代表第 t－1 年末的总资产；

REV 代表营业收入变动额；

PPE 代表固定资产总额。

第二步，利用第一步计算出来的回归系数，采用修正的琼斯模型计算非操纵性应计利润 NDACC。

$$NDACC = \beta_0 + \beta_1 (REV_t - REC_t) / TA_{t-1} + \beta_2 (PPE_t / TA_{t-1}) \quad (3)$$

其中：

NDACC 代表非操纵性应计利润总额；

REC 代表第 t 年的应收账款变动数。

最后，操纵性应计利润为：

$$DACC = TACC - NDACC \quad (4)$$

本节中，我们利用操纵性盈余代表会计性息的质量。

三、描述性统计结果及其分析

表 3－19　描述性统计结果

变量	样本数	最小值	最大值	均值	标准差
DACC	3102	－0.32455	0.28116	－0.00155	0.07561
BM	3102	0.69314	3.52636	1.98504	0.35732
AUDITCOM	3102	0	1	0.38	0.487
SM	3102	0	2	0.59	0.493
DU	3102	0	1	0.01	0.074
BS	3102	1.38629	2.99573	2.32851	0.214804
DR	3102	0.00000	0.60000	0.28342	0.07832
MANA	3102	0.00000	0.74805	0.00413	0.04145
SR	3102	－15.42207	3.26898	0.51237	0.636970
FSN	3102	0	1	0.77	0.421
LH	3102	0	1	0.09	0.284
CSR	3102	0.08681	1.00000	0.39810	0.12085
AO	3102	0	1	0.94	0.231
DAR	3102	0.0081	1.1913	0.462678	0.1723560
FSR	3102	0.0324	0.8500	0.437857	0.1710181

由上表的描述性统计中可以看出，高层管理者持股比例较低，平均值仅为0.00413，甚至样本公司中有大量上市公司高层管理者持股数为0，这一点说明我国的股权结构与发达资本市场的公司有很大不同，他们公司的高管层一般持有大量公司股票，有利于利益趋同效应的实现，而在我国上市公司一般为国有公司，由于期权激励和相应的管理层激励没有实施，所以高管持股比例相对较低。在我国，第一大股东持股比例较高，平均值为0.437857，表明中国第一大股东持股比例过高，而用来衡量股权制衡程度的SR平均值仅为0.51237，所持股份刚刚超过大股东所持股数的一半，说明了其余的大股东很难对大股东形成制衡作用，一股独大现象非常严重，这主要是历史遗留问题，源于国有股和法人股无法在二级市场上流通，这一点在股权分置改革以后有望逐步得到改观。样本公司中大部分为国家股或者国家法人股。独立董事所占比例平均值为0.28342，表明绝大部分公司的独立董事比例已经达到或接近证监会所要求的标准（独立董事占董事总数1/3以上）。获得审计师出具干净报告的公司平均值为0.94，比例相当之高，而现实的情况是在我国资本市场上会计信息质量却偏低。造成这一背离的原因可能在于资本市场尚不成熟以及注册会计师职业素质不高有关，审计师容易与被审计客户合谋，从而欺骗了投资者。流通股所占比例较低，平均值仅为0.39810，这是由于我国长期以来国有股和法人股不准在二级市场流通造成的。拥有审计委员会的公司平均值仅为0.38，而在国外尤其是美国，审计委员会已成为独立于管理层保护股东利益的重要内部控制机制之一，这表明在我国上市公司保护投资者利益的内部控制机制并不健全，仍需进一步完善。

四、经验证据及分析

为了检验会计信息质量和公司治理各因素之间的关系，依据关于第一大股东作用的两种不同假说，本节建立两个回归模型，并对行业和年份加以控制：

$$DACC = \alpha + \beta_1 BM + \beta_2 AUDITCOM + \beta_3 SM + \beta_4 DU + \beta_5 BS + \beta_6 DR + \beta_7 MANA + \beta_8 SR + \beta_9 FSN + \beta_{10} LH + \beta_{11} CSR + \beta_{12} AO + \beta_{13} DAR + \beta_{14} FSR + \sum_{i=15}^{i=32} INDUS_i + \sum_{j=33}^{j=34} year_j + \xi \tag{5}$$

$$DACC = \alpha + \beta_1 BM + \beta_2 AUDITCOM + \beta_3 SM + \beta_4 DU + \beta_5 BS + \beta_6 DR$$

$$+\beta_7 MANA+\beta_8 SR+\beta_9 FSN+\beta_{10} LH+\beta_{11} CSR+\beta_{12} AO +\beta_{13} DAR+\beta_{14} FSR+\beta_{15} SQUFSR+\sum_{i=16}^{i=33} INDUS_i+\sum_{j=34}^{j=35} year_j +\xi \quad (6)$$

其中：

INDUS和year分别代表行业和年度哑变量，以期对这两个变量进行控制。

本节采纳2002到2004年的数据进行的回归结果如下：

表3-20　　模型1回归结果

模型一				
变量	系数	标准差	t值	P值
C	0.072	0.041	1.776	0.076
BM	0.007	0.004	1.656	0.098
AUDITCOM	0.007	0.003	2.417	0.016
SM	0.006	0.003	1.980	0.048
DU	0.018	0.018	0.955	0.340
BS	0.003	0.007	0.479	0.632
DR	0.006	0.021	0.267	0.790
MANA	0.040	0.034	1.182	0.237
SR	-0.003	0.003	-0.889	0.374
FSN	-0.003	0.004	-0.875	0.382
LH	-0.004	0.005	-0.814	0.416
CSR	-0.014	0.016	-0.885	0.376
SIZE	-0.005	0.002	-2.815	0.005
ROE	0.000	0.001	0.195	0.846
AIR	0.000	0.000	-2.154	0.031
DAR	-0.012	0.009	-1.411	0.158
AO	0.031	0.006	5.126	0.000
FSR	-0.007	0.015	-0.439	0.661
F值	2.569		总体显著性	0.000

表 3-21　　模型 2 回归结果

模型二				
变量	系数	标准差	t 值	P 值
C	0.050	0.044	1.150	0.250
BM	0.007	0.004	1.689	0.091
AUDITCOM	0.007	0.003	2.402	0.016
SM	0.006	0.003	1.934	0.053
DU	0.019	0.018	1.015	0.310
BS	0.003	0.007	0.487	0.626
DR	0.007	0.021	0.315	0.753
MANA	0.041	0.034	1.215	0.225
SR	-0.001	0.003	-0.394	0.694
FSN	-0.003	0.004	-0.955	0.339
LH	-0.005	0.005	-0.943	0.346
CSR	-0.011	0.016	-0.704	0.481
SIZE	-0.005	0.002	-2.617	0.009
ROE	0.000	0.001	0.211	0.833
AIR	0.000	0.000	-2.103	0.036
DAR	-0.013	0.009	-1.455	0.146
AO	0.031	0.006	5.119	0.000
FSR	0.057	0.051	1.126	0.260
SQUFSR	-0.066	0.050	-1.317	0.188
F 值	2.548	模型总体显著性		0.000

由上面的回归结果，我们可以看出模型 1 与模型 2 区别不大，两个模型的 F 值在总体上都是显著的。其他检验结果解释如下：

(1) 管理层持股比例的影响并不显著，这支持了假设 1。造成这一结果的原因在于，我国上市公司管理层持股比例过低。上文的描述性统计结果表明，我国上市公司高层管理者持股比例较低，平均值仅为 0.00413，甚至样本公司中有大量上市公司高层管理者持股数为 0。

(2) 第一大股东的持股比例对会计信息质量的影响不显著，没有呈现出假设 2 中的倒 U 形关系。其中主要原因可能在于，我们的研究设计将正向和负向的可操纵盈余放入同一个模型。为此本节立即进行如下附加的分组检验。

作为会计信息质量替代变量的盈余管理，其往往有不同的动机，一般可以分为正向和负向盈余管理两种，但受到的影响因素并不一样。我们进一步根据可操纵盈余方向的不同，将样本公司分为正负两组，其中负向公司为 1590 家，正向公司为 1512 家，并分别应用上文的模型 1 和模型 2 进行回归。结果发现：在当公司存在负向的盈余管理时，应用模型 1 得到此时第一大股东的持股比例系数为负且在 5% 水平上显著；应用模型 2 时，第一大股东持股比例及其平方项均不显著；当公司存在正向盈余管理时，应用模型 1 得到的第一大股东持股比例显著为正（10% 水平），应用模型 2 第一大股东持股比例及其平方项均不显著，回归结果如下（省去其他项，括号内数字为 p 值）。

表 3-22　针对正向和负向的可操纵盈余的分组检验

	模型一		模型二	
变量名称	负向盈余管理	正向盈余管理	负向盈余管理	正向盈余管理
FSR	-0.035（0.05）	0.023（0.078）	-0.022（0.683）	-0.050（0.309）
SQUFSR	NA	NA	-0.012（0.803）	0.079（0.125）

模型 1 和 2 的 F 值均在 1% 水平上显著，但是应用模型 1 的回归拟合优度优于应用模型 2，且应用模型 1 时第一大股东持股比例平方项分别在 5% 和 10% 水平上显著，这就显示模型 1 此时优于模型 2。我们还发现，当存在负向盈余管理时，第一大股东随着持股比例的增加，有很强的进一步负向盈余管理的动机，且随着持股比例的增加，这种负向盈余管理的动机增强，这就验证了“洗个大澡（take a big bath）”效应的存在（朗咸平，2004）；当存在正向盈余管理时，第一大股东在 10% 水平上面显著为正，说明了当上市公司存在正向盈余管理时，盈余管理程度与第一大股东持股比例成正比，第一大股东持股比例越高，盈余管理程度越强。这主要源于随着第一大股东持股比例的增加，其控制力进一步上升，为其增大盈余管理创造了条件。上述两组证据都附带的支持了“掠夺”假说。

(3) 企业的产权性质尽管与会计信息质量呈现负相关，但是结果并不显著，这说明了我国国有企业与民营企业相比并不存在较大的盈余管理动机。此外，公司的法律环境因素对会计信息质量的影响并不显著，这有可能与我国会计准则已实现与国际会计准则的实质性趋同有一定关系。

(4) 独立董事所占比例对会计信息质量的影响也不显著。在我国独立董事制度建立的时间不长，企业的独立董事往往并不独立，难以发挥作用。大部分公司聘任独立董事可能仅仅为了迎合证监会的要求，而并非为了保护中小股东利益。

(5) 董事会规模对会计信息质量的影响不显著，在我国，通常情况下董事会内部董事长和总经理的地位非常突出，权威性非常强，无论董事会规模大小，一般不会产生难以协调一致的现象。

(6) 两职合一对会计信息质量的影响不显著，在我国，总经理的权利往往较大程度上受到董事长的限制，即使两职分离，也难以发挥作用。

(7) 董事会会议在10%以上显著，并且系数为正，一定程度上说明频繁的董事会是企业经营业绩不佳的表现，从而利用频繁的会议商订对策，进行盈余管理。股东大会系数为正且显著，说明股东大会非但没有有效遏制公司的盈余管理行为，一定程度上还助长了公司的盈余管理程度。在我国，中小股东所持股份较小，即使其能够通过股东大会充分交流意见，但是往往在公司决策中没有话语权，公司所作出的决策往往是大股东意志的体现。

(8) 研究结果支持了假设8，即流通股比例并没有与会计信息质量呈现显著的相关关系。其原因在于中国的制度背景下，流通股股东比例太小，没有能力充分表达自己的意见，没有对会计信息质量产生积极影响。

股权制衡因素对会计信息的影响不显著，在我国，第一大股东的持股比例过高，有时甚至第一大股东和其他大股东联合，或者为同一家实体所控制，制衡因素就更难以发挥作用。

(9) 资产负债率[①] 的系数为负，并不支持假设9，但是并不显著。造成这一结果的原因与我国债市的现状有关。我国债市中，法律保护的不完善使得存在“借债容易要债难”的尴尬，债权的被践踏不利于我国债券市场的发展和债权应具有的监督效应。同时在这种背景下，如果负债增多，上市公司为了不违反债务契约，便更加可能进行盈余管理，从而降低了会

---

① 我们还以长期资产负债率替代资产负债率，因为长期负债对企业的决策影响更大，此外，大部分短期存款由于企业正常的生产经营活动产生，结论仍未改变，这有可能与我国长期负债所占比例偏低相关。

计信息质量。

(10) 拥有审计委员会的公司系数为正，且在5%水平上显著，并不支持假设10a，这说明审计委员会在我国并没有有效遏制盈余管理的程度，提高会计信息质量，反而增加了企业的盈余管理，这有可能与我国大多数公司的审计委员会仅仅流于形式，且不独立于企业的管理层。审计委员会的本原性质在于，它是代表股东利益直接负责企业外部会计事务，并享有企业内部会计事务的消极权力（谢德仁，2005)，而在我国没有真正独立代表股东利益的审计委员会，反而审计委员会成为企业盈余操纵的工具。

此外，外部审计质量与盈余管理程度正相关，且系数显著，并不支持假设10b，这说明在我国外部审计并没有有效保护投资者的利益。其原因可能在于，法律上规定审计师的选择权在董事会，而通常企业管理层掌握着审计师的选择权，这为企业与审计师合谋提供了机会，难以保护投资者尤其是中小投资者的利益。

(11) 控制变量中，仅仅资产增长率显著为正，说明了规模迅速扩张的企业盈余管理的程度增大，有可能是为了满足扩张需要而达到再融资条件所致。

公司规模对会计信息的影响与预期相反，没有增加公司的盈余管理程度，而是降低了公司的盈余管理程度，这与在我国上市公司中规模较大资产优良的公司优先上市有关，这类公司一般经营业绩优良，盈余管理的程度也将有所降低。

五、小结

公司治理对于提高会计信息质量的作用，以及说明了当存在不同的盈余管理方向时第一大股东的动机完全不同。根据上述研究结果，我们认为：应该加强我国上市公司的内外部审计机制建设，保护投资者的利益，不要让审计机制流于形式；加快股权分置改革，降低“同股不同权”现象和“一股独大”现象的影响，发挥股权制衡作用，提高会计信息质量；完善法律环境，保护债权人利益，发展债券市场；完善独立董事制度，让独立董事真正独立，并且发挥其在公司治理中应有的作用。

第四节

公司治理与财务舞弊：一项实证研究[①]

一、问题的提出

2001年，我国证券市场惊爆郑百文、银广夏、麦科特等系列财务丑闻，不仅反映出我国上市公司会计信息质量低下的事实，更将改革上市公司治理结构、规范证券市场运作提上了监管部门的议事日程。证监会于2001、2002年分别颁布了《关于在上市公司建立独立董事制度的指导意见》和《中国上市公司治理准则》，特别提出在上市公司建立独立董事制度。希望能以高质量的会计信息促进健全公司治理结构的建立，以健全的公司治理结构保证会计信息的可靠与真实。

我国当前的上市公司治理结构在保证会计信息质量上是否发挥了应有的作用？如果未能起到预期作用，我国当前特殊的制度性背景能否对上市公司愈演愈烈的财务舞弊行为加以解释？我们以证监会行政处罚、公开批评、通报批评的财务舞弊上市公司为研究对象，以董事会构成和所有权结构作为公司治理变量，对上述问题进行经验分析，从实证角度解读公司治理与财务舞弊间的可能关系。根据《中国注册会计师独立审计准则》第8号《错误与舞弊》[②]，我们将所研究的财务舞弊行为界定为：公司管理层突破现有会计规范，蓄意错误呈报、遗漏财务报告中应予披露的内容或提供虚假会计信息。[③]

---

① 本节的初稿由课题组成员蔡宁博士完成。

② 《中国注册会计师独立审计准则》第8号《错误与舞弊》第三章“编制和实施审计计划时对错误与舞弊的关注”，将舞弊定义为：（一）伪造、变造记录或凭证；（二）侵占资产；（三）隐瞒或删除交易或事项；（四）记录虚假的交易或事项；（五）蓄意使用不当的会计政策。《中国注册会计师独立审计准则》2006年2月15日已经发展为《中国注册会计师执业准则》。

③ 与财务舞弊有关的另一概念是“盈余管理”，盈余管理是指经理人员在财务报告与组织交易等活动中运用了判断，从而改变企业的对外财务报告，这一概念不属于我们的研究范畴。在本节中，财务舞弊等同于“违法性会计信息失真”、“财务操纵”等术语，盈余管理等同于“财务报表粉饰”等术语。

二、文献回顾与基本假设

在公司治理中，董事会的一项重要功能是通过有效监督经理层的经营行为、最小化两权分离可能带来的代理成本。Fama（1980）、Fama 和 Jensen（1983）指出，董事会中大部分具有影响力的董事成员都是公司的内部管理人员，但董事会要成其为有效的决策控制机制，还必须包括部分的外部董事，董事会作为内部控制机制的有效性将随着外部董事的加入而增强。Beasley（1996）的研究表明，无财务舞弊行为公司董事会中外部董事的比例显著大于财务舞弊公司，并且，随着外部董事持股比例上升、外部董事任职期延长、以及外部董事在其他公司任职人数的增加，财务报表舞弊的可能性也不断降低。

我国公司治理改革已逾十年，当前独立董事制度的建立是否有助于改善公司治理结构？胡勤勤和沈艺峰（2002）的研究表明，现阶段上市公司的公司治理中，独立董事制度对公司经营业绩的改善未能起到应有的作用。在目前上市公司普遍存在一股独大、内部人控制的情况下，上市公司特殊的制度性背景完全有可能使独立董事制度流于形式。因此，独立董事在上市公司会计监管中也将难以发挥预期的信息监督职能。由于我国监管部门直至 2001 年才对上市公司设立独立董事作出明文规定，这一时点之前的财务舞弊行为并不适用从独立董事角度进行解释，所以我们将以外部董事代表董事会的独立性①。由此，提出我们研究的第一个假设：

假设 1：发生财务舞弊的上市公司与未发生财务舞弊的上市公司两者董事会中外部董事比例不存在显著差异。

有关财务报告信息质量的影响因素，除了上文所述董事会结构外，公司所有权结构也被认为具有相当的影响力。Fan 和 Wang（2002）对东亚经济中所有权结构和会计盈余信息性之间关系的研究表明，所有权高度集中以及由此带来的金字塔式的持股结构，带来了控股股东与外部投资者之间的利益冲突，控股股东将出于自利目的报告会计信息，因此会计信息对外部投资者而言失去了可信性。

---

① 国外早期的研究文献也仅以董事是否同时也是公司雇员为标准，将其分为内部董事（公司雇员）和外部董事（非公司雇员）。后来的研究文献才延伸到进一步考虑董事与公司的各种利益关系，并以此为标准再将外部董事分为独立董事和关联董事。

在上市公司经营绩效与股权结构的研究中，国有股一股独大、以及由此引发的严重内部人控制被归结为国有企业经营绩效低下的重要原因。徐晓东、陈小悦（2002）的研究表明第一大股东为非国家股股东的公司有着更高的企业价值和更强的盈利能力，杜莹（2002）也发现国家股比例与公司绩效呈显著负相关。我国上市公司第一大股东多为国有股，且拥有绝对控制权①，国有产权的特殊性使行政代理无法构建起对国有产权的有效保护，从而使上市公司为虚饰经营业绩而操纵会计信息成为可能。由此，提出我们研究的第二和第三个假设：

假设 2：股权集中度越高的上市公司越容易发生财务舞弊；

假设 3：当控股股东为国有股东时，上市公司更有可能发生财务舞弊。

三、研究设计

（一）样本选择

本节以 90 家上市公司为样本对上述假设进行检验，其中 45 家为“财务舞弊”上市公司，采取一一对应原则为每一家财务舞弊公司选择相应的配比样本，共获得 45 家无财务舞弊行为上市公司。样本观察值的所有财务数据均来自中国股票财务数据库查询系统 V2.0，董事会变量、股本结构变量来自巨潮资讯（www.cnicfo.com）上市公司历年年报。

1. 财务舞弊上市公司

我们从中国证监会（www.csrc.gov.cn）历年行政处罚、通报批评、公开批评的上市公司中选取财务舞弊样本公司。② 首先，上述公司的违法违规行为仅限于信息披露方面，而不包括信息披露之外的行为。③ 其次，监管部门从 1998 年开始才要求上市公司在年报中披露公司治理信息，有限于此，舞弊样本的选取期间始于 1998 年，即上市公司的财务舞弊行为

---

① 截至 2001 年 3 月，沪深交易所上市公司 1122 家，总股本 3973.12 亿，其中国家股、国有法人股 2502.96 亿，占总股本的 63%。此外，2001 年度 A 股上市公司第一大股东的平均持股比例为 43.9%，第二大股东持股比例为 8.5%。

② 截至 2002 年 7 月 4 日证监罚字［2002］12 号。

③ 具体有：上市公告、招股说明书等上市文件有重大遗漏和虚假陈述；中报和年报有重大遗漏和虚假陈述；未及时报告、公告可能对公司股票价格产生较大影响的重大事件；未及时公开澄清可能对公司股票价格产生误导性影响的信息；股票发行、交易过程中的其他重大遗漏和虚假陈述。具体见《股票发行与管理暂行条例》第六章“上市公司的信息披露”。

最早不早于 1998 年。再次，财务舞弊公司仅限于证监会正式立案审查，并作出行政处罚、通报批评、公开批评等正式处理决定的案件。依据上述标准，我们共选取 45 家财务舞弊上市公司作为舞弊公司样本。

2. 无财务舞弊上市公司

每一家财务舞弊上市公司以下列标准为基础，共选取 45 家无财务舞弊行为的上市公司作为配比样本：(1) 交易所：财务舞弊公司与配比样本公司在同一交易所上市交易，即上海证券交易所或深圳证券交易所；(2) 公司规模：财务舞弊前一年与舞弊公司资产总额最接近的公司；(3) 行业：舞弊公司和配比公司所在行业相同，研究采取商业、制造业、公用事业、房地产、综合类等五大类作为行业分类标准。除上述标准外，配比公司还必须不在上交所、深交所公开谴责的公司之列，并且公司历年审计报告都必须是标准无保留意见。舞弊公司与配比公司基本情况见表 3－23。

表 3－23　舞弊公司与配比公司基本情况　（￥以千元为单位）

	舞弊公司（n=45）	配比公司（n=45）
总资产：均值	￥1091745	￥1089098
标准差	￥1054845	￥870278
中位数	￥752933	￥857603
交易所：上交所	19	19
深交所	26	26
行　业：商业	6	6
制造业	29	29
公用事业	1	1
房地产	2	2
综合类	7	7

（二）研究设计

研究设计上采取 logit 回归分析，分别对第二部分提出的假设进行检验：

假设 1：

$$FRAUD_i = \alpha + \beta_1 \% OUTSIDE_i + \sum_{j=1}^{8} \delta_j CONTROL_{ij} + \varepsilon_i \qquad (1)$$

假设2、假设3：

$$FRAUD_i = \alpha + \beta_1 \% FIRSTHOLD_i + \beta_2 STATEHOLD_i + \sum_{j=1}^{8} \delta_j CONTROL_{ij} + \varepsilon_i \quad (2)$$

式（1）对上市公司外部董事比例和上市公司舞弊行为之间的相关性进行了检验，式（2）对上市公司股权集中度、控股股东性质和上市公司财务舞弊行为之间的相关性进行了检验。

1. 因变量（Dependent Variables）

式（1）、式（2）的因变量都是FRAUD，该变量为哑变量，若上市公司有财务舞弊行为该值取1，否则取0。

2. 解释变量（Independent Variables）

式（1）的解释变量是%OUTSIDE，代表董事会中外部董事所占比例，以未在公司任职的董事人数除以董事会总人数。

式（2）的解释变量是%FIRSTHOLD和STATEHOLD，%FIRSTHOLD代表上市公司第一大股东持股比例，我们以第一大股东持股比例衡量上市公司股权集中度，该变量以第一大股东持股数除以公司总股数计算；STATEHOLD代表上市公司第一大股东性质，该变量为哑变量，第一大股东为国有股股东该变量取1，否则取0。

3. 控制变量（Control Variables）

我们的研究对以下有可能对上市公司财务舞弊行为产生差异性影响的诱因与环境因素进行了控制：

（1）董事会规模（BOARDSIZE），Yermark（1996）发现董事会监督职能随着董事会规模增大而减弱，我们的研究预测该控制变量与上市公司财务舞弊行为存在正相关关系，该变量以董事会人数计量；

（2）二元性（DUALITY），Jensen（1993）认为CEO无法独立于其个人利益履行董事会主席的监督职能，两职合一无疑会影响到董事会监督职能的发挥。我们的研究预测该控制变量与财务舞弊行为之间存在正相关关系。该变量为哑变量，当董事会存在两职合一的情况时取1，否则取0；

（3）上市流通年数（AGEPUB），林舒、魏明海（2000）研究发现上市公司上市前都存在过度“包装”的现象，而我国证券市场也普遍流行“一年绩优、两年绩平、三年绩差”的说法，当企业绩效低下时管理层操纵会计数字的诱因也可能随之增强。我们的研究预测公司上市期间与其财务舞弊行为存在正相关关系，该变量以公司上市流通年份数计量；

(4) 配股 (SEO)，蒋义宏、魏刚 (1998) 的研究发现，针对配股资格中 ROE 必须达到 10%的规定，我国上市公司 ROE 的分布存在显著的"10%现象"。我们的研究预测上市公司争取配股资格与否与财务舞弊行为存在正相关关系。该变量为哑变量，上市公司在财务舞弊行为发生后三年内有配股行为的该变量取 1，否则取 0；

(5) 特别处理 (ST)，上市公司发生亏损时将有强烈的诱因操纵会计盈余以避免被特别处理，已被特别处理的公司则多通过财务操纵行为实现"脱帽"。我们的研究预测上市公司是否被特别处理与财务舞弊行为存在正相关关系。该变量为哑变量，上市公司财务舞弊行为发生后被特别处理、特别处理期间发生财务舞弊、财务舞弊后实现"摘帽"的[①]，该变量取 1，否则取 0；

(6) 财务杠杆 (LEVER)，企业的负债权益比率越高，企业经理人员就越可能选择将报告盈余从未来期间转移至当期的会计程序。我们的研究预测上市公司财务杠杆与财务舞弊行为存在正相关关系，该变量以总资产负债率计量；

(7) 企业规模 (SIZE)，Ho 和 Wang (2001) 发现，公司规模与自愿披露程度存在显著正相关关系。我们的研究预测上市公司规模与财务舞弊行为存在负相关关系，该变量以上市公司总资产取自然对数计量；

(8) 获利能力 (ROE)，我们的研究预测上市公司获利能力与财务舞弊行为存在负相关关系，该变量以净资产收益率 (ROE) 计量。

四、研究结果

(一) 描述性统计分析

表 3-24 对舞弊公司组与配比公司组之间有关变量其差异的显著性进行了检验，每一配对 (pair) 是以配比公司的变量值减去舞弊公司的相应变量值。

---

① 财务舞弊当年或之后三年内被特别处理的，可视作为避免 ST 而操纵会计盈余；特别处理期间发生财务舞弊的，可视作力图"摘帽"而操纵盈余；财务舞弊后被撤销特别处理的，可视作通过操纵盈余实现"摘帽"。

表 3-24　配对样本 T 检验

变量	均值	标准差	下限	上限	t 值	自由度	显著性（双尾）
%OUTSIDE	-2.5121	24.0922	-9.7502	4.7260	-0.699	44	0.488
%FIRSTHOLD	-8.7498***	18.5742	-14.3301	-3.1695	-3.1600	44	0.003
STATEHOLD	-0.1111	0.5730	-0.2832	0.0610	-1.3010	44	0.200
BOARDSIZE	-0.4400	3.5600	-1.5200	0.6300	-0.8360	44	0.407
DUALITY	-0.1100	0.6800	-0.3200	0.0937	-1.0930	44	0.280
AGEPUB	-0.1800	2.6600	-0.9800	0.6200	-0.4490	44	0.656
SEO	0.3600***	0.6100	0.1700	0.5400	3.9170	44	0.000
ST	-0.2900***	0.4600	-0.4300	-0.1500	-4.2280	44	0.000
LEVER	-0.0830**	0.2601	-0.1612	-0.0049	-2.1420	44	0.038
SIZE	0.1128	0.7382	-0.1090	0.3346	1.0250	44	0.311
ROE	-0.0033	0.2511	-0.0787	0.0721	-0.0880	44	0.930

*** 在 0.01 的水平上显著（双尾）相关。
** 在 0.05 的水平上显著（双尾）相关。

从表中可以看出，两个样本组第一大股东持股比例（%FIRSTHOLD）、配股（SEO）、特别处理（ST）之间的差异在 0.01 的水平上高度显著，资产负债率（LEVER）之间的差异在 0.05 的水平上显著。配比公司的第一大股东持股比例平均低于舞弊公司 8.75%，配比公司的配股行为多于舞弊公司，而舞弊公司被特别处理的可能性更大，舞弊公司的财务杠杆平均高于配比公司 8.3%。

（二）Logit 回归分析

1. 外部董事比例与财务舞弊

表 3-25 列示了上市公司外部董事比例与公司财务舞弊行为关系的回归结果。

从表中可以看出，外部董事比例与上市公司财务舞弊行为之间不存在显著的相关性，研究假设 1 通过检验。这一结论同 Beasley（1996）的研究结果正相反，Beasley 发现上市公司外部董事比例与财务舞弊行为存在高度显著的负相关关系。

2. 第一大股东持股比例、性质与财务舞弊

表 2-5 列示了上市公司第一大股东持股比例、第一大股东性质与公司财务舞弊行为之间关系的回归结果。

表 3-25 外部董事 Logit 回归结果

	系数	标准误	Wald 检验值	自由度	显著性
Constant	5.401	6.820	0.627	1	0.428
Independent Variables					
%OUTSIDE	0.014	1.967	0.511	1	0.475
Control Variables					
BOARDSIZ	0.089	0.098	0.824	1	0.364
DUALITY	0.320	0.618	0.268	1	0.605
AGEPUB	0.011	0.105	0.012	1	0.914
SEO	-1.806**	0.611	8.748	1	0.003
ST	9.189	25.951	0.125	1	0.723
SIZE	-0.382	0.332	1.323	1	0.250
LEVER	0.884	1.573	0.316	1	0.574
ROE	2.272	2.252	1.018	1	0.313
-2Log likelihood		91.315			
Cox & Snell R Square		.310			
Nagelkerke R Square		.414			
Chi-square Test of Model Coefficients	33.451	(Sig.=.000)	(9 degrees of freedom)		

** 在 0.05 的水平上显著（双尾）相关。

从表中可以看出，第一大股东持股比例与上市公司财务舞弊行为存在正相关关系，并在 0.01 的水平上高度显著；但第一大股东性质与财务舞弊行为之间的关系没有通过检验。

表 3-26 第一大股东持股比例、第一大股东性质 Logit 回归结果

	系数	标准误	Wald 检验值	自由度	显著性
Constant	8.476	7.39	1.315	1	0.251
Idependent Variables					
%FIRSTHOLD	0.094***	0.029	10.549	1	0.001
STATEHOLD	-0.658	0.829	0.63	1	0.427
Control Variables					
BOARDSIZ	0.225*	0.117	3.718	1	0.054
DUALITY	0.636	0.618	1.06	1	0.303
AGEPUB	0.205	0.126	2.653	1	0.103
SEO	-1.930***	0.713	7.338	1	0.007
ST	9.244	24.278	0.145	1	0.703
SIZE	-0.743*	0.388	3.654	1	0.056
LEVER	2.299	1.851	1.543	1	0.214
ROE	2.611	2.627	0.988	1	0.320
-2Log likelihood		76.404			
Cox & Snell R Square		.416			
Nagekerke R Square		.554			
Chi-square Test of Model Coefficients	48.363	(Sig.=.000)	(10 degrees of freedom)		

*** 在 0.01 的水平上显著（双尾）相关。

* 在 0.1 的水平上显著（双尾）相关。

（三）对研究结果的讨论

研究假设1通过检验，证明了发生财务舞弊的上市公司与未发生财务舞弊的上市公司两者董事会中外部董事比例不存在显著差异。我国上市公司的外部董事没有发挥预期的信息监督职能，这一现象是根植于我国特殊的制度性背景的。正如 Fama 和 Jensen（1983）所言，外部董事人力资源的价值主要取决于他们在其他组织中担任内部决策管理人员的工作情况，他们要通过董事职位向外部职业市场传递相应的信号。外部董事之所以会对选择、聘任他们的公司高管人员进行监督，是因为外部董事有充分的激励去维护他们作为决策控制专家的声誉。可见，成熟职业市场的存在，是外部董事成其为有效监督机制的关键。目前我国的外部董事多是行政任命，而非职业决策控制专家，在本身不具备职业素质、成熟职业市场缺失的情况下，外部董事没有尽职监督是必然结果。

研究假设2股权集中度与上市公司财务舞弊行为的正相关关系通过检验，但研究假设3第一大股东性质与财务舞弊行为之间的关系没有通过检验。与 Fan 和 Wang（2002）的研究结果一致，在所有权高度集中的情况下，上市公司的公司治理失效的可能性随之增大，控股股东将出于自利目的报告会计信息，上市公司财务舞弊的可能性也就越大。控股股东是否为国有股东与财务舞弊之间却不存在显著的相关性，这说明控股股东性质对我国证券市场财务舞弊行为不具解释力。在所有权高度集中的情况下，国有控股股东与非国有控股股东操纵会计信息的激励是相同的。

研究还发现下述因素对上市公司财务舞弊具有解释力。首先，上市公司配股行为与财务舞弊存在负相关关系，这说明了进行配股的上市公司业绩相对较好，为达到10%、6%的配股生命线而进行财务舞弊的激励也就相对减弱，或者说我国证券市场上市公司财务舞弊的主要目的不是为了争取配股资格，但不排除上市公司出于配股目的而进行财务报表粉饰。其次，公司规模与财务舞弊存在负相关关系。大规模企业需要更多的资本，其所受到的社会关注、监管关注也更大。尽管大规模企业也可能具有为募集更多社会资金而操纵会计数字的动因，但与社会压力、监管压力相权衡，大规模企业更倾向于放弃这一动因。再次，董事会规模与财务舞弊存在正相关关系，随着董事会规模的增大，董事会监督职能随之减弱，财务舞弊发生的可能性也就增大。

五、结论和局限

我们研究发现：(1) 上市公司外部董事比例与财务舞弊行为不存在显著的关系，这一结论和国外学者的研究不一致。研究结论的差异在于我国证券市场独特的制度背景。我国目前的外部董事多是行政任命而非职业决策控制专家，兼之成熟职业市场缺失，因此，外部董事没有能发挥预期的信息监督职能。(2) 上市公司股权集中度与财务舞弊行为显著正相关，但控股股东性质与财务舞弊行为之间不存在显著相关性。这说明随着股权集中度的提高，上市公司的公司治理失效的可能性随之增大，控股股东将可能出于自利目的而操纵会计信息。但控股股东性质对我国证券市场财务舞弊行为不具解释力。

本节研究的是公司治理与财务舞弊这一极端情况之间的可能关系，研究可能存在下述问题：首先，我国证券市场普遍存在的财务报表粉饰不在我们研究的考虑范围之内，这一问题也可成为未来研究的方向。推而广之，舞弊、粉饰之外的会计信息质量问题，如会计信息的信息含量、充分披露、自愿披露等等的研究，对研究公司治理与财务报告之间的关系这一问题会更具代表性和广泛性。其次，有关股权结构和财务舞弊关系研究中，只是笼统地考虑控股股东作为国有股股东的情况，如果将国有股东进一步分作国家股、国有法人股将有助于深入分析财务舞弊与股权结构之间关系。再次，在舞弊样本的选择上，我们的研究以已被证监会行政处罚、通报批评、公开批评的上市公司为对象，有可能遗漏一些尚未“东窗事发”的公司。并且受董事会变量可获取性所限，我们的研究舍弃了1998年以前的财务舞弊公司，样本的代表性、研究的解释力都可能受影响。

第五节 公司治理、投资者保护、最终控制人和财务报告质量实证研究[①]

一、集中的股权结构——基于国际比较视角的文献检索

1. 研究方法和有关术语定义

本节在研究思路上首先对有关理论问题进行了梳理，为后文实证检验问题的提出进行铺垫。通过描述性统计分析对我国上市公司最终控制人的构成情况、两权情况进行比较说明。在对股权结构和会计盈余相关性检验上分别采用了长时间窗和短时间窗检验方法。以下是研究涉及的主要术语在本部分的定义：

(1) 终极所有者/最终控制人（ultimate owner）。在上市公司的控制链上，如果存在这样一个控制实体，无法追溯其背后的控制人、且其控制权比例超过某一设定比例，本部分就认定该上市公司为股权集中型上市公司，且该控制方为上市公司的最终控制人。这里所说的“无法追溯”有两种情况：第一，某一控制实体为政府或个人（家族），那么这些个体背后再无其他控制实体，就可以停止追溯；第二，某一控制实体为股权分散的商业企业或金融企业，因为股权分散使这些企业不受任何实体控制，因此可以停止对控制人的追溯。

(2) 直接股东（immediate shareholder）。这是相对终极所有者的一个概念，指的是直接持有上市公司一定比例股份的所有者，直接股东和上市公司之间不存在任何其他持股实体。

(3) 控制权（control rights）。控制权（投票权）指的是最终控制人参与企业经营、财务等决策的权力，通常以重大决策中的投票权来实现，采用控制链上数额最小的持股比例计量。控制权比例用以度量最终控制人侵

① 本节的初稿由课题组成员蔡宁博士完成。

害中小投资者的激励。

(4) 现金流量权（cash flow rights）。现金流量权（所有权）指的是最终控制人参与企业现金流分配的权力，是所有权的直接体现，采用控制链上各个控制环节的持股比例的乘积计量。现金流量权比例用以度量抑制最终控制人侵害激励的可能性。

(5) 两权分离。这里的两权分离指的是最终控制人持有的控制权和现金流量权之间的差异性，采用现金流量权/控制权进行计。

(6) 金字塔式持股结构。本部分采用 Claessens 等（2000）的较为宽松的定义。即在最终控制人和其所控制的目标企业之间的控制链上，至少存在一家其他企业，最终控制人首先控制某一家企业，再由这家企业控制另一家企业，以此类推最终控制目标企业，而不要求控股股东至少通过一家上市公司实施其控制权。

(7) 交叉持股。交叉持股是金字塔式持股结构的一种特例，也就是在控制链上的企业相互持有对方的股权，可以是逆流持股，也可以是平行持股。这种股权结构较为复杂，通常被认为是抵制外部收购的一种策略，因为除非外部投资者完全收购一个集团的企业，否则难以完全取得对这些企业的控制权。

(8) 不平等投票权。不平等投票权背离了一股一权的原则，控股股东和中小投资者持有的股票虽然具有相同的收益权，但是控股股东所具有的投票权要高于中小投资者。

(9) 财务报告质量。本部分采用会计盈余的信息含量作为度量财务报告质量的标准，分别以长时间窗和短时间窗进行检验。

2. 股权集中程度

LLS（1999）以 27 个经济发达国家的前 20 大上市公司、以及中等规模上市公司为研究对象，并根据各国法律条例中投资者针对董事（antidirector rights）的规定完备与否，将 27 个国家分作“针对董事的权力较为完备组”（high antidirector）和“针对董事的权力不够完备组”（low antidirector），考察企业的股权结构特征及其与投资者法律保护环境之间的关系。之所以集中关注经济发达国家的大型企业，是因为根据之前的研究，经济发达国家的投资者保护相对健全，那么发现企业所有权广泛分布的可能性也较大。研究以样本企业是否存在其直接和间接投票权超过某一设定比例（cutoff）的股东为标准，来区分企业是否存在控股股东。采用比较严格的控制权定义时，这一设定比例是20%，如果采用比较宽松的控制权定义，这一设定比例是10%。若企业不存在持股比例超过某一设定比例（20%或10%）的股东，该企业则被归类为股权分散型企业(widely held)。表3-27是LLS研究发现的27个国家股权分散企业占样本企业的比例。

表3-27　27个发达国家股权分散企业占样本企业的比例

国家/地区	前二十大上市公司		中等规模上市公司	
	20%	10%	20%	10%
阿根廷	0.00	0.00	0.00	0.00
澳大利亚	0.65	0.55	0.30	0.10
加拿大	0.60	0.50	0.60	0.40
香港地区	0.10	0.10	0.00	0.00
爱尔兰	0.65	0.45	0.63	0.50
日本	0.90	0.50	0.30	0.20
新西兰	0.30	0.05	0.57	0.00
挪威	0.25	0.05	0.20	0.10
新加坡	0.15	0.05	0.40	0.10
西班牙	0.35	0.15	0.00	0.00
英国	1.00	0.90	0.60	0.10
美国	0.80	0.80	0.90	0.50
针对董事的权力较完备国家的平均情况	0.4792	0.3417	0.3750	0.1667
奥地利	0.05	0.05	0.00	0.00
比利时	0.05	0.00	0.20	0.10
丹麦	0.40	0.10	0.30	0.00
芬兰	0.35	0.15	0.20	0.00
法国	0.60	0.30	0.00	0.00
德国	0.50	0.35	0.10	0.10
希腊	0.10	0.05	0.00	0.00
以色列	0.05	0.05	0.10	0.10
意大利	0.20	0.15	0.00	0.00
韩国	0.55	0.40	0.30	0.00
墨西哥	0.00	0.00	0.00	0.00
荷兰	0.30	0.30	0.10	0.10
葡萄牙	0.10	0.00	0.00	0.00
瑞典	0.25	0.00	0.10	0.10
瑞士	0.60	0.50	0.50	0.40
针对董事的权力不够完备国家的平均情况	0.2733	0.1600	0.1267	0.0600
样本平均情况	0.3648	0.2407	0.2370	0.1074
均值检验	−1.95	−1.92	−2.86	−1.83

资料来源：LLS："Corporate Ownership around the World." *Journal of Finance* 54，1999。根据Table II和Table III整理，研究样本包括前20大上市公司和中等规模上市公司两组，每组样本分别以20%和10%的持股比例作为划分股权分散和股权集中企业的标准。根据各国针对董事权力的有关规定的完备性，将27个国家划分为"High antidirector avg."和"Low antidirector avg."两组。

从表3-27可以看出，对27个国家前20大上市公司而言，当采用是否有股东持股比例超过20%作为划分股权集中还是分散的标准时，股权分散上市公司占样本企业的比例为36.48%，如果放松控制权比例至10%，这个比例下降到24.07%。以中等规模上市公司为研究对象时，股权分散上市公司所占比例分别是23.70%和10.74%。但是在这四组研究中，美国的股权分散上市公司的比例都达到80%或90%，只在最后一组中降到50%。英国的比例除了在最后一组降到10%之外，其他都在50%以上。从研究结果可以看出，伯利和米恩斯准确描述了美国大型公司的股权状况（还可以推广至英国），但就世界范围而言，这并不是广泛现象。只有采用严格的控制权定义，并且以大型公司为研究对象时，股权分散的比例才较高，但平均而言不超过40%，可见相对集中的股权结构更为普遍。

从表3-27还可以看出，投资者法律保护的完善性对股权集中情况确有一定解释力。“针对董事的权力较为完备组”的股权分散公司的比例普遍高于“针对董事的权力不够完备组”，两者的差异程度基本都在20个百分点左右，并且T检验显著。这一结果支持了投资者法律保护的程度决定了股权结构的特征这一论断。

3. 终极所有者

LLS（1999）是第一篇对最终控制权问题进行研究的文献，针对股权集中型的企业研究其终极所有者的情况。所谓终极所有者（ultimate owner）是相对直接股东（immediate shareholder）而言的，从经济实质上看，是终极所有者而不是直接股东对企业的经营、财务决策具有实质性的控制力。通常认为直接持有上市公司股权的所有者是上市公司的直接股东，但是如果直接所有者还受到其他方的控制，则可以继续追溯每一个所有者（或控制人）背后的控制人。如此循序进行直至无法追溯[①]，就能够描述出上市公司直接所有权背后复杂的控制链（control chain）结构。在这一控制链上无法追溯其背后的控制人且直接和间接持股比例之和超过某一设定比例（如20%或10%）的控制实体，就是上市公司的终极所有者。由于直接股东和终极所有者的性质可能并不一致，采用直接所有者判断企业

① 这里所说的“无法追溯”有两种情况：第一，某一控制实体为政府或个人（家族），那么这些个体背后再无其他控制实体，就可以停止追溯；第二，某一控制实体为股权分散的商业企业或金融企业，因为股权分散这些企业不受任何实体控制，因此可以停止对控制人的追溯。

所有权情况完全有可能掩盖企业的真实所有权情况。并且直接股东的所有权比例和终极所有者的所有权比例也存在差异，采用前者判断企业的股权集中情况也有可能导致偏颇的研究结果。

终极所有者通常分为四类：家族、国家、股权分散的金融机构、股权分散的商业企业，终极所有者非以上四类的企业被归为混合型所有者(miscellaneous)，这一类所有者可能是养老基金、共同基金、授权信托、管理信托、非营利组织等。研究发现家族控股最为普遍的，并且家族对企业的控制权是不受其他类型权益所有者威胁的。虽然通常认为金融机构可以通过向董事会派驻代表、向企业借贷取得对企业的控制权，但是研究发现金融机构作为控股股东并不具有普遍性。表 3－28 是研究发现的几类控股股东在样本企业中所占比例的情况。

表 3－28　　27 个发达国家各类控股股东所占比例

国家/地区	家族	国家	股权分散的金融机构	股权分散的企业
阿根廷	0.65	0.15	0.05	0.15
	0.80	0.20	0.00	0.00
澳大利亚	0.05	0.05	0.00	0.25
	0.50	0.00	0.00	0.20
加拿大	0.25	0.00	0.00	0.15
	0.30	0.10	0.00	0.00
香港地区	0.70	0.05	0.05	0.00
	0.90	0.00	0.00	0.00
爱尔兰	0.10	0.00	0.00	0.10
	0.13	0.00	0.00	0.19
日本	0.05	0.05	0.00	0.00
	0.10	0.00	0.00	0.00
新西兰	0.25	0.25	0.00	0.20
	0.29	0.14	0.00	0.00
挪威	0.25	0.35	0.05	0.00
	0.40	0.20	0.10	0.00
新加坡	0.30	0.45	0.05	0.05
	0.40	0.20	0.00	0.00
西班牙	0.15	0.30	0.10	0.10
	0.30	0.20	0.40	0.10
英国	0.00	0.00	0.00	0.00
	0.40	0.00	0.00	0.00
美国	0.20	0.00	0.00	0.00
	0.10	0.00	0.00	0.00

续表

国家/地区	家族	国家	股权分散的金融机构	股权分散的企业
针对董事权力较为完	0.2458	0.1375	0.025	0.0833
备国家的平均情况	0.3850	0.0867	0.0417	0.0358
奥地利	0.15	0.70	0.00	0.00
	0.17	0.83	0.00	0.00
比利时	0.50	0.05	0.30	0.00
	0.40	0.30	0.10	0.00
丹麦	0.35	0.15	0.00	0.00
	0.40	0.20	0.00	0.00
芬兰	0.10	0.35	0.05	0.05
	0.20	0.20	0.10	0.10
法国	0.20	0.15	0.05	0.00
	0.50	0.20	0.20	0.00
德国	0.10	0.25	0.15	0.00
	0.40	0.20	0.20	0.10
希腊	0.50	0.30	0.10	0.00
	1.00	0.00	0.00	0.00
以色列	0.50	0.40	0.00	0.05
	0.60	0.30	0.00	0.00
意大利	0.15	0.40	0.05	0.10
	0.60	0.00	0.00	0.10
韩国	0.20	0.15	0.00	0.05
	0.50	0.00	0.00	0.20
墨西哥	1.00	0.00	0.00	0.00
	1.00	0.00	0.00	0.00
荷兰	0.20	0.05	0.00	0.10
	0.20	0.10	0.00	0.10
葡萄牙	0.45	0.25	0.15	0.00
	0.50	0.50	0.00	0.00
瑞典	0.45	0.10	0.15	0.00
	0.60	0.20	0.00	0.00
瑞士	0.30	0.00	0.05	0.00
	0.50	0.00	0.00	0.00
针对董事权力不够完	0.3433	0.2200	0.07000	0.0233
备国家的平均情况	0.5047	0.2020	0.0400	0.0400
样本平均情况	0.3000	0.1833	0.0500	0.0500
	0.4515	0.1507	0.0407	0.0381
均值检验	1.09	1.20	1.70	−2.38
	1.24	1.64	−0.45	0.18

资料来源：LLS："Corporate Ownership around the World." *Journal of Finance* 54，1999。根据 Table II 和 Table III 整理，每个国家第一行数据是以 20%作为判断控股股东标准时，前 20 大上市公司各类型控股股东分布情况，第二行数据是以 20%作为判断标准时，中等规模上市公司各类型控股股东分布情况。以 10%作为判断标准的情况和以 20%作为判断标准相类似。

4. 终极所有者的现金流量权和控制权

终极所有者对企业所具有的权力可以分为两种：现金流量权和控制权。现金流量权（cashflow right）也称作所有权（ownership right），指的是终极所有者参与企业现金流分配的权力（如股利分配），是所有权的直接体现。具体而言是控制链上各个控制环节持股比例的乘积。控制权（control right）也称作投票权（voting right），指的是终极所有者参与企业经营、财务等决策的权力，通常以重大决策中的投票权来实现。具体而言就是控制链上数额最小的持股比例。

如果控股股东从企业获益的途径仅包括现金股利以及股价波动带来的收益（即仅通过现金流量权），那么控股股东和企业的中小投资者之间就不存在利益冲突。但是现实中控股股东可能具有激励通过手中的控制权（投票权），消费公司的资源或享有公司的货币性、非货币性利益，这些都是中小投资者所无法分享的控制权私利①，并且这些私利很可能是对中小投资者财富的转移。但控股股东手中持有的现金流量权是对这种侵害行为的一种抑制，因为现金流量权的存在，使得控股股东必须承担相应比例的行为后果。控股股东必须持有相当的现金流量权才能作为限制对中小投资者侵害的承诺，但随着现金流量权的不断增大，控制权私利又可能被逐渐抵消。这样，对控股股东而言，在持有一定现金流量权的同时，还需要保持现金流量权和控制权之间的差异性（也就是保持控制权大于现金流量权）。实现这一两权分离的机制通常有：金字塔式持股结构、企业间交叉持股和多重投票权②。控制权与现金流量权相分离形成了一种“杠杆效应”：控股股东能以较小的持股比例为代价转移较多的少数股东财富，并且两权的差异性越大，所“撬动”的私利就越多。

LLS（1999）将金字塔式持股结构定义为，控股股东至少通过一家公开交易公司实施其控制权。Claessens，Djankov，Fan 和 Lang（2000）、Faccio 和 Lang（2002）将定义进一步推广为，终极所有者“持有一家公司的大部分股权，而这一家公司又持有另一家公司的大部分股权，这一过程可能重复若干次”。也即在终极所有者和其所控制的目标企业之间的控

① “控制权私利”问题将在下一节进一步讨论。

② 目前有关这些机制的经济理论还不成熟，现有研究多集中于这些机制可能带来的侵害效应等方面的经验性检验。

制链上，至少存在一家其他企业，终极所有者首先控制某一家企业，再由这家企业控制另一家企业，以此类推最终控制目标企业。Wolfenzon (1998) 认为金字塔式持股结构在投资者保护较弱的国家更为普遍，控股股东利用控制权促使中小投资者承担建立子公司的成本的同时，也无须和中小投资者分享新的投资项目所带来的全部受益。交叉持股是金字塔式持股结构的一种特例，也就是在控制链上的企业相互持有对方的股权，可以是逆流持股，也可以是平行持股。这种股权结构较为复杂，通常被认为是抵制外部收购的一种策略，因为除非外部投资者完全收购一个集团的企业，否则难以完全取得对这些企业的控制权。多重投票权背离了一股一权的原则，控股股东和中小投资者持有的股票虽然具有相同的收益权，但是控股股东所具有的投票权要高于中小投资者。Grossman 和 Hart (1988) 的研究指出，当控制权私利较大时，对一股一权的偏离才可能发生，并且一般发生在投资者保护较弱的国家。

5. 现金流量权和控制权相分离

除了大宗股票交易外，近年来的研究侧重从控股股东控制权和现金流量权两权分离的角度来讨论控制权私利问题，这其中包括两权分离的程度以及实现两权分离的机制等方面的研究。所有权的适度集中有助于提升企业的价值，但是控制权超越现金流量权则可能带来企业价值的减损。LLSV (2002) 以 27 个发达国家的大型企业为研究对象，检验投资者保护和控股股东所有权对企业价值的影响。研究采用一国法律所属法系和该国投资者保护的法规指数计量投资者保护，采用企业控股股东的现金流量权计量控股股东侵害中小投资者的激励，采用托宾 Q 计量企业价值。回归结果表明，投资者保护较为完善的外部法律环境和较高的企业资产价值相联系，控股股东较高的现金流量权和较高的企业价值相联系。Claessens, Djankov, Fan 和 Lang (1999) 以 1996 年亚洲金融危机之前东亚九国 2658 家大型企业为研究样本，采用超额价值 (excess value) 计量企业价值①，检验控股股东持有的现金流量权和控制权与企业价值之间的关系。研

① 超额价值＝企业的实际价值 (actual value) /企业的估算价值 (imputed value)，实际价值＝普通股的市场价值＋债务的账面价值，估算价值的计算较为复杂，先采用所有企业在某一行业分部的市值销售比 (market－to－sales ratio) 计算出该行业的整体市值销售比中位数，再以单个企业每一行业分部的销售水平乘以该行业的市值销售比中位数，并将企业各行业分部的乘积相加，从而得出企业的估算价值。

究发现，控股股东持有的现金流量权和企业价值正相关，持有的控制权和企业价值负相关，现金流量权和控制权之间的差异性越小企业价值越高。如果进一步考虑控股股东的性质，现金流量权和企业价值之间的正相关性在股权分散的金融机构尤为显著，控制权和企业价值之间的负相关性在家族企业、股权分散的金融机构更为显著，但在控股股东为国家和股权分散的商业的企业的情况下，控制权和企业价值之间不存在相关性，研究结果主要是受东亚经济中普遍存在的家族企业的影响。Claessens，Djankov，Fan和 Lang（2002）继续以八个东亚经济中的1301家上市公司为研究对象，研究大股东持有的现金流量权带来的正面激励（positive incentive）、持有的控制权带来的负面防御效应（negative entrenchment effect）对企业价值的影响，该文对企业价值采用市值账面价值比（market－to－book ratio）和托宾Q值计量。研究发现企业价值随着控股股东持有的现金流量权的增加而提高，随着控股股东持有的控制权的增加而降低。

Lins（2003）对18个新兴市场国家的所有权结构和企业价值之间的关系进行检验，研究发现控制权和现金流量权相分离在新兴市场具有相当的普遍性，并且将导致企业价值下降。Volpin（2002）发现当控股股东持有的现金流量权低于50%时，高管变动对企业绩效的影响较小。Lins和Servaes（1999）发现，日本的企业如果成为产业集团（industrial groups）的一部分，那么这些企业更容易发生多元化折价问题。Joh（2000）以韩国企业为研究对象，发现只有当企业的控股股东持有较高的现金流量权的时候，企业才可能具有较高的获利能力，如果企业是商业集团的一部分时，其获利能力将受到影响。Gorton和Schimd（2000）指出，如果德国的银行持有和投票权相对应的股份，那么银行对企业的控制与企业的资产收益率正相关，如果银行持有的仅是他人的代理表决权，那么银行控制权对企业的资产收益率没有影响。

在美国，最为普遍的两权分离机制就是不同的普通股股东具有不同的投票权。Lease，McConnell和Mikkelson（1984）、Zingales（1994）的研究发现，在美国一些股票偏离了一股一权的原则，较之具有次等投票权的股票，具有优等投票权的股票的交易价格有一定的溢价，这一溢价被认为是控制权私利的体现。Dyck和Zingales（2002）对39个国家的大型控制权交易中具有投票权和不具有投票权的股权的溢价差异进行研究，发现投票权溢价在不同国家间存在相当的大的差异，并且投票权溢价和一国投资者法律保护的程度负相关。

6. 内生性问题

各项公司治理机制和企业价值之间的经验性研究可能面临的一个问题就是内生性（endogeneity），内生性可能导致研究得出实际上并不存在的关联性，也可能忽略实际上存在的关联性（Denis，2001）。就前一种情况而言，为将公司治理机制和企业绩效相联系，研究力图在一系列复杂的相互关系中抽象出一组相对简单的关系，但企业绩效受到诸多潜在因素的影响，并且这些潜在因素之间又可能存在相互联系。因此，若研究表明某一项治理机制对企业绩效具有积极影响，有可能事实如此，也有可能只是因为这一项治理机制普遍存在于某一特定类型企业并且这一类企业的价值被普遍高估。就后一种情况而言，如果所有企业在其公司治理结构上处于均衡状态，那么治理机制与企业绩效之间的联系将不会被表现出来。更为重要的是，影响绩效的潜在因素之间的复杂相互关系表明，可能并不存在一种对所有企业而言均为最优的单一治理机制。而事实上，不论是内部所有权对企业价值的影响还是外部所有权对企业价值的影响，都有研究发现所有权和企业价值之间不存在任何相关性。[①]

Demsetz 和 Lehn（1985）首先提出所有权结构是内生性变量，取决于企业的内在特征和外部环境，并不直接影响企业绩效。研究以美国 511 家大公司为研究对象，采用线性回归考察了会计利润指标和公司前五大股东持股比例、前二十大股东持股比例、所有权结构的 Herfindahl 指数之间的关系，研究发现公司绩效与所有权结构并不相关。Demsetz 和 Lehn 认为，控制权私利和控制权共享利益很可能随着企业的某些特征而发生变化，而所有权的集中程度同样也因为这些特征而在企业之间存在系统差异，这些企业特征包括企业所处的行业、成长性、经营风险和信息不对称程度等等。例如，管制（regulation）被认为是一项可能同时影响所有权和控制权私利的外部因素。管制性行业的企业的管理层同时受到股东和监管当局

① 有关所有权和企业价值之间关系还存在第三种观点——逆向因果关系（reverse causation），即不是管理层或者外部股东的持股比例影响了企业绩效，而是企业绩效影响了他们的持股比例。例如管理层作为内部人可能在企业绩效提高时购入股份，在企业绩效下滑时卖出股份。Loderer 和 Martin（1997）、Cho（1998）的研究支持了逆向因果关系论。Holderness（2002）认为以美国企业为研究对象考察大股东和企业价值两者之间的关系，结果可能是正相关也可能是负相关，但是没有一个明确的定论。

的监督，后者甚至可能部分替代股东的监督职能，管制限制了管理层的自由裁量权，因此管制性行业的企业控制权私利可能低于非管制性行业的企业。而经验研究也表明，管制性行业的所有权比例实际上要低于非管制性行业（Holderness，Kroszner 和 Sheehan，1999），因此，对这一类行业而言，所有权和控制权私利之间的关系实际上是受到管制这一因素的共同作用的。

针对内部所有权和企业价值之间关系的研究多采用单年的数据，Himmelberg，Hubbard 和 Palia（1999）采用版面数据（panel data）检验企业价值和内部所有权之间的关系。因为理论上而言，版面数据能够消除无法观察的企业异质性问题。研究采用随机选择的 600 家 Compusta 企业为研究样本，以 1982～1992 年为研究期间。研究发现，企业管理层持股比例和资本/销售收入、研发费用/销售收入成反比，和广告费用/销售收入、净利润/销售收入呈正比，但是对这些变量进行控制、消除固定效应后，管理层持股比例对公司绩效不具有显著影响。Holerness，Kroszner 和 Sheehan（1999）沿袭 Demsetz 和 Lehn（1985）的研究思路，证实了管理层持股比例的内生性，即管理层持股比例和公司规模、法律约束程度、负债、公司绩效的波动程度成反比。Demsetz 和 Villalonga（2001）采用公司前五大股东的持股比例和内部人的持股比例作为所有权结构指标，运用两阶段回归模型再次证实公司的所有权结构是一个内生变量，而与绩效无关。研究认为，虽然分散的所有权结构可能导致更严重的代理问题，但也能够获得了一些好处以抵消代理问题带来的不利影响。因此，公司的所有权结构无论是分散还是集中，都是公司环境所导致的。LLSV（2000）虽然也检验了控股股东所有权对企业价值的影响，但是研究侧重考虑法律保护环境对企业价值的影响。研究采用一国法律所属法系和该国投资者保护的法规指数计量投资者保护，研究发现普通法国家投资者保护的法规指数分值为 4，显著高于民法国家的指数分值 2，这和 LLSV（1996）发现的普通法国家对投资者的法律保护较之民法国家更为完善相一致。普通法国家大型企业的托宾 Q 值和销售增长率的均值分别为 1.3724 和 12.88，显著高于民法国家的 1.2022 和 11.03，回归结果进一步表明投资者保护越完善企业价值越高。

7. 中国上市公司股权结构研究现状

（1）以直接股东为研究对象。国有企业改革是二十几年来中国经济体制改革的重中之重，政企不分、产权不清、产权主体“虚置”等问题被归结为国企效率低下的根源，从租赁制、承包制到股份制等一系列改革思路都是以明晰国有产权为核心。我国资本市场的构建与发展，初衷是作为国企股份制改造的外部配套措施，“十五大”之后发展资本市场的目标又进一步明确为：以直接融资替代间接融资，将民间储蓄转化为投资、降低国企高资产负债率（董辅礽，1997）。在这样一个经济背景下，对国有企业、上市公司所有权问题的讨论一直是我国理论界的一个热点，从早期的纯粹定性分析，到后来辅之以定量的经验性检验。我国企业股权结构的研究主要有以下几个特点：第一，多数研究以企业的直接股东为研究对象，研究范围主要包括股权构成（性质）和股权集中度两方面；第二，从服务国企改革出发，研究多关注国有企业、国有上市公司的股权结构问题，随着国退民进改革思路的提出，民营经济的股权结构问题开始受到关注，在研究中多作为国有经济的比较对象；第三，有关不同性质所有权、不同程度股权集中度的研究结果存在较大分歧；第四，研究主要采用市场整体为研究对象，案例研究近年才逐渐兴起。

这一类研究主要将股东性质划分为国家股东、法人股东以及社会公众股东三类，考察股权性质和股权集中度对企业各项治理机制和绩效的影响。对国有股在改进企业绩效中可能发挥的作用，现行研究存在不同的意见。在国有股相对集中的上市公司，代表国家行使股东权利和承担股东责任的主体主要有三类：国资局、财政局和企业主管部门等政府机关，国有资产经营公司或国有控股公司，代表国家持有股权的集团公司（或总公司）（何浚，1998）。性质所限，这三类主体行使股东权利更有可能只是行政职能的延伸而不是以寻求企业价值最大化为目的，兼之国有股普遍存在的一股独大问题，国有股比例越高，公司治理机制、公司绩效受到的负面影响就越大。虽然国有股比例的提高也意味着获得政府保护、享受税收优惠的可能性上升，但总体上内部人控制和由此引发的道德风险将对企业绩效产生更大的负面影响。在国有股高度集中的情况下，股东大会成为大股东的“一言堂”（黄余海、王贤英，1998）；随着股权集中程度的提高董事会受到内部人控制的趋势也不断增强（何浚，1998）；国有产权的不可转让性使得流通股股东难以对公司的经营状况进行有效的监督和激励，经理人才市场和公司控制权市场难以形成（陈小悦、徐晓东，2001）。国有股对企业经营绩效影响的研究结果主要有三类：第一，国有股比例和企业业绩负相关（许小年、王燕，1999；陈晓、江东，2000）；第二，国有股比例和企业业绩负相关关系不显著（张红军，2000；刘小玄，2000；陈小悦、徐晓东，2001）；第三，国有股比例和公司业绩正相关（周业安，1999；于东智，2001）。

有关法人股对企业绩效的研究，基本都没有进一步将法人股区分为国有法人股、境内法人股和境外法人股。并且有关研究都将法人股视为不同于国家股的独立机构持股形式，认为法人股倾向于长期投资，因此能为管理层提供更好的监督。周业安（1999）、刘小玄（2000）发现法人股比例和净资产收益率显著正相关，许小年、王燕（1999）发现法人股比例和总资产收益率、净资产收益率、市值与账面价值比显著正相关，张红军（2000）发现企业托宾Q和法人股比例存在U型关系。与上述研究发现法人股比例与企业绩效正相关相反，也有部分研究发现两者之间不相关。陈小悦、徐晓东（2001）以净资产收益率、主营业务资产收益率为被解释变量，得出法人股比例与企业业绩相关性不显著的结论，通过具体考察时间变化的影响，进一步提出虽然法人股对企业绩效的正向影响不显著，但不断朝着显著方向发展。

由于我国上市公司流通股比例都相当低，通常认为市场上股权交易、股价波动不可能对管理层起到重大监督约束作用，因此流通股比例和企业绩效之间的关系应该是不显著的。陈小悦、徐晓东（2001）发现，在公司治理对外部投资人保护不力的情况下，流通股比例和公司绩效之间显著负相关，但是这种相关性随着考察时间的变化越来越不显著。张红军（2000）以社会公众持股比例为解释变量，发现社会公众持股比例和企业托宾Q值正相关，但未能通过显著性测试。

以直接股东为研究对象主要存在以下问题。第一，以上市公司的直接股东作为控股股东的研究对象，未考虑这些控股股东的潜在控制方。虽然具有控制权的直接所有者和上市公司终极所有者的性质通常不会有所差异，但是上市公司与终极所有者之间复杂的控制关系网显然对国有经济中的委托代理问题更有解释力；第二，现有研究对作为直接所有者的法人股的分析还较为粗糙，关键在于没有进一步区分法人股的具体性质。国有股中的国有法人股也被笼统地归为法人股，将其作为行为市场化的独立持股机构进行分析显然具有误导性。国有法人股的最终控制人还是国家，只是作为国有经济其代理机构具有法人性质，因此和境内法人股、境外法人股在所有权性质上存在根本差异；第三，以直接股东为研究对象考察的控制权只是该股东的直接持股比例，即该股东直接参与企业现金流分配的权利，这显然不等同于控股股东参与、控制企业经营、财务决策的能力。追溯终极所有者、区分其持有的现金流量权和控制权，能够更好的考察事实上的控股股东（终极所有者）对上市公司的实际控制力，从而对控股股东侵害中小投资者利益问题作出更为合理的解释；第四，直接股东的持股水平是对控股股东控制能力的一个不当计量，并且单一数据也难以对控制权共享利益向控制权私利的转变作出全面解释①。相形之下，控制权是控股股东侵害中小投资者能力的表征，现金流量权是抑制控股股东可能侵害行为的表征，如果将两者结合起来看，两者的差异性则是控股股东权衡侵害收益和侵害成本所可能采取的立场的表征。所以，现金流量权和控制权相结合能够更好的解释控股股东行为由利益趋同向侵害的转变。

(2) 以最终控制人为研究对象②。目前国内以最终控制人为研究对象的研究还不多，刘芍佳、孙霈和刘乃全（2003）是我们所掌握的文献中，第一篇以最终控制人为研究对象，对我国国有上市公司股权结构和公司绩效之间的关系进行研究的文献。该文采用问卷调查的方式向上市公司收集股权构成情况，对上市公司控股主体进行重新分类，研究发现84%的中国上市公司最终由政府控制，因此上市公司的股本结构仍然是国家主导型的。该文的研究贡献就在于提出了，尽管国有上市公司的最终控制人都是国家，但是同一最终控制人采取的不同控股方式将导致这些国有上市公司的经营业绩存在差异。研究将国家控股方式具体分为四个层次，第一个层次包括两种模式：政府通过国有资产管理局等直属部门享有超过20%投票权的直接控股模式（类型1）、政府通过其所拥有的或控股的公司而对

---

① 以直接持股比例为研究对象的一些研究表明，所有权结构和企业价值之间不是单一的线性的关系，有可能存在拐点（如 Morch，Shleifer 和 Vishny，1988；McConnell 和 Servaes，1990），但这些研究都是解释所有者的持股比例超过一定比例后，其激励会发生改变。

② Ultimate owner 可以译作“终极所有者”或“最终控制人”等，从讨论中国上市公司的情况开始，本部分采用“最终控制人”这一术语。和国外股权集中上市公司的终极所有者可分为家族、政府、股权分散的金融机构和股权分散的企业不同，我国四分之三以上的上市公司属于国有，国有上市公司的终极所有者都是相同的——国家。对这些上市公司而言不同的只是行使国有产权的代理形式，如政府机构、国有资产经营公司、国有独资或控股公司代行所有者权利、承担所有者责任。这些机构只是代行国有上市公司终极所有者控制权的机构，因此采用“最终控制人”这一术语来定义这些机构应该是更为恰当的。

上市公司实施表决权的间接控制模式（类型 2）；第二个层次进一步划分政府的间接控制模式，将政府利用的中间公司分为：政府控制的实业公司(类型21)、大多由地方政府组建并独资经营的投资管理公司（类型 22）；第三个层次将国家控股的实业类公司进行分类：实行专业化经营的公司作为控股股东（类型 211）、实行多元化经营的企业作为控股股东（类型 212）；第四个层次针对控股股东为专业化公司，根据企业上市的结构及上市公司与母公司/控股公司的关系分类为：整体上市的公司（类型211－2）与部分上市的公司（类型211－1）。前者主要指股份制改革时作为一个整体上市的企业或企业集团，尽管在法律上母公司与上市公司是不同的法人实体，但实际上这些公司的控股股东从商业角度上看就是上市公司本身，后者则在上市前是依附于其母公司/控股公司的一部分。这四个层次构成了中国式的金字塔型控股体系（the Chinese－style Pyramid Shareholding Scheme)。研究采用单因素分析，对各个层次不同控股类型的公司的绩效进行比较，图 3－3 是国有经济四个层次控股类型的示意图。

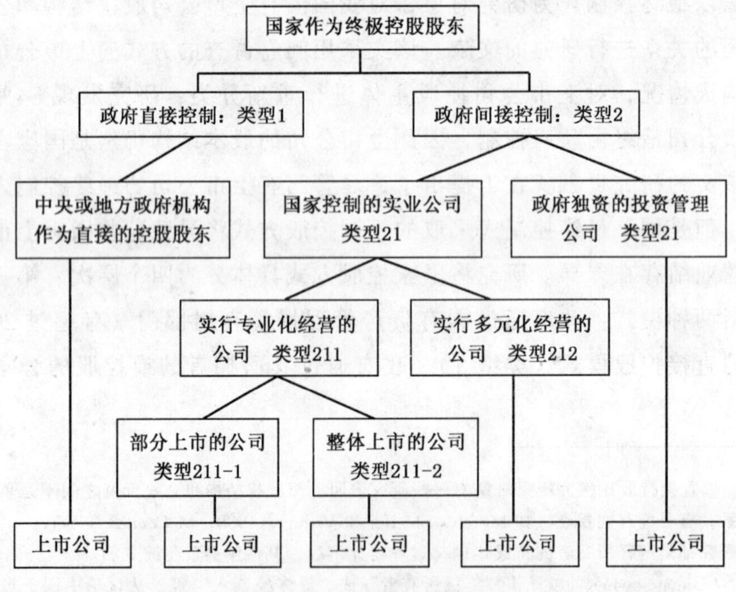

图 3－3　中国式金字塔型控股体系[①]

① 刘芍佳、孙霈和刘乃全：“终极产权论、股权结构及公司绩效”，《经济研究》，2003 年第 4 期。

刘芍佳等采用年利润、年经济增加值（EVA）、净资产利润率、投资的经济增值率、销售增长、销售收入的利润边际等六项指标衡量公司经营业绩。研究发现：

第一，政府间接控制的上市公司的经营业绩要显著优于政府直接控制的公司，这一点与现有经济学文献中关于政府官僚在公司治理中的根本性缺陷相一致。政府部门直接控制的企业是一种典型的换汤不换药的传统国有企业，政府官员作为直接控制人不具有任何现金流量权，其改进企业管理与效率的动机是不足的。这一发现表明了代理问题在政府直接控制企业中的严重性。

第二，投资管理公司控制的上市公司其经营业绩要显著低于实业公司控制的上市公司。投资管理公司绩效不佳的一个原因可能是投资管理公司在大量相互没有关联的项目或产业中过度投资，尽管以投资组合的形式来分散、规避风险的经济学原理能够为公司的投资行为提供一定程度的理论支持，但现实中经营失败的风险很可能由于在投资项目中监督投入及管理能力的不足而变得更大。另一个原因可能是投资管理公司的经理人员既没有充分的信息也没有足够的专业知识对各行业的下属公司实施有效的监督与控制。

第三，专业化经营的实业公司作为控股股东的上市公司的经营业绩要好于多元化经营的大型企业作为控股股东的上市公司。尽管多元化经营可以减少市场交易成本，但现实中企业多元化经济的成本却往往超过其潜在收益，这是因为多元化经营的企业集团内部的资本配置过程并不都是有效率的，不完善的内部治理机制可能导致企业内部资金由高效率部门流向低效率部门。此外多元化经营的高成本可能源自管理层的机会主义行为，即为了攫取控制权私利而进行过度的多元化经营。

第四，部分上市公司的经营业绩要差于整体上市公司的经营业绩。从传统的代理成本观点看，部分上市公司与整体上市公司之间的一个关键性差异在于代理链的链级，部分上市公司比整体上市公司多了一层代理链，代理成本将随着委托—代理层级的增加而增加。部分上市公司的较高代理成本可以从其资产经常被剥离并挪作他用的现象体现出，也就是经常所说的向母公司的利益输送行为（tunneling）。

刘芍佳等（2003）对国有上市公司最终控制人和上市公司之间的控制链关系进行的层层递进的分类符合我国现实国情。研究结果表明公司绩效确实和股权结构密切关联，这比单纯考虑直接所有者性质、股权集中度对经营绩效影响的研究推进了一步，也更具有说服力。

张华、张俊喜和宋敏（2004）对我国民营上市公司最终控制人问题进行研究。该文的贡献在于分析了我国民营上市公司的最终控制权结构，并对可能影响民营企业控制权结构的多个因素进行了讨论，检验了民营企业所有权、控制权以及两者的分离对企业价值的影响。研究发现，我国民营企业的最终控制人多采取金字塔式持股结构控制上市公司（占样本民营上市公司的96.43%），最终控制人持有的平均控制权为32.15%，平均现金流量权为18.93%，两者的平均差异程度为58.3%。与所有权和控制权分离情况严重的东亚地区其他国家相比，我国民营上市公司的两权分离程度更为显著，并且民营上市公司的最终控制权结构还受到民营化时间、公司规模等企业特征的影响。研究以最终控制人对企业的所有权度量其对企业的“监督效应”，以最终控制人对企业控制权与所有权之差度量其对企业的“隧道效应”，发现前者对企业价值有正向影响，后者的影响则为负向，并且和东亚其他国家地区相比，我国的“监督效应”比“隧道效应”更为显著[①]。在目前民营经济的发展在我国经济发展中的地位越来越重要的情况下，张华等（2004）有其现实意义。

较之前两篇文献分别以国有上市公司和民营上市公司为研究对象，Fan、Wong 和 Zhang（2004）则同时对中国证券市场两类上市公司的最终控制权问题进行了研究。该文的贡献在于，提出了国有上市公司和民营上市公司不同的控制级层假说；在横向上同时以两类上市公司为研究对象，比较了两类公司最终控制权结构；在纵向上时间跨度从1993年到2001年，分析了不同时期上市公司控制权结构的时间性变化，并通过外部法律、市场环境的发展对这些变化作出解释。研究以最终控制人和上市公司之间控制链的级层（layer）为考察对象[②]，以市场环境完善程度、法律环境完善程度以及地方政府的政治动因作为外部制度性因素，检验外部环境变化对控制链级层的影响。研究采用三个变量计量市场和法律环境的完善：第一个变量是市场化指数（marketization index），这一指标体系反映

① “隧道效应”是张华等（2004）中的用语，对应的英文术语是 tunneling，在本部分意译为“利益输送”。

② 这里的级层指的是控制链上控制环节的数目，终极所有者通过几个控制环节实现对上市公司的最终控制，那么该控制链上就有几个级层。

了市场竞争程度、政府对市场竞争的介入程度等市场整体发展水平，以及法律环境的力度；法律环境指数（legal environment index）和产权保护指数（protection of property rights index）两个变量反映法制制度的发展水平，前者计量对版权、消费者权益和私人产权的保护，后者计量法律案件的数量和法庭在裁决这些案件中的有效性。除了以上三项指数，研究还采用了放松管制指数（deregulation index），该指数计量的是中央政府授予地方政府的特惠政策，也是市场完善程度的表征。地方政府的政治动因指的是地方政府介入经济活动的可能性，分为短期动因和长期动因，其中短期动因采用地方的失业率和财政剩余计量，长期动因采用地方国有企业的研发总额和地方国有企业的财务困难计量。研究发现，随着时间的推移，除了市场化指数，其他反映市场和法律制度完善水平的计量指标和企业级层之间具有正相关关系。

Fan 等（2004）等认为，国有上市公司和民营上市公司控制级层的增多是受不同动机驱动的，也会带来不同的经济影响。对国有上市公司而言，“公司级层是限制政府掠夺行为的一种机制”，控制级层的增多将决策权逐步由政府部门转移至国有企业，从而限制了政府对企业经济活动的控制或介入。决策权的下放，不仅使控制链最末端的上市公司的经营活动更多以经济目标而不是政治目标为导向，而且也将经营决策权和专有技能集中配置到国有上市公司管理层手中。因此，研究认为国有上市公司的控制级层的时间性变化支持了国有上市公司的控制级层假说。随着中国经济市场化程度的不断加强，政府对国有经济的行政干涉逐渐被经济放权取代，上市时间越晚的国有上市公司就会构建起更多层次的控制级层，限制作为最终控制人的政府的行政干预、赋予企业更多的经营自主权。对民营上市公司而言，控制级层则是隐匿最终控制人的身份、财富和商业交易的一种机制，使其免受政府行政行为的影响。因为在市场化程度不高的情况下，政府还是可能通过行政手段干预民营上市公司的经营活动。

Fan 等（2004）的研究以上市公司控制链的级层作为研究对象，检验外部环境变化对级层时间性特征的解释力，并对国有和民营上市公司给出了不同的解释角度。这样的研究是较为全面的，但是对研究结果的解释说服力不足。

二、中国上市公司股权结构特征

1. 控制链示例

我国上市公司年报从 2001 年开始披露上市公司实际控制人的情况，这也为我们讨论上市公司控制链、最终控制人以及两权分离等问题提供了可能。我们以 2002 年上市公司年报中的实际控制人资料为准①，分析上市公司的控制权结构，年报信息来自巨潮资讯网（www.cninfo.com.cn）。年报信息不全面的上市公司，则通过三大证券报、网络财经新闻、上市公司网站、上市公司有关公告、《新财富》、《新财经》等传媒资料予以补充。一共取得 1087 家上市公司控制权结构资料。

法律规定我国上市公司不得发行具有多重投票权的股票②，所以我国不存在多重投票权问题。鉴于我国证券市场的特定情况，我们放松了 LLS（1999）对金字塔式持股结构的限定，采用 Claessens 等（2000）的定义③。即在最终控制人和其所控制的目标企业之间的控制链上，至少存在一家其他企业，最终控制人首先控制某一家企业，再由这家企业控制另一家企业，以此类推最终控制目标企业，而不要求控股股东至少通过一家上市公司实施其控制权。分析发现除了最终控制人直接控股外，金字塔式持股结构在我国证券市场具有相当的普遍性。图 3-4 到图 3-8 是对我国上市公司控制链情况的示意图，并对所举的上市公司的两权情况进行说明。

政府作为最终控制人的情况下，金字塔式持股结构的控制链结构较为简单。年报中显示秦川发展（000837）的第一大股东是秦川机床集团有限公司，持股比例 41.46%，陕西省经贸委持有该公司 49.59% 的股权。因此，陕西省经贸委是秦川发展（000837）的最终控制人，该单位性质上属

① 2001 年是上市公司第一次披露实际控制人信息，披露上还存在一些不规范和遗漏之处，因此本部分采用信息相对全面的 2002 年年报。2001 年最终控制人情况根据公司 2002 年股权变动信息追溯调整得到。

② 《公司法》（1999）第 106 条规定，"参加股东大会的股东按其持股的份额行使投票权"，因此我国上市公司所发行股票的投票权不存在差异。

③ 我国大部分国有上市公司都是由国有企业改制而来，并由政府机构、国有投资公司、国有独资或控股公司等代行所有者权利，除了国有独资或控股公司有上市的可能性，前两者不可能上市。民营经济发展相对有限，除了德隆系、希望系、东方系等几大家族企业可能拥有一家以上的上市公司，并且这些上市公司之间形成相对复杂的资金链关系外，大部分民营上市公司和最终控制人之间的控制链上不存在其他上市公司。因此，如果严格采用 LLS（1999）的定义，将导致研究样本极为有限。

于典型的政府部门，持有的控制权是控制链上数额最小的持股比例41.46%（41.46%<49.59%），持有的现金流量权是控制链上各持股比例的乘积41.46%×49.59%=20.56%。

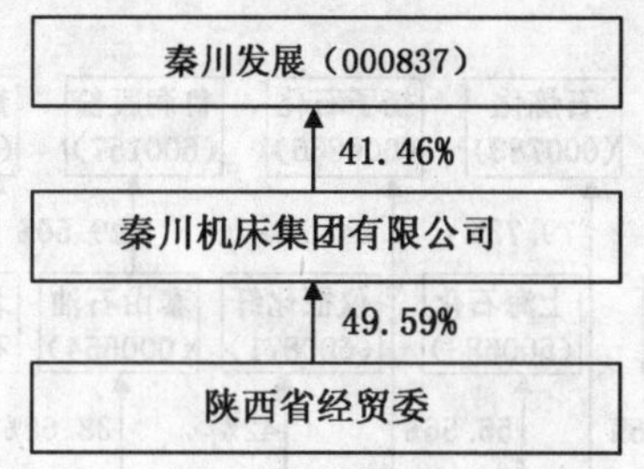

图3－4　秦川发展（000837）控制链示意图

最终控制人：陕西省经贸委

最终控制人性质：政府

控制权比例：41.46%

现金流量权比例：41.46%×49.59%=20.56%

年报中显示TCL通讯设备（香港）有限公司是TCL通讯（000542）的第一大股东，持股比例25%，股权性质上属于外资股。如果仅关注上市公司的直接所有者，可能会得出TCL通讯（000542）属于港资公司，并且TCL通讯设备（香港）有限公司取得了对公司的控制权（持股比例大于20%）的结论。但事实上TCL通讯设备（香港）有限公司和第二大股东TCL集团（000100）之间存在关联关系，前者是后者在香港设立的全资子公司，因此TCL集团（000100）持有TCL通讯（000542）16.43%+25%=41.43%的股份。此外惠州市投资控股有限公司是TCL集团（000100）的控股股东，持有该公司40.97%的股权。惠州市投资控股有限公司是惠州市政府批准设立的国有独资有限公司，经营范围是惠州市政府授权范围内的国有资产的经营管理。因此惠州市投资控股有限公司是TCL通讯（000542）的最终控制人，性质上属于国有投资公司，持有的控制权比例为40.97%，持有的现金流量权比例为40.97%×41.43%=16.97%。

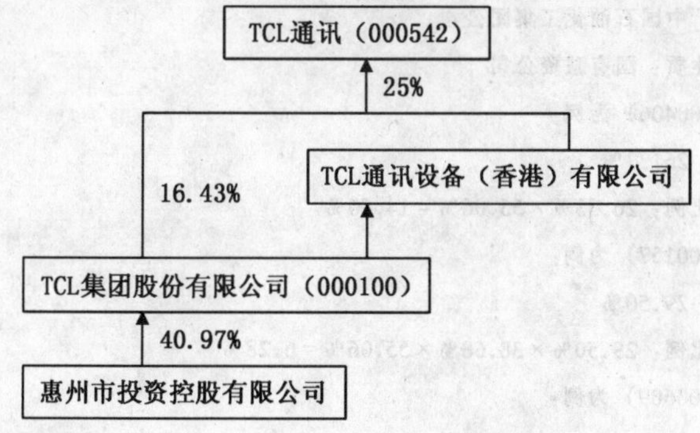

图3－5　TCL通讯（000542）控制链示意图

最终控制人：惠州市投资控股有限公司

最终控制人性质：国有投资公司

控制权比例：40.97%

现金流量权比例：40.97%×41.43%＝16.97%

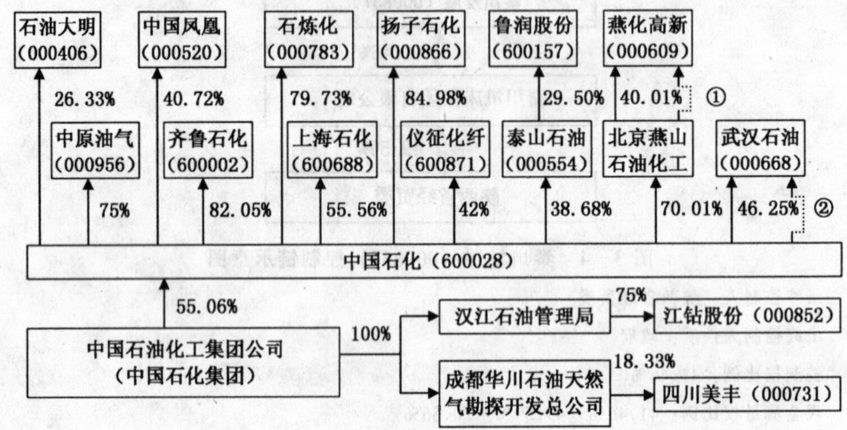

图 3－6　中石化集团旗下上市公司控制链示意图

①中国石化集团北京燕山石油化工有限公司（燕山石化）是燕化高新（000609）第一大股东，直接持股比例为40.01%，此外燕化高新（000609）的第2、5、6、7、10大股东都是燕山石化的全资公司，因此燕山石化通过这五个全资子公司间接持有燕化高新（000609）8.12%＋1.66%＋1.50%＋1.50%＋0.75%＝13.53%的股份。燕山石化共持有燕化高新（000609）40.01%＋13.53%＝53.54%的股份。

②中国石化（600028）是武汉石油（000668）第一大股东，直接持股比例为46.25%。此外，中国石化（600028）还通过下属企业江汉石油管理局、中国石化武汉石油化工厂、中国石化茂名石油化工公司，间接持有武汉石油（000668）2.072%＋1.275%＋0.382%＝3.729%的股份。中国石化（600028）共持有武汉石油（000668）46.25%＋3.729%＝49.979%的股份。

最终控制人：中国石油化工集团公司

最终控制人性质：国有独资公司

石油大明（000406）为例：

控制权比例：26.33%

现金流量权比例：26.33%×55.06%＝14.50%

鲁润股份（600157）为例：

控制权比例：29.50%

现金流量权比例：29.50%×38.68%×55.06%＝6.28%

燕化高新（000609）为例：

控制权比例：53.54%

现金流量权比例：53.54%×70.01%×55.06%＝20.64%

江钻股份（000852）为例：

控制权比例：75%

现金流量权比例：75%×100%=75%

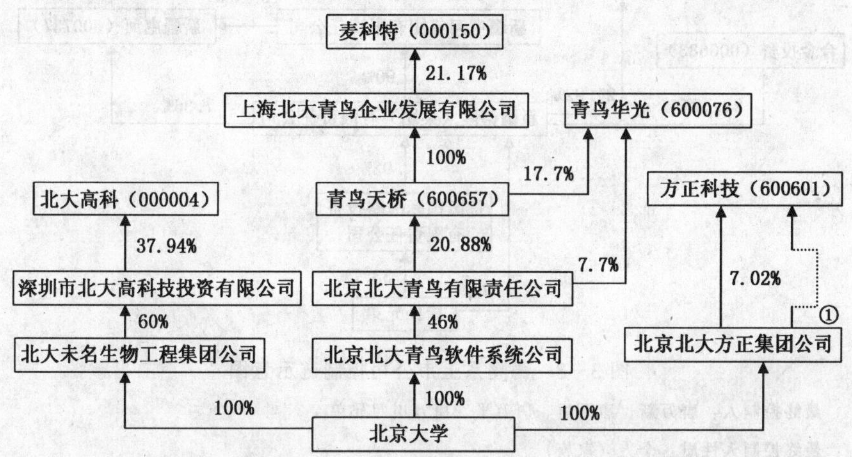

图3－7　北大系上市公司控制链示意图

①北京北大方正集团公司是方正科技（600601）的第一大股东，直接持股比例为7.02%。北大方正集团公司与前10名股东中的深圳市方正科技有限公司、北京方正蓝康信息技术有限公司、河南方正信息技术有限公司为关联企业，该四家公司与北大方正集团公司其他关联企业北大资源集团公司、北京北大方正投资有限公司合计持有方正科技（600601）11.91%的股份。

最终控制人：北京大学

最终控制人性质：院校

北大高科（000004）：

控制权比例：37.94%

现金流量权比例：37.94%×60%×100%=22.76%

麦科特（000150）：

控制权比例：20.88%

现金流量权比例：21.17%×100%×20.88%×46%×100%=2.03%

青鸟天桥（600076）：

控制权比例：20.88%

现金流量权比例：20.88%×46%×100%=9.60%

青鸟华光（600657）：

控制权比例：25.40%

现金流量权比例：17.7%×20.88%×46%×100%+7.7%×46%×100%=5.23%

方正科技（600601）：

控制权比例：11.91%

现金流量权比例：11.91%×100%=11.91%

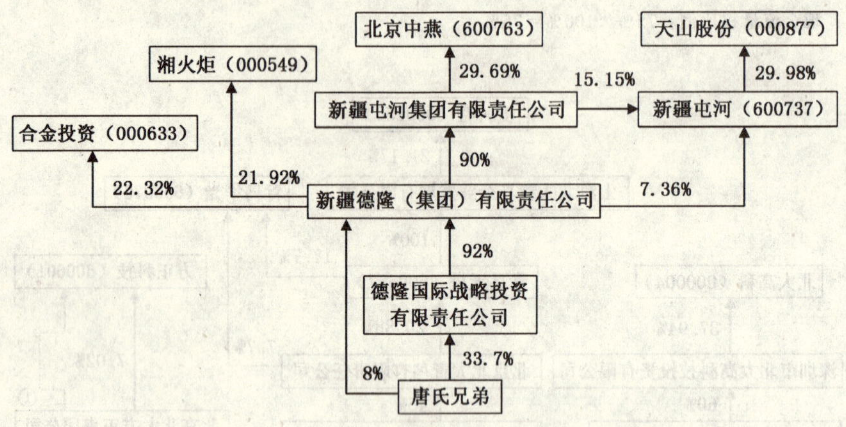

图3-8 德隆系上市公司控制链示意图

最终控制人：唐万新、唐万里、唐万平、唐万川四兄弟

最终控制人性质：个人（家族）

合金投资（000633）：

控制权比例：22.32%

现金流量权比例：（33.7%×92%+8%）×22.32%=8.71%

湘火炬（000549）：

控制权比例：21.92%

现金流量权比例：（33.7%×92%+8%）×21.92%=8.55%

北京中燕（600763）：

控制权比例：29.69%

现金流量权比例：（33.7%×92%+8%）×90%×29.69%=10.42%

新疆屯河（600737）：

控制权比例：15.15%+7.36%=22.51%

现金流量权比例：（33.7%×92%+8%）×（15.15%×90%+7.36%）=8.19%

天山股份（000877）：

控制权比例：22.51%

现金流量权比例：（33.7%×92%+8%）×（15.15%×90%+7.36%）×29.98%=2.46%

中国石化集团目前在深沪两市控制了15家上市公司，其中13家上市公司的第一大股东是中国石化（600028），另外两家的第一大股东分别是汉江石油管理局和成都华川石油天然气勘探开发总公司。中国石化（600028）是中国石化集团以独立发起方式于2000年设立的股份制企业，中国石化集团持有该公司国有股的比例占总股本的55.06%，此外中国石

化集团持有汉江石油管理局和成都华川石油天然气勘探开发总公司100%的股份，因此中国石化集团是这15家上市公司的最终控制人，性质上属于国有独资公司。

近年来高校系在中国证券市场的表现也较为突出，北京大学在深沪两市控制了5家上市公司。麦科特（000150）、青鸟华光（600076）和青鸟天桥（600657）是通过北大青鸟软件系统公司、北大青鸟有限责任公司实现控制，北大高科（000004）是通过北大未名生物工程集团公司和深圳市北大高科技投资有限公司实现控制，方正科技（600601）的第一大股东是北京北大方正集团公司。而北京大学是北大未名生物工程集团公司、北大青鸟软件系统公司和北大方正集团公司的全资控股母公司。因此，北京大学是这5家上市公司的最终控制人，性质为隶属于教育部的高等院校。

最后一个示例是德隆系旗下的民营上市公司，这五家控股上市公司的最终控制人是唐万新、唐万里、唐万平、唐万川四兄弟，性质上属于个人(家族)。唐氏兄弟持有德隆国际战略投资有限责任公司（德隆国际）33.7%的股权，德隆国际持有新疆德隆（集团）有限公司（新疆德隆）92%的股权，唐氏兄弟中的唐万里作为新疆德隆的法人代表同时持有该公司8%的股权。唐氏兄弟通过新疆德隆直接、间接控制了湘火炬(000549)、合金投资（000633)、新疆屯河（600737)、北京中燕(600763）和天山股份（000877）五家上市公司。

2. 最终控制人

(1) 股权集中程度。在上市公司的控制链上，如果存在这样一个控制实体，无法追溯其背后的控制人、且其控制权比例超过某一设定比例，我们就认定该上市公司为股权集中型上市公司，且该控制方为上市公司的最终控制人。这里所说的“无法追溯”有两种情况：第一，某一控制实体为政府或个人（家族），那么这些个体背后再无其他控制实体，就可以停止追溯；第二，某一控制实体为股权分散的商业企业或金融企业，因为股权分散使这些企业不受任何实体控制，因此可以停止对控制人的追溯。这里的“设定比例”研究采用两个标准：第一，《企业会计制度》（2001）规定，当投资企业拥有被投资企业20%或20%以上的股权，投资企业对投资的核算方法应由成本法转为权益法，因为投资企业对被投资企业拥有重大影响。本节以20%和超过20%的控制权作为判断企业股权集中与否、是否存在最终控制人的标准。第二，为了和LLS（1999）和Claessens等

(2000) 的研究作比较，本节还采用了10%和超过10%的控制权这一较为"宽松"的控制权判断标准。研究发现，采用"20%"的设定标准时，1087家上市公司中，70家上市公司属于股权分散型上市公司，占样本总量的6.44%，1017家上市公司属于股权集中型上市公司，占样本总量的93.56%；采用"10%"的设定标准时，1087家上市公司中，仅有3家公司上市公司属于股权分散型上市公司①，占样本总量的0.28%，1084家上市公司属于股权集中型上市公司，占样本总量的99.72%。表4－5是中国上市公司股权集中情况和LLS (1999)、Claessens等 (2000) 研究结果的比较。

从表3－29中可以看出，东亚9国上市公司股权集中情况明显高于27个发达国家的平均水平，中国上市公司股权集中情况也普遍高于东亚9国。

表3－29　　中国、东亚9国、27个发达国家上市公司股权集中程度比较

国家/地区	20%的控制权比例	10%的控制权比例
中国	93.56%	99.72%
香港地区	93%	99.4%
印尼	94.9%	99.4%
日本	20.2%	58%
韩国	56.8%	85.7%
马来西亚	89.7%	99%
菲律宾	80.8%	98.3%
新加坡	94.6%	98.6%
台湾地区	73.8%	97.1%
泰国	93.4%	97.8%
27个发达国家平均情况	63.52%	75.93%

资料来源：1. 研究分析结果；2. Claessens, Djankov and Lang: "The separation of ownership and control in East Asian corporation." *Journal of Financial Economics*, 2000, table 6；3. LLS: "Corporate Ownership around the World." *Journal of Finance* 54, 1999, Table II、Table III。其中27个发达国家列示的是前二十大上市公司的情况。

(2) 最终控制人性质。我国上市公司最终控制人通常分为国有和民营

① 这三家公司分别是：兴业房产 (600603)，控制权比例为0.39%，系全流通股无控股股东；爱使股份 (600603)，控制权比例为3.24%；银河科技 (000806)，控制权比例为8.86%。

两大类，本节将两类性质的控制人作进一步的划分。国家作为上市公司最终控制人的，根据代理行使国有产权的不同形式，进一步划分为政府直接控制和政府间接控制，政府间接控制的形式包括国有资产经营公司、国有独资或控股公司、院校。政府直接控制指的是中央各部委、地方机关、国有资产管理部门等代表国家行使股东权利、承担股东责任，如水利部控股三峡水利（600116）、山东省财政厅控股泰山旅游（600756）、成都国有资产管理局控股倍特高新（000628）等。国有资产经营公司指的是主要由地方政府组建并独资经营的投资管理公司，如深圳市投资管理公司控股赛格三星（000068）、武汉国有资产经营公司控股武汉中商（000785）等。国有独资或控股公司指的是政府出资设立或控制的实业公司，如中国石油天然气集团公司控股锦州石化（000763）、包头钢铁有限公司控股钢联股份（600010）等。院校指的是各高等院校、研究所，这些院校通常隶属教育部、国务院国有资产管理委员会或国务院有关部委，如北大系、清华系等。本节之所以将其作为单独的政府间接控制类型，一方面是因为院校虽然隶属中央部委，但是不同于政府直接控制的形式，且院校的特定性质也有别于国有资产经营公司、国有独资或控股公司等间接控制形式，另一方面也是因为近年来高校系上市公司在我国证券市场的独特表现。

民营上市公司的最终控制人主要分为个人（家族）、境内法人和外资三类。个人指的是上市公司的最终控制人为具有中华人民共和国国籍的自然人，如果上市公司的股东为同一家族的不同成员，本节将同一家族作为一个控制实体加以考虑，如德隆系的唐氏家族。境内法人指的是上市公司的最终控制人为注册地在境内、非国有性质的法人机构。外资则是境外法人机构。表 3-30 是我国上市公司最终控制人的构成情况，区分 20%和 10%控制权比例两种情况。

表 3-30　　中国上市公司最终控制人构成情况

最终控制人性质	20%控制权比例		10%控制权比例	
	数量	比例	数量	比例
国有上市公司	799	78.56%	841	77.58%
政府	61	6.00%	71	6.55%
国有资产经营公司	79	7.77%	85	7.84%
国有独资或控股公司	621	61.06%	644	59.41%
院校	38	3.74%	41	3.78%

续表

最终控制人性质	20%控制权比例		10%控制权比例	
	数量	比例	数量	比例
民营上市公司	218	21.44%	243	22.42%
个人（家族）	121	11.90%	135	12.45%
法人	87	8.55%	97	8.95%
外资	10	0.98%	11	1.01%
股权集中型上市公司	1017	100%	1084	100%

从表中可以看出，两种最终控制人划分标准下，国家作为最终控制人的上市公司占了我国上市公司的四分之三以上。在国有上市公司中，国有独资或控股公司是最主要的国有产权代理所有者形式，占全部股权集中上市公司的60%左右。民营上市公司中，个人（家族）是主要的最终控制人，其次为境内法人，外资控股在我国证券市场还相对较少。

(3) 控制权、现金流量权集中程度与两权分离情况。控制权（投票权）指的是最终控制人参与企业经营、财务等决策的权力，通常以重大决策中的投票权来实现，采用控制链上数额最小的持股比例计量。现金流量权（所有权）指的是最终控制人参与企业现金流分配的权力，是所有权的直接体现，采用控制链上各个控制环节的持股比例的乘积计量。控制权比例越高，最终控制人越有可能通过手中的控制权转移中小投资者财富，但是现金流量权的存在使得最终控制人必须承担相应比例的行为后果，也即现金流量权抑制了最终控制人侵害中小投资者的可能性。控制权的存在为侵害提供了可能，而现金流量权则抑制这种可能性，最终控制人的现实行为就是对这两权带来的侵害效益和侵害成本相权衡的结果。通常两权之间存在一定的差异性（即控制权大于现金流量权），差异越大侵害发生的可能性也越大，所以两权的分离程度是最终控制人侵害可能性的一种表征，两权的分离程度采用现金流量权和控制权之比计量。

本节采用整个市场的数据来考察我国上市公司的两权状况。需要说明的是，一些上市公司的最终控制人持有的股份存在托管的情况，虽然最终控制人仍能行使该比例的投票权[1]，但是无权享有该部分股份可能带来的

① 事实上，托管的股票也无权参与资产重组等公司重大决策。

现金收益（包括现金股利和股价波动带来的收益），因此这部分股份的现金流量权可视为为零。研究剔除了这部分极端的情况，表 3-31 是研究的样本企业的控制权、现金流量权以及两权分离的情况。

表 3-31　　中国上市公司两权状况

	控制权	现金流量权	现金流量权/控制权
均值	44.59%	40.35%	0.8846
中位数	44.43%	39.70%	1.0000
标准差	17.26%	19.45%	0.2184
最小值	0.39%	0.39%	0.0325
最大值	85.00%	85.00%	1.0000
25%位数	29.50%	24.40%	0.8994
75%位数	58.82%	56.72%	1.0000
样本数	1087	1087	1087

从表中可以看出，我国上市公司的控制权和现金流量权的集中程度较高，两权的分离程度较低。具体数字和“东亚九国现金流量权和控制权情况”相比较，东亚九国的平均控制权为 19.77%、平均现金流量权为 15.70%、平均两权分离程度为 74.6%。可见，无论是控制权还是现金流量权的集中度，我国上市公司都大大高于东亚九国的平均情况，两权的集中情况也更高。

表 3-32 进一步比较了国有和民营企业的两权状况。从表中可以看出，国有企业的控制权和现金流量权的集中程度要高于民营企业，国有企业的两权集中程度也相当之高。

表 3-32　　国有和民营上市公司两权状况

	控制权		现金流量权		现金流量权/控制权	
	国有	民营	国有	民营	国有	民营
均值	47.89%	33.31%	45.45%	22.88%	0.9458	0.6756
中位数	49.18%	29.29%	45.97%	20.85%	1.0000	0.6947
标准差	16.72%	14.01%	17.70%	14.37%	0.1548	0.2693
最小值	10.00%	0.39%	2.03%	0.39%	0.0972	0.0325
最大值	85.00%	72.20%	85.00%	70.91%	1.0000	1.0000
25%位数	34.28%	24.18%	30.82%	12.43%	1.0000	0.4774
75%位数	61.55%	42.23%	59.93%	28.73%	1.0000	0.9551
样本数	841	246	841	246	841	246

表3-33、表3-34比较了国有上市公司、民营上市公司不同最终控制人的两权状况。从表3-33可以看出，在国有上市公司中，国有独资或控股公司作为最终控制人的上市公司，控制权和现金流量权的集中程度最高，其次为国有资产经营公司作为最终控制人的上市公司。两权差异性上，国有资产经营公司控股的上市公司两权分离程度最低，其次为国有独资或控股公司作为最终控制人的上市公司。从表3-34可以看出，民营上市公司中，境内法人控股的上市公司两权集中程度最高，个人（家族）控股的上市公司两权集中程度最低。两权差异性上，境内法人控股的上市公司两权分离程度最低，个人（家族）控股的上市公司最高。

表3-33 国有上市公司两权状况

	最终控制人	均值	中位数	标准差	最小值	最大值	25%位数	75%位数	样本数
控制权	政府	37.79%	38.93%	14.26%	10.00%	70.10%	27.49%	47.17%	71
	国有资产经营公司	43.32%	43.33%	17.10%	10.04%	78.63%	28.81%	56.74%	85
	国有独资/控股公司	50.19%	52.46%	16.27%	11.30%	85.00%	37.82%	63.16%	644
	院校	38.68%	33.95%	15.75%	11.91%	70.49%	25.33%	50.77%	41
	国有上市公司	47.89%	49.18%	16.72%	10.00%	85.00%	34.28%	61.55%	841
现金流量权	政府	34.59%	34.70%	14.41%	5.60%	70.08%	24.20%	44.19%	71
	国有资产经营公司	42.04%	39.36%	17.95%	9.04%	78.63%	27.43%	56.20%	85
	国有独资/控股公司	47.85%	49.64%	17.15%	5.07%	85.00%	34.65%	62.12%	644
	院校	33.72%	29.89%	18.49%	2.03%	70.49%	19.16%	50.12%	41
	国有上市公司	45.45%	45.97%	17.70%	2.03%	85.00%	30.82%	59.93%	841
现金流量权/控制权	政府	0.9205	1.0000	0.1793	0.2497	1.0000	1.0000	1.0000	71
	国有资产经营公司	0.9645	1.0000	0.1274	0.3391	1.0000	1.0000	1.0000	85
	国有独资/控股公司	0.9517	1.0000	0.1427	0.1944	1.0000	1.0000	1.0000	644
	院校	0.8587	1.0000	0.2746	0.0972	1.0000	0.8725	1.0000	41
	国有上市公司	0.9458	1.0000	0.1548	0.0972	1.0000	1.0000	1.0000	841

表 3-34　　民营上市公司两权状况

	最终控制人	均值	中位数	标准差	最小值	最大值	25%位数	75%位数	样本数
控制权	个人（家族）	32.11%	29.00%	12.88%	3.24%	72.20%	23.23%	39.72%	136
	法人	34.94%	29.58%	15.60%	0.39%	71.43%	24.81%	47.47%	99
	外资	33.47%	34.54%	11.59%	14.08%	50.40%	24.20%	41.26%	11
	民营上市公司	33.31%	29.29%	14.01%	0.39%	72.20%	24.18%	42.23%	246
现金流量权	个人（家族）	18.63%	17.76%	11.73%	0.52%	67.19%	9.93%	23.80%	136
	法人	28.79%	25.69%	15.79%	0.39%	70.91%	17.57%	34.29%	99
	外资	22.24%	20.25%	12.98%	7.04%	50.40%	12.41%	34.54%	11
	民营上市公司	22.88%	20.85%	14.37%	0.39%	70.91%	12.43%	28.73%	246
现金流量权/控制权	个人（家族）	0.5673	0.5134	0.2451	0.0325	1.0000	0.3961	0.7704	136
	法人	0.8274	0.9738	0.2300	0.1999	1.0000	0.6501	1.0000	99
	外资	0.6478	0.5370	0.2427	0.3124	1.0000	0.5000	1.0000	11
	民营上市公司	0.6756	0.6947	0.2693	0.0325	1.0000	0.4774	0.9551	246

三、中国上市公司股权结构和财务报告质量关系的实证分析

上市公司股权结构对财务报告质量的影响，和股权集中可能引发的代理问题密切相关。随着上市公司最终控制人持有的控制权比例越高，最终控制人侵害中小投资者的可能性也越大，上市公司对外披露的财务报告的可靠性也随之降低；现金流量权的存在是对最终控制人侵害行为的一种限制，但是在两权差异性较大的情况下，市场对财务报告的置信度也不会高。研究以会计盈余的信息含量作为度量财务报告质量的标准，检验上市公司股权结构对盈余价值相关性的影响。研究发现，与国外研究结果正相反，我国上市公司最终控制人控制权比例越高，会计盈余的价值相关性也越高；最终控制人持有的控制权和现金流量权量权分离的程度越小，会计盈余的价值相关性也越小。我国上市公司独特的市场环境对这一研究结果具有一定的解释力。

（一）研究设计

1. 研究假设

从描述性分析可以看出，我国证券市场上市公司的股权性质较为特殊，主要分为国有和民营两类，在构成上国有上市公司具有压倒性优势。国有产权高度集中、不参与市场流通，并且在市场活动中采用不同的代理

所有者作为国有资产的控制形式。相形之下，民营上市公司的股权集中程度要低于国有上市公司，并且由所有者直接参与经济活动而无需借助其他代理形式。我国证券市场特殊的股权结构有其特定的外部制度性背景：作为国企股份制改造的外部配套措施、以及解决国企改革资金需求的外部融资渠道，证券市场的准入机制始终向国有经济倾斜；为了保证公有制经济的主导性地位，国有企业改制上市过程中都采用了国家控股的股权模式，并且国有股不参与市场流通；随着抓大放小、国退民进改革思路的提出，民企上市的限制逐步放宽，但是民营上市公司在我国证券市场所占份额还不大。和LLSV提出的一国投资者法律保护环境决定了该国企业的所有权结构相似，我国独特的经济背景也决定了上市公司股权结构的特性。差异仅在于前者强调在既定法律体系下市场作出的反应，在我国则是政府行政手段引导了企业的特征，不论是法律体系还是政府行为都是在公共层面上对一国产权作出的规定性，也即产权的公共执行特征。

所有权结构是一国制度环境影响单个企业财务报告质量的途径之一(Fan和Wong，2002)，兼之我国上市公司上述独特的股权结构特征，本章尝试通过考察上市公司最终控制人对财务报告质量的影响，探讨制度性背景对企业财务报告的可能影响。我国目前有关制度性背景对财务报告质量影响的讨论，多见于规范性文献。在有关国有企业会计信息失真的讨论中，国有产权主体虚置、会计信息缺乏有效信息需求主体，被归结为国有企业会计信息失真的重要制度性原因。近年来我国证券市场诚信缺失、投机氛围浓重以及一系列向国有企业倾斜的监管制度，都在一定程度上影响了上市公司提供的财务报告的质量。上市公司提供的财务报告更大程度上是为了符合证券市场的监管需求，包括IPO、配股、避免退市等等，而不是满足市场投资者的信息需求。此外，注册会计师等中介机构独立性不足、法规建设不健全等也被归结为影响财务报告质量的外部因素。

股权结构对财务报告质量的影响和大型所有权引发的代理问题密切相关。随着持有的控制权比例不断提高，最终控制人在取得对企业经营、融资活动的控制权的同时，也控制了企业会计处理、财务报告过程中的会计政策选择权，也即对会计信息的控制权。最终控制人可能为了掩饰对企业盈余的潜在影响而操纵会计信息，或者提供含糊、不明晰的会计信息，不论何种行为都将降低会计盈余的可靠性。外部投资者可能预期到控股股东披露会计信息是出于个人私利而不是为了反映企业的经济实质，因此降低了对会计信息的关注程度，证券买卖等投资行为可能更多的以会计信息之外的信息渠道为依据。由于市场对会计盈余质量的预期和盈余的信息含量正相关（Teoh 和 Wong，1993），会计盈余可靠性的降低也就影响了会计信息披露所可能引起的市场反应。由此，本节以会计盈余的信息含量（价值相关性）作为衡量财务报告质量的标准①、以上市公司最终控制人的持股水平作为作为影响财务报告质量的外部因素，提出研究的第一个假设：

假设 1：随着上市公司最终控制人控制权比例不断上升，会计盈余的信息含量不断降低，也即控制权比例和会计盈余信息含量负相关。

大型所有权带来的控制权私利逐渐取代了控制权共享利益，企业的代理问题也就突出的表现为控股股东和外部中小投资者之间的利益冲突。具体而言就是，上市公司的最终控制人通过大股东利益输送（tunneling）等途径，转移中小投资者财富。但是最终控制人在持有控制权的同时，还持有一定比例的现金流量权。控制权的存在为控股股东侵害中小投资者提供了可能，而现金流量权则抑制了这种可能性。随着最终控制人持有的现金流量权比例不断提高，控股股东侵害中小投资者的可能性也不断降低，市场对披露的会计信息的信赖程度将随之提高。但是控制权和现金流量权之间通常存在一定的差异性，这种差异性造成了最终控制人侵害行为的“成本与效益不配比”，即最终控制人承担的侵害后果要小于侵害行为可能带来的私利。控股股东所采取的现实行为就是对这两权带来的侵害效益和侵害成本相权衡的结果，两权的差异性越大，侵害的可能性也越大，市场所预期的会计盈余的可靠性也就越低。由此，本节提出研究的第二个假设：

假设 2：随着上市公司最终控制人持有的现金流量权和控制权的差异性不断增大，会计盈余的信息含量不断降低，即两权分离程度和会计盈余的信息含量负相关。

2．数据和样本

鉴于我国上市公司从 2001 年年报才开始披露公司最终控制人的情况，本节以 2001 年、2002 年、2003 年上市公司股权结构对会计盈余信息含量的影响为研究对象。最终控制人情况以及两权数据主要来源于上市公司年报，根据年报中最终控制人资料以及股权变动情况调整得到，年报信息来

① 现有研究衡量财务报告质量的标准还包括会计盈余的稳健性和及时性（Basu，1997）、盈余操纵（Jones，1997）等，本部分仅考虑会计盈余信息含量这一质量衡量标准。

自巨潮资讯网（www.cninfo.com.cn）。年报信息不全面的上市公司，通过三大证券报、网络财经新闻、上市公司网站、上市公司有关公告、《新财富》、《新财经》等传媒资料予以补充。上市公司财务数据和交易数据来自 CSMAR 系列研究数据库。

此外，根据第 4 章关于股权集中型上市公司的定义，本节以最终控制权不低于 20％的上市公司为研究对象，研究这些公司最终控制人持股水平对会计信息可靠性的影响。

3．模型选取

(1) 长时间窗检验。长时间窗检验也称为关联性检验（association study)，是对较长的同一期间内会计绩效计量和股票收益之间的相关性进行检验。本节以上市公司年报披露这一事件为研究对象，以年度作为研究的事件窗口，检验所有权结构对会计盈余和股票收益之间相关性的影响，即盈余的价值相关性受所有权水平影响的程度。

①采用的基本模型如下：

$CAR_i = \alpha_0 + \alpha_1 NI_i + \mu_i$

其中：

$CAR_i = \prod (1 + AR_{it}) - 1$　　t＝－8，－7，……，－1，1，……4

$AR_{it} = R_{it} - \hat{R}_{it}$　　t＝－8，－7，……，－1，1，……4

$\hat{R}_{it} = \alpha_i + \beta_i \times R_{mt}$　　t＝－8，－7，……，－1，1，……4

$NI_{it} = EPS_{it} / P_{it}$　　t＝2001，2002，2003

CAR_i 为公司 12 个月累积市场调整股票收益率（accumulative net－of－market 12－month stock returns)，鉴于我国上市公司年报公布期间截至次年 4 月底，12 个月的事件期采用年报公布前一年 4 月份最后一个交易日至年报公布当年 4 月份最后一个交易日；AR_{it}为事件期个股月超常收益率，R_{it}为事件期个股月实际收益率，$\hat{R}_{it}$为事件期个股月预期收益率，采用市场模型 $R_i = a + \beta R_m$ 估算$\hat{R}_{it}$；a 和 β 采用事件期第一个月之前的 36 个月个股月实际收益率和市场月实际收益率、通过市场模型估算；EPS_{it}为公司 i 在年报当年的每股净收益，P_{it}为公司 i 在事件期期初的权益市场价值。会计变量除以期初权益市场价值是为了控制异方差现象（Basu，1997）。

②考虑上市公司股权结构的影响，基本模型修正为：

$$CAR_{it} = \alpha_0 + \alpha_1 NI_{it} + \alpha_2 NI_{it} \times V_{it} + \alpha_3 NI_{it} \times CF_{it} / V_{it} + \mu_{it}$$

其中：

V_{it}为公司 i 的最终控制人在 t 年持有的控制权比例；

CF_{it}为公司 i 的最终控制人在 t 年持有的现金流量权比例；

CF_{it}/V_{it}为公司 i 的最终控制人在 t 年持有的控制权和现金流量权两权的分离程度。

③考虑可能影响盈余信息含量的控制变量，模型进一步修正为：

$$CAR_{it} = \alpha_0 + \alpha_1 NI_{it} + \alpha_2 NI_{it} \times V_{it} + \alpha_3 NI_{it} \times CF_{it} / V_{it} + \alpha_4 NI_{it} \times SIZE_{it} + \alpha_5 NI_{it} \times LEV_{it} + \alpha_6 NI_{it} \times GROWTH_{it} + \mu_{it}$$

其中：

$SIZE_{it} = LnA_{it}$，为公司 i 在 t 年的资产总额取自然对数，衡量上市公司规模；

$LEV_{it} = L_{it}/A_{it}$，为公司 i 在 t 年的负债总额除以资产总额，衡量上市公司杠杆水平；

$GROWTH_{it} = (REV_{it} - REV_{it-1}) / REV_{it-1}$，为公司 i 在 t 年和 t-1 年主营业务收入之差除以 t-1 年主营业务收入，衡量上市公司成长性。

(2) 短时间窗检验。短时间窗检验又称为信息含量检验（information content study），或事件研究（event study），主要研究某一事件（如会计盈余公告）是否向市场参与者传递了新的信息。在会计信息对投资者具有决策有用性的情况下，长时间窗检验和短时间窗检验应该得到相似的结论，只是程度上存在差异，长时间窗口通常会得到较高的会计盈余价值相关性（盈余信息含量）。本节以上市公司年报披露这一事件为研究对象，对短时间窗下所有权结构对会计盈余信息含量的影响进行检验。

①采用的基本模型如下：

$$CAR_i = \phi_0 + \phi_1 UE_i + \xi_i$$

其中：

$$CAR_i = \sum AR_{it} \quad t = -20, -19, \cdots\cdots, 0, 1\cdots\cdots 5$$

$$AR_{it} = R_{it} - \hat{R}_{it} \quad t = -20, -19, \cdots\cdots, 0, 1\cdots\cdots 5$$

$$\hat{R}_{it} = \alpha_i + \beta_i \times R_{mt} \quad t = -20, -19, \cdots\cdots, 0, 1\cdots\cdots 5$$

$UE_{it}=(EPS_{it}-EPS_{it-1})/P_{it-1}$

CAR_i 为公司 i 的累积超常收益率（accumulative abnormal returns），采用公司年报公告日前 20 日到后 5 日为事件窗口；AR_{it}为事件期个股日超常收益率，R_{it}为事件期个股日实际收益率，$\hat{R}_{it}$为事件期个股日预期收益率，采用市场模型 $R_i=a+\beta R_m$ 估算$\hat{R}_{it}$；a 和 β 采用公司年报公告日前 270 日至公告日前 21 日的个股日收益率和市场日收益率、通过市场模型估算；UE_{it}为公司 i 在 t 年的非预期盈余（unexpected earnings），EPS_{it}为公司 i 在 t 年的每股净收益，EPS_{it-1}为公司 i 在 t－1 年的每股净收益，P_{it}为公司 i 在 t－1 年年初的权益市场价值。

②考虑上市公司股权结构的影响，基本模型修正为：

$$CAR_{it}=\phi_0+\phi_1 UE_{it}+\phi_2 UE_{it}\times V_{it}+\phi_3 UE_{it}\times CF_{it}/V_{it}+\xi_{it}$$

其中：

V_{it}为公司 i 的最终控制人在 t 年持有的控制权比例；

CF_{it}为公司 i 的最终控制人在 t 年持有的现金流量权比例；

CF_{it}/V_{it}为公司 i 的最终控制人在 t 年持有的控制权和现金流量权两权的分离程度。

（二）研究结果

1. 长时间窗检验结果

(1) 会计盈余价值相关性

表 3－35 列示的是各年度上市公司会计盈余的价值相关性，从表中可以看出我国上市公司股票收益和会计盈余之间存在显著正相关关系，并且相关程度随着时间推移不断提高。

表 3－35 会计盈余的价值相关性

		2001 年	2002 年	2003 年	Pooled
(Constant)	系数	－0.051***	－0.115***	－0.077***	－0.083***
	T 值	－5.498	－13.046	－10.201	－16.754
NI	系数	0.681**	1.134***	1.355***	1.207***
	T 值	2.193	7.041	10.443	12.303
调整后 R^2		0.006	0.062	0.119	0.065
样本规模		638	737	804	2179

*** 相关性在 0.01 的水平上显著（双尾）；** 相关性在 0.05 的水平上显著（双尾）。

（2）股权结构对会计盈余价值相关性的影响

表 3－36　　研究变量描述性统计

	均值	中位数	标准差	最小值	最大值	25%位数	75%位数
CAR	－0.1106	－0.1435	0.2420	－0.7812	1.6472	－0.2544	0.0039
NI	0.0024	0.0100	0.0547	－0.7189	0.2456	0.0021	0.0205
V	0.4271	0.4155	0.1680	0.0039	0.8498	0.2890	0.5546
CF/V	0.8789	1.0000	0.2244	0.0073	1.0000	0.8500	1.0000
SIZE	21.0128	20.9885	0.8519	18.1105	24.0336	20.4773	21.5325
LEV	0.4826	0.4676	0.2687	0.0118	4.5212	0.3494	0.5933
GROWTH	0.2194	0.1254	0.6536	－0.9869	7.1133	－0.0289	0.3309

表 3－37 列示了上市公司股权结构对会计盈余价值相关性的影响，其中 Model 1 单独考虑最终控制人持有的控制权比例对价值相关性的影响，Model 2 单独考虑最终控制人持有的现金流量权比例对价值相关性的影响，Model 3 考虑最终控制人持有的控制权以及两权分离程度对价值相关性的共同影响。从表中可以看出，除了 2001 年股权结构对盈余价值相关性的影响不显著之外，2002 年、2003 年以及集合数据（pooled）的检验结果都表明，盈余的价值相关性受到所有权水平的显著影响。从后三组研究结果可以看出，单独考虑控制权比例的影响时，控制权比例和盈余价值相关性在 0.01 的水平上显著正相关；单独考虑现金流量权比例的影响时，现金流量权比例和盈余价值相关性之间的正相关关系没有通过显著性测试；综合考虑控制权和两权分离程度对盈余价值相关性的影响，控制权比例和盈余价值相关性在 0.01 的水平上显著正相关、两权分离程度和盈余价值相关性在 0.01 的水平上显著正相关，研究结果与假设 1、假设 2 完全相反。

表 3－37　　上市公司股权结构对会计盈余价值相关性的影响

	Model 1		Model 2		Model 3	
	系数	T 值	系数	T 值	系数	T 值
2001 年						
常数项	－0.051***	－5.501	－0.052***	－5.548	－0.052***	－5.565
NI	1.809*	1.728	1.817**	0.052	3.590*	1.553
V*NI	－2.340	0.260			－1.844	－0.857
CF*NI			－2.429	－1.293		

续表

	Model 1		Model 2		Model 3	
	系数	T值	系数	T值	系数	T值
CF/V*NI					-2.106	-0.864
调整后 R^2	0.006		0.007		0.006	
样本规模	638		638		638	
2002年						
常数项	-0.118***	-13.410	-0.115***	-13.113	-0.118***	-13.545
NI	-0.704	-1.227	0.539	1.123	1.192	1.266
V*NI	4.054***	3.334			4.576***	3.724
CF*NI			1.393	1.319		
CF/V*NI					-2.284***	-2.537
调整后 R^2	0.075		0.063		0.081	
样本规模	737		737		737	
2003年						
常数项	-0.080***	-10.491	-0.078***	-10.170	-0.081***	-10.592
NI	0.453	1.175	1.241***	4.038	1.732***	3.221
V*NI	1.979***	2.483			3.040***	3.570
CF*NI			0.275	0.409		
CF/V*NI					-2.010***	-3.390
调整后 R^2	0.124		0.118		0.136	
样本规模	804		804		804	
Pooled						
常数项	-0.084***	-17.022	-0.083***	-16.731	-0.085***	-17.221
NI	0.278	0.882	1.117***	4.347	1.848***	3.894
V*NI	2.029***	3.106			2.919***	4.286
CF*NI			0.212	0.380		
CF/V*NI					-2.178***	-4.405
调整后 R^2	0.068		0.064		0.076	
样本规模	2179		2179		2179	

*** 相关性在0.01的水平上显著（双尾）；** 相关性在0.05的水平上显著（双尾）；* 相关性在0.1的水平上显著（双尾）。

表 3－38 进一步考虑了可能影响盈余价值相关性的有关控制变量。从表中可以看出，检验结果和未考虑控制变量时相类似，并且各组的调整后 R^2 都有所提高。2001 年股权结构对会计盈余价值相关性的影响仍然不显著，2002 年、2003 年、集合数据都表明盈余价值相关性受到股权结构的显著影响。即最终控制人控制权水平越高、会计盈余的价值相关性也越高，控制权和现金流量权之间的差异性越大，会计盈余的价值相关性越低，研究结果和假设正好相反。

表 3－38　上市公司股权结构对会计盈余价值相关性的影响

（考虑控制变量）

		2001 年	2002 年	2003 年	Pooled
常数项	系数	－0.053***	－0.127***	－0.090***	－0.091***
	T 值	－5.238	－14.133	－11.325	－17.819
NI	系数	9.603	－13.789***	－11.666***	－7.245***
	T 值	1.058	－2.663	－3.038	－2.592
V*NI	系数	－0.242	5.073***	1.599*	2.378***
	T 值	－0.100	3.938	1.770	3.412
CF/V*NI	系数	－1.516	－1.765*	－1.955***	－2.352***
	T 值	－0.616	－1.653	－3.272	－4.658
SIZE*NI	系数	－0.306	0.669***	0.657***	0.452***
	T 值	－0.714	2.726	3.735	3.474
LEV*NI	系数	－0.682*	0.192	0.283	0.037
	T 值	－1.634	0.470	1.329	0.240
GROWTH*NI	系数	－0.640	0.600**	0.096	0.210*
	T 值	－0.932	2.197	0.536	1.446
调整后 R^2		0.006	0.099	0.155	0.085
样本规模		638	737	804	2179

*** 相关性在 0.01 的水平上显著（双尾）；** 相关性在 0.05 的水平上显著（双尾）；* 相关性在 0.1 的水平上显著（双尾）。

2．短时间窗检验结果

（1）会计盈余信息含量

表3-39列示了我国上市公司各年度会计盈余的信息含量。从表中可以看出，上市公司年报披露的会计盈余具有一定的信息含量，并且随着时间推移盈余的信息性不断提高。

表3-39　会计盈余信息含量①

		2001年	2002年	Pooled
常数项	系数	0.005**	-0.026***	-0.011***
	T值	2.215	0.000	0.000
UE	系数	0.028***	0.039***	0.032***
	T值	4.575	0.000	0.000
调整后 R^2		0.020	0.052	0.032
样本规模		1002	1070	2072

*** 相关性在0.01的水平上显著（双尾）；** 相关性在0.05的水平上显著（双尾）。

(2) 股权结构对会计盈余信息含量的影响

表3-40　上市公司股权结构对会计盈余信息含量的影响

		2001年	2002年	Pooled
常数项	系数	0.004*	-0.031***	-0.015***
	T值	1.651	0.000	0.000
UE	系数	0.039	0.060***	0.063***
	T值	1.097	0.000	0.000
V*UE	系数	0.069**	0.158*	0.043*
	T值	1.974	0.117	0.088
CF/V*UE	系数	-0.054	-0.202**	-0.081***
	T值	-1.438	0.029	0.000
调整后 R^2		0.008	0.057	0.037
样本规模		1002	1070	2072

*** 相关性在0.01的水平上显著（双尾）；** 相关性在0.05的水平上显著（双尾）；* 相关性在0.1的水平上显著（双尾）。

表3-40列示了上市公司股权结构对会计盈余信息含量的影响。从表

① 条件所限，目前无法取得上市公司2003年市场交易数据，本节仅对2001年、2002年会计盈余信息含量进行检验，今后的研究将进一步补充2003年的检验情况。

中可以看出，短时间窗的研究结果和长时间窗的相似。检验结果和研究假设正相反，最终控制人的控制权比例越高，会计盈余的信息性越高，最终控制人持有的控制权比例和现金流量权比例之间的差异性越大，会计盈余的信息含量越高。但是集合数据中控制权比例对盈余信息含量的影响没有通过显著性测试。

3. 稳定性检验

(1) 长时间窗。针对长时间窗检验以不低于 20% 的控制权比例作为判断控股股东的标准，本节以不低于 10% 以及不低于 50% 的控制权比例作为判断标准，检验在较为“宽松”的控制标准和严格意义上的控制标准下[①]，股权结构对会计盈余价值相关性的影响。

从表 3-41 中可以看出，采用 10% 作为判断控股股东的标准，检验结果和采用 20% 的判断标准差异不大。2001 年股权结构对会计盈余的价值相关性影响不显著，2002 年、2003 年以及集合数据都表明，股权结果对盈余相关性具有显著影响。最终控制人控制权比例越高，盈余的价值相关性也越高，最终控制人两权分离的程度越高，盈余的价值相关性也越高。

表 3-41　上市公司股权结构对会计盈余价值相关性的影响（10%）

		2001 年	2002 年	2003 年	Pooled
常数项	系数	-0.054***	-0.118***	-0.083***	-0.086***
	T 值	-5.909	-14.148	-11.334	-18.178
NI	系数	3.483*	1.315*	1.472***	1.673***
	T 值	1.605	1.550	3.140	4.021
V*NI	系数	0.361	4.148***	2.041***	2.786***
	T 值	0.290	3.669	4.955	5.651
CF/V*NI	系数	-3.232*	-2.182***	-1.656***	-1.910***
	T 值	-1.473	-2.582	-3.274	-4.375
调整后 R^2		0.004	0.079	0.131	0.074
样本规模		668	790	860	2318

① 通常认为投资方对被投资方的持股比例超过不低于 50% 时，投资方取得了对被投资方经营活动的控制权，投资方需要编制合并报表，将被投资方作为子公司。

续表

		2001 年	2002 年	2003 年	Pooled
考虑控制变量					
常数项	系数	-0.053***	-0.125***	-0.088***	-0.090***
	T 值	-5.543	-14.666	-11.472	-18.456
NI	系数	8.675	-11.018**	-2.479	-2.100
	T 值	1.020	-2.254	-0.833	-0.956
V*NI	系数	-1.538	4.270***	2.398***	2.154***
	T 值	-1.038	3.635	3.810	4.111
CF/V*NI	系数	-1.215	-1.785*	-1.508***	-1.741***
	T 值	-0.522	-1.811	-2.936	-3.943
SIZE*NI	系数	-0.251	0.558**	0.199	0.193*
	T 值	-0.627	2.388	1.521	1.917
LEV*NI	系数	-0.560***	0.179	-0.056	-0.100
	T 值	-2.488	0.447	-0.325	-0.986
GROWTH*NI	系数	-0.807	0.585**	0.069	0.207*
	T 值	-1.220	2.277	0.400	1.496
调整后 R^2		0.01	0.093	0.135	0.078
样本规模		668	790	860	2318

***相关性在 0.01 的水平上显著（双尾）；**相关性在 0.05 的水平上显著（双尾）；*相关性在 0.1 的水平上显著（双尾）。

从表 3-42 可以看出，采用 50%作为最终控制人的判断标准，样本规模变小许多，可见我国上市公司股权结构符合严格控制标准的公司并不普遍。采用 50%作为判断标准的检验结果和 20%作为判断标准的情况基本上相似，即最终控制人控制权比例和盈余价值相关性正相关，最终控制人两权分离程度和盈余价值相关性正相关。

表 3-42　上市公司股权结构对会计盈余价值相关性的影响（50%）

		2001 年	2002 年	2003 年	Pooled
常数项	系数	-0.005	-0.101***	-0.073***	-0.064***
	T 值	-0.310	-6.443	-6.051	-7.541
NI	系数	2.323	0.696	2.319	3.099*
	T 值	0.326	0.217	1.081	1.833

续表

		2001 年	2002 年	2003 年	Pooled
V*NI	系数	1.531	11.478**	5.124**	5.271***
	T 值	0.265	2.316	2.265	2.587
CF/V*NI	系数	-2.966	-6.127***	-3.951***	-5.019***
	T 值	-0.459	-3.548	-2.788	-4.559
调整后 R^2		-0.010	0.149	0.204	0.119
样本规模		230	286	330	846
考虑控制变量					
常数项	系数	-0.004	-0.128***	-0.090***	-0.076***
	T 值	-0.208	-7.981	-6.678	-8.529
NI	系数	16.091	-44.295***	-3.558	-9.769**
	T 值	0.923	-5.151	-0.569	-2.302
V*NI	系数	-0.003	5.571	3.336*	3.961*
	T 值	-0.001	1.118	1.357	1.915
CF/V*NI	系数	-2.812	-3.063	-2.866**	-3.247**
	T 值	-0.427	-1.045	-1.974	-2.392
SIZE*NI	系数	-0.563	2.171***	0.288	0.572***
	T 值	-0.789	5.369	1.109	3.076
LEV*NI	系数	-0.669	0.489	-0.127	-0.065
	T 值	-1.095	1.050	-0.362	-0.307
GROWTH*NI	系数	-1.340	0.298	0.817	0.360
	T 值	-1.153	0.666	1.379	1.331
调整后 R^2		-0.014	0.229	0.218	0.134
样本规模		230	286	330	846

*** 相关性在 0.01 的水平上显著（双尾）；** 相关性在 0.05 的水平上显著（双尾）；* 相关性在 0.1 的水平上显著（双尾）。

(2) 短时间窗。短时间窗检验采用年报公告日前 20 日到公告日后 5 日作为研究的事件窗口，本节采用其他长度的时间窗口检验研究结果的稳定性。

从表 3-43 可以看出，采用不同长度事件窗口的研究结果和（-20，5）的研究结果相似，控制权集中程度和两权分离程度对会计盈余信息含量的影响和预期的正相反。

表 3－43 上市公司股权结构对会计盈余信息含量的影响
（不同时间窗）

		（－20，10）	（－10，5）	（－5，5）	（－2，2）
常数项	系数	－0.018***	－0.011***	－0.008***	－0.005***
	T 值	0.000	0.000	0.000	0.000
UE	系数	0.061***	0.045***	0.038***	0.027***
	T 值	0.000	0.000	0.000	0.000
V*UE	系数	0.042***	0.024	0.050***	0.002
	T 值	0.134	0.253	0.008	0.871
CF/V*UE	系数	－0.088***	－0.054***	－0.077***	－0.025***
	T 值	0.000	0.000	0.000	0.002
调整后 R^2		0.025	0.025	0.027	0.018
样本规模		2072	2072	2072	2072

*** 相关性在 0.01 的水平上显著（双尾）；** 相关性在 0.05 的水平上显著（双尾）；* 相关性在 0.1 的水平上显著（双尾）。

（三）对研究结果的解释

1. 最终控制人性质的影响

在前文的检验中，本节只考虑了最终控制人两权情况对财务报告质量的影响。本部分将进一步考虑最终控制人的性质对这一结果是否具有解释力。研究在方法上采用长时间窗检验，数据上采用 2001 年、2002 年、2003 年三年的集合数据，分别以控制权比例不低于 10%、20%、50% 作为股权集中的判断标准，将上市公司分为国有和民营两类进行，考察最终控制人的不同性质对股权结构和盈余价值相关性之间关系的影响。

从表 3－44 可以看出，国有上市公司股权结构对盈余相关性的影响和市场数据相似，并且控制权和两权差异性都在 0.01 的水平上显著相关。相形之下，民营上市公司股权结构对盈余相关性的影响中，两权差异性的影响和市场数据相一致，并且通过显著性测试，但是有的控制权样本组控制权的影响和市场数据不一致，并且各样本组都未通过显著性测试。从检验结果可以看出，在两权差异性对盈余价值相关性的影响上，最终控制人的不同性质不会产生显著差异，但是在控制权对盈余价值相关性的影响上，民营企业的控制权没有解释力。

表 3-44　国有上市公司股权结构对会计盈余价值相关性的影响

		10%	20%	50%
常数项	系数	-0.074***	-0.074***	-0.061***
	T 值	-13.633	-13.155	-6.803
NI	系数	1.878**	1.639**	1.819
	T 值	2.379	1.997	0.924
V*NI	系数	3.073***	3.608***	6.652***
	T 值	5.519	4.529	2.990
CF/V*NI	系数	-2.236***	-2.283***	-4.421***
	T 值	-2.903	-2.908	-3.339
调整后的 R^2		0.069	0.071	0.108
样本规模		1787	1692	777

***相关性在 0.01 的水平上显著（双尾）；**相关性在 0.05 的水平上显著（双尾）；*相关性在 0.1 的水平上显著（双尾）。

表 3-45　民营上市公司股权结构对会计盈余价值相关性的影响

		10%	20%	50%
常数项	系数	-0.125***	-0.125***	-0.125***
	T 值	-12.790	-12.351	-4.967
NI	系数	1.912***	2.409***	8.935***
	T 值	3.651	3.990	2.531
V*NI	系数	0.599	0.155	-2.344
	T 值	0.515	0.113	-0.436
CF/V*NI	系数	-1.268*	-1.581**	-6.770***
	T 值	-1.652	-1.924	-3.760
调整后的 R^2		0.076	0.083	0.280
样本规模		536	487	69

***相关性在 0.01 的水平上显著（双尾）；**相关性在 0.05 的水平上显著（双尾）；*相关性在 0.1 的水平上显著（双尾）。

2. 现金流量权的影响

研究发现最终控制人控制权比例越高，会计盈余的价值相关性也越高；两权的差异性越大，会计盈余的价值相关性也越高。这一结论与国外研究的发现正相反。Fan 和 Wong（2002）发现随着两权的差异性不断变小，会计盈余的价值相关性也随之增大，研究作出的解释是现金流量权抑制了大股东侵害的可能性，因此提高了会计盈余的可靠性。股权结构对企业价值影响的研究也指出，控股股东持有的现金流量权有助于改进市场对企业的定价（LLSV，2002），现金流量权和控制权之间的差异性越小企业价值越高（Claessens 等，1999）。这些研究结果隐含的一个前提就是现金流量权是抑制大股东侵害行为的一种机制，但是我国上市公司两权差异性和盈余价值相关性之间的正相关关系，显然质疑了这一前提假设在我国证券市场的成立性。

近年来大股东侵害中小投资者、上市公司利益输送（tunneling）问题逐步受到关注，研究表明上市公司所有权安排对大股东的资金占用行为具有重要影响（李增泉、王志伟、孙铮，2004），并且大股东持股比例与不同的利益输送方式之间存在一定的关联性（刘峰、贺建刚，2004）。较之关联交易、担保、股权转让、直接侵占上市公司资金，高派现是大股东实现利益的合法而有效的手段，并且在大股东持股比例越高的情况下，越倾向于采取高派现的方式。因此，对我国上市公司最终控制人而言，较高的现金流量权比例未必是抑制侵害激励的一种机制，附之以较高的控制权比例反而可能成为实现侵害的途径。因为较高的现金流量权为大股东带来通过高派现实现利益输送的激励，而较高的控制权则为这一激励的实现提供了可能。

第四章 会计信息产权的基本逻辑及其博弈

第一节 企业、公司治理与会计信息披露

一、对企业的理解

关于对企业本质的理解，不同的学者在不同的时期作出了不同的解释①。在Coase之前，企业被理解为一个投入产出的函数，而企业如何运作，则象一个“黑匣子”一样，缺乏必要的关注。自从Coase（1937；1960）奠基了企业的契约理论之后，学者逐渐意识到企业的存在本身体现为交易费用的节约（相对于市场），由此确定企业的边界②。然而，该命题的核心概念——交易费用由于难以量化和缺乏可操作性的缺陷正在逐渐凸显。此外，用交易费用界定企业的存在和边界，可能并未有力地解释为

---

① 这里，对这些解释性观点的评价有一个“理论联系实际”的问题。所谓理论联系实际，一定要注意一个“时态”上的对应关系——即绝对不应该是用今天的实际联系昨天的理论（或用今天的理论联系昨天的实际），否则将忽略理论的继承与发展性。明确这一点，有助于科学地评价业已存在的各种具有竞争性的观点。

② Coase，1937，“The Nature of the Firm”，*Economica*，IV.Coase，1960，“The Problem of Social Cost”，*Journal of Law and Economics* III，1－44.

什么企业相对于市场节约交易费用。为了以下对会计信息产权及其博弈的阐述更为流畅性，本节我们首先要构建理论基础。

1. 从投入角度理解企业

Jensen and Meckling（1976）认为，企业本质上是一种法律虚构，是一系列契约关系的集合[①]。这个观点体现了经济学研究中“实质重于形式”的思想，是关于企业性质一种颇具竞争力的观点。周其仁（1996）进一步认为，市场经济中的企业可以理解为一个人力资本和财务资本缔结的特别契约[②]。这个特别契约成立的前提，在于财务资本和人力资本所有者分别以其具有排他性产权的财务资本和人力资本作为投入要素进行缔约[③]。由此衍生的逻辑是：由于交换关系的存在及“效率与公平”原则的制约，作为缔约双方的人力资本所有者和财务资本所有者在分别让渡了部分财产所有权[④] 之后，相应地分享了企业的所有权，也理所当然地要求成为企业某类权益索取者，对企业的剩余拥有索取权[⑤]。这是从投入角度理解企业的，但由此形成的逻辑将延伸并影响到如何理解企业的运作过程及从终极角度理解企业。

2. 从运作过程视角理解企业

企业所有权在人力资本和财务资本所有者之间的分配是企业运作过程中一个显著的特征。为了确保企业的效率，应该尽可能地让剩余索取权与剩余控制权相互匹配（matching）[⑥]，因为一般意义上讲，剩余索取权份额

---

① Jensen and Meckling，1976，“Theory of The Firm：Managerial Behavior，Agency Cost and Ownership Structure”，*Journal of Law and Economics*，3.

② 周其仁：“市场里的企业：一个人力资本和非人力资本的特别合约”，《经济研究》，1996年第6期。

③ 张维迎：《企业理论与中国企业改革》，北京大学出版社1999年版。

④ 财产所有权与产权等价，是指对给定财产的占有权、使用权、转让权和收益权等多项权利的复合。产权可以分割，往往能够提高效率。

⑤ 所有权（ownership），包括企业所有权和财产所有权，这个问题张维迎（1996）曾做了详细的区分：企业所有权（ownership of the firm）指剩余索取权（residual claim）和剩余控制权（residual rights of control）。所有权的两个部分应该尽可能地保持匹配，来提高企业的效率。然而现实情况下，剩余索取权和剩余控制权却并不能够实现理论上较为完美的匹配，由此导致企业经营效率的参差不齐。

⑥ 张维迎：《企业理论与中国企业改革》，北京大学出版社1999年版。

的多寡[①] 关系到能否为远离企业日常经营的财务资本所有者提供监督负责日常经营的企业家人力资本的动力，而剩余控制权则决定着监督活动的可行性及最终决策效应——或者说能否体现为财务资本所有者对人力资本所有者所具有的、一种或有的威胁。然而，问题在于：剩余索取权与剩余控制权多数情况下并不能够实现一一匹配。可分割的剩余索取权被众多的财务资本所有者所分享，在高度流通的资本市场上，往往每位财务资本所有者所拥有的剩余索取权份额极低，低到不能够提供直接监督企业日常运营的动力；监督动力的削弱甚至丧失意味着将出现这样一种情况，财务资本所有者在自愿放弃直接监督权力（股票市场机制的存在使得财务资本所有者仍保留有间接的监督权力）的同时，也放弃了与其所拥有的剩余索取权相对应的剩余控制权。结果，财务资本所有者拥有的将只是剩余索取权和名义上（法律上）的剩余控制权[②]，而实质上的剩余控制权则被企业人力资本的代表——企业的管理当局所和平地“掠夺了”。依据剩余索取权和剩余控制权相匹配的逻辑[③]，既然股权分散情况下企业的剩余控制权实质上为人力资本所有者所拥有，那么就应该允许企业的管理当局等人力资本所有者拥有一定比例的剩余索取权[④]，否则剩余控制权将变为廉价投票权！

---

① 交易成本的存在决定了契约的不完备性，而契约的不完备性必然等价于剩余索取权（有权获得超额利润或有责任承担损失）的存在性，但这并不排斥剩余索取权可以分享的机制（张维迎，1999，P75；非原话）。这个可以通过“R = R1 + R2 + …… + Rn”逻辑来解释，其中R代表企业总收益，R1，R2……Rn代表作为契约的企业缔约各方的收益。不确定性（uncertainty）客观存在，所以R是个变量，R是变量可以推知：（1）R1、R2……Rn全部是变量；（2）至少有一个是变量。推论（1）属于推论（2）的子集合，所以我们有结论，契约不完备性和不确定性的存在决定了剩余索取权的必然存在性。最终，当不确定性情况最终验证时，必须由拥有剩余索取权的一方来进行解决（实际承担损失或占有超额利润），此即剩余控制权。反之亦然，即拥有剩余控制权的一方必然拥有剩余索取权。

② 之所以称为名义上的剩余控制权，是因为存在着理论上可能、但由于交易费用限制、大多时候并不可行的情况——财务资本所有者依据法律所赋予的剩余控制权（投票权），可以采取集体行动的逻辑，通过一致性的行动来“夺回”原本自愿放弃的、一经分割就失去其效力的剩余控制权。

③ 这里的逻辑体现为互为因果，因为我们无法确切地区分这样一种现象：倒底是因为人力资本拥有剩余控制权从而要求赋予一定的剩余索取权？还是拥有的剩余索取权要求一定的剩余控制权与之相互匹配？

④ 人力资本至少可以粗轮廓地划分为两类：经营管理型的人力资本、生产型的人力资本。若所有的人力资本所有者都拥有一定比例的剩余索取权，则就成为典型的“泛股制”；而若只有企业家人力资本拥有一定比例的剩余索取权，则往体现为经营者持股如股票期权等；若只有职工持股，则就是西方国家实践中存在已久的ESOP（雇员股票期权计划）。

3. 从结果角度进行审视

财务资本和人力资本所有者针对企业所有权进行的动态博弈过程中，是企业经营运作的典型特征。财务资本和人力资本的精诚合作将有助于形成企业的核心能力，确保企业持续的竞争优势和可持续发展性。既然人力资本所有者拥有企业一定的剩余索取权是一种确保企业经营效率的趋势①，那么如何反映人力资本所有者在企业中的权益、以及由此导致的经济后果，如引起企业财务状况和经营成果的变动情况，将成为人力资源会计的核心任务。

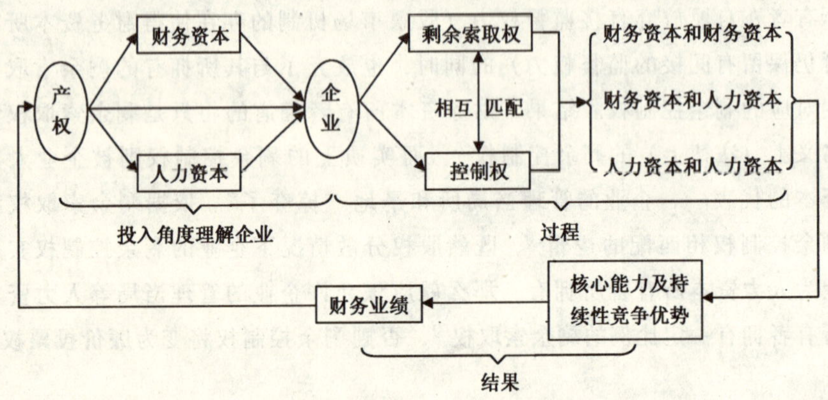

图 4－1 从不同阶段理解企业

二、企业会计信息披露的逻辑

既然企业可以理解为人力资本和财务资本共同缔结的契约，那么为了降低交易费用，抑制不确定性并确保契约在允许范围内的完备程度，缔约双方——人力资本和财务资本所有者②、乃至财务资本、人力资本各自集

① 这里的问题是，绝对不允许人力资本所有者拥有剩余索取权，则企业的效率长期来看是不可能高的；但是否允许人力资本所有者拥有一定比例的剩余索取权，就一定意味着企业经营效率的提高和业绩的出众？答案是否定的！因为从国内外的研究结果看，企业业绩的提高与高层管理当局作为人力资本所有者拥有剩余索取权比例及报酬的增加并不一定正相关！看来，若从具体案例分析，人力资本所有者拥有剩余索取权既不是是企业效率提高的必要条件，更不是充分条件！那么我们提倡人力资本所有者拥有剩余索取权还有什么意义呢？我们的依据在于：总体（大样本）看来，缺乏剩余索取权匹配的剩余控制权容易滋生廉价投票权，导致企业经营业绩的不佳。

② 一般而言，财务资本所有者如股东往往目标比较单一，即追求货币收益的满意化（或既定约束条件下的最大化），而人力资本所有者如管理当局则目标具有复合性，追求货币收益的满意化只是其目标函数的一维，但由于货币激励具有边际效用递减的特征，所以考虑到代理问题，并不排除其往往会同时选择以牺牲财务资本所有者的利益追求非货币收益。

合（set）内部不同的利益集团之间[①]必然会为了各自的利益进行博弈。

博弈的目标是企业所有权——剩余索取权和剩余控制权如何进行分配，博弈的理想状况是剩余索取权和剩余控制权相互匹配，博弈的正常"解"是一种状态依存，剩余索取权和剩余控制权远不可能实现完美匹配，为此博弈是动态的、连续的。在博弈过程中，剩余索取权的可转让性是问题的关键[②]。博弈得以继续的前提是"共同知识"（common knowledge）[③]。代理关系下，由于信息不对称，企业的投入——产出状况不容易为处于企业外部的投资者所了解。同时由于成本——效益权衡、分工、个人禀赋等因素的制约，决定了财务资本投入者不愿意对企业的"投入——产出"（一个连续的过程）进行"实时监督"[④]。

既然财务资本投入者因为诸多因素的限制，不愿、也不能对企业的生产经营进行实时监督，而利益的驱动性又决定了他们仍会关心企业的产出，那么就需要一种机制，来协调财务资本投入者所面临的两难性。会计

① 财务资本所有者集合内部，严格说也往往具有不同的目标函数。债权人主要关注债务的安全性及企业的偿债能力，而股东则往往关乎企业的盈利能力，这些差异往往会使两者利益取向出现矛盾——如债权人为了确保企业的债务偿还能力，往往通过刚性的债务契约对企业的财务活动施加限制，如要求企业设置偿债基金、限制企业股利的支付等，这些都有可能危及股东的利益。

此外，人力资本所有者集合内部的矛盾也在所难免，因为代理关系的存在使得人力资本之间也存在监督和被监督、指挥与服从等诸多厉害冲突。

② 如果企业的剩余索取权可以进行转让，投资者就可以利用"退出权"，或者威胁、或者捍卫自己的产权。然而，当企业剩余索取权不可转让时，投资者的"威胁"就变成了"不可信"的抱怨（voice）。当企业剩余索取权的不可转让性是"共同知识"，而且该特征导致了投资者不可能利用"退出权"来"出让"企业，所以企业管理当局可能以此进行"要挟"，逆向选择和道德风险问题严重。此外，当企业的剩余索取权不可转让时，相应的激励约束机制无法形成。当委托代理关系存在时，由于委托方和代理方目标函数的不一致，委托方往往需要对代理方进行激励，来确保缩小两者目标函数的差异。但是，这种激励要达到相容（compatible）效果，委托方必须能够对代理方进行约束和惩罚。而企业的剩余索取权不可转让情况下，投资者和企业之间的缔约就等价于长期的"隐契约"关系，具有不可撤消性，因此也就缺乏对企业管理当局进行惩罚的基本措施。当企业的管理当局注意到"剩余索取权不可转让"这个"共同知识"时，就不再担心企业被并购（merge and acquisition）或接管（takeover），从而使自己失去应有的职位或使自己人力资本价值遭受损失。具体论述请参加杨瑞龙（2000）。

③ 如果假设两个博弈参与者（A，B）进行博弈，这个博弈要求：（1）A、B都是理性的；（2）A知道B是理性的，B也知道A是理性的；（3）A知道"B知道他（A）是理性的"，B也知道"A知道他（B）是理性的"……如此循环无尽。如果无限个环节和"链条"中任意一个"链结"出错，博弈结果将会出现逆转。换言之，理性要成为共同知识（Common Knowledge）。

④ 否则，财务资本所有者就宁愿选择自己直接经营企业，管理当局和财务资本投入者之间的委托代理关系也就不复存在了！

信息披露机制的存在无疑在很大程度上可以解决这种两难性。原因在于，财务资本投入者是追求货币收益满意化的经济人，而会计信息正是反映一个企业财务状况、经营成果、现金净流量情况的替代变量。管理当局通过会计信息这种替代变量，供远离企业日常经营管理的投资者了解情况。因此，会计信息是一种有价值的资源，高质量、透明的会计信息在一定程度上影响着缔约各方的受益和受损[①] 的可能性。遵从上述逻辑，我们概括性地将会计信息披露的框架提供如下：

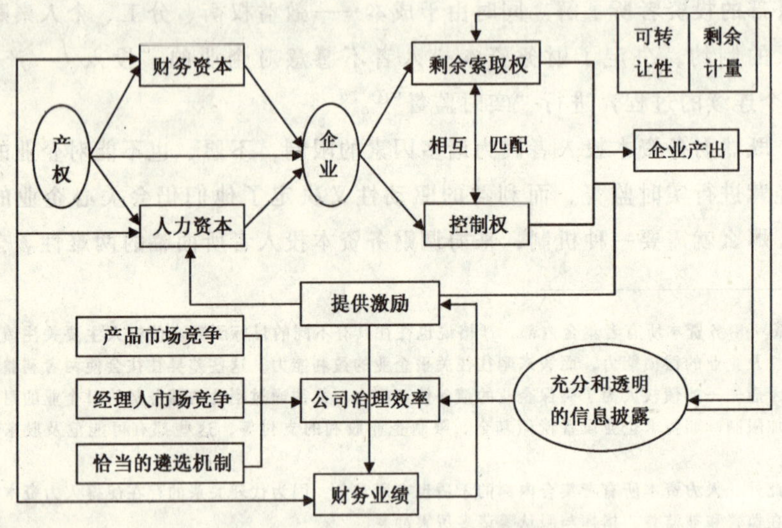

图 4-2　会计信息披露的逻辑框架

高质量的、充分透明的信息披露的内涵是一个变迁的过程，也是根据剩余索取权和剩余控制权进行博弈的过程。博弈所需的共同知识经历了如下几个显著的历史阶段：(1) 资产负债表信息；(2) 资产负债表信息和利润表信息；(3) 资产负债表信息、利润表信息及现金流量表信息；(4) 财务报表（含资产负债表、利润表、现金流量表）信息及其他财务报告信息；(5) 财务报表（含资产负债表、利润表、现金流量表）信息、其他财务报告信息、企业提供的、有助于投资者决策的其他信息[②]。

① 主要参考了杜兴强：《会计信息的产权问题研究》，东北财经大学出版社 2002 年版。

② 详细参见杜兴强：《会计信息的产权问题研究》，东北财经大学出版社 2002 年版第 3 章的论述。

第二节 会计信息产权的基本逻辑

一、会计信息产权问题的提出：一个基本的逻辑框架①

会计是一个以提供财务信息为主的、人造的经济信息系统。会计信息系统的运行存在着明确的目标——会计目标。目前关于会计目标的流行表述是“决策有用观”。鉴于不同的利益相关者具有不同的效用函数和偏好，所以会计信息的披露及其被投资者所利用，必然产生一定的经济后果(economic consequence)。这样就存在着不同的利益相关者在不同程度上因会计信息而受益或受损的情况。不同的利益相关者因会计信息而受益或受损的事实要求界定会计信息的产权，决定谁更有理由因会计信息而受益。

长期以来，会计界将“会计信息”视为会计信息系统的最终输出“物”，因此过多地侧重于会计信息披露技术环节的讨论②。其实，“‘会计信息’之于不同的利益相关者之间的利益关系而言，其实意味着‘权利’”。换言之，一旦企业的利益相关者发生利益冲突时，会计信息“面纱”后蕴涵的各项权利才凸现出来③。会计信息产权的界定正是为了降低利益相关者之间因会计信息而产生的矛盾。

产权是“一个社会实施的选择一种经济品的使用的权利”(Coase，Alchian，and NorthM，1990，P166)；产权“界定了一个人或他人受益或

① 主要参考了杜兴强：“会计信息产权的逻辑及其博弈”，《会计研究》，2002年第2期。

② 对目前会计信息披露的使用者导向模式，我们认为其虽然已关注到利益相关者对于会计信息的权利，但却可能走向了另外一个极端。

③ 科斯（Coase，1960）指出，“人们通常认为，商人得到和使用的是实物（如一亩土地），然商人拥有的实际上是实施一定行为的权利”。

受损的权利"[①]（Demsetz，1967）。会计信息是一种有价值的稀缺性资源，其获取可以降低利益相关者决策中所面临的不确定性，改善决策者的决策效用。那么，由于企业利益相关者决策的相互影响性，所以管理当局和信息使用者必然围绕会计信息进行博弈。研究会计信息的产权及产权博弈[②]过程中管理当局和使用者的行为其实就是试图揭示围绕会计信息供求而诱发的、管理当局和使用者之间谁受益、谁受损的权利。那么，何谓会计信息的产权？

"所谓会计信息产权，是利益相关者所共同接受的、由会计信息的存在（供给和使用）引起的、利益相关者彼此之间的行为准则。会计信息产权界定低成本地规定了利益相关者彼此发生利益关系、尤其是利益冲突时必须遵循的、与会计信息有关的行为准则。违背该行为准则的利益相关者将会面临其他利益相关者的冷酷策略（trigger strategy）或以牙还牙（tit－for－tat）策略，因此将会付出长远利益的巨大代价。为此，会计信息产权界定的结果、即既定的会计信息产权状态，将会受到利益相关者的尊重，并以总体认可的方式履行。会计信息的产权界定是一个动态的博弈过程，企业所有权分享、管制和道德因素共同影响着会计信息产权事前（ex ante）的界定、博弈和事后（ex post）的履行"。

二、会计信息产权的基本逻辑

如果将企业看作是一系列契约的结合，那么各个缔约方拥有排他性的财产所有权就是进行交易的前提。财务资本的所有者以其拥有的财务资本、管理当局以其拥有的人力资本进行缔约，由此形成的企业就体现为一个人力资本和非人力资本（财务资本）缔结的契约（周其仁，1996）[③]。

① 产权作为一种重要的社会工具，它有助于人们在与他人的交往中形成理性预期，这种理性预期一般通过社会的法律、习俗、道德规范来表现（Demsetz，1967）。Demsetz 的该论述是十分精辟的，它揭示了产权的存在并非是隔绝的和孤立的，而是往往依存于法律规范和道德规范的，三者之间关系密切。

② 关于使用者和管理当局针对会计信息进行的博弈而言，必须澄清一点，会计信息产权分析的核心不是会计信息这种特殊商品的买卖，而是针对会计信息的供求双方权利而言的——财产的真正含义不是指物质的东西，而是指使用和处理一件东西的权利。经济学研究的是对物的未来使用的现在权利。这可以作为佐证。

③ 从终极角度进行理解，人力资本所有者（典型的是管理当局）也是企业的投资者，因此人力资本也属于企业所有者权益的一部分。

这是从投入角度理解作为契约结合的企业的。

各种要素的拥有者以其拥有的、具有排他性的财产所有权进行缔约，作为交换他们相应地分享了企业的所有权①②。企业所有权保证了缔约方对企业未来交易活动产出的产权。注意到企业所有权体现为剩余索取权和剩余控制权两个方面，所以换言之，管理当局和投资者要求共同分享的就是企业的剩余索取权和剩余控制权。但由于信息不对称，企业的投入——产出状况不容易为处于企业外部的投资者所了解。同时由于成本——效益权衡、分工、个人禀赋等因素的制约，决定了财务资本投入者不愿意对企业的“投入——产出”（一个连续的过程）进行“实时监督”。既然财务资本投入者因为诸多因素的限制，不愿、也不能对企业的生产经营进行实时监督，所以并不能够低成本地观测和确证企业的未来产出，而利益的驱动性又决定了他们仍会关心企业的产出，那么就需要一种机制，来协调财务资本投入者所面临的两难性——他们希冀于了解作为替代变量的、企业未来产出的信息。更准确地讲，由于外部缔约方主要关心企业的货币收益，因此尤为关注反映企业在特定时日的财务状况、经营成果和现金净流量情况的会计信息。同时注意到，位于企业内部的缔约方即管理当局（从主要方面进行考虑）和外部缔约方效用函数具有不一致性，而且管理当局又是会计信息的提供主体，所以管理当局提供的会计信息应该得到独立审计人员的签证③。相应地，各个缔约方分享了会计信息的产权，而且企业所有权的分享决定了会计信息产权（财产所有权）的分享。上述论述的基本逻辑可以归纳为“财务资本所有权→企业所有权→会计信息产权”。因此，会计信息是一种有价值的资源，必须界定会计信息的产权，规定缔约各方的受益和受损规则。

此处的逻辑是：

（1）最初，考虑到财务资本的相对稀缺性以及人力资本的弱抵押性，

① 关于所有权（ownership），包括企业所有权和财产所有权，这个问题张维迎（1996）曾做了详细的区分：企业所有权（ownership of the firm）指剩余索取权（residual claim）和剩余控制权（residual rights of control），而财产所有权与产权等价，是指对给定财产的占有权、使用权、转让权和收益权等多项权利的复合。

② 请注意，要求对企业所有权的分享是从缔约事前来看的，至于能够真正分享企业的所有权，则是一个状态依存问题，往往取决于人力资本所有者和财务资本所有者的资产专用性、制度环境、资源稀缺性和谈判能力等因素。

③ 正如 Watts（1974）所指出的，财务报表披露的会计信息是契约关系均衡的结果。

财务资本的投入者是企业风险的主要承担者，因此“资本雇佣劳动”的逻辑成立；

(2) 为了降低契约中人力资本“亏待”（虐待，下同）财务资本的程度，财务资本投入者应该对人力资本投入者进行监督；

(3) 由于后者的努力程度的难以观测性和信息不对称，前者实行完全的监督因成本高昂而不可能；

(4) 监督的有效性取决于激励，因为激励可以迫使后者提供更多的信息；

(5) 会计信息成为反映管理当局努力程度、管理物质资本效率以及衡量企业产出的主要替代变量；

(6) 投资者和管理当局对企业所有权的分享现实决定了双方对企业的产出拥有产权，因此共同分享了反映企业产出的替代变量——会计信息的产权。

继续将之描绘如图 4－3：

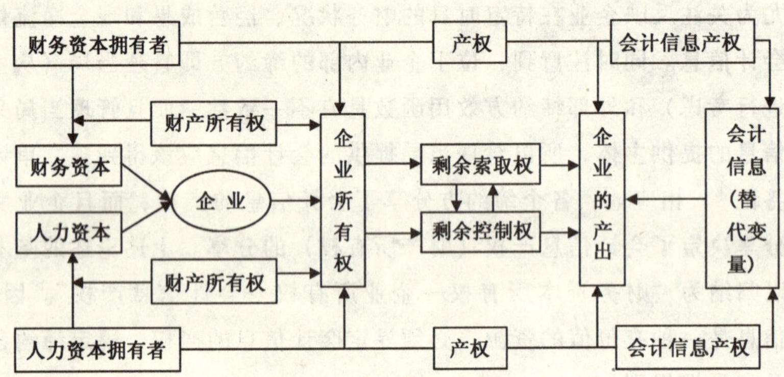

图 4－3　会计信息产权的框架

值得指出的是，在一个尊崇契约自由的制度环境下，无论是财务资本的投入者，还是人力资本的投入者——管理当局，都是企业的投资者，都应按照一定的权重分配拥有企业的所有权，包括剩余索取权和剩余控制权，因此也应该按照一定的权数分享了会计信息的产权。但是，这只是“应该”，到底是否能够真正享受其应该分享的会计信息的产权，则取决于具体的博弈过程。

明确了投资者和管理当局应该享有对会计信息的产权，并不意味着会计信息的产权的分配已经处于完全均衡状态，也不意味着双方对于会计信息产权已经一劳永逸地得到界定。恰恰相反，管理当局和投资者之间对会计信息产权的分享是一个连续的博弈过程。也许在某个特定的历史阶段，双方的博弈可能出现暂时的均衡或混合均衡，但是随着“共同知识”(common kowledge)的增长以及会计信息披露中权力的再分配，博弈将会继续下去。

三、会计信息产权的内涵

企业产出的分配是一个复杂的过程，当委托代理关系存在时，会计信息在这个过程中作用至关重要。首先，分配的前提必须存在一个总量，这是进行企业产出分配的基础。会计信息的存在至少可以反映可供分配的总量。其次，分配应该存在一种社会公认的规则。会计信息虽然并不直接体现分配的规则，但是毫无疑问，不同的会计信息揭示的内容将间接影响到最终的分配结果。

具体来讲，企业产出的分配无外乎以下几种情况：

(1) 总量固定，分配规则变化，那么利益相关者对企业产出的分享变化；

(2) 总量变化，分配规则不变，那么利益相关者对企业产出的分享变化；

(3) 总量变化，分配规则变化，那么利益相关者对企业产出的分享变化；

(4) 总量固定，分配规则不变，那么利益相关者对企业产出的分享不变。

考虑到企业经营活动面临的不确定性，所以第(1)、(4)种情况可以缺省。同时注意到第(2)、(3)种情况，一般来讲，只要会计信息作为企业产出总量发生了变化，企业利益相关者对企业产出的分享都会发生变化。那么会计信息作为企业产出的替代变量，其就具有了一定的经济后果。

我们认为，界定会计信息产权其实是界定企业产出产权的一个关键环节。会计信息产权的内涵正在于，其作为企业产出的替代变量，和分配规则共同发生作用，影响企业利益相关者对企业产出的分享结果和比例（包括影响潜在投资者的期望），从而影响利益相关者的决策，导致资源的不同配置结果。从会计信息的特征进行理解，会计信息产权不能够独立存在，它依附于企业的所有权和企业利益相关者对企业产出的产权。但是，会计信息产权并非总是与利益相关者对企业产出的产权一致，在特定的阶段，会计信息产权会与逻辑上的企业产出的产权产生背离。

会计信息作为企业产出的替代变量，就必然存在一个问题，即作为替代变量是否具有“充分性”的问题。考虑会计信息及其意欲反映的、关于企业产出的耦合度，那么出于效率的考虑，投资者并不追求完全的、100%的耦合，而只追求进行决策所需的、具有“充分”含量的会计信息即可。但是会计信息披露的“充分含量”，是一个动态的变迁概念，它大致取决于这么几项因素：投资者的决策模型、决策偏好，环境的不确定性程度和企业经济活动的复杂程度。尽管如此，若将满足投资者进行决策所需的会计信息的“充分量”作为契约性（contract）部分，那么与企业产出100%耦合的会计信息含量和“充分量”之间的部分就可以看作是剩余（residual）部分。会计信息产权的界定就可以表述为“在会计信息的契约性部分和剩余部分之间找到一个均衡的过程”。应该注意到，由于交易费用的制约[①]，会计信息产权并不旨在消除会计信息的剩余部分，尽管一些投资者对会计信息的需求具有“贪婪性”并希冀获取越来越多的会计信息。

如上的表述其实蕴涵着这样的问题：会计信息的契约性部分是否最佳，是否能够确保投资者的决策和利益？或者契约性部分和剩余部分的均衡是否具有稳定性？若否，如何恰当地进行调整以使之向最佳逼近？这些问题的解决，都最终归因到会计信息产权问题。

四、会计信息披露中的外部性与会计信息产权

（一）会计信息披露中的外部性及其相互性特征

外部性（externality）[②]，通俗地表述就是一个人或者一个主体的行为（生产、消费等）对其他人或者其他主体带来的影响。外部性可以根据对

① 可能还受到会计技术、程序、方法等其他因素的限制。

② 关于“外部性”一个经典的定义是（孙经纬译，1998年，P350）：

设有A、B双方，他们分别在X、Y的水平上进行某些活动，A的行为可能对B产生影响，并假设双方的净效用可以用货币进行度量，那么双方效用分别为：

U=A（X）；V=B（Y）－S（X，Y），当A不对B进行补偿时。

A（X）、B（Y）代表双方行为不存在影响时的效用函数。如果A不对B进行补偿，那么外部性就等于S（X，Y）。

其他人或者主体带来的影响的性质划分为正外部性（外部经济）和负外部性（外部不经济）。外部性来源于私人成本（private cost）和社会成本(social cost）的差异。尽管并不排除正外部性的存在（譬如亚当·斯密描述的“看不见的手”机制)，但是考虑到理性经济人的自利特点，外部性的出现往往表现为负外部性。这要求必须正视外部性，力图抑制负外部性。

委托代理关系的存在决定了委托方不能够参与企业的日常经营管理，而只能够通过管理当局定期提供的财务报告中蕴涵的会计信息了解企业的财务状况、经营成果和现金流动情况，并据此进行相关决策。因此，管理当局提供的会计信息的质量好坏、提供会计信息的含量（content）如何，将在一定程度上影响到委托方的经济决策，也决定着委托方经济决策的成败和损益。作为委托方，其可以利用对企业所有权的分享，借助于剩余控制权对管理当局的会计信息提供提出要求，这在一定程度上影响甚至支配着管理当局提供的会计信息。可见，会计信息的供求过程蕴涵着会计信息的外部性。

事实不仅如此，必须意识到会计信息的外部性呈现出相互性（reciprocal nature）的特征，而这也是理解会计信息产权问题的关键。会计信息供求中外部性的原因和具体表现如下：

1. 管理当局从私人边际角度进行决策

由于委托代理关系下必然衍生的委托方和代理方目标函数的不一致性，管理当局往往并不是从委托方角度进行考虑，而是从私人角度来权衡会计信息的生成和提供，由此决定提供会计信息的“私人最佳”质量。譬如，当企业中存在对管理当局的补偿方案时，管理当局往往就在各种备选的会计政策之间选择一种能够最大化自己效用的会计政策，以此为依据会计信息生成并进行披露。常见的例子是管理当局的盈余管理（earnings management)。管理当局利用其对会计政策选择的天然优势，要么通过递延、待摊、预提、应计等会计程序，尽力营造一种企业平稳发展的假象，借以实现“以丰补欠”，达到前后连续若干年享受奖金或红利的目的；要么以牺牲企业的长远发展来追求个人的短期化效用。而处于企业外部、远离企业日常经营管理的投资者，则由于信息不对称，不能够、或不能及时地识破这一点，所以可能往往因此而遭致决策损失。这样，管理当局其实是以牺牲投资者的利益为代价追逐个人私利，而且该过程是借助于会计信息来推波助澜或借助于会计信息进行掩饰，所以管理当局提供不真实公允会计信息的行为具有负外部性。

管理当局从私人角度进行决策导致的会计信息外部性可能还体现在：管理当局及其代理人在生成、处理会计信息的过程中，不可避免地夹杂有个人的主观判断。因此会计信息生成的过程同样也是会计信息过滤的过程，一部分对投资者而言相当有价值的会计信息被管理当局所主观过滤掉了。但是，管理当局提供的财务报表（会计信息的载体）上揭示的会计信息可能与投资者的决策需要并不吻合，因此投资者将不得不根据自己的需要进行重新分解、排列组合，通过对其分析来汲取可能有用的会计信息。这样看来，投资者需要的、但被管理当局在信息处理和生成过程中过滤掉的那部分会计信息，其实也会产生负外部性。

2. 投资者从私人角度进行决策

同样，由于投资者进行决策需要会计信息，主观上也会对会计信息的质量提出要求。但是投资者也是追逐个人效用最大化的理性经济人，其对会计信息的要求同样只是从个人决策角度进行考虑。既然如此，也可能会出现若管理当局按照投资者的要求提供会计信息、但却导致企业整体和企业的其他投资者受损的情况，包括：

(1) 有些会计信息的不恰当披露，将会影响企业在市场经济中的竞争地位、影响企业的长远发展。

(2) 有些投资者因为其决策类型（包括个人知识结构、偏好、决策方法和决策模型等）的特点而要求更相关的会计信息，但如此含量的会计信息对其他投资者而言却意味着一种信息过载（information over-loading），容易导致“过犹不及”现象，那么其他投资者不得不花费更多的时间和精力研究对其而言已经过量的会计信息，导致其承担不必要的机会损失；不仅如此，会计信息披露成本将可能出现不公平的转嫁。

(3) 同样的道理，应一些投资者的要求进行会计信息披露，也可能导致信息提供不足的问题，其他投资者将不得不面临花费更多的交易费用获取额外会计信息。

3. 提供会计信息的成本效益制约

会计信息的提供是存在成本的，包括显性成本和隐性成本。其中显性成本是相对而言能够确定和计量的成本，如簿记费用、会计人员薪酬、会计人员继续培训成本等等；而隐性成本则是指由于不恰当的会计信息披露可能引发的企业丧失竞争优势地位及谈判不利地位等后果及其或有损失，而隐性成本往往是难以事前确定的、也是难以定量化的。考虑到会计信息披露存在成本的现实，那么如果从企业角度进行考虑，其提供会计信息的最佳水平将位于约束条件PMC（Q）＝PMR（Q）决定的点上，而投资者的会计信息需求由于并不一定与Q吻合，那么就存在下列情况：

假设企业通过私人边际收益和私人边际成本权衡而披露的会计信息位于Q水平，Q遵从MC（Q）＝MR（Q）的解；企业通过成本效益对比而愿意披露会计信息的临界水平为L，L遵从R（L）－C（L）＝0的解。可以容易得知，Q＜L。那么：

（1）在管制不存在时，企业一般将按照“PMC＝PMR”的约束条件提供会计信息，而且该情况下，企业提供会计信息的效用最大，此时（L－Q）就代表管理当局的私有信息。当Q并不能够满足投资者的需要时，（L－Q）就成为管理当局提供会计信息产生的负外部性的根源。

（2）当管制存在而且q＜Q时，企业仍然会选择按照Q水平进行会计信息披露，（Q－q）则代表企业自愿披露。

（3）当Q＜q＜L，时，企业仍会遵照管制要求的会计信息披露水平提供会计信息，因为毕竟企业要接受会计准则的规范，进行法定信息披露；此外，企业提供会计信息还是符合成本效益原则的。（L－q）代表管理当局的私有信息和可能给投资者带来外部性的原因。与第一种情况相比，管理当局拥有私有信息的程度有所减弱。

（4）当q＞L时，企业按照管制水平提供的会计信息将不符合成本效益原则，此时管制的存在其实对企业而言是一种负外部性。

4.外部性与会计信息产权界定：企业所有权分享、管制和道德的三角互补关系

既然管理当局提供会计信息的过程存在着外部性，那么外部性就应该被内部化（internalization）。这是Demsetz（1967）的观点。按照Alchian（1965）的观点，可以通过产权规则进行部分的内部化。会计信息的外部性及其相互性特征是会计信息产权研究的关键，实际上可以说，会计信息产权发轫于会计信息的外部性。外部性及其相互性意味着会计信息的供求方可能因会计信息（一种稀缺性的信息资源）供求而产生冲突，所以必须用一种规则即产权来解决冲突。管理当局、投资者及其他的利益相关者对于会计信息的供求，其实并非是对物的交换，而是一组权利（rights）

的交换。为了界定会计信息供求过程中的受益、受损规则，必须研究会计信息产权问题。界定会计信息产权，目的是抑制负外部性的损害，降低、消除会计信息供求过程中的交易费用，使会计信息的供求效率得到改善。

在管制出现前，会计信息产权主要取决于利益相关者对企业所有权的既定分享状态来界定。在会计信息产权的界定过程中，使用者和提供者关于会计信息产权的博弈体现为一个连续的过程。然而由于交易费用的制约，个人理性的局限，往往导致企业所有权分享界定的会计信息产权留下了一定的公共领域。所以，当缺乏外部力量介入时，单纯由企业所有权分享因素界定的会计信息产权无法高效率地将会计信息披露导致的外部性进行内化①。管制的出现是反应性的，在企业所有权分享无法界定会计信息产权或界定的会计信息产权严重缺乏效率的状况下而出现，其初衷在于矫正会计信息产权。道德因素好比一个单人博弈问题，其功能在于使每类利益相关者在短期利益和长远利益之间进行决策。会计信息披露中良好的道德机制可以确保会计信息产权低成本地得到履行。道德因素对会计信息产权的影响体现为三类利益相关者的单人博弈问题。

企业所有权的既定分享状态、管制和道德三个因素共同影响着着会计信息产权。在管制出现之前，企业所有权的分享对会计信息产权的界定作用重大，通过剩余索取权和剩余控制权的机制、以私人契约的方式决定着企业披露的会计信息的产权；在管制出现之后，管制的各种形式如会计准则、会计制度等（公共契约的形式）影响着通用会计信息的产权。管制体现为企业外部（第三方）强势力量如政府或相关管制机构介入到会计信息产权的界定过程中，以矫正会计信息产权为目的、以克服私人契约的衰败、保护“公共利益”为宗旨，通过以“公共契约”补充“私人契约”的特有方式，力求低成本地界定通用会计信息的产权。但是由于管制本身也是一项需要耗费成本、发生交易费用的行为，所以管制存在着一个“限度”问题，因此通用会计信息之外的、处于“公共领域”中的会计信息的

① 我们看来，产权只是竞争的结果，而不是先决条件。产权的竞争需要交易费用，一旦交易费用过于高昂，那么产权界定永远将是不完整的。此时，管制作为一种节约交易费用、促进资源有效配置和保护产权竞争的替代措施就会出现。但同时应该注意到，部分由于履约中道德的原因，部分由于管制也是需要成本的，所以即使管制存在，也未必能够完全消除外部性，只不过管制可降低产权竞争所不能降低的大部分外部性。

产权，依然需要通过私人契约、依存于企业所有权的分享来界定。至于道德因素，与其谈它对界定会计信息产权的作用，毋宁说其主要功能在于确保会计信息产权能够以相对较低的交易费用得以顺利贯彻实施。

我们认为，企业所有权分享、管制和道德三种因素对于会计信息产权的界定和履行而言，其实呈现出一种动态的互补关系。三者的关系，就好比是数学中三角关系一样。会计信息产权界定的效率就仿佛是“三角形的三个角之和等于180°”的限制性一样；在该限制下，三个角、三条边如何变化，呈现出什么样的相互结构，都是可以变化的，同样在确保会计信息产权效率的情况下，企业所有权分享、管制和道德三种因素如何相互作用，界定会计信息产权时以哪个因素为主，哪个因素为辅，都是依存于特定的情况的，不可一概而论；正如三角形缺一条边或一个角就不成之为三角形一样，企业所有权分享、管制和道德因素对于会计信息产权的界定和履行，也是缺一不可的；正如三角形的任何一个角或任何一条边的大小不能够单独确定、而必须依赖于其他两个角和两条边一样，为了确保会计信息产权的效率，任何一项因素对会计信息产权界定和履行的作用，都间接地受到另外两项因素的影响。在企业所有权分享、管制和道德构成的三角关系中，任何一个角（“角”代表企业所有权分享、管制和道德之一）或任何一条边（“边”代表企业所有权分享与管制、管制与道德、道德与企业所有权分享两两互动关系）的变化都会引起另两个角和另两条边的变化，最终导致三角形关系和结构的变化。这个道理在数学上很容易得到解释：

$$AC^2 = AB^2 + BC^2 - 2AB \times BC \times CosB，CosB = \frac{AB^2 + BC^2 - AC^2}{2AB \times BC}$$

三者的关系可形象的描绘为下图：

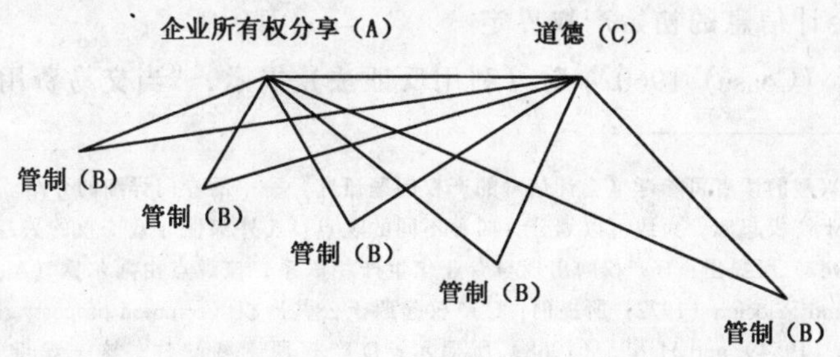

图 4-4　会计信息产权界定的“三角”结构

在这个基本关系中可以看出，当管制的水平发生变化时，企业所有权分享、道德都随之发生变化，而且企业所有权分享与管制、管制与道德以及道德与企业所有权分享的两两关系都在变化。同样的结论也适用于企业所有权分享或道德水平的变化引发的管制与道德、企业所有权分享与管制的变化。

值得说明的是，本章将主要分析企业所有权分享与管制因素对会计信息产权界定的影响，由于论述体系方面的考虑，关于道德因素对会计信息产权界定的影响只是简略提及[①]，并未详细展开。

（二）会计信息产权界定的基本思路：内部化会计信息披露中负外部性

会计信息的外部性的存在，意味着利益相关者可能因会计信息供求而产生冲突。冲突的解决必然衍生出明确双方对于会计信息的产权（一组权利）。若没有明确界定的会计信息产权，那么会计信息供求过程中将充斥着强权逻辑（strong power logic）。强权逻辑的存在将给会计信息的供求带来极大的不确定性，而且利益相关者也将因此耗费巨大的交易费用，也容易引发与会计信息相关的不公平现象。

会计信息产权是遵从企业的契约本质，对外部性进行有效内化的过程中而产生[②]。会计信息产权与会计信息外部性之间的密切关系在于：会计信息对于各个利益相关者（供求方）的影响之所以成为外部性，是因为让存在利益关系的利益相关者的某方单独承担该会计信息外部性影响的成本太过于高昂，以至于不值得或不可能。为此，若通过各种因素进行会计信息产权界定，就可借以内部化（internalize）会计信息的外部性。当对会计信息外部性进行内部化的收益超过内部化的成本时，会计信息产权就得以界定和发展起来，不断地将会计信息外部性进行内部化。

1. 会计信息的初始产权界定

科斯（Coase）1960年曾（利用反证法）揭示，“当交易费用为0或较

---

① 有兴趣的读者可参考《会计信息的产权问题研究》一书的专门详细的介绍。

② 关于产权起源，大致可以划分为四种不同的观点：A外部性导致产权的兴起，该观点由Demsetz（1967）所提出；B产权的出现与专业化生产相联系，该观点由阿尔钦（Alchian，1990）和Furbotn and Pejocich（1972）所提倡；C产权起源于公共产权（common property rights），该观点由Gordon（1954）and Hardin（1968）所揭示；D产权源于稀缺性，这一观点是North and Thomas所极力提倡的。在我们看来，这些观点是互补的，相互影响的，但并不相互排斥。本书采取Demsetz的观点。

低时，产权的初始状况是不重要的”。换言之，当交易费用非0且十分高昂时，会计信息的初始产权界定是至关重要的。我们认为，会计信息产权初始状态的重要性在于：它可以给利益相关者嗣后围绕会计信息的产权博弈提供依据，且会计信息产权嗣后界定对初始界定具有很强的敏感性。但问题在于：会计信息的初始产权如何界定？

会计信息初始产权如何界定，是一个状态依存（state-contingent）问题，密切依存于内化外部性所发生的交易费用的高低①。当交易费用较低时，会计信息的产权界定可以通过各个利益相关者对企业所有权的分享、借助于谈判和协商，以私人契约的方式进行解决；而当交易费用高昂时，政府强制力将介入，界定会计信息的产权，力图使会计信息产权界定成本和实施成本的联合成本最小化。我们的这个结论是符合“进化主义”的，与会计信息产权的纵向发展过程相吻合。

(1) 在企业处于较为简单的组织形态时，譬如在业主类型企业、合伙企业或投资者人数较少的有限责任公司中，由于企业剩余索取权为利益相关者提供了对管理当局进行监督的充分激励，且利益相关者可以以较低的交易费用、低成本地实现对企业剩余控制权的绝对性支配，来确保监督的效率。这样，监督和激励相容（compatible）确保了在企业所有权独享、或大致平均分享、或存在不会搭便车的股东的情况下，处于企业外部的利益相关者能够借助于对企业的剩余控制权，在和管理当局进行会计信息的产权博弈时占据优势地位，对会计信息的初始产权进行相对有效的界定。

(2) 当企业组织形式演变为股份有限公司、特别是当企业公开发行证券时，企业所有权的分享呈现日益细化的趋势，投资者人数也在剧增。此时会计信息产权界定面临如下问题：

首先，剩余索取权的小份额无法为每个小投资者提供直接监督管理当局的足够激励，而且剩余索取权的可转让性更加剧了小投资者的此种理智的冷漠（rational apathy）行为，他们往往希冀于“搭便车”（free-riding）而获利；

① 实质上，通读和仔细研究科斯（Coase，1960）的“社会成本问题”，我们发现所谓“科斯定理”（Coase theorem），其本质含义在于：外部性的存在要求界定产权，但如果交易费用为0，初始产权是不重要的；交易费用较低时，政府的介入或法律的管制是无效率的（言外之意是，当交易费用很高时，政府强制力介入可能是必要的）。

其次，即使小投资者愿意进行联合，但过高的交易费用往往阻碍了集体行动、使之流产，这样没有人愿意直接行使其拥有的剩余控制权。那么企业的剩余控制权实质上已经为管理当局所拥有。

这样，因为交易费用的高昂性，会计信息的外部性无法低成本地进行内部化，此时希冀于通过企业所有权分享对会计信息进行初始界定，要么是不可能的、要么是非常高昂的。为了保护“公众利益”，国家将介入到会计信息产权的初始界定中来，借助于干预和管制来矫正会计信息的产权，界定通用会计信息产权，实现会计信息产权界定、履行整个过程总的交易费用节约。

2. 会计信息产权的嗣后界定

会计信息产权的初始界定，只意味着暂时的均衡，但并不意味着会计信息产权已经一劳永逸地得到解决。实际上，由于交易费用的制约和理性经济人的特点，会计信息产权的初始界定往往依存于特定的“共同知识”和制度背景。而一旦各个利益相关者的“共同知识”出现了增长和变迁，会计信息的产权将必须重新进行博弈和嗣后界定。由于“共同知识”的增长是连续的，因此会计信息的产权博弈也是连续的，并且会计信息的初始产权界定将成为嗣后产权界定的基础。必须指出，如果会计信息产权博弈具有个体性（不够广泛）时，企业所有权分享将起到关键的作用，因为尽管内部化外部性的交易费用的发生对博弈个体而言是高昂的，但对社会总体而言又是微不足道的，因此国家强制力不必介入；而一旦“共同知识”的积累出现了“质变”或依托于“意识形态”出现了跳跃式的剧增，此时会计信息的产权博弈将是普遍的、大规模的，这样内部化外部性的交易费用不仅对个体而言是高昂的（足以使博弈无法进行），而且对社会总体而言也是巨大的，为了避免社会资源的过度浪费（交易费用是社会资源的一种浪费），国家强制力将再次介入到会计信息的产权博弈中，借以矫正会计信息产权。而会计信息产权的再次界定又成为下一次会计信息产权博弈的基础……如此不断持续。

在会计信息的连续性产权博弈过程中，不能够忽视道德因素的影响。因为通过企业所有权分享界定会计信息产权也好，借助于国家强制力、通过管制界定通用会计信息产权也罢，都只是事前的行为。但会计信息产权既定状态能否得到切实履行，则不得不依存于道德因素。虽然并不排除会计信息产权履行的保障机制如注册会计师独立审计等，但对会计信息产权的事后履行依然是需要耗费交易费用和花费成本的，良好道德机制的建立将有利于低成本地履行会计信息的既定产权。毕竟，会计信息产权的界定并非是会计信息产权问题的全部内容，分析会计信息产权的效率，应同时结合会计信息产权的界定和履行等环节进行综合考虑。

3. 小结

会计信息产权界定是一个连续性的过程，也是一个动态博弈过程。对会计信息产权，无论从初始界定还是随后若干次嗣后界定而言，当交易费用较低时，通过企业所有权分享、借助于私人契约界定会计信息产权是恰当的；但当交易费用对社会而言非常高昂时，国家强制力将介入，通过干预和管制来确保会计信息产权的效率。因此，从会计信息产权界定和博弈的纵向进行考察，借助于企业所有权分享界定会计信息产权是连续的，而通过管制方式界定通用会计信息产权是离散的。而且，无论通过哪种方式界定会计信息产权，为了保证既定会计信息产权能够低成本地得到切实履行，良好道德机制的培育是必不可少的。

（三）外部性、“公共领域”及会计信息产权博弈的连续性和既定产权的效率

1. 外部性、“公共领域”与会计信息产权博弈的连续性

由于会计信息具有外部性，所以为了降低外部性带来的无效状态，要界定会计信息产权。由于会计信息产权界定本身也发生交易费用，再考虑到会计信息产权博弈参与者的利益相关者是有限理性的经济人，所以会计信息产权界定只能够抑制，却不可能完全消除外部性。因此，由于交易费用制约，没有界定产权的会计信息就处于“公共领域”（public domain）之中，处于公共领域中的会计信息的外部性没有内部化①。这意味着公共领域中的、具有外部性的会计信息产权的价值未得到充分的发掘，这等价于博弈者认为公共领域中会计信息产权的价值低于需要耗费交易费用。然这是在既定的“共同知识”状态下的结论，随着共同知识的变迁，处于公共领域中会计信息产权的价值将会被利益相关者进一步攫取，一旦攫租者认为界定公共领域中会计信息产权的价值超过了其发生的交易费用，会计

① 极端地看，由于会计信息的外部性，会计信息产权的价值一开始就被留置于“公共领域”之中，随着会计信息产权博弈和产权界定的进行，公共领域的边界可能有所缩小，但永远不可能达到极限0。

信息产权博弈将继续。这可能是因为并存的两个原因：

第一，随着制度环境（如会计准则、会计制度等会计标准）的变化，未曾界定产权的会计信息都纳入公共领域中，导致公共领域的边界扩大，导致公共领域中会计信息产权的价值增加；

第二，随着共同知识的增长，进行会计信息产权博弈的交易费用降低。

不管属于哪种情况，我们看到，外部性不能够完全消除，公共领域也不可能无限缩小。一方面，会计信息产权界定的连续性缩小了公共领域的边界，另一方面制度环境的变化使得公共领域边界扩大。因此，公共领域的边界在“共同知识”和制度环境的变迁中不断地在缩小和扩大中循环往复，但每次都被赋予不同的内涵和“租”。为此，与“公共领域”的收放相匹配，会计信息产权将不断地持续下去，会计信息产权博弈贯穿于会计信息供求的整个过程——只要会计信息是稀缺性的、只要会计信息存在着外部性、只要交易费用非0，会计信息产权博弈就永远不可能终止。

2. 公共领域和会计信息产权界定的效率

尽管公共领域的边界始终处于变化过程中、尽管公共领域的边界只能够缩小，而不可能为0，但是静态进行横截面观察，特定“共同知识”和制度背景下，“公共领域”的边界大小，却在一定程度上反映了会计信息产权界定的效率。

(1) 从会计信息产权博弈连续过程的横截面进行理解，公共领域的边界越大，意味着留置于其中的会计信息产权的价值越大或已经得到明确的会计信息产权的比例越小，外部性内部化的程度不高。因此，业已界定的会计信息产权效率不高。

(2) 由于留置于公共领域之中的是因为交易费用原因未曾得到界定的会计信息产权，因此良好公共领域的边界应该满足会计信息产权的局部均衡特征（该思想源自于，汪丁丁，1996）：

第一，“公共领域”中会计信息产权的价值小于所有利益相关者攫租(rent-capturing)的成本；

第二，攫取公共领域中会计信息产权的交易费用大于其经济价值[①]。

---

① 如若公共领域边界过大，则可能不符合这个基本条件，也不能够将所有利益相关者的个人理性包容于此。

公共领域边界过大，意味着弹性的存在，任何细小的扰动因素都可能导致既定会计信息产权的无效，再加上由于各个利益相关者的个人禀赋、知识结构和攫租成本不同，所以对公共领域内相同的会计信息产权的价值有不同的、甚至差异很大的评价。当特定的利益相关者的预期攫租边际利益超过攫租边际成本时，其将会选择继续攫租，直到对所有攫租者（利益相关者）而言，攫租边际成本等于攫租的期望边际收益时为止。这个过程被经济学家形象地描绘为"租耗"（rent－dissipation）现象。静态地理解，特定制度背景和共同知识下，良好的会计信息产权界定或有效的公共领域边界意味着耗费交易费用界定会计信息产权的效率最高。因此若对公共领域内会计信息产权的租耗或攫租行为本身存在，就意味着之前的会计信息产权界定的非有效性。

注意到会计信息产权界定的可选择性，那么一种形式界定会计信息产权留下的公共领域并不见得适合于另外一种形式。举个简单的例子：若通过企业所有权分享、私人契约界定会计信息产权，那么当每个股东或利益团体因为交易费用的高昂都不愿意和管理当局缔结私人契约进一步界定会计信息产权时，未被界定的、有价值的会计信息产权就留置于公共领域之中，例如美国 1920～1929 年期间的情况——这个阶段，股权分散已经成为股份有限公司、特别是上市公司的典型特征，每个独立的、持股比例很低的投资者往往由于成本效益的原因，并不寄希望于借助所有权分享、通过私人契约去要求信息披露。但是值得注意的是，私人缔约界定会计信息产权交易费用高昂是因为：（1）个人理性使然——预期到较高的交易费用，而往往并不一定是因为与管理当局直接进行会计信息产权界定、所发生的实际的交易费用高昂；（2）无法低成本地在利益集团内部达成一致行动的逻辑。为了克服个人理性下导致的会计信息产权界定无效率的情况，国家强制力将介入、进行干预和管制，通过界定通用会计信息产权，缩小企业所有权分享方式下公共领域的边界，提高会计信息产权界定效率。同样，借助于管制对通用会计信息产权进行界定，虽然确保了效率，但却有违个人理性，因此管制留下的公共领域也许对个别投资者而言却不是他认为的公共领域，因此攫租行为将继续[①]。

---

① 此处的结论表明：效率与个人理性，纯粹是一种"情人眼中出西施"的情况，因此所谓公共领域也不尽一致。

(3) 动态地理解，随着制度环境的变迁（甚至包括意识形态），公共领域的边界扩大；同时随着共同知识（common Knowledge）的增长，同等情况下交易费用可能降低，为此公共领域中会计信息产权价值逐渐为利益各方所认识到，势必引发通过重新博弈进行攫租的行为。此增彼减，先前被留置于公共领域内的、未界定的会计信息产权和后来纳入的未界定的会计信息产权，都蕴涵着一个结论：此前的会计信息产权界定是非效率的。为了避免公共领域内外部性的损害，和由此导致纠纷所引发的高昂交易费用，会计信息产权界定将再次必然。

(4) 公共领域的边界是动态的变化过程，因此会计信息产权界定也是一个动态的博弈过程。静态和横截面进行观察，每一个阶段会计信息产权的效率和公共领域边界大小相关；动态来看，公共领域边界的变化意味着此前会计信息产权界定的非有效性，因此需要重新界定。

五、会计信息披露中蕴涵的会计信息产权博弈问题

会计信息具有一定的经济后果（Economic Consequence），会计信息披露本身就是维系公司治理均衡的一种重要机制，但问题在于，目前的会计信息是通过一套通用的财务报表体系来提供的，而不同的利益相关者却具有不同的决策类型，因此需要不同的会计信息（包括侧重点不同、含量不同等），显然通用的财务报表体系无法同时满足所有投资者的需求。因此企业的利益相关者中必然有一部分人因为会计信息而受益，而另一部分人因会计信息而受损。处于攫取个人效用最大化的目的出发，也是为了降低决策过程中面临的不确定性、改进决策效用，不同的利益相关者必然会围绕会计信息的供求展开博弈，并希冀能够获得与会计信息相关的各项权利。但是，决定不同利益相关者之于会计信息的各项权利（会计信息产权）的是由“企业所有权分享、会计信息管制和利益相关者道德因素”组成的稳定三角结构共同决定的。图 4－5 简单勾勒了会计信息产权博弈的简化框架图：

现简单进行解释：

利益相关者针对会计信息产权就可以分为四类：

(1) 利益相关者之间利用对企业的所有权分享来展开的博弈（①a 和①b）；

(2) 在会计准则、会计制度等关于会计信息管制的形式（②a 和

②b)；

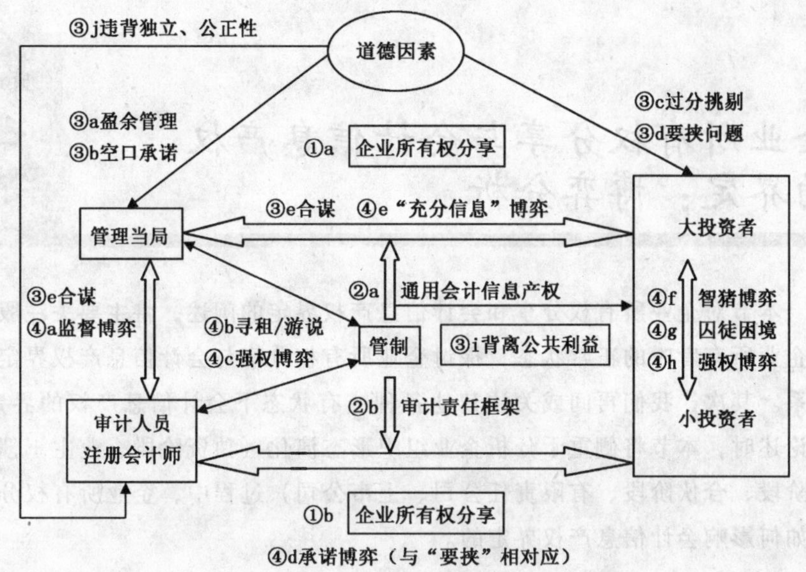

图 4-5　会计信息产权博弈的简化框架图

(3) 利益相关者的道德因素对会计信息各项权利的影响和由此导致的博弈问题，包含管理当局财务预测的空口承诺（③a)；管理当局为了个人的一己私利（如享受奖金、红利、股票期权行权）而进行的盈余管理(③b)；管理当局和大股东合谋损害中小投资者的利益（③e)、管理当局和审计人员之间合谋欺骗投资者，出具不实的审计报告谋取暴利的行为(③e)；投资者对企业提供的会计信息过分挑剔（③c)，逼迫企业可能提供为竞争对手所利用的信息；大投资者要挟管理当局获得私有信息的行为(③d) 等。

(4) 各个利益集团之间、每个利益集团内部为了会计信息产权的博弈问题，这包括审计人员对注册会计师的监督博弈（④a)；管理当局在制定会计准则的过程中进行游说（lobby for/against）的博弈（④b)；获取会计准则制定权过程中的强权博弈（即会计准则由民间或者政府制定，(④c)；面对股东的集体诉讼，注册会计师的承诺博弈（④d)；机构投资者为了获取决策更为相关的会计信息而与管理当局进行的财务报告“充分信息含量”博弈（④e)；以及大投资者和中小投资者之间针对企业会计信息披露的博弈如是否监督管理当局、是否用脚投票等（④f、④g、④h)。

第三节 企业所有权分享与会计信息产权的界定：博弈分析

本节对企业所有权分享和会计信息产权界定的阐述，将主要关注股东为企业所有者时的正常状态，探讨企业所有权分享与会计信息产权界定的关系。其次，我们再间或关注其他各种或有状态下会计信息产权的界定。在论述时，本节将侧重于分析企业组织形态演化（独资阶段、业主＋债权人阶段、合伙阶段、有限责任公司、上市公司）过程中，企业所有权分享是如何影响会计信息产权界定的。

一、企业所有权的状态依存性及企业所有权分享的理论模型

企业所有权是一种状态依存所有权（state－contingent ownership），股东只不过是“正常状态下的企业所有者”（张维迎，1999年）。假设企业的总收入为R，W为工人应该得到的合同工资，L为对债权人的本金、利息支付额（假设工人的索取权先于债权人）。那么企业所有权的状态依存性体现维如下的几种典型情况[①]：

（1）如果 $R \geqslant W+L$，则自有资本拥有者即股东是企业的所有者；

（2）如果 $W \leqslant R < W+L$，则债权人是企业的所有者；

（3）如果 $R < W$，工人是所有者；

（4）此外，考虑到股东是追求货币收益满意化的、有限理性的经济人，如果企业管理当局经营结果（譬如以净利润衡量）能够达到甚至超过股东要求的满意利润，那么股东并不希冀去监督管理当局，此时管理当局就是企业实质上的所有者。

下面我们将借鉴罗宾斯坦（Rubinstein）模型来说明人力资本所有者与财务资本所有者之间关于企业所有权分享的博弈过程。

① 参见 Ahgion and Bolton（1992年）。转引自张维迎（1999年）。

罗宾斯坦（Rubinstein，1982；转引自张维迎，1996，P200－207）①叙述了一个轮流出价（offer－counteroffer）模型。该模型试图模型化下列过程：

两个参与人共同分享一块蛋糕，参与人 1 先出价（offer），参与人 2 可以同意（accept）或拒绝（reject）。

若参与人 2 同意，则博弈结束；

若参与人 2 拒绝，则由他（参与人 2）出价，参与人 1 来表示同意或拒绝……

这个轮流出价一直延续下去，直到一个参与人同意另一个参与人的出价为止。换言之，参与人 1 在 1、3、5……出价，而参与人 2 在 2、4、6……出价。

我们在本部分讨论的"企业所有权"，就相当于上述的"蛋糕"，那么可以借助于"轮流出价模型"研究企业所有权的分享和由此导致的会计信息产权的界定。假定此处参与人 1 为财务资本所有者，参与人 2 为人力资本所有者。

由于这个博弈是一个无限期的博弈，所以必须考虑贴现率问题。假设贴现率为 β，不妨假定参与人的贴现率为 β_i（$i=1，2$），同时假定 $\gamma_i=1/(1+\beta_i)$。

1．"$\beta_1=\beta_2=+\infty$"、"先发优势"（first－mover advantage）与古典资本主义企业

若 $\beta_1=\beta_2=+\infty$，$\gamma_1=\gamma_2=0$，意味着博弈双方都缺乏最基本的耐心或绝对缺乏耐心。那么最终的子博弈精练均衡为 $x^1=1$，即先动者拥有了全部的企业所有权。其实，进一步放宽假设，若 $\beta_2=+\infty$，$\gamma_1=0$，则不论 β_1 取何值，子博弈精练均衡的结果是 $x^1=1$，即参与者 1 独享企业所有权。

在该状态下，我们已经看到这是典型的先发优势，但我们关心的关键问题是，到底谁具有先提出企业所有权分享要求的资格？关于谁有资格先提出"企业所有权的分享要求"。

在企业成立伊始，所有资产的专用性都处于或有状态，这时无法直接

① 本部分博弈原始模型和求解该博弈的子博弈精练纳什均衡直接参考和引用了张维迎（1996 年）。

依据资产的专用性对企业所有权进行分配。但是，信号显示机制可以起作用。张维迎（1995 年）认为，由于人力资本所有者缺乏合适的信号显示机制，而业主或财务资本所有者可以通过其拥有的财务资本作为信号表达其能力，所以在企业所有权的初始分配中财务资本的所有者更有资格先提出企业所有权的分享要求。我们认为，在早期企业如业主型企业，由于物质资本处于绝对稀缺的地位、业主惟一等现实因素，那么人力资本所有者在和财务资本所有者的谈判方面处于绝对劣势，所以作为人力资本所有者不得不暂时放弃对企业所有权的分享要求，这样财务资本所有者就拥有了100%的企业所有权。在财务资本使用者有资格先提出企业所有权分享要求的情况下，即使作为业主缺乏任何耐心（即 $\beta_1=+\infty$），除了人力资本所有者具有无限耐心（$\beta_2=0$），否则也不可能拥有企业 100%的所有权。换言之，若 $\beta_1=+\infty$，$\beta_2>0$，那么子博弈精练均衡的结果是 $x^2=1-\gamma_2$。原因在于，若参与者 2 在 T=1 拒绝了参与者 1 的企业所有权分享的要求，参与者 2 在 T=2 得到了全部的企业所有权，但贴现到 T=1 后仅为 $1\times\gamma_2$，那么参与者 2 在 T=1 将接受任何 $1-x_1\geqslant\gamma_2$ 的企业所有权分享要求。结论与 T（T≥2）无关。

2．"$\beta_1=\beta_2=0$"、"后发优势"（last－mover advantage）与人力资本独享企业所有权

$\beta_1=\beta_2=0$ 时，即 $\gamma_1=\gamma_2=1$，意味着博弈双方都有绝对的耐心。那么若 T=1、3、5……，即参与者 1 最后提出企业所有权的分享要求，那么子博弈精练均衡的结果为 $x^1=1$。若 T=2、4、6……，即参与者 2 最后提出企业所有权的分享要求，那么子博弈精练均衡结果为 $x^2=1$。这是典型的后发优势。

如果财务资本所有者和人力资本所有者都具有无限的耐心，那么此时企业所有权的分享就取决于资产专用性的程度。因为人力资本存在"干中学"效应，所以动态看人力资本所有者因其人力资本的专用性增强其信号显示作用也逐渐由弱变强，从而具备了一定的谈判能力，取得了和财务资本所有者分享企业所有权的资格。这个结论是定性的，即阐明了人力资本所有者和财务资本所有者都可以有分享企业所有权的资格。问题在于，谁会在企业所有权的博弈中占据优势？随着财务资本的专用性降低和人力资本的专用性的提高，再考虑到财务资本所有者集团内部本身的分化，因此相当一批财务资本所有者的耐心大大降低，甚至无意于在经济实质上去分

享法律赋予其的终极的企业所有权。而此时人力资本所有者积累的私人信息却在逐步增加，“敲竹杠”（hold－up）现象开始出现，无形中增加了其在企业所有权分享谈判中的力量。当所有的财务资本所有者都缺乏耐心时，人力资本所有者就取得了几乎企业100%的剩余控制权。

3.$0<\beta_i<+\infty$与企业所有权分享（一般情况）

若$0<\beta_i<+\infty$（$i=1, 2$），$0<\gamma_i<1$，那么子博弈精练均衡的结果将不仅取决于双方贴现率的比较，而且还与博弈次数T及何者在最后提出所有权分享要求有关。进一步讲，子博弈精练均衡结果与T的相关性呈现出递减趋势（即T越大，子博弈精练均衡结果与T的相关性越低），极端情况是，当$T\rightarrow+\infty$，该博弈收敛于“先发优势”。Rubinstein（1982）证明，在无限期轮流出价博弈中（在此处博弈双方为无限期轮流提出企业所有权分享要求），惟一的子博弈精练均衡结果为$x^*=(1-\gamma_2)/(1-\gamma_1\gamma_2)$；若$\beta_1=\beta_2=\beta$，或$\gamma_1=\gamma_2=\gamma$，那么$x^*=1/(1+\gamma)$。

二、股权分享与会计信息产权界定：博弈分析架构

假定在企业内有n个投资者分享了企业的所有权。下面我们考虑任意两个投资者之间的随机匹配协调博弈。假定某个投资者与管理当局签订契约，要求会计信息披露，则该投资者利用会计信息进行正确决策的机会为v（$50\%<v<1$），但因此需要花费的成本为θ（θ取决于意欲签约的详尽程度，这取决于持有企业所有权的比例）。另一投资者进行正确投资决策的机会为$1-v$（$0<1-v<50\%$）①；倘若任意两个投资者都决定与管理当局签约，要求会计信息披露，则他们之间的随机匹配协调博弈结果为：投资者进行正确决策的概率为u（$1>u>v>50\%$），相应的成本为θ。博弈结构如下：

表4－1 股权分享的博弈分析架构

投资者2 \ 投资者1	签　约	不 签 约
签约	$u-\theta$, $u-\theta$	$v-\theta$, $1-v$
不签约	$1-v$, $v-\theta$	0, 0

① 这可以理解为未签约的投资者未得到相应的会计信息，而只是根据签约得到会计信息的投资者的行为进行相应的决策。

假设有 x 比例的投资者采取策略 1（签约），1－x 比例的投资者采取策略 2（不签约），则采用 2 种策略的期望收益和平均收益分别为：

$$\begin{cases} w_1 = x\times(u-\theta)+(1-x)\times(v-\theta) \\ w_2 = x\times(1-v)+(1-x)\times 0 \\ \overline{w} = x\times w_1+(1-x)\times w_2 \end{cases}$$

$$F(x)=\frac{dx}{dt}=x\times(w_1-\overline{w})$$
$$=x(1-x)[x(u-\theta-1+v)+(1-x)(v-\theta)]$$

求解可得：

$$\begin{cases} x_1 = 0 \\ x_2 = 1 \quad \text{（最终具体的稳定状态数目取决于 u，v，θ 等具体的参量设置）} \\ x_3 = \dfrac{v-\theta}{1-u} \end{cases}$$

考虑到 u，v，θ 等具体参量的关系，上述博弈的相关稳定状态如下：

(1) 若 $v-\theta>0$，且 $u-\theta>1-v$，则存在 $x_1=0$，$x_2=1$，$x_3=\frac{v-\theta}{1-u}$ 等三个稳定状态；

(2) 若 $v-\theta>0$，且 $u-\theta<1-v$，则存在 $x_1=0$，$x_2=1$，$x_3=\frac{v-\theta}{1-u}$ 等三个稳定状态；

(3) 若 $v-\theta<0$，则只存在 $x_1=0$，$x_2=1$ 两个稳定状态；

但是，上述的稳定状态最终并非都能够成为进化稳定策略（ESS）①。必须通过分析 $F'(x)$，来区分各种不同情况。

$$F'(x)=(1-x)[x(u-\theta-1+v)+(1-x)(v-\theta)]-x[x(u-\theta-1+v)+(1-x)(v-\theta)]+x(1-x)(u-1)$$

三、企业所有权分享与会计信息产权博弈

在本部分，我们首先论述初始状态——企业所有者和管理当局合二为

---

① 根据进化稳定策略的原理我们得知，对于任何博弈结构内微小的“颤动”，博弈结果都可以回复原本的平衡——具有稳定性。换言之，上述的三个解 x_1、x_2、x_3，除了自身具有均衡状态的性质外，任何偏离均衡状态的微小扰动，复制动态仍会收敛到平衡状态——这意味着若 $x<x_i$ 时，$F(x_i)=\frac{dx_i}{dt}>0$；$x>x_i$ 时，$F(x_i)=\frac{dx_i}{dt}<0$（i=1，2，3）。换言之，必须有 $F'(x_i)<0$。

一的状态下，为了扩张企业规模而需要面向企业外部筹集资金时的情况，分析这个阶段的会计信息产权界定；而后，本部分将层层递进地借助于上述的博弈，分析在企业所有权分享情况下（包括合伙、有限责任公司、股份有限公司、乃至上市公司）会计信息产权的界定。

（一）独资企业（阶段）的会计信息产权界定

假如该企业家对目前企业的规模和盈利额（不是盈利率）不满意，而打算从市场上筹集一笔资金 I。不失一般性，假设该企业家相对于市场上的其他投资者拥有信息优势即掌握部分的私人信息；不过为了避免讨论的烦琐，在不影响本节结论的前提下，将企业家掌握的私有信息限制在对于过去和目前企业经营情况（主要体现为利润）的私人信息，而对于筹集到资金以后的利润情况（若能够筹集到的话），企业家和投资者在面对不确定性时一样，都不具备私人信息；此外，假设企业实现的利润全部分配。

遵循上述假设和有关情况，不难理解，这是一个非完全信息动态信号博弈。企业家知道企业目前的利润的真实情况，不妨设为 π；而投资者不了解企业目前利润的确切情况，只能够假设企业目前的利润存在着高低两种情况，即要么 $\pi=H$（高利润状态）、要么 $\pi=L$（低利润状态），而且必然 $H>L>0$ 成立。另外，考虑到资金成本率 r，企业家之所以进行筹资 I，是因为其能够确保使用筹集到的资金的获利 $R>I\times(1+r)$。那么企业家能否筹集到资金？利用何种资金来源？

1. 吸收权益性投资的情况

该博弈步骤如下①：

“自然”选择企业家所拥有企业的利润状态，即 H 或 L，并假设低利润状态的概率为 P（高利润概率为 $1-P$）；

企业家根据真实的利润状况 π，出让企业 S（$0\leqslant S\leqslant 1$）比例的股权来筹集资金 I（或换取投资者的投资 I）；

投资者观测到 S、但未观察到 π 时，决定是否接受企业家的条件——以股权比例 S 换取投资 I；

若投资者拒绝，企业家收益为 π，投资者收益为 $I\times(1+r)$；

若投资者接受，则企业家收益为 $(1-S)\times(\pi+R)$，投资者收益为 $S\times(\pi+R)$。

---

① 该模型直接借鉴了 Myers and Majluf，1984；Dybvig and Zender，1991；Gibbons，1998。

表 4-2　　吸收权益性投资情况下的博弈框架

投资者 / 企业家（企业）	接受（A） 股权比例 S	拒绝（F） 股权比例 S
高利润（1-P）→H	（1-S）×（H+R），S×（H+R）	H，I×（1+r）
低利润（P）→L	（1-S）（L+R），S×（L+R）	L，I×（1+r）

这个博弈不存在纳什均衡，也不存在混合策略贝叶斯均衡，然而分离均衡却是存在的。解释如下：

企业家愿意筹资，意味着下列（1）、（2）同时满足：

$$S \leqslant \frac{R}{\pi + R} \quad \cdots\cdots(1)$$

$$R > I \times (1+r) \quad \cdots\cdots(2)$$

而投资者如果接受 S，当且仅当（3）式成立：

$$S \times [P \times L + (1-P) \times H + R] \geqslant I \times (1+r)^{①} \quad \cdots\cdots(3)$$

由于（1）式在 $\pi = H$ 时比 $\pi = L$ 时更难以满足，所以混合策略贝叶斯均衡成立当且仅当（4）式成立（即综合考虑（1）（3）后的结果）：

$$\frac{I \times (1+r)}{\chi \times L + (1-\chi) \times H} \leqslant \frac{R}{R+H}^{②} \quad \cdots\cdots(4)$$

当 $\chi \to 0$ 时，（4）式成立；而当 $\chi \to 1$ 时，（4）式若要成立当且仅当（5）（6）式成立：

$$\chi \geqslant \{[I(1+r) - \chi L] + \{[\chi L - I(1+r)]^2 - 4HI(1+r)\}^{1/2}\} / 2$$

$$\chi \geqslant \frac{[I \times (1+r) - \chi \times L] + \sqrt{[\chi \times L - I \times (1+r)]^2 - 4H \times I \times (1+r)}}{2} \quad \cdots\cdots(5)$$

$$R - I \times (1+r) \geqslant \frac{I \times (1+r)}{R} \times H \times L \quad \cdots\cdots(6)$$

（5）或（6）的经济意义在于，高利润状态必须补贴低利润状态。若

---

① 均衡点的计算原则是，不论投资者如何选择，也不论企业利润是高状态还是低状态，企业家的选择得益相等，即：

$(1-P) \times [S \times (H+R)] + P \times [S \times (L+R)] = (1-P) \times [I \times (1+r)] + P \times [I \times (1+r)]$

$\Leftrightarrow S \times [(1-P) \times H + P \times L + R] = I \times (1+r)$

$\Leftrightarrow S = \dfrac{I \times (1+r)}{(1-P) \times H + P \times L}$

② χ 代表投资者认为企业利润是低状态的概率。

在（3）式中令 $\chi = P$，同时参考脚注中对均衡点的计算可知：

$$S = I \times (1+r) / [(1-\chi) \times H + \chi \times L + R]$$

$$S = \frac{I \times (1+r)}{(1-\chi) \times H + \chi \times L + R} \quad \cdots\cdots (7)$$

若投资者确信企业利润属于H状态，所要求的权益比例 S_H 的临界点（不小于）为 $\frac{I \times (1+r)}{H+R}$①，即：

$$S_H \geqslant \frac{I \times (1+r)}{H+R}$$

请注意 S_H 小于（7）式决定的S。换言之，信息不对称情况下的混合均衡所决定的更高比例的股权对于处于高利润状态的筹集资金是代价高昂时，甚至企业家有可能使筹资过程终止。再参考（4）式，惟有当 $\chi \to 0$ 时才存在混合均衡；当 $\chi \to 1$ 而且（6）式成立，这时高利润状态对低利润状态的补贴才可能降低到企业家可以承担的水平。

如果（4）式不成立，混合策略贝叶斯均衡不存在，但分离均衡存在：

如果企业属于低利润状态，则企业家提出 $S_L = \frac{I \times (1+r)}{L+R}$，投资者接受；

若企业属于高利润状态时，企业家提出 $S_H = \frac{I \times (1+r)}{H+R}$，投资者拒绝。

换言之，由于信息不对称存在，高利润状态无法和低利润状态进行辨别和区分，导致"对于企业家提出的特定筹集资金条件（体现为股权比例S)，低利润状态比高利润状态更有吸引力"，最终高利润状态将退出，转而寻求债务方式筹集资金。这正是上述博弈模型所揭示的内在机制——即在缺乏必要的会计信息披露时，企业总是寻求债务融资或寻找内部资金渠道，而后才考虑吸收权益性资金。

所以，在企业组织形态比较简单，当信息不对称存在时，除了极端情况外，由于企业家和投资者之间混合性策略贝叶斯均衡几乎不太可能存在（条件十分苛刻时可能存在）一般不选择股权融资。

2. 债务性筹资的偏好

选择利用债务筹集资金时，博弈的基本步骤为（其他条件同股权筹

① 由条件 $I \times (1+r) \leqslant (\pi + R) \times S$ 决定，并取 $R = H$。

资）：

“自然”选择企业家所拥有企业的利润状态，即H或L，并假设低利润状态的概率为P（高利润概率为1－P）；

企业家根据真实的利润状况π，报出债务的利息率d；

投资者观测到d、但未观察到π时，决定是否接受企业家的条件——以利息率d筹集资金I；

若投资者拒绝，企业家收益为π，投资者收益为I×（1+r）；

若投资者接受，则企业家收益为（π+R）－d×I，投资者收益为d×I；

同时引入破产机制，如果企业破产，那么企业家得益为0，投资者得益为π+R；若企业没有破产，那么企业家得益π+R－d×I，投资者得益为d×I。

表4－3 债务筹资情况下的博弈框架

投资者 企业家（企业）	接受（A） 利息率d	拒绝（F） 利息率d
高利润（1－P）→H	（H+R）－d×I，d×I	H，I×r
低利润（P）→L	（L+R）－d×I，d×I	L，I×r

这个博弈有两个纯战略纳什均衡（H，A）和（H，F），根据威尔逊(Wilson，1971）定理，有限博弈都有有限奇数个纳什均衡（也称“奇数定理”，oddness theorem)，那么这个博弈一定还存在混合性策略贝叶斯均衡。混合性策略贝叶斯均衡的存在说明双方存在合作的可能性。给定企业家的策略，混合策略意味着投资者选择接受与拒绝的得益相等，即：

$$d\times I\times(1-P)+d\times I\times P=I\times r\times(1-P)+I\times r\times P$$

可知：$d=r$

但考虑到破产机制，若低利润状态L为负数且$L+R<I\times(1+r)$时，即企业家无法偿还债务时，投资者将不接受企业家的条件。不失一般性，假设存在一个k，高利润状态企业的利润$H=\pi+k$，低利润状态时$L=\pi-k$，而且高、低利润状态的概率均为50%，那么若$(L+R)<I\times(1+r)$，即$\pi-k+R<I\times(1+R)$时，低利润状态时企业家将不能够清偿债务，所以投资者将不进行投资。

通过上面的博弈分析可以看出，利用债务融资，在L>0（即不破产）时，混合性策略均衡总存在，那么只要d=r，企业家和投资者之间借贷关系成立。企业的组织形态开始演化。当企业经营发展的需要利用负债筹集资金时，就产生了会计信息对外披露的要求。实质上，在企业筹集资金的漫长发展过程中，负债一直是企业迅速扩大经营规模的首选（注意到内部留存只能够保证企业的缓慢发展），甚至到现代资本市场上，在信息不对称情况下，负债作为一种筹集资金的手段仍然是高质量企业的优先选择。

3. 利用负债筹集资金时会计信息的披露

当企业的外部资本来源于借款的比重逐步上升时，银行或金融机构（或其他债权人）为了保护自身的利益，需要掌握企业的财务状况和偿债能力，并力图获取该方面的信息。在该要求下，企业的管理当局需要通过"资产负债表"来提供债权人关心的信息。这个阶段即企业外部资金主要来自于外借时，资产负债表是最主要的报表，关于企业偿债能力的信息和营运资本（working capital）是此时的使用者（主要是债权人）最关心的会计信息。我们认为，企业由所有者/管理者模式演化为所有者/管理者+债权人模式后，对会计信息披露的发展起到了积极的推动作用，其根本原因在于债权不同于股权的特殊性上。

债权拥有者一般是固定权益索取者，而股权拥有者一般是剩余权益索取者，至少从法律的终极意义上是如此，尽管当股权高度分散时股东也只满足于定期获得满意的股利。债权人作为固定权益索取者不同于股东的地方在于，从普遍意义上讲，债权人是风险规避者，而股东是风险爱好者。由于这个原因，债权人更关心其投入企业的财务资本的安全性，更需要相关的会计信息来判断是否应该对企业管理当局的行为进行惩罚——包括不再贷款、提前收回贷款，尤其当企业经营面临暂时性的技术性财务困境时，债权人更可能决定让企业是否继续进行经营。那么，当债权人得不到相应的会计信息来对企业的偿债能力进行评价时，他们往往采取足以使企业无以为继的方式惩罚企业。在债权人各种可能惩罚的威慑下，可以合乎理性地推定，企业一定会满足债权人对会计信息的要求。

在企业的债务相对比较集中时，大债权人利用其对企业的相机控制权[①]来约束企业管理当局的经营行为，获取所需要的会计信息。而当债

---

① 此种相机控制权体现为：(1) 当企业陷于财务困境时，债权人取代股东获取了企业的剩余控制权；(2) 在债务契约中规定各种限制性条款，一旦企业未能够遵循这些条款，债权人可以通过威胁施加惩罚来影响管理当局的决策。

权人相对分散时，对企业发展的潜在威胁有时可能更为严重。因为，企业如果不能够履行债务契约的相关条款，尤其当企业陷于财务困境时，由于企业作为债务人无法与诸多小债权人一一达成妥协和协商的代价高昂性，企业往往被迫进行清算。鉴于债权的此种特征，债权人相关的会计信息披露要求一般都能够得到满足。原因在于：

首先，债权人的借款有一个固定的期限，到期企业具有法定的、偿还本金和利息的义务；而股权属于永久性资本，只要企业持续经营，股权就不能够抽回，只能够转让。那么，企业的管理当局在面对债权比面对股权时压力更大，这种压力体现在两个方面，一个是债权相对于股权的时限性方面，另一个是债权的法定偿还性。

其次，在发达的资本市场上和股权高度分散的情况下，如果股东对企业的经营不满意，一则可以通过资本市场选择退出，二则可以替换企业的管理者。但后者需要股权的集中性，而这往往需要若干股东的集体行动，但这一点却往往因为过高的交易费用而不可行。对于债权人而言，一旦其权利受到削弱或损害，分散的债权无须集中就可以对企业施加严重的威胁，此时企业为了解除威胁，就必须逐一与分散的债权人进行协商，而这样交易费用同样高昂。所不同的是，对于分散的股权而言，交易费用由分散的股东承担，所以“搭便车”的心理往往使股东不愿进行联合而更多的采取“退出”方式进行惩罚。而债权人对企业威胁导致的交易费用却由企业承担，为了避免出现此种局面，债权人的要求往往是刚性的，也往往能够通过私人契约得到满足，对会计信息的需求也是如此。

历史性地进行观察，最初的会计信息披露，无论是通过私人契约要求披露会计信息还是通过政府或有关职业团体管制披露的会计信息，都与债权、债务存在着紧密的联系。在中世纪的意大利城邦和德国的自治社区，都要求编制反映财产状况的财务报表。1673年，法国的商法要求商人每2年“编制反映不动产、动产、债权和负债的财产目录”，其用意是在商人破产时可以通过财务报表把握企业的概况，从而采取适当的措施（查特菲尔德，1979；文硕译，1989年）。甚至到了1917年前后，当美国联邦储备委员会和联邦贸易委员会一致决定对会计程序进行统一与标准化时，首当其冲的也是对企业向银行申请贷款而编制的资产负债表进行标准化，最后以《统一会计》（uniform accounting）为题正式颁布。从此开辟了美国统一会计规范的先例。值得注意的是，这份文件（与债权、债务相关）在此后20多年间多次修改：1918年，由AIA改名为《编制资产负债表的批准方法》（approved methods for the preparation of balance sheet statement）公布；1929年，联邦储备委员会又以“财务报表的检验”（verification of financial statements）再次公布。

4．小结

为了扩大经营规模或攫取有利的商业机会，企业需要筹集资金，筹集资金的优先顺序是内部留存。但若内部留存不足而需要对外筹集资金时，企业将面临着股权融资和债务融资两种方式的选择。上述博弈框架说明，债务融资是高利润状态时（可扩展到获利能力高的企业）的优先选择，而股权融资由于混合策略贝叶斯均衡不易形成而往往迫使高利润的企业退出。这样，所有者和管理当局合二为一的企业演变为所有者（管理当局）⊕债权人企业模式。在这种模式下，由于企业并不与社会公众有直接的经济方面的接触，资产负债表和相关偿债能力的会计信息提供范围局限于债权人。由于缺乏权益性投资者，企业家没有动机和不愿意进行大范围公开的会计信息披露。应该注意到，这个阶段的财务报表以资产负债表为主，企业向债权人提供的会计信息主要披露是反映企业的偿债能力的信息。

债权的存在，对会计信息披露起到了大的促进作用，在一定程度上界定了信息使用者——债权人以及管理当局针对会计信息披露的产权问题。这里可能遗留的问题就是，债权的存在并不能够完全解决该阶段所有的会计信息披露问题，为此会计信息产权界定仍然留下了一定的“公共领域”，公共领域边界的大小，往往衡量着债权人和企业管理当局关于会计信息产权界定的效率。必须指出的是，会计信息披露其实蕴涵着三个问题：是否进行会计信息披露；会计信息披露的质量问题；以及如果会计信息披露质量不能够得到妥善解决，那么应该采取何种措施。从这个角度进行审视我们可以发现，债权的存在，可以解决第一个问题，对于第二、三个问题是无力解决的。至于第二、三个问题的解决，有赖于外部强制力量的介入。但在股权情况下，由于道德风险和信息不对称，甚至不能够保证第一个问题即必要的会计信息披露。

（二）合伙企业（阶段）的会计信息产权界定

当企业优先考虑债务融资直到债权人将不愿意借给企业资金时，就产生了如下问题：何时债权人将不愿意借给企业资金？上面分析指出，当$\pi-k+R<I\times(1+r)$时，债权人不愿意将资金借给企业。但更为普遍的

情况是，考虑到经营环境的不确定性和风险，随着企业外借资金的增多和外借资金企业数目的增加，在资金有限或稀缺的情况下，必然伴随着：

(1) I的增加；

(2) r（资金成本）的提高（可以理解为供求关系）；

(3) R的不确定性。

此时企业不再像以前那样可以较为容易地从债权人那儿借到资金。此外，最初的债务体现为短期负债，有固定的期限，企业将面临不能够在较大规模上持续经营的要求。为此，合伙制便出现了，这体现为企业所有权的分享，可以表述为“$B=1\rightarrow\sum_{t=1}^{n}a_t$”，即企业所有权从独资企业阶段的所有者/管理当局独享转换为由合伙者共同拥有。合伙制出现背后的逻辑，由Cramton，Gibbons and Klemperer（1987）将Myerson和Satterthwaite模型进行了拓展，做了精辟的解释：如果初始所有权分配比较平均，那么存在着满足参与者/分享者约束和激励约束的有效机制[①]。

1. 博弈解释

本节第二部分“股权分享与会计信息产权界定：博弈分析架构”中，若$v-\theta>0$，且$u-\theta>1-v$，则

$$\begin{cases}F'(x_1=0)=v-\theta>0\\ F'(x_2=1)=1+\theta-u-v=(1-v)-(u-\theta)<0\\ F'\left(x_3=\dfrac{v-\theta}{1-u}\right)>0\end{cases}$$

所以，$x_3=\frac{v-\theta}{1-u}$、$x_1=0$不是稳定进化策略，而$x_2=1$是稳定进化策略——即（签约，签约）是稳定进化策略。另一个角度的解释：若$v-\theta>0$，且$u-\theta>1-v$，则（签约，签约）是该博弈惟一的均衡（Nash均衡）。

$v-\theta>0$且$u-\theta>1-v$的博弈结果与合伙企业的情况比较匹配。从企业组织形式的历史发展脉络审视，上述博弈结果表明，在合伙制企业中，因为剩余索取权充分的激励效应和剩余控制权的“集中性”，各个股东一

---

① 这里隐含的逻辑是，当信息不完全或信息不对称时，初始所有权分配是关键的和重要的。与这个逻辑对应的是Coase（1937，1960）的逻辑——当信息完全或交易费用为0时，初始所有权如何分配是不重要的。

般都能够监督企业的管理当局，借助于企业所有权的分享，与管理当局通过签订私人契约来界定会计信息产权，获得必要的会计信息。

2. 理论分析

合伙制下，合伙人对会计信息披露的要求并不难解决。首先，合伙制企业的管理当局往往是合伙人之一，当各个合伙人所有权比例大致相等时，可以实现激励和约束的有效机制；即使专门聘任管理当局来进行经营，按照之前关于会计信息产权界定一般逻辑的叙述，在投资者人数有限而且相对较少时，股权比例较高往往给各个出资者提供了监督管理当局的动力，且为数不多的出资者完全可能形成集体行动来实施控制权，从而确保监督的效率——集中体现为几乎每个所有者（合伙人）都会选择与企业管理当局签订私人契约，界定会计信息产权。所以较为匹配的剩余索取权和剩余控制权是合伙制企业中会计信息产权得以有效界定的关键。会计信息产权的界定，可以消除管理当局和各个合伙者（投资者）之间关于企业会计信息的不对称性。

可见，由于合伙人以财产所有权的可让渡性获取了适当比例的企业所有权，借助于对企业所有权的分享而获取的剩余控制权，合伙人转而有权利获取一定的关于企业会计信息的产权（财产所有权），而且合伙者对会计信息的产权还能够因为企业所有权比较集中而进一步延伸。换言之，即使初始状态下合伙者对会计信息的产权界定不完整，但这对嗣后合伙人对会计信息的各种需求并无太大的影响和限制，因为当所有权相对集中（合伙人人数较少）时，合伙人可以以较为廉价的交易费用达成“同盟”，对管理当局披露会计信息的行为施加限制和影响，从而获得所需要的“充分量”的会计信息。概而言之，在合伙制下，通过“财产所有权→企业所有权→剩余控制权→会计信息产权”的逻辑，可以符合成本——效益地重新界定会计信息产权，解决会计信息披露的问题。

3. 历史证据

最初出现的合伙公司是意大利的“康美达”(Comemenda)，这种组织形式出现的背景是，文艺复兴时期的投资者为了逃避教会作出的“货币不能够生息、防止高利贷”的法令而将货币委托给冒险商人，并分享合伙冒险利润（文硕译，1989 年）。此后，随着美洲大陆的发现和通向东方（指印度和中国）航线的开辟，从原来行会（Guilds）（包括商人行会——Merchant Guilds，手工业行会等）、市民公会（civil Guilds）演变的英国式的合伙冒险公司开始大量出现（Watts and Zimmerman，1983）。

在合伙制下，由于合伙利润的分配和合伙的变更，对会计信息特别是盈利信息的需要进一步凸现和增强，合伙人逐渐产生了对利润相关信息的需求。应此需求，世界上最古老的“佛罗伦萨平衡表”在意大利出现了，目的就是为了解决合伙利润的确定。合伙利润是通过计算本期间的净资产和上个期间的净资产，进行比较后所得出的。随着合伙人的新加入或者退出，或在法律上进行解散时，都需要平衡表来计算合伙资本，而像个人独资情况下仅保持账簿记录的情况越来越不能够适应需要。随着合伙规模的扩大，越来越多的合伙人（份额较小）在关心企业的情况而又不能够接近账簿，这客观上也需要通过财务报表来传递会计信息。

（三）股份有限公司会计信息产权的界定

1. 博弈解释

若 $v-\theta>0$，且 $u-\theta<1-v$，则意味着存在（签约，不签约）、（不签约，签约）及一个混同均衡共3个均衡。$v-\theta>0$，且 $u-\theta<1-v$ 与股份有限公司及股权较为集中的上市公司的情况较为匹配。由于：

$$\begin{cases} F'(x_1=0)=v-\theta>0 \\ F'(x_2=1)=1+\theta-u-v=(1-v)-(u-\theta)>0 \\ F'\left(x_3=\dfrac{v-\theta}{1-u}\right)<0 \end{cases}$$

所以，$x_3=\dfrac{v-\theta}{1-u}$是稳定进化策略，而 $x_1=0$ 和 $x_2=1$ 并非稳定进化策略。

其揭示的经济含义是，一旦是否与企业管理当局签约要求信息披露成为博弈的策略，那么与管理当局签订私人契约的投资者数目就不断增加，直到签约的投资者（或其拥有的股权比例达到 $x_3=\dfrac{v-\theta}{1-u}$的临界点。此后，其他投资者将处于搭便车的状态。最终博弈的动态性导致 $x_3=\dfrac{v-\theta}{1-u}$成为均衡比例。

2. 理论解释与历史证据

(1) 英国。随着合伙的规模拓展和合伙者人数的增加，经济利益和投资趋向导致对风险的态度开始分歧（文硕译，1989年）。有些合伙人希望作为管理者从事海外冒险活动，而有些合伙人不愿承担太大的风险，而只想进行投资承担有限责任。因此，在海外冒险这种风险大、利润高的领域内，有限责任的萌芽出现了，最终，投资者和冒险家要进行富有成效的合作，采取某种有限责任的形式就成为必然。1657年，《新公司成立特许条例》的颁布，确认了永久性投资的原则和股份的可转让性（文硕译，1989年）。18世纪初期，股份有限公司在英国已经相当普遍[①]。但随着“南海泡沫事件”（South Sea Bubble's Collapse）的出现，英国于1720年颁布了《泡沫公司取缔法》，这项法令不仅否认了所有未经国王或者议会赋予法人资格的公司的有限责任，而且成为约束公司新设的政治手段。该法令的颁布使有限责任公司的大规模发展滞后了一个世纪左右（文硕译，1989年）。19世纪初期，在一系列法庭判决的影响下（英国是判例法国家），《泡沫公司取缔法》逐渐动摇。1844年，英国的《公司法》允许所有的企业经过注册都可以组成公司，但股东的责任依然是无限的。1855年，随着《有限责任法》的颁布，有限责任正式得到承认。1862年的《公司法》最终更正了1844年《公司法》，承认有限责任。

如何解释股份有限公司的曲折过程呢?

从理论演绎，由合伙制企业过渡到股份有限公司的博弈过程是顺乎逻辑的，而且会计信息产权也应该得到相应地界定。但是必须指出的是，一个博弈，其结果对参与博弈者的行为的不确定性（包括环境的不确定性）是异常敏感的[②]，即使不确定性很小或基本确定（确定性的概率为95%～100%）也是如此。然而，不确定性确实在这个过程中出现了：

由于无限责任和有限责任之间的鸿沟，导致股份公司中股东无论其投资额的多寡，都在法律上对公司的债务承担连带的清偿责任，而股东又不能够接近企业的日常经营管理，就难以确保管理当局“亏待”其投入资本。换言之，如果股东依然承担无限责任，那么就不能够恰当地保护投资者的利益。照此，该组织将处于一种既可能很庞大又不稳定的状态，整个社会经济也不稳定，因为与该组织存在经济关系的人们不能够确定自己到底是与谁订约（文硕译，1989年）。

随着股份公司的发展，股东人数剧增，多数股东由于并不参与企业的

---

① 上述史实说明，Cramton，Gibbons and Klemperer（1987）的模型也适用于合伙制演变为有限责任的情形。

② 由合伙制的无限责任向有限责任的转变是一个博弈过程，但是如果假设两个博弈参与者（A，B）进行博弈，这个博弈要求“理性”要成为共同知识（Common Knowledge）。

日常管理，所以本应迫切要求企业披露会计信息。但在股份有限公司出现初期，由于缺乏必要的管理，再加上投资需求旺盛，这些都助长了企业的诈骗行为和往往推行异想天开的计划[①]。南海公司是这些企业中最大的投机者。在投资需求旺盛的情况下，投资者往往无暇顾及各种公司的花言巧语、混乱的账目和财务情况，对企业提供财务报表和会计信息的行为也置之若罔。这样，企业本应承担的报告会计信息的义务在投资热潮中被忘却、而无人认真对待。其结果是以南海公司为典型的泡沫的破灭。

这个阶段，由于企业所有权随着股权的分散化而出现了剩余索取权和剩余控制权无法匹配的现象，股东拥有的是剩余索取权和法律赋予的、形式上的剩余控制权。由于剩余索取权可以转让并可以单独发生作用，而剩余控制权则需要通过集体行动的逻辑才能够体现其意义，而搭便车的心理和理智的冷漠使得股东只满足于定期获得满意的股利，其剩余索取权的小份额使其获取不了充分的动力去监督管理当局，而且也并不希冀通过集体行动行使企业的剩余控制权来对管理当局进行有效的监督。结果，企业的剩余控制权实质上已经掌握在管理当局手中，其拥有会计信息的绝大部分产权。

在 1845 年，英国公司法在世界上最早提出如下要求：企业应该登记会计账簿、定期进行结算；董事应该编制“真实而公允的”年度资产负债表并署名；然后，资产负债表应该经受股东代表的审查。这样规定的目的是让股东了解董事的管理活动和公司的实际情况，并向全体股东报告。但此时的审计，由于历史影响和本书上述的原因，还停留于只重视偿债能力和管理人员的诚实性，而忽略了与企业股东有关的收益计量和股利分红问题。此外，由于该版的公司法在一些重要的方面存在疏忽，导致“董事提出引起误解的或没有信息内容的财务报表仍是一件非常容易的事”[②]。此外，公司法并未对资产负债表的法定编制日作出规定，结果导致一些企业每年都提出完全相同的财务报表。1955 年和 1956 年的《公司法》虽然允许了有限责任的存在，但由于废除了相关的强制性规定，使得股份有限公司的会计信息披露责任有所削弱。英国 1844 到 1862 年《公司法》的诸多

① 有制造永恒运动的机械为目的筹集资金的，有在大不列颠操办丧事的企业；有从铅中提炼银子的企业，有宣称繁殖马匹的企业。甚至有的企业在筹集资金时，宣称任何人只要交纳 2 个畿尼的定金就可以成为股东，但却对公司的计划守口如瓶。

② 参见 Edey and Panitpakdi（1956）的论述。

举措，与当时普遍存在的观念密不可分，那就是人们普遍认为“会计信息披露是股东和公司董事之间的私事”（文硕译，1989年）。

而且，在这个阶段，英国的股份有限公司数目还较少，没有人重视股份有限公司在英国经济中的潜在作用，这样一些企业的管理当局由于担心会计信息披露使企业处于不利的竞争地位而不愿进行必要的披露。但是，随着19世纪60年代后期股份有限公司的重要性迅速提升，再加上格拉斯哥银行的大破产（1878年）、利兹地产建筑公司对谢坡德（1887年）判例、金斯敦棉纺公司事件（1896年）以及利对纽查特尔沥青公司案件（1889年）等事件的影响，公众之间开始接受政府对公司的强制性会计信息披露和统一报告方法，来取得值得信赖的会计信息。

此后，1928年和1929年的《公司法》对会计和审计条款进行了重大的修改，首次要求企业向股东大会提供年度损益表，披露盈利会计信息；要求企业在资产负债表上对资产的流动性进行划分，阐明各项资产的计价方法，对无形资产、开办费等单独列项披露；对控股公司中子公司的利润处理方法进行披露；要求在新股发行的招股说明书中附上审计报告，说明公司以前从销售中获取的营业利润。可以看到，此时，关于股东主要关心的、有关企业盈利能力的会计信息已经得到重视并在《公司法》中进行了强制性的规定。

总的来看，英国最初通过资产负债表提供相关会计信息的约束因素包括债权约束、报告受托责任等。由于英国的股份有限公司的发展经历了曲折的过程，最初由行业公会发展而成，但必须经过特许，程序非常严格。但随后因投机旺盛而给投资者带来极大损失而遭到取缔（这一点是美国所没有的），然后经历了由无限责任到有限责任的变迁，因此英国最终（1862）的《公司法》规定在成立有限责任公司时必须向股东报告受托责任。其实，从英国行业公会作为有限责任公司的雏形，到最终的《公司法》规定这个漫长的发展过程来看，向股东报告受托责任是英国披露资产负债表相关会计信息的主要因素之一。

（2）美国。在美国，截止到20世纪20年代，关于盈利的会计信息仍然未曾得到重视。吉尔曼（Gilman）对该期间内企业财务报告对“净收益”的漠视态度感到费解（Gilman，1936）。若要追究其根本原因，就必须联系当时的社会环境和资本市场基本状况来进行理解：

在20世纪20年代，大多数企业都将全部账面收益作为股利付出，而第一次世界大战后企业管理当局又采取了一种所谓的“新筹资战略”——“股利规则化”。在这个阶段，企业有求于小投资者，以小投资者手中的资金作为所有者权益的主要来源之一，而这些小投资者在一战期间则习惯投资于政府公债。那么，供求关系的因素决定了企业在取得权益性资金时必须向债券那样定期的、支付固定数额的股利（其实，这个战略在当时取得了极大的成功）。为此，大多数企业都保留着充盈的现金，而且企业对银行借款的需求大大降低。

但是，事物的发展就恰如一把“双刃剑”。企业在从小投资者那里得到充足的权益性资金的同时，本应该面临前所未有的会计信息披露压力。这种压力对于那些奉行企业会计（财务）信息应该“保密、保密再保密”信念的企业管理当局更是不言而喻的。但在当时“股利规则化”的繁荣景象下，投资者忽略了财务报告、会计信息和独立审计的重要性。无论是企业也好，投资者也好，都热衷于将资金进行投资以换取高达20%的“保证报酬”，而未曾对会计信息披露提出什么要求或进行会计信息披露。

在美国和英国，尽管最先出现的和早期最重要的财务报表都是资产负债表，但通过资产负债表披露相关会计信息的动因却并不一致，这一点通过研究两个国家的财务报告和会计信息披露历程就可以清楚地观察出。总的来说，美国最初之所以通过资产负债表披露企业偿债能力的会计信息，是基于这么几方面的因素：

①19世纪美国的股份有限公司大多比较小型化，其资本不是靠大量公开发行股票而取得，相反却是靠从银行取得短期贷款来筹集，那么通过资产负债表提供的会计信息主要以银行资本家为使用对象。

②银行的短期贷款作为美国早期股份有限公司资本的主要来源，以及银行资本家认为“企业的偿债能力与收益能力无关，而与存货的变现能力存在密切关系”（Yamey，1962）[①] 的观念，决定了这个期间股份有限公司的会计信息披露并不注重盈利，而侧重于资产流动性的报告。

③由于缺乏政府管制的存在，所以企业通过资产负债表提供的会计信息比较随便，资产负债表的披露格式基本上是对应、仿效于总账的余额，流行的做法是资产在左方，权益在右方。

---

①　转引自文硕译：《会计思想史》，中国商业出版社1989年版。

④资产负债表及其“流动性”至上的信条在20世纪20年代末期30年代初期美国经济大萧条中经受了考验，渐渐地无论是银行资本家还是股份有限公司管理当局都意识到其缺陷：随着信用在萧条时期的破坏和低落，存货降价，可变现净值远远低于成本，企业偿还贷款的能力受到限制，银行资本家在遭受巨大损失的同时意识到了单纯注重资产负债表流动性的局限；企业也注意到单纯依靠短期借款将使企业的持续经营性在到期债务面前受到严重的威胁，从而转而寻求对短期现金流转不产生直接影响的筹集资金方式和资金源泉，面向社会发行股票筹集永久性资本开始粉墨登场。

⑤当股票成为企业外部资本的主要来源时，股东就成为财务报表的主要使用者，再考虑到所得税①、折旧和企业存续的长期性等因素，使得盈利信息成为投资者关注的另一重心。

⑥随着企业自有资本规模的扩大，可抵押能力加强，长期负债也成为企业介于短期借款和永久性资本之间的一种筹集资金的方式，长期债权人发现企业的盈利能力与流动能力和偿付能力一样重要，甚至有时后者更为重要；鉴于此，长期债权人也要求企业提供盈利会计信息。由于债权对企业管理当局会计信息披露的刚性约束，促使管理当局提供此方面的会计信息。

（四）股权分散的上市公司

1. 博弈分析

$v-\theta<0$ 则上述博弈存在2个稳定状态：$x_1=0$，$x_2=1$。该情况适用于股权被诸多分散的中小投资者所持有的情况，即与上市公司股权极度分散的情况具有类似性。在这种情况下，由于股权极度分散，多数、乃至绝大部分的投资者手中仅持有很小比例的股权，他们拥有的只是可以分割的剩余所有权和名义上的剩余控制权，而实质上的剩余控制权则掌握在企业的管理当局手中。在此种情况下，众多分散的小股东由于“成本效益”原则的理性使然，往往并不愿意去监督企业的管理当局，同时并不愿意、也无法低成本地联合起来、借助于集体性动，利用剩余控制权的集中性与企

① 美国企业所得税始于1909年，当时是按照实际的现金收付额进行计征。但由此确定的《收入条例》（revenue act）遭到了强烈的反对，之后考虑到与会计实务的一致性，转而按照应计收益进行计征。1918年美国颁布新的《收入条例》确认了应税收益的具体标准程序。转引自亨得里克森（1977；王澹如译，1987）。

业的管理当局针对会计信息披露展开博弈，界定会计信息的产权。更为普遍和一般性的情况是，众多分散的小股东要么“陶醉”和“心满意足”于企业管理当局定期支付的股利，从而任由企业的管理当局任意东西；要么采取呼吁（voice）和退出（exit）的策略——在“呼吁”无效之后、以“用脚投票”的方式“愤然”退出资本市场，以示对管理当局的惩罚；要么寄望于其他的投资者对企业的管理当局进行监督、博弈，从而希望通过“搭便车”（free-riding）的方式，保持一种“理智的冷漠”的心态，但同时有觊觎于（不劳而获）会计信息产权界定的“成果”。

因此，对于 $x_1=0$，$x_2=1$ 两个稳定状态，若针对具体博弈进行分析，可以发现：

$$\begin{cases} F'(x_1=0)=v-\theta<0 \\ F'(x_2=1)=1+\theta-u-v=(\theta-v)+(1-u)>0 \end{cases}$$

所以，$x_1=0$ 是稳定进化策略，$x_2=1$ 并非稳定进化策略。这个结果与我们之上的分析不谋而合。其实，这可以从另一方面进行解释：由于 $v-\theta<0$，意味着 $v<\theta$；此外，因为 $u<1$，所以 $u-\theta<1-\theta<1-v$，这样很显然（不签约，不签约）是该博弈惟一的均衡（Nash 均衡）。

2. 历史证据

(1) 在美国，1900 年以前，大多数工业企业提供的财务数据几乎完全由管理当局自行处理，他们随意提供自己认为应该提供的信息，并按照自己喜欢的方式安排财务数据。相当一部分企业不能够定期地提供财务报告，甚至一些企业什么也不向股东报告（Hawkis，1963，P135）。即使通过财务报告提供会计信息的企业，也并未在财务报告后附上审计人员的意见，体现着管理当局浓厚的个人色彩（Hawkins，P138）。当时企业管理当局奉若神明的信念是，“保密、保密、再保密”（Secrecy，more secrecy，and even more secrecy）（Previts and merino，1979，P231-235）。直到 1880 年前大型工业公司出现之前（钱德勒，1977 年），这一做法并不为过[①]。因为此前企业是小型的，个体所有者、合伙制的合伙人是有限的、可辨明的会计信息使用者，此时没有人认为这些企业的会计信息应予以公开。此外，当企业资金不足时，向银行进行短期举债是一种流行的途径，

---

① 19 世纪 80 年代后，随着铁路的修建和第一次合并浪潮，企业规模迅速扩大，此时才产生了向社会筹集资金的现象。

这使得企业只要能够满足银行对会计信息的要求即可。但是，这种惯例却不恰当地影响了1880年以后大型企业的会计信息披露。当然，也不乏某些在证券交易所上市的企业公布详细的会计报表。尽管如此，企业的管理当局普遍认为财务公开并非上策。

(2) 严格的保密惯例对美国企业大型化以后的财务报告产生了极大的影响。当时公司开业执照中，公司法对管理当局应负责编制的财务报告只字不提（Chatfield，1977年，参考文硕，1989年）。也有一些州的公司法要求公司管理当局向股东提供某些类型的报告，但是并未对这些报告的内容作出详细的规定，这些报告的会计方法完全由管理当局自由地选择，同时也不要求公司为那些不能参加公司年度股东大会的股东邮寄报告(Hakins，1966年)。奇怪的是，会计信息披露的这种现状在该阶段并未遭致强烈的反对，即使一些人竭力促使会计信息的公开披露，但并未成为现实。所以说1880年前，会计信息产权的界定是模糊的，无效的。原因可能在于：

第一，原本对企业规模扩大而言居于稀缺性地位的资本被更为稀缺的企业制度创新所掩盖，究其根源是过渡时期内资金暂时的供大于求所导致。企业由于自身规模扩大而面向社会筹集资金时，股票在资本市场上作为一种新鲜的事物，满足了投资者长年以来压抑的投资欲望。当时的情况是，只要公司愿意发行股票，投资者就会纷至沓来，而一般并不过问企业筹集资金的用途，也不愿了解企业的基本情况，往往凭借一张管理当局随意拟订的招股说明书就进行投资。其实，在缺乏必要会计信息的情况下，与其说投资者信任了企业，倒不如说投资者是相信了代理发行证券的投资银行的威信。归根结底，投资者并未意识到（在投资热潮下也无暇顾及或考虑）投资以后面临的各种情况的不确定性，因此在契约中并未注明要求管理当局提供会计信息。这就是会计信息产权初始界定的状态，但这严重地影响了它以后的再次界定。

第二，1900年到1932年[①] 之间，企业在经济生活中起到越来越重要的作用，他们的股东人数迅速地增加[②]。随着投资机会的增加，人们开始

① 之所以将时间区间的终点选择为1932年，是因为1932年及此后的1933、1934年美国颁布了《证券法》，对会计信息进行管制。

② 1900年为50万，1920年为200万，1930年为1000万。参见Chatfield（1977）的论述。

有了选择的机会，资本稀缺性的功能得到凸现，此时投资者第一次感到了公司管理当局强调的“保密”是反社会（anti-social）的，一般公众和个人投资者都有使财务报告公开的要求。然而大多数工商企业的管理当局并不认为财务报告具有重要性，而且仍然有一些大型企业一如既往地不公布任何会计信息。同时大多数州的公司法关于会计报告和会计信息的条款自1880年以前形成以来并未根据形势需要进行任何的修订，联邦法对之保持沉默，管理当局也对来自于会计信息的要求和批评不予理睬（Chatfield，1977年）。

为什么会出现这种现状呢？我们认为可能是基于以下的原因：

(1) 会计信息初始产权界定使然。1900年以前，由于投资过热、过渡期内资金供大于求以及投资者对投资以后会计信息的重要性缺乏认识（由于未来不确定性所导致），使得会计信息的初始产权被随意地忽略了。那么此时会计信息产权界定的支配权掌握于管理当局手中，投资者几乎没有具备会计信息的任何产权。会计信息产权界定的这种状况不足为奇，甚至可以说是当时环境的使然。因为投资者认为在初始状态下（企业规模扩大初期）于自己是有利的。但十分不幸的是，后来的“累积性效应”出乎了众人的最初想象或者愿望。

(2) 当投资者意识到会计信息的重要性之后，会计信息产权初始界定的“累积效应”就开始呈现出其特有的顽固性。前期关于会计信息产权的界定极大地影响到会计信息产权的嗣后界定。即使投资者意识到会计信息公开是有益的，也根据自己的利益最大化原则要求披露会计信息，然而根据“相对福利要义”① 和制度经济学的“制度悖论”②，此种会计信息的产权要求在这段时期内并不会实现。首先立法机关可能并不愿意立即采纳要求公开披露会计信息的诸多措施，尽管它可能是对投资者整体而言是明显有益的，原因在于立法机关认为一旦采取了会计信息公开的措施，管理当局可能是首先受损（至少一无所获）的一方，他们完全可能、也有能力对

① “福利经济学要义”主要观点：A（定理）福利是相对的，与个人收入无关；B（推论）如果某人福利虽然有所改善，但改善的幅度小于别人，因此他并不满意；C（推论）全社会整个福利水平同比例增加，但个人福利比例不会出现增加；D（推论）对每个人来说，他往往与其让自己的收入减少10%，别人收入减少15%，也不愿意大家收入都增加25%。

② “制度悖论”有别于“制度均衡”。“制度悖论”是指存在着若干增进社会福利和个人效用的机会，但最终并未成为现实（张宇燕，1992，P289）。针对会计信息的产权也是如此。

之进行抵制。事实上，在1900年到1933年间，600家股份有限公司拥有美国65%的制造性资产，2000多名职业经理实际上控制了美国的经济生活（Edwards，1961年）。公司的管理当局决定着财务报告和会计信息，他们掌握的公司正成为一种社会势力，影响着文化准则，在争夺经济权利之外还争夺政治权利（Chatfield，1977）。

(3) 在1900年到1933年期间，随着企业规模的扩大化和投资者的分散化，越来越多的企业“所有者”（股东）事实上已经被和平“剥夺”了企业所有权[①]，尤其是剩余控制权。他们惟一的选择就是决定是否持有一个企业的股票。如果他们根据各种正式或者非正式途径得到的消息（更多的是非正式途径所得到，但都未必是会计信息）判断不应再持有该公司的股票，那么他们将利用股票市场特有的“退出机制”来对管理当局进行惩罚。此时，寄希望于股东采取集体行动来限制管理当局是不现实的。曾经有一些人力图如此做，但是一则他们自身对投资者的直接影响十分地微弱，由于众所周知的“理智的冷漠”态度和“搭便车”的心理使他们根本得不到公众的强有力的支持，因此就不可能将其主张转换为法规[②]；二则他们本身并不能够约束管理当局改变既定的会计信息产权状态，更不能迫使管理当局提供会计信息。最终，会计信息产权的初始界定状态并未被打破。

四、企业所有权分享界定会计信息产权可能面临的困境

当缺乏外部力量介入时，单纯由企业所有权分享因素界定的会计信息产权无法高效率地将会计信息披露导致的外部性进行内化。原因在于：

(1) 借助于企业所有权分享界定会计信息的产权，这对外部性的内部化是存在着限度的，很大程度上受到交易费用的制约。交易费用的存在使会计信息产权作为内部化外部性的一种机制不可能非常完善，作为缔约方的使用者（利益相关者，下同）出于理性的考虑，只愿意在“边际收益大于边际成本”的约束范围内与管理当局就会计信息的产权进行讨价还价和

---

① Berle and Means 在其专著中指出，当时全美最大的200家企业中，就已经大约有44%的企业成为“管理控制型”，23%为“少数控制型”，“私人控制型”只占6%。

② 投资者是自利的经济人，他们即使对这些人的观点进行支持，也是有选择的和间断的。Chatfield (1977) 年曾经描述过，这些力图改变会计信息披露现状的人在资本市场处于高潮时曾得不到什么支持，但在1929年股市大崩溃时却得到某些支持。

博弈，一旦使用者的“边际收益小于边际成本”，这个讨价还价过程将会终止，留下相当一部分有价值的资源置于“公共领域”（Public Domain）之中①。“公共领域”的存在意味着关于会计信息产权博弈暂时的均衡，但同时公共领域内的外部性就无法得到内部化。注意均衡存在时并非说外部性已经消失，而是使用者个人在“成本—效益”约束条件下不愿意就公共领域内的外部性与管理当局进一步展开博弈，结果公共领域内因为会计信息提供导致的外部性就由使用者默默（而极不情愿）地予以承担。一言以蔽之，当会计信息产权是使用者和管理当局之间依托企业所有权分享进行博弈的均衡结果时，任何内部化处于公共领域内的外部性都因过高的交易费用而意味着不经济②。

(2) 在 (1) 的分析中，我们进行的一个隐含的假设是将会计信息使用者看作是一个整体（假设使用者的同质性），但事实并非如此。会计信息使用者可以分割为若干利益集团譬如国家宏观管理部门、债权人、股东等，这些利益集团的利益并非一致，甚至存在着冲突。此外，单个的会计信息使用者拥有的企业所有权份额、禀赋（可以用知识结构来简化表示）和由此决定的谈判能力③是存在差别的，那么将导致不同会计信息使用者在会计信息的获取上面临差异，甚至对于反映企业基本情况的会计信息，管理当局在提供时也可能存在着歧视（discrimination）④。这样，大的投资者可能因其财富显示信号导致的博弈能力而获得更多的会计信息，从而内部化大部分会计信息带来的外部性；而小投资者和潜在的投资者将获得较少的会计信息，或者甚至被愚弄，外部性对于他们而言，要么默默地承受，要么以用脚投票的方式拒绝承担外部性。由此可能产生大股东和管理当局共谋（collusion）损害小投资者和潜在投资者的情况。

---

① 此处我们有两个隐含假设，即信息使用者是同质的、针对会计信息具有相同的讨价还价和博弈能力和会计信息使用者愿意、也可以与管理当局进行博弈。这两个假设是相当强的。

② 汪丁丁（1996a，P76）提供了另一种观点，当博弈处于均衡状态时，所谓“外部性”只是与新古典经济学的交易费用为零的一般均衡状态下的效率相比较时，才体现为一种经济无效率。

③ 讨价还价或博弈能力取决于多种因素，至少财富（如持股比例）可以算一种典型的决定博弈能力的因素。

④ 经典经济学原理告诉我们，竞争企业是价格的接受者，垄断企业是价格的制定者，垄断是价格歧视的一种原因（曼昆，1999，P334）。虽然会计信息的提供未必见得直接标价，但是管理当局完全可以根据会计信息使用者对企业的投资情况和可能的投资情况（在满足其边际收益不小于边际成本的范围内）分别提供不同水平和不同质量的会计信息。

(3) 在 (1) 的分析中我们的另一个隐含假设是投资者愿意、能够与管理当局就提供的会计信息展开博弈，但事实并非如此。

首先，使用者可能未必愿意直接与管理当局就会计信息产权展开博弈。原因在于，一则由于信息不对称，使用者并不能够立即辨别管理当局是否提供了充分的会计信息，或者管理当局提供的会计信息是否真实、公允反映了企业的基本经营情况——对管理当局的上述行为进行判断在时间上具有严重的“滞后性”，需要等到根据管理当局提供的会计信息作出决策的结果呈现以后才可以进行相应的判断[①]，而此时木已成舟，为时晚矣；二则对于股份上市的企业而言，投资者面临着诸多投资选择，当投资比例不大时完全可能以市场退出的方式将其投资进行转让（“用脚投票”），而不必耗费人力物力（交易费用的体现，还包括时间的机会损失）与管理当局就会计信息讨价还价。

其次，使用者也许并不能够与管理当局就会计信息展开博弈。原因在于：投资者可能只持有企业很小比例的股份，所以往往保持一种“理智的冷漠”(rational Apathy) 态度，希望“搭便车”(free－rider) 的心理使得无人愿意主动与管理当局进行会计信息的博弈[②]。由于上述原因，在股份高度分散的情况下，企业已经成为一匹股东无法驾驭的“马”，任由企业的管理当局“信马由韁”(Berle and Means，1944 年)。同样的道理，管理当局在与投资者针对会计信息进行的博弈中，一般来讲处于一种强势集团的地位，单个投资者无法与其处于平等的地位进行讨价还价。这是一种“公共知识”(Common Knowledge)，理性投资者当然会意识到这一点，所以往往并不希冀与管理当局进行会计信息的博弈。那么投资者是否可以缔结一个联盟 (coalition) 与管理当局进行会计信息的产权博弈？答案是否定的。原因在于该联盟同样是松散的，由于联盟内部每个投资者持股比例有区别，所以仍然存在寄希望于“搭便车”的人，况且交易费用终将阻碍该联盟的自发形成[③]。

---

① 即使根据管理当局提供的会计信息进行决策的结果给使用者带来损失，但投资者仍然存在着将决策失误的原因直接归因于会计信息的困难。

② 其实，与此相关的结论 Adam Simth 曾作过表述“股东对于公司的事物多无所知，他们大抵心满意足地接受每年或每半年支付给他们的股利，并不找麻烦”。

③ 既然任何一个单个投资者都不愿意，也不能够与管理当局就会计信息进行博弈，那么管理当局在会计信息提供方面就居于一种强势地位而任意东西。此时，就迫切需要一种更为强势的力量出现，迫使管理当局披露其应该披露的会计信息，以消除会计信息给投资者带来的外部性。

由于股东之间联合通过公共选择（public choice）来制定共同政策的不可能性（在股权高度分散的情况下尤其如此），也由于会计信息的使用者是一个十分复杂而广泛的群体，由于财务资本提供者逐一与管理当局缔结私人契约要求会计信息的成本高昂性，更由于不同企业间会计信息的可比性作为会计信息一个重要特征，这决定了需要标准契约（standards contract）即管制来约束会计信息提供的迫切性。

再次，从契约关系确立之后的执行方面进行审视。事前（ex ante）的契约关系成立，意味着投资者、债权人等同意将其所拥有的物质资本（财务资本）让渡给企业使用，这其中体现着企业管理当局的逆向选择（adverse selection）行为，原因管理当局和使用者关于企业经营等诸多情况的信息不对称。可以理性地预期，管理当局在取得融资以后，很可能并不具有强烈的激励去履行契约中规定地向缔约方披露真实、公允会计信息的承诺，原因在于会计信息的充分披露将可能对其行为产生监督约束。信息不对称的存在和决策不确定性很可能使管理当局的这项道德风险被隐匿，即使管理当局提供的会计信息给使用者带来误导，而管理当局的这项行为并不一定能够被发现。联系有效市场假设（efficient market hypotheses, EMH）[①]，由于交易费用（主要信息成本）的存在，使用者将不愿意花费时间、精力去“看穿”（see through）管理当局提供会计信息中的错误的表述（misrepresentation）。如果EMH成立，那么使用者将寄希望于通过“搭便车”行为（更老练、更专业的使用者的便车）来“看穿”管理当局披露的会计信息中的错误表述行为。但是，遗憾的是，EMH只是假说，许多经典研究得出了EMH并不完全成立的结论。退一步讲，即使EMH成立，这只是对信息而言的，并不能够确保对管理当局努力效率和效果监督的有效性。

① 有效市场假说最初由Jensen（1978）提出，其基本含义是“对于一组信息，如果根据该组信息从事交易而无法赚取到经济利润，那么市场就是有效的”。进一步，对有效市场假说的检验通常包括三类（Watts and Zimmerman，1986）：弱式、半强式和强式。

为什么需要公共契约界定会计信息产权

第四节

Coase（1937）指出，“经济学长期以来忽略了对其赖以建立的理论基础的检验”。会计理论研究中存在着同样的困境。学术界研究会计准则、会计人员执行会计准则时，对“为什么需要会计准则、为什么需要会计信息披露管制”的问题却缺乏必要的深入思考，导致对会计信息披露管制的若干问题如管制的形式（准则或制度）、会计准则的性质、会计信息披露管制的限度等存在很大的争议。目前，在论及对会计信息进行管制的原因时，不同的作者从不同的侧面进行了解释，包括：

（1）缺乏管制时会计信息提供不足或过载；

（2）会计信息的公共物品（public goods）属性；

（3）投机问题；

（4）信息甄别问题。

这些观点都可以概括为“市场失灵”，但其论述都具有一定的局限性、也受到前提假设的制约，因此都不同程度地出现了 Demsetz（1969，P1～22）所描述的“草总是绿的”[①] 或者 Hendrikson（1992，P249）所描述的“草更绿”[②] 的错误逻辑（fallacy），即在未对私人契约成本和管制成本进行比较，就断言管制总会带来会计信息的有效披露。本节将试图从“会计信息披露的经济后果性（economic consequence）”出发，从“会计信息披露诱发的利益相关者的博弈”视角，去论证会计信息披露管制形成的

① Demsetz 反对在未能够准确界定管制成本的基础、从而未能够与私人契约交易费用进行比较时而主观断定管制总是有效的。

② 这个典故说的是，国王举行了一次比赛，层层选拔的结果留下了两个歌手进入了决赛，国王决定钦定最终的胜利者。当国王只聆听了第一个歌手的演唱后径直认定冠军是第二位歌手。这个典故用来隐喻如下情况：政府只看到了私人契约界定会计信息产权时交易费用的高昂性，而不分析管制存在时的成本有多高，就直接认定会计信息管制将比私人契约更好。谢德仁（1998年）也曾借用几乎同样的一个典故来说明会计规则制定权的变迁。

内因。为此，本节将首先对现存的、对会计信息披露管制的若干观点进行综评，在此基础上，以处于演进中的公司治理为研究背景，以会计信息披露中的“外部性”（externality）诱发的会计信息产权为核心概念和论述基础，来建构一个讨论会计信息披露管制的理论框架。

一、对会计信息披露管制典型观点的剖析

（一）会计信息的公共物品性质和管制

从会计信息具有公共物品的性质为基础论述管制的合理性，是目前最为典型的一种观点。我们认为，这种观点首先忽略了一个关键问题——会计信息并不一定是公共物品，对于股票公开上市交易的企业的会计信息而言也是如此。其实，会计信息具有私人物品和公共物品的双重性质。会计信息的私人物品性质体现在，当某个投资者运用会计信息进行决策时，会削弱其他投资者运用同一信息并从中获利的可能性和获利幅度——因为价格在第一个投资者运用会计信息进行决策时已经进行了调整（Beaver，1986，P6）。实际上，实证会计研究者一直就“会计信息是公共物品”或“会计信息是私人物品”这两种模型（或者说假设）莫衷一是，至今并无确证表明哪一种模型具有优势。尽管如此，会计信息更多地是被假定为一种公共物品而不是私人物品（Watts and Zimmerman，1986，P164）。我们认为，这和实证会计研究的浓厚的实用主义色彩密不可分①。既然会计信息的属性问题还只是停留于一种假设阶段，那么无论是从“会计信息是公共物品”或“会计信息是私人物品”角度论述会计信息的管制，其结论都不能够摆脱武断的嫌疑。为此，讨论为什么需要对会计信息管制，必须回避通常从公共物品角度出发进行解释的思路。

此外，从会计信息的公共物品性质为会计信息管制提供“借口”（excuse），还存在一个缺陷：假设会计信息的公共物品性质导致管制，那么就由可能使我们产生如下的质疑：如果会计信息不是公共物品，岂非不需要管制？但是我们观察到的事实否认了这一点：资本市场上未公开上市的企业，其会计信息一般而言具有私人物品或者俱乐部物品（并非公共物

① 另外类似的一个例子是“如何看待会计的作用”这个问题。尽管实证会计研究者明确认可两种观点即（1）契约的监督工具和（2）为投资者的投资和评估决策提供信息，但他们还是强调会计的第一个作用，究其原因，Watts and Zimmerman（1986，Chapter8）解释简单而直接：实用主义。

品）的性质，但是对这些企业会计信息披露的管制同样存在，如我国的小企业会计制度，美国的小 GAAP（公认会计原则）。

由此可以得出结论，对会计信息披露进行管制，并不因会计信息的性质而产生差异。从上市公司的会计信息具有“公共物品”性质作为出发点，来论述资本市场会计信息披露管制的必要性，很可能陷入一种“因果颠倒”的逻辑。须知，正是由于各个国家对资本市场上市公司的会计信息披露进行管制，强制性地要求上市公司进行法定地信息披露，才导致了上市公司披露的会计信息具有了公共物品的性质。而并不是由于会计信息具有公共物品性质才导致管制的出现。

（二）信号甄别和投机问题

对会计信息披露管制原因的另外两种解释——信号甄别和投机问题是由 Watts 和 Zimmerman 提倡的（Watts and Zimmerman，1986，P165～166）。为了更好地说明我们的观点，以下将对 Watts and Zimmerman 的观点提供补充和进一步地解释。

1．关于信号甄别[①]

信息甄别的出发点是管理当局和会计信息使用者以及资本市场之间的信息不对称。一般认为，管理当局比会计信息使用者拥有信息优势。那么如果企业的股票价格被市场不公正（低估）地进行评价，管理当局就有动机在会计信息上耗费额外的资源，借以表明事实真相。而股票价格被高估的企业则采取不提供附加信息的方式，含蓄地表明事实，这将会促使资本市场将其股票价格调整到被高估企业的股票价格的平均水平。但是，如果原本被高估企业的股票价格应该位于在这个平均水平之上（即调整后的低估），那么该企业的管理当局就会立即作出反应，耗费额外成本提供更具“充分含量”（sufficient contents）的会计信息向市场表明其股票价格调整后被低估的事实。如此反复博弈，直到那些业绩最差的企业不再公布会计信息揭示其价值。换言之，信号甄别将导致会计信息过剩（over－production），因此应该进行管制。

进一步解释如下：尽管管制的存在旨在使企业会计信息提供的私人最佳点向社会最佳点移动，但是却忽略了一个重要的前提，那就是私人契约

① 提倡信号甄别在会计信息方面的应用的文献主要是 Gonedes，Dopuch and Penman（1976，P89～137）。

的高成本使通过私人契约无法达到社会最佳点，并以此假设作为前提分析问题。问题果真如此？未必！在未能够计量出会计信息管制的成本之前，就断言或假设由于会计信息管制成本较私人契约成本低是武断的。如果私人契约成本和管制成本一致甚至小于管制成本时，市场失灵也许将不存在，管制也就失去了存在的理由。

2. 投机问题

“假设农民 A 种植小麦，预计半年后将有 1000 蒲式耳的收获。小麦的价格是不确定的[①]，可能是 50 美分，也可能是 1.5 美元（1 美元 = 100 美分），而且两种情况的概率相同。再假设如果花费 100 美元给相关的专业人士，则可以得到关于其他地区的气候从而对小麦未来价格的相对准确的预测。但农民 A 并不因对气候的了解而给其种植小麦带来任何变化，因此假设农民并不愿意进行 100 美元的相关性投资。在农民 A 未进行相关投资时，未来小麦交易价格为 1 美元（0.5×0.5+0.5×1.5=1）。然后，假设某投机商 B 进行了 100 美元投资获取了其他地区气候的有关资料，如果他发现价格为 50 美分，那么他便会和小麦需求者 C 签订按照 1 美元的价格出售小麦的期货合同，这样其获利将为 400 美元［(1000×1－1000×0.5）－100=400］；反之，如果他发现价格为 1.5 美元，那么他会和农民 A 签订按照 1 美元价格购入小麦的期货合同，那么其获利为 400 美元［（1000×1.5－1000×1）－100=400］。”

Watts and Zimmerman 从该例子中得到的结论为，投机商投资的 100 美元并未改变小麦的生产，而仅仅导致既定的财富不同的分配[②]，但社会效益并未有所改善。为此建议应该进行管制。Watts and Zimmerman 的分析至此却嘎然而止。但若问题进一步进行深入分析，将会得出更有益的结论：

该例子隐含的假设是：由于是高昂契约成本的存在，农民 A 不会与消费者 C 签订私人契约。但问题是，为什么投机商 B 就可以容易地与农民 A 或者消费者 C 签订契约？难道他们之间就不存在着交易费用？惟一

---

① 譬如取决于小麦的供求关系。当其他小麦种植区遇到风调雨顺时，小麦产量剧增，因此按照供求关系小麦价格较低，为 50 美分；但若其他地区气候不佳，那么小麦产量较少，价格攀升为 150 美分或 1.5 美元。

② 在预测价格为 50 美分时，本应该由小麦消费者 C 节约的 500 美元现在却由投机商 B 分享了 400 美元，专业咨询人士分享了 100 美元；而在小麦价格为 1.5 美元时，本应该由农民 A 享有的 500 美元转移给了投机商 400 美元和专业人士 100 美元。

的解释是，抑或是简单的假定此时交易成本小于500美元或甚至假设根本不存在？换言之，Watts and Zimmerman假设农民A与消费者C之间签订契约的交易费用大于250美元而小于500美元。试解释如下：

若农民A注定与投机商B签订私人契约，那么农民A的期望销售价格将不是1美元，而是0.75美元（0.5×0.5+0.5×1=0.75）；若消费者C如果注定与投机商B签订私人契约，那么其期望的购买价格也将不是1美元，而是1.25美元（0.5×1.5+0.5×1=1.25）。因此只要农民A与消费者C直接按照1美元[①]签订私人契约，双方都未投资100美元的交易成本（信息搜寻成本），那么这相比较于投机商存在时的情况而言是一项社会福利改进过程，农民A将多赚取250美元［（1－0.75）×1000］，而消费者C将少支付250美元［（1－1.25）×1000］，前提条件是交易费用低于250美元。这样，资源便不会产生浪费，投机也不存在了，管制也就不必要了。

注意到该例子另一个隐含假设农民A和消费者C都不会进行投资，借以获得其他地区气候的情况，这个也不符合现实。首先考虑农民A或者消费者C只有其中一个进行投资时的情况：如果农民进行100美元投资从而获得了未来其他地区气候的情况，当得知未来小麦价格为50美分，那么他可以按照1美元签订期货合同，从而获得了原本由投机商获得的400美元；当得知未来小麦价格为1.5美元，那么他按兵不动。无论哪种情况，农民将比投机商存在时多获得400美元，比和消费者直接按照1美元签订合同多赚取150美元。同样，如果消费者C投资100美元，那么当未来小麦价格为50美分时，他按兵不动；如果未来小麦价格是1.5美元时，他可以按照1美元签订小麦购入合同，从而节约400美元。无论如何，比投机商存在时少支付400美元，比和农民A直接签订合同少支付150美元。其次我们考虑双方各花费100美元进行投资，那么两者同时获得了未来小麦价格的信息（此时两者将不存在私人契约），如果未来小麦价格为1.5美元时，农民A比投机商B存在时多赚400美元；如果小麦价格为50美分，那么消费者C少支付400美元。换言之，若农民A、消费者C其中之一或两者同时愿意花费一定的交易费用（获取有关未来天气的信息），本例题中的投机商B将失去了存在的必要。

---

① 在投机商不存在时，1美元既是农民A的期望销售价格，也是消费者C的期望购买价格。

概而言之，从投机角度解释会计信息管制，往往可能导致以特例解释普遍情况，缺乏说服力。顺着如上思路继续思考，上例的农民A就好比是企业的管理当局，小麦就好比是管理当局提供的会计信息，而消费者C就仿佛会计信息使用者。那么如果当管理当局与会计信息使用者就会计信息签订私人契约的交易费用小于管制的成本时，私人契约界定会计信息产权是有效的，管制不必存在；但是如果管制成本低于私人契约交易费用，那么管制才产生了存在的必要（体现为农民与消费者之间的交易费用和投机商与农民或消费者之间的交易费用的比较，即交易费用大于250美元但小于500美元时）。但问题是，会计信息的管制的成本迄今未曾有学者或者机构进行相对精确地测度，所以在情况不明了时断言管制更为有效是武断的。

（三）会计信息提供“不足”或“过载”

有些作者就以缺乏管制时导致会计信息“不足”为依据推崇会计信息的管制，因为他们坚信在缺乏管制的情况下，企业将生产出小于最优量的会计信息。

持有这种观点的人忽略了一个基本点，或者说陷入了一个“盲点”，那就是企业提供会计信息时，并不寄希望于出售会计信息而回收会计信息生产成本，原因在于：首先，企业提供会计信息的目的是为了取信于投资者，使其掌握的资源因趋利性流动而流入企业，换言之企业可以在资本市场上以较低的资本成本筹集到稀缺性的资金。这部分资金可以带来企业未来的盈利的持久性和超额性，这才是企业补偿对外提供会计信息成本的主要途径。其次，会计信息系统是企业内部决策支持系统之一，企业为了内部管理决策的需要往往需要整理有关会计资料（如成本、存货、固定资产等），这些成本是内部管理决策需要而导致的成本。同时这部分成本的发生是双重作用的，它也包含在企业对外提供信息的成本之中，倘若刨除该部分成本，企业纯粹对外提供会计信息的成本将锐减。而我们进行考虑的相关成本将只是企业纯粹对外提供信息的成本。

单从企业角度进行审视，作为一个有限理性的经济人，其提供会计信息的临界量（最大量）处于这样一种状态——“提供会计信息获得的边际收益等于其提供会计信息的边际（私人）成本”①。企业对超过这个临界量的会计信息将缺乏动机进行提供。那么就存在两种情况，企业纯粹对外

① 注意是边际私人成本，而不是边际社会成本。

提供信息的边际成本低，决定了会计信息提供的临界量低；反之，企业对外提供会计信息的临界量高。企业提供会计信息的临界量无非是依存于这两种情况，进行理性选择。换言之，企业提供会计信息的临界量可能高于或者低于信息使用者的最佳需要量，也并不排除私人契约情况下提供最佳的会计信息需要量。其中前者是企业从自身角度进行决策得出的结果，投资者是被动的；而后者是投资者具有先动效应的，企业可能因为投资者给予的成本补偿而将原本低于最佳量的会计信息提供调整到缔约方的最佳需要量。当然，提供会计信息成本补偿的投资者也需要进行权衡，其也要达到边际收益与边际成本的条件。

一个更为普遍和有用的结论是，在缺乏外部强制力的情况下，企业并不愿意花费任何的对外披露附加成本[①]来增加会计信息的价值，原因在于企业的自利性行为。而同时对内决策所需要的会计核算资料及与此相关的会计信息缺被管理当局以保密为由拒绝披露，结果企业几乎不披露任何会计信息，从会计发展史中可以观察到此种情况存续了相当一段时间。譬如在1900年先后的几十年间，由于资金唾手可得，此时在所有企业间不披露任何会计信息是一种惯例（毕竟，资金的唾手可得是暂时的，当资金相对于不断扩大的企业规模和筹集资金要求而再度稀缺时，当某个企业率先披露更多的会计信息，囚徒困境原理使得企业选择了不合作的态度进行会计信息披露）。

以上的论述说明了：（1）在非管制状态下会计信息提供量未必就小于社会最佳量——Hirschleifer（1971，P561）从信息的普遍性角度验证了这一点，尽管 Posner（1975，P807）、Rice and Ulen（1981，P53）也同时验证了缺乏管制时信息的提供可能过量；（2）即使由于会计信息使用者对会计信息需求程度的不同导致企业提供的会计信息未必就符合每个人的最佳需要量，那么这个问题可以通过私人契约来进行解决；（3）进行会计信息的管制需要利用公共选择机制构造一个普遍的社会偏好集合，暂不考虑这个偏好集合能否顺利构造，即使可以构造出社会偏好集合并依此为根据进

---

① 企业管理当局进行决策时所需要的会计信息具有一个基本的特征，那就是与此相关的会计资料是奠定在收付实现制基础上的，是以经营期（如固定资产就是经济寿命期限）为中心和基础的核算，这一点可以从管理会计或者财务管理的基本原理中得出。但是，企业对外财务会计信息的提供却是奠定于持续经营和会计分期假设的基础之上，由此要求企业按照权责发生制重新调整。这是高昂的附加成本。

行会计信息管制，那么依然可能存在两种情况，（针对某些人的）会计信息过量或者（针对其他人的）会计信息不足。那么我们不禁要质疑，如此管制何用？一言以蔽之，将缺乏管制时会计信息提供的不足作为应该对会计信息进行管制的理由是不科学的。

二、关于会计信息披露管制的新解：基于公司治理背景的会计信息产权界定

（一）公司治理与会计信息披露诱发的会计信息产权问题

企业是一种法律虚构（legal fiction），其本质上是一系列契约关系的结合（Jensen and Meckling，1976）。为了确保企业经营的效率，在长期的经营实践中，逐渐形成了一套公司治理（corporate governance）机制，力图确保监督和激励的相容（compatible）、剩余索取权和控制权的匹配（matching）。公司治理的核心在于它好比粘性机制，促使人力资本和财务资本的精诚合作。然而，广泛存在的委托代理关系下，委托方往往由于知识结构、个人禀赋、成本效益制约、乃至社会分工的问题，无法对代理方进行实时（real-time）的监督，同时由于作为代理方的企业管理当局努力程度的不可观测性，使得会计信息成为委托方评价代理方履行受托责任情况和评价代理方经营业绩的重要替代变量（alternative proxy）（杜兴强，2002年）。注意到企业管理当局是会计信息披露的主体，因此必然导致利益相关者围绕“会计信息”这种有价值的资源进行博弈。博弈的过程势必导致利益相关者之间受益或受损的格局。问题在于，谁应该受益？谁应该受损？换言之，会计信息披露具有经济后果，更直观的体现为会计信息披露带来的外部性（externality），而且外部性具有相互性的特征（Reciprocal Nature）。会计信息披露中的外部性源自于如下的现实：①委托代理关系框架下，作为代理方的管理当局与作为委托方的资源（要素）投入者之间目标函数存在差异，结果导致企业管理当局往往以牺牲委托方的利益为代价来追求个人私利。②企业信息披露地私人成本（private cost）和社会成本（social cost）之间的差异。结果导致管理当局提供的会计信息往往与投资者的信息期望存在着巨大的差距（gap）。

1. 不存在会计信息披露管制时

不失一般性，缺乏管制的情况下，假设企业通过私人边际收益和私人边际成本权衡而披露的会计信息位于Q水平，Q遵从PMC（Q）=PMR（Q）的

解；企业出于“成本——效益”的考虑而愿意披露会计信息的临界水平为L，L遵从R（L）－C（L）＝0的解。显然，Q＜L。“L－Q”代表着管理当局的私有信息，也是诱发资本市场诸多财务欺诈的根源之一。极端的情况出现在美国1880～1929年期间，当时企业管理当局奉为圭臬的信条是会计信息披露的“保密、保密、再保密”（secret，secret，more secret），几乎不披露任何的会计信息（此时Q＝0），结果导致震惊世界的美国资本市场“崩溃”。

2．存在会计信息披露管制时

当管制存在时，不妨假定管制导致的企业强制性信息披露水平为q，那么就可能存在如下几种情况：

（1）当q＜Q时，企业仍然会选择按照Q水平进行会计信息披露，（Q－q）则代表企业自愿信息披露。如此我们可以理解为什么资本市场中上市公司往往在会计准则的要求之外存在动机进行自愿信息披露，因为自愿披露可以使企业的私人效益最大化。

（2）当Q＜q＜L时，企业到底会按照Q还是q进行会计信息的披露呢？这取决于公司治理生态和资本市场的约束力。

①当企业遵循q即按照管制强制性要求进行会计信息披露时，提供会计信息还是符合成本效益原则的。（L－q）代表管理当局的私有信息，这是可能给投资者带来外部性的原因。

②当企业遵循Q进行会计信息披露时，提供会计信息虽然符合成本效益原则，但已经背离了法定信息披露的要求。此时（L－Q）代表管理当局的私有信息，与上一情况的（L－q）相比，私有信息的拥有程度进一步增加。

（3）当q＞L时，企业按照管制水平提供的会计信息将不符合成本效益原则，此时管制的存在其实对企业而言是一种负外部性。

为了恰当地将会计信息披露中地外部性进行内化，需要界定会计信息产权，因为按照产权经济学的基本观点——受益或受损的现实本身就意味着产权界定的必要性（Demsetz，1976）。“所谓会计信息产权，是利益相关者所共同接受的、由会计信息的存在（供给和使用）引起的、利益相关者彼此之间的行为准则。会计信息产权界定/安排低成本地规定了利益相关者彼此发生利益关系、尤其是利益冲突时必须遵循的、与会计信息有关的行为准则，而且违背该行为准则的利益相关者将会面临其他利益相关者的冷酷策略（trigger strategy）或以牙还牙（tit－for－tat）策略，因此将会付出长远利益的巨大代价。为此，会计信息产权界定的结果、即既定的会计信息产权状态，将会受到利益相关者的尊重，以一种利益相关者总体认可的方式强制实施。会计信息的产权界定是一个动态的博弈过程，从会计发展史进行审读，可以发现伴随着公司治理的演进，企业所有权分享、管制和道德因素共同影响着会计信息产权事前（ex ante）的界定、博弈和事后（ex post）的履行”（杜兴强，2002 年）。

（二）私人契约与企业所有权分享作为界定会计信息产权的方式之一[①] 的困境

1. 理论描述

当企业组织形态处于初级阶段——包括业主型企业、合伙企业或有限责任公司时，由于企业所有权的分享模式可以确保剩余索取权和剩余控制权可以实现对应且匹配（matching），因此剩余索取权提供了对代理人进行监督的动力，而剩余控制权保证了监督的权威和效率。由于剩余控制权仍然由委托方所拥有，这确保了对企业产出、包括会计信息的产权的拥有，以及在契约中未注明情况下可以低成本地再次界定会计信息的产权。此时，单纯的企业所有权分享因素就可以比较有效地界定会计信息的产权，管制的存在就缺乏必要性。所以，综观各国资本市场信息披露的演进，我们发现对会计信息披露的管制并非自始至终地存在。

随着企业股权的急剧分散化，各个股东、尤其是小股东持有的只是企业的剩余索取权，而企业的剩余控制权实质上掌握在企业的管理当局手里。因此，小股东在和管理当局针对会计信息的产权博弈中占据劣势地位，这导致其持有的企业剩余索取权缺乏必要的保障。当企业所有权的剩余索取权和剩余控制权不能够匹配，而且交易费用非 0 且十分高昂时，单靠企业所有权分享对会计信息产权进行界定将成为不可能。原因在于：

(1) 在股权十分分散的情况下，各个股东由于拥有的企业所有权份额都非常小，所以不具有监督管理当局的充分动力；

(2) 由于“投票问题”的存在，每个人都希冀于“搭便车”获利而不切实履行其应有的剩余控制权份额——对契约中未尽事宜集体进行表决，

---

① 为了避免前后参照所引起的不必要的麻烦，本节对所有权界定会计信息产权的情况进行了简要的概述。

或只行使“廉价投票权”，结果导致企业的剩余控制权实质上集中于管理当局手中；

(3) 即使拥有很小企业所有权份额的股东愿意进行协议，利用其集团拥有的较高的剩余控制权行使决策权，从而界定会计信息产权，但是却往往由于过高的交易费用使这项集体行动而终止；

(4) 由于信息不对称的存在，管理当局拥有优势信息，而股东具有劣势信息。进行决策是需要信息的，而信息的搜集成本是高昂的，过高的信息成本（交易费用的一种）往往使得拥有小份额企业所有权的股东预期到行使剩余控制权不符合“成本——效益”。此时，由于剩余控制权已经为管理当局所掌握，因此在会计信息产权的博弈中管理当局就占据了优势，他们可以通过会计信息掩盖其以牺牲股东利益为代价追求个人私利的不道德行为，或与大股东合谋侵害中小投资者利益的行为。当中小投资者的利益得不到保护，他们只能够通过呼吁（voice）或退出（exit）的方式对管理当局进行惩罚，此时资本市场的健康发展将受到严重的威胁。为了保护“公众利益”，克服因交易费用原因导致的个人理性和集体理性的相悖，以及“私人契约”的衰败，克服会计信息披露过程中的“寻租”行为，国家或政府的将会介入到企业的会计信息披露中，对会计信息披露进行管制，界定通用会计信息的产权。

2. 具体分析

假设资本市场上存在大致同质的 M 个企业，每个企业都有 N 个股东，而且每个股东都拥有大致相当比例（如 1/N 比例）的企业有表决权的普通股，且企业处于正常经营状态。此外，再假设任何两个股东采取一致行动（集体行动）的交易费用为 ω。那么对任何一个企业而言，要通过企业所有权分享方式在会计信息产权博弈中占据主导地位，至少要能够通过股东之间的集体行动组成“寻利集团”而获得 50% 的企业剩余控制权[①]

① 也许在股权高度分散的情况下 10%、甚至 20% 的持股比例或联合持股比例就可以（请注意，并非一定）实现对企业的实质控制，但是也应该注意到，在“强管理者、弱所有者”的现实下，若不存在一个单一的大股东，而是由若干小股东形成一个共同的“寻利集团”，将小额股份聚集为一个可以实施实质控制的股权比例，那么对企业管理当局的控制是不稳定的、或有的。若该消股东内部存在着具有利益分歧的“寻利集团”，那么其能否依靠企业所有权分享的既定份额在会计信息产权博弈中占据优势，不仅取决于和管理当局的会计信息产权博弈，而且还必须取决于和其余“寻利集团”的博弈结果。为此，此处是严格按照超过 50% 的股权比例作为绝对剩余控制权的依据。

(对未尽事宜的表决、决策权),而该交易费用包括:

(1) 不同股东之间的谈判、协商(解决争端)费用 TC_1:满足如下条件:

$TC_1 > [(50\% \times N) \times (50\% \times N-1)/2] \times \omega$;

(2) 搜集相关信息的费用 TC_2,由于信息不对称,所以大致满足如下条件:

$TC_2 = I(Q) \times \kappa$(Q 代表与股东与管理当局进行谈判或重新缔约所需要的充分信息,κ 代表单位信息的搜集成本);

(3) 与管理当局进行谈判的费用 TC_3,满足如下条件:

$TC_3 = \theta(Q, x)$(与管理当局的谈判费用是“寻利集团”所获取相关信息和累积的股权——剩余控制权比例的二元函数);

(4) 对管理当局进行事后监督的成本 TC_4,即股东虽然可以借助企业所有权分享和剩余控制权和管理当局进行博弈,界定了会计信息的产权,但管理当局的道德因素并不一定保证其就一定履行业已界定的会计信息产权,此时进行事后监督需要花费成本;

(5) 防止“搭便车”的机会主义成本 TC_5,既包括“寻利集团”内部参与者搭便车的机会主义行为的防范,也包括“寻利集团”作为一个“俱乐部”形式在和管理当局进行博弈、界定了会计信息产权后,对“俱乐部”之外的其他“寻利者”的搭便车行为的防范。

结果,以企业所有权分享方式界定会计信息产权所需要发生的交易费用总和为:

$TC = TC_1 + TC_2 + TC_3 + TC_4 + TC_5$

该交易费用总和是相当高昂的。其中 TC_1 亚等价于 N 的几何增长,所以当 N 足够大时,其非常高昂、乃至趋于无穷。注意到每个股东、包括可能由股东组成的寻利集团都是理性的,都是从私人成本和收益角度权衡进行决策的,所以一旦预计到交易费用超过了通过企业所有权分享方式界定会计信息产权、并获取会计信息得到的利益(体现为利用会计信息降低决策中面临的不确定性)时,该行为将不会发生。那么,管理当局将几乎完全拥有了会计信息的产权,这将导致无限的“市场退出”,结果给资本市场的发展带来巨大的损失,国民经济的发展也因此受到损害。因此,通过企业所有权分享界定会计信息产权也将衍生出一项隐性成本(或有成本)TC_6。

此外，考虑到资本市场上的企业将不只一家，假设为M家，若都通过企业所有权分享方式界定会计信息产权，那么从整个社会角度看，交易费用将是：

$SC = M \times (TC_1 + TC_2 + TC_3 + TC_4 + TC_5)$。

同时注意到这些交易费用将是重复发生的，所以必将导致社会资源的浪费，不妨假定此成本为TC_7。

综合以上的解析，通过企业所有权分享来界定会计信息产权的社会总成本（total social cost，TSC）为：

$TSC = M \times (TC_1 + TC_2 + TC_3 + TC_4 + TC_5) + TC_6 + TC_7$

当通过企业所有权分享界定会计信息产权因交易费用高昂无法施行时，政府为了保护投资者的利益和公共利益，保护资本市场的健康发展，降低防范社会作为总体的交易费用的重复、无效发生（TC_7）和可能面临的机会损失TC_6，就必须对企业提供的会计信息进行恰当的管制和规范，改进整个社会的总体效用。

（三）会计信息披露管制的初衷及限度

1. 会计信息披露管制的初衷：矫正会计信息产权

在企业所有权分享方式下，由于利益相关者个体理性的制约，当他们事前预期到交易费用的高昂性之后，就不再愿意去进行会计信息产权的博弈和界定。换言之，个人理性导致集体理性的丧失，理性超越了效率。因此，会计信息披露的外部性无法得到降低或消除，过多存在经济价值的会计信息的产权留置于公共领域之中。照此，会计信息产权几乎完全由管理当局所掌握，并未分配给最愿意、也最能够有效利用会计信息的利益相关者。因此，无法形成一种激励机制，降低会计信息产权交易的成本，也导致了资本市场运行的低效率。用简单的逻辑描述就是：因为缺乏会计信息产权，投资者的权益无法得到保障，投资处于极大的不确定性和风险之中；风险威慑了投资，必将导致资本市场规模的萎缩，势必将直接影响经济运行的低效率。

我们认为，会计信息管制的初衷应该是针对利益相关者缺乏集体理性导致的、会计信息产权并未分配给最能够恰当运用其的利益相关者的情况，以国家强制力的形式来提供“制度”这种“公共物品”（public goods)，力图让各个利益相关者形成一种合理的理性预期，来降低会计信息产权交换成本，促进资源的趋利性流动，增进经济效率。简单描述，管制的出现，其初衷是为了“矫正会计信息产权”（getting the property rights of accounting information），力图改变会计信息产权的既定分配格局。

通过管制界定通用会计信息的（初始）产权，为会计信息产权的嗣后界定和利益相关着围绕会计信息披露的博弈提供一个“共同知识”，使利益相关者对于会计信息披露形成一种理性的预期。会计信息披露管制的功效就是尽可能地将会计信息的各项权利分配给最能有效运用他们的利益相关者，以促使利益相关者之间形成一种激励，维持一种有利于经济高效运转的分配格局。管制是会计信息产权界定由无序转向有序的第一步。

2. 管制界定通用会计信息产权的限度

(1) 会计信息管制只是界定了通用会计信息的产权。尽管管制使会计信息产权得到最大程度地矫正，并使会计信息产权进行最有效的界定和切实地履行，然而其结果也只能是“满意化”。但是管制不可能穷尽会计信息披露中的所有问题，也不可能针对具体企业进行微观化的考虑。管制方式界定会计信息产权，其可行的途径是了解会计信息的各个利益相关者的具体需要，在综合考虑和权衡的基础上形成一种理性预期。该理性预期就是要求企业提供通用会计信息，满足利益相关者对会计信息的基本产权和基本需要。通过这个过程，力图克服利益相关者的个人理性与集体理性相悖的缺陷，矫正（getting right）企业所有权分享方式下既定的会计信息产权分配格局。管制的特点决定了其实施形式，即管制对通用会计信息产权的界定，是通过一种“公共契约”如会计准则、会计制度的形式完成的。

(2) 由于信息不对称和交易费用的制约，管制机构在考虑利益相关者的“公共利益”、通过“公共契约”界定通用会计信息产权时，不可避免地留下一定的公共领域。原因在于，市场经济中的企业是非同质的，而是具有不同的特点，包括经济规模、经济业务复杂程度等，那么“公共契约”是不可能低成本地将这些因素一一纳入，也不可能对之进行详细的、有针对性地规定。此外，管制行为的“公平和效率”问题也制约着管制的限度，这决定了管制因素在追求效率时往往背离了公平。会计信息管制只能够在充分调查会计信息使用者普遍、期望需求的前提下，对投资者普遍需要的会计信息进行规范，界定其产权，要求管理当局通过一套财务报告提供投资者所普遍需要的通用会计信息，并着力解决通用会计信息产权事后的履行问题，这就体现为通过独立的注册会计师对企业的通用会计信息提供进行审计。例如在会计准则中往往存在若干备选方案，允许管理当局具有一定的会计政策的选择权。因此，会计信息管制是具有一定限度的。

（3）由于管制可能本质上是离散的，所以在两次管制之间、连续的会计信息产权界定，则还是依靠企业所有权分享方式来进行的。至于个别投资者的特殊需求，是不可能通过管制进行规范和界定的，因此这些投资者也只能够借助于其对企业所有权的分享和履行企业剩余控制权，通过缔结或修正契约条款，和管理当局针对会计信息产权进行博弈。

管制方式和企业所有权分享方式对于会计信息产权的界定，不是完全替代，而是互补关系。在一定条件下，企业所有权分享方式界定会计信息产权是占优的制度安排，而在另外一些情况下，管制方式界定会计信息产权则体现出基本的优势。更一般地，企业所有权分享界定会计信息产权是连续的，管制方式界定会计信息产权是间断的、离散的。

三、管制界定通用会计信息产权：是否节约交易费用?

目前，不少的学者认为，管制是作为节约交易费用的一种机制而出现的，这与本节提出的、管制作为“矫正会计信息产权的一种反应性机制而出现”的结论存在着本质的不同，因此需要对“管制是否节约交易费用”的观点进行剖析：

1. 不能简单地断言管制行为本身就一定节约交易费用

在企业所有权分享界定会计信息产权方式下，利益相关者预期（并非实际发生）到交易费用的高昂性，因此从个人理性角度和成本——效益角度出发，不愿意与管理当局通过缔结私人契约来要求会计信息披露。既然企业所有权分享界定会计信息产权下耗费的交易费用是一种从个人理性角度进行的预期，并未实际发生，而管制方式下界定会计信息产权的行为虽已经发生，但仍不能够完全确定[①]，因此不能够武断地宣称管制一定降低会计信息产权界定的交易费用。本节的这个观点可以从美国资本市场对会

① 虽然大致可以估计管制的直接成本，但对管制的间接成本（交易费用）并不能够进行确当地计量。

计信息披露管制的经验中得到佐证（Watts and Zimmerman，1986，P169～172）："自证券法案颁布迄今，还未有人对会计信息管制的成本和效益进行明确、彻底地验证……"、"ASR190 说明 SEC 对评价会计信息管制的社会成本和效益缺乏关注……"、"尽管 SEC 的 ASR190 宣称会计信息管制的效益超过成本，但并未给出任何证据……"、"……经济学家总是假设管制可以增进社会福利……"。

2. 不能够断言会计信息管制过程就是纯粹为了降低交易费用

必须注意到，正是由于企业所有权分享方式下界定会计信息产权交易费用的预期高昂性，股东的个人理性"宣扬"导致集体理性"缺失"，管制作为一种补充或替代措施粉墨登场，来矫正企业所有权分享下会计信息产权的无序状态，并界定通用会计信息的产权。管制实施前，我们事前无法计算预期其交易费用的高低，也无从比较企业所有权分享与管制两种方式下界定会计信息产权的交易费用的高低；管制实施后，由于隐性或间接的难以测度性，所以我们也无法对两种方式下的交易费用进行科学比较。因此，"管制界定会计信息产权的方式可以降低交易费用"将只是一种假设。在假设未曾得到证实之前，认为管制方式一定比企业所有权分享方式界定会计信息产权的交易费用低，似乎略显武断。在缺省交易费用因素后，我们可以看到，由于管制是以国家强制力作为后盾的，具有强权特征（strong power），因此在强力界定权利（might makes rights）的逻辑下，至少管制可以确保会计信息产权能够得以界定，不会出现企业所有权分享方式下、由于个人理性和集体理性的冲突导致会计信息产权有时无法界定的局面。这是会计信息管制赖以存续的一个重要方面。

3. 会计信息披露管制是否以节约交易费用为主要目的

至于会计信息管制是否以节约交易费用作为其主要的目的，本节认为，只要管制机构不是超然的，只要管制机构是有限理性的、管制机构与管理当局、企业其他利益相关者的信息是不对称的，那么任何具有有限理性的主体或个人在经济活动中都力图降低交易费用，这不仅是管制行为的专利。本节认为应该如此审视这个问题：

（1）管制是否可以降低交易费用，是一种状态依存。明确了管制的初衷后，可以逻辑性地推理：在某些特定的情况下，为了实现矫正会计信息产权的初衷，将不得不将节约交易费用放在相对次要的位置上。一个例子可以进行类比：中国改革前实行的计划经济应该可以算是一种高度管制的经济运行形式，为了实现“重工业优先发展”的战略，甚至牺牲了轻工业和人民生活质量水平，如果要做权衡，何去何从？

（2）虽然管制并不能够确保降低界定会计信息产权的交易费用，但管制机构本身也是有限理性的，因此当管制的初衷能够得以保证的前提下，降低交易费用也属于管制机构和管制过程中必须考虑的因素之一，譬如由谁进行管制、管制的形式，管制的限度等都是围绕着尽可能的节约交易费用而决定的。

（3）通过管制矫正会计信息产权，进行通用会计信息产权的界定，是否能够节约交易费用，则体现为一种事后的判断。此处应谨防概念的“偷梁换柱”。我们应该将“管制界定通用会计信息产权的过程是否节约交易费用”和“管制形成的会计信息产权是否有效率、履行过程中是否节约交易费用”两个问题区别理解。只有区别理解，才能够从整体上进行权衡——因为，会计信息产权界定并不能够确保会计信息披露的效率，会计信息产权界定只是会计信息披露效率的充分而非必要条件。会计信息管制行为本身也许并不节约交易费用，但管制界定通用会计信息产权后，其导致的会计信息产权的既定状态在履行过程中能够降低交易费用，最终若从会计信息产权界定和会计信息产权履行的整个过程进行综合考虑，会存在交易费用的节约。

四、会计信息披露管制出现的动因和内在逻辑：基于投资者之间博弈与历史证据

1. 博弈结构

虽然随着在资本市场上筹集资金的企业数目增加和企业间异质性的客观存在性，博弈的结果促使企业选择自愿披露会计信息。但是当全部企业都开始披露其企业的会计信息时，由于信息不对称的客观存在，管理当局仍然可能利用其拥有的的会计政策的天然选择权和控制权，有选择地只向资本市场传递对企业有利的会计信息，甚至传递虚假的会计信息来蒙蔽投资者。投资者由于信息不对称，在缺乏专业的知识结构和未对管理当局进行监督的情况下，不可能进行完全的辨别。此时监管的出现就具备基本的条件。此外，筹集资金的企业众多，而且在社会经济生活中的影响力增加，监管可能符合“成本效益”原则。但问题是，投资者是否愿意对管理当局进行监督。下面进行论证。

若两个投资者同时决定是否监督管理当局提供真实、公允的会计信息(类公共物品)，并假设如果其中一个投资者进行监督，那么每人得到1单位的利益（扣除成本前的得益）；如果两个投资者都拒绝监督，则双方得益为0。同时，由于信息不对称，每个投资者监督管理当局所耗费的成本是私人信息，不妨假设为θ_i（i=1，2）。不失一般性并考虑对称性，可假定$\theta \in [c, d]$（c<1<d），并假设θ_1、θ_2具有相同的分布函数P（θ）（主要借鉴与参考了张维迎，1996）。

表4-4 投资者监督管理当局的博弈框架

投资者1 \ 投资者2	监　督	不 监 督
监督	$1-\theta_1$；$1-\theta_2$	$1-\theta_1$，1
不监督	1，$1-\theta_2$	0，0

令P_j为j进行监督的概率，当投资者j按照（$1-P_j$）的概率不进行监督时，而投资者i进行监督，则投资者i的得益为1×（$1-P_j$），且要满足（$1-P_j$）$>\theta_i$方可。该博弈肯定存在一个θ_i（均衡分割点）。当$\theta_i \in [c, \theta_i^*]$时，投资者i才会进行监督；否则当$\theta_i \in [\theta_i, d]$时，投资者i不会进行监督；类似的结论也适合于投资者j。注意到由于$P_j = P(\theta_j^*)$，所以θ_j^*满足$\theta_j^* = 1 - P(\theta_j^*)$；换言之，根据对称性和不动点定理，$\theta_i^*$、$\theta_j^*$都满足：

$$\theta_i^* = \theta_j^* = \theta^* = 1 - P(\theta^*)$$

若P（θ）为定义在[0，2]上的均匀分布（令c=0，d=2），可知：$\theta^* = 1 - \theta^*/2$，即$\theta^* = 2/3$

以上我们假设投资者之间信息是不对称的。不完全信息情况下，投资者对管理当局监督区域如图4-6；而若投资者1、2之间信息是完全的，则投资者对管理当局进行监督的区域图4-7（均衡点θ为1)：

上述图4-6的A和图4-7的①代表投资者1和2都进行监督的区域，图4-6的B和图4-7的②代表投资者1愿意进行监督而投资者2不进行监督的区域；图4-6的C和图4-7的③代表投资者2进行监督而投资者1不进行监督的区域；图4-6的D和图4-7的④代表两者都不愿意进行监督的区域。

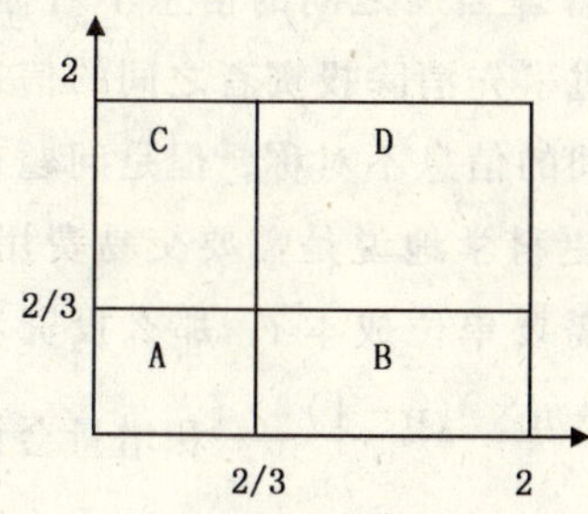

图 4-6　不对称信息下投资者监督区域

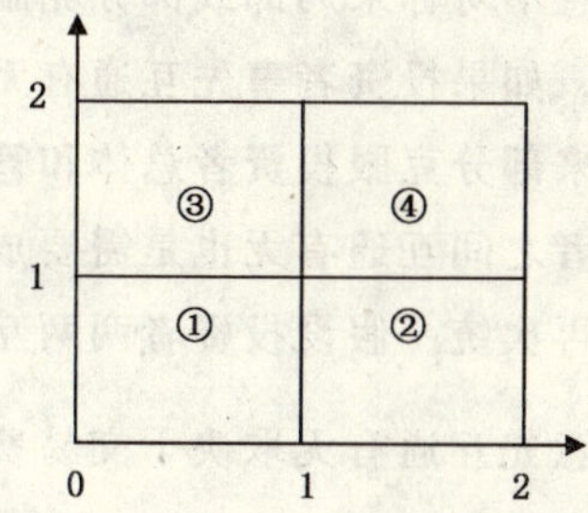

图 4-7　完全信息下投资者监督区域

*上图中，横轴代表投资者 1 的选择，纵轴代表投资者 2 的选择。

为了论述方便，我们可再假设如果投资者进行了监督，那么就可以促使管理当局提供真实和公允的会计信息，否则管理当局将利用信息不对称，提供可能于已有利，而对投资者不利的会计信息。那么，在该假设下，图 4-6 的 D 和图 4-7 的④就分别代表信息不对称区域。信息不对称区域（图 4-6、图 4-7 中分别为 S_D、$S_④$）相对于投资者掌握的信息区域（图 4-6 中为 $S_1=S_A+S_B+S_C$、图 4-7 中为 $S_2=S_①+S_②+S_③$）越大，（以 S_D/S_1 或 $S_④/S_2$ 表示），投资者越得不到赖以进行决策的充分信息，越可以得出错误的决策。

从图 4-6 和图 4-7 中，可以清楚地看到，在不对称信息下（图 4-6）比完全信息下（图 4-7）的监督区域要小，未监督区域要大。按照上面的博弈，存在着下述关系：

$S_D/S_④=(2-2/3)\times(2-2/3)/[(2-1)\times(2-1)]=16/9$;

$S_D-S_④=16/9-1=7/9$;

$S_D/S_1=4/5$，$S_④/S_2=1/3$，$(S_D/S_1)/(S_④/S_2)=2.4$

综合上述，不完全信息和完全信息的情况相比较，由于监督区域的缩小和未监督区域的扩大，带来了投资者与管理当局之间信息不对称程度的加剧（$S_D/S_1=4/5>S_④/S_2=1/3$），所以管理当局更可能利用信息不对称[①]来愚弄投资者。

那么投资者之间为什么不先互通有无，通过事先消除投资者彼此之间

① 请注意，这里的信息不对称存在着两种情况，第一体现为投资者之间的信息不对称，第二体现为投资者和管理当局之间的信息不对称；后者的信息不对称部分、但非全部由前者的信息不对称所造成，请注意区分。

的信息不对称来局部或部分克服投资者和管理当局之间的信息不对称呢？的确，如果投资者事先互通有无，可以通过事先消除投资者之间的信息不对称来部分克服投资者总体和管理当局之间的信息不对称，但是问题在于投资者之间互通有无也是需要成本，或者更科学地说是需要交易费用的。本节再次统一假设投资者两两互通有无时需要单位成本 t，那么投资者是否愿意先互通有无取决于交易费用 $f(n)=\frac{n\times(n-1)\times t}{2}$ 和增量会计信息的收益 $g(n)=n\times\frac{2n^2-1}{(n-1)^2}\times w$（其中，w 代表单位会计信息的边际收益）的比较。

那么，认定初始状态下 $f(n)<g(n)$，虽然 f（n）、g（n）都是 n 的增函数，但前者增福超过后者（斜率比较），所以两者曲线 f（n）和 g（n）必定相交（自变量为 n）。不妨假定两者相交于 x，若投资者人数小于 x，则投资者事前的互通有无是可行的，体现为发生交易费用 f（n）来消除彼此之间的信息不对称来抵消管理当局和投资者之间的部分信息不对称；但投资者人数大于 x，则事前的互通有无由于成本效益的制约而不可行。

这样，随着企业面向资本市场筹集资金的日益广泛，股权高度分散，投资者人数也呈现激增状态时，首先若依靠投资者联合、按照一致同意的原则或控制多数的原则对管理当局进行监督来降低不对称信息的比例不可行。此外，随着投资者人数的增加，且由于成本效益的制约，投资者希望“搭便车”（别人监督而自己获益）的心理也往往会导致投资者之间的“理智的冷漠”现象，结果导致无人会主动去选择监督企业的管理当局。还需注意到，随着投资者人数的激增，管理当局掌握的不对称信息和向投资者传递的信息之间的比例已经逐渐加大，最终趋于无穷。换言之，投资者掌握的信息实际上是企业应披露的会计信息的极小一个比例，最终趋于 0。为了确保会计信息的质量，迫切需要具有权威性的第三方出现对会计信息的披露进行监管。

2. 历史证据

1929 年，美国股市大崩溃，举世震惊。此后，肇始于华尔街的股市暴跌迅速波及到全球，多数投资者深受其害，纷纷明确要求对公司的会计信息披露进行规范。无情的现实比“自由主义”的愿望似乎更加残酷，在巨大的打击和经济大萧条的既定事实面前，联邦政府终于意识到，完全的自由放任最终将导致毁灭，政府应该对国家经济进行干预。罗斯福上任后，聘任凯恩斯作为总统顾问，“凯恩斯主义”关于国家干预经济的论点开始得以贯彻实施。1932年美国参议院下属的“金融和通货委员会”举行听证会的结论是：充分的会计信息披露可以有效防范财务报表出现差错和弊端。该结论被罗斯福所采纳，立即开始推行证券立法，强化资本市场监管。而且，在罗斯福的支持下，美国的会计信息管制逐渐就超越了以前的模式（如1911年的“蓝天法”），其特点为：（1）强调会计信息披露的充分性；（2）由投资者根据企业充分披露的会计信息进行独立决策，并认为如此可以使投资者的利益得到保护，因为政府不再担保公司的信誉，也不能代替投资者进行任何决策；（3）政府对会计信息披露进行监管，其职能和责任在于确保企业在政府的管制下能够向投资者传递充分的会计信息。

此后不久，1933证券法和1934年证券法相继出台。1933年的证券法的核心是充分披露，要求筹集资金的企业或公司真实、详细地披露企业的有关信息。1934年的证券法在要求通过定期报告进行充分披露之外，还指出披露的内容应该是真实的。自此开始，SEC和其授权的会计准则制定机构一直通过颁布正式规则来规范会计信息披露。

3. 小结

通过上述一系列的博弈演进和客观的历史证据，本节力图揭示下面会计信息监管的制度性结构的形成过程，并形成如下一系列的逻辑或命题：

（1）尽管财务资本的稀缺性是贯穿始终的，但在特定的历史阶段，财务资本暂时出现充盈的情况，此时根据相对稀缺性导致的、企业各个利益相关者针对会计信息产权博弈而言，占据优势的是管理当局。

（2）资金稀缺性时，资本市场机制可以部分“内化”筹集资金企业的某些行为，使会计信息披露成为一项惯例，即非正式的制度安排。

（3）非正式的制度安排虽然可以促使企业披露会计信息，却不能够保证企业管理当局说“真话”，无法抑制管理当局在会计信息披露中的机会主义行为，利益相关者的个人理性和集体理性相悖、无法确保利益相关者通过集体行动对管理当局进行监督和控制，确保会计信息披露的质量。

（4）为了克服个人理性导致的集体理性削弱，国家强制力将介入经济生活，对企业的会计信息披露进行干预和监管，力图以正式的规则给利益相关者提供一种理性预期借以矫正会计信息产权（getting the property rights of accounting information）①。

至于通过事前② 的会计准则制定界定通用会计信息产权，原因在于(Shavell，1984 年)：由于会计信息使用者已经扩展到所有相关的财务报表使用者，而不再局限于委托方，而且不当会计信息的危害并不能够立即凸现，往往需要相当长的一段时期才能够显示出其危害，或者有时财务报表使用者的损失很难直接归因于会计信息；财务报表使用者是一个非常模糊而且广泛的群体，其要求五花八门，财务报表使用者损失的偶然性有时难以追踪。面对诉讼爆炸，当管理当局不能够从容面对各方面财务报表使用者的要求和诉讼时，此时就稀释了其提供会计信息的积极性；此外，由于企业管理当局往往不能够支付不当的会计信息披露而带来的全部损失——个人财富不足或者有限责任承担，因此需要事先的会计准则界定通用会计信息产权。

我们认为事前的会计准则制定更适合于会计信息提供情况，因为对于管理当局而言，尽管他与资源所有者成为了联体企业家（joint - entrepreneurs）（张维迎，1995 年），但是由于管理当局的人力资本的不可剥夺性、人力资本与管理当局本身作为载体的不可分离性，使得管理当局的人力资本并不能具有物质（财务）资本那样的抵押功效，从而也不可能承担财务风险带来的损失——具体到我国，由于企业管理当局人力资本普遍

① 关于会计信息产权的有关论述，详细可参见杜兴强（2002）。

② 事前管制（Ex ante Regulation）往往指事先制定相关的会计准则（审计准则）约束管理当局（注册会计师），它通常在本质上具有一般性和通用性，着眼于事先修正管理当局对会计信息的提供行为。会计准则的存在，旨在为管理当局履行其职业责任、保证会计信息的真实和公允性提供指南。必须明确，会计准则只是一种事前管制的弱化形式（Weak Form）。事后管制（Ex post Regulation）是指管理当局提供的财务报表（外加注册会计师的审计意见）给使用者的决策行为导致损失后，由司法机关追究刑事或者民事责任时所采取的一种管制形式，它本质上具有具体性。在事后管制的威胁（要挟）下，管理当局往往会内部化预期的损失（外部性），并因此采纳相应的预防措施来生产出恰当水平和质量的会计信息（Shavell，1984，P357 - 373）。通过事前的会计准则制定来界定通用会计信息产权，往往是考虑如下的因素（Shavell，1984）：（1）私人团体对风险活动的认识差异；（2）私人团体是否能够全额支付其行为带来的损失；（3）私人团体不能够面对因为损失而引发的诉讼的可能性；（4）私人团体或者公众在遵循事前管制或事后管制系统规则时引发的管理成本差异。

存在着低估的现象，管理当局货币报酬的低廉[①] 导致其往往并无足够的个人财富来弥补经营失误给企业带来的巨额损失。

五、进一步深入研究的可能性与方向

会计信息披露管制的初衷是为了矫正会计信息产权（getting the property rights of accounting information rights)。同时需要注意，不能够简单地断言通过会计信息管制界定通用会计信息产权一定节约交易费用，也不能够认为节约会计信息产权界定中的交易费用是管制的惟一或直接的目的。管制之所以作为界定会计信息产权的方式之一而存在，其根本原因就在于：尽管通过管制界定通用会计信息产权，不一定节约交易费用，但是管制界定的通用会计信息产权，是作为一种正式的规则，其执行或履行成本较低。换言之，界定会计信息产权的目的是使会计信息披露的社会总成本最低，而并不只局限于制订成本或执行成本最低。管制和企业所有权分享界定会计信息产权两种方式的选择，不应该单纯从界定方式本身是否节约交易费用入手，而应该从会计信息产权的界定和履行的整个过程进行总体把握。

此外，本节从一个新的角度论述了对会计信息披露管制的内因和管制的限度问题，但对管制的形式及管制的实施方等问题陷于篇幅未作深入的探讨，这些都是日后进一步研究的论题。但是有一点是肯定的，不论管制采取会计准则还是会计制度的形式，企业会计准则或会计制度如何限制管制当局的会计政策选择权、给管理当局的会计政策选择留下什么样的公共领域（public domain)，是由政府机构还是由民间职业团体实施会计信息披露的管制，这些问题都依赖于对管制的内因的认识。这些问题的回答，最终都必将归因到何种选择能够清晰和高效地界定“会计信息产权”的终极目标上。惟有此，才能够相对客观地评价中国会计标准改革中的一些具体现象——如我国会计准则和会计制度的并存，原则导向和规则导向的问题等。

① “中国有最昂贵的企业制度和最廉价的企业家”，是对我国企业管理当局人力资本低估和货币收入状况的形象化描述。最典型的是海尔集团总裁张瑞敏 1998 年年货币收入 63293 元，而海尔集团在美国的员工的工资甚至是他的数十甚至数百倍（转引自魏刚，2000.3）。

第五节 会计准则制定过程中的强权博弈：博弈分析与历史证据

一、会计准则制定：公共选择与阿罗不可能定理

会计准则的制订是一种“非帕累托”改革。在会计准则的制订过程之中就必然会遇到各种阻挠，为了解释会计准则改革过程之中所遇到的利益冲突，我们下面利用公共选择理论来进行阐释。而事实上，作为一种公共物品的会计准则，它的供给必然会涉及到公共选择问题。

我们将会计准则所依存的会计环境下存在的利益集团简化为A、B、C三个（假设A、B、C都是理性化的“经济人”）。为了使我们的分析不失一般性，我们假设对于会计准则，A、B、C可以选择的制订和发展方式有X（急剧式改革）、Y（渐进式改革）和Z（维持现状，不改革）三种。而且为了分析简便起见，我们假设每个利益集团都有能力获取与会计准则改革相关的充分，完全的信息，要求每个利益集团按照对三种方案的支持程度的高低来之进行排序。

我们假设A代表在会计准则下如此的利益集团：他们是会计准则的受益者——诸如许多大型公司，他们往往反对将已经计提的职工退休金中超过委托给信托机构的退休金资产的部分作为一项负债，原因就在于这样会导致某些不利的财务比率指标，不利于企业的股票市价和企业日后在证券市场上的融资；又如处于困境之中的大的金融财务公司，因为如果按照历史成本作为计量属性尚还可以掩盖部分的财务困境或粉饰自身的经营状况来欺骗投资者，但是一旦按照公允价值来进行资产的计价，那么最终的盈利数字和资产负债表的结构的困窘就昭然若揭了！鉴于以上分析，这些相关的利益集团往往会反对特定新会计准则的制订，因为这会对他们的既得利益造成极大的损害。但是，如果形式所迫必需制订相应的会计准则时，他们则会支持“渐进式”的制订方式，因为这样即使他们会蒙受一定

的损失，但是毕竟并未完全丧失原有的既得利益，而且未来的不确定性和历史的“复辟”经验往往使他们幻想会计准则只是雷声大，雨点小，而最终夭折。事实上，从实施成本的角度进行分析，这种情况在特定的环境下很有可能出现，譬如70年代的通货膨胀会计盛行时期GAAP要求对按照一般物价水平重新编制的财务报表仅仅作为一种补充资料就属于一种渐进式改革，结果由于80年代以来西方国家通货膨胀比率的普遍回落而旧事不提；大的方面联系到各国的经济体制改革更是如此。而对会计准则进行的“急剧式”改革是他们所最不愿意看到的。那么，A最终选择就是Z＞Y＞X。

我们假设B代表会计准则相关的如下利益集团：他们从现存的会计准则之中获得的个人效用已经处于停滞状态或已经出现逐步下降的局面，如果他们被劝说或理性地预见到会计准则改革和发展后私人效用会增加(增加的幅度不确定)，那么他们势必会成为特定会计准则制订的支持者。但是，由于他们目前的效用仍然为正，所以他们一般会支持会计准则制订的“渐进式”改革而不会支持“急剧式”改革，原因在于作为典型的“经济人”，由于他们总是厌恶风险的 (adverse－risk)，未来的不确定性会使他们不得不顾及在“急剧式”改革时，可能失去的的既有效用。因此，他们希望的是一种逐渐的、平稳的增加效用的制订方式。最终，他们会作出Y＞X＞Z的选择。

我们假设C代表会计准则下这样一种利益集团：他们是会计准则下部分的牺牲品——如在现存的会计准则下，会计确认以交易为基础，收入以实现为前提，会计计量主要采用历史成本，那么通过管理阶层的努力获得的对企业有利的情况如良好的企业信誉或良好的顾客信用网络关系和新的竞争优势等，在会计准则下的财务报告之中得不到确认，更毋庸谈及报告。但是我们知道会计准则下的财务报告又是委托者衡量管理阶层履行受托责任的主要指标和途径，这势必会给管理阶层的心理上造成一种“有功不受禄”的阴影。所以他们最为赞成对特定的会计准则进行制订，而且往往心情急切，支持采用“急剧式”的方式，只有在激烈的制订中，他们才能在表现和实现自己才能的环境中获得新的满足和最大效用。而C类还有一个特点，那就是他们认为要么对会计准则采取急剧式改革，要么就维持现状。那么，X＞Z＞Y必是他们的最终抉择。

假如A、B、C具有同等的表决权，那么上述分析结果可归纳为表

4－5：

表 4－5　　关于会计准则制定的公共选择分析

利益集团＼方案	最优	次优	最坏
A	不改革　（Z）	渐进式改革（Y）	急剧式改革（X）
B	渐进式改革（Y）	急剧式改革（X）	不改革　（Z）
C	急剧式改革（X）	不改革　（Z）	渐进式改革（Y）

根据公共选择学的阿罗（Arrow）不可能定理，假设A、B、C三人的影响力和决策权力相同，那么三种利益集团的决定都不可能成为最终的决策（即所谓的投票悖论）。

二、会计职业界和政府关于会计准则制定权的强权博弈：一个制度历史分析框架

我们曾对股权非常分散的企业（交易费用高昂）会计信息披露情况进行了分析，结论是在特定的历史横截面上需要对会计信息披露进行“反应”性的管制。但问题就是，由谁管制？管制方的权威支持如何、来自何处？对这个问题的回答，其实体现为一个特定历史传统下的、强力决定权力（利）的博弈问题（或简称强权博弈）[①]。

1. 强权博弈的架构

假设对会计信息披露的管制可能有两种选择，要么A进行管制，要么B进行管制。由于管制体现为一种权力，权力总可以带来利益，所以由谁管制就是一种有价值的租，可能诱发寻租（rent－seeking）行为（联想中国的准则制定机构财政部和证监会之间的微妙性就能理解）。假设A与B相比，要么比B更为强力，要么和B同样强大。现在的问题是，由于博弈参与者（团体）都具有学习和认知能力，在经过“学习”后，B判断A以概率P比其强大，以概率（1－P）和其同样强大。但由于信息不对称（有点A在明处，B在暗处的味道），A不知道B的学习结果导致的主观估计（强者总是高姿态的）。假设当A和B针对会计准则制定权进行博弈时，双方都有两个策略——竞争（C）和退缩（D）。不妨将博弈框架

① 我们一直翻阅博弈论文献力求寻找该博弈的原形，但未遂。只在汪丁丁（1996，P89）找到其间接引用该模型用来解释市场经济产权问题的该博弈。

构建如图 4－8（选择某种战略的概率用{·}表示）[①]：

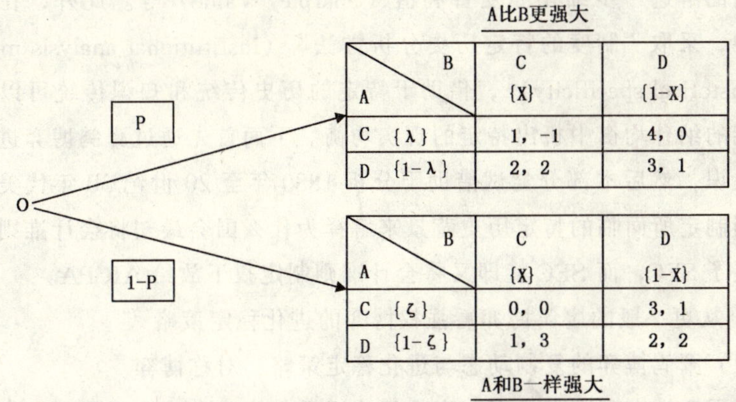

图 4－8 会计职业界和政府关于会计准则制定权的强权博弈框架

关于这个博弈，其求解是下述三个联立方程的线性优化问题：

$$\begin{cases} f(x,\lambda)=1\times x\times\lambda+4\times(1-x)\times\lambda+2\times x\times(1-\lambda) \\ \quad +3\times(1-x)\times(1-\lambda) \\ g(x,\zeta)=0\times x\times\zeta+3\times(1-x)\times\zeta+1\times x\times(1-\zeta) \\ \quad +2\times(1-x)\times(1-\zeta) \\ h((\lambda,\zeta),x)=p\times[(-1)\times x\times\lambda+0\times(1-x)\times\lambda \\ \quad +2\times x\times(1-\lambda)+1\times(1-x)\times(1-\lambda)] \\ \quad +(1-p)\times[0\times x\times\zeta+1\times(1-x)\times\zeta+3\times x \\ \quad \times(1-\zeta)+2\times(1-x)\times(1-\zeta)] \end{cases}$$

下面，我们要借助这个博弈说明会计信息披露管制中的一些问题。如果 P＝1，那么上述博弈就简化为上半部分。此时，博弈有三个均衡，包括两个纯策略纳什均衡——（D，C）和（C，D）和一个混合策略纳什均衡——（1/2，1/2）。博弈论迄今尚未对混合策略问题作出有力的解释，只是借助于不动点定理解决了混合策略的求解问题，但却忽略了混合策略的“蝴蝶效应”——参与者任何极小的行为不确定性，都有可能导致混合策略均衡消失。换言之，单纯的博弈技术分析无法令人满意地应用于现实

① 该博弈的“支付”之间的联系在于：该博弈下半部分（即 A 和 B 一样强大）的“支付”与上半部分（A 比 B 强大）的“支付”相比，下半部分的“支付”（A，B）其实是上半部分的“支付”（A，B）的“支付”A 向“支付”B 转移一个单位。

世界，在一次博弈情况下更是如此。为此汪丁丁（1996，P92）建议对纳什均衡的解进一步细化如夏普利值（Sharpley Value）等。此外，在制度分析中，采取“制度的特定历史分析方法”（institutional analysis method with historical specificity）[①]，借助于特定的历史传统和知识传统可以从诸多可能的纳什均衡中析出特定的现实均衡。下面首先通过鹰鸽博弈进一步强化认识，然后本部分尝试借助于分析 1880 年至 20 世纪 30 年代美国会计准则制定所面临的特定历史背景来解释为什么国会最初将会计准则的制定权授予 SEC，而 SEC 旋即又将会计准则制定权下放给 AICPA。

2. 从更一般的鹰鸽博弈看强权博弈的进化稳定策略[②]

(1) 鹰鸽博弈的复制动态与进化稳定策略：对称博弈

由于会计准则本身具有一定的经济后果，为此会计准则的制订权就好比是一种有价值的“租”（rents)，势必将导致不同的利益团体为争取会计准则的制订权展开博弈。我们不妨假设 R 代表强权博弈下博弈双方争夺的有价值的资源——“租”(会计准则的制订权)。首先假设争取会计准则制订权的各个利益集团具有对称性和同质性，所以双方采纳同一策略（鹰——“攻击”；鸽——“防守”）成功的机会各为 50%。此外，若采取“鹰”的策略，则相应的需要承担一定部分的成本，不妨设定为“租”的价值的一个比例 α——α 取值可根据博弈的“惨烈”程度进行衡量，这意味着 α 既可能满足 $0<\alpha\leqslant1$ 的约束，也完全可能出现 $\alpha>1$ 的情况，这体现为博弈双方的“两败俱伤”。

表 4-6　　对称性鹰鸽博弈框架

博弈方 1 \ 博弈方 2	鹰	鸽
鹰	$\frac{R}{2}(1-\alpha)$，$\frac{R}{2}(1-\alpha)$	R，0
鸽	0，R	$\frac{R}{2}$，$\frac{R}{2}$

假定不同的利益相关者进行随机匹配的对称博弈，x 比例的利益相关

① 汪丁丁认为，该方法是对“共同知识”的进一步延伸（1996，P93)。熟悉博弈论的人都知道，纳什均衡的出现前提是参与者的理性是“共同知识”，也正是“理性共同知识”的存在，才往往使博弈产生了多于 1 的奇数个纳什均衡。

② 本部分的博弈架构主要参考了谢识予，《经济博弈论》，复旦大学出版社 2002 年版。

者采纳鹰（eagle）的策略，1－x 的利益相关者采取“鸽”（pigeon）的策略。那么，采取鹰、鸽各自的平均收益为：

$$\begin{cases} u_E = x \times \frac{R}{2}(1-\alpha) + (1-x) \times R \\ u_P = x \times 0 + (1-x) \times \frac{R}{2} \\ \bar{u} = x \times u_E + (1-x) \times u_P \end{cases}$$

$$F(x) = \frac{dx}{dt} = x \times (u_E - \bar{u})$$

$$= x(1-x)\left[x \times \frac{R}{2}(1-\alpha) + (1-x) \times \frac{R}{2}\right]$$

令 F（x）＝0，求解可得：

$$\begin{cases} x_1 = 0 \\ x_2 = 1 \\ x_3 = \frac{1}{\alpha} \end{cases}$$

为了更好地说明问题，可以对如上变量进行合乎现实的赋值，并可以分为 2 种情况：

①令 R＝4，α＝3（两败俱伤类），则：

$$F(x) = x(1-x)(2-6x)$$

则上述博弈结果演变为：

$$\begin{cases} x_1 = 0 \\ x_2 = 1 \\ x_3 = \frac{1}{3} \end{cases}$$

$$F'(x) = (1-x)\left[x \times \frac{R}{2}(1-\alpha) + (1-x) \times \frac{R}{2}\right] - x\left[x \times \frac{R}{2}(1-\alpha) + (1-x) \times \frac{R}{2}\right] + x(1-x)\left(-\frac{R}{2}\right)$$

$$= (1-x)(2-6x) - x(2-6x) - 6x(1-x)$$

$$\begin{cases} F'(x_1=0) = 2>0 \\ F'(x_2=1) = 4>0 \\ F'(x_3=\frac{1}{3}) = -2<0 \end{cases}$$

可知，$x_3 = 1/3$ 是进化稳定策略，$x_1 = 0$、$x_2 = 1$ 均不是进化稳定策略。

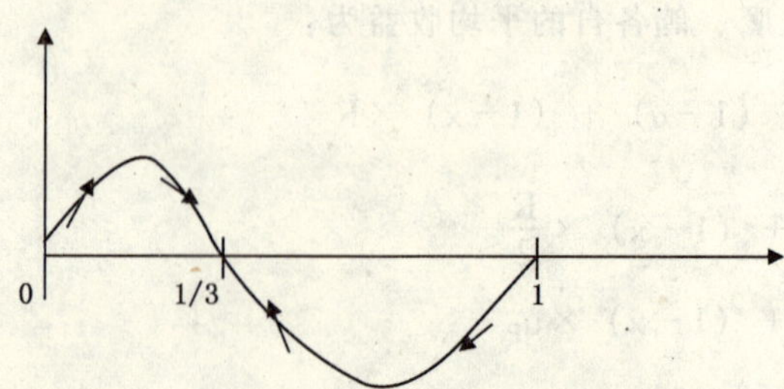

图 4-9　对称性鹰鸽博弈的复制动态图

②令 $R=4$，$\alpha=2/5$（公共资源型），则：

$F(x)=x(1-x)(5-2x)$

则上述博弈结果演变为：

$$\begin{cases} x_1=0 \\ x_2=1 \\ x_3=\dfrac{5}{2} \end{cases}$$

$$\begin{aligned} F'(x) &= (1-x)\left[x\times\frac{R}{2}(1-\alpha)+(1-x)\times\frac{R}{2}\right]-x\left[x\times\frac{R}{2}\right. \\ &\quad \left.(1-\alpha)+(1-x)\times\frac{R}{2}\right]+x(1-x)\left(-\frac{R}{2}\right) \\ &= (1-x)(5-2x)-x(5-2x)-2x(1-x) \end{aligned}$$

$$\begin{cases} F'(x_1=0)=5>0 \\ F'(x_2=1)=-3<0 \\ F'\left(x_3=\dfrac{5}{2}\right)=\dfrac{15}{2}>0 \end{cases}$$

可知，$x_1=0$、$x_3=5/2$ 均不是进化稳定策略，$x_3=5/2$ 甚至缺乏经济意义。而 $x_2=1$ 是进化稳定策略。

在现实中，往往“两败俱伤”型的“鹰鸽”博弈不符合现实，只在极端情况下出现，但“公共资源型”的“鹰鸽”博弈则既可能导致竞争的效率损失，又可能导致最终的“公共领域悲剧”，而且在资源稀缺性的制约性十分罕见。

结合上述的“鹰鸽”博弈中，考虑到会计准则制订权争夺的博弈过程中，民间职业团体和政府部分各自具有各自的优势——民间职业团体在会计准则的技术性方面具有优势，而政府机构在权威性方面天然占有。但是，两者都“鹰”的策略的“先天秉性”，但两者都是理性的，这导致了最终两者走向了合作与分工。

(2)“鹰鸽”博弈的复制动态与进化稳定策略：不对称博弈

不失一般性，考虑到 SEC 有政府的强制性作为后盾，所以往往拥有了鹰的秉性，因此假定 $R_1 > R_2 > 0$，$\alpha > 1$。由于具有非对称性，则：假定博弈方 1 采纳“鹰”策略的比例为 x，采纳“鸽”策略的概率为 1－x；博弈方 2 采纳“鹰”策略的比例为 y，采纳“鸽”策略的概率为 1－y。

表 4－7　不对称博弈“鹰鸽”博弈的框架

博弈方 1 \ 博弈方 2	鹰	鸽
鹰	$\frac{R_1}{2}(1-\alpha)$，$\frac{R_2}{2}(1-\alpha)$	R_1，0
鸽	0，R_2	$\frac{R_1}{2}$，$\frac{R_2}{2}$

$$\begin{cases} u_{1E} = y \times \frac{R_1}{2}(1-\alpha) + (1-y) \times R_1 \\ u_{1P} = y \times 0 + (1-y) \times \frac{R_1}{2} \\ \bar{u}_1 = x \times u_{1E} + (1-x) \times u_{1P} \end{cases}$$

$$\begin{cases} u_{2E} = x \times \frac{R_2}{2}(1-\alpha) + (1-x) \times R_2 \\ u_{2P} = x \times 0 + (1-x) \times \frac{R_2}{2} \\ \bar{u}_2 = y \times u_{2E} + (1-y) \times u_{2P} \end{cases}$$

下面，为了进行醒目的解释和论述的方便，我们将对上述的各个变量进行符合现实的赋值。不妨令 $R_1 = 10$，$R_2 = 5$，$\alpha = 1.2$，则有：

表 4－8　不对称博弈“鹰鸽”博弈的框架：具体例子

博弈方 1 \ 博弈方 2	鹰	鸽
鹰	－1，－0.5	10，0
鸽	0，5	5，2.5

$$\begin{cases} u_{1E}=y\times(-1)+(1-y)\times 10=10-11y \\ u_{1P}=y\times 0+(1-y)\times 5=5-5y \\ \bar{u}_1=x\times u_{1E}+(1-x)\times u_{1P}=5+5x-5y-6xy \end{cases}$$

$$\begin{cases} u_{2E}=x\times(-0.5)+(1-x)\times 5=5-5.5x \\ u_{2P}=x\times 0+(1-x)\times 2.5=2.5-2.5x \\ \bar{u}_2=y\times u_{2E}+(1-y)\times u_{2P}=2.5-2.5x+2.5y-3xy \end{cases}$$

$$F(x)=\frac{dx}{dt}=x(u_{1E}-\overline{u_1})=x(1-x)(5-6y)$$

$$F(y)=\frac{dy}{dt}=y(u_{2E}-\overline{u_2})=y(1-y)(2.5-3x)$$

令 $F(x)=0$、$F(y)=0$，求解可得：

$$\begin{cases} x_1=0 \\ x_2=1 \\ y=\frac{5}{6} \end{cases}$$

$$\begin{cases} y_1=0 \\ y_2=1 \\ x=\frac{5}{6} \end{cases}$$

此外，一阶导数 $F'(x)$ 和 $F'(y)$ 如下：

$$F'(x)=(1-x)(5-6y)-x(5-6y)$$

$$F'(y)=(1-y)(2.5-3x)-y(2.5-3x)$$

我们首先对处于博弈位置 1 的复制动态博弈进行分析。当 $y=\frac{5}{6}$，所有的 x 都为稳定状态（因为 $F(x)=0$）。当 $y>\frac{5}{6}$ 时，虽然 $x_1=0$ 和 $x_2=1$ 都为稳定状态，但显然由于 $F'(x_1=0)<0$，而 $F'(x_2=1)>0$，所以 $x_1=0$ 属于稳定进化策略（ESS）。当 $y<\frac{5}{6}$ 时情况正好相反，即虽然 $x_1=0$ 和 $x_2=1$ 都为稳定状态，但显然由于 $F'(x_1=0)>0$，而 $F'(x_2=1)<0$，所以 $x_2=1$ 属于稳定进化策略（ESS）。

同样的逻辑我们对处于博弈位置 2 的复制动态博弈进行分析。当 $x=\frac{5}{6}$，所有的 y 都为稳定状态（因为 $F(y)=0$）。当 $x>\frac{5}{6}$ 时，虽然

$y_1=0$ 和 $y_2=1$ 都为稳定状态，但显然由于 F'（$y_1=0$）<0，而 F'（$y_2=1$）>0，所以 $y_1=0$ 属于稳定进化策略（ESS）。当 $x<\frac{5}{6}$ 时情况正好相反，即虽然 $y_1=0$ 和 $y_2=1$ 都为稳定状态，但显然由于 F'（$y_1=0$）>0，而 F'（$y_2=1$）<0，所以 $y_2=1$ 属于稳定进化策略（ESS）。

3. 美国管制机构的选择——SEC 或会计职业界

在美国，SEC 是介于国会和政府之间的独立机构，它的委员由国会直接任命。而会计职业界则本质上属于民间组织。最初，是会计职业界[①]较早开始关注企业的保密性惯例是反社会性的，并致力于促使企业通过财务报表披露会计信息，并力图通过自身的职业团体力量制定相关的职业准则和相关的会计原则来约束其会员。以美国注册会计师协会为例，她作为全美最大的职业团体，其前身是美国公共会计师协会（AAPA），1886 年成立。1917 年改名为美国会计师协会（AIA），后于 1968 年改为现在的名称（AICPA）。美国注册会计师协会自成立以来，其会员主要由执业会计师和注册会计师所组成，其会员被明确要求有义务遵循 AICPA 颁布的一系列文告或者规定，违者将受到“职业纪律委员会（discipline committee）”的制裁，包括短期停止会员执业，吊销注册会计师执照和开除会籍等。此外，AICPA 对其下属会员的约束还体现在她所主持的全国统一的职业考试、授予执照等方面。

在 1933 年和 1934 年的《证券法》明确要求对企业会计信息进行管制之前，会计职业界若干年来一直关注着同一问题，并进行了不懈的努力。由于会计具有其技术性的一面，会计特有技术和方法的发展也遵循着继承和发展的规律，会计职业界在对企业会计信息进行规范、形成会计原则方面已经积累了丰富的经验，考虑到知识结构的不对称和会计准则制定机构作为一种组织的“学习”过程，以及“分工与协作”的规律，应该说，会计职业界在 SEC 明确了制定统一的会计原则之时毫无疑问具有一定的优势，这主要体现在技术性问题上。其实，职业界内部已经初步形成的、由其会员所共同遵循的一套较为行之有效的原则和制度就可以说明这一点。

① 会计职业界包括了若干组织如美国注册会计师协会（AICPA，成立于 1886 年）、美国会计学会（AAA，成立于 1916 年）、美国管理会计师协会（AIMA，成立于 1919 年）、财务经理协会（FEI，成立于 1931 年）等。虽然，最终 SEC 将“公认会计原则”的制定权授予给 AICPA，但其他职业团体仍旧对会计准则的制定保持密切的关注，积极参与会计准则的制定过程。

不仅如此，经过若干年的发展，再考虑到当时的社会环境和社会思潮的影响，会计职业界的力量已经不容忽视。

此时，SEC面临的问题就是，要么选择自己直接制定“公认会计原则”（GAAP），要么承认会计职业界业已形成的既定优势，由会计职业界制定会计原则。可以说，会计职业界具有先发优势，如果由SEC制定会计原则，一则可能因为削弱了会计职业界作为一种职业组织的权力而受到抵制徒增“摩擦成本”，二则由于会计原则最终又要落实到会计职业界所管辖的会计人员去执行，那么SEC制定的会计原则将不可避免地要受到会计职业界的指责而陷于非议之中；三则SEC的确也并无形成会计原则的经验。权衡利弊，最终SEC选择了折中的方案，把国会授予的会计准则（原则）制定权部分（主要是制定确认和计量原则的权力）下放给会计职业界，而保留了对披露准则的制定权和对会计职业界制定的确认和计量准则的最终否决权。这种抉择也许是艰难的，但可能也是正确的抉择，个中原因是本部分的“强权博弈”所要解释的。此外，至于一些文献所指出的，是SEC为了避免外界压力和公开指责而把会计原则制定权下放给会计职业界而由后者充当“替罪羊”的角色，则纯属一种“旁证”，并未直接抓住问题的核心。

下面通过描述1880年至20世纪30年代期间美国社会环境和会计职业界的发展状况，作为一种“制度的特定历史分析方法”，并以此来解释SEC和会计职业界之间针对公认会计原则制定进行博弈导致的混合博弈的最终可能性，即解释为什么在20世纪30年代会计职业界（主要是AICPA）和SEC关于准则制定权的博弈结果是会计职业界来制定会计准则。

4.强权博弈下不稳定均衡的“制度的特定历史分析方法”：会计准则制定权的争夺

对美国1880～1937年会计发展和政府、会计职业界参与经济生活的描述可以勾勒出一幅较为清晰的图画，来说明为什么是会计职业界，而不是政府最终在美国取得了对会计信息披露进行管制的权力：

（1）会计职业界在政府系统地对会计信息披露管制形成之前，已经利用自身作为民间社团对其成员的约束力制定恰当的规范，通过对执业人员的指引来在一定程度上保证会计信息披露的质量。会计职业界制定的、在其内部遵循的一套行之有效的措施，本身就是管制的一种，只不过其影响范围较小，约束力只限于一个团体内部的成员，且权威性和强制性不够。

(2) 我们也确实看到，在政府决定正式对会计信息披露进行管制之前，会计职业界已经在若干方面与政府合作，寻求更大的权威支持，譬如与联邦贸易委员会1917年联合颁布《统一会计》等，积累了一定的经验。

(3) 随着美国经济的发展，会计职业界作为积极的参与者发挥着越来越大的作用，集中体现在：在公众尚未"觉悟"、而认为会计信息是公司与投资者之间的私事，没必要对外公开披露的时候，是会计职业界的有识之士依靠个人多方努力，希望联邦政府进行立法（但因缺乏强有力的职业组织而最终失败）；当20世纪20年代"保密、保密、再保密"成为企业管理当局奉行的"至上信条"时，联邦政府保持沉默、管理当局对批评不予理睬，正是会计职业界反复表达了对会计信息（质量问题）的忧虑；在缺乏与企业管理当局进行正面抗衡实力的前提下，会计职业界积极寻求与政府的合作，力求对企业会计信息披露进行规范。

(4) 当然，会计职业界在和政府保持密切接触和合作的前提下，也未疏远企业的管理当局，而是在利益共同的前提下积极与他们保持合作。当会计职业界力量逐渐强大，而企业管理当局又面临政府对经济、对企业会计信息披露进行干预的关键时刻，他们宁愿选择与会计职业界进行合作。

(5) 当然，SEC最后没有保持推行公司会计信息统一管制的权力，是因为该机构没有、也没有足够的财力来直接管理全国的股份公司的会计事务（Werntz，1956）。在我们看来，另一些关键因素是：第一，SEC成立初期并无制定会计准则，对企业会计信息披露进行规范的经验，而经验是一个积累的过程，是一个历史的积淀。同时，美国面临经济萧条后的关键时期，投资者信心严重不足，美国证券市场的发展不会等到SEC形成相关的经验。第二，SEC自身当时也面临着政府的介入，它集中精力于关注要求上市公司提供10—K标准格式和证券交易所的年度审计，而无暇顾及企业向投资者传递的财务报告的规定，证明企业公布财务报表的权力，仍保留于会计职业界的手中（Jennings，1964）。最终的结果是，SEC、会计职业界和企业管理当局三者之间形成的双边依赖性，SEC与会计职业界的相互依赖，会计职业界和管理当局的互相依赖。依赖关系的存在迫使三者之间形成了一种制衡和利益均衡，合作也许是恰当的。下面将借助历史进行描述，来为上述结论寻求进一步支持。

三、基于历史史实的检验

在19世纪，相对来讲，商业界可以不受政府干预地从事他们所追求的事业。美国人也抱着传统的信念即自由放任（Previts and Merino，1979），尽管出现了公司股票掺水、以及通过各种非法的股票市场来操纵有效地把企业的管理权从所有者手中转移到公司管理当局手中的事件，但美国人仍然厌恶政府对经济活动进行干预。19世纪60年代后，由于美国国内资本匮乏，随着铁路的建筑的每一次高潮的出现，必然伴随着国外如英国、荷兰和德国投资的高涨。但是，随着1873年和1887年两次经济萧条的接踵而至，国外投资者损失惨重，因此往往以原来投资额的很小的一部分将拥有的铁路所有权（一部分）转让给美国的投资者（Previts and Merino，1979）。截止到1888年前后，公司形式通常也还只适用于金融机构、铁路及纺织，而较为普遍的情况是，美国大多数的企业则是以合伙或独资的形式进行经营的（Previts and Merino，1979；重武译，1997）。从1880年到1896年间，美国工业化发展迅速，拥有8000人以上的城市数目已经由280座增长为500座以上，许多城市在规模上翻了一番（Previts and Merino，1979）。到19世纪末，纽约的华尔街就已经超过伦敦而成为领先的国际金融中心，美国各资本市场的影响迅速提高，而且掌握在少数几个人手中，并很少或几乎不受政府的干预（Previts and Merino，1979）。亨利·斯缔尔·康马格（Henry Steel Commager）曾将19世纪90年代称做是美国历史的分水岭，因为到本世纪末，美国已经从简单的农业土地所有制过渡到复杂的大工业时代了，公司形式在美国已经占据主导地位（Commager，1950，The American Mind，Yale University）。若干年来，美国人已经接受了一种信念：最大限度的自由同时带来促进社会和私人利益——资本家通过努力发展自己的利益，自动地促进公众福利（即亚当·斯密“看不见的手”原理），最终导致社会对稀缺资源的最有效的配置。而政府的作用应该是消极的，竞争本身为投资者提供了保护。事实上，只要强调个人权利而忽略整个社会，对于注册会计师的服务需求就几乎不会产生。此时的情况用洛维尔（Lowell）的哲言“除非迫不得已，否则不要缄默不言；不要去表达并不坚信的东西”。

相当长的一段时间内，企业扩大或合并一般是通过内部筹集资金，但自从1893年恐慌过后，银行家和外部人士越来越多地参与到美国公司的经营业务中。到了第一次世界大战前夕，投资银行机构的代理人在公司董事会中存在代表，有时还占据控制地位。到1913年，"金融托拉斯"已经在112家公司中拥有341个董事资格，控制了大约220亿美元的资本化资源（Previts and Merino，1979；Hacker，1961，Major Documents in American History，Vanostrand Co.）。慢慢地，人们越来越相信要使公司财务公开化，以减轻投机压力。随着烟草、威士忌、冷饮等托拉斯的倒闭，不论是官方还是民间，当然也包括工商界一些开明人士，都要求公司财务公开化，使投资者能够据以作出明智的决策。可以说，社会思潮已经转向反对公司的"保密"惯例了（Previts and Merino，1979）。当时，以克鲁兹（Clews）为首的"财务公开化"的拥护者包括克拉克（Clark）、佛雷德里克（Frederick）都认为，"投资者是托拉斯的最直接的牺牲品"、"财务公开化是保护投资者最有效的办法"。在此影响下，投资者呼吁政府监督和干预公司的经济活动，要求公司对股东承担会计责任（Previts and Merino，1979）。此外，在当时实用主义思潮的影响下，进步党运动（Progressive Movements）要求政府在规定公司社会目标方面发挥积极作用。

1877年正式标志着南北战争后的重新建设时期的结束。这之后，会计职业界逐渐在公众的信任和法律的认可方面跨出了一大步，市民团体开始要求通过立法来产生更加统一的会计责任制度（Previts and Merino，1979）。各个公司已经开始聘请专业审计人员来取代股东的每年查账，会计的重要作用正为金融界和商界所认识。而在这之前，一般都是由股东派出一组人员到公司的办事处进行定期审查，借以对所报告的资料进行核实（Previts and Merino，1979）。1900年，美国个体投资者人数已经超过了100万人，此时公众也初次表现了对这个时期股票的主要组成部分——铁路证券的兴趣，亨利·克鲁兹（Henry Clews）建议由民间的专业会计师提供恰当地公布公司账目所需的必不可少的服务（Previts and Merino，1979）。实际上直到1899年，纽约证券交易所才采取各种明确的措施，要求证券上市的公司定期地提供财务报表[①]。股票市场上关于上市证券的统

① Sobel：1965，*The Big Board*，New York：The Free Press.

一要求都强调进行证券交易的公司必须提供财务报表。融资的需要以及工商界人士和立法者对提供充分财务信息越来越关注，为公证会计实务和定期披露财务信息的空前发展提供了双重理由（Previts and Merino，1979）。

早在1895年，美国市民联合会和美国市政联盟得到了会计师的赞助和关心以及参加，使得会计师为全国所注意。1905年，维持委员会曾请求美公证会计师联合会（American Association of Public Accountants，AAPA）对联邦官僚政治的各项计划提供专家意见，等于承认了AAPA为美国会计职业界的喉舌（一个里程碑）（Previts and Merino，1979）。1911年，总统经济和效率委员会邀请会计职业界的领袖人物怀特（White）、塞尔斯（Sells）等来此任职，并赋予他们提出批评性书面报告的权利。到了1898年，随着产业委员会的成立，会计师获得了假如工商业改革运动主流中去的良好机会。许多在产业委员会作证的人们，包括大部分工商界人士都感到公司的财务公开化是可以用来减少弊端的最佳方法之一[①]（Previts and Merino，1979）。在产业委员会1900年的初步报告中，它宣称其目标是"防止公司通过隐瞒或歪曲财务报表来欺骗投资者"，并要求各大公司每年度公布经过审计的报告，合理而详尽地报告他们的资产和负债、利润和亏损，而且该报告和对此进行的审计应该遵守政府的规章（US Congress：650，转引自Previts and Merino，1979）。

第一次世界大战后，哈丁（Harding）总统恢复奉行"自由放任"（Less Goverment in Business and More Business in Goverment）政策，否定了政府参与的观念（Previts and Merino，1979）。苛利芝（Coolidge）总统的话很好地表达了当时的情况："既然政府对工商业保持一种'自由放任'繁荣态度，那么就不需要什么法人的会计责任和任何外部控制和干预了"。第一次世界大战的胜利改变了美国公众对工商界的态度，而过度信任工商界的创造力和机智。正常状态的恢复，助长了经济上自由主义思潮的抬头，原本形成的、有限的政府和职业界参与的观念遭到了否定。在20世

① 哈威梅耶（Havemeyer）和律师诺斯（John North）之间的对话（Previts and Merino，1979）可以说明一些情况：诺斯："你怎么在经营亏损状态下继续支付股利？"哈："继续经营产生亏损和及时宣布并支付股利是两回事，前者是管理当局的决策，后者是经营问题"。

诺斯："那么，钱从哪儿得到呢？"哈："可以借款"。诺斯："这种状况可以支撑多久？"

哈："这个问题非常普遍"，"我们若能回答该问题，就应该购买或抛售自己的股票"。

纪 20 年代，由于当时社会舆论认为工商业已经改革完毕，因此并不需要任何外部管制了，因此会计师的作用由原来对第三者利益的保护逐渐转化为对工商业利益的保护。这一转变在一定程度上阻碍了会计职业界的发展和进一步壮大。过去为监督工商界而建立的、保护公众利益而鼓励审计工作的管制机构的影响力骤降。其间，1911 年，美国公证会计师协会会长爱德华·萨芬（Suffern）提醒其会员，作为独立会计师，他们有责任监督包括政府在内的所有当事人公平地分配公司利润。斯图亚特·查斯（Stuart Chase）认为会计师的立场不足以保护公众利益。在第一次世界大战前，美国联邦储备委员会曾经对制定会计审计准则的最初尝试起了积极的作用。自从 1918 年“编制资产负债表的认可方法”颁布到此后十余年、一直到经济危机爆发，该委员会几乎都未制定过任何财务报告准则。

直到 1933 年和 1934 年《证券法》颁布之前，公众对审计的要求降低了，会计职业界对第三者或公众利益的责任也模糊了。1929 年经济危机爆发后，会计职业界才得到政权交易委员会的大力支持，也正是从此时起，执业会计人员们才又一次意识到，一个强大的、统一的会计职业界本来就应该提出、也能够履行保护投资者的利益的要求，并且制定出各种准则，借此来约束和提醒会计师意识到他们作为执业人员所应该承担的责任。但是，在美国历史上这次空前高涨的投机浪潮中，本来已经形成了对财务公开化和对会计职业界的强烈的需要，但是会计职业界却出现了不应有的分离①。可以说，一直到 1936 年，美国一直缺少一个统一的、权威的、会计职业协会。这样，从 1921 年一直到 1936 年，当美国显然要通过《证券法》和建立证券交易委员会对会计职业界进行干预时，会计职业界内部却一直处于四分五裂的局面。因此，如果说会计职业界和会计人员要对 1929 年的经济危机承担责任的话，那么正是因为会计职业界内部未能够进行有效的协作，因而妨碍了会计准则的制定。

20 世纪 20 年代，各种会计信息使用者集团——无论是政界、金融界还是管理当局，对会计信息的需求发生了根本性的转变。对工商企业采取“家长般”怀柔政策的政府根本无须会计师来监督工商界。政府假定工商界是诚实的，认为会计师应该同他们密切合作，并认为会计师的只要职责

① 会计职业界分裂为两个即美国会计师协会（AIA）和注册公证会计师协会（ASCPA）。

是保证企业投资获得“合理报酬”。

在这个时期，会计职业界在政府的极端漠视中生存，当时会计职业界的一项流行的信念就是“每个企业在提供财务报告时都应应用自己的会计原则，并且竭力为其辩解”、“企业管理当局具有支配、指示会计人员的‘天然’权力”。可以说，在此思潮下，会计职业界缺乏权威和权力处理公司的各种弊端、制止管理当局的恣意行为。甚至政府也无力扭转投机浪潮下的企业财务报告的扭曲行为。在政府的权威管制机构没有能力或更多的是不愿意控制整个经济的投机行为下，再加上对保护投资者利益的冷漠，以及对个人权利的过度放任，就不难理解为什么会计职业界在控制企业财务报告和会计信息披露中的无能为力了。当时，会计学家梅（May）曾拒绝和里普利（Ripley）讨论企业财务报告和会计信息披露的质量问题。May 明确提出，“既然财务报表是企业管理当局的表述书，会计人员就没有权利规定‘何谓正确的处理方法’”，并且鼓吹谁也无权迫使企业管理当局采取其不愿使用的会计原则。而里普利则坚持主张联邦管制。

随着 1929 年经济危机的爆发和经济萧条的来临，会计实务发生了深刻的变化，政府和政客已经不再探讨是否应该进行干预和财务报告、会计信息披露的管制问题了，因为惨重的事实使他们清醒了。在 1930 年的补救性立法中，投资者已经假定被企业提供的会计信息和财务报告所蒙蔽，而这本应是可以避免的。但是，遗憾的是，相应的举措却十分缓慢，因为政府并不希冀会计职业界能够在 30 年代保护投资者的利益。庆幸的是，会计职业界此时却表现出了极端的韧性和锲而不舍的精神，不厌其烦地说服政府，为了保护公众和第三者的利益，需要独立审计和公开的会计信息披露；而且会计职业界力图使政府有关方面知道和相信，在一个强有力的、独立的会计职业界努力下，能够防止未来企业经营管理中的弊端和企业会计信息披露中的混乱现象。1929 年，美国会计师协会在联邦储备委员会的支持下，颁布了题为“Verification of Financial Statements”（财务报表的检查/审核）的公告。随着政府态度的转变和对公司意欲进行干预的倾向性的强化，工商界转而开始赞美会计职业界，并表示愿意接受合作，宣称“会计职业界是监督公司，使之不能为所欲为，并保护股东利益和防止财务报表错误表述的监督者”。在公众的支持和企业界的支持和鼓吹下，1930 年，在美国会计师协会的年会上，霍科西（Hoxsey）成功地跨出了与纽约证券交易所进行合作的第一步，并成立了特别委员会，由May任主席。1933年，该特别委员会提出了六项建议①，提交美国会计师协会和纽约证券交易委员会审核。交易所批准了其中5条。

随着美国会计学会（AAA）的介入会计原则和会计准则的制定并颁布了《会计原则暂行声明》，美国会计师协会（AIA）既面临来自于学术界（AAA）的压力，也感到了联邦干预"幽灵"的凸现，幸运的是，会计职业界在压力面前开始了前所未有的联合的积极性。1936年，AIA拟订了一项新的研究计划，自此会计职业界在将制定会计准则的权力留置于民间和保留职业界自行制定会计准则权力方面获取了初步的成功。舒卢特（Schluter）等人极力提倡的、由联邦政府对会计信息进行全面管制的呼声逐渐处于下风②。关于AIA和AAA的关系渊源及其两者在包括制定会计原则等方面的冲突，我们可简单将之进行描述，以备理解。美国会计学会（AAA）的前身是美国大学会计教师联合会（AAUIA），是一个学者型组织。在其成立初期，并不研究会计问题，而是只致力于课程的发展，而且只允许大学教师入会。但是，当1921年佩顿（Paton）建议将名称改为美国会计学会时，其与美国会计师协会的关系就开始交恶③。由于宗旨方面的因素，尽管美国会计学会先后创办了 *Journal of Accountancy* 和 *Accounting Review* 两种杂志④，但由于学术研究落后于会计实务，所以直到30年代中期，学者们对会计原则的发展几乎没有什么影响，也未发挥什么重大的作用。1935年，美国会计学会一改往日不关心会计研究的做法，向美国会计师协会发出了强有力的挑战。1936年3月，AAA发表了

---

① 这6项原则为：①收益账户不应该包括未实现利润、实现指销售后的结果；②资本溢余不能用于记录收入借项；③兼并前字公司的盈利溢余不能作为母公司的盈利溢余；④库存股票股利不能够贷记收益；⑤来自公司职员和关联企业的应收款项必须单独列示；⑥捐赠股本不能作为经营收益。转引自葛家澍、林志军（2001）。

② 舒卢特设想如下：成立类似于最高法庭的全国会计工作协会，并在政府内部设置三个独立的部门来处理会计信息相关问题。第一，设置一个会计理论、方法和程序部门，授权其发展会计理论和会计原则；第二，成立一个资料的统一分类和汇编的报告部门；第三，设置一个检查和审计部门，其职责类似于美国会计师协会的职能。

③ 蒙哥马利为了在名称的变动和注册中先发制人，在几个州率先取得公司执照，借以阻止该名称的使用。后来双方态度有所缓和，美国会计师协会也开始接纳具有五年教学经验的教师（需要具备注册公证会计证书）的教师入会。参见AAA，1966。

④ 当时这两本杂志虽然提倡学术研究，但并未有引文，把历史痕迹弄得模糊不清（Previts and Merino，1979）。

“AAA目标声明”（AAA，1936a），提出“发展会计原则和准则，以求得工商企业的会计人员、政府机构的支持和认可”。1936年发表了“会计原则暂行声明”（AAA，1936b）。而美国会计师协会则一直将“发展会计原则和准则”看作是自己分内的事，不愿意把此种特权让给任何一个组织，不论是会计界内部（美国会计学会），还是会计界外部的证券交易委员会。

20世纪30年代，“皮可拉调查”（Pecola investigation）的进行、联邦证券法的颁布以及证券交易委员会的成立，政府意欲保护投资者利益的思路在会计职业界面前昭然若揭。随后，在阿瑟·卡特（Carter）的极力支持下，国会开始意识到独立审计对保证企业会计信息披露质量的重要作用。

1933年和1934年联邦证券法的颁布唤起了美国公众对企业财务报告和会计信息的“社会意识（Social Consciousness）”（Greer，1964）。在证券法中，联邦政府的宗旨是充分披露（full disclosure）[①]，而不强制会计职业界去执行许多具体的会计法规。在此背景下，会计职业界就成为锐意改革者要求的保护公众利益的代表，从而也是主要的受益者。美国会计师协会也因此获得了一个法律上明确的责任——协助政府创造和维持投资者对公开资本市场的信任。

在1929年的经济危机过后，虽然联邦政府意欲管理国家经济，但新政（罗斯福新政）的支持者仍然指望通过会计师和会计职业界来恢复投资者的信任，而不是为更大规模的社会计划承担责任。在这种背景下，会计职业界和注册会计师对投资者承担的责任被明确提及，并且政府希冀会计职业界制定比较可靠的财务报告准则来帮助政府重新恢复资本主义制度的活力[②]。

显然，罗斯福新政目的是力图刺激大萧条过后的投资和恢复投资者的信心，其逻辑是，风险威慑投资，波动的企业收益则陡增投资者心理上的风险承受（并非实际风险）。其实该逻辑等于承认政府已经将财务报告程

① 联邦证券法要求充分披露的基础是假定20世纪20年代社会公众被缺乏充分披露的财务报告和会计信息引入歧途。

② 但是，哈佛大学的保守经济学家舒姆彼特（Schumpeter）却反对企业经理阶层拼命追求安全和稳定的收益却不愿承担风险的行为。他认为，愿意承担风险是资本主义成功的关键之一。转引自 Previts and Merino（1979）。

序当作是刺激投资的有效手段之一。

在联邦政府决定对社会经济进行干预时，会计职业界和企业管理当局的目标逐渐暂时趋同，双方都力图阻止政府插手财务报告准则的制定。赫尔布罗纳（Hellbroner）认为，“若人们能够预测各种经济力量的性质，那么他们就可以预测未来”[①]。按照此逻辑，财务报告已经建立在承认上述假设的基础上，即如果企业报告了反映经济事项的会计信息，那么企业财务报告的使用者就能据以预测未来的各种结果。随着金融资本主义的兴起，迫切需要一种合理的机制引导资金的趋利性流动，这种需要产生了建立一个充满活力的公证会计师职业的需求，慢慢地投资者也日益意识到财务公开化的重要性。

随着1933年和1934证券法的颁布，标志着会计职业界通过完全的自律、完全控制财务报告准则已经不可能的。联邦贸易委员会（FTC）和随后的证券交易委员会是法定的会计原则制定权力，但作为新政措施之一的证券交易委员会为了保护公众利益，在权衡利弊之后，却希冀和私营部门寻求合作。1936年，在外界对会计职业界的非议中，会计职业界却实现了统一，美国注册会计师联合会和美国会计师协会实现了联合，并保持了后者的名称，此后拒绝与证券交易委员会的结盟的所有建议。1932年，在罗斯福总统的就职演讲中，竭力呼吁转变工商界的政治观念，“人类商品交换的管理者们，由于他们本身的顽固和无能，已经失败了”。罗斯福坚信，为了改变曾经存在的商业制度，保证公众和人民的利益，新政应源于政界。在会计职业界内部，尽管大家都对罗斯福的上述批评并不接受，但也同时意识到，会计职业界如若要阻止联邦政府的干预，就必须在会计职业界内部制定出行之有效的控制措施。于是，会计职业界迅速利用证券交易委员会对制定审计准则并不感兴趣的契机，迅速地进行行动，发展审计准则，保留了该部分的既定权力（P258）。美国会计师协会在Samuel Broad的领导下，为职业界制定审计准则，颁布了《财务报表检查》，概述了各种审计准则。鉴于上述原因，审计程序委员会并未像其后的会计原则委员会那样若不对备选的会计政策施加限制就要受到联邦政府的干预和威胁，而实际上由于其并不承受来自于证券交易委员会的压力，所以在制定审计准则时具有相当的自由性。

---

① 转引自Previts and Merino（1979）。

当没有人对美国会计师协会制定审计准则的权力保持怀疑而颁布的《财务报表检查》也同时融合了美国会计师协会和纽约证券交易委员会在1934年制定的会计原则，以及同时期证券交易委员会所提出的应在财务报表中予以披露的所有要求，所以美国会计师协会的Samuel Broad认为，“虽然它（指《财务报表检查》）不是按照我们自己的愿望表达，但是我们确实是在为以后几年制定会计惯例的一般规则（努力）”。1936年，美国会计师协会成立了一个7人委员会（会计程序委员会，CAP），后来在May的提议下，佩顿（Paton）、利特尔顿（Littleton）和凯斯特（Kester）也加入到其中。CAP成立初期，绝大多数委员就否定了“系统提出一个全面的会计原则声明”（类似于概念框架性质）的思路①。因为，如果会计职业界对迫切的问题找不到满意的解决方案，那么证券交易委员会就会采取行动。但是作为折中，CAP发表了桑德斯（Sanders）、哈特菲尔德（Hatfield）和摩尔（More）三人联合署名的研究报告《会计原则说明》②。由于首先已经断定时间上已经不允许对会计理论进行彻底的研究，而后又发表了一份《会计原则说明》，所以便否定了要从理论上寻求突破的可能性。

在1937年之前，究竟哪个私人部门或组织在制定会计准则领域中牵头，尚未有定论。1937年，证券交易委员会内部5个委员进行表决，以3:2的结果赞同由私人部门制定会计原则。1938年，罗伯特·希利（Robert Heley）提议由“无利害关系”的一方来制定会计原则。最初的设想是希望证券交易委员会和美国会计学会（AAA）通力合作，共同担当制定会计原则的牵头工作。并建议以《会计系列公告》（ARS）作为制定会计原则的蓝本。

① 也正是这个决议，导致了日后各个方面对委员会的诸如“目光短浅”、“救火式”等批评。

② 《会计原则说明》其实是对现存惯例的汇总，我们在其中的思路是，在罗列各种会计惯例的基础上，告诉管理当局对问题要给予谨慎的考虑，而后根据法律的限制来做认为想做的事情。为此，《会计原则说明》发表之后，遭到了佩顿等人的强烈批评。

第六节 我国上市公司管理当局对会计准则的态度及对策[①]

一、问题的提出

会计准则[②] 具有一定的经济后果（Economic Consequences），这是20世纪七八十年代西方会计学、乃至经济学文献极力“渲染”的一个论断[③]（Zeff，1978；Watts and Zimmerman，1978、1979）。所谓“经济后果”，其具有如下的内涵：（1）会计准则是一份公共契约，是通过“公共选择”的逻辑而形成的、旨在敦促企业通过一套通用的财务报表提供投资者决策相关的会计信息（谢德仁，2001）；（2）会计准则在一定程度上限定了企业管理当局对会计政策的可选择域；（3）遵循会计准则[④] 编制的财务报

① 本节的写作，受到刘峰（1999）和 Watts and Zimmerman（1978）的直接影响，并从中直接借鉴了某些观点进行了发展。此外，本节的写作主要参考了杜兴强，“我国上市公司管理当局对会计准则的态度及对策探讨”，《会计研究》，2003年第7期。

② 大约在19世纪末期 Sprague 在《The Philosophy of Accounts》中第一次提出“会计原则”名词以来，在相当长的一段时期内“会计原则”是通用的术语（如公认会计原则、会计原则委员会意见书等），“会计准则”概念的使用则是FASB成立以后的事了。时至今日，“会计原则”和“会计准则”的表述仍然同时在世界各国并存。尽管二者之间存在着一些区别，但本章并不将两者做重大区分。此外，我国也存在着会计准则和会计制度的并存现象，这一点已经引起学术界的普遍关注。

③ 尽管“经济后果”问题直到20世纪70年代才引起普遍关注，但在此之前关于“经济后果”的影响在 APB 的 ARB11（1941）“Corporate Accounting for Ordinary Stock Dividends”就有所反映，也曾引起过当时的实务界领袖 May 的关注；20世纪60年代也曾在美国会计职业界引起关注。

④ 会计准则制定是一个公共选择（Public Choice）的过程，在最终的基准处理方法（Benchmark Treatment Method）出台之前，可能存在着若干的备选方案。如果会计准则的某个备选方案对某个利益集团的影响是有利的，那么这个集团必然会游说支持（Lobby for）这种会计处理方法；反之，如果某种方法对利益集团的影响是不利的，那么他们就会游说反对（Lobby against）这种方案。

告所披露的会计信息会影响各个相关利益集团的决策行为和既得利益[①]（Zeff，1978）。

那么，什么因素决定管理当局对会计准则的游说行为呢[②]？企业理论认为，现代企业是一个有效的契约组织（Jensen and Meckling，1976），是各种要素投入者为了各自的目的而联合起来缔结的一种契约关系的网络（Nexus of Contracts）。由于财富（物质资本或财务资本）和经营管理才能（人力资本）分布的不对称性和两者通常不能兼具于一身的特性，所以导致了现代企业中委托代理关系[③] 的广泛存在——通常意义上由于财务资本所有者承担了企业经营的主要风险而成为了委托方，从而获得了监督代理方即管理当局的权力。当所有者遴选出本企业的管理当局之后，所有者就必须面临另外一个关键问题，即如何确定激励方案（incentive scheme）对管理当局进行激励，以使管理当局的目标函数尽量与所有者的目标函数趋同（两者不可能完全吻合）。张维迎博士（1995）认为，委托方作为风险的主要承担者，但未必是风险制造者。代理方管理当局如果与所有者的目标函数过度不一致，那么在特定情况下管理当局必然会以牺牲所有者的利益来满足自己的私利（体现为道德风险，moral hazard），此时管理当局就是风险制造者。一般而言，管理当局的努力程度具有不可观测性和测度性（即使可观测，也是成本高昂），委托方往往只能够通过一些替代变量——通常是企业财务报告上的某些数据如利润或者其他指标如股价等来对管理当局的经营业绩进行评价。但是，财务报告是由管理当局及其代理人所编制的，由于信息不对称现象的存在和成本效益原则的制约，所有者可能无法低成本地了解到企业经营的全貌，也并不了解会计信息的生成过程。会计准则作为节约交易费用的机制是作为私人契约的替代而出现的，用来规范通用会计信息生成（涉及会计确认、计量和报告），则必然会影

① 进一步，会计信息的经济后果体现为，在一个非完全有效的资本市场上，会计信息其实具备了财富分配效应和决策效应。

② 刘峰教授（1999）首先注意到与此相关的问题："为什么中国的国有企业不参与会计准则的制定"。

③ 由于财务资本和经营才能往往不能够兼具的特点，所以原来传统的企业中资本家兼企业家同生产者（工人）之间单一的委托代理关系逐渐被资本家与企业家、企业家与工人之间的多重代理关系——代理链（agency chain）所取代，正是从这个意义上讲，企业是契约关系网络。此外，必须说明只要委托、代理契约存在着不完备性，代理问题就一定存在。

响到管理当局[①] 拥有的会计政策选择权的自由度，进而直接或者间接影响到管理当局与所有者缔结的补偿方案（Compensation Scheme），最终影响管理当局的报酬、效用[②]。由于作为衡量管理当局努力程度的替代变量的财务数据往往是由会计准则规范下的财务报表体系来披露的，因此作为理性经济人，管理当局完全有动机选择会计准则中允许的会计政策来最大化自己的效用，但一旦预期到即将颁布实施的会计准则将会限制或影响其会计政策选择的自由度影响到他的报酬和效用，那么就可以合乎逻辑地预测企业管理当局会对正在制定中的会计准则进行游说（lobby for/against）。

二、背景、观察与假设

美国是世界上制定会计准则的历史最长的国家，其第一份公认会计原则（GAAP）颁布于 1937 年。在六十余年会计准则制定过程中，共颁布了 51 份会计研究公告（Accounting Research Bulletins，ARBs）、31 份会计原则委员会意见书（Accounting Principles Board Opinions，APBOs）和 143 号财务会计准则公告（Statements of Finacial Accounting Standards，SFAS）以及其相关的解释[③]，几乎每一份财务会计准则（FAS 或 SFAS）都要举行听证会，邀请会计界、工商界的人士进行质询或争论[④]，因此也就衍生了会计信息利益相关集团对规范会计信息的会计准则的游说（Lobby for/Against）活动。其中比较典型的游说案例包括 1962 年关于“投资贷项”（Investment Credit）会计处理的递延法（Deferred method）和流尽法

① 准确地讲，与会计准则或会计准则规范下的会计信息存在着利害关系的各个利益集团包括股东、债权人、企业的管理当局、职工、客户、国家宏观管理部门。但本章只讨论管理当局拒绝游说的非理性行为。

② 管理当局的补偿方案往往会设置一个或者多个考核指标，管理当局则会通过特定条件下其对会计政策的天然选择权进行必要的选择，影响并最终迎合考核指标。

③ 本章此处列举的只是美国的“公认会计原则”的第一个层次，美国审计准则公告 69 号（Statement on Audit Standards，SA69）曾经列举了公认会计原则的五个层次，请参考 SAS69，AICPA，1992。

④ FASB 制定会计准则的过程大致要经过以下 8 个步骤：(1) FASB 成立应该予以考虑的议题；(2) 成立专题性的技术研究小组，在与会计界和工商界交流联系的基础上，编写有关的讨论备忘录（DM）；(3) 发表 DM，给予 60 天的征求评论；(4) 举行公众听证会，邀请对 DM 的质询或争论；(5) FASB 在书面评论和听证会意见的基础上编制征求意见稿（ED）；(6) 公布 ED，在 30 天内征询意见；(7) 再次举行听证会讨论 ED；(8) 根据上述步骤，决定采取以下行动：A 正式发表“财务会计准则公告”；B 继续修改 ED；C 完全放弃该议题。

(Flow - through method) 的争论与游说活动；1979 年美国公司针对 SFAS33“财务报告与物价变动”增加了高昂的簿记成本 (Book - keeping cost) 而进行的游说活动（葛家澍，2001)。美国公司频繁的游说活动使其国内的会计准则制定机构经受了各方面的巨大压力，导致了从 1938 年至今，美国的准则制定机构完成了从会计程序委员会 (CAP) 到会计原则委员会 (APB) 再到会计准则委员会 (FASB) 的更替。国际会计准则委员会也面临着来自不同国家、地区和跨国公司的诸多游说活动，尤其当国际会计准则委员会 1995 年 7 月获得了证券委员会国际化组织 (IOSCO) 的支持后，其颁布的核心准则 (Core standards) 成为跨国上市企业编制报表的依据，更引发了前所未有的游说活动（葛家澍，2001)。

相对而言，我国的会计准则制定的历史较短，准则制定机构是财政部会计司，至 2005 年 12 月 31 日共颁布实施了 17 项会计准则（含 1 项基本会计准则和 16 项具体会计准则①)，2006 年 2 月 15 日颁布了 1 项基本准则和 38 项具体会计准则。尽管中国和美国的会计环境不同，但有一点毋庸置疑，那就是会计准则都是作为限制管理当局会计政策选择自由度的一种约束机制而存在的。既然如此，在我国理应也存在着国有企业管理当局对会计准则的游说 (looby for or against) 行为②。但是，遗憾的是我们并未观察到我国国有企业管理当局对会计准则制定的显著游说行为，国有企业管理当局对我国已经制定的会计准则和正在制定的会计准则大都保持有一种“理智的冷漠”态度③。

在我国会计准则制定过程中，财政部在制定会计准则的过程中，也曾于 1994 年 4 月 21 日、1995 年 7 月 12 日和 1995 年 9 月 27 日公布过三批

---

① 一般将 1993 年开始实施的《企业会计准则》称之为基本会计准则，而 1997 年开始陆续颁布实施的《关联方关系及其交易的披露》、《收入》、《建造合同》、《投资》、《资产负债表日后事项》、《会计政策、会计估计的变更及会计差错的更正》、《现金流量表》、《债务重组》、《非货币性交易》、《或有事项》、《无形资产》、《借款费用》、《租赁》、《存货》、《中期财务报告》、《固定资产》等则称为具体会计准则。

② 游说 (Lobby for/against)，按照现代汉语词典 (1997) 的解释是“在古代叫做说客的政客，奔走于各国，凭借口才劝说君主采纳他的主张，叫做游说”。朗文现代英汉双解词典定义为“参见议员并劝说其支持自己的行动使某项法律获得通过”。“游说”，本是一个中性词，但由于社会制度因素和历史原因，“游说”现在却被认为是带有贬义色彩的词汇。本章在提到游说时，意义单纯，就是指会计信息的利益集团处于企业自身或自己的利益考虑，对会计准则的征求意见稿的备选处理方法发表意见，力图通过“公共选择”机制使自己的意见得到采纳。

③ 吴联生 (2002.4) 也大致表述了同样的结果。

共19项具体会计准则征求意见稿邀请评论，抄送对象为“中国会计学会、中国注册会计师协会、中国总会计师研究会、各有关财经院校”①。其他具体情况是：(1) 对会计准则征求意见稿发表意见的主要是学术界，他们从不同程度上表达了个人的意见。但是学术界的中立性和缺乏利益驱动等因素决定了学术界的意见大多偏重于定义、理论的严谨性和会计准则制定中如何借鉴国外相关准则的研究成果角度，无法体现鲜明的经济动机，在缺乏对企业会计实务充分了解的情况下很难代表企业有关人士的观点。(2) 企业界对会计准则征求意见稿的了解却是通过各省市的财政部门间接来完成的，其意见也主要是采取由财政厅组织座谈将意见集中汇总呈报给准则制定组，或者由证监会将上市公司的意见进行汇总然后反映给准则制定组；而直接对会计准则征求意见稿发表意见并直接反馈到准则制定组的企业则凤毛麟角。

由于直接了解会计准则游说现象的困难性，我们只能够通过其他替代途径来进行了解。这里我们发现几点现象：

(1) 股份有限公司会计制度从1998年1月1日开始实施，但是培训工作却在1999年下半年才逐步展开；

(2) 现金流量表和债务重组以及非货币性交易分别要求于1998年1月1日、1999年1月1日和1999年7月1日开始在全部企业中实施，但是其培训工作依然在1999年下半年；

(3) 培训过程中，学员普遍感到接受起来比较困难，并表示在培训前从未接触过，甚至对以前已经执行的会计制度、会计准则也不是十分了解；

(4) 普遍反映单位领导几乎不懂财务，而且在会计人员培训这种最基本的企业开支上显得异常“节约”，而且接受培训多是在财政厅三令五申下为了满足会计证年检不得已才参加的。

以上几点可从侧面推测我国会计准则制订过程中企业界尤其管理当局并未对会计准则进行应有的关注，当然就不可能关注会计准则的制定过

① 无独有偶，拿财政部［1999］37号“关于印发《企业会计准则——中期财务报告（征求意见稿）》的通知”来看，抄送对象是“财政部驻各省、自治区、直辖市、计划单列市财政监察专员办事处，中国证券监督管理委员会”，要求代为组织讨论和征求意见，对准则的内容、结构和文字发表意见（1999年10月26日），并于2000年1月15日之前将书面意见返回。而福建省财政厅1999年11月24日原文转发了财政部的这份文件，要求将研究意见于1999年12月31日前进行反馈。

程，也不可能对会计准则征求意见稿的意见或建议。因为，直到准则正式公布以后相对很长的一段时间，会计人员连准则的基本内容尚不得而知。此外会计工作是由会计人员来开展的，我国企业领导几乎无甚会计知识，长期以来往往是通过对会计人员的工作指手画脚来体现其权威的，以前出现的所谓“厂长利润”、“书记成本”就是这种不正常现象的一个缩影，这也反衬出企业管理当局在缺乏会计知识的情况下无法“读懂”一项正在制定的会计准则对其经济利益的可能影响。实际上，我们的面询结果[①]验证了本章的推测。

可见，事实与我们的理论演绎结果并不吻合，我国并不存在国有企业管理当局对会计准则制定进行显著游说的活动和现象。

事实上，国有企业的管理当局对会计准则保持的正是上述我们提及的一种“理智的冷漠”的态度。之所以曰“冷漠”，是因为国有企业管理当局对会计准则由于各种原因几乎保持不闻不问的态度；之所以曰“理智”，是因为国有企业管理当局作为理性经济人，意识到在现有的会计环境下，已经颁布的会计准则和即将颁布的会计准则不会对其福利或效用带来大的触动。因此，我们首先根据逻辑衍生出本章检验的命题：如果管理当局几乎不对会计准则进行游说，那么合乎理性地可以推定存在着如下情况：会计准则对管理当局的报酬不存在影响，至少不存在着较大的触动——这个命题是“一个命题为‘真’，那么它的逆否命题必然为‘真’”这个简单的逻辑的应用！进一步可以逻辑地推演出如下几种可能：

(1) 管理当局的报酬与其经营业绩的好坏无关，或虽然管理当局的报酬与其经营业绩相关，但管理当局报酬的绝对额不足以对管理当局形成应有的激励作用，而这需要研究我国企业管理当局的具体报酬体系的变迁和现状来进行理解；

(2) 管理当局的报酬与其经营业绩好坏相关，但是管理当局可以操纵作为衡量其经营业绩替代变量的会计信息的生成，且企业治理结构、资本市场和注册会计师审计未能很好地起到监督的责任；

(3) 管理当局本身的知识结构决定了他们对会计准则的经济后果了解

① 在与若干国企管理当局的面询中，我们了解到这些企业的管理当局几乎不了解新的会计准则，更不奢望他们已经或曾经对会计准则发表过意见；即使个别企业的管理当局对已经颁布的会计准则不满意，但是却说是从他们企业的会计人员那里侧面了解到的，而且是最近才有的想法。

甚少，因此缺乏游说的动机。本章以下将结合我国具体的制度环境从多角度对管理当局的这一非理性行为提供解释，并进行大胆的预测。

立足于以上的理论分析，我们认为，以下几个问题是本部分探讨的关键①：

（1）管理当局和会计信息利益相关者之间的委托代理关系形成的第一步就是作为委托方如何遴选管理当局（企业家），这中间必然涉及管理当局的逆向选择（adeverse select）问题。所有者是否有动力去遴选优秀的管理当局、企业的管理当局是否具备企业家的才能是我们本章分析的第一个关键。

（2）激励方案的恰当与否是本章分析的第二个关键。这个分析等价于管理当局的报酬是否与其经营业绩存在着相关性。

（3）本章着力分析的第三个关键是现行会计准则规范的信息披露机制是否能够导致管理当局的报酬受到影响。相关的问题是管理当局是否可以进行盈余管理，对财务报告应该承担什么样的责任。

（4）本章分析的第四个关键问题是公司治理生态（Ecology of Corporate Governance，含董事会、资本市场、第三方独立监督机制等）是否能够对管理当局进行有效的监督，察觉管理当局的盈余管理行为。

三、关于国企管理当局遴选问题

在我国目前的体制下，国有企业管理当局的遴选在相当程度上是无效的，甚至不能够称之为“遴选”，而仍是行政“任命”式的。下面是中国企业家调查系统的相关调查结果：

一般来讲，当资本所有者将其拥有的财务资本交付给企业管理当局进行日常管理时，就等价于下列命题成立：资本所有者信任管理当局的经营才能而愿意承担大部分甚至全部的经营风险，因为他们进行理性的决策后判定由管理当局经营企业比他们自己直接经营企业（也要承担经营风险）的风险要小，而且管理当局也能够通过对资本所有者交付的资源进行尽心尽力地经营来取得资本所有者的信任（即信任是前提）。但是，信任并非凭空，没有监督的信任是脆弱的。为此，当资本所有者聘任管理当局时，

① 其实，上述几个问题本属于一个总的问题的几个方面，是我们为了论述方便而进行的人为分割，所以在分别论述这几个问题时，也不可避免地会出现相互交叉的情况。

表 4－9　中国企业家调查系统关于企业经营者任职方式的调查结果（百分比）①②

遴选方式 / 企业性质	主管部门任命	董事会任命	职代会任命	企业内部竞争招聘	社会人才市场配置	其他
总体	75.1	17.2	4.3	1.3	0.3	1.8
国有企业	90.9	4.4	2.2	1.2	0.3	1.0
集体企业	73.3	11.7	11.7	1.2	0.3	1.8
私营企业	27.6	37.9	3.5	—	—	31.0
联营企业	47.1	47.1	2.9	2.9	—	—
股份制企业	27.2	60.8	8.1	1.5	0.3	2.1
外商投资企业	31.3	62.7	1.5	1.5	—	3.0
港澳台投资企业	17.1	80.5	2.4	—	—	—

同时也拥有了、也承担了监督的责任。至于为什么资本所有者愿意进行监督，道理很简单，那就是由于资本所有者承担了经营风险，风险承担决定了他们在遴选管理当局时的谨慎和严格。换言之，如果遴选的管理当局是庸才，那么由此给企业经营带来的损失最终必将“落实”到资本所有者身上。而问题的关键在于，这个逻辑并不适合于国有企业。因为国有企业的资本所有者属于“全民”，全民的概念抽象而不具备可辨别性，因此国有企业的资本所有者实际上就通过委托代理关系而由全民过渡为国有资产管理局或国有持股公司代理，然后由国有资产管理局或国有持股公司来代替全民来遴选国有企业的管理当局。由于行使选择权的国资局或国有持股公司的人员是政府官员，而并不是承担经营风险的资本所有者，所以他们手上掌握的、遴选国有企业管理当局的权力是一种典型的廉价投票权③。换

① 黄群慧：《企业家激励约束与国有企业改革》，中国人民大学出版社 2000 年版。

② 中国企业家调查系统 1999 年展开的一项调查显示，国有企业的管理当局主要由上级主管部门任命，而且比例高达 89%；大型国有企业的管理当局由上级主管部门任命的比例为 65%，明显高于中小国有企业的同一指标（39%）。行政任命在大多数情况下之所以不能够遴选出真正具有企业家素质的国有企业管理当局是有着其必然性的。

③ 廉价投票权隐喻“权责不对等”，即只有权利而不承担责任。试想，当 2000 年小布什和戈尔为总统宝位之争硝烟弥漫时，中国老百姓所做的只是、也只能是“隔岸观火”。如果让我们国家老百姓去投票选择谁作总统，恐怕我们只有闭着眼睛在选票上划一个圈圈了事，谁做总统关我们何事？当然，如果有利益关系在里面，则另当别论，而为了避免廉价投票权的惟一途径就是让有利益、尤其是直接利益的人去投票。张维迎（1999）认为让官员遴选国有企业管理当局的行为是“在马背上画白道道制造斑马”的逻辑，隐喻官员永远不可能像真正的资本所有者一样真正行使他们拥有的选择权。

言之，这些官员有权选择管理当局，但并不为其选择承担相关的后果（资本损失或经营风险）。结果，官员并无任何激励去选择国有企业的管理当局，大量的“劣币”充斥着国有企业的管理层。

进一步分析，可以看到更为致命的问题在于，既然政府官员并无任何激励去遴选合格的国有企业管理当局而行使廉价投票权，但为什么官员选择A君而不选择B君呢？这个“遴选”过程体现为一种典型的“寻租”行为，“人际关系”、“裙带关系”、“贿赂”等充斥着这个选择过程。此外，由于上述因素也导致了政府官员任命管理当局的某些随意性[①]和国有企业管理当局经营期的不确定性，即使该管理当局的经营业绩并不差。好经理短命就是一种典型现象[②]。这样，国有企业的管理当局将不得不将大部分的精力用于和政府官员的打交道上[③]，既然管理当局是由政府官员任命的，并不具备企业家素质和道德伦理，那么管理当局的目标将不是真正意义上将企业的经营业绩搞好，从而获得更高的报酬，而是频繁导致企业的短期行为和短期繁荣，而后“邀功请赏”，升职为“官员”，等待其他人来寻租。例如1987年我国评选出了20位优秀企业家人才，十几年过去了，其中6人升迁，占30%，像发达的市场经济国家将企业家和政治家混为一谈十分罕见。这个现象反过来可以验证政府官员“遴选”的管理当局的经营行为的短期化。因为，企业经营是一种市场行为，经理市场同时也体现为资本市场的一种（张维迎，1999），既然作为经营者，企业的管理当局惟一目标就应该是将企业的经营业绩尽可能地搞好，以便其继续留任或导致其人力资本的升值和因为声誉效应而被其他企业以更高的报酬聘任，否则其将面临着巨大的声誉损失和失业。所以其惟一的选择就是经营的长期化和科学化。然而在我们的国有企业里，由于管理当局任期的不确定性，以及任职条件和其经营业绩的不相关性，导致国有企业管理当局对“明天”充满忧心，短期行为就不可避免了。另外，当国有企业管理当局将主要精力用于和上级主管机关打交道时，他们如何有时间和精力去努力经营企业？当同时他们也面临着升职的“前景”，此时财务操纵就不可避

① 经营好坏都可能被解职。

② 江苏某家国有企业的经理，当他通过努力经营将该企业利润从200万元提高到7亿元时，突然上级主管机关却以他没有大学文凭为由将他调离。

③ 北京青年报1998年3月11日曾经过调查后得出结论，67.3%的企业管理当局的主要精力都放在与上级主管机关打交道上。

免了。

四、国企管理当局报酬制度的变迁与现状

1979年经济体制改革以前，我国整个国有经济部门俨然像一个组织有序的超级大企业，一个个的国有企业就仿佛是这个超级企业中的一个车间，而国有企业管理当局的角色就相当于一个车间主任（张维迎，1999）。在这个特定的历史阶段，国有企业惟一的任务就是严格执行中央的计划，企业所有的生产、投资和人事决策权都牢牢地被控制在上级主管部门手中，管理当局几乎没有任何的自主权，他们所能够做的只是监督与协调上级下达的计划任务。而管理当局的报酬则是由国家按照严格的等级标准进行支付，一般都体现为固定的数额，与经营业绩（从严格意义上说，这个阶段管理当局并无经营业绩可言，因为他们根本没有经营决策权）的好坏完全不相关。尽管不少的经济学家都对这个历史阶段国有企业纯粹的计划色彩从正反两面提出过自己的见解，但我们认为有一点可以肯定，那就是这个时期由上级部门指定的国有企业管理当局大多是"根红苗正"，凭借的完全是党员兢兢业业的为人民服务的精神，而并非是其出色的经营管理才华而成为国有企业的管理当局。与之相伴随的现象是，这个时期并无现在所提到的会计准则，有的只是按行业、按部门和按所有制制定的一统到底的会计制度。而且会计人员的身份是双重的，一方面体现为企业的员工之一，另一方面也是十分重要的一个方面就是他们同时肩负对企业管理当局进行监督的职责。这个历史时期的经济、政治特点决定了管理当局鲜有为了个人私利而作出有损企业和国家利益的举动。

1979年开始的国有企业改革迄今大致经历了3个阶段，即：(1) 改革早期的"放权让利"（granting autonomy and sharing profit）；(2) 1986年至90年代初期的"经理承包责任制"；(3) 1994年开始的"国有股为主导的公司制"（张维迎，1999）。但是到目前为止，经济学家普遍认为国有企业改革的成效主要体现在"解决管理当局短期激励"方面，但对于"长期激励和对管理当局的选择"则不甚理想。究其原因主要在于管理当局拥有的剩余索取权份额极低，与其拥有的剩余控制权不相匹配（matching）。以至于北京大学经济研究中心研究员周其仁先生发出感叹"我们有天下最昂贵的企业制度；我们也有天下最便宜的企业家（管理当局）"（周其仁）。我们掌握的具体数据可以作为佐证（见表4-10）：

表 4-10　　世界部分国家雇员薪金一览表（月薪，美元）①

国别 企业人士	美国	香港特别行政区	马来西亚	日本	中国大陆
管理当局［I］	26250	18183	5628	5585	1490
一般员工［II］	2967	1688	274	823	266
会计人员［III］	3542	3290	1153	1501	589
倍率［I］／［II］	8.85	10.77	20.54	6.79	5.60

从上表的统计中可以清楚地观察出，我国管理当局的工资水平，从绝对额上（只相当于美国的5.68%）与发达国家相距甚远，而且与一般员工的收入水平也未拉开大的差距，这些都说明我们国家目前国有企业的报酬机制存在着很大的弊端，这些进一步影响了管理当局对企业经营和对诸多相关因素的态度。

造成国有企业管理当局报酬现状的原因很多，大致可以归结为以下几点：

1. 我国企业管理当局报酬结构比较单一，基本还停留于传统、单一的工资加奖金模式，成功推行年薪制的企业很少，推行国外比较流行的股票期权、期股制的企业就更少了。工资加奖金这种传统的报酬模式在企业走向市场化的今天弊端十分明显，一则已经演变为保健因素而不再体现激励作用②；二则没有将企业的利益和管理当局的利益“捆绑”在一起，不能够消除委托代理关系中管理当局以牺牲所有者的利益为代价谋求个人私利的行为（在国有企业尤其如此），三则没有形成长期的激励体系，容易诱发企业管理当局的短期行为。表 4-11 可以揭示目前我国企业管理当局的报酬形式和收入状况：

从该表中可以明确看出：

(1) 在接受调查的 3374 家企业中，采取月薪或月薪+奖金模式企业占据着绝对的比例，高达 78.54%，而推行年薪制和股票期权的企业仅分别占据 16.9%%和 1.81%。

① 资料来源：世界上最大的收入咨询公司 Waston Wyatt 公布的数据。

② 保健、激励作用的区分来自于赫茨博格的“二元论”，他认为管理中有两大因素即保健因素和激励因素，保健因素不会调动积极性，而激励因素要物质、非物质因素并重。

表 4-11 企业管理当局在不同收入形式下的收入水平（%）[①]

档次＼形式	月薪	月薪+奖金	年薪	风险抵押承包	股息+红利	期权股份
＜20000	71.4	44.3	28.0	46.0	32.2	13.1
2～4 万	15.0	30.4	29.4	26.8	22.0	9.8
4～6 万	5.9	11.4	15.6	10.2	10.5	13.1
6～10 万	4.1	8.3	13.9	9.4	13.2	21.3
10～50 万	2.1	4.6	11.4	5.8	13.2	19.7
＞50 万	1.5	1.0	1.7	1.8	8.9	23.0

（2）若以 4～6 万元和 6～10 万元作为中档收入、小于 4 万元作为低档收入、高于 10 万元作为高收入的话，那么传统的月薪+奖金模式下 74.7%的企业管理当局属于低收入者，而仅有 5.6%属于高收入者；当采取股票期权模式下，42.7%的企业管理当局属于高收入者，22.9%属于低收入者。可见理论上，在同等的经营业绩下，股票期权比传统的月薪+奖金更具有对企业管理当局的激励作用。

（3）霍尔和利伯曼的研究[②] 表明，经营者持股、尤其股票期权对企业家激励具有举足轻重的作用，随着企业家持股比例的增加，企业家报酬和业绩的相关性显著增加。所以，工资和奖金只能约束"企业家"成为"保管者"，而不能激励产生企业家行为。

表 4-12 霍尔和利伯曼研究得出的 1980～1994 年企业家报酬和企业业绩相关性

年度	1980	1981	1982	1983	1984	1985	1986
A	1.17	1.40	1.50	1.71	2.02	1.91	2.26
B	2.51	2.70	2.86	3.35	3.21	3.46	3.84

续表

1987	1988	1989	1990	1991	1992	1993	1994
2.42	2.33	2.81	3.10	2.68	3.61	3.99	3.94
3.97	3.63	4.11	3.64	4.22	4.63	5.30	5.29

2. 我国企业管理当局人力资本长期被低估，企业管理当局人力资本的"价值天平"严重失衡。国有企业的管理当局往往是国家干部，由行政

① 资料来源：中国企业家调查系统（1998 年）。

② 转引自黄群慧：《企业家激励约束与国有企业改革》，中国人民大学出版社 2000 年版。

任命，结果许多企业经营业绩非常突出，但仍然受政策等因素的限制，不能够或者不愿取得相对较高的收入。譬如正大青春宝集团的冯根生在不合理的人力资源体制下却因没有足够的资金而不能够认购该公司改组过程中2%的股份甚至面临能否继续担任总裁的疑问；再如中国企业家调查系统（1998年）调查发现，许多国有企业的管理当局不敢拿属于自己的报酬，理由是怕影响干群关系，影响领导班子内部的和睦。

3. 企业管理当局的报酬并未遵从市场规律，也未在现代企业制度的背景中进行运作，体现为过分追求公平而忽视效率。企业管理当局的报酬决定方式和幅度仍主要考虑到和职工的收入差距，譬如在推行年薪制的过程中，人为地规定经营者的收入不得超过职工平均工资的3～5倍等。此外，企业管理当局的报酬仍由行政决定，譬如四川企业经营者的年薪由国有资产管理局确定和审核、福建省企业经营者的年薪由财政部门核定、北京国有企业经营者的报酬由上级主管机关来核定等等。实际上，企业管理当局收入应该遵循现代企业制度的规定，董事长的收入由股东大会审定，总经理的报酬则由董事会批准；其次管理当局报酬的多寡也不应该限制什么上下限，而应该交给市场去决定，一切根据企业管理当局的经营业绩而定。

4. 同时也应该注意到货币报酬的较低并不意味着企业管理当局的收入总体就十分低。事实上也许恰恰相反，由于货币性报酬的偏低，往往与管理当局的劳动付出之间存在着严重的比例失调，所以相当一批国有企业的管理当局转而过度[①] 寻求非货币性收益，包括地下收入、灰色收入和过度的在职消费。中国企业家调查系统1997年曾对企业经营者的收入满意状况进行了一次调查，结果是32.7%的人对收入（也许仅仅是货币收入）多寡无所谓，甚至在推行年薪制的过程中，出现了职工比企业经营者更愿意推行年薪制的怪异现象，这些不正常的情况的主要解释可能是企业管理当局已经从非货币收益中得到了足够的补偿。

5. 不仅如此，企业治理结构也间接地影响了管理当局的报酬体系，尤其是新老三会的机能重叠和职权划分更是阻碍着科学的管理当局报酬体系的进一步推广。我国企业的管理当局相对而言是一个相当庞大的“集

① 之所以用过度一词，原因在于：企业管理当局的效用函数不同于股东或者所有者，他们不仅追求货币收益，而且尽可能多的闲暇、较为宽松的办公环境和在职消费也是他们的效用函数构成要素，只不过在货币收益得不到满足的情况下，他们为了实现其总的效用，往往更加青睐于这些非货币收益。

团”，不仅包括企业的法人代表和经营者，而且包括党委书记、工会主席、相当数目的“副职”等一系列与企业生产经营并无直接关系的“领导”，这些企业“领导”和经营者一样，几乎享受数额相当的报酬。例如，在我国推行年薪制的过程中，相当一部分地区的企业中规定总经理和董事长的年薪系数为1，党委书记为0.8或0.9、工会主席0.7、党政副职0.7等，在一定程度上阻碍了年薪制的进一步推广，也无形中挫伤了经营者的积极性。结果，广东某些地区就是因为并不认同“传统的年薪制适用者范围”而放弃或延缓了年薪制的试点。

6. 根据一项实证研究的结果（魏刚，2000年），我国以国有企业改制为主的上市公司（主要集中于机械制造业、纺织业、化工业、交通运输设备制造业、冶金业和造纸业等）的经营业绩和管理当局的报酬不存在明显的正相关关系。这进一步验证了我们的这个假定。

一言以蔽之，当国有企业管理当局的报酬结构单一，总体货币收入状况较低，因此管理当局往往转而寻求从非货币收益中得到补偿时，当国有企业管理当局的收入并不是根据企业的经营业绩而定，而是过多地依赖于行政规定时，企业经营业绩的好坏将不是决定其任职条件的首要因素，这样就出现了企业虽然经营业绩很差，其管理当局仍高枕无忧，继续在位，或者“易地作官”。既然经营业绩的好坏将无法影响管理当局的效用，那么管理当局自然就不关心会计信息。

五、会计信息披露体制和责任体系

会计信息披露密切依存于会计这个人造的经济信息系统所处的经济环境。本单元先描述国有企业生存的经济环境，然后再论及在该经济环境下，作为国有企业一个组成部分的会计信息系统所面临的披露体制和责任体系。

1. 国有企业的经济环境

我们的国有企业迄今未能够有效地建立完全意义上的现代企业制度，经营主体划分不甚明确，权责利不对称。在传统高度计划经济下，政府代表全民委托的国有企业的厂长实际上是相当于某一政府级别的官员（早期企业的厂长有级别就可以说明这一点），由于国家政策从上至下的高度统一性（体现为统一规划、统收统支和统购包销），企业的厂长缺乏（甚至几乎不具备）独立的利益或自主权，企业也无属于自己的独立利益而言。在这个阶段，有人认为厂长纯粹是靠“意识形态”或对国家和人民的忠诚来经营企业的，我们认为这个看法只注意到表面现象，而未触及本质。我们比较信同马克思主义“经济基础决定上层建筑”的命题，所以认为当时奉献型背后的逻辑依然是经济因素——计划经济。在高度的计划经济下，厂长、包括职工舍弃了国有企业的工作也许就失去了谋求其他相比而言较为对等的工作机会（甚至对职工而言失去工作），其行为自然遵循着政府希望的模式[①]。概而言之，没有选择或惟一选择使得此时的厂长、职工遵循着政府界定的道德和行为规范。尽管不排除个别例外，但大多数国有企业的厂长既没有太多的自主权，也无利益动机，也没有为企业谋求利益，根本原因缺乏努力进行经营的激励措施。但是，也应该承认，此时的厂长“不求有功，但求无过”，也极少出现侵蚀利润和国有资产的现象。

随着经济体制的改革，伴随着“放权让利”，企业厂长和国家作为所有者的利益逐渐产生分化，政府作为代理人希望国有企业尽可能实现国有资产的保值和增值以及保证国家的税源充足，而厂长则追求的是利润分享最大化，职工要求福利最大化。而一旦大厦的根基——计划经济开始变化，原本赖以建立的伦理道德、责任体系也就失去了支撑的基础。此时经济利益因素的变化速率远远超过了经济伦理和责任体系追赶的步伐，也正是从此时起，厂长、经理也好，经营者也罢，其经济伦理道德和应该承担的责任在经济利益的驱动下已经扭曲或完全丧失。

2. 会计信息披露体制和管理当局之于会计信息披露的责任问题

从早期计划经济下的“鞭打快牛”、“棘轮效应”，到现在的“假账真算”、“真实的谎言”[②]，在相当长的一段时期内，在国有企业里为了迎合上级考核，在压力下出现了众所周知的“厂长利润”、“书记成本”，有了成绩是领导的，出了问题却由会计人员“背黑锅”。在这种信息披露的责任体制下，会计人员出现了“站得住的顶不住，顶得住的站不住”的现象，也滋生了管理当局往往恣意进行盈余管理和账务操纵的不正常现象。1999 年颁布实施的新《会计法》虽然要求管理当局对企业会计资料的真实性和完整性承担责任（签名并盖章），然而由于目前的执法环境存在着客观的限制（执法不严）和管理当局并未针对其对财务会计报告承担法律

① 吴清琏（1998 年）将这个现象总结为“政治、经济和伦理道德的不同步变化”。

② “真实的谎言”揭示了企业在提供会计信息时的一种典型心态：为了某种目的而只注重形式上的真实性，而在形式上的真实性背后往往掩藏着不可告人的谎言。

责任作出公开声明，这在一定程度上使得管理当局仍未履行《会计法》要求的会计信息披露责任。

在这样的会计信息披露责任体制下，管理当局往往不是通过努力付出来提高企业的经营业绩，而往往是对企业的会计工作“指手画脚”，无视会计准则的基本规范，授意、指使或强令会计人员去“妙笔生花”，虚造利润、粉饰经营业绩。某些情况下再加上注册会计师和财务分析师的推波助澜，企业仍就以一种平稳发展或高速增长的假象呈现在投资者的面前，而受到损失的只有中小投资者！这样的结果是毁灭性的，因为中小投资者毕生的积蓄可能因此而被管理当局不正当地攫取，从而使社会财富不恰当地发生了转移，最终影响资本市场和一国经济的健康发展——正如公司治理所揭示的：能否保护中小投资者的利益是一国资本市场是否健康成熟的重要标志之一！试问，在这样的会计信息披露体制下，管理当局又何需关注会计准则的具体规定？

六、公司治理生态因素

高质量的会计信息披露需要奠定在健康的公司治理生态（Ecology of Corporate Governance）基础之上。所谓“公司治理生态”，是奠定在包括投资银行家、注册会计师、企业内部管理当局和会计人员、律师等专业人员组成的企业的“知识共同体”基础之上。然而在安然、世通等一系列财务丑闻的背后，我们分明看到公司治理生态的各个环节“不约而同”地出现了疏漏，换言之，这无异于一种“合谋”[①]！

美国和我国一系列的财务欺诈丑闻告诉我们，注册会计师往往和会计师事务所进行了合谋，因为会计师事务所及注册会计师在利益的驱动下可能已经丧失了基本的独立性。只要看看会计师事务所的非审计（non—audit）服务（包括管理咨询、内部控制设计等）收入远远超过其审计收入的事实就可以证明这一点。看来，不加限制地允许注册会计师为客户同时提供审计业务和非审计服务的确是造成作为公司治理生态关键一环的独立

① 公司治理生态包含n个环节（如内部控制、独立审计、职业财务分析人员等），健康的公司治理生态要求这些环节彼此之间是独立的，假设每个环节发现企业财务欺诈的概率为P_t（$P_t > 50\%$，t=1，2……n）。照此公司财务欺诈要想不被发现，概率P_F是非常低的［$P_F=(1-P_1)(1-P_2)\cdots\cdots(1-P_n)\to 0$］。反过来思考，之所以小概率事件发生了，那么意味着公司治理生态的各个环节“有意识”地失效了！

审计失效的主要原因之一。缺乏独立性的注册会计师出具的审计报告不可能真实、公允和透明，从而不可能不误导投资者。实际上，财务欺诈往往导致投资者终生的积蓄毁于一旦，大量财富被掠夺而不恰当地转移到公司高层管理人员手中。要知道，一般的中小投资者之所以愿意投资于一个企业的证券，在很大程度上是因为信任了注册会计师出具的审计报告(Scott，1997)！

当然，如果将财务欺诈完全归因于注册会计师又未免有失公允，我们还应该看到公司治理生态的另外一个环节——财务（证券）分析师所起到的推波助澜的"作用"。随着会计准则的日益复杂化，一般投资者根本无法理解企业财务信息中所反映的复杂的交易如金融工具创新、租赁和特殊目的主体（SPE）等，所以投资者尤其中小投资者一般需要依赖财务分析人员的观点进行投资。然而，财务分析人员往往辜负甚至背叛了投资者的信任，在察觉这些公司财务疑问的同时选择了沉默，甚至仍作出诸如"建议强烈买进"的推荐。可以说，财务分析师为了一己私利完全背弃了社会公义和社会责任！也完全背弃了他们对资本市场必须信守的诚信义务！因为即使公司的管理当局能够利用会计准则留下的空间进行操纵，并且和注册会计师进行合谋出具了无保留的审计意见，财务分析师也应该能够加以识别！何况，即使诸如特别目的实体等复杂的交易不在财务报表中进行确认，而只在财务报表附注中进行了披露，这虽然可以蒙蔽一般的投资者，并不能够逃过训练有素的职业财务分析人员的敏锐分析?！在资本市场里，财务分析人员作为会计信息的主要使用者之一，考虑到财务分析人员的知识结构和决策模型，他们并非不能够发现财务欺诈，实乃因为个人利益考虑不愿意揭发而选择了默认而已[①]！

当然，如果有严厉的事后惩罚措施的存在，可能财务欺诈还不至于如此猖獗。最近几年，我国的银广夏、琼民源等一系列公司的高层管理人员都曾涉嫌财务欺诈[②]，然而在中饱个人私囊之后并无人因此而入狱，也无人因此而受到刑事处罚。这些公司及其负责其审计的注册会计师事务所都如履薄冰地延续下来，然后再有下一次……也许我们必须期待我国也能够

① 据了解曾有一名财务分析师，发现了安然公司的"财务疑问"而质疑其财务健康性，但是却遭到了解雇。

② 黄明："美国式会计欺诈和美国式资本主义"，《比较》2003年第2期。

颁布像美国总统最新签署的《2002上市公司会计改革和投资者保护法案》[①] 一样的法律，以"乱世用重典"的气魄来威慑财务欺诈。也许还要再加一句：执法必严！

可见，如果公司治理生态失衡和存在公司治理生态危机，那么就不可能防范财务欺诈的再次发生，企业会计准则的存在对管理当局而言将失去基本的约束力，那么管理当局也就无须关心、更不必去花费成本游说会计准则的制定，因为会计准则的制定和实施根本不会影响企业管理当局的福利！

七、小结及进一步研究的可能性

本节立足于我国会计准则制定过程中国有企业管理当局的"理智的冷漠"态度这种非理性现象，从国有企业管理当局的遴选、国有企业管理当局报酬制度的变迁、会计信息披露体制和责任体系、我国公司治理生态等多个层面剖析了国有企业管理当局针对会计准则制定非理性行为的根源。但由于种种限制，我们无法取得第一手的资料来判断我国会计准则制定的程序在体现效率的同时是否满足公平性，是否给管理当局留下参与会计准则制定、表述自己意见的机会，本节对该问题并未进行详细探讨。但这些具有挑战性的论题将是进一步的研究方向。

第七节 国有企业会计信息产权的畸形性及其防范

一、问题的提出

会计信息失真及与之相联系的国有资产流失问题，近年来一直困扰着

---

① 该法案规定，公司高层管理人员必须对公司财务报告的真实性宣誓并保证，蓄意提供虚假财务报告的管理当局将会被处以更为严厉的惩罚。

我国的经济学界，严重阻碍了我国市场经济的进程[①]。为此，我国采纳了健全会计法规的思路，从1999年的《会计法》、2000年的《企业财务报告条例》，到2001年的《企业会计制度》，我国会计法规体系处于不断完善之中。但是，会计信息失真现象并未随着我国会计法规的健全而得到强有力的抑制。“十六大”报告中“经济建设和经济体制改革”部分特别强调了解决国有企业相关问题的迫切性、重要性和战略性。按照林毅夫等（1997）的观点，充分信息是国有企业进行改革的关键之一，为此研究国有企业会计信息失真及相关的国有企业会计信息产权的畸形性问题就十分必要。

透过现象看本质，我们认为：会计信息从来就不是只具有“技术性”的一维属性。实质上，会计信息具有一定的经济后果性（Zeff，1978），企业以财务报表为载体提供的会计信息将直接或间接影响到社会资源的分配。为此，单纯从会计的技术层面上进行改革，而忽视影响企业会计信息披露的其他因素，并不能够取得理想的效果。在本章中，我们以阐述“会计信息产权”命题的基本逻辑为基础，指出国有企业会计信息失真的根源在于“会计信息产权的畸形性”，并在剖析畸形性根源的基础上提供利用“共同治理”机制来抑制国有企业会计信息产权的畸形性。

二、国有企业会计信息产权的畸形特征

1. 国有企业会计信息产权畸形性：悖论的提出

在国有企业中，由于国家控制着企业绝大部分比例的所有权，那么理应在国有企业的会计信息产权博弈和界定中占据优势地位。因为国家既是国有企业的利益相关者和会计信息使用者，同时也具有权力比较优势，完全可以以“保护”和“公正”为由，对会计信息实施管制。这样，国家就有可能为了确保对国有企业会计信息的产权，在进行会计信息管制的过程中，强制实施对自己有利的会计信息产权安排。透过中国会计发展五十余年（项怀诚，1999年）的历程，可以清楚地观察到我国在相当长的一段时期内曾实施了一统到底的、全国统一的会计制度，这可以理解为，国家希冀借此来实现其对国有企业的会计信息产权。然而更多的时候，我们观

① 1999年11月1日《经济日报》发表评论员文章指出：“……目前假账泛滥、会计信息失真、会计工作秩序混乱，严重影响了社会经济秩序和会计职能作用的发挥”。

察到的是国有企业畸形的会计信息产权。概括来讲，国有企业会计信息产权的畸形化体现在：国家作为惟一的所有者或主要的所有者，既未借助对国有企业的企业所有权分享、也未因实施会计信息管制而在会计信息产权博弈中占据实质上的优势地位；相反，国有企业的管理当局却在会计信息产权界定中占据了支配性的地位。如果说在股份高度分散情况下，管理当局依靠其实质上拥有的剩余控制权而在会计信息产权博弈中占据优势尚可以理解的话，那么国家具有国有企业惟一或主要的所有者和会计信息管制方双重身份，但并未能够在国有企业会计信息产权界定中占据主动就令人匪夷所思。然而，这的确是现实。本着“直面现象”的态度，我们将追根溯源，力图找出国有企业会计信息产权畸形化的根本原因。

2. 国有企业会计信息产权畸形性的具体表现

改革开放后，国有企业的改革始终是沿着“放权让利”的思路来进行的。与国有企业改革相适应，我国会计制度也在进行着巨大的变革，在20世纪80年代末期、90年代初期进行的会计改革，颁布了《企业会计准则》(基本准则)，随后又制定了具体会计准则和全国统一的会计制度，规范企业的会计信息披露。历史性地进行考察，国有企业会计信息产权的变迁经历了如图4－10所描绘的过程：

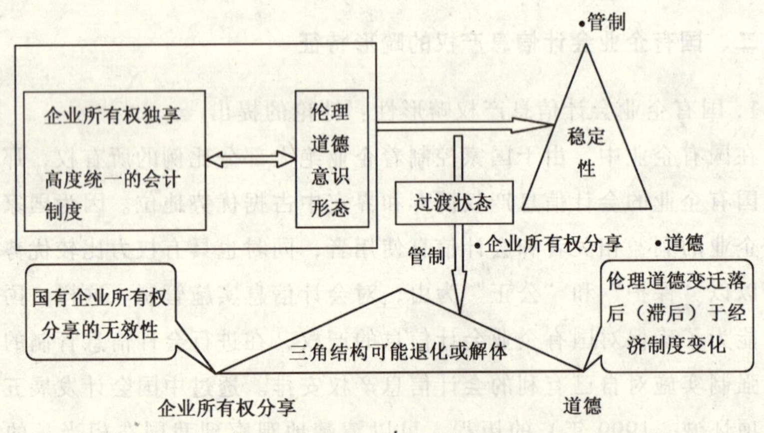

图4－10　国有企业会计信息产权的变迁图

改革开放前，国有企业会计信息产权是由上图“方框内”的两极线性结构所支撑。该两极非线性结构的平衡具有极度不稳定性，任何一个环节的偏离均衡或任何外部环境的冲击，都有可能使该系统远离均衡状态，很难再恢复原有的平衡，即存在“蝴蝶效应”现象。但在当时的社会环境下，以“为人民服务”为核心的伦理道德较好地保证了上述非线性系统地均衡，无私奉献型的经济伦理也在一段时期内抑制了利益相关者与生俱来的自利性。奉献型的经济伦理是与计划经济体制有着必然联系，计划经济体制抑制和束缚了企业管理当局（包括职工）的自利动机，支撑着当时的会计信息披露体制。换言之，奉献型的经济伦理排斥了大多数国营企业管理当局可能的、借助会计信息隐藏其侵吞国有资产和掠夺所有者利益的道德风险行为，这在很大程度上决定了企业管理当局对国家制定的各项指标、指令性计划乃至财务会计制度的无条件性遵循。

而图 4-10 右上部分揭示的正是前述的、决定会计信息产权的稳定三角结构。在企业所有权分享、管制和道德三角结构共同影响会计信息产权的情况下，任何外部因素的变化和环境因素的冲击只影响三角结构的“边”、“角”配置，即只改变企业所有权分享、管制和道德三项因素对会计信息产权界定的影响程度，整个三角形结构本身并不改变。换言之，任何外部因素或环境变迁只可能导致“钟摆效应”，即三者对会计信息产权界定的影响虽然变化，但像钟摆一样始终围绕着一个中心——会计信息产权界定的效率，最终必将收敛于这个终极目标。

应该指出，我国国有企业的会计信息产权界定在相当长的一个时期内处于上图描述的过渡状态，其稳定的三角结构随时可能面临解体和退化。其原因正是因为上图所描述的两项因素的不确定性：国有企业所有权分享的无效性和伦理道德的变迁落后于经济制度的变化。这两项因素有时又是相互交错的，即国有企业所有权分享既定状态的无效滋生了利益相关者的伦理道德，而利益相关者的伦理道德则进一步凸现了国有企业所有权分享的无效性。我们认为，也正是这两项因素，使得我国国有企业出现了所谓的“会计信息失真”、“内部人控制”（insider control）等一系列现象，这使得国有企业的会计信息产权界定处于一种无效状态，即国家作为国有企业的主要股东，并未实质上享有其应有的会计信息产权，而国有企业的管理当局实质上却不恰当地几乎独享了会计信息的产权。这里要关注经济实质，而不是法律形式。

三、国有企业会计信息产权畸形性成因分析

1. 国有企业会计信息产权的事前界定逻辑

遵从国有企业的逻辑，政府拥有国有企业的剩余索取权，决定了其对

国有企业管理当局需要进行监督。为了保证监督的效率，政府需要拥有国有企业的剩余控制权。与此相对应，国家也希冀通过剩余索取权和剩余控制权的相匹配，拥有国有企业会计信息的排他性（绝对）产权。考虑在社会主义市场经济中，政府若与国有企业的管理当局一一签定私人契约，来获取所需要的会计信息，那么交易费用将十分高昂。为此，尽管实行市场经济，国家也希冀于通过对国有企业会计信息实施严格的管制，借助于统一会计制度来规范国有企业的会计信息披露。

通过对比可以发现，国外的会计信息产权的界定体现为稳定的、企业所有权分享、管制和道德三角结构的互补，而我国国有企业会计信息的产权尽管在实行"放权让利"后也逐渐具备了企业所有权分享、管制和道德三角结构的雏形，但由于国家对国有企业所有权分享和管制身份的重合性，以及国家对国有企业所有权分享中的特殊性，该三角结构在我国会计信息产权界定中还基本处于一种过渡阶段（如图4－10下部），会计信息产权竞争格局远未形成。我国国有企业会计信息产权的界定过程可以描述为：国家接受全民的委托，拥有了国有企业100%或可以实施控制比例的所有权，那么按照企业所有权分享界定会计信息产权的逻辑，针对特定的国有企业而言，政府在会计信息产权的界定和博弈中占据优势；为了克服因交易费用制约、无法与管理当局缔结私人契约一一界定会计信息产权的现状，政府借助拥有的权力优势，通过管制进行会计信息产权的界定，规范所有国有企业的会计信息披露。这个逻辑事前看，无论从企业所有权分享，还是从管制角度理解都是无可厚非的；而且从事后看，如果国有企业的所有权分享是科学的、利益相关者的伦理道德和意识形态是恰当的，那么会计信息产权就应该是高效率的。但是，问题在于，当国有企业的所有权分享安排存在疑问、经营者伦理道德扭曲时，国有企业会计信息的产权安排的科学性就另当别论了。

2. 事后角度审视国有企业会计信息产权的畸形性[①]

（1）基本观点。企业理论认为，企业所有权是剩余索取权和剩余控制权的结合，那么剩余索取权和剩余控制权若缺其一，就不是完整意义上的企业所有权。若缺乏剩余控制权作为保障，剩余索取权将只是（法律）形式意义上的概念。同样，缺乏剩余索取权匹配的剩余控制权是廉价投票权

① 本章关于国有企业治理结构的论述，主要参考了杨瑞龙（2000）。

(张维迎，1999)。而对剩余控制权而言，更多地应该研究其实质上为谁所掌握及其经济后果。当国有企业的剩余索取权和剩余控制权不能够相匹配时，是剩余控制权、而不是剩余索取权决定着会计信息产权的分享状态和事后的可履行性。此外，从事后理解会计信息产权，则不得不结合整个社会的意识形态和国有企业利益相关者的伦理道德进行综合考虑。为了论述的层次性，我们构建了下面的图 4－11：

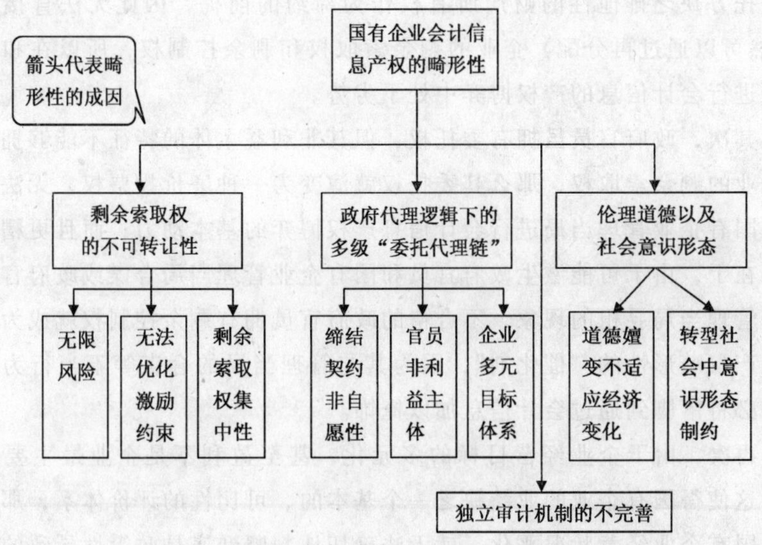

图 4－11 国有企业会计信息产权畸形性的成因

(2) 从国有企业剩余索取权的不可转让性分析会计信息产权的畸形性。首先，政府拥有国有企业的剩余索取权，但无法获得与之相匹配的剩余控制权，那么该剩余索取权就缺乏基本保障，而剩余索取权和剩余控制权的不匹配将使政府在和管理当局的会计信息产权博弈中占据劣势，因为剩余控制权意味着对契约中未尽事宜的决策权，从而决定着会计信息产权的界定和博弈力量的对比。

其次，国家有关监管方能否取得“充分含量”的会计信息，必须依赖于激励的相容性，而问题在于当国有企业剩余索取权不可转让时，就无法保证对国有企业管理当局（会计信息提供主体）进行恰当地激励，也无法实现监督和激励的相容，因此国家或政府也就不可能得到其所需要的、相关和可靠的会计信息。

最后，由于国有企业剩余索取权的不可转让性，行政权经常干涉国有企业的所有权，这势必导致国有企业的会计信息并不是反映一个财务状况、经营成果的确当变量。此时只有政策性盈利或亏损，市场经济下独立经营、自负盈亏的主体所应该承担和独立核算的盈亏概念在国有企业中已经失去了其应有的意义。

(3) 行政代理对会计信息产权畸形性的影响。首先，由于缔约的非自愿性，这决定了初始委托方缺乏对管理当局进行监督的动力，原因在于初始委托方缺乏排他性的财产所有权作为缔约的前提，因此无法直接拥有(虽然可以通过再分配) 企业的剩余索取权和剩余控制权，所以在和管理当局进行会计信息的产权博弈中处于劣势。

其次，政府官员虽拥有委托权，但其非利益主体的特征不能够拥有国有企业的剩余索取权，那么其委托权就演变为一种廉价投票权，无法保证其与国有企业管理当局进行会计信息产权博弈的基本动力；而且更糟糕的情况在于，由于可能滋生政府官员和国有企业管理当局合谋或政府官员创租、管理当局寻租的现象，不合格的政府官员拥有剩余控制权就成为会计信息产权畸形性的“催化剂”，因为其与管理当局的合谋等不当行为需要最终必将落脚到通过会计信息加以掩饰。

再次，由于企业经营目标的多元化，甚至盈利不是企业最主要的目标，这使得国有企业的业绩缺乏一个基本的、可比性的评价体系，那么若最终国有企业经营状况恶化，就无法确切地判断到底是政策性导致的亏损还是因管理当局自身的经营不善所导致，这为国有企业的会计信息产权的畸形性埋下了“隐患”。当国有企业治理结构中会计信息的利益相关者彼此利害关系尚未确立、会计信息而受益或受损的环境和机制远未形成，会计信息的产权又如何能够有效地进行界定?!

最后值得注意的是，国有企业的层层代理将导致会计信息的传递的逆向性，这个过程中会计信息将层层过滤，因此无法排除政府官员迫于“政绩”而进行的“粉饰”，这也增加了国有企业会计信息产权畸形性的可能性。

(4) 伦理道德。伦理道德和意识形态一般是依存于特定的经济政治环境的。可以说，国有企业利益相关者的伦理道德和意识形态是以国有企业剩余索取权的不可转让性和行政代理为依托的。正是由于国有企业剩余索取权的不可转让性成为了“共同知识”，国有企业的管理当局在理性地意识到“政府为了确保国有产权而（被迫）与国有企业缔结了一种隐性的长期契约”、“国有企业内国有产权保护的成本高昂性”、“政府官员的非利益主体”等现实（杨瑞龙，2000），所以其作为“内部人”（insider）将利用信息优势，以牺牲国有产权为代价追逐个人私利，并利用会计信息作为掩饰。国有企业会计信息产权的畸形性不仅与管理当局的道德风险紧密相关，而且也与其他利益相关者不无关系。正是由于政府官员的“廉价投票权”、初始委托方的“搭便车”心理等因素的存在，成为了管理当局的道德风险滋生的温床，使国有企业成为了“无人驾驭的马车，任由管理当局驰骋东西”。不仅国有企业管理当局、而且包括所有利益相关者的伦理道德因素都是国有企业会计信息产权畸形性的“催化剂”。

(5) 独立审计机制的不完善性。审计活动不仅提供审计信息，而且审计活动意味着对既定会计信息产权是否能够得到切实履行的一种监督。在剩余索取权不可转让、剩余控制权实质上为国有企业管理当局所掌握的情况下，良好的外部独立审计机制的存在，对国有企业会计信息产权意义重大。然而由于我国独立审计市场并不规范，注册会计师和管理当局合谋的现象屡见不鲜，导致独立审计对国有企业会计信息产权履行情况的监督形同虚设。而且，由于审计报告也提供审计信息（会计信息的一种），当注册会计师和管理当局存在合谋，而却骗取了利益相关者的信任时，国有企业的会计信息产权的畸形性程度将更甚。

四、“共同治理”机制和国有企业会计信息产权畸形性的抑制

国有企业会计信息产权的畸形性的根源在于治理机制和利益相关者的伦理道德缺陷上，而并不在于是否实行高度统一的会计制度来约束国有企业会计信息披露。换言之，国有企业会计信息产权畸形性的成因在于单纯拘泥于事前的会计信息产权界定，而忽略事后的履行因素；或者过分崇拜管制的力量，而忽略管制因素本应和企业所有权分享、伦理道德共同组成稳定的三角结构来确保会计信息产权的效率。我们认为，国有企业的企业所有权分享是导致其会计信息产权畸形性的根本内因，应该对国有企业所有权分享的现状进行“微调”，才能够改进国有企业的会计信息产权效率。

既然国有企业的所有权分享存在着这样那样的问题，那么国有企业治理结构中就不应该再推崇“股权至上”的逻辑，而应该推行“共同治理”模式。具体讲，就是使管理当局、股东、债权人和职工都成为国有企业的利益相关者，形成“共同治理”机制（杨瑞龙，2000）。共同治理机制要

发挥其应该发挥的作用，还必须满足：第一，债权的刚性一定要凸现，惟有此才可以利用债务契约的刚性对管理当局的行为进行约束；第二，为了防止小股东中普遍存在的“搭便车”行为，可以推行非国有股东之间的表决权信托制度和表决权代理制度，借以形成可以对管理当局施加重大影响的股权比例，借助于剩余控制权的集中性来确保对管理当局进行监督的动力和效率，甚至应该鼓励机构（基金）持股；第三，应该在保证国有产权的前提下，使国有企业所有权分享适度分散。

“共同治理”机制下，由于国有企业中利益相关者可能因会计信息而受益或受损，势必关注会计信息、要求并参与到国有企业会计信息产权的界定中，这意味着解决了进行会计信息产权博弈的动力问题。例如，借助于职工持股（只有收益权和投票权，无转让权），形成职工持股会，对管理当局进行内部监督，而且职工持股会的存在也可以确保足够比例的剩余控制权与管理当局进行会计信息产权的博弈。这些因素的存在，至少使国有企业所有权分享成为界定会计信息产权的一项因素，能够使会计信息产权的界定处于一种连续的博弈过程中，并使之趋于效率性，也可使国有企业会计信息产权的三角结构逐渐稳定化，最终达到逐步抑制国有企业会计信息产权畸形性的功效。一般而言，共同治理机制的着眼点是通过对管理当局的事前监督和事后监督，对国有企业管理当局事前进行科学地遴选，以及事后根据企业的财务状况、经营业绩对管理当局采取惩罚性或矫正企业的经营行为，并以此为制约，进行会计信息产权的界定。

第五章 会计信息产权博弈：典型问题

第一节 公司治理与财务报告的“充分信息含量”问题：博弈分析①

一、引言：关于财务报告充分信息含量问题②

在公司治理结构中，投资者不直接参与企业经营管理的事实决定了必须对管理当局进行监督。监督的动力来自剩余索取权，监督的权力来自于对企业的剩余控制权（residual rights of control），而剩余控制权是由若干股东共同分享的。但是，在发达的资本市场上，企业股权高度分散，个别小投资者由于企业内部治理结构“公共选择”问题和“集体行动的逻辑”而不愿意直接利用其对企业的剩余控制权③对管理当局进行监督，转而在资本市场上对企业管理当局进行间接监督。其实这样问题就转换为小投

① 本节的主要内容主要参考了杜兴强：“会计信息的充分信息含量问题研究”，《财经研究》，2001年第12期。

② 充分信息（sufficient information）一词起源于统计学的充分统计（sufficient statistic）。

③ 由于股权高度分散性，剩余控制权往往体现为一种投票机制，但由于“投票悖论”（Arrow不可能定理）的存在，以及人人具有的搭便车心理，使得小股东对管理当局进行直接监督不符合成本—效益原则。

资者拥有属于自己的剩余控制权的100%的投票权，因为他们可以在高度流通的资本市场上以“退出”（exit）的方式以示对管理当局的惩罚，而无须在企业内部治理结构中只能够起“抱怨”（voice）的角色。从这个意义上讲，资本市场的出现，对企业管理当局的约束力和监督不是变弱，而是变强了。但是有一点应该明确，那就是不管直接监督也好、间接监督也罢，监督总是需要信息的。关于一个企业的信息很多，由于信息不对称的原因，投资者不可能获得完全的信息（complete information）。而且，由于个人精力和知识结构的限制，投资者也没有必要获得全部的信息，而只需要掌握或了解最充分和必要的信息即可①。相比于企业的庞杂信息体系而言，这里的充分信息是指企业的财务信息或会计信息，因为在一个竞争性的资本市场里，利润率等财务指标可以成为衡量企业经营业绩的充分信息指标（林毅夫等，1997，P12、169）。这样推理的结果使我们必须关注一个现象，那就是：对于一个信息不对称、甚至根本不了解企业经营的外部投资者而言，企业提供的会计信息的充分程度如何的问题。但是，会计信息是否可以作为企业信息的充分量，这取决于财务报表使用者或投资者的基本知识结构和决策特征，以及管理当局提供会计信息时的策略问题。

由于会计信息管制的存在，虽然会计准则或会计制度在一定情况下限制了管理当局在提供会计信息时选择会计政策的自由度，但管理当局仍可以利用其对会计准则规定之外的会计政策选择的天然控制权决定财务报告中会计信息（一种通用的信息）的含量，体现为是否将私人信息转换为公共信息。除了管理当局的会计政策选择行为决定会计信息是否适合充当充分信息量外，投资者的决策与其决策特征也是一个应该考虑的因素。因为对于有些投资者而言，管理当局按照会计准则编制的财务报告的通用会计信息含量已经能够充分满足其进行决策的需要，甚至已经出现所谓的“过载”（overload）现象；但对于另外一些投资者，管理当局仅仅遵循会计准则而提供的通用会计信息也许并不能够满足其决策的要求，也就是存在会计信息的“不足”问题，他们因此对财务报告信息的相关性提出置疑和抱怨（voice），希望能够增加财务报告披露的会计信息的含量来使之满足其

① 基本统计学原理告诉我们，充分信息的定义为：在不损失（或将损失控制于某一个可接受的重要性水平）样本总体中所包含的信息内涵的前提下，以显著少（相对于全部而言）的数据量来传递大致相当于样本总体的信息量，这些显著少的数据量传递的信息就是充分信息。

决策所需的充分信息。对于财务报告披露的会计信息的“不足”或“过载”问题，其实就体现为管理当局和投资者之间围绕会计信息是否是企业信息的充分替代量的一个博弈问题。

二、博弈的基本架构及分析

由于投资者类型和决策所需的会计信息的类型是投资者的私人信息，管理当局一般并不能够先验地了解；同样，管理当局在提供会计信息时对会计准则规定之外的“公共领域”的会计政策选择的自由度对于投资者而言也是一个私人信息。管理当局提供的会计信息有两种类型，高含量和低含量；投资者所需要的会计信息的类型也可以相应划分为两类：会计信息需求的高含量、低含量。如果管理当局提供的会计信息属于高含量，而投资者确实也需要高含量的会计信息，那么假设两者的得益分别为（a，$2a+\varepsilon_m$）；倘若管理当局提供的会计信息属于高含量，而投资者对会计信息的需求类型属于低含量，那么此时就存在着会计信息的“过载”现象，此时投资者也许因为无法消化企业提供的会计信息，因此无法据此判断企业的经营情况而放弃对企业的投资，此时双方得益为（0，0）；如果管理当局提供的会计信息属于低含量，而投资者需要高含量的会计信息，此时会计信息属于“不足”问题，那么投资者因为得不到投资所需要的充分信息，往往会放弃对企业的投资，此时双方得益为（0，0）；如果管理当局提供的是低含量的会计信息，而投资者也属于需要低含量会计信息的类型，此时双方得益为（$4a+\varepsilon_w$，a）。整个博弈结构如下：

表 5-1　　管理当局与投资者针对会计信息的博弈框架

投资者＼管理当局	高含量（$1-P_w$）	低含量（P_w）
高含量（P_m）	$2a+\varepsilon_m$，a	0，0
低含量（$1-P_m$）	0，0	a，$4a+\varepsilon_w$

这个博弈体现了管理当局和投资者之间追求个人利益最大化的不合作博弈，由于其基本特征，纳什均衡是肯定存在的[①]（根据 Brouwer 不动点原理）。但并不存在单一的纳什均衡，而是体现为混合策略问题。这个混

① 纳什定理：在一个有限博弈参与者参与的博弈中，如果每个博弈方的策略都是有限集，那么该博弈至少存在一个纳什均衡，而且可能包含混合策略。

合策略的存在是由于管理当局和投资者之间的信息不完全所引起。但需要说明的是，由于学习过程，管理当局和投资者之间已经有了一定的了解，但还未完全了解。

根据海萨尼转换和混合战略均衡纯化定理（Harsanyi，1973）①，该博弈收敛于确定性的博弈。详细解释如下：

不失一般性，我们假定投资者的策略是这样的，当ε_m超过m时，选择高含量，否则选择低含量；管理当局的策略与投资者相对称，即如果ε_w超过W时选择高含量，否则选择低含量。因此，由于ε_m、ε_w服从[0，x]上标准正态分布，所以投资者需求高含量会计信息的概率为$P_m=(x-m)/x$，选择低含量会计信息的概率为m/x；同理，管理当局选择披露低含量会计信息的概率$P_w=(x-w)/x$，选择高含量会计信息的概率为w/x。

为了使双方的策略形成贝叶斯纳什均衡，在给定管理当局选择的前提下，投资者选择高含量和低含量会计信息需求的期望收益相等，同理在给定投资者选择情况下，管理当局提供高含量和低含量会计信息的策略应该得益相等。那么，投资者的参数m和w的取值应该如下确定：

给定管理当局的策略，假设投资者已经得知管理当局采取上述策略，则投资者选择高含量和低含量会计信息需求的期望得益分别为：

$(2a+\varepsilon_m)\times(x-w)/x+0\times(w/x)$和$0\times(x-w)/x+a\times(w/x)$。

投资者选择高含量会计信息意味着：

$$(2a+\varepsilon_m)\times(x-w)/x+0\times(w/x)\geqslant 0\times(x-w)/x+a\times(w/x)$$

$$\Rightarrow(2a+\varepsilon_m)\times\frac{w}{x}\geqslant a\times\frac{x-w}{x}$$

$$\Rightarrow\varepsilon_m\geqslant a\times\left(\frac{x}{w}-3\right)$$

令m取ε_m的临界值，则有：

$$m=a\times\left(\frac{x}{w}-3\right)\quad\cdots\cdots(1)$$

① 给定博弈G=｛A_1……，A_n；u_1，……u_n｝，对于所有定义在[-1，1]上的独立二阶可微分布函数$P_i(\cdot)$，以u_i为支付函数的博弈的任何均衡都是当$\varepsilon\to 0$时以u_i为不确定化支付函数的博弈的纯战略均衡序列的一个极限。简单表述，海萨尼转换的内容是：完全信息静态博弈中的一个混合策略博弈几乎总是可以被解释为一个有少量不完全信息的近似博弈的一个纯策略贝叶斯纳什均衡（谢识予，1998，P226）。

同理，在给定投资者的策略并假设投资者策略已经为管理当局所知，那么管理当局选择高含量和低含量会计信息的得益分别为：

$$a\times\frac{x-m}{x}+0\times\frac{m}{x}\text{和}\ 0\times\frac{m}{x}+(4a+\varepsilon_w)\times\frac{x-m}{x}$$

管理当局选择低含量会计信息意味着：

$$a\times\frac{x-m}{x}+0\times\frac{m}{x}\leqslant 0\times\frac{x-m}{x}+(4a+\varepsilon_w)\times\frac{m}{x}\Rightarrow\varepsilon_w\geqslant a\times\left(\frac{x}{m}-5\right)$$

取 ε_w 的临界值，则 $w=a\left(\frac{x}{m}-5\right)$ ………………………………… (2)

(1)(2) 两式联立解方程组，可以推出（取符合实际意义的值）：

$$m=\frac{-15+\sqrt{225+60x}}{10}$$

$$w=\frac{-15+\sqrt{225+60x}}{6}$$

那么，投资者选择高含量会计信息的概率为：

$$p_m=\frac{x-m}{x}=1-\frac{x}{m}=1-\frac{-15+\sqrt{225+60x}}{10x}$$

管理当局选择低含量会计信息的概率为：

$$p_w=\frac{x-w}{x}=1-\frac{x}{w}=1-\frac{-15+\sqrt{225+60x}}{6x}$$

可以看出，管理当局和投资者之间选择不同策略的概率取决于 x，x 代表信息不对称的程度，那么当 $x\to 0$ 时，即信息不对称逐渐消除时：

$$\lim_{x\to 0}p_m=\lim_{x\to 0}\left(1-\frac{-15+\sqrt{225+60x}}{10x}\right)$$

$$=1-\lim_{x\to 0}\frac{(-15+\sqrt{225+60x})(15+\sqrt{225+60x})}{10x(15+\sqrt{225+60x})}$$

$$=1-\lim_{x\to 0}\frac{(225+60x)-225}{10x(15+\sqrt{225+60x})}$$

$$=1-\lim_{x\to 0}\frac{60}{10(15+\sqrt{225+60x})}$$

$$=1-\frac{1}{5}=\frac{4}{5}$$

同理，$\lim_{x\to 0}p_w=\frac{2}{3}$

该博弈结果意味着管理当局和投资者的策略都是混合的。这个博弈背后的含义是：管理当局和投资者对于会计信息的博弈是不稳定的，这个不稳定性是由于双方的信息不对称所导致。首先，管理当局相对于投资者具有信息优势，投资者不能够确切地了解管理当局所掌握的信息资源和可以提供的信息量的高低；同样，管理当局也面临着投资者的抱怨和威胁，他既希望披露恰当量的会计信息来传递信号，借以希望能够以较低的资金成本筹集到资金和稳定投资者的队伍，最终实现自己效用的满意化，也希望避免过高的信息披露成本和降低不必要的、因信息披露引发的竞争劣势，但管理当局同样无法确切地找出会计信息披露的平衡点。

三、结论和借鉴性

投资者类型的多样化和分散化导致对会计信息需求的多样化，当管理当局无法确切地对投资者总体需求进行一般性总体期望判断时，管理当局提供会计信息的行为将处于不稳定状态，以某个概率选择披露自己认为高含量的会计信息，以另一个概率选择低含量的会计信息。同样，投资者对管理当局拥有的私人信息的程度也不能够明确地得知，只能够根据自身不同的类型（从会计信息需求角度划分）进行判断，主观认定管理当局提供的会计信息是低含量或高含量。管理当局和投资者双向的信息不对称，短期看就使得会计信息披露过程中可能存在着效率损失，要么会计信息提供不足给投资者决策带来障碍从而影响其决策效果，甚至带来损失；要么导致信息过载，而使企业面临高昂的信息披露方面的簿记成本和可能因披露信息而导致的竞争劣势。此外，管理当局作为会计信息的提供方，其在不对称信息情况下采取的混合策略具有很大的不确定性，任何很小的偏差都可能导致管理当局和投资者关于会计信息的博弈偏离均衡状态，结果导致“双亏”或“双损”结局。因此，如何确定一个充分信息量，既满足投资者对会计信息的普遍要求，满足其决策相关性，又不至于使企业承担较高的成本和面临潜在威胁，就成为关键。当然，这也许是一个两难困境，因为所谓管理当局提供会计信息的相关性，实在是一个具体性的问题，因投资者的决策类型（包括投资者个人知识结构、信息理解和分析能力以及投资者的需求）而不同。若考虑专业财务分析人员的需求而决定提供会计信息的信息量，则可能使一般中小投资者面临会计信息过载的困惑，甚至给其决策带来负面影响，同时也使企业承担额外成本；若考虑中小投资者的要求而决定提供会计信息的披露含量，则可能导致专业财务分析人员将面临信息不足的问题而无法进行相关决策，进而可能失去专业财务分析人员或机构投资者掌握的巨大资源而使企业蒙受损失。这其实是一个大投资者和中小投资者之间以及企业管理当局三者之间谁受益、谁受损的问题，也体现为管理当局决定会计信息披露能否满足“成本——效益”原则的问题，还体现为公平与效率的问题。机构投资者掌握大量的社会资源，在资本稀缺性的前提下，其往往在和管理当局的博弈中能够占据一定的优势地位；而同时中小投资者掌握的资源既可以积少成多，中小投资者的利益能否得到保护也关系着一个国家资本市场是否可以健康发展，所以国家作为宏观调控者也有保护中小投资者的法定义务。何去何从？遗憾的是，研究往往是规范性的或非完全可实证解决的（如 AICPA，1994）。在此，我们也只能够提供几条尝试性的建议，而且这些建议各有优缺点：

(1) 了解中小投资者的需求，分析其与机构投资者之间的信息需求交集，并根据重要性的原则将企业提供的会计信息浓缩为“简化年度报告”(SAR) 进行披露，既满足一般中小投资者的信息需要，也能够为机构投资者提供一个基本的、及时的信息披露；然后，在最终的年度报告中详尽地进行会计信息披露，力争满足机构投资者的信息需求。当然，最终是否完全满足机构投资者的所有要求提供会计信息，取决于“成本——效益”的权衡。

(2) 在财务报告体系中按照对投资者总体的需求进行权衡和调和后的信息量和既定方式（体现为相关机构对会计信息进行管制的要求）提供会计信息，但和机构投资者单独缔结私人契约来提供会计信息。但如此做可能导致：第一，可能导致中小投资者和机构投资者都不满意——对机构投资者而言信息提供不足，而对中小投资者而言信息过载；第二，可能导致不公平性，机构投资者因为获取信息方面的原因而掌握了比一般中小投资者更多的会计信息，如此与内幕操纵没有区别①；第三，若机构投资者因为博弈优势或其强权而廉价获取其所需的会计信息，当企业却因提供差别会计信息无法取得预期的补偿，而机构投资者则因自己花费成本而欲转卖而补偿成本时，资本市场将会陷入混乱，为此需要健全的机制作为保障。

(3) 在财务报表中披露中小投资者和机构投资者共同关注的会计信息，而在财务报告的其他传递手段如其他财务报告中，在不违背

① 管理当局之所以愿意和机构投资者缔结私人契约提供更多的会计信息，原因在于管理当局认定如此效益大于成本；同样，机构投资者之所以愿意和管理当局缔结私人契约获取会计信息，也一定意味着其判断利用获取的会计信息可以得到更大的补偿。这样，同是一个企业的投资者，却面临着不同的信息获取量。

“成本——效益”的前提下自愿披露更多的会计信息来尽量满足机构投资者的需要。但问题在于如此措施可能导致：第一，财务报表作为传递会计信息的主要手段，作用日益下降，反而投资者要获取更多、更相关的会计信息，只有从其他财务报告中去获取，与财务报告本身体系结构不相容；第二，有时在决定到底自愿披露多少含量的会计信息时，管理当局往往并无定论，因为自愿披露对企业的潜在影响（如导致不利的竞争地位）是潜在的、不确定的，难以计量的。

(4) 在网络化的今天，能否按照事项会计（Sorter，1969，P12－19）的思路[①]，将企业经营过程的完整数据，提供给信息使用者，由会计信息使用者根据自身的类型进行必要的加工[②]。但是，由于投资者专业知识结构和个人精力方面的原因，有相当一部分投资者无力按照“事项会计”的模式最终形成自己所需要的会计信息，这样企业在提供会计信息过程中同样可能存在“歧视”行为[③]。

(5) 由于信息不对称，企业内部的管理当局和会计人员总是具有信息处理优势，因此相对于绝大多数的投资者而言可以相对更为低成本地提供多样化的会计信息。因此，可以设想由企业提供可供不同类型的投资者使

---

① 事项法和传统的财务报告模式相比区别在于：第一，传统的财务报告模式是价值模式，假定（请注意，只是假定，并非实际结果）财务报告信息的提供是一个“公共选择”的过程，是符合大多数投资者的需求的；而“事项法”则认为应该尊重投资者的个人决策类型，尽量提供可能导致多样化会计信息的结果。第二，传统财务报告强调会计人员的专业判断是有优势的，至少强于投资者，因此夹杂有会计人员主观判断的最终的结果如利润是客观的；而“事项法”认为，使用者和会计人员对同一批会计数据进行处理，因为夹杂有个人偏好和决策模式的区别，可能生成不同的会计信息。第三，传统的财务报告可能受到诸如实现原则、历史成本原则和货币计量假设等局限，导致一些非常有价值的信息不能够纳入其体系进行披露，而“事项法”由于崇尚会计处理“个性化”而可能避免这个问题。

② 事项法由索特（Sorter，1969）提出，然发表之后接近 30 年无人问津，也未有太大反应，究其原因大致在于：美国在经历 1929 年大萧条后，会计职业界几经努力于 1937 年获得了会计准则的制定权，而在经历了由 CAP 到 APB 的过渡后，1968 年左右由于美国证券市场再度危机，外界矛头再度指向会计职业界，国会也试图收回会计职业界对会计准则的制定权。在此背景下，指责财务报告模式缺陷，提倡“个性化”的模式是与当时的主流意向不相容的。随着手工记账向电算化的过度，随着网络化的普及，更是由于财务报表使用者多样化信息需求的呼吁和准则制定机构转向多重计量模式来力图满足投资者信息需求的现实，使得“事项法”很有可能成为现实，至少产生了应用的条件。

③ 举一个例子来类比：譬如我们经常在报纸上看到这样一种现象，有商家称若拥有若干贵公司的广告贴花，在购买商品时就可以给予一定的折扣，顾客是否关注该企业的广告导致不同的价格。这是一种典型的商业歧视行为。同样，作为一个企业的投资者，中小投资者和机构投资者因为处理会计数据的能力差异，导致最终得到的会计信息相去甚远，这同样是一种歧视行为。

用的不同含量的会计信息，然后予以加密，然后由投资者根据自己的类型和决策需求选择自己需要的会计信息，并进行收费，来限制投资者的会计信息“虐待”行为。分摊模式根据其会计信息需求的多寡来进行收费。之所以选择收费和这种分摊模式的依据在于：第一，因为会计信息的披露成本（无论隐性或直接成本），最终都是要由全部投资者共同分担的，只不过目前分担模式表面公平，实质有点模糊不清和不对应，比如股东按照持股比例承担，债权人则几乎不承担。但是，由于分析和利用会计信息能力的差异，不同的股东根据特定含量（可能不足或过量）的会计信息进行决策的受益和受损程度并不一样，甚至持股比例相同的股东也可能根据会计信息获得不同的收益，所以此种分摊模式在共同分摊的前提下可以实现公平性，让成本分摊和获益尽可能配比。第二，随着专业财务分析人员的出现，他们可能会将其对企业提供的公开会计信息进一步分析整理后的进一步的会计信息出售，从而获利，那么企业完全可以以收费的方式与之进行竞争信息源，弥补信息披露成本，甚至因此获利，最终也由全体股东共同分享。

如上博弈揭示的结果及相关论述的借鉴性在于：会计信息的充分含量博弈，为我们理解会计信息的相关性和可靠性问题提供了一个很好的脚注。自20世纪80年代以来，改进企业财务报告的呼声从未终止，其中很大的一个方面就是指责现行财务报告模式披露的、会计信息的相关性。必须意识到，相关性是具体的，是与每个利益相关者的决策类型紧密联系的。不同投资者由于其决策偏好、采纳的决策方法、模型，个人禀赋、知识结构等方面的原因，对会计信息的相关性有着不同的要求。但是，现行财务报告披露模式的特点是，在了解投资者会计信息需求的基础上，根据投资者的普遍期望要求，通过一套通用的财务报告体系提供关于一个企业财务状况、经营成果和现金净流量的会计信息，以协助其进行相关经济决策。因此，目前企业披露的会计信息本质上是一种通用目的和意义上的会计信息。要想让通用会计信息满足不同投资者的具体相关性要求，决不可能！

而且，提供通用会计信息还可能导致信息披露成本分摊的“公平性问题”，以及交易费用的转嫁问题，这些问题或缺陷也极大了限定了通用会计信息披露的极限，即企业不可能通过一整套的通用财务报告来满足个别投资者日益膨胀的会计信息相关性需求。因为任何情况下、任何领域，

“公平和效率”都是一对难以厘清的矛盾体，有点“情人眼里出西施”的味道。会计信息披露亦然。也许在一定限度内，会计信息披露及会计信息产权界定追求效率是恰当的，但是在另外一些情况下，则不能够完全忽视个人理性和公平性去一味追求效率。

为此，可以断言，目前通用的会计信息披露模式无法满足投资者日益膨胀的相关性需求。这迫使我们思考如下的问题：目前的会计信息产权既定状态是否有效率？我们认为，当且仅当我们能够发现另外一种形式的会计信息披露模式，并进行相关的会计信息产权界定，使会计信息产权满足可交换性和排他性，那么会计信息相关性问题才能够更科学地得到解决。

第二节 公司治理与会计信息披露的“过分挑剔”[①] 现象

一、引言

会计信息是由管理当局负责编制和提供的，当然管理当局并不直接参与反映会计信息的财务报表的编制，但这并不影响管理当局对关于一个主体的会计信息承担责任，而且这个问题通过管理当局和会计人员之间的委托代理契约而得到解决。应该注意到，提供会计信息的财务会计是一个人造的信息系统（AAA，1966；葛家澍，1986.9），对反映会计信息的财务报表而言，任何一个数据都经过了会计人员的诸多处理如加总、减除，也夹杂有会计人员若干主观判断如对固定资产折旧年限、残值的估计，会计人员也可能采纳会计特有的应计、递延、摊销和预提等方法形成最终的单一数据。可以看出，会计人员往往是对会计信息进行一揽子“标价”的，即会计人员并未解释最后单一的数据是如何形成的，形成单一数据过程中哪些原始数据是高质量的，哪些是质量稍差的，因为如此成本太高。应该

① 过分挑剔问题最初由 Barzel（1985）所提出，汪丁丁（1996）进行了进一步分析。

注意到，由于成本——效益原则的存在和重大性惯例的制约，对于财务报表上任何一个单一的数据，会计人员都是按照类似于“平均定价原则”的方式来进行处理的。另一个需要注意的问题就是，由于信息不对称，管理当局和会计人员在编制、提供财务报表和会计信息时，可能存在着不诚实性，即道德风险（moral hazard）。可以理性地预期，管理当局在取得融资以后，很可能并不具有强烈的激励去履行契约中规定地向缔约方披露真实、公允会计信息的承诺，原因在于会计信息的充分披露将可能对其行为产生监督约束。信息不对称的存在和决策不确定性很可能使管理当局的这项道德风险被隐匿，即使管理当局提供的会计信息给使用者带来误导，而管理当局的这项行为并不一定能够被发现[①]。预期到这一点，会计信息使用者、尤其是专业用户和老练的投资者也许对会计人员提供的会计信息并不满意，他们会进行继续地“筛选”，包括重新分解、再按照自己认为理想的方式进行组合，直到他们认为可以获得的边际收益=边际成本为止。那么，问题可以进行如此的表述：当管理当局和会计人员按照通用的会计准则（体现为一种管制）和“平均定价原则”，编制出符合“通用目的”（general purpose）的财务报告之后，仍然将相当有价值的一部分会计信息（“租”）留置于公共领域（public）之中，在该公共领域之中，会计信息的价值是共享的、非排他性的，其价值是否能够为特定的个人或主体所享有，取决于其是否愿意花费代价（时间、精力）去进行攫取。

二、过分挑剔博弈：基本问题

表5-2揭示了关于会计信息过度挑剔的博弈模型。会计信息使用者面临着两个基本策略——重新组合（C）和信任（R）；此外，在会计信息使用者看来，管理当局提供的会计信息存在着两种可能性——诚实或无操纵现象（H）和不诚实或存在操纵现象（D），而且不失一般性，我们可以假定在使用者看来，管理当局以概率P选择诚实，以概率1-P选择不诚

---

① 这里，可能还需要联系有效市场假设（efficient market hypotheses，EMH）进行说明。由于交易费用（主要信息成本）的存在，使用者将不愿意花费时间、精力去“看穿”（see through）管理当局提供会计信息中的错误的表述（misrepresentation）。如果EMH成立，那么使用者将寄希望于通过“搭便车”行为（搭更老练、更专业的使用者的便车）来“看穿”管理当局披露的会计信息中的错误表述行为。但是，遗憾的是，EMH只是假说，许多经典研究得出了EMH并不成立的结论。退一步讲，即使EMH成立，这只是对信息而言的，并不能够确保对管理当局努力效率和效果监督的有效性。

实。如果管理当局在披露会计信息方面是诚实的，即不存在操纵会计信息现象，或没有大量私人信息存在，那么管理当局对会计信息披露而言，就只有一个策略——披露高质量的会计信息（T）；如果管理当局在会计信息披露过程中是不诚实的，那么他就可能有两种选择①——披露高质量的会计信息（T）和披露低质量的会计信息（M）。我们假设，会计人员提供单位高质量的会计信息的成本是 a，由此带来的信息损失② 也是 a，共计 2a；提供单位低质量会计信息的成本为 0 对于专业用户而言，也具备了不劣于企业会计人员的素质，为此，其对单位会计信息的筛选成本假定也为 a；但信息不对称的存在，再加上决策的特定性，就使其在对会计信息的再次筛选过程中可能带来信息损失 3a。我们必须关注这 3a 的损失的承担者，他绝对不是专业用户，而是企业的管理当局。因为一旦依据重新筛选的会计信息得出不当决策后，专业用户完全可能指责企业管理当局提供的会计信息的信息量（information content）存在不足，要求企业作出补偿，不足的部分成本可能就不只是由于会计人员单方面造成的 a，而是 4a。此外，我们假定管理当局对单位高质量的会计信息的评价为 V，而专业用户的评价为 2V（至少应该大于 V）③。

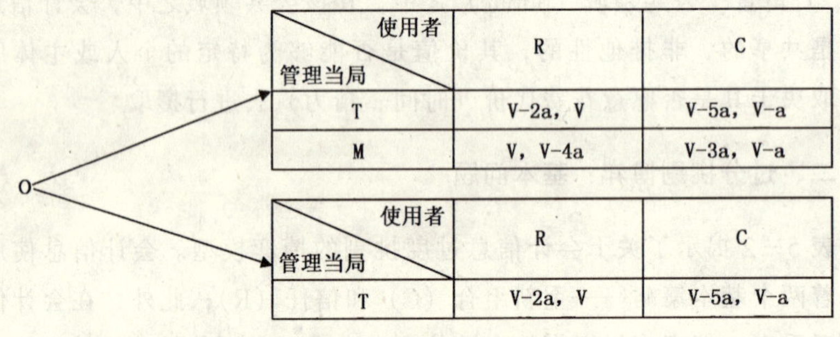

图 5-1　过分挑剔博框架

① 因为管理当局的诚实与否的划分已经概率分布是依据使用者的期望作出的，所以当使用者判断管理当局不诚实时，管理当局事实上仍然可能披露高质量的会计信息。

② 因为将许多分散数据汇总成单一的总括数据过程中由于会计人员的知识结构、职业判断等原因存在着信息量的损耗。管理当局之所以愿意承担这部分成本，原因在于边际收益和边际成本比较的制约。

③ 2V－V＝V，差额 V 称为使用者剩余。一般而言，对于管理当局提供的会计信息而言，由于信息不对称的存在，使用者的评价肯定要大于管理当局的评价，否则投资者就不再需要会计信息，围绕会计信息的交易就不可能发生。

在阐述了这个博弈基本框架之后，必须解决这样一个问题，专业用户是否应该继续筛选，或者按照更规范的提问方式，专业用户以什么概率选择继续筛选（C）？这个问题的解答如下：

首先我们设定专业用户以概率 X 选择信任，以概率 1－X 选择继续挑选。那么问题就转换为：

$$Y = \mathrm{Max}\ \{P[XV + (1-X)(V-a)] + (1-P)[X(V-4a) + (1-X)(V-a)]\}$$

$$= \mathrm{Max}\ (1-X)(V-a) + X(V-4a) + 4PXa$$

对上述表达式求关于 P、X 的一阶偏导数如下：

$$\partial Y/\partial X = P[V-(V-a)] + (1-P)[(V-4a)-(V-a)] = 0$$

解上述方程，得出 P＝0.75。即管理当局的均衡策略可以表述为：当管理当局属于诚实类型时，选择 T；当管理当局属于不诚实类型时，选择 M。会计信息使用者的均衡策略依赖于对管理当局诚实程度的主观概率估计，当 P＜0.75 时，专业用户选择 C；当 P＞0.75 时，选择 R；当 P＝0.75 时，专业用户采取任何混合策略都是最优的。

三、过分挑剔博弈引论之一：审计的必要性

过分挑剔博弈问题告诉我们，是否发生对会计信息的过分挑剔问题，取决于会计信息使用者对管理当局的信任程度。换言之，如果使用者对管理当局“披露的会计信息是高质量的”的信任概率达到一定程度时，过分挑剔问题就可以克服；当信任程度很低时，过分挑剔问题就不可避免了。对于使用者对管理当局的信任问题，可否存在相关解决途径？回答是肯定的，那就是注册会计师审计。过分挑剔博弈其实可以从一个侧面揭示了外部独立审计存在的必要性。什么情况下，由独立、客观、公正的注册会计师进行审计呢？从上述的例子中我们可以清楚地看到：

假设管理当局提供高质量的会计信息，那么单位会计信息的社会价值为 2V。如果使用者对管理当局保持足够的信任，那么过分挑剔问题将不会发生，在会计信息产权转让之后，社会的净效用为 2V－2a［即（V－2a）＋V］（情况①）；如果缺乏一定的信任度，那么会计信息产权转让之后，社会净效用为 2V－6a［即（V－5a）＋（V－a）］（情况②）。信任与否的社会净效用差距为 4a。

假设管理当局提供低质量的会计信息，那么单位会计信息的社会价值

虽然仍为2V，但是无论会计信息使用者是否进一步筛选，是否信任管理当局，最终社会的净效用都为2V-4a。所不同的是，当管理当局提供低质量会计信息而使用者又不继续筛选时，管理当局和使用者的价值分配分别为V、V-4a（情况③）；当管理当局提供低质量会计信息而使用者选择继续筛选时，价值分配转换为V-3a、V-a（情况④）。相对于管理当局提供高质量会计信息而使用者对管理当局保持一定的信任度时的社会净效用降低2a。

对于情况①，这意味着一种理想状态，管理当局提供高质量的会计信息，而使用者对管理当局保持信任。但考虑到信息不对称和代理文献分析得到的管理当局存在道德风险的普遍性使得第一种情况只是理论上的，非现实的。所以我们以情况①作为参照系进行分析。

情况②和情况①比较社会净效用差距为4a，这部分损失由管理当局承担3a，使用者承担a。这意味着一种社会资源的损失，是由于管理当局和使用者尚未建立起足够的信任关系而产生的。考虑到管理当局的道德风险，这部分损失很可能发生。

情况③与情况①相比较，我们发现会计信息的既定产权被管理当局的机会主义行为所扭曲。低质量会计信息的损失4a将全部由使用者所承担，会计信息使用者的权利被严重侵害。而管理当局却未因提供低质量会计信息而受到任何损失，其效用不减反增。

情况④和情况①相比较，社会净效用损失2a，其中一半由使用者承担，管理当局总共承担了3a，但考虑到其最基本应该承担的部分2a，其实其只承担了a。但是接下来的博弈分析告诉我们，问题在于管理当局一次选择了低质量会计信息，那么将永久选择低质量会计信息。

此外，应该注意到，截止到目前，我们的分析是针对于会计信息的专业用户得出的结论。对于非专业用户，由于他们往往并未掌握复杂的分析技术和应有的知识结构，以及由于个人禀赋的差异和对不确定性降低缺乏应有的策略，所以他们往往的策略是情况③，换言之，因为管理当局提供低质量会计信息的损失由他们所默默承受。这是四种情况下会计信息使用者最糟糕的一种结果，此时，使用者的会计信息产权遭到严重的侵害。

再者我们上述的分析是针对单位会计信息和个人使用者进行的分析。如果我们将单位会计信息扩展到企业提供的全部会计信息，假设是m个单位的会计信息；我们也将个人使用者扩展到所有的信息使用者，假设使用者的数目为 n。那么在第二种情况下社会效用净损失为 4mna，第三种情况下使用者承担的单位会计信息的外部性为 3a。

如果存在着独立外部审计，那么只要独立审计费用小于 3mna｛即 (V－5a)－(V－2a)＝3a｝，那么独立审计的存在就可以改进社会净效用，体现为管理当局因为审计的存在而使每单位会计信息成本节约 3a，而使用者也由于独立审计的存在而每单位会计信息降低交易费用 a。

四、过分挑剔博弈引论之二：管理当局提供会计信息行为的一致性

考虑到会计主体或者企业的持续经营性，管理当局及其代理人必须不断地定期提供会计信息。然而作为会计信息使用者则是不固定的，经常处于变动状态之中，在证券市场上的股东尤其如此。管理当局可能选择提供高质量或者低质量的会计信息，会计信息使用者可以信任，也可以不信任管理当局所提供的会计信息。由于信息的不对称性，信息使用者并不能够对会计信息的质量未卜先知，但是他们可以根据所观察到的现象来修正自己的认识。我们假设如果会计信息使用者所信任的、管理当局提供的会计信息是高质量的，并据此进行决策，那么他获得效用 W，如果所信任的会计信息是低质量的，那么他的效用为－W；相应地，如果管理当局提供高质量的会计信息来取得使用者的信任并赢得了投资，那么他的效用为 W，如果提供了低质量的会计信息骗取了使用者的信任，那么他的效用为 2W。那么，博弈矩阵如表 5－2 所示：

表 5－2

使用者 / 管理当局	信任	不信任
高质量	W，W	0，0
低质量	2W，－W	0，0

如果只对一个会计期间进行分析，那么惟一的纳什均衡是（不信任，低质量）。注意对小投资者和潜在的投资者而言尤其如此。但是由于持续经营前提的存在，如果假设贴现因子小于 0.5，那么就会出现这么一种情况：提供高质量会计信息的企业必须持续地提供高质量的会计信息，后来的投资者观察到在他之前的投资者信任企业提供的会计信息，自己也信任。如果企业曾经提供过低质量的会计信息，那么它将持续地提供低质量

的会计信息，因为以后的投资者将会根据在其之前的使用者不信任企业的会计信息而持不信任的态度。那么，此时惟一的子博弈精练纳什均衡为（信任，高质量）。详细分析如下：

(1) 管理当局的决策。给定会计信息使用者对企业披露会计信息的信任程度，如果管理当局提供低质量的产品，那么可以得到 2W 单位的短期效用；当资本市场了解到该企业提供低质量会计信息的事实后，这个消息很快就成为资本市场上诸多投资者的共同知识，因此这之后的每个会计期间的效用都为 0。如果管理当局始终如一地提供高质量的会计信息，那么每个阶段都可以获取固定的效用 W，假设贴现因子为 γ，考虑时间价值进行贴现后使用者的总效用为 $[W/(1+\gamma)+W/(1+\gamma)^2+\cdots+(1+\gamma)^n]$，当企业持续经营时（$n\to\infty$ 时），总效用收敛于 W/γ，因此，如果 $W/\gamma>2W$，即 $0.5>\gamma$，管理当局就不会提供低质量的会计信息。当 $\gamma>0.5$ 时，企业会持续提供低质量的会计信息。

(2) 使用者的决策。给定 $\gamma<0.5$，由于会计信息使用者只关心某个特定阶段的支付（注意这个特点），当他认为会计信息是高质量时，他才予以信赖并据此作出自己的投资决策；如果管理当局曾经提供过低质量的会计信息，那么使用者将会预期管理当局将继续提供低质量的会计信息，所以不信任是其最优决策。

五、结论

在资本稀缺的现实下，企业为了吸引投资者进行投资从而可以较为经济地筹集资金，必须披露相应的会计信息，甚至管理当局愿意将一部分私人信息自愿披露来显示本企业的质量或降低损失。同时，政府为了保证投资者的利益不受损害，标榜其保护“公共利益”的举措也对企业的会计信息披露产生积极的作用。在这种格局下，会计信息使用者在和管理当局关于会计信息的博弈过程中，就可能占据着相对优势的地位①。如果特定的投资者（大债权人、主要股东）对于企业筹集资金而言具有“重要性”或

① 请注意，投资者相对于管理当局而言在需求会计信息的博弈中占据优势和管理当局因和投资者之间的不对称性而具有优势信息并不矛盾。投资者的优势地位是因为资本稀缺而形成，并且处于一种或有状态，可能实现，也可能不实现——可能需要借助于集体行动的力量或第三方如政府的力量才能够实现；而管理当局的优势地位是因为信息不对称而形成，是一种既定和现实的状态，管理当局的信息优势地位只能够削弱，不可能全部消除。

不可或缺性，那么他们就可能利用这种资金供求上的优势发出威胁，借以获得会计信息需求上的"刚性"，进行"过分挑剔"。过分挑剔在特定情况下，对于投资者和管理当局都意味着损失：投资者因为信息过载和非专业性而可能导致信息量耗散，管理当局则可能因提供过多的会计信息而遭受簿籍成本上的损失和可能的竞争劣势损失等。因此，本节提出两种可能的解决途径：独立注册会计师审计和管理当局提供会计信息行为的一致性。

"过分挑剔"现象，从终极角度讲，是个别利益相关者/投资者利用其对企业所有权的分享或对企业的相机控制权来与管理当局进行会计信息产权博弈。这种行为本来无可厚非，但是我们认为应该敏锐地对过分挑剔行为的外部性进行关注。因为在绝大多数过分挑剔情况下，某些利益相关者由于缺乏相应的、竞争性的利益相关者与之进行会计信息产权的竞争或博弈，所以借助过分挑剔进行会计信息产权界定往往蕴涵着强权和对其他利益相关者拥有的会计信息产权的侵犯，是一种矫枉过正的产权博弈。假若如产权经济学家所声称的、"产权是竞争的结果"的结论正确的话，毫无疑问过分挑剔界定的会计信息产权是缺乏效率的。

第三节　注册会计师与管理当局之间的监督博弈

一、"安然丑闻"、注册会计师诉讼爆炸和审计业务保险问题[①]

2001年11月下旬，美国最大的能源交易商安然公司（Enron Corporation）承认自1997年来其曾通过各种非法手段（包括通过关联方交易隐匿债务和损失）虚报利润5.86亿美元。随后2001年12月2日安然公司正式向法院申请破产保护。此前，安然公司以其年收入高达1000亿美元而让IBM和AT&T等公司相形见绌、曾一度创造了美国资本市场"神

① 本节主体部分曾发表于《审计研究》2002年第3期。

话”，但其也创造了美国有史以来最大的破产申请保护记录。安然丑闻爆发后，美国能源和贸易委员会民主党人士 John Dingell 发出了如下的严厉质问：“证监会干什么去了？会计师协会干什么去了？公司的审计委员会干什么去了？律师干什么去了？投资银行干什么去了？财务分析师干什么去了？人们的投资常识何在”（袁铭良，2002）？透过“安然丑闻”，会计师事务所扮演的角色值得深思。在一个健康的资本市场上，独立、客观、公证的注册会计师发表的审计意见，才决定是否对一个企业进行投资。所以，在股权非常分散的情况下，资本市场和注册会计师必须向广大的投资者树立一种“诚信”的健康形象，因为“诚信是市场的基石，是推动市场前进的惟一真正力量”（美国 SEC 前任主席 Levitt）。无独有偶，在我国资本市场上出现的若干起重大反面事件中，注册会计师都无一例外地起着推波助澜的作用。

“安然丑闻”爆发后，投资者通过“集体诉讼”将负责审计的安达信公司告上法庭，使得安达信公司可能面临巨大的损失。其实，每一起资本市场的公司破产案例，都使注册会计师陷入了巨大的风险之中，因为注册会计师必须对其发表的审计意见的经济后果承担法律责任。更具体地，注册会计师必须对其审计意见给投资者带来的损失承担“连带责任”，但投资者是一个模糊而庞大的群体，既包括目前的投资者，也包括潜在的投资者，而且投资者人数非常巨大，这使得注册会计师审计责任已经扩展到公司所有的利益相关者和对整个的社会责任，近年来“诉讼爆炸”现象和“集团诉讼”就充分说明了这一点。这要求注册会计师必须保持高度的职业谨慎性，但问题在于：如果出现了诉讼行为，即使注册会计师保持应有的职业谨慎也未必能够免除承担审计责任，而往往需要承担连带责任。

为了避免巨额损失由个人承担，注册会计师及其事务所近年来正寻求对注册会计师的审计业务进行保险。但是，保险公司也应该意识到，注册会计师审计是一个高风险的行业，其投保是一把“双刃剑”，即有可能带来保险业务的拓展而带来的收入增加，也可能因此而使自己陷于巨大的风险之中。问题的关键在于注册会计师事务所和保险公司之间如何进行博弈。

二、注册会计师和管理当局之间博弈的基本框架

1. 注册会计师和管理当局监督博弈存在的依据

对于企业这个实质的契约关系而言，作为缔约方的财务资本所有者之

所以愿意将其拥有的资源交付给企业管理当局进行日常的经营管理而自己承担大部分甚至全部的经营风险，而且管理当局也愿意尽心尽力地进行经营，其背后的逻辑就是：资本所有者信任管理当局（由管理当局经营企业的经营风险小于自己直接经营企业的经营风险），管理当局也能够取信于资本所有者。但问题在于，信任往往呈现出一种脆弱性，作为理性的资本所有者，他们逐渐拥有一种共同知识（Common Knowledge）——作为资本所有者的委托方一般将追求货币收益放在主要位置，而管理当局作为代理人往往在追求货币收益之外热衷于非货币收益如过多的闲暇、过度投资、经理帝国等，这导致管理当局有时会以牺牲委托方的利益为代价来追求个人的私利。为此，委托方需要对管理当局进行监督，但是由于管理当局努力的难以观测性和高成本的特点，决定了在监督之外还需要对管理当局进行激励。因为监督的有效性取决于两项因素——激励和信息，具体逻辑是"监督→信息→激励"，即监督需要搜寻信息，信息搜寻是需要成本的，但信息的多少与激励正相关（张维迎，1999 年）。可见信息处于监督和激励的中间环节，信息尤其财务信息在一定程度上决定着委托方对采取"监督 + 激励"的模式能否使管理当局的效用尽可能和委托方保持一致的判断。但是问题在于信息是由管理当局及其代理人所提供，由于信息并不对称现象的存在，管理当局完全可能利用自己掌握的天然信息优势来欺骗委托方。为此，需要一个独立、客观和公正的第三方来履行对管理当局提供的财务信息的签证，注册会计师审计机制恰恰承担了这种角色。

由于审计成本的存在，考虑到审计效率，注册会计师对管理当局提供的财务报表（会计信息）的审计已经经历了从详细审计到抽样审计的演变。抽样审计技术的存在，恰如一把双刃剑，一方面可以利用"大数定律"，在将审计风险控制在合理、可接受范围内的前提下降低审计成本、提高审计效率；但同时由于抽样审计，就必然衍生出审计证据对确证审计风险的"小数问题"或概率或然性，即存在着注册会计师仅仅通过抽样审计而未能够发现的管理当局提供会计信息的舞弊行为或账务操纵行为。概而言之，审计成本、审计技术和审计风险、审计责任之间的互动关系决定了注册会计师的最佳审计水平。然而注册会计师的最佳审计水平可能只是处于权衡之后的审计成本最低点，而并不意味着完全排除审计风险。另外应该注意到，注册会计师抽样审计的特点是"共同知识"，企业管理当局也会意识到这一点。就是说，对于形成财务报表的若干笔企业的交易或事项的某一项，企业管理当局存在着两种策略：真实反映或弄虚作假；注册会计师的抽样审计存在着两种可能性：发现与未发现。

2. 博弈分析框架

不失一般性，我们分别进行如下假设：假定管理当局以概率 P_m 选择弄虚作假，以概率（$1-P_m$）选择真实反映。注册会计师发现管理当局弄虚作假的概率为 P_a，未发现的概率为（$1-P_a$）。再假定管理当局如弄虚作假而未被注册会计师发现则可以得到一次性的、短期的收益（效用）为 μ，如被发现则可能面临着各方面的惩罚，为了简化不妨假设其效用损失为 $-\phi$。如果管理当局弄虚作假而注册会计师能够发现，则可避免因面临着法律诉讼的损失，设为 δ。但此处应该注意，由于管理当局相对于注册会计师而言具有信息优势，也就是说管理当局完全可能利用隐蔽信息来蒙蔽注册会计师，所以注册会计师要发现管理当局的弄虚作假，提高审计质量，势必要比未发现管理当局的弄虚作假多花费审计成本 ε。而且要注意，必然存在 $\delta>\varepsilon$，$\mu>\phi$。

表 5-3　　管理当局与注册会计师的博弈分析框架

注册会计师 \ 管理当局	弄虚作假 P_m	真实反映 $1-P_m$
发现 P_a	$-[A+\varepsilon]+\delta$，$-\phi$	$-[A+\varepsilon]$，0
未发现 $1-P_a$	$-A$，μ	$-A$，0

这个博弈的结果不存在纳什（Nash）均衡，是一个典型的混合策略。混合策略意味着：如果管理当局弄虚作假，注册会计师最好的策略是增加审计成本努力去发现管理当局的弄虚作假；如果注册会计师选择增加审计成本努力发现管理当局是否存在弄虚作假行为时，管理当局的最好选择是如实反映；既然管理当局选择如实反映，注册会计师不增加审计成本是合理的选择；但既然注册会计师未增加审计成本对管理当局提供的财务报表和会计信息是否弄虚作假进行强化审计，那么管理当局的最佳选择是弄虚作假……（这个博弈原型的解释见谢识予，1997 年）。如此循环往复，不存在任何自动的纳什均衡。如果要追究其根本原因，那就是因为注册会计师和管理当局的利益始终不会一致，这一点很好理解：因为注册会计师作为独立、客观公正的市场经济守门人，接受委托方的委托，对管理当局提供的财务报表和会计信息进行审计，而管理当局由于与委托方的效用函数

存在差异，所以在其以牺牲委托方的利益为代价追求个人私利时，势必要通过粉饰财务报表和会计信息来掩饰其行为。注册会计师和管理当局利益的对立性决定了纳什均衡的不存在。这里我们其实隐含了一个假设——管理当局和注册会计师未曾存在共谋（Collusion）行为，这一点对理解该博弈十分关键。

对于此种混合性策略，熟悉博弈论的人一定知道，必须符合两个基本条件：其一，不能够让对方事前猜测到自己的选择，本例中体现为注册会计师（是否增加审计成本发现管理当局是否存在弄虚作假）和管理当局（是否弄虚作假）都不能够使对方发现自己的既定策略；其二，博弈方选择每种战略的概率一定要能够使对方无机可乘，这样对方才不能够通过有针对性的策略在博弈中占据上风。该混合策略分析如下：

$$[-(A+\varepsilon)+\delta]\times P_m+[-(A+\varepsilon)]\times(1-P_m)$$

$$=-A\times P_m+(-A)\times(1-P_m)\quad\cdots\cdots(1)$$

$$-\phi\times P_a+\mu\times(1-P_a)=0\times P_a+0\times(1-P_a)\quad\cdots\cdots(2)$$

联立（1）（2），求解得知：

$$P_m=\frac{\varepsilon}{\delta}\quad\cdots\cdots(3)$$

$$P_a=\frac{\mu}{\mu+\phi}\quad\cdots\cdots(4)$$

即管理当局会以概率 ε/δ 选择弄虚作假，以概率 $1-\varepsilon/\delta$ 选择如实反映；而注册会计师会以概率 $\mu/(\mu+\phi)$ 选择增加成本进行审计，以概率 $[1-\mu/(\mu+\phi)]$ 选择不增加额外审计成本进行发现即未发现。

三、注册会计师和管理当局监督博弈产生的悖谬问题及解读

从上述博弈中我们可以发现，加重对于管理当局弄虚作假的惩罚，$\phi'>\phi$，则由（4）式可知，$P_a^*<P_a$。同样根据（3）式，如果加大注册会计师疏忽责任和审计成本之间的比例，即 $\delta'/\varepsilon'>\delta/\varepsilon$，因此 $P_{m^*}>P_m$。

这样，如果加大对管理当局弄虚作假的惩罚，可能导致 $\mu<\phi$，管理当局会停止弄虚作假，但从长期来看，注册会计师会理性地降低其应该保持的职业谨慎程度，结果管理当局弄虚作假与真实反映的期望收益又趋于相等，最终管理当局仍会选择混合策略，并且其混合策略的概率选择取决于注册会计师的期望得益程度即 δ/ε。此即“悖谬”。概而言之，单纯增加对管理当局弄虚作假的惩罚而不改变注册会计师的期望得益程度，虽然

在短期可以起到抑制管理当局弄虚作假的作用，但从长期来看却并未改善管理当局弄虚作假的可能性。

同样，如果增加对注册会计师法律诉讼和其审计成本之间的比例，则会导致注册会计师保持更加的职业谨慎去发现管理当局是否弄虚作假，因此管理当局将不选择弄虚作假（暂时），因此注册会计师增加审计成本竭力发现管理当局是否弄虚作假与不积极地去发现的期望收益又趋于相等，注册会计师又会选择混合策略，混合策略的概率取决于 ϕ 与 μ。由此我们得出同样类似的结论：如果只单纯增加注册会计师法律诉讼损失和审计成本之间的比例，而不改变管理当局的期望收益，则虽短期可以增加注册会计师增加审计成本发现管理当局是否弄虚作假的积极性，但从长期来看并未改变注册会计师混合策略的选择。

通过该博弈可以清楚的看到，注册会计师通过审计对管理当局进行监督最终的结果是混同均衡，混同均衡具有非线性的特征，极不稳定，任何系统内、外的微小扰动都可能使最终的结果偏离混同均衡。为此，必须从特定的社会历史文化背景中寻找突破，这意味着不能够单纯强调注册会计师监督而忽略管理当局意识形态因素。其实，管理当局是否弄虚作假以及注册会计师是否有积极性增加审计成本发现管理当局是否弄虚作假，是一个问题的两个方面，虽然短期看单纯采取对一方的惩罚来诱导其行为也许是恰当的，但从长期来看，并不能够改善任何一方的理性和道德风险行为。这里存在着一个对混同均衡的理解问题，也依赖于对“理性和均衡”之间辩证关系的理解。为此，在目前会计信息失真十分严重和注册会计师审计机制不完善的现状下，加大对管理当局弄虚作假的惩罚（如会计法第4条，第6章）固然重要，但也应该同时大力加强对注册会计师未能保持应有的职业谨慎的惩罚，尤其是要加大对注册会计师和管理当局合谋行为的惩罚力度（因为这是该博弈的前提）。

四、会计师事务所和保险公司之间博弈问题的基本框架

1. 博弈的基本框架

假如合同约定注册会计师应该保持的最低的职业谨慎和审计质量水平为 q^*，预期的赔偿额为 C_0，注册会计师事务所应该交纳的保险费为 S_0。那么，注册会计师有两种基本的策略：$q \geqslant q^*$ 和 $q < q^*$；而保险公司也有两种基本的策略，监督和信任。不失一般性，我们可以合乎逻辑地假定，

如若注册会计师花费额外的内控成本和审计费用 E，使实际的审计质量水平 $q \geq q^*$，则 $C < C_0$。而且需要注意的是，当且仅当 $S < S_0 - E$ 时，注册会计师才会选择 $q \geq q^*$ 的审计质量水平。如若保险公司选择对注册会计师事务所进行监督，那么监督费用为 M，由此若发现注册会计师审计未曾达到最低的审计质量水平，那么注册会计师事务所将面临罚金 W。则双方博弈下的“支出”如下（该博弈最初见 Borch，1990）：

表 5－4　　　　会计师事务所和保险公司之间博弈框架

A 保险公司 / B 事务所	信任	监督
$q \geq q^*$	S+E，C	S+E，C+M
$q < q^*$	S，C_0	S+W，C_0+M－W

注册会计师事务所和保险公司之间的收益矩阵如表 5－5：

表 5－5

A 保险公司 / B 事务所	信任（1－y）	监督（y）
$Q \geq q^*$，（1－x）	C－（S+E），S－C	C－（S+E），S－（C+M）
$q < q^*$，（x）	C_0－S，S－C_0	C_0－（S+W），S－（C_0+M－W）

该博弈不存在惟一的纳什（Nash）均衡，而体现为保险公司和注册会计师事务所之间的“混合策略”：如果注册会计师事务所实际的审计质量水平 $q \geq q^*$，保险公司最佳策略是选择“信任”，反之亦然；如若注册会计师事务所选择的实际审计质量水平 $q < q^*$，则保险公司的最佳选择为“监督”，即对注册会计师的审计质量水平进行复核。但是，根据博弈论的奇数定理（odd theorem），该博弈必然同时存在一个混合策略均衡。混合策略均衡的存在，对我们分析保险公司和注册会计师事务所之间的博弈十分关键。

下面进行求解：进一步假设注册会计师事务所选择低于保险合同规定的最低审计质量水平（即 $q < q^*$）的概率为 x，则选择花费额外的审计费用使 $q \geq q^*$ 的概率为（1－x）；同时假定保险公司决定对注册会计师事务所进行监督的概率为 y，而信任事务所的概率为（1－y）。

思路 1：双方在混合策略下的得益表达式分别为：

$$V_A = \{(1-x)(1-y)(S-C) + (1-x)y[S-(C+M)]\}$$

$$+\{x(1-y)(S-C_0)+xy[S-(C_0+M)-W]\}$$
$$=S-C+xC-yM-xC_0+xyW$$
$$=S-C+x(C-C_0)-y(M-xW)$$
$$V_B=\{(1-x)(1-y)[C-(S+E)]+x(1-y)(C_0-S)\}$$
$$+\{(1-x)y[C-(S+E)]+xy[C_0-(S+W)]\}$$
$$=C-xC-S-E+xE+xC_0-xyW$$
$$=C-S-E+x(E+C_0-C-yW)$$

分别对概率变量 X，Y 求偏导数，而且根据高等数学的极值定理可知道，偏导数为 0 的点为极值点，也为混合策略的均衡点。

$$\begin{cases}\dfrac{\partial V_A}{\partial Y}=M-xW=0\\ \dfrac{\partial V_B}{\partial X}=E+C_0-C-yW=0\end{cases}$$

$$\begin{cases}x=\dfrac{M}{W}\\ y=\dfrac{E+C_0-C}{W}\end{cases}$$

则混合策略的均衡点 $(x,y)=\left(\dfrac{M}{W},\dfrac{E+C_0-C}{W}\right)$

思路 2：该博弈的混合策略均衡点存在的充分必要条件是任何一方（注册会计师事务所或保险公司）选择任何一个策略的概率一定要恰好使对方无机可乘，即对方无法通过针对性地策略而占据上风。按照该思路，混合策略均衡点（X，Y）求解如下：

$$\begin{cases}(1-x)(S-C)+x(S-C_0)\\ =(1-x)\{S-(C+M)+x[S-(C_0+M-W)]\}\\ (1-y)[C-(S+E)]+y[C-(S+E)]\\ =(1-y)(C_0-S)+y[C_0-(S+W)]\end{cases}$$

联立求解得到：

$$(x,y)=\left(\frac{M}{W},\frac{E+C_0-C}{W}\right)$$

2. 启示与小结

将上述博弈进一步延伸，我们可以看到如下的关于保险费的关系：

$$S\geqslant C+\frac{M}{W}\times(C_0-C)$$

换言之，当考虑临界点（在临界点上，不考虑保险公司的管理成本）上的情况时，$S=C+\frac{M}{W}\times(C_0-C)$ 是保险公司愿意接受的最低保费。其中C代表在注册会计师事务所和保险公司签定的特定保险合同下的预期赔偿额，或者说是净保险费。而 $\frac{M}{W}\times(C_0-C)$ 代表由于信息不对称存在时注册会计师的道德风险而使保险公司要求的附加保险费。容易看出，保险费S与监督费用M成相关关系、与安全措施收益 (C_0-C) 正相关，与罚金W负相关。

作为注册会计师事务所，其净支出的最低限额可以表示为：

$$u=E+\frac{M}{W}\times(C_0-C)$$

从该式中可以看出，作为注册会计师事务所，其净支出实际包括内控费用和提高审计质量的成本E和因其道德风险存在而支付的溢价。

综合考虑我们可以发现，保险公司的罚金（若事务所未遵循保险合同）与保险公司的保费收入成反比，但与注册会计师的净支出也成反比。这揭示了这样一个有趣的现象：加重对不遵循保险合同的惩罚最终是有利于作为投保方的注册会计师事务所的。所以，随着注册会计师事务所对审计业务投保行为的逐渐出现，作为保险公司一定要意识到该新兴业务蕴涵的机遇和风险，尽可能在与注册会计师事务所的博弈中占据有利，尽量在获取保费收入的同时将该业务的风险降低到尽量低的程度。

第四节　审计师变更与审计意见购买：一项经验研究[①]

一、引言

审计师变更行为是我国理论界和实务界目前都非常关注的一个现象，

① 本节由研究生郭剑花与杜兴强共同完成。

这是因为上市公司可能会通过变更审计师来购买审计意见。审计意见购买（audit opinion shopping）一般是指经营者通过一定的方式获得低质量的审计意见，而低质量的审计意见降低了会计信息质量，经营者通过信息不对称获得私人利益而损害了股东的利益[①]。正因如此，上市公司是否为购买审计意见而变更审计师，以及变更后审计意见购买是否成功等是急待研究的问题。

证监会于2001年12月22日发布了《公开发行证券的公司信息披露编报规则第14号——非标准无保留审计意见及其审计事项的处理》。该规则的第五、七、八、十条分别对注册会计师及被出具非标准审计意见的公司作出了明确的处理规定。不久，中国注册会计师协会于2002年4月15日发布了《中国注册会计师协会关于进一步做好2001年度上市公司审计工作的紧急通知》，要求2001年度会计报表审计中被上市公司更换的会计师事务所，于4月底前将被更换的情况以书面形式报告中国注册会计师协会。这些监管措施一方面增强了注册会计师出具审计意见行为的经济后果，增加了审计意见的影响效力，直接影响了被出具非标准无保留审计意见公司一些重大决策（如融资、股利分配政策等），从而使这些公司更有动机规避非标准无保留审计意见，为购买审计意见付出更大的成本；另一方面，会计师事务所面临着更严峻的执业环境，其风险意识加强，执业更加谨慎，这在一定程度上减少了上市公司意见购买成功的可能性。那么，这些规定的颁布最终起了什么作用？

针对2001年底证监会颁布的14号规则，陆正飞和童盼（2003）以此为事项窗口，利用沪市A股上市公司的数据进行了经验研究，分析了审计意见的影响效力变化时，上市公司意见购买动机及其实现情况的变化。结果表明：(1) 在2000年和2001年，审计师变更与上年审计意见存在显著的相关性。但14号规则颁布后，上市公司的意见购买动机并没有明显加强；(2) 在2000年具有意见购买动机的公司并不能成功实现意见购买；(3) 在14号规则颁布后的2001年，具有意见购买动机的公司能够成功实现审计意见购买，不过只有微弱的证据。

那么这些监管措施的颁布对其后几年的公司行为、审计意见影响效力如何？本节拟研究在这些规定颁布之后的2003～2005年这三年，上市公

---

① 吴联生："审计意见购买：行为特征与监管策略"，《经济研究》，2005年第7期。

司是否仍存在通过审计师变更来购买审计意见的动机、购买审计意见的动机是否能够实现，以进一步解释审计师变更与审计意见购买之间的关系，以期能够对证券审计市场的监管政策提出经验证据。

二、文献综述

国内外对审计师变更与审计意见的研究始终没有一个明确的答案，不同的学者研究得出的结论不尽相同。Chow and Rice（1982）通过卡方检验一方面来研究公司在被出具“不清洁”审计意见后是否更频繁地变更审计师，在控制了影响审计师变更的其他变量后，结果证明公司在收到“不清洁”审计意见后更倾向于变更审计师；另一方面研究审计师变更是否会对变更后收到的审计意见类型产生影响，结果表明被出具了“不清洁”审计意见而未变更审计师的公司在下一年收到“清洁”审计意见的比例反而高于变更审计师公司收到“清洁”审计意见的比例。Krishnan and Stephens（1995）比较审计师变更公司的前后任审计师的报告决策行为，没有找到成功购买审计意见的证据。对于变更审计师的公司，后任审计师的独立性并没有受到影响，反而表现得更加稳健。Lennox（2000）认为上述研究在技术上存在错误，即审计师变更之后的审计意见是否得到改善，以审计师变更之前的审计意见作为比较基准不合适，因为不同年度之间的审计意见是基于不同审计市场状况和公司不同的财务状况的基础上而得到的，它们不具有可比性；审计师变更之后的审计意见是否得到改善，即审计意见购买是否成功，应该比较在变更与不变更审计师两种情形下所得到的审计意见。Lennox 设计了一个审计意见估计模型来估计在不变更审计师情况下可能会收到的审计意见类型，从而可以比较变更审计师后收到非标准无保留审计意见的概率与不变更情况下收到非标准无保留审计意见的概率，如果前者明显小于后者，则证明上市公司成功地实现了审计意见购买动机，因为变更审计师后审计意见得到了改善；反之，则没有实现审计意见购买动机。

耿建新和杨鹤（2001）研究结果表明会计师事务所出具过非标准无保留意见的审计报告是影响上市公司变更会计师事务所的主要因素之一。被出具过非标准无保留审计意见的上市公司比未被出具过的公司更容易变更会计师事务所；上市公司变更会计师事务所后，其审计报告中标准无保留意见显著地多于非标准无保留意见。李东平、黄德华和王振林（2001）以

1999年和2000年34家被出具"不清洁"审计意见的公司为样本，研究这些公司的审计意见与次年会计师事务所变更的关系。结果表明会计师事务所变更与前一年的"不清洁"审计意见存在着正相关关系。李爽和吴溪(2002)修正了Lennox(2000)的模型，并对我国1997年至1999年的2016个样本观测值进行了检验。结果表明上一时期被出具非标准无保留意见的公司，在下一时期变更审计师收到"不清洁"审计意见的概率略低于不变更审计师可能收到"不清洁"审计意见的概率。吴联生、谭力(2005)对上市公司变更审计师决策的动机与结果进行研究。研究结论表明，中国2002年上市公司变更审计师决策的依据，不单单在于上一期被出具"不清洁"审计意见，也在于预计的审计师变更给审计意见所带来的改善作用。但是，审计师变更并不能显著改善审计意见。

上述研究主要涉及到审计师变更的两个基本问题：(1)被出具了非标准无保留意见的公司是否有通过变更审计师来购买审计意见的动机。(2)公司购买审计意见的动机是否实现，即变更后审计意见是否得到改善。鉴于此，本节拟通过收集中国证券市场中审计师变更的资料，在对国内外相关文献的研究方法进行借鉴基础上，对我国上市公司的审计意见购买动机和审计意见购买动机是否实现这两个问题进行研究。

三、研究设计

1. 研究假设的形成

审计的产生动因是财产的受托责任关系，而受托责任的产生源于财产所有权和经营管理权的分离。拥有所有权的股东把自己的财产交托给经营者进行经营管理，同时委托审计机构鉴证公司管理层的经营业绩。这样，审计业务的委托代理关系由审计委托人、审计人、被审计人三方构成。其中，审计委托人是拥有所有权的股东，审计人是会计师事务所，被审计人是上市公司经营者（如图5-2所示)。这种制度安排使得会计师事务所独立于上市公司管理层，与管理层之间的不存在任何契约或利益关系，他们是接受审计委托人的委托进行审计，向审计委托人负责并获得审计费用。

然而从我国的实际情况来看，一方面，由于其特殊的股权结构，国有股"一股独大"，其对公司的控制表现为行政上的"超强控制"和产权上的"超弱控制"，造成了国有股股东缺位。股东大会形同虚设，对经营管理者的监督缺乏动力，形成了事实上的"内部人控制"。此外，很多公司

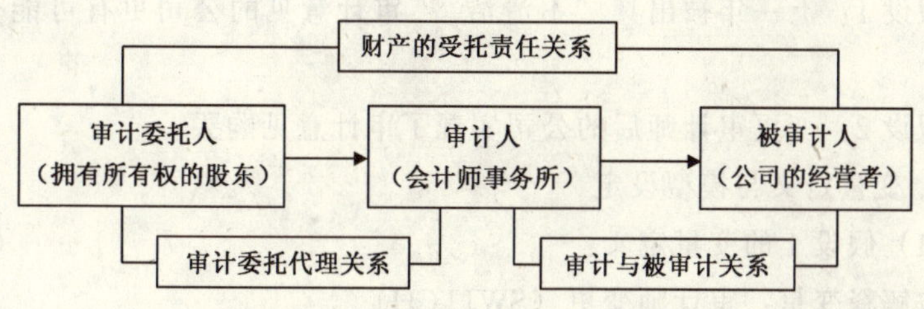

图 5-2 审计业务的委托代理关系

的董事会成员与企业管理层高度重合。在这种情况下，审计业务的实际委托人不是公司的股东大会或董事会，而是公司的经营管理者，这样就形成了由经营管理者聘请会计师事务所对自身受托责任的履行情况进行审计、并向其支付审计费用的畸形审计业务委托代理关系。这种畸形的关系使得被审计单位的经营管理者能够通过对会计师事务所的聘任决策，来选择为其出具“清洁”审计意见的会计师事务所。由此可见，我国公司治理的缺陷打破了审计业务委托代理关系中三方相互制衡的关系，从而为被审计单位管理者通过变更审计师来购买审计意见提供了可能。

另一方面，我国会计师事务所的无序竞争使得注册会计师不敢勇于说“不”。与西方的审计市场不同，我国的注册会计师职业还处于起步阶段，审计市场管理机制还不够成熟完善。从 1998 年底进行事务所脱钩改制[①]以来，从事上市公司审计业务的会计师事务所普遍规模偏小、收入偏低[②]，这导致了审计市场中的恶性竞争非常激烈，事务所之间恶性压价竞争、甚至同行间相互诋毁等现象比较严重。在这种无序竞争的审计市场中，会计师事务所勇于说“不”的直接后果很可能是丢失客户。迫于这种流失客源的压力，会计师事务所很可能作出妥协，出具不独立的审计意见。由此导致了会计师事务所行业的“劣币驱逐良币”的现象，这为被审计单位管理者购买审计意见动机的实现提供了可能。

基于我国这种特殊的制度背景，提出以下两个假设：

---

① 财政部于 1998 年 4 月 9 日发布了财会协字【1998】22 号《财政部关于执行证券期货相关业务的会计师事务所与挂靠单位脱钩的通知》。到 1998 年底，具有证券期货业务资格的会计师事务所与挂靠单位完成了脱钩改制的过程。

② 有关资料显示，截至 2004 年 4 月 30 日，我国平均每家事务所仅有 18 家上市公司，前十大国内所的客户为 405 家，国内 62 家“非十大”所的客户数为 907 家，平均每家“非十大”事务所只有不到 15 家上市公司客户（赵珊，“注册会计师执业环境的变化与改善对策”，《审计与经济研究》，2005 年）。

假设 1：上一年被出具“不清洁”[①] 审计意见的公司更有可能变更审计师。

假设 2：变更审计师后的公司实现了审计意见购买。

1. 变量定义与模型设定

(1) 假设 1 的变量定义：

被解释变量：审计师变更（SWITCH）

如果上市公司当年发生了审计师变更，则 SWITCH = 1；如果上市公司当年未发生审计师变更，则 SWITCH = 0。

解释变量：上市公司上一年收到的审计意见（Q_{t-1}）

如果上市公司上一年收到“不清洁”的审计意见，则 $Q_{t-1}=1$；如果上市公司上一年收到“清洁”的审计意见，则 $Q_{t-1}=0$。

为了检验上一年审计意见与审计师变更的相关性，我们利用 X^2 进行检验。

(2) 对于假设 2 的变量定义。根据文献综述可知，上市公司审计意见购买动机是否实现，其可比的基础应该是不变更审计师情况下收到的审计意见。变更审计师后收到“不清洁”审计意见的概率小于不变更收到“不清洁”审计意见的概率，则实现审计意见购买动机，反之则未实现。

运用 Lennox (2000) 的审计意见估计模型来估计在不变更审计师情况下可能会收到的审计意见类型，从而比较变更审计师后收到“不清洁”审计意见的概率与不变更情况下收到“不清洁”审计意见的概率。本节所采纳的审计意见估计模型如下：

$$\mathrm{Logit}Q_t = a_0 + a_1Q_{t-1} + a_2\mathrm{SWITCH} + a_3\mathrm{LEV} + a_4\mathrm{ROE} + a_5\mathrm{SWITCH}\times Q_{t-1} + a_6\mathrm{SWITCH}\times\mathrm{LEV} + a_7\mathrm{SWITCH}\times\mathrm{ROE} + \varepsilon$$

其中：

$\mathrm{Logit}Q_t = \ln P/(1-P)$：P 代表上市公司被出具“不清洁”审计意见的概率；

SWITCH：表示上市公司当年的审计师变更；

Q_t：表示上市公司当年收到的审计意见，取值如假设 1 变量定义所示；

① 本节的“不清洁”审计意见是指除标准无保留意见以外的审计意见，即带强调事项段的无保留意见、保留意见、否定意见和无法表示意见。

Q_{t-1}：表示上市公司上一年收到的审计意见，取值如假设1变量定义所示；

LEV：表示上市公司当年的资产负债率；

ROE：表示上市公司当年的净资产收益率。

2. 样本选择

本节拟研究在证监会、中注协的这些规定颁布后，上市公司是否仍存在通过审计师变更来购买审计意见的动机及其动机是否实现，所以选取2003～2005年三年全部上市公司作为样本，并按照如下的原则进行剔除：

(1) 考虑到研究中涉及到上一年度的审计意见，所以选取的样本至少应具有连续两年的公开年度财务数据，由此剔除当年新上市的公司①。

(2) 考虑到金融类和非金融类有比较大的差别，剔除金融类的上市公司。

(3) 因为本节主要研究上市公司通过变更审计师购买审计意见，所以剔除因会计师事务所自身原因（如撤销、清算、未通过年检、定期轮换等）而变更审计师的公司②。

经过上述处理，最终选取2003年1280家上市公司，其中变更审计师的有95家；2004年1323家上市公司，其中变更审计师的有119家；2005年1407家上市公司，其中变更审计师的有355家。全部样本为4010家上市公司，其中变更审计师的有355家。

样本公司的财务数据和审计师、审计意见类型数据主要来源于Wind数据库；会计师事务所的变化情况来源于中国上市公司资讯网、巨潮资讯网及Google搜索。本节的统计分析使用Excel和Stata软件。

3. 描述性统计

---

① 对于2003年的样本，剔除缺乏2002年、2003年数据的186家上市公司；对于2004年的样本，剔除缺乏2003年、2004年数据的15家上市公司；对于2005年的样本，剔除缺乏2004年、2005年数据的60家。

② 2003年天一会计师事务所变更为中和正信会计师事务所，由此剔除15家；湖北中正会计师事务所迁入北京，改名为北京中证会计师事务所，由此剔除2家。2004年，原浙江东方会计师事务因与浙江中汇会计师事务所合并，现更名为"浙江东方中汇会计师事务所有限公司"，由此剔除1家。2005年，财政部依法对财政部依法对深圳中喜会计师事务所予以撤销，由此剔除1家；德勤合并深圳天健和北京天健会计师事务所，由此剔除10家；五联联合会计师事务所更名为北京五联方圆会计师事务所有限公司，由此剔除30家；山西天元会计师事务所一分为二，分别加入北就中天华正会计师事务所和北京京都会计师事务所，由此剔除11家。

（1）2003～2005年样本公司审计意见情况：

表5－6　　2003～2005年样本公司审计意见情况

审计意见类型	2003年	2004年	2005年	合　计
标准无保留意见	1186	1173	1230	3589
带强调事项段的无保留意见	56	79	83	218
保留意见	22	51	58	131
无法表示意见	16	20	36	72
否定意见	0	0	0	0
合　计	1280	1323	1407	4010
“不清洁”审计意见比例	7.34%	11.34%	12.58%	10.50%

从表5－6可以看出，2003～2005年样本公司中被出具“不清洁”审计意见的比例分别为7.34%、11.34%和12.58%，呈不断上升的趋势。

（2）样本公司变更审计师情况：

从表5－7可以看出上市公司变更审计师的比例在不断上升。2003年，1280家上市公司有95家变更了审计师，变更比例为7.42%；2004年，1323家上市公司有141家变更了审计师，变更比例为8.99%；2005年，1407家上市公司有141家变更了审计师，变更比例为10.02%。

表5－7　　样本公司变更审计师情况

年　份	2003年	2004年	2005年	合　计
变更审计师的上市公司数	95	119	141	355
上市公司样本总数	1280	1323	1407	4010
变更审计师的上市公司比例	7.42%	8.99%	10.02%	8.85%

（3）2003～2005年样本公司的审计师变更与审计意见情况

表5－8　　2003～2005年样本公司的审计师变更与审计意见情况

	2003年					
	SWITCH＝1			SWITCH＝0		
	$Q_{t-1}=0$	$Q_{t-1}=1$	小　计	$Q_{t-1}=0$	$Q_{t-1}=1$	小　计
$Q_t=0$	58	20	78	1037	71	1108
$Q_t=1$	2	15	17	24	53	77
合　计	60	35	95	1061	124	1185

续表

	2004年					
	SWITCH=1			SWITCH=0		
	$Q_{t-1}=0$	$Q_{t-1}=1$	小 计	$Q_{t-1}=0$	$Q_{t-1}=1$	小 计
$Q_t=0$	86	7	93	1053	27	1080
$Q_t=1$	14	12	26	75	49	124
合 计	100	19	119	1128	76	1204

续表

	2005年					
	SWITCH=1			SWITCH=0		
	$Q_{t-1}=0$	$Q_{t-1}=0$	$Q_{t-1}=0$	$Q_{t-1}=0$	$Q_{t-1}=0$	$Q_{t-1}=0$
$Q_t=0$	101	11	112	1086	32	1118
$Q_t=1$	10	19	29	62	86	148
合 计	111	30	141	1148	118	1266

续表

	全部样本					
	SWITCH=1			SWITCH=0		
	$Q_{t-1}=0$	$Q_{t-1}=1$	小 计	$Q_{t-1}=0$	$Q_{t-1}=1$	小 计
$Q_t=0$	245	38	283	3176	130	3306
$Q_t=1$	26	46	72	161	188	349
合 计	271	84	355	3337	318	3655

从表5-8的审计师变更与审计意见情况可以看出：

2003年，在上一年被出具了“不清洁”审计意见的159家（35+124）上市公司中，有35家变更了审计师，变更比例为22.01%；而在上一年被出具了“清洁”审计意见的1121家（60+1061）上市公司中，有60家变更了审计师，变更比例为5.35%。

2004年，在上一年被出具了“不清洁”审计意见的95家（19+76）上市公司中，有19家变更了审计师，变更比例为20%；而在上一年被出具了“清洁”审计意见的1228家（100+1128）上市公司中，有100家变更了审计师，变更比例为8.14%。

2005年，在上一年被出具了“不清洁”审计意见的148家（30+118）上市公司中，有30家变更了审计师，变更比例为20.27%；而在上一年被出具了“清洁”审计意见的1259家（111+1148）上市公司中，有111家变更了审计师，变更比例为8.82%。

可见，从2003年到2005年这三年的审计师变更比例可以看出，在上一年被出具了“不清洁”审计意见的上市公司变更审计师的比例明显高于上一年被出具了“清洁”审计意见的上市公司的变更比例，即被出具了“不清洁”审计意见的上市公司比被出具了“清洁”审计意见的上市公司更有动机去变更审计师。

2003年，在上一年被出具了“不清洁”审计意见并变更审计师的35家上市公司中，当年被出具“清洁”审计意见的比例为57.14%(20/35)；在上一年被出具了“不清洁”审计意见而未变更审计师的124家上市公司中，当年被出具“清洁”审计意见的比例为57.26%（71/124）。

2004年，在上一年被出具了“不清洁”审计意见并变更审计师的19家上市公司中，当年被出具“清洁”审计意见的比例为36.84%（7/19）；在上一年被出具了“不清洁”审计意见而未变更审计师的76家上市公司中，当年被出具“清洁”审计意见的比例为35.53%（27/76）。

2005年，在上一年被出具了“不清洁”审计意见并变更审计师的30家上市公司中，当年被出具“清洁”审计意见的比例为36.67%(11/30)；在上一年被出具了“不清洁”审计意见而未变更审计师的118家上市公司中，当年被出具“清洁”审计意见的比例为27.12%（32/118）。

从2003年到2005年这三年审计师变更后当年被出具“清洁”审计意见的比例可以看出：在上一年被出具了“不清洁”审计意见的上市公司中，变更审计师后被出具“清洁”审计意见的比例与未变更审计师而被出具“清洁”审计意见的比例相差不大，也就是说在上一年被出具了“不清洁”审计意见的上市公司中，如果与未变更审计师的上市公司相比，变更审计师的上市公司进行审计意见购买的动机并没有实现。

上述一系列的描述性统计结果表明，上市公司在上一年收到“不清洁”审计意见后更有可能进行审计师变更，但变更后是否实现了审计意见购买，更严格的证据需要如下的经验检验来进行分析。

四、实证检验与结果

1. 审计师变更与上一年的审计意见的关系

对于审计师变更与上一年的审计意见关系的检验，如上所述，本节主要采用 X^2 检验，结果如表5-9所示。

表 5-9　　审计师变更与上一年的审计意见关系的 X^2 检验结果

2003 年	$Q_{t-1}=1$	$Q_{t-1}=0$	行小计	X^2	2004 年	$Q_{t-1}=1$	$Q_{t-1}=0$	行小计	X^2
Switch=1	35	60	95	54.56	Switch=1	19	100	119	15.17
Switch=0	124	1061	1185		Switch=0	76	1128	1204	
列小计	159	1121	1280		列小计	95	1228	1323	

2005 年	$Q_{t-1}=1$	$Q_{t-1}=0$	行小计	X^2	全部样本	$Q_{t-1}=1$	$Q_{t-1}=0$	行小计	X^2
Switch=1	30	111	141	19.27	Switch=1	84	271	355	80.3
Switch=0	118	1148	1266		Switch=0	318	3337	3655	
列小计	148	1259	1407		列小计	402	3608	4010	

查 X^2 表可得，X^2（1）=7.879，此时 a=0.005。表 5-9 中各年及全部样本的 X^2 值均大于 7.879，所以检验结果均显著。这表明审计师变更与上一年审计意见是不相互独立的，即审计师变更与上一年审计意见显著相关，说明这三年上市公司都存在审计意见购买动机，从而支持了假设 1。在 2003～2005 年中，2003 年的 X^2 值最大，说明证监会 2001 年底、中注协 2002 年实行的上述监管措施，使得上市公司一旦被出具“不清洁”审计意见，就很有动机通过变更审计师来购买审计意见，这一现象在监管措施刚刚开始实施不久的 2003 年最为明显。此外，审计师变更与上一年审计意见的关系通过一元回归检验显示，两者有显著的正相关关系（2003 年、2004 年、2005 年及全部样本检验的相关系数分别为 1.650681、0.9880833、0.9649161、1.131445），这进一步支持了假设 1。

2. 审计意见购买动机是否实现

对于假设 2 的检验，如上所述，采用 Lennox（2000）的审计意见估计模型进行检验，检验结果如表 5-10 所示。

$$\text{Logit}Q_t = a_0 + a_1Q_{t-1} + a_2\text{SWITCH} + a_3\text{LEV} + a_4\text{ROE} + a_5\text{SWITCH} \times Q_{t-1} + a_6\text{SWITCH} \times \text{LEV} + a_7\text{SWITCH} \times \text{ROE} + \varepsilon$$

表 5-10　审计意见估计模型的 Logistic 回归结果（括号内为 p 值）

	2003 年	2004 年	2005 年	全部样本
Constant	-4.484927 (0.000)	-2.732181 (0.000)	-4.733269 (0.000)	-3.342685 (0.000)
Q_{t-1}	3.12412 (0.000)	3.37653 (0.000)	3.243978 (0.000)	3.217615 (0.000)

续表

	2003 年	2004 年	2005 年	全部样本
SWITCH	0.1013785 (0.929)	1.313583 (0.015)	−0.1424554 (0.892)	0.9107376 (0.001)
LEV	1.116541 (0.000)	0.0614536 (0.664)	2.864139 (0.000)	0.5042939 (0.000)
ROE	−2.685257 (0.000)	0.3644839 (0.187)	−1.218325 (0.000)	−0.3990546 (0.000)
SWITCH×Q_{t-1}	−0.7269356 (0.417)	−0.9606549 (0.160)	−1.24244 (0.070)	−0.7522399 (0.032)
SWITCH×LEV	1.114716 (0.473)	−0.9430436 (0.262)	1.440359 (0.348)	−0.2362736 (0.216)
SWITCH×ROE	0.205329 (0.939)	−0.2800374 (0.644)	1.458731 (0.001)	0.4299359 (0.000)
X^2 (p)	259.75 (0.0000)	177.22 (0.0000)	462.05 (0.0000)	731.67 (0.0000)

根据回归结果分别计算 2003 年、2004 年、2005 年及样本总数的 P（$Q_t=1|Q_{t-1}=0$，SWITCH=0）、P（$Q_t=1|Q_{t-1}=0$，SWITCH=1）、P（$Q_t=1|Q_{t-1}=1$，SWITCH=0）和 P（$Q_t=1|Q_{t-1}=1$，SWITCH=1），这里：

P（$Q_t=1|Q_{t-1}=0$，SWITCH=0）指上一年被出具了“清洁”审计意见，本年不变更审计师而被出具“不清洁”审计意见的概率。

P（$Q_t=1|Q_{t-1}=0$，SWITCH=1）指上一年被出具了“清洁”审计意见，本年变更审计师而被出具“不清洁”审计意见的概率。

P（$Q_t=1|Q_{t-1}=1$，SWITCH=0）指上一年被出具了“不清洁”审计意见，本年不变更审计师而被出具“不清洁”审计意见的概率。

P（$Q_t=1|Q_{t-1}=1$，SWITCH=1）指上一年被出具了“不清洁”审计意见，本年变更审计师而被出具“不清洁”审计意见的概率。

上述各概率的计算结果如表 5-11 所示。

从表 5-11 可以看出：对于 2003 年来说，在上一年被出具了“不清洁”审计意见的上市公司中，即具有审计意见购买动机的上市公司中，变更审计师后被出具“不清洁”审计意见的概率为 59.5719%，大于未变更审计师被出具“不清洁”审计意见的概率 56.9095%，说明 2003 年上市

表 5－11　2003 年、2004 年、2005 年及全部样本被出具“不清洁”审计意见的概率

	2003 年	2004 年	2005 年	全部样本
P（$Q_t=1 \mid Q_{t-1}=0$，SWITCH=0）	9.6744%	6.3751%	23.9811%	7.6378%
P（$Q_t=1 \mid Q_{t-1}=0$，SWITCH=1）	2.9379%	13.4692%	18.5751%	9.2992%
P（$Q_t=1 \mid Q_{t-1}=1$，SWITCH=0）	56.9095%	66.073%	76.6461%	61.8593%
P（$Q_t=1 \mid Q_{t-1}=1$，SWITCH=1）	59.5719%	64.7186%	76.3716%	58.6994%

公司变更审计师后并没有实现审计意见购买动机。对于 2004 年来说，在上一年被出具了“不清洁”审计意见的上市公司中，变更审计师后被出具“不清洁”审计意见的概率为 64.7186%，小于未变更审计师被出具“不清洁”审计意见的概率 66.073%，说明 2004 年上市公司变更审计师后实现了审计意见购买动机。对于 2005 年来说，在上一年被出具了“不清洁”审计意见的上市公司中，变更审计师后被出具“不清洁”审计意见的概率为 76.3716%，小于未变更审计师被出具“不清洁”审计意见的概率 76.6461%，说明 2005 年上市公司变更审计师后实现了审计意见购买动机，但证据较弱。从这三年的全部样本来看，在上一年被出具了“不清洁”审计意见的上市公司中，变更审计师后被出具“不清洁”审计意见的概率为 58.6994%，小于未变更审计师被出具“不清洁”审计意见的概率 61.8593%，说明上述监管措施实施后，上市公司通过变更审计师实现了审计意见购买动机。

五、结论及建议

本节通过单变量检验和 Lennox（2000）的审计意见估计模型，对证监会 2001 年底、中注协 2002 年颁布的上述监管措施实行之后上市公司是否仍存在通过审计师变更来购买审计意见的动机及其动机是否实现进行了检验。结果表明，在上述监管措施实行以后，上市公司仍存在审计意见购买动机，即在上一年被出具了“不清洁”审计意见后更可能进行审计师变更；从 2003 年到 2005 年这三年的全部样本来看，具有审计意见购买动机的上市公司实现了审计意见购买动机。

研究的不足之处在于：没有考虑到影响上市公司变更审计师的其他因素，如上市公司变更审计师并不一定是为了购买审计意见，也有可能是原

先的审计师并没有客观地反映公司的经营状况等其他原因。由于我国上市公司对审计师变更情况未进行充分披露，无法获得充分的变更原因的信息，所以对此未予以剔除。

本节对这两个问题的实证答案暗示着收到“不清洁”审计意见的上市公司经营者会通过变更审计师来购买“清洁”意见。这样的证据可以促使有关部门进一步考虑他们对公司更换审计师的政策。一方面，改革上市公司的审计师聘任制度，实现审计业务委托关系中三方的制衡关系。改革聘任制度，需要从根本上优化公司治理结构，使股东的所有权到位。可采取的措施如股权分置改革，从而降低国有股在公司中的比例；进一步完善独立董事制度，由真正独立的董事组成的审计委员会专门负责审计师的聘任等。另一方面，促进注册会计师行业的有序竞争。这需要加强注册会计师的行业自律，提高注册会计师的职业道德及素质，健全相关的审计法律法规制度，如加强上市公司变更审计师的信息披露等。

第五节 公司治理生态、诉讼爆炸及注册会计师的应对策略：战略系统审计视角

一、公司治理生态、上市公司财务欺诈及审计风险

1. 公司治理生态与上市公司财务欺诈：一个新观点

“9·11 什么都没有改变，而安然（Enron）改变了一切”！美国著名经济学家克鲁格曼精辟地描述了安然（Enron）丑闻及其后发生的一系列财务欺诈事件给美国经济带来的巨大负面影响。其实，财务欺诈并非美国所独有，像日本的雪印公司财务丑闻、我国的银广夏事件等都是鲜活的例证。我们认为，财务欺诈丑闻的频繁曝光，绝不能够单纯归因于会计准则制定的规则导向或原则导向的问题，更不应该狭隘地将之“怪罪”为全是“股票期权”惹的祸，否则只会重复“盲人摸象”的错误。我们对国内外一系列的财务欺诈案件进行深入发掘后发现了这样一个规律：在国内外一系列的财

务欺诈和财务丑闻背后，都存在着公司治理生态危机（Ecology Crisis of Corporate Governance）。所谓公司治理生态[①]，是奠定在包括投资银行家、注册会计师、企业内部管理当局和会计人员、律师等专业人员组成的企业的“知识共同体”基础之上。然而我们观察到，在安然等财务欺诈事件背后，公司治理生态的各个环节“不约而同”地出现了纰漏而失效了！而这与“集体合谋”（Collective Collusion）何异？因为根据简单的逻辑，若公司治理生态包含 n 个环节（如内部控制、独立审计、职业财务分析人员等），健康的公司治理生态要求这些环节彼此之间是独立的，假设每个环节发现企业财务欺诈的概率为 P_t（$P_t > 50\%$，$t = 1, 2\cdots n$）。照此公司财务欺诈要想不被发现，概率 P_F 是非常低的，即 $P_F \rightarrow 0$。利用反证法，之所以小概率事件发生了，那么意味着可能公司治理生态的各个环节“有意识”地失效了（葛家澍、杜兴强，2003）！可见失衡的公司治理生态是一系列财务欺诈滋生的“土壤”。下面以安然公司的财务欺诈为例进行说明：

（1）安然公司的管理当局为了掩饰其拙劣的经营业绩，充分利用美国会计准则的可选择“域”和灵活性，人为对企业的财务报表进行粉饰。

（2）负责安然公司审计的安达信会计师事务所和安然公司的管理当局进行了“合谋”，出具了严重失实的审计报告，误导了投资者，使投资者终生的积蓄被掠夺而不恰当地转移到公司高层管理人员手中。要知道，一般的中小投资者之所以愿意投资于一个企业的证券，在很大程度上是因为信任了注册会计师出具的审计报告[②]。

（3）财务分析师在财务欺诈中所起到的推波助澜的“作用”也不容忽视。因为随着会计准则的日益复杂化，一般投资者根本无法理解企业复杂的交易如金融工具创新、租赁和特殊目的实体（SPE）等，所以投资者尤其中小投资者一般需要依赖财务分析人员的观点进行投资。公司的财务报告问题虽然可以蒙蔽一般的投资者，又怎能逃过训练有素的职业财务分析人员?！但是，财务分析师为了一己私利完全背弃了社会公义和社会责任！当公司的管理当局能够利用会计准则或 GAAP 留下的空间进行操纵，并且和注册会计师进行合谋出具了无保留的审计意见，财务分析师却选择了

---

① 公司治理生态（Ecology of Corporate Governance）概念最初是由中国政法大学教授李曙光提出（《财经》，2002 年第 6 期）。

② Scott，Financial Accounting Theory，Prentice－Hall Publishing Co，1997.

沉默甚至是助纣为虐，在察觉这些公司财务疑问的同时仍作出诸如“建议强烈买进”的推荐！

综合上述认识，难怪安然丑闻爆发后，美国能源和贸易委员会民主党人士 John Dingell 发出了如下的严厉质问：“证监会干什么去了？注册会计师干什么去了？公司的审计委员会干什么去了？律师干什么去了？投资银行干什么去了？财务分析师干什么去了？人们的投资常识何在？[①]”。可见，财务欺诈的存在，其实告诉我们这样一个问题：不是某个环节，而是公司治理生态的每个环节都存在着疑问，而不论其是自愿的或被迫的。为此我们认为，要想抑制财务欺诈悲剧的重演，必须从财务欺诈滋生的源头——公司治理生态入手进行治理，如果只是“救火式”的修修补补，则尤吉·贝拉的“事情会再次重演”的不朽名言将会继续应验。

2. 财务欺诈与审计风险

诚如以上所述，高质量的会计信息往往是奠定于健康的公司治理生态基础之上，而财务欺诈则往往与公司治理生态危机或失衡的公司治理生态密切相关。注册会计师的独立审计只是公司治理生态的一个环节，那么财务欺诈的出现就不能够完全归结于注册会计师审计的失败。然而我们发现，任何一起财务欺诈和企业经营失败的具体案例中，注册会计师总是与企业管理当局被“捆绑”在一起，共同作为“被告”，经受着投资者“集体诉讼”，不仅面临着巨额的经济损失，更为重要的是还可能遭到更为严重的困境——信誉、诚信受损。注册会计师职业已经不堪承受如此之重！究其根本原因，我们认为在于如下几点：

(1) 由于审计成本的存在，考虑到审计效率，注册会计师对管理当局提供的财务报表（会计信息）的审计已经经历了从详细审计到抽样审计的演变。抽样审计技术的存在，恰如一把双刃剑，一方面可以利用“大数定律”，在将审计风险控制在合理、可接受范围内的前提下降低审计成本、提高审计效率。概而言之，审计成本、审计技术和审计风险、审计责任之间的互动关系决定了注册会计师的最佳审计水平[②]。但由于抽样审计，就必然衍生出审计证据对确证审计风险的“小数问题”或概率或然性，即存在着注册会计师通过抽样审计而未能够发现的、管理当局提供会计信息的

① 袁铭良：“安然事件引爆‘五大’诚信危机”，《新财富》，2002 年第 1 期。
② 杜兴强：“注册会计师审计中的监督博弈及保险问题”，《审计研究》，2002 年第 3 期。

舞弊或账务操纵行为。

(2) 社会公众和投资者难以厘清审计责任和管理当局对财务报表的会计责任，所以往往注册会计师被迫与被审计企业共同承担巨额的赔偿责任，或者在投资者的集团诉讼的威胁下往往达成庭外和解。这使得注册会计师审计陷入了一个困境：如何选择恰当的审计水平及可以承受的审计成本来避免可能导致的审计诉讼？成本效益的压力和投资者集团诉讼的威胁，使得注册会计师审计在夹缝中求生，面临着一个可怕的恶性循环：如果考虑审计成本的降低、必然使得日后出现审计诉讼的概率增加，注册会计师事物所将可能因此承担巨额的损失，增加注册会计师事务所的运营成本；而承担巨额赔偿损失的事实反过来促使注册会计师在以后的审计过程中，往往为了降低审计成本而降低审计成本，从而面临着更大的风险。

我们认为，面对财务欺诈和巨大的审计风险，注册会计师存在着如下的应对策略：

(1) 注册会计师必须与投资者进行博弈，通过一种“承诺”的姿态表明，财务欺诈或被审计企业的经营失败应该由企业的管理当局去承担，注册会计师正确地履行了审慎的审计程序，不应该承担与此相关责任。此外，我们还将借鉴博弈论有关文献，构造一个“承诺博弈”来解释注册会计师如何应对投资者的“集团诉讼”。

(2) 注册会计师审计的基本理念急需更新。从“财务欺诈源自于公司治理生态危机”角度进行审视，注册会计师的审计不应该再仅仅局限于被审计企业的财务状况，而应该着力审计被审计单位的公司治理生态的各个环节——即进行战略系统审计。

(3) 注册会计师事务所分散风险的途径急需拓展。为什么注册会计师或事务所要独自承担如此巨额的审计风险？其实，无论从审计市场、还是保险市场的供求关系看，注册会计师事务所完全可以和保险公司签定协议，开拓一种新的险种——“财务报表审计险”，这既降低注册会计师的审计风险，又为保险公司开拓了一种新的业务增长点。

3. 审计责任

注册会计师的审计责任是指其对委托单位编制的财务报表“是否真实、公允地反映了企业的财务状况、经营成果和财务状况变动情况”作出的审计意见负责。作为一种至关重要的职业，注册会计师所承担的责任与其社会地位之间存在着直接联系——只有当注册会计师准备承担一定的责任并对因未能满足规定的要求而引起的后果负责时，其社会地位和执业能力才会被信息使用者所认可。随着民间审计地位的日益提高，其所承担的责任也不断地增长，以至国内外近年来出现了罕见的“注册会计师诉讼爆炸”现象，究其原因大致有：有关证券法规中有关注册会计师的审计责任标准更为严格；原告（委托方或者第三方）希望从被告（注册会计师）那里得到巨额的赔偿，而且发现这决不是奢望，因为获得赔偿的可能性越来越大；集团诉讼（所谓集团诉讼，指一个或少数原告提出的、代表大量受害人进行的诉讼，其条件是潜在的起诉者数量众多以至于不可能单独进行诉讼。在注册会计师审计责任诉讼中，由于集团诉讼的存在，使得潜在的责任涉及的金额数以千百万乃至于以亿进行计数。可以讲，集团诉讼是一种十分令人生畏的现象。）的出现。当然，还有另外一个不容忽视的问题，就是注册会计师的审计责任十分特殊，包括对委托人的责任和对第三者的责任。当管理当局串通舞弊而且技术“高明”使内部控制失效时，即使注册会计师执行了严格的、标准的审计程序与方法也无法确保能够查出委托单位财务报表中的错漏或舞弊。在此种情况下，注册会计师是否应承担责任取决于由于未查出的错漏或舞弊带来的不利后果是否是因为注册会计师自身的过失。一般而言，仅仅当由于注册会计师自身过失的原因而未能揭示财务报表中的重大错报、并给委托单位和可以合理推定的第三方带来经济损失时，审计人员才承担相应的民事责任和法律责任。但是，在目前注册会计师行业倍受关注的特定时期，尽管由于管理当局的串通舞弊等原因带来了注册会计师未能发现财务报表中的重大错报，法院也极有可能裁定委托单位与注册会计师“共同过失”。“第三方”往往从这个现象中得到“鼓舞”，动辄对注册会计师提出诉讼进行索赔。当然，注册会计师未必就会接受索赔，双方必然会进行博弈。本部分将针对这一博弈现象进行分析，提出注册会计师可能的对策。

二、承诺博弈与注册会计师的自我保护

在现实情况中，由于一种众所周知的“深口袋理论”[①]（Deep Pockets

① 当出现投资者的诉讼而司法部门又缺乏判别标准时，往往从平衡社会机制出发，采取“非理性连带无限责任判例”（Doctrine of Joint and Several Liabilities）原则。换言之，只要原告的确受到损失，即使法院无法找到确凿的证据证明是被告的过失行为所导致，也会出于安抚原告的目的，判决被告平均承担原告的损失（惟一的理由是被告有经济能力来承担原告的损失）。

Theory)，尽管由于管理当局的串通舞弊等原因带来了注册会计师未能发现财务报表中的重大错报，法院也极有可能裁定委托单位与注册会计师“共同过失”。“第三方”往往从这个现象中得到“鼓舞”，动辄对注册会计师提出诉讼、要求巨额赔偿。当然注册会计师未必就会接受索赔，双方博弈在所难免。

针对这一博弈现象，我们总结了如下的博弈结构图进行说明（博弈原型参考了张维迎，1999）进行分析，并提出注册会计师可能的应对对策。

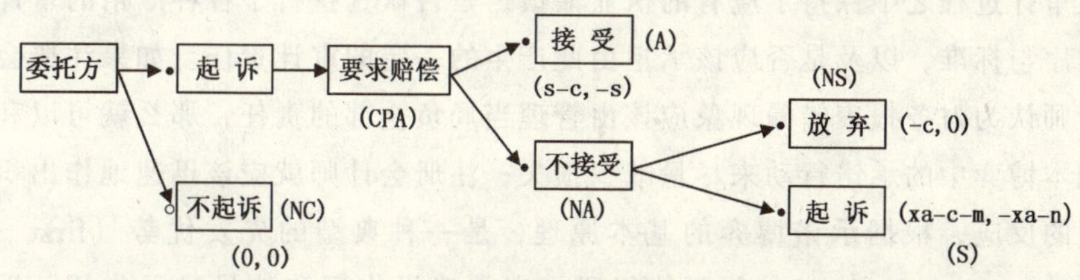

图 5-3　注册会计师的承诺博弈框架

假设原告（委托方或第三方）指控的成本为 $c>0$，并要求被告（注册会计师）支付 s 来解决诉讼；注册会计师决定是否接受原告的要求。如果拒绝，那么假设原告的诉讼成本为 m，注册会计师的辩护成本为 n，原告胜诉将获得 a 单位的效用，并且假设原告胜诉的概率为 x。利用承诺行为，从这个博弈结构图中我们可以得到如下结论：

1. 假设在注册会计师不同意原告方提出的索赔要求时，支付了金额为 w 的律师费用，那么综合进行考虑，被告方（注册会计师）的赔偿区域为 S→（xa，xa＋n－w）。当存在着承诺行动时，假设被告胜诉，将得到的效用为纳什均衡解 $S^*=xa+\frac{n-w}{2}<c+m$，所以最终理性的原告将不会提出指控。分析以后得知，只要 $w<xa+\frac{n}{2}$，那么承诺行动将是优先考虑的，这样可以节省成本 $xa+\frac{n}{2}-w$。

2. 反之，如果原告在指控前支付了金额为 m 的律师费用以显示其准备打官司的决心（因为 $xa-c-m>-c-m$，那么在博弈的最后阶段原告将一定选择起诉）。此时，如果 $xa+n\geqslant s\geqslant xa$，被告注册会计师将接受原告的索赔要求 s，原告也希望在庭下私了而不进行起诉。但是，最终的纳什均衡解为赔偿区域（xa，xa＋n）的期望均值 $xa+\frac{n}{2}$。应该注意，注册会计师作为一种倍受关注的行业，如果坚持与被告打官司，一旦败诉，损失的不仅是应诉的法律费用，而且还会涉及到日后不可估量的声誉损失。这个特点决定了一旦出现了审计失败，即使并非是注册会计师的直接责任，也往往会受到无端的指控。

3. 综合上述，如果出现了由于“注册会计师没有发现管理当局编制的财务报表中的重大错漏并给委托单位和第三方造成了既定的损失”而导致的指控或起诉注册会计师的现象，注册会计师的应对策略取决于其是否在审计过程之中保持了应有的执业谨慎，是否认真执行了各种严格的审计程序与标准，以及是否应该承担由此产生的一定的审计责任。如果注册会计师认为财务报表错漏现象应该由管理当局负全部的责任，那么就可以利用本博弈中的承诺行动来尽量减少损失；注册会计师就应该迅速地作出积极的反应，根据承诺博弈的基本原理，是一种典型的先发优势（first - mover advantage)，这往往可能起到一定的威慑作用和信号显示作用。反之，如果财务报表的错漏是管理当局和注册会计师的“共同过失”，那么就应该调整相应的应对策略，以免造成更大的声誉损失。

三、通过战略系统审计抑制财务欺诈

上市公司的财务欺诈的根源是公司治理生态危机，并不能够完全指责注册会计师审计的失效，尽管并不排除某些注册会计师与企业管理当局有意识地进行了合谋，对中小投资者的财富进行了掠夺。我们认为，一系列财务欺诈的出现，就好象是一把“双刃剑”，既给注册会计师审计带来了前所未有的诚信危机，但同时“危机”又同时迫使注册会计师审计执业界重新审视既存的审计技术与方法，并进行革新与发展，避免重蹈覆辙。

传统的审计模式在一系列财务欺诈面前显得十分束手无策的现实，迫使我们思考信息技术变化给企业流程带来的再造和急剧变化，并据此调整审计策略。目前以风险为基础的审计模式（Risk - based audit model）下，注册会计师对被审计企业风险的评估往往是通过会计视角（Accounting Lens）来进行的，即对被审计企业风险的评估往往局限于财务报表是否存在着重大的不确当表述（Risk of Material Misstatement，RMM），而对企业战略、竞争优势等直接决定企业可持续发展性的各个方面却几乎未曾涉足。值得指出的是，传统的风险审计模式体现为“自下而上式”（Bottom—Up）的，因此往往导致注册会计师“一叶障目，不见森林”，只局限于对被审计企业的财务风险进行评估、对财务报表上存在的、一个个机械的数据的验证，殊不知这些财务数据的源头是企业的现实的经营情况，财务数据只不过是企业经营过程的“替代变量”而已！更何况作为替代变量的财务数据或会计信息是由企业的管理当局及其代理人（会计人员）所编制，难免不会成为掩饰拙劣的经营业绩、粉饰企业糟糕的财务状况和维护企业财务预测这种“泡沫”的工具！况且注册会计师只对财务风险和内部控制进行评估、采纳抽样审计技术并不能够确保能够发现被审计企业财务报表中存在的“疑点”！如果注册会计师不从源头审视被审计企业经营或者战略是否出现了困境或存在着疑问，那么“经济繁荣期→管理当局利用财务预测进行‘空口声明’→利用会计准则的灵活性竭力掩饰和粉饰财务业绩→注册会计师无法发觉→经济萧条→财务欺诈曝光”[①] 这种（存在财务欺诈的）中外“问题型”上市公司发展的共同“轨迹”就会一遍遍重演，最终注册会计师也极有可能成为被审计企业财务欺诈的“替罪羊”。

为此，必须对传统的风险导向审计模式进行革新，采纳“战略系统风险审计模式”（Risk－based Strategic－systems Auditing Model）。“战略系统风险审计模式”并不局限于对被审计企业财务风险的评估，而是通过一个更为广阔的视角，从源头上对被审计企业的动态系统，包括被审计企业的战略及其选择的经济策略（niches）、被审计企业同市场经济中其他利益相关者（顾客、供应商、投资者、监管方）的联系紧密程度、以及可能威胁到被审计企业战略和经济策略实现的各种可能的因素进行审视（Bell，1997、2002）。采纳“战略系统风险审计模式”，其实是通过“自上而下”（Up－Bottom）的审计策略，可以确保注册会计师能够充分了解被审计企业及其所在的行业，更好地服务于随后的财务报表审计。

四、通过“财务报表审计险”来分散审计风险

注册会计师审计近年来正面临着前所未有的压力和诚信危机，围绕注册会计师及其审计客户的集团诉讼此起彼伏，涉案金额也非常之巨大，例如2001年美国的此类集团诉讼案件高达487起，最大的赔偿金额是山登（Cendant）公司的股东向公司董事和安永（Ernst&Young）会计师事务所

---

① 该模式最初由黄明，“会计欺诈与美国式资本主义”（《比较》，2002年第2期）所提出，我们进行了必要的归纳。

要求赔偿30亿美元（陈志武，2002）。本案旷日持久（3年），最后结果是山登公司向股东支付28.5亿美元、安永事务所赔偿3.35亿美元。在注册会计师审计业务市场细分、利润摊薄、非审计服务被严格管制的情况下（Sarbanes－Oxley Act of 2002），巨额的诉讼赔偿对审计市场和注册会计师审计行业的发展无异于雪上加霜。

但是，我们为什么不转变思路，将注册会计师审计面临的风险进行转移呢？安然（Enron）等一系列的财务欺诈丑闻后，审计行业迫切需要一种切实可行的风险分担方式来缓解日益沉重的负担，对财务报表审计业务进行保险就是一种典型的策略，而且这也迎合了保险公司拓展新业务、寻求利润增加点的需求，是一种典型的"双赢策略"。

"财务报表审计险"的基本机理在于：（1）注册会计师和保险公司协定一个基本的审计风险重要性水平，并据此确定保费金额；（2）注册会计师严格地按照该最低谨慎性水平对客户的财务报表进行审计，确保与此相关的重大错误表述已经被审计；（3）一旦出现了上市公司股东的集体诉讼行为，由保险公司和上市公司的管理当局共同确定相应的会计责任和审计责任，并决定各自的赔偿金额；（4）注册会计师除了证明其确实按照约定的重要性水平执行了审慎的审计程序外则可以置身度外。

我们认为，对财务报表审计业务进行保险的优点在于：（1）以可以预知的审计（重要性）水平和金额（保费）将审计风险转嫁给开设该业务的保险公司；（2）一旦出现了诉讼纠纷，注册会计师不必卷入旷日持久的法庭辩解中，可以从容地继续从事审计业务；（3）由于注册会计师和保险公司之间的长期客户关系，只要注册会计师能够证明审计程度的确当性，就可以避免长期陷入不贡献生产力和利润的辩解和举证的麻烦，也不必承担由此导致的巨额经济损失；（4）以避免由于法律诉讼而导致的诚信危机。

五、小结

失衡的公司治理生态是一系列财务欺诈滋生的"土壤"，注册会计师不应该成为财务欺诈的"替罪羊"。为了确保自己的利益不受侵害，必要时注册会计师必须与投资者进行"承诺"博弈，证明自己的确执行了审慎的审计程序、财务欺诈或被审计企业的经营失败应该由企业的管理当局去承担。更根本地，为了避免审计风险，传统的审计模式必须进行更新，应该采纳"战略系统风险审计模式"，通过"自上而下"（Up－Bottom）的审计策略，可以确保注册会计师能够充分了解被审计企业及其所在的行业，更好地服务于财务报表审计。此外，注册会计师行业应该尽快进行“财务报表审计险”，应对审计业务市场细分、利润摊薄、非审计服务被严格管制带来的不利情况，防范巨额赔偿诉讼，避免诚信危机。

注册会计师提供的审计信息是会计信息的一种，但审计信息依然存在着产权问题。我们认为，审计信息的产权界定不清，将会导致本部分所揭示的、注册会计师和会计信息使用者之间的承诺博弈。这迫使我们思考这样的问题，既然审计信息的产权界定是重要的，那么如何确保其效率？前面章节我们曾简单地揭示了借助于企业所有权分享和管制对审计信息产权的界定的作用，然而由于交易费用的原因，通过审计准则、注册会计师职业行为规范等进行的管制存在着一个限度，在这个限度之外，什么决定审计信息的产权？企业所有权分享是一个方面，但有无其他因素？回答是肯定的，那就是社会意识形态或伦理道德因素。但是过去谈及注册会计师的职业道德，往往拘泥于就事论事，实际上，我们认为研究注册会计师的伦理道德或社会意识形态对审计信息产权的影响，必须结合“正”“负”职责的问题来理解。所谓正职责，（Positive duty）是指有义务促成更好地、更具生产力的结果。所谓“负职责”（negative duty），是指简单遵从限定一个人角色的规则。对于某些利益相关者而言，承担“负职责”也许就可以认为其不存在道德问题，然而对于某些利益相关者，其则必须承担“正职责”，否则将面临着道德问题（Ruland and Lindblom，1992）。可见，道德问题对审计信息产权界定的影响绝对不是一个想当然的问题，而必须与特定的职责相联系。那么注册会计师应该承担“正职责”还是“负职责”？这是一个与审计信息产权相关、值得进一步研究的问题。

六、反思：审计信息的产权问题研究

审计的历史和会计的历史一样，同样源源流长。从历史发展的角度和“适者生存”的角度进行理解，至少当委托代理关系出现时，会计和审计就形成了共存（co-exist）的局面。而且实践证明，审计的确是在委托代理关系存在情况下“增进企业价值的一种监督行为”（Watts and Zimmerman，1983）。会计信息是“确保激励和监督相容、剩余索取权和剩余控制权相互匹配的一种机制”（杜兴强，2001），那么审计信息毫无疑问就是“检验会计信息功效是否得以恰当履行的一种机制”；如果说，根据企业所有权分享和管制相结合界定了会计信息的产权[①]，那么审计信息就意味着“衡量会计信息产权事后能否得到切实履行的一种监督机制”。委托代理关系存在情况下，由于委托方和代理方具有不同的利益趋向和目标函数，那么并不能够排除代理方以牺牲委托方的利益为代价追逐个人私利的不道德行为的发生，也不能够确保既定会计信息产权状态的切实可执行性。注意到代理方拥有信息优势和委托方的信息劣势及知识结构，从而可能使委托方的会计信息产权受到损害和削弱的可能性，那么审计活动的存在目的就在于检验和监督委托方拥有的既定会计信息产权是否得到了代理方的尊重，代理方是否履行了会计信息产权（业已明确的、关于会计信息的各项权利）。相对应地，审计信息也就承担着“检验会计信息产权是否履行”的一种监督角色，业已审计的财务报表体现着企业内各种利益关系的均衡（Watts，1977）。从广义上讲，审计活动也提供信息，而且审计信息也是会计信息的一类或一个重要的、有机组成部分，原因就在于它可以为投资者理解会计信息提供帮助[②]。审计人员和管理当局都是会计信息的提供主体。

既然审计信息的一个重要作用在于使投资者明确管理当局是否恰当地履行了会计信息的产权，那么审计信息也必然具有外部性（externality）和经济后果，各个利益相关者可能因审计信息而受益或受损。因此，针对审计信息而言，也存在着一个界定其产权的问题，审计信息的产权同样令人瞩目。遵循如上对审计信息功能的界定，我们认为从历史发展的横截面观察，审计信息产权界定与会计信息产权界定是相适应的，两者处于一种“共生互动”（co - exist and interaction）的状态。什么样的会计信息产权要求什么样的审计信息产权与之相适应。

（一）企业所有权分享与审计信息产权的界定：基于英国商人行会的解读

1. 委托方直接进行审计

企业所有权分享界定会计信息的产权，那么由委托方进行审计是其的

① 关于会计信息产权的论述，杜兴强（1998年，2001年，2002年），刘峰（1997年）曾进行过全面的论述。

② 实践证明，受到知识结构、专业分工和个人经历以及成本效益等多方面的限制和制约，多数投资者一般之所以选择投资于某家企业的有价证券，相当程度上是因为信赖了注册会计师的审计报告（Scott，1997）。

必然逻辑延伸，所以当企业的经济活动比较简单、且委托方的知识结构也能够确保其履行审计角色时，由委托方进行审计可以说是最佳的安排。其原因在于，由于委托方本身和管理当局具有目标函数的不一致，由其实施审计可以体现为一种矫正管理当局的目标函数，可以尽量使其与委托方的目标函数尽量保持一致。此外应该注意到，委托方也有足够的动力去监督管理当局，进行审计同样是一种典型的监督和增加企业价值的活动。但是，对委托方内部由谁来实施审计这个问题应该保持关注，因为当委托方不只一个时，委托方内部也依然存在利益冲突和信任的脆弱性，这是由利益相关者的自利本性所决定的。这必然衍生出实施审计者的责任问题，因此可以断定审计责任是内生的，并非发展到现代审计后才出现。

的确，从早期的企业审计过程中，我们可以观察到最初是由少数几个委托方对管理当局提供的会计信息进行审计的典型事例，Watts and Zimmerman（1983）也揭示了这一点：

英国的商人行会（English Merchant Guilds）可以看作是委托代理关系下最早存在的企业形式，在其中商人通过缔结契约的方式，将其拥有的财务资本提供给商人行会高级职员（管理当局）进行管理，并在契约中对高级职员的行为进行限定。管理当局提供的报表资料每年都必须接受一个由若干行会成员（有时包括一些业余的社会人士）组成审计委员会（audit committee）对其进行年度审计。虽然履行审计职责的审计人员并非专职，但是他们仍然承担着监督管理当局是否背离契约的责任，而且商人行会内部也存在足够的激励使审计人员保持独立性。首先，若审计人员不能够按照规定的时间完成既定的审计任务，那么将面临重罚；其次，如果审计人员不能够保持其应该具有的独立性，那么其将面临失去行会会员资格的惩罚，从而失去按比例分享行会运营所产生的垄断利润的权利；再次，审计人员必须具有自己的财产，因此一旦其未能够履行审计责任，那么其财产将用于弥补因其不当审计导致的损失，这样审计人员的私人财产的抵押性也进一步为其提供了审计独立性的激励；最后，审计委员会由多名成员构成的现实在一定程度上使管理当局贿赂审计人员变得更加困难，因为毕竟来讲贿赂一个审计人员要比贿赂审计委员会的所有成员更加容易。

这个时期审计的基本特点主要是：由行会会员（委托方）实施审计，或者至少说有委托方参与审计；审计并非是肤浅（superficial）和应付了事的，而是相当正式的，因为委托方的自利动机使然；对管理当局费用支出是否合理进行详细审计；也曾出现审计人员拒绝提供证明和签证、以及不同意管理当局某些支出合理性的事例。

我们认为这个时期的审计基本是自发的，因为委托代理关系下，委托方和代理方目标函数不一致已经是“共同知识”，双方利益的冲突使得委托方为了保护自己的利益不受侵犯而自愿进行审计，监督管理当局负责行会运营过程中是否存在违背契约的情况。并且我们认为，考虑到行会（行会，下同）所有权分享的既定特征和当时审计技术的制约，此种审计行为体现了适者生存。原因如下：

(1) 当委托代理关系存在时，由于行会/企业内部由主要官员负责管理行会的关于关税（entrance fees）在内的各项垄断（monopoly）收入，因此利益冲突必然存在。同时由于普通的行会会员并不参与行会的日常管理，因此为了防止代理方以牺牲委托方的利益为代价追逐个人私利，需要对管理当局进行监督。

(2) 这个阶段，行会所有权分享相对比较平均，而且委托方数目也不算很大。因此可以合理地推定，每个委托方/会员分享的行会所有权比例相对较大，拥有行会剩余索取权的较大份额为其提供了监督管理当局的动力。

(3) 由于委托方数目较小，因此每个委托方在拥有了剩余索取权的同时，也能够以较低的交易费用达成共识，借助剩余控制权履行对管理当局的监督职能，而由委托方组成审计委员会进行审计就是一种典型的有效措施。剩余索取权和剩余控制权的集合匹配，可以确保审计作为一种监督机制的效率。

(4) 由于行会的业务并不复杂，审计主要局限于对现金、存货和在用资产的盘查以及对行会各项支出合理性的签证（certify），并不需要过于复杂的审计技术，因此由行会内部成员进行审计就完全可以胜任。

(5) 在行会内部利益相关性、私有财产的抵押性以及审计委员会的构成等各项因素足以为审计人员提供激励，确保审计的独立性和审计责任的履行，也能够保证非审计人员对审计人员审计结果的信赖性。这一点尤其重要，因为信任是审计作为一种监督机制存在的必要条件。这一点很容易作到，只要联系委托方数目较少，只需较低的交易费用就可以通过“公共选择”形成“寻利集团”，组成审计委员会代表“公共利益”，对管理当局提供的报表（平衡表等）进行审计，增加整个行会的价值。

(6) 注意到审计的这些特征，我们认为此时的审计信息产权是完全借助于企业所有权分享来完成的。此时的审计信息呈现出俱乐部物品（club goods）的属性，由审计委员会实施审计产生的审计信息只与行会内部的会员利益相关，使其利益呈现出受益或受损的局面。因此审计信息的产权属于俱乐部产权。审计信息的俱乐部产权特征决定了其在行会或企业内部的不可排他性，但对于俱乐部之外的寻利者而言却是排他性的。审计信息产权在俱乐部内部不可排他性将导致审计信息产权的不可交换性，从而可能削弱审计信息产权界定的效率，但是这个阶段的企业/行会的委托方人数较少，剩余索取权和剩余控制权可以低成本实现集合匹配的现实使得审计信息的产权得到利益相关者的普遍尊重。

借助于企业所有权分享，由委托方组成审计委员会直接进行审计的形式持续了相当长的一段时期，根据 Watts and Zimerman（1983）所说前后共持续了 600 年之久，一直延伸到后来的合伙冒险企业和合股公司中[①]。在这些公司中，往往由董事和股东组成审计委员会对管理当局提供的报表进行审计，而且各种机制的存在为审计委员会提供了独立性的足够激励。但是，也应该理性地意识到，随着企业规模的扩大和业务的复杂化，企业所有权分享开始呈现出分散性的特征，那么不仅审计技术的要求更高使得委托方实施审计逐渐不可能，而且信任关系逐渐脆弱化也使得由若干委托方组成审计委员会实施审计逐渐不可能。

2. 独立的第三方实施审计

随着企业业务的复杂性对审计技术要求的提高，以及委托方数目的逐渐扩大化，由委托方直接实施审计的方式逐渐呈现出其弊端，此时独立的第三方实施审计的方式就应运而生了。我们认为独立第三方实施审计的方式取代由委托方直接实施审计具有必然性，原因在于：

(1) 审计技术制约。随着企业规模的扩大化和复杂化，对审计人员的知识和技术性要求必然更高，委托方由于个人精力禀赋、知识结构和分工方面的原因，已经不再适合再充当审计者的角色。否则成本效益问题势必将凸现。

(2) 此外，注意到企业规模的扩大和企业所有权分享的逐步分散性特征，每个股东都只拥有企业很小比例的所有权，剩余索取权无法为其提供

① 有兴趣请参考 Watts and Zimmerman（1983）。

监督管理当局的动力，每个股东都抱着一种“理智的冷漠”态度，并不希冀能够履行剩余控制权，通过对管理当局进行监督而获取利益，而只希望“搭便车”而获益。这决定了在组成审计委员会时，许多股东和董事的“投票问题”、“投票冷漠”（voter apathy）及“倒霉的少数”（the disadvantaged minority）等现象，结果一则因为通过“公共选择”遴选审计委员会成员交易费用的高昂性①，二则因为每个股东和董事的“廉价投票权”现象，审计委员会要么并不能够代表“共同（公共利益）利益”，要么极端情况下根本不可能形成。

(3) 即使勉强从股东和董事中遴选而组成审计委员会，由于每个审计人员的利益与企业价值的弱相关性，以及考虑到有限责任的引入，这些因素无疑弱化、也无法保证每个股东和董事尽心尽责地代表全体股东的利益，通过实施审计对管理当局进行监督。

(4) 此外，信任问题广泛存在，信任的脆弱性也影响了股东对审计委员会成员能否保持应有的独立性和履行审计责任的怀疑。究其原因在于如上所述的现象已经成为“共同知识”，那么既然每个股东都因为其所分享的企业所有权比例极小而缺乏对管理当局进行监督的动力，那么怎么每个涉外审计委员会内部的股东或董事能够切实代表他们的利益去对管理当局进行监督？此外，由于股权的高度分散性导致的“倒霉的少数”现象，有可能在“公共选择”过程中使得相当一部分股东的利益无法得到切实有效地保护，这更进一步加剧了不信任性的滋生和蔓延。

(5) 由于每个股东较低的剩余索取权无法为其提供监督管理当局的动力，而且剩余索取权和剩余控制权无法进行匹配的现实以及股东理智的冷漠问题，使得通过由委托方组成审计委员会进行审计、对管理当局进行监督的方式的效率大大降低，迫切需要一种新的审计形式出现作为补充。

也许，位于企业外部，独立于企业管理当局和股东的第三方进行审计在特定时期因为解决了审计委员会审计的上述问题而得以出现并得到发展。其主要原因在于：首先，独立第三方实施审计可以暂时克服审计技术环节的限制，节约审计委员会进行审计下的审计成本，使审计活动更具成

① 假设有 n 个股东，若遴选审计委员会成员的数目为 m，单位交易费用为 t，那么成立审计委员会的交易费用至少为［50%·n（n－1）/2］·m。假设 n＝1000，m＝12（Watts and Zimmerman 1983 年揭示委员会成员为 12 的倍数），t＝10，那么交易费用为 29970000。

本效益方面的可执行性；其次，由独立第三方进行审计可以节约为数众多的股东之间进行“公共选择”遴选审计委员会成员时导致的高额交易费用；最后，可以削弱信任的脆弱性程度。

这个阶段的审计信息已经具备了集体物品（collective goods）的属性，审计信息的产权也类似于集体产权（collective property rights）。集体产权同样具有弱排他性，即对集体内部的股东而言是非排他性的，但对集体外部的寻利者而言则是排他性的。弱排他性导致了审计信息产权的不可交换性，而又由于剩余索取权和剩余控制权无法以较低的交易费用实现集合匹配或分散对应，最终无法有效地克服搭便车行为的广泛存在和蔓延，此时审计委员会来界定审计信息产权则是低效率的。而由独立第三方代替审计委员会实施审计，可以克服股东之间普遍存在的搭便车行为，这无疑可以促进审计信息产权的较为有效的界定。但是由独立第三方实施审计也带来如下的问题：

第一，独立第三方实施审计恰好比一把“双刃剑”，虽然可以克服审计委员会审计方式下的搭便车问题，但同时也带来一个致命的缺陷：独立第三方往往缺乏利益动机和激励去对管理当局进行监督，因为它不像委托方和管理当局那样存在利益的冲突，因此并不能够排除合谋（collusion）现象的存在。这就带来一个古老而棘手的问题：“谁来监督监督者”？

第二，独立第三方实施的审计最初必将面临着竞争生存性，由于业务少、审计成本高，无法形成重复性的规模效应，所以最初的独立第三方审计往往由那些具有相应的专业知识和审计技能、但兼职或业余的会计人员来实施。这些先驱者可以看作是 North 在研究制度变迁时所反复强调和提及的首要行动集团（primary action group），也正是在这些先驱者的策动下，独立第三方审计逐渐朝着“职业化”的方面发展，最终借助于审计的重复性和规模化，导致审计成本大大降低。

第三，应该注意到，审计职业化虽然使审计成为一项更加有前途的职业，但仍无法绕开“谁来监督监督者”这个问题。为此，审计实现职业化后，将不得不面临“审计责任和独立性”的挑战。具体来讲，审计独立性是确保审计人员取信于投资者或利益相关者的必要条件，缺乏独立性，第三方的审计的结果——审计信息将受到质疑；而要求审计人员承担审计责任则可以看作是一种激励机制（在审计委员会形式下，作为审计人员就是股东之一，再加上其他的机制限制和制约，因此可以确保其履行审计责任和保持独立性)，使其能够保证其独立性。为此，审计独立性和审计责任要求对审计活动进行管制。最初，审计协会内部为了保持其长远的“租”的利益，也颁布一些行业自律性的规定，约束其成员在审计过程中保持独立性，并明确审计责任。

(二) 管制因素对审计信息产权界定和博弈的影响

1. 管制作为内部化审计信息外部性的一种机制

审计活动本身也存在成本效益的对比。对注册会计师而言，若不存在着管制因素，其提供审计的最佳水平是由边际审计费用和边际期望审计损失（边际审计效益）所决定的。但是，注册会计师从私人边际角度进行决策决定审计水平，据此提供的审计信息和由此界定的审计信息产权，则可能给投资者带来损失；同样投资者过度苛求审计质量则会给注册会计师带来损失。换言之，审计活动内涵着外部性，而且外部性是相互的。信任了已经审计的、但是注册会计师并未觉察到缺陷的财务报表而作出错误决策并最终（给投资者）带来损失，可以看作是一种典型的、与审计活动相伴随的“外部性”。该外部性来自于对审计质量的信息不对称以及预防道德风险的措施的水平的不可观察性。

在缺乏审计管制时，只能够通过企业所有权分享、借助于私人契约对注册会计师的审计质量提出要求，但这种方式在企业所有权分散、剩余索取权和剩余控制权不相互匹配、“搭便车”行为盛行的情况下，由于审计活动的外部性无法得到有效地内部化，因此界定的审计信息产权是低效率的。为了矫正审计信息产权，管制形式将会出现，以“公共契约”的形式取代“私人契约”，来界定审计信息的产权。但是，并不能够因此排除企业所有权分享在界定审计信息产权中的重要作用，实际上企业所有权分享和管制在审计信息产权界定中是相互补充的。

2. 管制如何界定审计信息产权

审计管制的终极目标是矫正审计外部性产生的根源来达到提高最大化社会效用。而矫正审计外部性的最佳方法是将其内部化（Internalisation)。所有与某项审计相关的利益相关者都可以看作是一个假设的企业的各方，那么外部性的内部化就可以通过最大化诸多代理人的联合效用（Joint Utility）而实现。而这等价于最大化社会福利。而审计管制的目标函数可以表达为（转化为）最小化审计成本和最小化负外部性。

$$\text{MinSC}(q) = AC(q) + E(q) \cdot P(E|q) \quad \cdots\cdots\cdots\cdots\cdots (1)$$

其中，q代表审计质量，审计质量是指确保注册会计师因为重大失误而受到诉讼的临界水准。SC（q）代表社会成本。AC（q）代表审计成本，审计成本与审计质量正相关。E（q）代表注册会计师的审计意见给财务报表使用者带来的损失额（外部性），它依存于审计质量；P（E|q）代表注册会计师审计意见给财务报表使用者带来损失的概率（可能性）。E（q）·P（E|q）代表实际的损失额，负相关于审计质量。这样，SC（q）对于q而言就是一个严格凹性（Strictly Convex）的函数，根据简单的微分常识可知，必然存在着一个审计质量q^*，使SC（q）达到极小值点SC（q^*）（同时也是最小值点）。因此，当实际审计质量$q<q^*$时，对审计市场的管制使$q\to q^*$（使q向q^*逼近）。即审计管制的存在实现了使注册会计师审计成本AC（q）的q向q^*移动，这是一项福利改进（welfare-improving）行为。

但是，必须明确，理论上的管制最佳结果使注册会计师对所有来自于各个方面的诉讼要求承担责任，这对注册会计师而言是一种过度保险（super-inssure）行为。但在现实的经济、法律环境下，由于保险溢价即E（q）·P（E|q）往往需要事先估计，且事后对不同利益集团承担的法律责任的非确定性，所以没有任何法律会如此规定。取而代之的是，法律往往对注册会计师的职业谨慎提出法律准则，这等价于一定的审计质量q'，通过控制外部性来控制可能的法律责任。而职业谨慎准则的制定可以是事前的（让注册会计师明确其应该保持的职业谨慎水平），也可以是事后的（在既定的损失出现后，通过法庭的判例来体现），或者是事前和事后方式的结合。

对注册会计师法律责任的管制也可以存在不同的形式。比较常见的是疏忽原则（negligence rule）。在疏忽原则作用下，当且仅当审计质量小于法律规定的q'时，注册会计师才应对既定损失承担责任。关于承担损失（外部性）规模E（q）取决于不同的国家或者注册会计师在契约关系中的事先约定。

在共同责任下损失分担原则，可以通过运用共同疏忽来减轻损失，即承担有限责任。在疏忽原则下，注册会计师预期承担的成本函数为：

$$TC(q)=AC(q)+N(q)\cdot Er(q)\cdot P(Er|q) \quad \cdots\cdots\cdots\cdots\cdots\cdots (2)$$

其中 $N(q)=\begin{cases}1，若q小于q'时\\0，当q大于等于q'时\end{cases}$

其基本含义是，当且仅当注册会计师提供审计服务的质量小于法定的q′时，注册会计师就应该对财务报表使用者因为信任其审计意见而导致的决策失误损失承担全部责任；但当审计质量超过或者等于法定的q′时，注册会计师并不对因此带来财务报表使用者的损失负责。那么毫无疑问此时的TC（q）就是一个阶梯式函数，那么在q′点，该函数就是跳跃性的。当存在明确的法律规定的q′时，注册会计师在提供审计服务时，理性地将会对“提高审计质量带来的边际审计成本成本增加”和“最终的预期责任赔偿降低”进行比较，而绝不会去追求社会成本的边际降低。

可见，审计信息产权的研究为我们界定注册会计师的法律责任提供了一种新的思路：如果法律规定的谨慎性水平导致的审计质量远远高于前面所提到社会成本最低的最佳审计质量时，注册会计师作为理性的经济人则未必会遵循法律规定的过度的谨慎性水平。如果审计失败只导致微小的第三团体损失，那么由此可以断定法律的规定过于严厉。此时，注册会计师可能认为法律规定的权利被滥用，注册会计师的审计行为将不会受法律规定的影响而依然按照理性的模式行事。同时应该意识到，虽然不确定性情况下法律对谨慎性的规定将带来审计质量的提高，但也能够减少注册会计师可以选择的审计质量水平。不确定性可能导致审计质量的私人最佳选择大于或者低于法律规定的水平。这需要我们以一种新的观点，结合审计信息产权，以一种中立的立场，去全面和辨证地认识注册会计师的法律责任问题，而不应该走向另外一种极端。

第六节 公司治理与上市公司盈余预测中“空口承诺”的博弈信息内涵

一、引言

在目前的公司治理生态背景下，由于信息不对称现象的存在，再加上上市公司的不良的公司治理结构和社会中介的独立性和诚信缺失，最终导致财务预测有可能一步步演变为财务欺诈：

（1）为了从资本市场上筹集到扩大再发展所需要的资金，公司往往会在财务预测中通过“空口承诺”描绘企业未来盈利的美好前景①；以公司治理生态为背景进行思考，这里既存在着在不良的公司治理结构下，企业管理当局的“内部人控制”行为导致的、财务预测的任意性和缺乏足够的约束与责任承担机制，也存在着注册会计师②、投资银行家和财务分析师等“知识共同体”往往背弃独立和诚信，对财务预测采取了姑息和纵容的因素③。

（2）资本市场的不确定性和经济周期的繁荣、衰退的更迭性决定了公司管理当局的财务预测并不总是能够顺利实现，许多原本进行空口承诺的项目最后可能会陷入亏损的境地，这种现象往往会迫使管理当局利用财务会计准则的弹性、选择财务欺诈来人为营造出一种企业平稳（甚至是高速）发展或持久性盈利的假象（当然并不排除管理当局也有出于自身套现股票期权的目的）；同样，盈余惯例或财务报表粉饰传递的虚假财务信息之所以能够传递到资本市场，往往既与注册会计师的助纣为虐摆脱不了干系，也与投资银行家的惟利是图、财务分析师的见利忘义有着紧密的联系。于是，一次次的盈余管理和财务预测将上市公司朝着财务欺诈的深渊不断诱导。

（3）在经济处于衰退期，资本市场留给投资者、管理当局和监管方的可资调整的空间被压低到最小限度，最终财务欺诈昭然若揭！

尽管我们并不能够断然肯定财务预测一定导致财务欺诈，但从财务预测往往诱发财务欺诈的角度进行思考，我们认为，要防范财务欺诈和虚假的财务会计信息，必须对财务预测进行相关的规范。

二、财务预测报告与“空口声明”

企业财务报告是一个有机的体系，包括财务报表、财务报表附注和其

① 关于财务预测，不可避免地会出现“空口承诺”的问题，但是目前来看，美国的GAAP缺乏有效的规范措施。

② 按照相关惯例，注册会计师或相关专家只需要对财务预测发表审阅意见，因此若非特殊情况，否则无须承担严厉的经济后果（“安全港”惯例）。特殊情况往往指：财务预测的审阅失职是故意的、财务预测审阅失职与投资者的损失直接相关（举证责任在投资者）、该损失是严重的。

③ 更为详细的案例分析，请参加第六章第一节。

他财务报告。其中，财务报表是财务报告的中心部分，是企业对外传递信息的主要手段；企业财务报告不仅包括财务报表，而且包括传递会计信息的其他手段，如其他财务报告[①]（SFAC No1）。其他财务报告作为财务报告的一个有机组成部分，可以不必遵守公认会计原则（GAAP）或会计准则、会计制度（葛家澍，1999），而且其他财务报告重披露的信息既可以包括历史性的财务信息，也可以包括非财务性的、预测性的信息。但是需要注意，这并不意味着任何信息都可以随意地通过其他财务报告进行披露。实际上，在其他财务报告中进行披露的信息至少应该满足三个基本条件（葛家澍，1999）：（1）企业根据会计准则或会计制度要求或自愿提供；（2）有助于会计信息使用者理解财务报表，不能产生误导作用；和（3）虽不要求注册会计师进行审计（audit），但要求专家或注册会计师提供审阅（review）。其他财务报告主要包括管理当局的讨论和分析（management's discussion and analysis，MD&A）、中期报告（interim reports）、社会责任报告（social responsibility report）、简化年度报告（summary annual reports，SARs）以及财务预测报告（reporting on financial forecasts，RFF）。

20世纪80年代末期以来，财务报告的相关性日益降低成为会计界关注的焦点，会计准则制定机构和相关组织的工作受到强烈的批评，由此掀起了改进企业财务报告的浪潮。最具代表性的观点来自于Wallman（1995.9；1996.6；1996.12；1997.6）和AICPA（1994）。其中，AICPA（1994，Chapter7）中提出为了推动企业报告应该鼓励披露前瞻性的信息和着眼于未来，可以说迎合了投资者进行决策的需要。但是，由于会计信息系统主要是一个以提供财务信息为主的人造经济信息系统，预测性的信息和着眼于未来的信息涉及的交易或事项往往由于不满足确认的某项或者几项标准、或者因为计量方面的原因，不适宜通过财务报表进行确认和计

① 这里，有必要对某些会计术语进行说明，在国外称为“财务报告”，我国则称为“财务会计报告”，国外称为“财务报表”的，我国则沿用习惯用法仍然称为“会计报表”，国外称为“其他财务报告”的，我国则称为“财务情况说明书”。详细请参见《会计法》、《企业财务报告条例》。

量然后再进行披露，从而就在其他财务报告中进行披露[①]。但是在其他财务报告中披露预测性的问题却很有可能带来了“空口声明”的问题。本节主要关注财务预测报告（RFF）可能导致“空口声明”的相关问题。

所谓“空口声明”，是指会计信息的提供方（管理当局）对未来的、未发生的事项或交易进行预测，但预测的结果不会直接或立即影响管理当局和会计信息使用者的利益，对会计信息使用者的利益的影响是间接的、滞后的。正是由于这个原因，西方国家除了要求企业在招股说明书中披露有关的预测信息如盈利预测外，并不强制但鼓励在定期的财务报告中以自愿方式进行披露（孙铮，1996）。我国的规定大抵相仿。近年来，美国SEC顺应改进企业财务报告的要求，正在积极为预测信息建立“安全港”(safe harbor)，认为只要企业的预测信息是有合理依据的并且是出于善意的，那么即使与实际存在偏差，企业也不必为此承担预测不准确的责任(SEC release No5993；转引自葛家澍，1999)。这条规定的出台可能引发下面问题：由于在其他财务报告中披露预测信息只需注册会计师或专家进行审阅而无须遵守GAAP，也无须审计，再加上SEC对预测不准确责任的或有豁免，所以可能带来企业借此披露预测信息的随意性，增加“空口声明”的潜在不利性。因为是否真正豁免取决于企业提供预测信息的基本态度，但企业的基本态度具有模棱两可性，而会计信息使用者由于信息不对称，并不能够了解到真实情况，最终很可能导致管理当局利用相对信息优势来损害投资者的利益[②]。

事实果真如此吗？“空口声明”是否可信？我们认为，不可全信，也

---

① 有些文献因此提出根据财务报告的不同组成部分区分相关性和可靠性取舍的思路，即对于财务报表中的会计信息应该首先满足可靠性，甚至牺牲相关性；而对于其他财务报告，则强调相关性，甚至不惜牺牲可靠性。但是我们认为，按照这种“两分法”最终将导致一种尴尬的局面，那就是财务报表提供的是高度可靠、同时几乎不相关的会计信息，结果财务报表披露的会计信息很可能将失去其决策有用性。此外，这似乎与FASB的SFACNo1（Par.6）指出的结论——“财务报表是财务报告的中心，是企业向外界传输会计信息的主要手段”相互矛盾。

② 其实，财务预测信息始终处于争议之中，赞成的人理由在于：(1) 决策是面向未来的，提供财务预测信息可以有助于投资者进行决策；(2) 财务预测信息即使不通过公开途径披露，也很有可能通过非正式途径为少数人得知，那么这些人利用得到的内幕信息进行决策，不利于资本市场的公开、公平和公正性。而反对预测信息的人理由在于：(1) 预测不可能完全可靠，对未来进行预测的信息总带有某些或然性，如果预测不准确的话，可能对投资者的决策事与愿违；(2) 如果存在着财务预测，那么管理当局可能处于信誉考虑，出现为完成预测而完成预测的情况，因此不排除账务操纵的嫌疑；(3) 如预测与事实严重不符，则企业将可能面临法律诉讼；以及(4) 财务预测如果不当或过度，有可能使披露企业处于一种“竞争劣势”的局面。

未必完全不可信。下面通过管理当局与使用者之间的博弈进行详细探讨，分析什么情况下管理当局在财务预测中进行的“空口声明”在多大程度上可信，什么情况下可以通过管理当局的“空口声明”实现会计信息的充分传递，以及如何采纳适当的机制来促成这一点。

三、财务预测“空口声明（承诺）”博弈的基本架构

财务预测虽然多为“空口声明”，但管理当局在其他财务报告中进行财务预测的基本目的或初衷还是起到一种“信号传递”的作用。因此，投资者不应将财务预测这种“空口声明”当作是“耳旁风”，或认为其一无是处。可以肯定的是，管理当局之所以通过财务预测对企业经营的某方面进行预测或自愿披露，原因只有一个，那就是如此做对其有利，自愿披露好消息（good news）如此，自愿披露坏消息（bad news）也是如此[①]。另外，应该注意到，管理当局在财务预测中进行“空口声明”时也希望投资者能够信任，所以并不见得总是“一派胡言”。我们认为，管理当局利用财务预测进行的某些“空口声明”是具有信息内容（information content）的，也是可以在一定条件下起到信号传递的作用。之所以说其具有信息内容，是因为管理当局进行“空口声明”时的真实情况、以及“空口声明”和最终结果之间的关系无非两类：与其在财务预测中的“空口声明”相符，与其“空口声明”不符。两种情况下都包含有投资者所需要的信息，关键是投资者能否进行恰当的分辨——分辨管理当局的“空口声明”属于哪一类。如果投资者分析管理当局的“空口声明”属于第一种情况（相符），那么可以根据其进行决策；如果属于第二种情况（不符），则可以按照其“空口声明”的对立面进行决策。正是基于这个意义上，我们说财务预测中的“空口声明”要起到信号传递的作用是有条件的，这个条件即投资者是否可以进行分辨管理当局进行“空口声明”时的状态。

管理当局对投资者的“空口声明”要能够起到信号传递的作用，并可以使投资者相信，必须同时满足三个基本条件：（1）不同企业管理当局通过财务预测进行“空口声明”必须针对投资者的行为的偏好性，如有的侧重于股利支付，有的侧重于未来盈利等等；（2）对不同企业管理当局的不

---

① 管理当局为什么自愿披露坏消息呢？目的是为了避免更大的损失，这其实也是一个博弈问题，用直观的语言表述就有点“坦白从宽”的意味。

同“空口声明”，投资者因为利益偏好不同，而采取不同的战略和行动；(3) 投资者的利益偏好一般而言不能够与管理当局进行“空口声明”时的期望完全相反。如果不满足于其中前两项任意一个，即管理当局的“空口声明”或投资者的偏好无差异，那么“空口声明”将没有区别性或无异乎“对牛弹琴”，“空口声明”将无任何信号功能。至于第三项，其实告诉我们，当管理当局的“空口声明”和投资者的利益偏好完全一致，那么“空口声明”具有最强的信号作用；若完全相反，则没有任何信号作用；若按照某个相关系数 β（$0<\beta<1$）相关，则“空口声明”具有不完全的信号作用。此外，应该注意到，由于管理当局因为信息不对称而具有的天然信息优势，所以管理当局在“空口声明”中处于主动一方，而投资者处于被动一方。

下面，我们将管理当局作为声明方，投资者作为辨别方，来构建两者之间针对“空口声明”进行的博弈（张维迎，1996；谢识予，1997）。博弈表述如下：

(1)“自然”从管理当局“空口声明”的集合 $S=(S_1、S_2、S_3\cdots S_n)$ 中以概率 $P(S_i)$ 随机选择管理当局的类型，且 $\sum P(S_i)=1$，$0\leqslant P(S_i)\leqslant 1$；

(2) 管理当局根据私人信息，了解自己的类型 S_i 后从 S 中选择 S_j 作为自己的“空口声明”，并且注意 $S_i\neq S_j$，并设 $\mu=(S_i-S_j)/S_i$，代表管理当局空口声明类型与真实类型的偏差程度；

(3) 投资者基于自己的利益偏好，参考管理当局的 S_j，从自己的战略集合 $A=(A_1、A_2、A_3\cdots A_n)$ 中选择 A_t；

(4) 管理当局和投资者的得益分别为 $U_M(S_i, A_t)$ 和 $U_I(S_j, A_t)$。

下面，我们将在实数区间上讨论“空口声明”以及与此相关的博弈问题，这样的结果将不失一般性，结论当然也就可以适用于管理当局和投资者只有离散、有限个策略的情况。假设 $S_{i,j}\in[0, 1]$，$A_t\in[0, 1]$，这样我们其实就将复杂的现实问题转换为一个 $[0, 1]\rightarrow[0, 1]$ 上的映射。接着再假设管理当局得益函数 $U_M(S, A)=-[A-(\mu+S)]^2$，投资者得益函数 $U_I(S, A)=-(A-S)^2$。从中我们可以看出，若 $\mu=0$，则 $U_M=U_I$，即管理当局的“空口声明”具有完全的得益函数。但由于私有信息的存在，$\mu>0$ 是现实情况①，则 U_M 与 U_I 既不完全对立，也肯定

① $\mu<0$ 代表管理当局的偏好行为小于自己的真实类型的情况。

不一致。所以μ其实代表了管理当局的私有信息，即当管理当局真实类型为S_i时，他选择S_j，同时他期望投资者选择最有利于自己的A_t，且$A_t=S_j+\mu$。此外，我们首先要交代“空口声明”博弈其实属于“部分合并均衡”的完美贝叶斯均衡。这种均衡的基本特征是可以将连续空间［0，1］分成n个区间［0，x_1］；［x_1，x_2］；……［x_{n-1}，x_n］，属于同一个子区间的管理当局所做的“空口声明”属于同一类型，不同子区间的管理当局作出不同类型的“空口声明”。

四、博弈的具体分析

1. n=2的情况

当n=2时，［0，1］的区间被分割为两个子区间［0，x_1）和［x_1，1］，所有$S_i\in$［0，x_1）的企业管理当局进行同样的空口声明S_j，同样所有$S_i\in$［x_1，1］的企业管理当局进行同样的空口声明S_j。投资者在观察到管理当局的“空口声明”后，由于信息不对称，往往选择期望的战略$x_1/2$，$(x_1+1)/2$。投资者的选择方式是共同知识，管理当局完全清楚。我们返回来考虑，管理当局之所以愿意进行属于$S_i\in$［0，x_1）的“空口声明”，一定因为管理当局在$x_1/2$和$(x_1+1)/2$之中偏好前者，即前者可以给他带来不小于后者的得益。同样道理适用于管理当局进行$S_i\in$［x_1，1］的情况。

前面曾经谈及，管理当局期望投资者选择$A=S+\mu$时取得最大得益，但投资者选择越接近$S+\mu$，其得益越少。设$W=[x_1/2+(x_1+1)/2]/2$，我们可以断定，管理当局在$W>S+\mu$时，会偏好于$S_i\in$［0，x_1）；而管理当局在$W<S+\mu$时，会偏好$S_i\in$［x_1，1］。那么在2个子区间的分界点x_1处最希望的投资者行为$x_1+\mu$应该恰好等于W，即：

$x_1+\mu=W=[x_1/2+(x_1+1)/2]/2$

$\Rightarrow x_1=0.5-2\mu$；$\because x_1\in[0,1]$

$\Rightarrow 1>0.5-2\mu>0$；$\therefore 0.25>\mu>-0.25$；

小结：这个解的意义在于，管理当局进行“空口声明”的类型和管理当局实际类型不能够相差太大，即$|\mu|$不能大于等于0.25，否则管理当局和投资者的偏好差距太大“空口声明”完全无意义。这个给我们的启迪就是，如果管理当局意欲通过自愿披露向资本市场的投资者传递信息，那么

过分担忧管理当局在其他财务报告中披露的预测会计信息与真实情况的差异，可能是不必要的。而惟有 $0.25>\mu>-0.25$，双方偏好差距在一个可以接受的范围内。但毕竟假定管理当局进行“空口声明”的类型只有两类与现实不符，而且管理当局“空口声明”因此传递的信息量还十分有限。下面我们进一步将之拓展为n个子区间。

2. n取任意整数的情况

在将［0，1］拓展为n个子区间时，第（K－1）个子区间 $[x_{k-1}, x_k)$ 和第K个子区间 $[x_k, x_{k+1})$ 的临界点 x_k 管理当局的行为偏好在 $(x_{k-1}+x_k)/2$ 和 $(x_k+x_{k+1})/2$ 之间无差异，即：

$$x_k+\mu=[(x_{k-1}+x_k)/2+(x_k+x_{k+1})/2]/2$$

$$\Rightarrow (x_k-x_{k-1})+4\mu=x_{k+1}-x_k$$

即n个子区间的长度各不相同，后一个子区间比上个子区间长度长 4μ。根据这个基本规律，如果我们将第一个子区间长度认为设置为 σ，那么第t个子区间的长度为 $\sigma+(n-1)\times 4\mu$。此外，

$$\sigma+[\sigma+4\mu]+[\sigma+8\mu]+\cdots\cdots+[\sigma+(n-1)\times 4\mu]$$

$$=n\sigma+[n(n-1)/2]\times 4\mu=1$$

⇒只要存在 $2n(n-1)\mu<1$，都可以找到符合条件的 σ（即 σ 的存在性）。

⇒$n(\mu)\leqslant[1+(1+2/\mu)^{1/2}]/2$；⇐（考虑解不等式，并注意 $n(\mu)\geqslant 1$）

⇒$n(\mu)$ 反相关于 μ；即 μ 越大，$n(\mu)$ 越小，“空口声明”的信息传递作用越不可能形成。此外注意由 $1+2/\mu>0\Rightarrow\mu>-2$。

⇒考虑到现实情况，即资本市场上企业的非同质性，所以一个临界点的 μ 值为0.25。

⇒当 $\mu=0.25$ 时，$n(\mu)=1$，“空口声明”无任何信号传递作用；

当 $\mu>0.25$ 时，由于管理当局真实状态和“空口声明”状态差距程度太大，所以不能传递任何信息；

当 $\mu<0.25$ 但 $\mu\neq 0$ 时，管理当局“空口声明”可以在不同程度上传递信息；

此外，考虑理论上的可能性：

当 $\mu\to 0^+$ 时，$n(\mu)\to+\infty$，此时管理当局的“空口声明”传递信息最为充分；

当 $\mu < -2$ 时，管理当局的“空口声明”可以部分传递信息；

当 $\mu \to -\infty$ 时，$n(\mu) \to 1$，不能够传递任何信息。

五、结论与建议

如果管理当局通过其他财务报告向资本市场传递自愿披露的预测信息，其实管理当局就不可能完全摆脱“空口声明”的嫌疑；但我们不能够因此而否认通过其他财务报告传递的预测信息的信号传递作用，即使管理当局存在着“空口声明”的可能性；管理当局提供的预测信息或管理当局的“空口声明”是否存在信息含量或是否具备信号传递作用，取决于管理当局真实状态和“空口声明”状态的背离程度 μ。从现实情况出发，μ 越小（本节例子的临界点为0.25），管理当局“空口声明”的类型越多，投资者可以根据自己的利益偏好从中进行选择，即意味着管理当局“空口声明”的信号传递作用越强。对于自愿披露预测信息、意欲导致资源趋利性流动的企业管理当局而言，由于理性的考虑，管理当局真实状态和“空口声明”状态的背离程度不会太大，此时投资者过分担心管理当局利用私有信息愚弄资本市场实在不必要。但对于利用“空口声明”披露预测信息保持有不纯动机的管理当局而言，有关管制机构经过管制，进行事后的严格惩罚，通过改变这类管理当局和企业的效用函数来影响降低其“空口声明”中实际状态和披露状态之间的背离程度。此外，如果考虑到事后管制的滞后性和管理当局私人财富的无以补偿性，应该适当进行事前管制，事前管制的主要途径是通过限制真实状态和“空口声明”状态之间背离的最大限度来完成的。

总之，管理当局通过其他财务报告进行的财务预测，包括“空口声明”是一把“双刃剑”，既有可能起到“信号传递”的功能，向资本市场传递投资者决策所需要的、面向未来的信息，也可能导致管理当局滥用此项权利而蒙蔽投资者。对此应该有清醒地认识，切不可“因噎废食”，走向极端。正确的态度是鼓励提高其他财务报告披露预测性的会计信息，但同时进行适当的事前管制，并增加事后的惩罚力度。

参考文献①

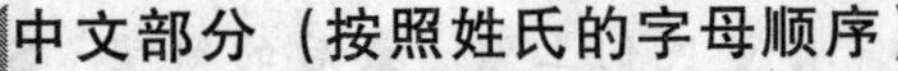

中文部分（按照姓氏的字母顺序）

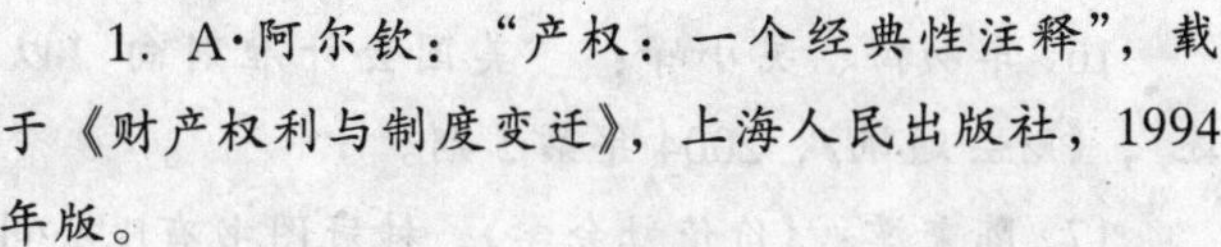

1. A·阿尔钦："产权：一个经典性注释"，载于《财产权利与制度变迁》，上海人民出版社，1994年版。

2. ［美］阿道夫·A. 伯利、加德纳·C. 米恩斯，甘华鸣等译：《现代公司与私有财产》，商务印书馆，2005年版。

3. ［美］AICPA研究报告，陈毓圭译：《论改进企业报告》，中国财政经济出版社，1997年版。

4. ［冰］艾格特森著，吴经邦等译：《经济行为与制度》，商务印书馆，2004年版。

5. North and Thomas，厉以平等译：《西方世界的兴起》，华夏出版社，2000年版。

6. 奥尔森著，陈郁译：《集体行动的逻辑》，上海人民出版社，1996年版。

7. 巴泽尔著，费方域等译：《产权的经济分析》，上海人民出版社，1997年版。

8. ［美］贝克奥伊著，钱逢胜等译：《会计理论》（第四版），上海财经大学出版社，2004年版。

9. 财政部：《会计政策变更、会计估计变更以及会计差错的更正》，1998年版。

10. 财政部：《企业会计准则》，1993年7月1日。

11. 财政部会计司译：《对美国财务报告采用以原则为基础的会计体系的研究》，中国财政经济出版社，2003年版。

12. 蔡宁："会计准则制定——以规则为基础，还是以原则为基础"，www.chinaacc.com。

13. 蔡祥、李志文、张为国："中国实证会计研究评述"，《中国会计与财务研究》，2003年第6期。

14. 常勋：《财务会计四大难题》，立信会计出版社，2002年版。

① 包括直接引用及间接参考的所有文献。

15. 常义："黄曼民们上演'最后的欲望'ST宏智仅剩残皮?"，http://finance.sina.com.cn，2004年6月8日。

16. 车幼梅、吴小峰："美国会计准则向'以原则为基础'回归评述"，《财会通讯》，2004年第5期。

17. 陈秉潼：《价值社会学》，桂冠图书有限公司，1990年版。

18. 陈工孟等：《公司治理概论》，清华大学出版社，2003年版。

19. 陈汉文、邓顺永："盈余报告及时性：来自中国股票市场的经验证据"，《当代财经》，2004年第4期。

20. 陈仁栋：《人力资源会计》，厦门大学出版社，1991年版。

21. 陈润生："熵"，《百科知识》，1981年第10期。

22. 陈宪：《经济学方法通览》，中国经济出版社，1995年版。

23. 陈向民：《公司定期报告的及时性研究——理论和实证方法的探索》，厦门大学学位论文，2001年。

24. 陈小悦、徐晓东："股权结构、企业绩效与投资者利益保护"，《经济研究》，2001年第11期。

25. 陈晓、陈小悦、刘钊："A股盈余报告的有用性研究——来自上海、深圳股市的实证证据"，《经济研究》，1999年第6期。

26. 陈晓、江东："股权多元化、公司业绩与行业竞争性"，《经济研究》，2000年第8期。

27. 陈信元、陈冬华、时旭："公司治理与现金股利：基于佛山照明的案例研究"，《管理世界》，2003年第11期。

28. 陈信元、陈冬华、王霞：《转型经济中的会计与财务问题——基于中国上市公司的案例》，清华大学出版社，2003年版。

29. 陈信元、叶鹏飞、薛建峰："我国会计信息环境的初步分析"，《会计研究》，2000年第8期。

30. 陈秧秧：《规则基础与原则基础会计准则制定模式研究》，厦门大学学位论文，2004年。

31. 陈一江：《财务会计中的可靠性》，厦门大学学位论文，1999年。

32. 陈友龙：《网络经济》，经济管理出版社，2001年版。

33. 陈郁编：《所有权、控制权与激励——代理经济学文献》，上海人民出版社，1998年版。

34. 陈志武：《安然：华尔街完美案例》，中国城市出版社，2002年版。

35. 程春晖：《全面收益研究》，厦门大学博士论文，1999年。

36. 程小可：《公司盈余质量评价与实证分析》，清华大学出版社，2004年版。

37. 程小可、王化成、刘雪辉："年度盈余披露的及时性与市场反应——来自沪市的证据"，《审计研究》，2004年第2期。

38. 崔学刚："公司治理机制对公司透明度的影响"，《会计研究》，2004年第8期。

39. ［美］道格拉斯·C. 诺斯：《经济史中的结构与变迁》，上海三联书店，1991年版。

40. 丁淑芹、李雪："浅谈实时报告系统下审计证据的收集程序"，《审计理论与实践》，2003年第11期。

41. 董辅礽：《中华人民共和国经济史》，经济科学出版社，1999年版。

42. 杜兴强："财务报告的充分信息含量问题"，《财经研究》，2002年第12期。

43. 杜兴强："公司治理生态、战略系统审计及承诺博弈"，《经济管理》，2003年第9期。

44. 杜兴强："公司治理生态与会计信息的可靠性问题研究"，《会计研究》，2004年第7期。

45. 杜兴强："公司治理与股票期权审计"，《审计理论与实践》，2002年第11期。

46. 杜兴强："公司治理与会计信息披露监管：博弈分析与历史证据"，《财经研究》，2004年第9期。

47. 杜兴强："规范会计研究和实证会计研究的互补性"，《财务与会计》，1998年第7期。或参见中国会计学会，《1998年优秀论文选》，中国财政经济出版社，1999年版。

48. 杜兴强："国有企业会计信息产权的畸形性及其解读"，《会计研究》，2003年第2期。

49. 杜兴强："会计理论与财务会计概念框架的双逻辑起点论"，《四川会计》1999年第5期。

50. 杜兴强："会计信息、公司治理及产权博弈"，《财会通讯》，2003

年第 4 期。

51. 杜兴强："会计信息产权的基本逻辑及其博弈"，《会计研究》，2002 年第 2 期。

52. 杜兴强："会计信息的相关性问题研究"，《财经研究》，2001 年第 12 期。

53. 杜兴强："会计学互动式教学探索：以会计要素为例"，《四川会计》，2003 年第 2 期。

54. 杜兴强："人力资源、核心能力及持续经营假设的解读"，《财会通讯》，2002 年第 12 期。

55. 杜兴强："人力资源会计的理论基础及其确认与计量"，《会计研究》，2000 年第 6 期。

56. 杜兴强："人力资源会计的确认、计量与报告"，《会计研究》，1997 年第 12 期。

57. 杜兴强："我国财务会计概念框架若干问题研究"，《四川会计》，2003 年第 6 期。

58. 杜兴强："我国上市公司管理当局对会计准则的态度及对策探讨"，《会计研究》，2003 年第 7 期。

59. 杜兴强："战略系统审计模式：一种新思路"，《中国审计》，2003 年第 4 期。

60. 杜兴强："注册会计师急性品牌再造综合症的警示与启示"，《审计研究》，2003 年第 4 期。

61. 杜兴强："注册会计师审计中的监督博弈和保险问题"，《审计研究》，2002 年第 3 期。

62. 杜兴强：《高级财务会计学》，厦门大学出版社，2004 年版。

63. 杜兴强：《会计信息的产权问题研究》，东北财经大学出版社，2002 年版。

64. 杜兴强：《契约·会计信息产权·博弈》，厦门大学博士论文，2001 年。

65. 杜兴强：《现行财务会计模式：继承与发展》，中国财政经济出版社，2001 年版；载于《会计信息丛书》(四)。

66. 杜兴强、黄良文："企业家人力资本计量模型探讨"，《中国工业经济》，2003 年第 8 期。

67. 杜兴强、章永奎：《WTO与中国会计的国际化》，厦门大学出版社，2003年版。

68. 杜兴强、章永奎：《财务会计理论》，厦门大学出版社，2005年版。

69. 杜莹："股权结构与公司治理效率：中国上市公司的实证分析"，《中国首届实证会计国际研讨会论文集》，2002年版。

70. 樊刚："两种改革成本和两种改革方式"，《经济研究》，1993年第1期。

71. 樊刚：《市场机制与经济效率》，上海人民出版社，1995年版。

72. 范胜军："科技变脸真相　现象一：瞒天过海"，http://finance.sina.com.cn，2004年6月8日。

73. 方竹兰：《人力资本：中国创新之路》，经济科学出版社，2001年版。

74. ［澳］菲利普·布朗，杨松令等译：《资本市场会计研究导论》，中国人民大学出版社，2004年版。

75. 费方域：《企业的产权分析》，上海三联书店、上海人民出版社，1998年版。

76. 费方域译：《微观经济学：现代观点》，上海人民出版社，1995年版。

77. 冯淑萍："关于中国会计标准的国际化问题"，《会计研究》，2001年第11期。

78. 高治宇：《中国会计发展简史》，河南人民出版社，1985年版。

79. 格鲁宁、科恩：《国际会计准则实用指南》，财政部会计准则委员会译，中国财政经济出版社，2001年版。

80. 葛家澍："21世纪财务报告展望——迎接竞争、技术和全球化三股力量汇合的挑战"，《财务与会计》，2002年第1—2期。

81. 葛家澍："安然事件的经济背景分析"，《会计研究》，2003年第1期。

82. 葛家澍："必须替'借贷记账法'恢复名誉评所谓'资本主义的记账方法'"，《中国经济问题》，1978年第4期。

83. 葛家澍："财务会计的本质、特点及边界"，《会计研究》，2003年第1期。

84. 葛家澍："财务会计的未来发展模式——兼论相关性与可靠性"，《财务与会计》，1999 年第 2 期。

85. 葛家澍："财务会计的性质、特征与边界"，《会计研究》，2003 年第 3 期。

86. 葛家澍："财务会计概念框架研究的比较与综评"，《会计研究》，2004 年第 6 期。

87. 葛家澍："公司治理与对外报告"，《厦门大学学报》，2001 年第 4 期。

88. 葛家澍："关于财务会计基本假设的重新思考"，《会计研究》，2002 年第 1 期。

89. 葛家澍："关于财务会计几个基本概念的思考——兼论商誉与衍生金融工具的确认与计量"，《财会通讯》，2000 年第 1 期。

90. 葛家澍："关于高质量会计准则的几个问题"，《会计研究》，2002 年第 10 期。

91. 葛家澍："关于高质量会计准则和企业业绩报告改进的新动向"，《会计研究》，2000 年第 12 期。

92. 葛家澍："关于会计计量的新属性——公允价值"，《上海会计》，2001 年第 1 期。

93. 葛家澍："关于会计准则与会计制度关系等问题"，《会计研究》，1995 年第 1 期。

94. 葛家澍："关于我国会计制度和会计准则的制定问题"，《会计研究》，2001 年第 1 期。

95. 葛家澍："国际会计的一个新动向——近几年美国 SEC、FASB 和 IASC 在提高会计准则质量方面的努力"，《中国工会会计》，2001 年第 6 期。

96. 葛家澍："国际会计准则委员会核心准则的未来——美国 SEC 和 FASB 的反应"，《会计研究》，2001 年第 8 期。

97. 葛家澍："回顾与评价——AICPA 关于财务会计的研究"，《会计研究》，2003 年第 11 期。

98. 葛家澍："会计确认、计量与收入确认"，《会计论坛》，2002 年第 1 期。

99. 葛家澍："会计作假是社会主义市场经济的公害——美国证交会

对上市公司玩弄数字的关注及其对我们的启示”，《财务与会计》，2000 年第 5 期。

100. 葛家澍：“建立中国财务会计概念框架的总体设想”，《会计研究》，2004 年第 1 期。

101. 葛家澍：“经济学是会计学的基础”，《东南学术》，1998 年第 3 期。

102. 葛家澍：“论会计理论的继承性”，《厦门大学学报》，1981 年第 3 期。

103. 葛家澍：“论会计是一个经济信息系统”，《财经研究》，1983 年第 9 期。

104. 葛家澍：“论会计是一个经济信息系统”，《财经研究》，1986 年第 9 期。

105. 葛家澍：“美国上市公司财务欺诈及对会计准则制定的可能影响”，《财会通讯》，2003 年第 1 期。

106. 葛家澍：“什么是会计理论：规范会计理论的一种观点”，《会计研究》，2000 年第 10 期。

107. 葛家澍：“未来财务会计和财务报告的模式”，《财务与会计》，1999 年第 2 期。

108. 葛家澍：“我国企业会计准则制订的几个问题”，《财会通讯》，2002 年第 7 期。

109. 葛家澍：“制定中国会计准则如何借鉴国际经验”，《会计研究》，1992 年第 2 期。

110. 葛家澍：“中国会计学会成立以来的我国会计理论研究”，《会计研究》，2000 年第 4 期。

111. 葛家澍：《财务会计理论方法准则探讨》，中国财政经济出版社，2002 年版。

112. 葛家澍、陈少华：《改进企业财务报告问题研究》，中国财政经济出版社，2002 年版。

113. 葛家澍：《葛家澍文集》，中国财政经济出版社，2005 年版。

114. 葛家澍：《公司会计准则导论》（译著，主校），中国财政经济出版社，2004 年版。

115. 葛家澍：《会计基本理论与会计准则问题研究》，中国财政经济出版社，2000 年版。

116. 葛家澍：《现代西方会计理论》，厦门大学出版社，2001 年版。

117. 葛家澍：《中级财务会计》，辽宁人民出版社，2000 年版。

118. 葛家澍：《中级财务会计学》，中国人民大学出版社，1999 年版。

119. 葛家澍、陈守德："财务报告质量评估的探讨"，《会计研究》，200 年第 11 期。

120. 葛家澍、程春辉："论财务业绩报告的改进"，《会计之友》，2000 年第 8—10 期。

121. 葛家澍、杜兴强："财务会计的基本概念、基本程序与基本特征"，《财会通讯》，2003 年第 7 期—2004 年第 4 期（除 2003 年第 10 期外）。

122. 葛家澍、杜兴强："当代财务会计的发展趋势"，《财会通讯》，2003 年第 10 期。

123. 葛家澍、杜兴强："会计信息的相关性与可靠性问题研究"，《财会通讯》，2004 年第 11—12 期。

124. 葛家澍、杜兴强："美国上市公司财务欺诈及其对会计准则制定的影响"，《财会通讯》，2003 年第 1 期。

125. 葛家澍、杜兴强："人力资源会计及人力资源信息披露的彩色模式"，《财会通讯》，2002 年第 11—12 期。

126. 葛家澍、杜兴强："人力资源会计相关问题探讨"，《财会通讯》，2004 年第 7—8 期。

127. 葛家澍、杜兴强："无形资产会计处理：综评与拓展"，《财会通讯》，2004 年第 9—10 期。

128. 葛家澍、杜兴强："现行财务会计与报告模式的缺陷与改进"，《财会通讯》，2004 年第 5—6 期。

129. 葛家澍、杜兴强：《财务会计概念框架与会计准则问题研究》，中国财政经济出版社，2003 年版。

130. 葛家澍、杜兴强：《知识经济下财务会计理论与财务报告问题研究》，中国财政经济出版社，2004 年版。

131. 葛家澍、杜兴强等：《中级财务会计学》，中国人民大学出版社，2003 年版。

132. 葛家澍、杜兴强：《会计理论》，复旦大学出版社，2005 年第 11

期。

133. 葛家澍、黄世忠："安然时间的反思——对安然公司会计审计问题的剖析"，《会计研究》，2002年第2期。

134. 葛家澍、黄世忠："安然事件的反思：对安然会计审计问题的剖析"，《会计研究》，2002年第2期。

135. 葛家澍、黄世忠："反映经济真实是会计的基本职能"，《会计研究》，1999年第12期。

136. 葛家澍、林志军：《现代西方财务会计理论》，厦门大学出版社，1990年版。

137. 葛家澍、林志军：《现代西方会计理论》，厦门大学出版社，2001年版。

138. 葛家澍、刘峰："回眸：20世纪西方会计理论的发展与演变"，《财务与会计》，2000年第10期。

139. 葛家澍、刘峰："会计信息系统的设计和运行"，《上海会计管理》，2000年第6期。

140. 葛家澍、刘峰："论会计基本假设"，《上海会计管理》，2000年第6期。

141. 葛家澍、刘峰：《会计理论——关于财务会计概念结构的研究》，中国财政经济出版社，2003年版。

142. 葛家澍、刘峰："会计准则国际化：沟通、协调、规范"，《财务与会计》，1993年第2期。

143. 耿建新、杨鹤："我国上市公司变更会计师事务所情况的分析"，《会计研究》，2001年第4期。

144. 关士续等：《自然辩证法》，高等教育出版社，1989年版。

145. 郭道扬：《会计史》，中国财政经济出版社，1999年版。

146. 郭道杨：《会计发展史纲》，中央广播电视大学出版社，1984年版。

147. 国际会计准则委员会：《国际会计准则2002》（中译本），中国财政经济出版社，2003年版。

148. 国务院：企业财务会计报告条例，www.mof.gov.cn/news/20050304_1903_5474.htm。

149. 哈特：《企业、合同与财务结构》，上海人民出版社，1998年版。

150. 海渥、文硕、付磊、杨健译：《会计史》，中国商业出版社，1991 年版。

151. 何浚："上市公司治理结构的实证分析"，《经济研究》，1998 年第 5 期。

152. 何清琏：《现代化的陷阱——中国的经济、社会问题》，今日中国出版社，1998 年版。

153. 何自力：《法人资本所有制与公司治理》，南开大学出版社，1997 年版。

154. 宏智科技披露股东股权状况：http://finance.sina.com.cn，2004 年 6 月 8 日。

155. 洪登永："人力资本的效用及企业伦理"，《江西财经大学学报》，2000 年第 1 期。

156. 洪剑峭、陈朝晖："中国股市 IPO 效应实证研究"，《中国会计与财务研究》，2002 年第 3 期。

157. 胡勤勤、沈艺峰："独立外部董事能否提高上市公司的经营业绩"，《世界经济》，2002 年第 7 期。

158. 胡玉明："事项会计：受托责任观与决策有用观的统一：兼论网络时代的会计发展方向"，《外国经济与管理》，2002 年第 3 期。

159. 黄蓓："电子联机实时报告及其有关会计问题"，《四川会计》，1998 年第 6 期。

160. 黄良文：《投资学》，中国对外经济贸易出版社，1999 年版。

161. 黄良文、高鸿桢、杜兴强：《投资估价原理》，科学出版社，2002 年版。

162. 黄明："美国式会计欺诈和美国式资本主义"，《比较》，2003 年第 2 期。

163. 黄少安：《产权经济学导论》，山东人民出版社，1997 年版。

164. 黄世忠：《会计数字游戏：美国十大财务舞弊案例剖析》，中国财政经济出版社，2003 年版。

165. 黄世忠、陈建明："美国财务舞弊症结探究"，《会计研究》，2002 年第 10 期。

166. 黄世忠、杜兴强、张胜芳："市场、政府与会计监管"，《会计研究》，2002 年第 12 期。

167. 黄世忠、李忠林、邵蓝兰："国际会计准则改革：回顾与展望"，《会计研究》，2002 年第 6 期。

168. 黄文艺：《当代中国法律发展研究》，吉林大学出版社，2000 年版。

169. 黄余海、王贤英："股东大会浓缩股市精华"，《上市公司》，1998 年第 9 期。

170. 黄作明、丛秋实："试论计算机审计模式"，《审计与经济研究》，2000 年第 10 期。

171. 吉本斯：高峰译：《博弈论基础》，中国社会科学出版社，1999 年版。

172. 姜灵敏："网络财务的安全问题与对策"，《财经理论与实践》，2001 年第 3 期。

173. 蒋义宏等：《证券市场会计问题实证研究》，上海财经大学出版社，1998 年版。

174. 金志霖：《英国行会史》，中国社会科学出版社，1996 年版。

175. 康芒斯：《制度经济学》（下册），商务印书馆（1962 年版），1997 年版。

176. ［德］柯武刚、史曼飞：《制度经济学：社会秩序与公共政策》，商务印书馆，2000 年版。

177. ［美］科斯，盛洪等译：《企业、市场与法律》，上海三联书店，1990 年版。

178. ［美］科斯、阿尔钦、诺斯：《财产权利与制度变迁》，上海三联书店、上海人民出版社，1994 年版。

179. 科斯：《社会成本问题》1960，转载于《财产权利与制度变迁——产权学派与新制度学派译文集》，上海三联，上海人民出版社，2000 年版。

180. 肯布尔：《欧洲中世纪经济社会史》，上海人民出版社，1964 年版。

181. 拉卡托斯：《批判与知识的增长》，华夏出版社，1987 年版。

182. 赖建清：《我国上市公司的所有权和控制权对绩效的影响研究》，厦门大学博士学位论文打印稿，2005 年。

183. 朗咸平："从历史动荡看中国今天需要怎样的公司治理"，《新财富》，2002年第11期。

184. 朗咸平："三家典型的派现公司"，《新财富》，2002年第2期。

185. 李东平、黄德华、王振林："'不清洁'审计意见、盈余管理与会计师事务所变更"，《会计研究》，2001年第6期。

186. 李桂荣："对会计理论研究'事项法'的再认识"，《当代财经》，2003年第6期。

187. 李宏："试论信息技术时代财务报告模式的转换"，《经济问题》，2002年第10期。

188. 李建德："最稀缺的生产要素决定生产力的性质"，《江西财经大学学报》，1999年第4期。

189. 李明辉："财务报告未来趋势——电子联机实时报告"，《国际市场》，2000年第1期。

190. 李明辉：《上市公司财务报告法律责任之研究》，中国财政经济出版社，2004年版。

191. 李明辉、奚敏敏："对盈余管理行为的若干思考"，《交通财会》，2001年第1期。

192. 李荣林：《金融工具会计》上海财经大学出版社，2003年版。

193. 李若山："我国会计问题的若干法律思考"，《会计研究》，1999年第6期。

194. 李曙光："公司治理生态"，《财经》，2002年第16期。

195. 李爽、吴溪：《审计师变更研究：中国证券市场的初步证据》，中国财政经济出版社，2002年版。

196. 李弢：《核准制与IPO公司利润操纵问题研究——基于沪市的实证分析》，福州大学硕士学位论文，2003年。

197. 李维安："49.62分！中国上市公司治理结构总体不及格"，《21世纪经济报道》，2004年3月8日（30）。

198. 李维安：《公司治理教程》，上海人民出版社，2002年版。

199. 李小宁："往来账牛头不对马嘴"，宏智与新宇软件谁在撒谎，http：//www.sina.com.cn，2004年6月8日。

200. 李扬、王国刚、何德旭主编：《中国金融理论前沿Ⅲ》，社会科学文献出版社，2003年版。

201. 李增泉、王志伟、孙铮："隧道挖掘与所有权安排"，《中国第二届实证会计国际研讨会论文集》，2003年版。

202. 李忠民：《人力资本：一个理论框架及其对中国一些问题的解释》，经济科学出版社，1999年版。

203. 利特尔顿，林志军、黄世忠等译：《会计理论结构》，中国商业出版社，1988年版。

204. 林斌：“论会计的中性原则”，《会计研究》，1996年第12期。

205. 林舒、魏明海：“中国A股发行公司首次公开募股过程中的盈余管理”，《中国会计与财务研究》，2000年第2期。

206. 林毅夫等：《充分信息与国有企业改革》，上海三联出版社，1997年版。

207. 林志军：《会计的假定原则准则》，经济科学出版社，1988年版。

208. 林志军译：《巴其阿勒会计》，立信图书用品社，1988年版。

209. 林志毅：《股票市场会计信息披露制度问题研究》，厦门大学学位论文，2000年。

210. 林钟高：“公司治理与会计信息质量的相关性研究”，《会计研究》，2004年第8期。

211. 林钟高、徐正刚：“公司治理结构下的盈余管理”，《财经科学》2002年第4期。

212. 刘长文译：《美国会计史》，厦门大学经济学院会计系内部资料，1985年。

213. 刘峰：“会计信息的产权基础研究——兼论会计信息失真问题”，1997年厦门教授会论文。

214. 刘峰：“制度安排与会计信息质量”，《会计研究》，2001年第7期。

215. 刘峰：《会计准则变迁》，中国财政经济出版社，2000年版。

216. 刘峰：《会计准则研究》，东北财经大学出版社，1996年版。

217. 刘峰、贺建刚：“股权结构与大股东利益实现方式的选择”，《中国第二届实证会计国际研讨会论文集》，2003年。

218. 刘峰、吴风、钟瑞庆：“会计准则能提高会计信息质量吗？——来自中国股市的初步证据”，《会计研究》，2004年第5期。

219. 刘佳：“企业联机实时财务报告系统的构建”，《四川会计》，2003年第4期。

220. 刘杰：《中国上市公司盈余管理实证研究》，厦门大学博士学位论文，1999年。

221. 刘立国、杜莹：“公司治理与会计信息质量关系的实证研究”，《会计研究》，2003年第2期。

222. 刘芍佳、李骥：“超产权论与企业绩效”，《经济研究》，1998年第8期。

223. 刘芍佳、孙霈、刘乃全：“终极产权、股权结构和公司绩效”，《经济研究》，2003年第4期。

224. 刘逖：《从华尔街到外滩》，远东出版社，1999年版。

225. 刘小玄：“上市公司股权结构与绩效分析”，《海通证券年报2000》，吉林人民出版社，2001年版。

226. 刘燕：“验资报告的‘虚假’与‘真实’：法律界与会计界的对立——兼评最高人民法院法函［1996］56号”，《法学研究》，1998年第4期。

227. 刘永泽、陈艳：“政府监管与行业自律导向的现实选择”，《会计研究》，2002年第11期。

228. 刘元亮等编：《科学认识论与方法论》，清华大学出版社，1987年版。

229. 刘宗柳：《国有企业资产的保值与增值问题研究》，厦门大学学位论文，1997年。

230. 卢纹岱：《统计分析》，电子工业出版社，2002年版。

231. 卢现祥：《西方新制度经济学》，中国发展出版社，2003年版。

232. 陆建桥：“关于我国中期财务报告会计准则的若干问题”，《会计研究》，2002年第3期。

233. 陆建桥：《中国亏损上市公司盈余管理实证研究》，上海财经大学学位论文，1998年。

234. 陆江兵：“中立的技术及其在制度下的价值偏向”，《科学技术与辩证法》，2000年第10期。

235. 陆正飞、童盼：“审计意见、审计师变更与监管政策”，《审计研究》，2003年第3期。

236. ［美］罗伯特·K. 莫茨、（埃）侯赛因·A. 夏拉夫，杨树滋、文硕译：《审计理论结构》，商业出版社，1989年版。

237. 罗伯特·赖特：《国家的作用——21世纪的资本主义前景》，上海译文出版社，1994年版。

238. 罗谨琏：《企业业绩的人力资源整合》，同济大学出版社，2001年版。

239. 罗珉：《管理理论的新发展》，西南财经大学出版社，2003年版。

240. [美] 罗斯·L. 瓦茨、杰罗尔德·L. 齐默尔曼，陈少华等译：《实证会计理论》，东北财经大学出版社，1999年版。

241. [英] 马克·布劳格，黎明星等译：《经济学方法论》，北京大学出版社，1990年版。

242. 马克·图恩：《自决的经济学》，商务印刷馆，1979年版。

243. 马歇尔：《经济学原理（下）》，商务印刷馆，1981年版。

244. 迈可尔·查特菲尔德，董晓柏、文硕等译：《会计思想史》，中国商业出版社，1989年版。

245. 迈克尔·波特，陈小悦译：《竞争战略》，华夏出版社，1997年版。

246. 曼昆：《经济学原理》，北京大学出版社，1999年版。

247. 毛洪涛、万云：《会计最新制度准则：深度阐释与案例分析》，立信会计出版社，2002年版。

248. 美国财务会计准则委员会，财政部会计司译：《财务会计概念公告第7辑——在会计计量中使用现金流量信息和现值》，中国财政经济出版社，2003年版。

249. 美国财务会计准则委员会，娄尔行译：《论财务会计概念公告》，中国财政经济出版社，1992年版。

250. 美国财务会计准则委员会，王世定、李海军主译：《美国财务会计准则》，经济科学出版社，2002年版。

251. 美国会计学会，文硕、王效平、黄世忠译：《基本会计理论》中国商业出版社，1991年版。

252. 美国证券交易委员会，财政部会计司译：《对美国财务报告采用以原则为基础的会计体系的研究》，中国财政经济出版社，2003年版。

253. 美国注册会计师协会，陈毓圭译：《论改进企业报告：美国注册会计师协会财务报告特别委员会综合报告》，中国财政经济出版社，1996年版。

254. 米勒、班森：《高质量财务报告》，机械工业出版社，2003年版。

255. 宁向东、张海文："关于上市公司'特别处理'作用的研究"，《会计研究》，2001年第8期。

256. 诺比斯、帕克，潘琰主译：《比较国际会计》，东北财经大学出版社，2002年版。

257. 潘定：《会计大典：电算化会计》，中国财政经济出版社，1999年版。

258. 潘琰："互联网上的公司财务报告"，《会计研究》，2000年第9期。

259. 潘琰：《因特网财务报告若干问题研究》，厦门大学学位论文，2002年。

260. 佩顿、利特尔顿，厦门大学会计系译：《公司会计准则导论》，中国财政经济出版社，2004年版。

261. 彭德玲：《新制度经济学》，湖北人民出版社，2002年版。

262. [美] 普特曼、科洛茨纳，孙经纬译：《企业的经济性质》，上海财经大学出版社，2002年版。

263. 钱德勒：《看得见的手》，商务印书馆，1997年版。

264. 乔伊、弗罗斯特、米克，李荣林译：《国际会计学》，上海财经大学出版社，2003年版。

265. 邱海旭："股票期权怎么穿帮了"，《三联生活周刊》，2002年第33期。

266. 曲晓辉、李明辉："论会计准则的法律地位"，《会计研究》，2004年第5期。

267. 全国人民代表大会：《会计法》，1999年10月31日。

268. 任丽霞："直接上市民营企业治理特征的实证研究"，《科技与管理》，2003年第5期。

269. 容月玲："宏智股权之争惊天动地　资金黑洞内幕深几许?"，http://finance.sina.com.cn，2004年6月8日。

270. 桑榕："国外股票IPO的三种实证现象及其理论解释"，《证券市场导报》，2002年第5期。

271. 沈艺峰：《资本结构理论史》，经济科学出版社，1999年版。

272. 沈艺峰、沈洪涛：《公司财务理论主流》，东北财经大学出版社，

2004年版。

273. 史缔文斯、杨小雄译：《集体选择的经济学》，上海人民出版社，1999年版。

274. 史莱佛、赵英军译：《并非有效的市场——行为金融学导论》，中国人民大学出版社，2003年版。

275. 史普博、余晖等译：《管制与市场》，上海人民出版社，1999年版。

276. 思宁："'包装'上市留隐患－宏智'政变'评说"，http://finance.sina.com.cn，2004年6月8日。

277. 斯蒂格勒、潘振民译：《产业组织和政府管制》，上海人民出版社，1996年版。

278. 斯威茨："外部性和科斯定理：假设还是结论"，载于孙经纬译，《新制度经济学》，上海财经大学出版社，1998年版。

279. 苏启林、朱文："上市公司家族控制与企业价值"，《经济研究》，2003年第8期。

280. 孙经纬译：《新制度经济学》，上海财经大学出版社，1998年版。

281. 孙冶方：《社会主义经济的若干问题》，人民出版社，1979年版。

282. 孙永祥、黄祖辉："上市公司的股权结构与绩效"，《经济研究》，1999年第12期。

283. 孙铮：《论证券市场管理中的会计规范》，上海财经大学出版社，1996年版。

284. 汤云为、钱逢胜：《会计理论》，上海财经大学出版社，1997年版。

285. 田明、张莜冰：《最新企业具体会计准则阐释：释疑·实例·比较》，中国物价出版社，2002年版。

286. 万国华：《中国证券市场问题报告》，中国发展出版社，2003年版。

287. 汪丁丁："产权博弈"，《经济研究》，1996年。

288. 汪丁丁：《在经济学与哲学之间》，中国社会科学出版社，1996年版。

289. 汪丁丁：《自由人的自由联合》，鹭江出版社，2000年版。

290. 汪恭、彬福州："宏智科技股权大对决 吴永红与闽发关系暧味”，http：//finance.sina.com.cn，2004年6月8日。

291. 汪祥耀：“全球会计准则：离我们还有多远”，《会计研究》，2001年第3期。

292. 汪祥耀等：《英国会计准则研究与比较》，立信会计出版社，2002年版。

293. 王华：“关于人力资源价值的探讨”，载《人力资源会计专题》，中国财政经济出版社，1999年版。

294. 王松年主编：《国际会计前沿》，上海财经大学出版社，2001年版。

295. 王艳艳等：“审计质量与会计信息透明度”，《会计研究》，2006年第4期。

296. 王雨田：《控制论、信息论、系统科学与哲学》，中国人民大学出版社，1988年版。

297. 王跃堂、孙铮、陈世敏：“会计改革与会计信息质量”，《会计研究》，2001年第7期。

298. ［美］威廉·H. 比弗，薛云奎主译：《财务呈报：会计革命》，东北财经大学出版社，1999年版。

299. ［加］威廉·R. 司可脱，陈汉文等译：《财务会计理论》，机械工业出版社，2000年版。

300. 威廉姆森：“经济组织的逻辑”，载于陈郁，《企业制度和市场组织》，上海人民出版社，1996年版。

301. 维纳：《人有人的用处》，商务印刷馆，1978年版。

302. 魏刚：“高级管理层激励与上市公司经营业绩”，《经济研究》，2000年第3期。

303. 魏明海：“会计信息质量经验研究的完善与应用”，《会计研究》，2005年第3期。

304. 魏明海：“论会计透明度”，《会计研究》，2001年第9期。

305. 魏明海、谭劲松、林舒：《盈利管理研究》，中国财政经济出版社，2000年版。

306. 文建秀：《证券市场信息披露中注册会计师的法律责任》，法律出版社，2003年版。

307. 文硕译：《会计思想史》，中国商业出版社，1989年版。

308. 吴东辉："信息技术发展与企业的实时报告系统"，《会计研究》，1998 年第 6 期。

309. 吴敬琏：《十年纷纭话股市》，上海远东出版社，2000 年版。

310. 吴联生："审计意见购买：行为特征与监管策略"，《经济研究》，2005 年第 7 期。

311. 吴水澎：《财务会计基本理论研究》，辽宁人民出版社，1996 年版。

312. 吴水澎：《中国会计理论研究》，中国财政经济出版社，2000 年版。

313. 吴谭："宏智科技遭证监会稽查"，http：//gd.sina.com.cn，2003 年 9 月 18 日。

314. 吴文军译：《美国萨班斯法案》中国注册会计师协会行业发展研究资料（No.2003－4），www.cicpa.org.cn/ReadNews.asp？ID＝2774。

315. 吴艳鹏：《资产计量论》，中国财政经济出版社，1991 年版。

316. 项怀诚：《新中国会计五十年》，中国财政经济出版社，1999 年版。

317. 肖耿："论产权残缺"，《留美学人》，1989 年第 1 期。

318. 肖耿：《产权与中国的经济改革》，中国社会科学出版社，1997 年 5 月。

319. 肖泽忠："大规模按需报告的公司报告模式"，《会计研究》2000 年第 1 期。

320. 谢德仁："审计委员会：本原性质与作用机理"，《会计研究》，2005 年第 9 期。

321. 谢德仁：《企业剩余索取权：分享安排和剩余计量》，上海人民出版社，2001 年版。

322. 谢德仁：《企业剩余索取权：分享安排和剩余计量》，厦门大学博士论文，1998 年。

323. 谢识予：《经济博弈论》，复旦大学出版社，1997 年版。

324. 徐珊：《对注册会计师行业自律和行政处罚的理论划分与实践运作》，working paper，2003 年。

325. 徐珊：《股票期权会计问题研究》，厦门大学学位论文，2001 年。

326. 徐晓东、陈小悦："第一大股东的所有权、企业业绩与公司治理效力”，《中国首届实证会计国际研讨会论文集》，2002 年。

327. 徐跃：《试论英国会计准则委员会的〈财务报告原则公告〉：兼论我国制定财务会计概念框架的个人构想》，厦门大学学位论文，2004 年。

328. 许小年、王燕：“中国上市公司的所有制结构与公司治理”，《公司治理结构：中国的实践与美国的经验》，中国人民大学出版社，2000 年版。

329. 许业荣：《有效市场假说与信息充分披露》，厦门大学学位论文，2004 年。

330. 薛祖云：“董事会监事会制度特征与会计信息质量”，《财经理论与实践》，2004 第 25 卷 130。

331. 亚当·斯密，蒋自强等译：《道德情操论》，商务印刷馆，1997 年版。

332. 亚当·斯密，王亚南、郭大力译：《国民财富的性质和原因研究》，商务印刷馆，1974 年版。

333. ［美］亚历山大·科恩等，王立彦等译：《会计师互联网应用指南》，北京大学出版社，2002 年版。

334. 杨瑞龙：《企业的利益相关者理论及其应用》，经济科学出版社，2000 年版。

335. 杨时展：《1949—1992 中国会计制度的演进》，中国财政经济出版社，1998 年版。

336. 杨有红：“实质重于形式”原则，www.openedu.com.cn/yth/accountant/read.php? FileID＝20027。

337. 姚婕：“论企业盈余管理”，《商业经济与管理》，2001 年第 6 期。

338. 叶丰滢：《收入操纵陷阱及其防范》，厦门大学学位论文，2004 年。

339. ［英］伊姆雷·拉卡托斯：《科学研究纲领方法论》，上海译文出版社，1986 年版。

340. ［英］伊姆雷·拉卡托斯：《批判与知识的增长》，华夏出版社，1987 年版。

341. 尹永强：“ST 宏智案再起波澜”，http：//finance.sina.com.cn，2004 年 6 月 8 日。

342. 于东智："股权结构、治理效率与公司绩效"，《中国工业经济》，2001 年第 5 期。

343. 余丽生、陈君："简论财务报告发展新趋势"，《财经论从》，2003 年第 5 期。

344. 余玮："实时报告审计"，《中国会计电算化》，2000 年第 7 期。

345. 袁铭良："安然事件引爆'五大'诚信危机"，《新财富》，2002 年第 1 期。

346. 云舞："宏智科技城门失火殃及池鱼　谁来拯救公司员工?"，http://finance.sina.com.cn，2004 年 6 月 8 日。

347. 詹姆斯·格莱克：《混沌：开创新科学》，上海译文出版社，1988 年版。

348. 张弘、王红兵："国内 A 股上市公司 IPO 效应实证研究"，http://www.cninfo.com.cn，2004 年 3 月 4 日。

349. 张红军："中国上市公司股权结构与公司绩效的理论与实证分析"，《经济科学》，2000 年第 4 期。

350. 张华、张俊喜、宋敏："所有权和控制权分离对企业价值的影响——我国民营上市企业的实证研究"，《经济学（季刊）》，2004 年第 3 期。

351. 张建刚："论企业盈余管理行为"，江西财经大学学报，2000 年第 4 期。

352. 张金城："21 世纪中国计算机审计的发展方向"，《审计理论与实践》，2000 年第 11 期。

353. 张军："道德与博弈论"，载于《经济随笔集》，复旦大学出版社，1998 年版。

354. 张军：《现代产权经济学》，上海人民出版社，1994 年版。

355. 张俊喜、张华："民营上市公司的经营绩效、市场价值和治理结构"，《世界经济》，2004 年第 11 期。

356. 张曙光："经济学的理论范式和分析方法"，原载于《中国经济学：向何处去?》，1996 年。

357. 张维迎："企业家与所有制"，《经济研究》，1987 年第 1 期。

358. 张维迎："所有制、治理结构与委托代理关系"，《经济研究》，1996 年第 9 期。

359. 张维迎：《博弈论与信息经济学》，上海人民出版社，1996 年版。

360. 张维迎：《企业的企业家——契约理论》，上海人民出版社，1995年9月。

361. 张维迎：《企业理论与中国企业改革》，北京大学出版社，1999年版。

362. 张象至、李红霞："《改进国际会计准则》项目13项国际会计准则主要变化（三）"，《会计研究》，2004年第3期。

363. 张象至、李红霞："《改进国际会计准则》项目13项国际会计准则主要变化（一）"，《会计研究》，2004年第1期。

364. 张宇燕：《经济发展与制度选择》，中国人民大学出版社，1992年版。

365. 张宗新等："上市公司自愿性信息披露有效吗"，《经济学（季刊）》，2005年第4期。

366. 章永奎：《表外披露会计问题研究》，厦门大学博士论文，2004年。

367. 章永奎：《盈余管理与审计意见相关性实证研究》，厦门大学硕士论文，2000年。

368. 赵景文："公司治理质量与盈余质量"，《南开管理评论》，2006年第10期。

369. 赵珊："注册会计师执业环境的变化与改善对策"，《审计与经济研究》，2005年第4期。

370. 赵温：《我国现阶段股票发行市场制度研究》，陕西师范大学硕士论文，2002年。

371. 赵宇龙：《会计盈余与股价行为》，上海三联书店，2000年版。

372. 郑鑫成：《中国A股股票市场对盈余管理的价格反应：以可操纵应计为表征变量》，厦门大学学位论文打印稿，2005年。

373. 中国会计学会编：《会计准则专题》，中国财政经济出版社，1999年版。

374. 中国证监会：《关于做好1999年年度报告的通知》，1999年12月28日。

375. 中国证券监督管理委员会："深化发行制度改革的重要举措——中国证监会实施证券发行上市保荐制度"，http://www.csrc.gov.cn，2004年1月26日。

376. 中国注册会计师考试委员会办公室：《审计（2003）》，中国财政经济出版社，2003年版。

377. 中国注册会计师协会：《中国注册会计师独立审计准则汇编（1995—2001）》，中国财政经济出版社，2001年版。

378. 中华人民共和国财政部：《企业会计制度2001》，经济科学出版社，2001年版。

379. 中华人民共和国财政部：《企业会计准则2002》，经济科学出版社，2002年版。

380. 中华人民共和国财政部：《企业会计准则——资产负债表日后事项》，www.chinaacc.com/fagui/qyckfg/30925091629.htm，2003年。

381. 中华人民共和国财政部会计司编：《美国会计准则解释与运用》，中国财政经济出版社，1995年版。

382. 中华人民共和国国务院令第287号：《企业财务报告条例》，2000年6月21日。

383. 中华人民共和国最高人民法院：《最高人民法院关于审理证券市场因虚假陈述引发的民事赔偿案件的若干规定》，2003年1月9日。

384. 钟瑞庆：《有成本的契约理论及会计准则的起源、功能及局限研究》，厦门大学硕士论文，1999年。

385. 钟铮：《公司估价理论与基本分析的实证研究》，厦门大学学位论文，2001年。

386. 周昌忠：《西方科学方法论史》，上海人民出版社，1986年版。

387. 周沪："公司治理存在问题 宏智科技被上证所"，http://www.cs.com.cn，2004年6月7日。

388. 周丽媚：《证券发行案例》，中国人民大学出版社，2004年版。

389. 周其仁："市场里的企业：一个人力资本和非人力资本的特别合约"，《经济研究》，1996年第6期。

390. 周业安："金融抑制对中国企业融资能力影响的实践研究"，《经济研究》，1999年第2期。

391. 周雨晓：《实质重于形式》，厦门大学学位论文，2004年。

392. 周媛婷：《中国股票发行审核制度变迁研究》，暨南大学硕士学位论文，2002年。

393. 周正庆：《证券市场导论》，中国金融出版社，1998年版。

394. 周忠惠：《会计研究方法论》，西南财经大学出版社，1994年版。

395. 朱国璋：《近代会计理论之介绍》，中华书局，1976年版。

396. 朱海林："会计准则制定：原则导向还是规则导向"，《财务与会计》，2003年第2期。

397. 朱绮：《1949～1985年国营工业企业会计科目和会计报表的演变》，经济科学出版社，1989年版。

398. 朱武祥译：《投资估价》，清华大学出版社，1999年版。

399. 邹愚："宏智科技股东内讧命悬一线　总经理挂冠而去"，http：//finance.sina.com.cn，2004年6月8日。

英文部分（按照字母顺序）

1. AAA："A Statement of Basic Accounting Theory"，1966.

2. AAA："Accounting and Reporting Standards for Corporate Financial Statements"，1957 Revision.

3. AAA："Financial Accounting Standards Committee.Evaluating Concepts－Based vs Rules－Based Approaches to Standard Setting"，*Accounting Horizons*，2003，17，(March).

4. AAA："Report of Committee on the Social Consequences of Accounting Information"，P4，1978.

5. AAA："Standards of Disclosure for Published Financial Reports"，New York：Committee on concepts and standards underlying corporate financial statements，1955.

6. Aghion and Bolton："An Incomplete Contracts Approach to Financial Contracting"，*Review of Economic Studies*，1992，59；473－494.

7. Aharony：J.，Lee，C.J.，and Wong，T.J.，(1997)，"Financial Packaging of IPO Firms in a Transitional Economy ：The Case of B－shares and H－ shares in China" .1997～1998年中国会计教授会年会论文集[C]. 北京；中国财政经济出版社，2000年版。

8. AICPA："Basic Concepts and Accounting Principle Underlying Financial Statements of Business Enterprises"，*APB Statements No*4，1970，10.

9. AICPA: "Improving Business Reports: A Customer Focus", *AICPA*, 1994.

10. AICPA: "Statement on Audit Standards", SAS69, 1992.

11. AIMR: "Global Corporate Financial Reporting Quality and Corporate Communication and Disclosure Practices", New York: 2003.

12. AIMR: AIMR Corporate Disclosure Survey, 2000.

13. Alchian: "Some Economics of Property Rights", *In Alchian Economic Force at Work*, 1965.

14. Alchian: "Uncertainty, Evolution and Economic Theory", *Journal of Political Economy*, 1950, 58, 211-221.

15. Alford, Andrew, Jennifer Jones, Richard Leftwich, and Mark Zimijewski: "The relative informativeness of accounting disclosures in different countries", *Journal of Accounting Research*, 1993, 31, 183-223.

16. Ali, Ashiq, and Lee-Seok Hwang: "Country-specific factors related to financial reporting and the value relevance of accounting data", *Journal of Accounting Research*, 2000, 38, 1-21.

17. ASB: "Accounting Standards (2002/2003)", 2002.

18. ASB: "Statement of Principles for Financial Reporting" (ED), 1995.

19. ASB: "statement of Principles For Financial Reporting", *London*: *CCH Publishing*, 1999, 10.

20. ASB: "Statement of Principles For Financial Reporting", *London*, *CCH Publishing*, 1999, 12.[①]

21. Ashbaugh, Hollis. and Johnstone, Karla M., "Corporate Reporting on the Internet", *Accounting Horizons*, 1999, Sep.

22. ASSC: "Corporate Report", 1975.

23. Atiase, Rowland K., Bamber, Linda S., and Senyo, Tse.: "Timeliness of financial reporting, the firm size effect, and stock price reactions to annual earnings announcements", *Contemporary Accounting Re-*

① ASB于1999年10月与12月前后两次颁布，对个别问题进行了修订，如相关性与可靠性的关系问题。

search, 1989, Spring.

24. Atiase, Rowland Kwame.: "Predisclosure Information, Firm Capitalization, and Security Price Behavior around Earnings Announcements", *Journal of Accounting Research*, 1985 Spring.

25. Backhouse, New Directions in Economic Methodology, 1994, 中译本请参见张大宝等译,《经济学方法论的新趋势》, 经济科学出版社, 2000年版。

26. Bae, Kee-Hong, Jun-Koo Kang, and Jin-Mo Kim: "Tunneling or value added? Evidence from mergers by Korean business groups", *Journal of Finance*, 2002, December, 2695-2740.

27. Bai, Chong-en, Qiaoliu and Frank Song: "Value of Corporate control: evidence from China's Distressed Firms", *Working paper*, University of Hongkong, 2002.

28. Baker and Wallage: "The Future Of Financial Reporting in Europe: Its Roles in Corporate Governance", *The International Journal of Accounting*, 2000, 35, 173-187.

29. Ball, Ray, Ashok Robin, and Joanna Shuang Wu: "Incentives versus standards: properties of accounting income in four east Asian countries", *Journal of Accounting and Economics*, 2003, 36, 235-270.

30. Ball, Ray, S.P.Kothari, and Ashok Robin: "The effect of international institutional factors on properties of accounting earnings", *Journal of Accounting and Economics*, 2000, 29, 1-51.

31. Ball, Raymond J., and Brown, Philip R.: "An Empirical Evaluation of Accounting Income Numbers", *Journal of Accounting Research*, 1968, Autumn.

32. Barclay, Michael J., and Clifford G.Holderness: "Private benefits from control of public corporations", *Journal of Financial Economics*, 1989, 25, 861-878.

33. Barzel: "Some Fallacies in The Interpretation of Information Cost", *Journal of Law and Economics*, 1977, 20.

34. Barzel: "Transaction Costs: Are They Just Cost?" *Journal of Institutional and Theoretical Economics*, 1985, 141.

35. Basu, Sudipta: "The conservatism principle and the asymmetric timeliness of earnings", *Journal of Accounting and Economics*, 1997, 24, 3－37.

36. Beasley M.: "An empirical analysis of the relation between the board of director composition and financial statement fraud", *The Accounting Review*, 1996, 71, 443－465.

37. Beaver, Financial Reporting: An Accounting Revolution, *Englewood Cliffs*, *Prentice—Hall Inc*, 1981.

38. Beaver, W: "The Information Content of Annual Earnings Announcements", *Empirical Research in Accounting*; *Selected Studies*, 1968.

39. Beaver, W.: "Perspectives on recent capital markets research", *The Accounting Review*, 2002, April.

40. Beaver, W.: "The behavior of security prices and its implications for accounting research (methods), in the Report of the Committee on Research Methodology in Accounting", *The Accounting Review* (*supplement*), 1972, 47.

41. Bebchuk, L.A.and M.K: "A framework for analyzing legal policy towards proxy contests", *California Law Review*, 1990, 78, 1071－1135.

42. Bebchuk, L.A.: A rent－protection theory of corporate ownership and control, *Working Paper*, John M.Olin Center for Law, Economics and Business, Harvard University, 1999.

43. Bebchuk, Lucain, Kraakman, Reinier, Triantis, George: "Stock pyramids, cross－ownership, and dual class equity: The creation and agency costs of separating control form cash flow rights", *Working Paper*, Yale School of Management's Economics Research Network, 1998.

44. Benston, G.J.: "The value of the SEC's accounting disclosure requirements", *The Accounting Review*, 1969, 44.

45. Benston, G.: "There's No Real News in Earnings Reports", *Fortune*, 1976, April.

46. Berle and Means: Modern Corporation and Property, *The*

Macmillan Company, 1944.

47. Bert.N.Mitchell: "A Comparison of Accounting and Economic Concepts of Business Income", 1967.

48. Bertrand, Marianne, Aaras Mehta, and Sendhil Mullainathan: "Ferreting out tunneling: An application to Indian business groups", *Quarterly Journal of Finance*, 2002, February, 121 - 148.

49. Blair: Ownership and Control: Rethinking Corporate Governance for the 21 Century, *Washington*: *The Bookings Institution*, 1995.

50. Borch: Economic of Insurance, "*Elsevier Science Publishings*, 1990.

51. Botosan: Christine A., and Plumlee, Marlene A., "A Re - examination of Disclosure Level and the Expected Cost of Equity Capital", *Journal of Accounting Research*, 2002, Mar.

52. Boulton, Libert and Samek: Cracking the value code: How successful business are creating wealth in the new economy. New York, 2000.

53. Brummet, Flamholtz and Pyle: "Human Resource Measurement—A Challenge for Accountants", *The Accounting Review*, 1968, April.

54. Bruns: "Accounting Information and Decision—Making: Some Behavioral Hypotheses", *The Accounting Review*, 1968.

55. Buchanan: "An Economic Theory of Clubs", *Review of Economic and Statistic*, 1965, 36.

56. Buchanan: "Externality", *Economica*, 1962, 29, 374 - 384.

57. Bushman, R. and A. Smith: "Financial accounting information and corporate governance", *Journal of Accounting and Economics*, 2001, 32, 237 - 333.

58. Canning: The Economics of Accountancy—A Critical Analysis of Accounting Theory, *The Ronald Press Company*, 1929.

59. Carey: The Rise of Accounting Profession, NewYork, 1969.

60. Carline, N.F., S.C.Linn, and P.K.Yadav: "The influence of managerial ownership on the real gains incorporate mergers and market revaluation of merger partners: empirical evidence", *working paper*, 2002.

61. Charles Christenson: "The Methodology of Positive Accounting", *The Accounting Review*, 1983.

62. Chatfield: A History of Accounting Thought, *Krieger Publishing Company*, 1977.

63. Chee W. Chow, Steven J. Rice: "Qualified Audit Opinions and Auditor Switching", *The Accounting Review*, 1982, 57, 326－335.

64. Cheung: "The Contractual Nature of The Firm", *Journal of Law and Economics*, 1983, 26, 1－21.

65. Chtourou, Bedard, and Courteau: "Corporate Governance and Earnings Management", www.ssrn.com, 2001－4－21.

66. CICA: The Canadian Performance Reporting Initiative, Canada, 2000.

67. Claessens, Stijin, and S. Djankov: "Managers, incentives and corporate performance: evidence from the Czech Republic", *SSRN Working Paper*, 1998.

68. Claessens, Stijn, and Joseph P. H. Fan: "Corporate Governance in Asia: A survey", *International Review of Finance*, 2002, 71－103.

69. Claessens, Stijn, Simeon Djankov, and Larry H. P. Lang: "The separation of ownership and control in East Asian corporations", *Journal of Financial Economics*, 2000, 58, 81－112.

70. Claessens, Stijn, Simeon Djankov, Joseph P. H. Fan, and Larry H. P. Lang: "Expropriation of minority shareholders: evidence from East Asia", *World Bank Policy Research Working Paper No*.2088, 1999.

71. Claessens, Stijn, Simeon Djankov, Joseph P. H. Fan, and Larry H. P. Lang: "Disentangling the incentive and entrenchment effects of large shareholdings", *Journal of Finance*, 2002, 2741－2771.

72. Claire: "Evolution of Corporate Reports", *Journal of Accountancy*, 1945, 79.

73. Coase: "The Nature of the Firm", *Economica*, 1937, IV.

74. Coase: "The Problem of Social Cost", *Journal of Law and Economics* 1960, III.

75. Coase: Alchian and North, Property Rights and Institutional Changes, 1990, P166, 载于陈昕:《财产权利与制度变迁》, 上海人民出版社, 1994年版。

76. Cohen Report, Report of The Special Study of the Securities Markets of SEC, *Washington Government Printing Office*, 1963.

77. Cohen, Jeffrey, Krishnamoorthy, Ganesh, Wright, Arnie, "The Corporate Governance Mosaic and Financial Reporting Quality", *Journal of Accounting Literature*, 2004, 23, 87-152.

78. Colantoni, C.S., Manes, R.P., and Whinston, A.B.: "A Unified Approach to the Theory of Accounting and Information Systems", *The Accounting Review*, 1971, Jan.

79. Commons, The Economics of Collective Action, *NewYork*: *Macmillan*, 1950.

80. Cooter: "The Cost of Coase", *Journal of Legal Studies*, 1982, 11, 1-33.

81. Cramton, Gibbons and Klemperer: "Dissolving a Partnership Efficiently", *Econometric*, 1987, 55, 615-632.

82. Craswell, A.T., S.L.Taylor, and R.A.Saywell: "Ownership structure and corporate performance: Australian evidence", *Pacific - Basin Finance Journal*, 1997, 5, 301-323.

83. Crawford and Sobel: "Strategic Information Transmission", *Econometric*, 1982, 50.

84. Damodaran: Investment Valuation, *John Wiley & Sons*, *Inc*, 1996.

85. David Solomons: "The Politicization of Accounting", *The Journal of Accountancy*, 1978, 12.

86. Davis, Charles E., Clements, Curits., and Keuer, Whit P: "Web-based reporting: a vision for the future", *Strategic Finance*, 2003, Sep.

87. DeAngelo, L.: "Accounting numbers as market value substitutes: a study of managerial buyouts of public stockholders", *The Accounting Review*, 1986, 61.

88. Dechow, P.M., Richard, G.S., and Amy, P.S.: "Detecting Earnings Management", *The Accounting Review*, 1995, April.

89. Defond, M.L.and Jiambalvo: "Debt Covenant Violation and Ma-

nipulation of Accruals", *Journal of Accounting and Economics*, 1994, 17.

90. Demsetz: "Information and Efficiency: Another Viewpoint", *Journal of Law and Economic*, 1969, 12.

91. Demsetz: "Towards A Theory of Property Rights", *American Economics Review*, 1967, 57.

92. Demsetz, H. and K. Lehn: "The Structure of Corporate Ownership: Causes and Consequences", *Journal of Political Economy*, 1985, 93, 1155-1177.

93. Denis, Diane K.: "Twenty-five years of corporate governance research and counting", *Review of Financial Economics*, 2001, 10, 191-212.

94. Denis, Diane K., and John J. McConnell: "International corporate governance", *Journal of Financial and Quantitative Analysis*, 2003, 38, 1-36.

95. Donald Kirk: "Corporate Accounting and Accountability in Turbulent Time", *FASB Viewpoint*, 1981.

96. Donald Kirk: "FASB and Industry", *The Journal of Accountancy*, 1982, 10.

97. Dybvig and Zender: "Capital Structure and Dividend Irrelevance with Asymmetric Information", *Review of Financial Studies*, 1991, 4, 201-209.

98. Dyck, A.. and. L. Zingales: "Private Benefits of Control: An International Comparison", *Journal of Finance*, 2002 (forthcoming 2002).

99. Easton, Peter D., and Trevor S. Harris: "Earnings as an explanatory variable for returns", *Journal of Accounting Research*, 1991, 29, 19-36.

100. Edey and Panitpakdi: "British Company Accounting and The Law: 1844-1900, in Littleton and Yamey Studies in the History of Accounting", *Homewood Richard Irwin*, 1956.

101. Edwards: History of Public Accounting in The United States, *Michigan State University Publishing*, 1961.

102. Eli, B., Ferdinand, A.G., and Judy: "S.L.T., Discretionary

Accruals Models and Audit Qualifications", *Working paper*, 1998.

103. Elsner: "Adam Smith's Model of the Origins and Emergence of Institutions: A Modern Development of Classical Approach", *Journal of Economic Issues*, 1989.

104. Ernest L. Hicks: "APB: The First 3600 Days", *Journal of Accountancy*, 1969, Sep.

105. Ettredge, Mike., Simon, Dan., Smith, David., and Stone, Mary.: "Why do companies purchase timely quarterly reviews?", *Journal of Accounting & Economics*, 1994, Sep.

106. Faccio, M and Lang L: "The ultimate ownership of western European corporation", *Journal of Financial Economics*, 2002, 65, 365–395.

107. Faccio, Mara and Lang, Larry H.P: "Separation of ownership from control: An Analysis of ultimate ownership in Western Europe", *Working Paper*, Chinese University of Hong Kong, 2000.

108. Faccio, M and L.H.P.Lang: "The Ultimate Ownership of Western European Corporations", *Journal of Financial Economics*, 2002, 65, 365–396.

109. FAF: The Structure of Establishing Financial Accounting Standards, New York, 1977.

110. Fama and Jensen: "Separation of Ownership and Control", *Journal of Law and Economics*, 1983a, 301–325.

111. Fama and Jensen: "Agency Problems and Residual Claims", *Journal of Law and Economic*, 1983b, 327.

112. Fama: "Agency Problems and The Theory of the Firm", *Journal of Political Economics*, 1980, 88, 288–307.

113. Fama, E.: "Efficient capital markets: Ⅱ", *Journal of Finance*, 1991, 46.

114. Fama, E.: "Market efficiency, long–term returns, and behavioral finance", *Journal of Financial Economics*, 1998, 25.

115. Fama, E.: "Efficient capital markets: a review of theory and empirical work", *Journal of Finance*, 1970, 25.

116. Fama, E.: Foundations of Finance, *Basic Books*, *New York*: 1976.

117. Fan Joseph P.H. and T.J. Wong: "Corporate ownership structure and the information of accounting earnings in East Asia", *Journal of Accounting & Economics*, 2002, 33, 401－425.

118. FASB: "A Proposal for a New Concepts Statement: Questions and Answers", www.fasb.org, 1997.

119. FASB: "Business and Financial Reporting Challenges from the New Economy", 2001, 4.

120. FASB: "Business Reporting Research Project: Electronic Distribution of Business Reporting Information", New York: 2001.

121. FASB: "Conference on Economic Consequences of Financial Accounting Standards", *Stamford*, 1978.

122. FASB: "*Conference on Economic Consequences of Financial Accounting Standards*", *Stamford*, 1978.

123. FASB: "Discussion Memorandum: Present Value－Based Measurement in Accounting", 1992, 12.

124. FASB: "Elements of Financial Statements", SFAC No6, 1980. 12.

125. FASB: "Exposure Draft: Proposed Statement of Financial Accounting Standards, The Hierarchy of Generally Accepted Accounting Principles", 2005, April 28.

126. FASB: "Fair Value Measurement", www.fasb.org, 2004.

127. FASB: "FASB Response to SEC Study on the Adoption of a Principles－based Accounting System", www.fasb.org, 2004, July.

128. FASB: "Financial Statements and Other Means of Financial Reporting" (ED), 1980.

129. FASB: "Improving Business Reporting: Insights into Enhancing Voluntary Disclosures", 2001, 1.

130. FASB: "International Accounting Standing Setting: A vision for the future", 1988, 12.

131. FASB: "Objective of Financial Reporting by Business Enterpris-

es", SFAC No1, 1978.

132. FASB: "Original Promcements2002/2003", 2002, June.

133. FASB: "Preliminary Views, Reporting Financial Instruments and Certain Related Assets and Liabilities at Fair Value", www.fasb.org, 1999.

134. FASB: "Present Value - based Measurement in Accounting: A Discussion Memorandum", 1990.

135. FASB: "Proposal: Principles - based approach to U. S. standards - setting", 2002.

136. FASB: "Qualitative Characteristics of Accounting Information", SFAC No2, 1980.

137. FASB: "Recognition and Measurement in Financial Statements of Business Enterprises", SFAC No5, 1984.

138. FASB: "Scope and Implication of Conceptual Framework Project", 1976.

139. FASB: "Using Cash Flow Information and Present Value in Accounting Measurements", SFAC No7, 2000, February.

140. FASB: FAS130: Reporting Comprehensive Income, 1997, 6.

141. FASB: FAS133: Accounting for Derivative Instruments and Hedging Activities, 1998, 6.

142. Feltham, G., Ohlson, J.: "Valuation and clean surplus accounting for operating and financial activities", *Contemporary Accounting Research*, 1995, 11.

143. Flamholtz: Human Resource Accounting, 2nd Ed, *Jossy - Bass Publishers*, 1985.

144. Francis, Jennifer, Katherine Schipper, and Linda Vincent: "Earnings and dividend informativeness when cash flow rights are separated from voting rights", *Journal of Accounting and Economics*, 2005, 39, 329 - 360.

145. Friedman, Eric, Simon Johnson, and Todd Mitton: "Propping and tunneling", *Journal of Comparative Economics*, 2003, 31, 732 - 750.

146. Fundenberg and Tirol: Game Theory, *MIT Press*, 1991.

The Fishery", *Journal of Political Economy*, 1954, April.

159. Gorton, G. and F. A. Schmid: "Universal Banking and the Performance of German Firms", *Journal of Financial Economics*, 2000, 58, 28－80.

160. Greer: "The Corporations Stockholder—Accountants' Forgotten Man", *The Accounting Review*, 1964, January, 219－224.

161. Grossman and Hart: "The Costs and Benefits of Ownership: An Theory of Vertical and Lateral Integration", *Journal of Political Economics*, 1986, 94.

162. Grossman, Sanford, and Olive Hart: "One share－one vote and the market for corporate control", *Journal of Financial Economics*, 1988, 20, 175－202.

163. Grossman, Sanford, and Olive Hart: "Takeover bids, the free－ride problem, and the theory of the corporation", *Bell Journal of Economics*, 1980, 11, 42－64.

164. Grossman, Sanford, and Olive Hart: "The costs and benefits of ownership: A theory of vertical and lateral integration", *Journal of Political Economics*, 1986, 94, 691－719.

165. Guay, W. R, Kothari, S. P, and Watts: "A Market－Based Evaluation of Discretionary Accrual Models", *Journal of Accounting Research* 1996, 34 (Supplement).

166. Hal Varian: *Intermediate Microeconomics*, *Noton Company New York*, 1990.

167. Hal Varian: *Microeconomic*, *Norton Company Inc*, 1992.

168. Han, Jerry C. Y., and Shiing－Wu Wang: "Political Cost and Earnings Management of oil Companies during the 1990 Persian Gulf Crisis", *The Accounting Review*, 1998, Jan.

169. Hardin: The Tragedy of The Common, *Science*, 1968, Dec.

170. Harris and Raviv: "Corporate Control Contests and Capital Structure", *Journal of Financial Economics*, 1988, 20, 55－86.

171. Harry I. Wolk, Jere R. Francis, Michael G. Tearney: Accounting Theory A Conceptual and Institutional Approach, Third Edition, *Cincinnati*

Ohio: *South - Western Publishing Co*, 1992.

172. Harsanyi: "Game With Randomly Distributed Payoff: A New Rationale for Mixed Strategy Equilibrium Point", *International Journal of Game Theory*, 1973, 2, 1-23.

173. Hart and Moore: "Property Rights and the Nature of The Firm", *Journal of Political Economics*, 1990, 98.

174. Haw, .I., Qi, D.and Wu, W: "Timeliness of Annual Report Releases and Market Reaction to Earnings Announcements in an Emerging Capital Market: The Case of China", *Journal of International Financial Management and Accounting*, 2000, 11.

175. Hawkins: "The Development of Modern Financial Reporting Practices Among American Manufacturing Corporation", *Business History Review*, 1963, 37.

176. Healy P.M.and J.M.Wahlen: "A review of the earnings management literature and its implications for standard setting", *Accounting Horizons*, 1999, 13, 365-383.

177. Healy, P.: "The effect of bonus schemes on accounting decisions", *Journal of Accounting and Economics*, 1985, 7, 85-107.

178. Hermanson Roger H.: "A Method for Reporting All Assets and The Resulting Accounting and Economic Implications", *PH.D Dissertation*, *Michigan State University*, 1963.

179. Hirschleifer: "The Private and Social Value of Information and The Reward to Innovative Activity", *American Economics Review*, 1971, 61.

180. Ho Simon S.M.and Kar Shun Wong: "A study of the relationship between corporate governance structures and the extent of voluntary disclosure", *Journal of International Accounting*, *Auditing & Taxation*, 2001, 10, 139-156.

181. Holderness, C.G, Randall S.Kroszner and Dennes P.Sheehan: "Were the good old days that good? Changes in the managerial stock ownership since Great Depression", *Journal of Finance*, 1999, 54, 435-469.

182. Holerness, C.G.: "A survey of blockholders and corporate con-

trol", *Economic Policy Review*, 2001, 9 (1), 54 - 64.

183. Holerness, Clifford G.: "A survey of blockholders and corporate control", *FRBNY Economic Policy Review*, 2003, April, 51 - 64.

184. Holerness, C.G., and Sheehan, D.P.: "The role of majority shareholders in publicly held corporations", *Journal of Financial Economics*, 1988, 20, 317 - 346.

185. Holmstrom and Tirole: "The Theory of the Firm", Handbook of Industrial Organization (Edited by Schmalensee and Willings), *North Holland Press*, 1989.

186. Horngren: "The Marketing of Accounting Standards", *Journal of Accountancy*, 1973, 63 - 64.

187. Hung - Chao Yu: "Introduction to Experimental Economics Studies", 参见俞洪绍先生 1997 年 10 月在厦门大学会计系的报告稿。

188. IASC: "Financial Instruments: Recognition and Measurement", IAS39, 1998, 12.

189. IASC: "Framework for the Preparation and Presentation of Financial Statements", 1989.

190. IASC: "Presentation of Financial statements", IAS1, Revised 1997.

191. IASC: Business Reporting on the Internet, London, 1999.

192. ICAEW: The Future Shape of Financial Reports, London, 1991.

193. Jain, B.A. and Kini, O.: "*The Post - Issue Operating Performance of IPO Firms*", *Journal of Finance*, 1994, 49.

194. James A. Caslia and Ralph S. Polimeni: Human Resource Accounting, *McGraws - Hill Book Co*, 1981.

195. Jennings: "Self—Regulation Within the Security Industry", *Law and Contemporary Problem*, 1964, 29.

196. Jensen and Meckling: "Rights and Production Functions: An Application to Labor Managed Firm and Co - determination", *Journal of Business*, 1979, 52, 469 - 505.

197. Jensen and Meckling: "Theory of The Firm: Managerial Behav-

ior, Agency Cost and Ownership Structure", *Journal of Law and Economics*, 1976, 3, 305-360.

198. Jensen M.C.: "The modern industrial revolution, exit and the failure of internal control systems", *Journal of Finance*, 1993, July, 831-880.

199. Jensen: "Some Anomalous Evidence Regarding Markets Efficiency", *Journal of Financial Economics*, 1978, 6.

200. Jensen: "The Modern Industrial Revolution, Exit and the Failure of Internal Control Systems", *Journal of Finance*, 1993, 48, 831-880.

201. Jensen, M.: "Agency Costs of Free Cash Flow, Corporate Finance and Takeovers", *American Economic Review*, 1986, 76, 323-329.

202. Jensen, Michael C., and Jerold B.Warner: "The distribution of power among corporate managers, shareholders, and directors", *Journal of Financial Economics*, 1988, 20, 3-24.

203. Jensen, Michael C., and Richard S.Ruback: "The market for corporate control: The Scientific Evidence", *Journal of Financial Economics*, 1983, 11, 5-50.

204. Joe: Strong Managers, Weak Owners, *Princeton University Press*, 1994. 中文版请参阅郑文通等译,《强所有者、弱管理者》,上海远东出版社,1999年版。

205. Johanson: Human Resource Costing and Accounting Versus The Balanced Scorecard: A Literature Survey of Experience With the Concepts, 1999.

206. John C.Burton: "Some General and Specific Thoughts on the Accounting Environment", *Journal of Accountancy*, 1973, Oct.

207. John M.Foster, Wayne Upton: "Measuring Fair Value", Understanding the Issues, www.fasb.org, 2001.

208. John M.Foster, Wayne Upton: "The Case For Initial Measuring Liabilities at Fair Value", Understanding the Issues, www.fasb.org, 2001.

209. Johnson, O.: "Towards an 'Events' Theory of Accounting", *The Accounting Review*, 1970, Oct.

210. Johnson, Simon, Peter Boone, Alasdair Breach, and Eric Friedman: "Corporate governance in the Asian financial crisis", *Journal of Financial Economics*, 2000, 58, 141-186.

211. Johnson, Simon, Rafael La Porta, Florencio Lopez - de - Silanes, and Andrei Shleifer: "Tunneling", *Harvard Institute of Economic Research Discussion Paper No*1887, 2000.

212. Jonas and Blancher: "Assessing Quality of Financial Reporting", *Accounting Horizons*, 2000, 9.

213. Jonathan: Human resource Accounting and Budgeting in K - 12 School Districts in the State of Washington, *Seattle University*, 1988.

214. Jones: "Bookkeeping in Ancient Sumer", *Archaeology*, 1956, 9.

215. Jones, G.J, and J.Blanchot: "Assessing quality of financial reporting", *Accounting Horizons*, 2000, September, 353-363.

216. Jones, J.: "Earnings Management During Import Relief Investigations", *Journal of Accounting Research*, 1991, 29.

217. Judy, S.L.T and Ferdinand, A.G.: "A Test of the Free Cash Flow and Debt Monitoring Hypotheses: Evidence from Audit Pricing", *Working paper*, 1996.

218. Jung, Kooyul, and Soo Young Kwon: "Ownership structure and earnings informativeness evidence from Korea", *International Journal of Accounting*, 2002, 37, 301-325.

219. Katherine: "Principles - based Accounting Standards", *Accounting Horizons*, 2003, 1.

220. Keasey: Thompson and Wright, Corporate Governance (I, II, III, IV), *Edwards Elgar Publishing Limited*, 1999.

221. Kenny and Larson: "Lobbying Behavior and The Development of International Accounting Standards: The Case of IASC's Joint Venture Project", *European Accounting Review*, 1993, 2, 531-554.

222. Khanna, Tarun: "Business groups and social welfare in emerging markets: existing evidence and unanswered questions", *European Economic Review*, 2000, 44, 748-761.

223. Kim, Oliver and Verrecchia, Robert E.: "The Relation among Disclosure, Returns, and Trading Volume Information", *The Accounting Review*, 2001, Oct.

224. Klein: "Borderlines of Law and Economic Theory: Transaction Cost Determinants of Unfair Contractual Arrangements", *American Economic Review*, 1980, 70, 356 - 362.

225. Klein, A.: "Audit Committee Board of Director Characteristics, and Earnings Management", *Journal of Accounting and Economics*, 2002, 33, 375 - 400.

226. Knight: *Risk*, *Uncertainty and Profit*, New York, 1921.

227. Kole, Stacey R.: "Measuring managerial equity ownership: a comparison of sources of ownership data", *Journal of Corporate Finance*, 1995, 1, 413 - 435.

228. Kothari, S.P.: "Capital markets research in accounting", *Journal of Accounting and Economics*, 2001, 31.

229. Krishnan, J. and R. Stephens: "Evidence on Opinion Shopping from Audit Opinion Conservatism", *Journal of Accounting and Public Policy*, 1995, 14, 179 - 337.

230. La Porta et al: "Law and Finance", *Journal of Political Economics*, 1998, 106, 1113 - 1155.

231. La Porta, Rafael, Florencio Lopez - de - Silanes, and Andrei Shleifer: "Corporate ownership around the world", *Journal of Finance*, 1999, 54, 471 - 517.

232. La Porta, Rafael, Florencio Lopez - de - Silanes, Andrei Shleifer, and Robert Vishny: "Law and finance", *NBER working paper No* 5661, 1996.

233. La Porta, Rafael, Florencio Lopez - de - Silanes, Andrei Shleifer, and Robert Vishny: "Legal determinants of external finance", *Journal of Finance*, 1997, 52, 1131 - 1150.

234. La Porta, Rafael, Florencio Lopez - de - Silanes, Andrei Shleifer, and Robert Vishny: "The quality of government", *Working paper*, 1998.

235. La Porta, Rafael, Florencio Lopez - de - Silanes, Andrei

Shleifer, and Robert Vishny: "Agency problems and dividend policies around the world", *Journal of Finance*, 2000a, 1－33.

236. La Porta, Rafael, Florencio Lopez － de － Silanes, Andrei Shleifer, and Robert Vishny: "Investor protection and corporate governance", *Journal of Financial Economics*, 2000b, 58, 3－27.

237. La Porta, Rafael, Florencio Lopez － de － Silanes, Andrei Shleifer, and Robert Vishny: "Investor protection and Corporate Valuation", *Journal of Finance*, 2002, 1147－1170.

238. Leandro: "Measuring Intangibles: Discussion of Selected Indicators", 1999.

239. Lease, R.C, J.J.McConnell, and W.H.Mikkelson: "The Market Value of Differential Voting Rights in Closely Held Corporations", *Journal of Financial Economics*, 1984, 57, 443－467.

240. Lee, C.J.and X.Xiao: "Cash dividends and large shareholder expropriation in China", *Working paper*, Tsinghua University, 2002.

241. Leftwich: "Accounting Information in Private Markets: Evidence From Private Lending Agreements", *The Accounting Review*, 1983, 1.

242. Leftwich, Watts and Zimmerman: "Voluntary corporate disclosure: The case of interim reporting", *Journal of accounting research*, 1981 (supplement), 50－77.

243. Lennox, C.: "Companies Successfully Engage in Opinion－shopping? Evidence from the UK", *Journal of Accounting and Economics*, 2000, 29, 321－337.

244. Lev and Schuwartz: "On the Use of the Economic Concepts of Human Capital in Financial Statements", *The Accounting Review*, 1971, January.

245. Lev, B.and Ohlson, J.: "Market－based empirical research in accounting: a review, interpretation, and extension", *Journal of Accounting Research*, 1982, 27, 153－201.

246. Lev, B.and Zarowin, P.: "The Boundaries of Financial Reporting and How to Extend Them", *Journal of Accounting Research*, 1999 (supplement), 37.

147. Furbotn and Pejovich: "Property Rights and Economic Theory: A Survey of Recent Literature", *Journal of Economic Literature*, 1972, Dec.

148. Fuss and Knudsen: Towards A Competence Theory of The Firm, *Published by Rouledge*, 1996.

149. Gabrielsen, Gorm, Jeffrey D.Gramlich, and Thomas Plenborg: "Managerial ownership, information content of earnings, and discretionary accruals in a non-US settings", *Journal of Business Finance and Accounting*, 2002, 29 (7) & (8), 967-988.

150. Gibbons: A Primer in Game Theory, *Harvester Wheatsheaf Publisher*, 1998.

151. Gigler, Frank B., and Hemmer, Thomas: "Conservatism, Optimal Disclosure Policy, and the Timeliness of Financial Reports", *The Accounting Review*, 2001, Oct.

152. Gilbert R.Byrne: "To What Extent Can the Practice of Accounting Be Reduced to Rules and Standards?" *Journal of Accountancy*, 1973, Nov.

153. Gilman: Accounting Concepts of Profit, *New York*; *Ronald Press*, 1939.

154. Givoly, D., and Palmon, D.: "Timeliness of annual earnings announcements: some empirical evidence", *The Accounting Review*, 1982, July.

155. Gonedes and Dopuch: "Capital Market Equilibrium, Information Production, and Selecting Accounting Techniques: Theoretical Framework and Review of Empirical Work", *Journal of Accounting Research*, Supplement to, 1974, 12.

156. Gonedes: "Corporate Signaling, External Accounting, and Capital Market Equilibrium: Evidence on Dividends, Income and Extraordinary", *Journal of Accounting Research*, 1978, 16.

157. Gonedes, Dopuch and Penman: "Disclosure Rules, Information Production and Capital Markets Equilibrium: The Case of Forecast Disclosure Rules", *Journal of Accounting Research*, 1976.

158. Gordon: "The Economic Theory of a Common Property Resource:

247. Lev, B.: "On the usefulness of earnings and earnings research: lessons and directions from two decades of empirical research", *Journal of Accounting Research*, 1989 (supplement), 153-189.

248. Levitt: "The Importance of High Quality Accounting Standards". *Accounting Horizon*, 1998, 1.

249. Levitt: "The Number Game, Speech at New York University", *Center for Law and Business*, 1998, 9.

250. Levitt: "The Number Games", *Accounting Horizon*, 1998.

251. Levitt: "The Importance of High Quality Accounting Standards", Accounting Horizon, 1998, 1.

252. Lieberman, Arthur Z., and Whinston, Andrew, B.: "A Structuring of an Events-Accounting Information System", *The Accounting Review*, 1975, Apr, 246-258.

253. Likert and Browers: "Improving the Accountancy of P/L Report by Estimating the Change in Dollar Value of the Organization", *Michigan Business Review*, 1973, March.

254. Lins, K and H. Servaes: "International Evidence on the Value of Corporate Diversification", *Joural of Finance*, 1999, 54, 2215-2240.

255. Lins, K.V: "Equity Ownership and Firm Value in Emerging Markets", *Journal of Financial and Quantitative Analysis*, 2003.

256. Littleton and Zimmerman, Accounting Theory: Continuity and Change, *Englewood Cliffs*, *Prentice-Hall*, 1962.

257. Littleton: Accounting Evolution to 1900, New York, 1968.

258. Lundholm, Russell J.: "Reporting on the Past: A New Approach to Improving Accounting Today" *Accounting Horizons*, 1999, Dec, 315-322.

259. Ma and Morris: "Disclosure Practices of British and Australian Banks in the Nineteenth Century", *Unpublished Paper*, *Selected from Watts and Zimmerman*, 1980.

260. Maines: "Evaluating Concepts-based Vs Rules-Based Approaches to Standards Setting", *Accounting Horizons*, 2003, 1.

261. Maurice Moonitz: "The Basic Postulates of Accounting", AICPA,

1961.

262. Mautz: Accounting Concepts and Principle and Auditing, *Handbook of Modern Accounting*, 1977, ch.1.

263. Mavrinac and Siesfeld: Measures that Matter: An Exploratory Investigation of Investors' Information Needs and Value Priorities, 1998.

264. May and Sundem: " Research for Accounting Policy: An Overview", *The Accounting Review*, 1976, 10.

265. McConnell, John L., and Henri Servaes: 1990, Additional evidence on equity ownership and corporate value [J], *Journal of Financial Economics* 38, 163－184.

266. McDaniel, Martin and Maines: " Evaluating financial reporting quality: The effects of financial expertise versus financial literacy", The Accounting Review, 2002 (Supplement), 139－167.

267. Miguel, A., J.Pindado, and C.de la Torre: "Ownership structure and firm value: new evidence from the Spanish corporate governance system [EB/01]", *SSRN working paper*, 2001.

268. Mikkelson, Wayne, and Hailu Regassa: "Premiums paid in block transactions", *Managerial and Decision Economics*, 1991, 12, 511－517.

269. Milgrom and Roberts: Economics, Organization and Management, *Englewood Cliffs*, *Prentice Hall*, 1992, 191－194.

270. Miller, Paul B.W., and Bahnson, Paul R.: "Value－based accounting II: Timeliness and reliability", *Accounting Today*, 2004, (Feb 23－Mar14), 14－17.

271. Milnes: From Gild to Factory, London, 1921.

272. Mitton, T: "A Cross－Firm Analysis of the Impact of Corporate Governance on the East Asian Financial Crisis", *Journal of Financial Economics*, 2002, 64, 215－242.

273. Moonitz: ARS No1, " The Basic Postulates of Accounting ", 1961.

274. Morck, Randall, Andrei Shleifer, and Robert Vishny: "*Management ownership and market valuation*: *an empirical analysis*", Journal of Financial Economics, 1988, 20, 293－316.

275. Morse, D.: "Price and Trading Volume Reaction Surrounding Earnings Announcements: A Closer Examination", *Journal of Accounting Research*, 1981, Autumn, 374-384.

276. Most: "Depreciation in Economic and Accounting Theories", *Accountant*, 1971, February, 25.

277. Myers and Majluf: "Corporate Financing and Investment Decision When Firms Have Information that Investors Do not Have", *Journal of Financial Economics*; 1984, 13, 187-221.

278. Nash: A Disciplined Approach To Added Accounting: Accounting for The Future (AFTF), 2000.

279. Nelson: "Behavioral Evidence on the Effects of Principles - and Rules - based Standards", *Accounting Horizons*, 2003, 1.

280. Nelson, M., J.Elliott, and R.Tarpley: "Evidence from auditors about managers' and auditors' earnings - management decisions", *The Accounting Review*, 2002, 77 (Supplement), 175-202.

281. Nicodano, Giovanna, and Alessandro Sembnelli: "Private Benefits, Block Transaction Premia, and Ownership Structure", *Unpublished paper*, *Universite of Turin*, 2000.

282. North: Structure and Change in Economic History, *W.W.Norton Company*, *New York*, 1981.

283. North: The Rise of Western World: A New Economic History, *Cambridge University Press*, 1973.

284. Ohlson, J.: "Earnings, book values, and dividends in equity valuation", *Contemporary Accounting Research*, 1995, 11, 661-687.

285. Olson, The Logic of Collective Action: Public Goods and The Theory of Groups, *Harvard University Press*, *Cambridge*, *Massachusetts*, 1980.

286. P·Jacob: The Accountant's Perception of The Usefulness of Human Resource Accounting Information in Published Statements, PHD, 1976.

287. Patell, James M., and Wolfson, Mark A.: "The Intraday Speed of Adjustment of Stock Prices to Earnings and Dividend Announcements",

Journal of Financial Economics, 1984, June, 223 - 252.

288. Paton and Littleton: An Introduction to Corporate Accounting Standards, *Sarasota*, *Fla*: *AAA*, 1940.

289. Paton: Accounting Theory, *The Ronald Press Company*, 1922.

290. Paul A. Pacter: "The Conceptual Framework: Make no Mystique about it", Selected from Zeff/Keller, *Accounting Theory*, 3rd, Edition, 1985, 84 - 85.

291. Paul B. W. Miller: "The Concept Framework as Reformation and Counterreformation", *Accounting Horizons*, 1990, June, 23 - 32.

292. Paul F. Williams: Commentary on "Principles versus Rules - based Accounting Standards and the Concept of Substance Over form".

293. Paul M. Healy and James M. Wahlen: "A Review Of The Earnings Management Literature And Its Implications For Standard Setting", *Accounting Horizons*, 1999, July.

294. Paul Miller and Paul Bahnson: "Four Steps to Useful Present Value", *Journal of Accountancy*, 1996, May.

295. Peasnell: "The Function of A Conceptual Framework For Corporate Financial Reporting", *Accounting & Business Research*, 1982, 48, 243 - 256.

296. Peasnell, Pope, and S. Young: "Outside directors, board effectiveness and earnings management", www.ssrn.com, 1998 - 10 - 10.

297. Pelham Gore: The FASB Conceptual Framework Project 1973 - 1985 An analysis. *Manchester UK*: *Manchester University Press*, 1992.

298. Petravicks and Gillett: "Distributing Earnings Reports on the Internet", *Management Accounting* (*USA*), 1998, 10.

299. Posner: "The Social Cost of Monopoly and Regulation", *Journal of Political Economics*, 1975.

300. Pouran: The Effect of Human Resource Accounting on The Value of Stock as Measured by Financial Analysts, *The University of Alabama*, PHD, 1981.

301. Pourciau, S.: "Earnings management and non - routine executive change", *Journal of Accounting and Economics* 1993, 16, 317 - 336.

302. Previts and Merino: A History of Accounting in America: An Historical Interpretation of The Cultural Significance of Accounting, *John Wiley and Son, Inc*, 1979.

303. R.K.Mautz: "The Place of Postulates In Accounting", *Journal of Accountancy*, 1965, 1.

304. Rasmusen: *Game and Information: An Introduction to Game Theory*, *Cambridge Blackwell Publisher*, 1994.

305. Rice and Ulen: "Rent—Seeking and Welfare", *Reviews in Law and Economics*, 1981, 53.

306. Richard Mattessich: "Academic Research in Accounting: the Last 50 Years", *Asia – Pacific Journal of Accounting*, 1996.

307. Richard.A.Samuelson: "The Concepts of Assets in Accounting Theory", *Accounting Horizon*, 1996, 10, 147 – 157.

308. Robert N.Anthony: Tell it what it was—a conceptual framework for financial accounting, 1983.

309. Ross: "Disclosure Regulation in Financial Markets", *In Issues in Financial Regulation*, *Edited by Edwards* (*McGraw—Hill*), 1979, 177 – 202.

310. Ross: "The Determination of Financial Structure: The Incentive Signaling Approach", *Bell Journal of Economics*, 1977, 8, 23 – 40; Selected from: Acher and D'AmBrosio, The Theory of Business Finance, *Macmillan Publishing Co.Inc*, 1983.

311. Ruland and Lindbrom: "Ethics and Disclosure: An Analysis of Conflicting Duties", *Critical Perspective on Accounting*, 1992.

312. S.A.Zeff: "The Rise of Economic Consequence", Journal of Accountancy, 1978, 55 – 63.

313. Salomons: "Economic and Accounting Concepts of Income", *The Accounting Review*, 1961, July.

314. Samuel Chan: "Contemporary Accounting Research Methodology Intensive Program (CARMIP)", *Unpublishing Paper*, 2002.

315. Samuel Joseph Lambert: "Basic Assumptions in Accounting Theory Construction", *Journal of Accountancy*, 1974, Feb.

316. Samuelson: "A Comment on the Coase Theorem", Selected form *Game – Theoretic Models of Bargaining*, Cambridge, 1985.

317. Schipper, K.: "Principles – based accounting standards", *Accounting Horizons*, 2003, March, 61 – 72.

318. Schultze: "What is Asset", *Accounting Horizons*, 1993, 3.

319. Scott: Financial Accounting Theory, *Prentice—Hall Inc*, 1997.

320. SEC: Study on The Adoption by The United States Financial Reporting System of Principles – based Accounting System, New York, 2003.

321. Shaked and Sutton: "Unvoluntary Unemployment as A Perfect Equilibrium in A Bargaining Model", *Economitrica* 1984, 52, 1351 – 64.

322. Shavell: "Liability for Harm Versus Regulation of Safety", *Journal of Legal Studies*, 1984, 13, 357 – 374.

323. Shleifer and Vishny: "A Survey of Corporate Governance", *Journal of Finance*, 1997, 52, 737 – 787.

324. Shleifer and Vishny: "Large shareholders and corporate control", *Journal of political economy*, 1986, 94, 461 – 488.

325. Shleifer, Andrei, and Robert Vishny: "Politician and firms", *Quarterly Journal of Economics*, 1994, 1.9 (4).

326. Short, H., and K.Keasey: "Managerial ownership and the performance of firms: evidence from the UK", *Journal of Corporate Finance*, 1999, 5, 79 – 101.

327. Simon: "Behavioral Model of Rational Choice", *Quarterly Journal of Economics*, 1955, 69, 99 – 118.

328. Skinner: "Why Firm Voluntarily Disclose Bad News", *Journal of Accounting Research*, 1994, 32, 38 – 60.

329. Sorter: "An Event Approach to Basic Accounting Theory", *The Accounting Review*, 1969, 1.

330. Sprouse and Moonitz: A tentative set of broad Accounting principles for business Enterprises, 1962, AICPA, (ARS No.3).

331. Starrett: "Fundamental Nonconvexities in the Theory of Externality", *Journal of Economic Theory*, 1972, 4, 180 – 199.

332. Stephen A. Zeff.: "The Rise of 'Economic Consequences'", *The*

Journal of Accountancy, 1978, 12, 56－63.

333. Stergios, Leventis., and Pauline, Weetman.: "Timeliness of financial reporting: applicability of disclosure theories in an emerging capital market", *Accounting & Business Research*, 2004, 1, 43－56.

334. Sterting: Theory measurement of Enterprise Income, 1970.

335. Stevens: *The Economics of Collective Choice*, *Westview Press, Inc*., 1993.

336. Stigler: "The Public Regulation of Securities Markets", *Journal of Business of The University of Chicago*, 1964, 2.

337. Stigler: "The Law and Economics of Policy: A Plea to the Scholars", *Journal of Legal Studies*, 1972, 1.

338. Subbarao and Zeghal: "Human Resource Information Disclosure in Annual Reports: An International Comparison", *Journal of Human Resource Cost and Accounting*, 1997, 2.

339. Subramanyam, K.R.: "The Pricing of Discretionary Accruals", *Journal of Accounting and Economics*, 1996, 22, 249－282.

340. Taylor and Turley: The Regulation of Accounting, *Basil Blackwell Ltd*, *1th Edition*, 1986.

341. Teoh, Siew Hong, and T.J.Wong: "Perceived auditor quality and the earnings response coefficient", *The Accounting Review*, 1993, 68, 346－366.

342. Terry D.Warfield, John J.Wild and Kenneth L.Wild: "Managerial ownership, accounting choices, and informativeness of earnings", *Journal of Accounting and Economics*, 1995, 20, 61－92.

343. The Accounting Standards Steering Committee: The Corporate Report. *London*: *The Institute of Charted Accountants in England and Wales*, 1975.

344. The Committee on Accounting Terminology: Accounting Terminology Bulletins No1, 1953, 8.

345. Theil: Economics and Information Theory, *North Holland Publishing Company*, *Ch*., 1967, 1.

346. Timothy B.Bell: Auditing Organizations Through A Strategic－

Systems, *Lens*, *KPMG & Illinois Publishing Co*, 1997.

347. Timothy B. Bell: Case in Strategic - Systems Auditing, *KPMG & Illinois Publishing Co*, 2002.

348. Umbeck: "The California Gold Rush: A Study of Emerging Property Rights", *Explorations in Economic History*, 1977, 14, 197-206.

349. United Nations Economic and Social Council Commission on transnational Corporations Intergovernmental working group of Experts on international standards of Accounting on Reporting sixth session 8 - 18 March 1988, Item 4 (6) of the Provisional agenda; "Objectives and concepts underlying financial reporting", report of Secretary-General, Par.65.

350. Upton: "Improving Business and Financial Reporting: Challenges from The New Economy", Fasb, 2001.

351. Upton: Business and Financial Reporting: Challenge from the New Economy, New York, 2001.4.

352. US Congress: Sarbanes - Oxley Act of 2002 (related accounting industry and investors protection), 2002, 7.

353. Volpin, Paolo F.: "Governance with poor investor protection: evidence from top executive turnover in Italy", *Journal of Financial Economics*, 2002, 64, 61-90.

354. W·Jacob: The Significance of Human Resource Accounting, *The University of Nebraska*, 1985, DBA.

355. Wallman: "The Future of Accounting and Disclosure in an Evolving World: The Need for Dramatic Change", *Accounting Horizons*, 1995, 9.

356. Wallman: "The Future of Accounting and Financial Reporting, Part (II): The Colorized Approach", *Accounting Horizons*, 1996, 6.

357. Wallman: "The Future of Accounting and Financial Reporting, Part (III): Reliability and Auditor Independence", *Accounting Horizons*, 1996, 12.

358. Wallman: "The Future of Accounting and Financial Reporting, Part (IV): Access Accounting", *Accounting Horizons*, 1997, 6.

359. Watts and Zimmerman: "Positive Accounting Theory: A Ten

Year Perspective", *The Accounting Review*, 1990, 65, 131-156.

360. Watts and Zimmerman: "Agency Problems, Auditing, and The Theory of the Firm: Some Evidence", *Journal of Law and Economics*, 1983, XXVI.

361. Watts and Zimmerman: "The Demand for and supply of Accounting Theory: The Market for Excuses", *The Accounting Review*, 1979, April.

362. Watts and Zimmerman: "Towards a Positive Accounting Theory of Determination of Accounting Standards", *The Accounting Review*, 1978, 1, 112-134.

363. Watts and Zimmerman: Positive Accounting Theory, *Prentice-Hall Press*, 1986.

364. Watts: "Corporate Financial Statements: A Product of The Market and Political Process", *Australian Journal of Management*, 1977, 2.

365. Werntz, William Werntz: His Accounting Thought, NewYork, AICPA, 1956.

366. Westphalen: Reporting on Human Capital: Objective and Trends (UK), 1999.

367. Whittington: "Corporate Governance and the Regulation of Financial Reporting", *Accounting and Business Research*, 1993, 23, 311-319.

368. Wild, Ken, Simmonds and Andy: "A Standard of Substance", *London*: *Accountancy*, 1995, 9.

369. Willekens, Steele and Miltz: "Audit Standards and Auditor Liability: A Theoretical Model", *Accounting and Business Research*, 1996, 249-264.

370. Wilson: "Computing Equilibrium of N-person Games", *SIAM Journal of Applied Mathematics*, 1971.

371. Wiwattanakantang: "Controlling shareholders and corporate value: Evidence from Thaliand", *Pacific-Basin Finance Journal*, 2001, 9, 323-362.

372. Wolfenzon, Daniel: "A theory of pyramidal ownership", *Working Paper*, New York University, 1999.

373. Wright. D. W: "Evidence on the relation between corporate governance characteristic and the quality of financial reporting", www.ssrn.com, 1996-9-11.

374. Wurgler, Jeffrey: "Financial markets and the allocation of capital", *Journal of Financial Economics*, 2000, 58, 187-214.

375. Yang and Ng: "The Theory of the Firm and Structure of Residual Rights", *Journal of Economic Behavior and Organization*, Forthcoming, 1994.

376. Yeo, Gillian H.H., Patricia M.S.Tan, Kim Wai Ho, and Sheng-Syan Chen: "Corporate ownership structure and the informativeness of earnings", *Journal of Business Finance and Accounting*, 2002, 29 (7) & (8), 1023-1046.

377. Yermack D.: "Higher market valuation of companies with a small board of directors", *Journal of Financial Economics*, 1996, 40, 185-211.

378. Yuji Ijiri: Cash-flow Accounting and its Structure, *Journal of Accounting*, *Auditing and Finance*, 1978, Summer.

379. Yuji Ijiri: Theory of Accounting Measurement, *AAA*, 1979.

380. Zeff and Keller: Financial Accounting Theory: issues and controversies, 1985.

381. Zeff: "The Rise of Economic Consequence", *Journal of Accountancy*, 1978, 12, 56-63.

382. Zingales, L.: "The Value of the Voting Right: A Study of the Milan Stock Exchange Experience", *Review of Financial Studies*, 1984, 7, 124-148.